INDEX PHILONEUS

INDEX PHILONEUS

VON

GÜNTER MAYER

WALTER DE GRUYTER · BERLIN · NEW YORK

1974

ISBN 3 11 004536 2

Library of Congress Catalog Card Number 73-81 702

Satz und Druck: Thormann & Goetsch, Berlin 44
Einband: Thomas Fuhrmann KG, Berlin 36

Meinen Freunden
im
Institutum Judaicum Delitzschianum
zu
Münster / Westfalen

INHALT

EINLEITUNG

Der Index umfaßt den gesamten philonischen Wortbestand auf der Grundlage der Editio minor[1] mit allen Belegen. Auch die biblischen und sonstigen Zitate und Anspielungen sind ausgewertet: Einmal um die Probleme zu vermeiden, welche deren Abgrenzung, Zuordnung und Textkritik aufgeworfen hätten, zum andern, weil Philo oftmals seine eigenen Gedanken in die Worte eines andern zu kleiden liebt. Lediglich bei folgenden Wörtern habe ich auf die Angabe von Stellen verzichtet und sie stattdessen mit dem Vermerk *passim* versehen:

ἀλλά, ἄλλος, ἄν, ἀπό.

γάρ, γέ, γίγνομαι.

δέ, διά.

ἑαυτοῦ (αὐτοῦ), εἰ, εἰμί, εἰς, ἐκ, ἕκαστος, ἐκεῖνος, ἐν, ἐπί, ἕτερος, ἔχω.

ἤ.

καί, κατά.

μέν, μετά, μή.

ὁ, ἡ, τό, ὅς, ἥ, ὅ, ὅτι, οὐ, οὗτος, οὕτως.

πᾶς (ἅπας), περί, πολύς, πρός.

τέ, τίς, τὶς.

ὑπό.

ὡς.

Bei ihrer Auswahl benutzte ich dankbar die Erfahrungen, die sich im *Institutum Judaicum Delitzschianum* zu Münster/Westf. aus den Vorarbeiten zur Josephus-konkordanz[2] ergaben. In der Regel erscheint das Lemma in der Schreibweise von Liddell-Scott[3]. Die Eigennamen sind eingeordnet.

[1] Philonis Alexandrini Opera quae supersunt recognoverunt L. Cohn, P. Wendland, S. Reiter. Editio minor. Bd. I-VI. Berlin 1896–1915.
[2] A Complete Concordance to Flavius Josephus. Ed. by K. H. Rengstorf. Leiden 1973 ff.
[3] A Greek–English Lexicon. Compiled by H. G. Liddell and R. Scott. A New Edition. Revised and Augmented throughout by H. St. Jones. Oxford 1940.

Um die Benutzung des Index für alle neueren Philo-Ausgaben zu ermöglichen, erfolgt die Stellenangabe nach Schrift und Paragraphenzählung, wie sie *Cohn-Wendland* eingeführt haben. Statt die Titel der einzelnen Werke abzukürzen, erschien es mir einfacher und übersichtlicher, sie durchzuzählen:

1	De opificio mundi	*Loeb* I	21	De somniis liber I
2	Legum allegoriarum liber I	*Loeb* I	22	De somniis liber II
3	Legum allegoriarum liber II	I	23	De Abrahamo
4	Legum allegoriarum liber III	I	24	De Iosepho
5	De cherubim	*Loeb* 2	25	De vita Mosis liber I
6	De sacrificiis Abelis et Caini	2	26	De vita Mosis liber II
7	Quod deterius potiori insidiari soleat	2	27	De decalogo
8	De posteritate Caini	2	28	De specialibus legibus liber I
9	De gigantibus	2	29	De specialibus legibus liber II
10	Quod deus sit immutabilis	3	30	De specialibus legibus liber III
11	De agricultura	3	31	De specialibus legibus liber IV
12	De plantatione	3	32	De virtutibus
13	De ebrietate	3	33	De praemiis et poenis
14	De sobrietate	3	34	Quod omnis probus liber sit
15	De confusione linguarum	4	35	De vita contemplativa
16	De migratione Abrahami	4	36	De aeternitate mundi
17	Quis rerum divinarum heres sit	4	37	In Flaccum
18	De congressu eruditionis causa	4	38	Legatio ad Gaium
19	De fuga et inventione	5	39	Apologia pro Iudaeis
20	De mutatione nominum	5		(Hypothetica)

Die Angabe σύνϑρονος 4, 247 ist also zu entschlüsseln: σύνϑρονος kommt vor Legum allegoriarum liber III § 247. Eine Ausnahme macht nur die fragmentarisch erhaltene Schrift *Apologia pro Iudaeis*. Hier tritt anstelle der Paragraphenangabe die Zählung der Praeparatio evangelica des *Eusebius* in Klammern hinter die Nummer der philonischen Schrift. Haben *Cohn-Wendland* ein Wort in [...] oder ‹...› gesetzt, so ist der Beleg entsprechend gekennzeichnet.

Günter Mayer

INDEX

156, 174, 175, 176, 213. 20, 7,
31, 32, 35, 37, 46, 50, 115,
128, 140, 142, 155, 155, 161,
163, 164, 166, 171, 173, 174,
174, 188, 217, 219, 221, 225,
227, 231, 236, 253, 260, 268.
21, 57, 149, 162, 163, 176,
185. 22, 8, 9, 76, 107, 140,
167, 170, 170, 175, 176, 179,
180, 211, 228, 268, 269, 270,
270, 282, 282, 288, 289, 291,
296. 23, 7, 8, 14, 21, 26, 36,
83, 86, 89, 101, 128, 129, 134,
143, 143, 221, 222, 228, 235,
246, 261, 264, 268, 268. 24,
39, 57, 67, 83, 87, 100, 112,
137, 137, 143, 208, 212, 254,
264, 266. 25, 3, 6, 26, 32,
42, 62, 95, 146, 149, 181, 187,
188, 224, 235, 245, 247, 248,
257, 293, 301, 304, 319, 323,
332. 26, 5, 13, 24, 53, 65, 66,
67, 134, 153, 171, 183, 184,
200, 249. 27, 12, 74, 81, 81,
109, 109, 110, 143, 144, 146,
150, 176, 176, 178. 28, 10, 23,
24, 33, 35, 62, 67, 133, 149,
195, 196, 203, 209, 216, 224,
277, 284, 311, 312, 323, 336,
340. 29, 12, 22, 29, 29, 42,
48, 53, 53, 53, 73, 84, 96, 139,
141, 151, 156, 168, 169, 169,
171, 173, 192, 199, 203, 203,
204, 209, 219, 235, 240. 30,
33, 41, 112, 131, 171, 186, 186,
192, 209. 31, [40], 58, 64, 71,
73, 77, 80, 89, 95, 109, 129,
131, 134, 147, 147, 151, 152,
158, 165, 171, 182, 184, 187,
188, 230. 32, 3, 19, 38, 45,
47, 49, 53, 56, 61, 67, 69, 70,
71, 78, 79, 80, 109, 116, 140,
155, 161, 167, 167, 170, 176, 176,
187, 187, 187, 188, 189, 194,
197, 198, 205, 205, 207, 209,
211, 222, 223, 226, 227, 227.
33, 3, 40, 62, 63, 63, 64, 64,
67, 68, 70, 71, 71, 80, 87, 88,
88, 102, 105, 118, 118, 126,
127, 130, 135, 139, 160, 161,
170. 34, 9, 31, 39, 57, 64, 74,
83, 84, 92, 131, 136, 139. 35,
2, 21, 39. 36, 1. 37, 23, 162.
38, 5, 5, 7, 9, 11, 16, 22, 27,
41, 47, 47, 51, 51, 82, 89, 90,
95, 99, 109, 118, 137, 141, 147,
149, 195, 245, 245, 265, 287,
289, 306, 318.
ἀγαθότης 2, 34, 59, 63, 65. 4,

73, 73, 73, 73, 78, 105. 5, 27,
27, 28, 29, 29, 127. 6, 27, 59,
59. 10, 73, 108, 108. 16, 37,
183. 26, 132.
Ἀγάθων 35, 57.
ἀγάλλομαι 2, 64. 15, 19. 17,
206. 22, 203, 211.
ἄγαλμα 1, 55, 137. 5, 93. 13,
109. 14, 3, 38. 22, 223. 23,
159, 267. 25, 66, 298. 26,
205. 27, 7, 51, 60, 66, 76, 156.
28, 23, 56. 31, 76, 238. 32,
5, 221. 35, 7. 38, 98, 148,
292.
ἀγαλματοφορέω 1, 18, 69, 82,
137. 15, 49. 20, 21. 21, 32,
208. 25, 27. 26, 11, 113, 135,
209. 32, 165, 188. 38, 210.
ἄγαμαι 6, 50. 7, 60. 15, 149.
16, 95, 208. 18, 75, 78, 108.
20, 57, 105. 22, 21. 23, 93,
273. 25, 47, 147, 317. 30,
189. 32, 90, 145. 34, 142.
35, 14. 38, 11, 295. 39
(VIII 11, 18).
ἄγαν 1, 156. 4, 206. 6, 21. 8,
70, 148, 152. 16, 48, 89, 104,
210. 19, 156. 20, 212, 212,
250. 22, 3. 23, 199. 24, 9,
53, 179, 204. 25, 51, 237, 312.
28, 306. 29, 8, 83, 95, 146,
208. 30, 56, 175. 31, 122,
129. 32, 152, 165. 33, 106.
34, 101. 37, 130. 38, 48, 332.
ἀγανακτέω 4, 20. 11, 117. 22,
99, 117. 25, 45, 236, 292,
328. 27, 75, 112. 29, 11, 80.
30, 119. 33, 77. 37, 35, 141.
38, 361.
ἀγανάκτησις 7, 69, 69. 10,
68. 25, 244. 30, 42.
ἀγαπάω 3, 48, 48, 48, 56. 4,
129, 176, 193, 198. 5, 72, 73.
6, 19, 19, 19, 20. 8, 12, 69, 69.
10, 69, 69. 12, 105. 13, 84.
14, 6, 21, 21, 21, 22, 23. 15,
41, 109. 16, 21, 60. 17, 42,
44, 47, 49, 49, 127, 186. 18,
31, 177. 19, 58, 114, 154. 20,
225, 227. 21, 195. 23, 22,
50, 87, 221. 28, 17, 300. 31,
5, 23. 32, 103, [104]. 36, 2.
ἀγάπη 10, 69.
ἀγαπητικός 16, 169. 21, 163.
28, 31.
ἀγαπητός 2, 86. 4, 10, 143,
203, 207, 209. 6, 37. 8, 171.
10, 4. 13, 30. 16, 140, 222.
20, 50, 118, 128, 183, 219.

21, 194, 195, 237. 22, 88.
23, 168, 196. 25, 13. 38, 71,
182.
Ἄγαρ 4, 244. 5, 3, 6, 8. 6,
43, 43. 8, 130, 130, 137. 14,
8. 18, 1, 11, 20, 23, 23, 24,
71, 88, 121, 122, 139, 180.
19, 2, 5, 202. 20, 255. 21,
240.
ἀγαυός 35, 17.
ἀγγεῖον 3, 37. 4, 138, 149. 7,
170. 8, 137, 137, 146, 163. 16,
193, 197. 17, 311. 18, 21, 21.
19, 194. 21, 26. 24, 178,
180, 181, 197, 198, 207, 215,
217. 25, 203. 26, 97. 28,
215, 218, 262. 29, 216. 30,
58, 58, 60, 62. 34, 15.
ἀγγέλλω 26, 264. 38, 288.
ἄγγελος 4, 177, 177, 177, 178.
5, 3, 35. 6, 5, 5. 8, 89, 91, 92.
9, 6, 6, 16, 16, 17, 17. 10,
1, 2, 158, 181, 182. 11, 51.
12, 14, 59. 14, 65. 15, 28,
116, 146, 174, 181, 181. 16,
173, 174. 19, 1, 1, 1, 1, 5, 67,
119, 177, 203, 212. 20, 87,
162. 21, 3, 27, 115, 133, 141,
148, 157, 189, 190, 195, 196,
232, 238, 238, 239, 240. 23,
113, 115. 24, 94. 25, 66, 67,
166, 273. 27, 145. 28, 66.
32, 73.
ἄγγος 6, 64. 8, 130.
ἀγείρω 8, 66. 22, 127. 28,
336. 31, 47.
ἀγελαῖος 5, 58. 17, 76, 127,
211, 303. 18, 27, 174. 20,
93, 213. 22, 230. 33, 89.
34, 3. 37, 177.
ἀγελαρχέω 21, 255. 22, 153.
38, 76.
ἀγελάρχης 8, 68. 11, 29, 66.
20, 105, 221. 21, 198. 22,
152, 153, 288. 25, 63. 26,
61. 27, 114. 29, 142. 31, 22.
32, 58. 34, 30. 38, 20, 76.
39 (VIII 11, 8).
ἀγελαστικός 27, 132. 28, 162.
ἀγέλη 1, 85. 11, 29, 32, 39,
51, 66, 90. 19, 10. 20, 105,
112, 114, 117. 21, 189, 198,
255. 22, 152, 153, 288. 23,
45, 209, 220. 24, 2, 11, 257.
25, 60, 60, 63, 145. 26, 22.
28, 136, 141, 163. 31, 11, 13,
25, 104, 117. 32, 95, 126, 141,
142, 144. 33, 141. 34, 30.
38, 20, 44, 76.

ἀγεληδόν 25, 133. 26, 64. 31, 152. 34, 63, 89.
ἀγενής 15, 43. 34, 155.
ἀγένητος 1, 7, 10, 12, 54, 171. 2, 51. 4, 31, 100, 101, 208. 5, 44, 52, 86. 6, 57, 60, 63, 66, 66, 98, 100, 101. 7, 124, 158. 8, 63, 172. 9, 14, 42. 10, 56, 60, 78, 160. 12, 22, 31, 50, 64, 66. 13, 84, 94, 152, 199, 208. 15, 98. 16, 91, 157, 192. 17, 14, 98, 206, 246. 18, 48, 107, 134. 19, 59. 20, 12, 22, 45, 181. 21, 77, 94, 149, 184. 22, 231, 234, 253, 283. 23, 162, 257. 24, 167, 265. 26, 171. 27, 41, 60, 64, 120. 29, 166. 30, 45. 31, 48. 32, 180, 213, 218. 33, 46, 87. 36, 7, 10, 12, 20, 27, 27, 52, 52, 55, 69, 75, 93. 37, 139. 38, 5, 118.
ἀγεννής 5, 50, 78. 19, 5. 20, 138. 23, 136. 24, 143. 32, 25. 33, 5. 38, 90.
ἀγέραστος 26, 242.
ἄγευστος 6, 111. 13, 148. 18, 174. 19, 199. 28, 304. 29, 11. 30, 163. 32, 39. 34, 4.
ἀγεώργητος 19, 124.
ἀγήραος, ἀγήρως 6, 76, 100, 124. 11, 171. 14, 24. 24, 264. 29, 5. 32, 37. 36, 21, 26, 26, 36, 60, 61, 74.
ἀγιάζω 2, 17, 18. 6, 118, 134. 8, 64. 17, 117. 19, 59. 28, 167.
ἀγίασμα 12, 47, 50. 16, 103.
ἅγιος 1, 89. 2, 16, 17, 17, 17, 17, 17, 18, 55. 3, 56, 56. 4, 8, 118, 125, 125, 135. 5, 94. 6, 101, 109, 134, 134. 7, 62, 64, 65, 133, 133. 8, 95, 95, 95, 95, 96, 96, 96, 173. 9, 23, 52. 10, 88. 12, 50, 53, 53, 95, 117, 125, 126, 126, 135. 13, 127, 143. 16, 104, 104, 169, 202. 17, 75, 84, 84, 110, 186, 196, 199, 226. 18, 94, 95, 95, 169. 19, 93, 100, 163, 196, 196, 196, 213, 213. 20, 192, 192. 21, 33, 34, 81, 82, 149, 207, 216, 234, 253, 253, 254. 22, 34, 123, 189, 189, 231, 231, 246, 251, 272. 23, 13, 14, 56. 26, 80, 87, 89, 114, 155, 158, 208. 27, 133. 28, 66, 100, 115, 124, 151, 234, 238, 238, 238, 245, 275, 296. 29, 157,

194, 194. 31, 105. 33, 77, 123, 123. 35, 65, 81. 37, 46. 38, 278.
ἁγιστεία 6, 27. 10, 17, 132. 12, 107. 13, 66. 14, 40. 16, 92. 17, 82. 21, 226. 28, 21, 74, 100, 109, 131. 31, 98. 38, 295. 39 (VIII 6, 6).
ἁγιστεύω 28, 215.
ἀγκαλίς 29, 251.
ἀγκιστρεύω 1, 166. 6, 21. 10, 115. 11, 24. 12, 102. 20, 172. 22, 51. 25, 296. 30, 101. 31, 67. 32, 40.
ἄγκος 21, 22.
ἄγκυρα 8, 142, 163.
ἀγκών 35, 45, 69. 38, 272.
ἁγνεία 5, 94. 7, 170. 22, 25. 23, 98. 26, 137, 152. 29, 56. 30, 81. 32, 37. 34, 84. 35, 68.
ἁγνευτικός 10, 8. 26, 149. 27, 158. 29, 148, 163.
ἁγνεύω 5, 50. 17, 185. 20, 44. 21, 81. 26, 68, 231. 27, 45, 128. 28, 107, 193, 274.
ἀγνοέω 1, 51, 87, 166. 2, 92. 4, 18, 69, 145, 173, 243. 5, 54. 6, 23, 79, 100. 7, 57, 59, 151. 10, 27. 11, 179. 13, 19, 88, 186. 14, 17. 15, 142, 144. 16, 35, 42, 170, 177. 17, 24, 301. 18, 146, 157. 19, 138, 168, 203. 20, 27, 88. 21, 26, 183. 22, 1, 100, 103, 164. 23, 26, 32, 56, 65, 129. 24, 56, 66, 67, 81, 120, 139, 163, 189, 193, 217, 250. 25, 1, 74, 84, 110, 137, 160, 162, 172, 185, 310. 26, 8, 188, 263. 27, 90, 91, 111, 132, 151, 154. 28, 70, 302, 332. 29, 9, 171. 30, 61, 104, 159, 180, 203. 31, 31, 32, 133, 169, 188, 188, 232. 32, 177. 34, 136. 36, 59, 72, 134, 139. 37, 76. 38, 40, 59, 155, 174, 178, 182, 190, 264, 303, 348. 39 (VIII 7, 12).
ἀγνοητέον 23, 53.
ἄγνοια 2, 35. 4, 91, 121. 6, 28. 8, 52. 9, 30. 10, 46, 135. 11, 161, 162. 12, 98, 108. 13, 6, 6, 154, 154, 155, 157, 158, 160, 161, 162, 203. 16, 140. 17, 240. 19, 8, 82. 20, 183. 21, 114. 22, 150. 24, 183, 194. 25, 12, 182, 222, 227, 273. 27, 8, 129. 28, 15, 53, 223. 29, 194. 30, 15, 35,

117. 31, 18, 49, 70, 198. 32, 172, 180. 33, 55. 37, 7. 38, 20, 31, 69, 127, 208. 39 (VIII 6, 2), (VIII 6, 3), (VIII 7, 14).
ἁγνός 24, 43, 43. 28, 107. 29, 30, 145. 33, 159. 35, 65.
ἀγνωμοσύνη 4, 2. 37, 141.
ἀγνώμων 7, 50. 15, 153. 20, 244. 21, 91. 22, 292. 26, 107. 27, 61. 28, 79, 241. 29, 137.
ἄγνωστος 1, 149. 20, 10. 28, 89. 31, 192.
ἀγονέω 29, 154. 32, 157. 33, 159.
ἀγονία 1, 38, 80. 16, 123. 19, 124. 23, 140, 249. 24, 30. 28, 92. 30, 35, 39, 62. 33, 130, 141. 35, 62.
ἄγονος 1, 38. 2, 9, 34, 34, 49. 4, 236. 9, 11. 10, 13. 11, 8. 12, 97. 13, 211, 212, 213, 220, 224. 16, 34, 69. 17, 204, 211. 18, 13. 20, 68, 68, 143. 21, 11, 17, 106. 22, 141, 192. 23, 247. 24, 59, 153. 25, 192. 26, 258. 27, 15. 28, 11, 330. 29, 199. 30, 36. 31, 229. 33, 108. 34, 75.
ἀγορά 1, 17. 6, 21. 9, 39. 12, 102. 21, 96. 22, 62, 91. 23, 20. 24, 50. 25, 103, 144. 26, 172, 212. 28, 320, 321. 29, 44. 30, 40, 51, 105, 160, 169, 171, 174. 31, 126. 33, 157. 34, 37, 56, 64, 74, 95, 138, 166, 174. 38, 122, 131.
ἀγοραῖος 31, 193.
ἀγορανομία 34, 6.
ἀγορανόμος 30, 74. 31, 193.
ἄγος (A) 7, 96. 8, 49. 11, 21. 13, 66. 15, 161. 19, 113. 23, 181. 24, 13. 25, 314. 30, 18, 42, 89, 92, 112, 127. 32, 199. 38, 30, 66.
ἄγρα 1, 147. 6, 29. 12, 103. 31, 120, 121.
ἀγραμματία 17, 210.
ἀγράμματος 7, 18. 34, 51.
ἄγραφος 17, 295. 23, 5, 16, 275, 276. 27, 1. 31, 149, 150, 150. 32, 194. 33, 150. 34, 104. 38, 115. 39 (VIII 7, 6).
ἀγρία 1, 169.
ἀγριαίνω 12, 103. 27, 89.
ἄγριος 1, 40, 83. 2, 49. 4, 76.

5, 111. 7, 105, 111. 11, 6, 19.
12, 41, 97, 98. 13, 224. 17,
137, 137, 211. 20, 117. 22,
67, ‹87›, 89. 23, 45, 266.
24, 171. 25, 61, 127, 192.
27, 78, 78, 78. 28, 74, 80.
29, 146, 205. 30, 145. 31,
103, 209, 229. 32, 2, 155.
33, 59, 91, 143, 149. 35, 8.
36, 64, 96. 37, 36. 38, 131.
ἀγριότης 24, 81. 25, 43. 27,
110. 29, 16, 94. 30, 103. 32,
87, 134. 33, 88. 34, 89. 37,
66. 38, 22.
ἀγριόω 30, 138.
Ἀγρίππας 37, 25, 39, 103. 38,
179, 291, 294.
Ἀγρίππας (König) 38, 261,
263, 268, 269, 325, 331, 333.
ἀγρόθεν 18, 123. 37, 185. 38,
127.
ἀγροικία 4, 2. 22, 165.
ἀγροῖκος 4, 2. 19, 1, 204, 209.
ἀγροικόσοφος 16, 75. 19,
209.
ἀγρονόμος 31, 21, 21.
ἀγρός 1, 129. 2, 21, 21, 22, 23,
23, 24, 24, 24. 3, 9, 10, 10.
4, 251. 7, 114, 114, 114. 10,
145, 154. 11, 14, 15, 152. 16,
55. 19, 3. 20, 74. 21, 7.
22, 257. 23, 138. 25, 262,
312. 29, 19, 115, 116, 119,
119, 216. 31, 20, 22. 32, 95.
33, 107. 34, 102. 37, 177.
ἀγρυπνέω 36, 70.
ἄγρυπνος 36, 70.
ἀγύμναστος 13, 198.
ἀγύρτης 6, 32.
ἀγχέμαχος 35, 17.
ἀγχιβαθύς 26, 35.
ἀγχίθυρος 11, 161. 13, 71.
ἀγχίνοια 1, 153. 11, 135. 13,
129. 16, 19. 18, 98, 121. 19,
125. 20, 193. 25, 154. 26,
185. 38, 142.
ἀγχίνους 20, 220. 32, 167.
ἀγχίσπορος 1, 144. 25, 279.
31, 14, 236. 32, 80.
ἀγχιστεύς 29, 114. 30, 129,
131, 133.
ἄγχιστος 19, 107.
ἀγχόνη 8, 27. 17, 269. 20,
62. 22, 44. 24, 150, 30, 161.
33, 151. 36, 20.
ἄγχω 29, 49. 31, 122, 217.
ἄγω 1, 44, 46, 49, 84, 85, [86],
88, 128, 149. 2, 18, 29, 50.
3, 9, 28, 29, 38, 40, 40, 84,

85, 104, 104. 4, 7, 74, 84, 109,
119, 130, 151, 156, 223, 223.
5, 58, 72, 86, 117. 6, 16, 32,
50, 50, 90, 101, 104, 106, 113.
7, 1, 7, 24, 173. 8, 31, 79, 92,
101, 102, 108, 127, 153, 154.
9, 44, 51. 10, 56, 142, 176.
11, 51, 69, 69, 69, 91, 113,
152, 157, 158, 166. 12, 3, 21,
37, 86, 145, 157, 162. 13, 6,
48, 50, 76, 125, 143, 148, 150,
164, 177, 195. 14, 35, 41, 61.
15, 3, 150, 165, 194, 195. 16,
10, 39, 76, 108, 171, 183, 191,
204, 219. 17, 6, 13, 46, 47,
70, 207, 241, 286, 288, 290.
18, 16, 24, 50, 78, 88, 114,
170. 19, 10, 21, 112, 118, 144,
173, 184. 20, 56, 112, 118,
120, 217, 239, 243. 21, 76,
88, 104, 168, 179, 209, 226,
241, 246. 22, 12, 170, 203,
282. 23, 4, 94, 96, 108, 229,
249, 251, 251, 253, 269. 24,
37, 44, 50, 98, 204, 209, 210,
221, 224, 233, 251. 25, 15,
52, 57, 58, 65, 119, 164, 164,
195, 196, 210, 237, 246, 290,
295. 26, 22, 23, 41, 100,
147, 189, 211, 214, 224. 27,
51, 81, 90, 96. 28, 55, 68,
102, 107, 108, 109, 132, 163,
181, 183, 186, 189, 215, 268,
315, 328, 336, 344. 29, 23,
36, 40, 42, 46, 52, 56, 95,
109, 149, 156, 158, 193, 196,
197, 200, 251, 251. 30, 13, 20,
22, 23, 27, 35, 52, 69, 70, 80,
101, 121, 121, 143, 162. 31, 2,
7, 72, 108, 112, 112, 167, 204,
213. 32, 6, 31, 48, 61, 125, 130,
171. 33, 117, 139, 140, 148,
167, 171. 34, 31, 48, 53. 35,
11, 19, 61, 83, 83. 36, 22, 22,
36. 37, 4, 93, 161. 38, 25,
47, 82, 116, 147, 155, 207, 216,
300. 39 (VIII 6, 4), (VIII 11,3),
(VIII 11, 14).
ἀγωγή 7, 16, 118. 8, 181. 10, 61,
119. 12, 177. 13, 193, 195.
18, 158. 20, 114.
ἀγώγιμος 10, 115. 17, 109. 20,
113. 34, 151.
ἀγωγός 22, 181. 23, 67. 24,
4. 31, 18, 97. 32, 15, 36.
ἀγών 1, 33, 78, 125. 3, 108.
5, 73. 6, 17. 7, 2, 23, 36, 42,
45, 141. 10, 147. 11, 59, 91,
110, 112, 113, 113, 115, 119,

119, 149, 151, 152, 160, 165.
12, 146, 160. 16, 82, 85, 200.
18, 165. 19, 36, 39. 20, 81,
106. 21, 132. 22, 145, 168. 23,
40, 48, 105, 235, 267. 24, 138.
25, 106, 215, 218, 222, 307,
309. 28, 57, 79. 29, 183, 246.
30, 127, 176. 31, 74. 32, 45.
33, 4, 6, 11, 13, 15, 22, 52,
93. 34, 21, 26, 112, 132.
35, 41. 37, 48, 85, 93. 38,
12, 29, 45, 349. 39 (VIII 11, 6).
ἀγωνία 20, 81. 27, 145. 31,
214. 32, 24. 33, 148. 38,
243, 266, 366.
ἀγωνιάω 38, 190, 330.
ἀγωνίζομαι 4, 242. 5, 74, 80.
11, 154. 12, 76, 175. 13, 177.
16, 75. 25, 318. 33, 15, 137.
34, 131, 133. 38, 194, 349.
ἀγώνισμα 4, 48. 11, 115. 12,
71. 13, 207. 22, 90. 25, 61.
26, 136, 236. 29, 259. 30,
18. 32, 39.
ἀγωνιστής 1, 78. 7, 29, 41.
16, 26. 17, 125. 20, 106. 21,
59. 23, 35. 25, 260, 315. 26,
242. 34, 113.
ἀγωνοθετέω 16, 27.
ἀγωνοθέτης 21, 130, 165.
Ἀδά 8, 75, 79, 83, 112.
ἀδακρυτί 17, 310. 24, 182.
25, 182.
Ἀδάμ 1, 149. 2, 90, 90, 90, 90,
92. 3, 9, 9, 13, 19, 31, 40, 40,
53, 64. 4, 1, 49, 49, 50, 54,
55, 66, 185, 222, 246. 5, 1,
10, 40, 54, 57. 8, 10, 34, 89,
91, 124. 12, 34, 46, 59, 60.
15, 169. 17, 52, 53, 257.
18, 58, 171. 20, 63. 21, 192.
22, 70.
ἀδάμας 23, 193. 25, 43.
ἀδεής 5, 99. 11, 47. 15, 13, 25.
25, 130. 28, 192, 261, 320.
29, 105. 31, 100, 117. 32,
97, 115. 33, 103.
ἄδεια (A) 3, 91. 5, 74, 92.
6, 23. 9, 52. 15, 163. 18,
158, 173. 22, 167. 24, 43,
85. 25, 193, 301. 27, 150.
28, 55, 108. 29, 42, 66, 68,
97, 109, 109, 145, 216. 30,
11, 23, 140. 32, 28, 111, 123.
34, 17, 57, 87, 148, 148, 149.
37, 40, 55, 67. 38, 28, 192.
39 (VIII 7, 19).
ἄδεια (B) 8, 98. 29, 122.

ἄδεικτος 7, 31. 15, 81. 16, 183.
17, 130. 20, 58, 264.
ἀδέκαστος 5, 17. 7, 21. 8, 59.
10, 18. 12, 106, 108. 13, 169.
15, 25, 121. 16, 95, 115. 17,
143. 20, 194. 22, 39, 138,
243, 292. 23, 128. 25, 33,
150. 28, 30, 259. 31, 64, 169.
ἄδεκτος 17, 98. 36, 23.
ἀδελφιδέος, ἀδελφιδοῦς 23,
212, 214, 215, 229, 231, 234.
26, 143, 153, 244, 278. 29,
132. 32, 53, 59, 59, 66. 33,
78, 109.
ἀδελφοκτονία 7, 96. 8, 49.
11, 21. 24, 13. 30, 16, 18.
32, 199.
ἀδελφοκτόνος 5, 52. 13, 66.
19, 60. 33, 68, 72, 74. 38,
234.
ἀδελφός 1, 12, 63, 151. 2,
30. 3, , 20, 24, 51. 4, 26,
71, 90, 180, 193, 242. 5, 40.
6, 1, 15, 129. 7, 1, 1, 5, 5, 5,
9, 16, 25, 39, 40, 46, 47, 57,
57, 62, 63, 66, 66, 66, 69,
79, 100, 110, 122, 126, 126,
132, 135, 165. 8, 30, 34, 52,
61, 61, 76, 76, 100, 100, 109,
120, 180, 183. 10, 119, 121.
11, 21, 84, 154. 12, 110. 13,
9, 61, 67, 67, 70, 70, 71, 72,
74, 76, 90, 95. 14, 12, 14,
32, 34, 51, 56. 15, 37, 90,
124. 16, 3, 22, 60, 66, 78, 78,
84, 159, 203, 208, 208. 17,
62, 291. 18, 18, 43, 176. 19,
4, 23, 23, 23, 36, 39, 44, 44, 45,
48, 49, 88, 89, 90, 90, 91,
127, 127, 211. 20, 92,
170, 171. 21, 46, 91, 109, 251.
22, 7, 33, 33, 41, 108, 111,
111, 111, 134, 142, 266. 24,
5, 6, 8, 9, 9, 10, 11, 12, 15, 163,
164, 168, 170, 171, 173, 175,
175, 178, 179, 180, 184, 185,
187, 188, 188, 200, 209, 210,
216, 217, 217, 218, 223, 223,
224, 225, 232, 233, 234, 235,
236, 237, 238, 247, 250, 251,
252, 261, 267. 25, 12, 16,
84, 85, 91, 97, 99, 103, 113,
126, 129, 180, 240, 242. 26, 9,
40, 142, 143, 153, 176, 176,
178, 179, 220, 244, 244, 256,
278. 27, 64, 64. 28, 112, 112,
114, 250, 253, 297, 316. 29,
73, 73, 79, 80, 127, 127,
132, 132, 136. 30, 14, 14,

18, 22, 23, 24, 26, 27, 27,
28, 65, 67, 131, 149. 31,
88, 135, 157. 32, 51, 82, 82,
91, 116, 140, 176, 208, 209,
222, 225. 33, 36, 57, 62, 78,
109, 134, 134, 148, 148, 155.
34, 1, 57, 57, 79, 142. 35, 7,
18. 36, 61. 38, 26, 38, 54,
84, 85, 85, 87, 87, 92, 234,
234.
ἄδεσμος 10, 114.
ἀδέσποτος 22, 295. 32 98.
ἀδηλέω 1, 61, 114. 13, 36. 15,
119. 18, 136. 21, 173. 22,
4, 17. 24, 7. 26, 263. 30, 61,
121. 36, 102, 121.
ἄδηλος 1, 43, 69. 2, 20. 4, 47.
5, 16. 7, 1. 10, 29. 11, 141.
13, 167. 15, 119. 16, 19,
80. 17, 179, 303. 18, 135,
138, 138, 152, 164. 19, 204,
205, 206, 206. 20, 65. 21,
23, 25, 91, 91, 156. 22, 2,
105. 23, 52, 86, 200. 24, 113,
115, 116, 140, 191. 25, 198,
280. 26, 6, 145, 164, 269. 27,
43, 128. 28, 27, 200. 30, 52.
31, 18, 201. 32, 29, 124, 124.
33, 55, 165. 36, 1, 1. 37, 24,
45, 129. 38, 38, 109, 173.
ἀδηλότης 10, 29. 20, 10. 32,
152. 38, 51, 322.
ἀδημονία 7, 98. 24, 90. 25,
120. 33, 151. 37, 167.
ἄδην, ἄδην 12, 162.
ᾅδης 8, 31. 17, 45, 78. 18,
57, 57. 21, 151. 25, 195. 26,
281. 38, 235.
ἀδηφαγέω 11, 66.
ἀδιάγωγος 4, 156. 6, 32.
ἀδιαίρετος 9, 27, 52. 11, 128.
17, 132, 233, 237, 308. 28,
137, 180, 287.
ἀδιάκοπος 3, 81. 7, 115.
ἀδιακόσμητος 36, 4, 89.
ἀδιάκριτος 1, 38. 7, 118. 30,
57.
ἀδιάλυτος 15, 103. 18, 89. 19,
112. 20, 135. 21, 17, 22.
31, 168. 32, 35.
ἀδιάστατος 1, 153. 4, 92. 7,
118. 8, 12. 12, 53, 89. 14,
28. 15, 115. 16, 32, 56. 17,
16, 76, 200. 18, 4, 134. 20, 86.
21, 147. 22, 290. 23, 138,
154. 24, 146. 25, 123. 26,
54, 184. 27, 24, 24, 26. 28,
169, 285, 338. 29, 20, 42,
56, 210, 220. 31, 161. 32, 6,

52. 33, 72, 102, 154. 36,
62, 75.
ἀδιάστροφος 23, 37. 28, 105.
29, 160.
ἀδιατύπωτος 2, 32. 6, 32. 21,
29. 30, 108.
ἀδιάφθαρτος 15, 25.
ἀδιάφθορος 1, 153. 8, 134. 16,
17, 31. 18, 165. 19, 114. 23,
157. 24, 112. 28, 191. 29,
30. 33, 13.
ἀδιαφορέω 10, 83. 11, 27. 12,
136. 15, 62, 81. 16, 39, 47,
80, 129. 17, 83. 19, 19, 173.
21, 182. 22, 224. 25, 123.
28, 212. 29, 13. 37, 60.
ἀδιάφορος 1, 74. 3, 17. 6, 99.
17, 253. 19, 152. 29, 46. 33,
70. 34, 60, 61, 83.
ἀδίδακτος 5, 71. 13, 13. 27,
59.
ἀδιεξήγητος 15, 15.
ἀδιεξίτητος 8, 36. 19, 57.
27, 149.
ἀδιερεύνητος 11, 23. 13, 195,
198. 16, 216. 18, 125. 29,
164. 36, 134.
ἀδικέω 1, 81, 128. 2, 51. 3,
68, 100, 100, 107. 4, 165.
5, 80. 6, 50. 7, 73. 8, 82, 82.
9, 46, 47. 10, 47, 68, 181. 11,
91, 92, 123. 13, 25, 26. 14, 32,
69. 15, 24, 25, 27, 69, 119, 120,
153, 161. 16, 219, 225, 225.
17, 6. 18, 151, 153, 163. 19,
25, 25, 78, 105, 158, 159, 160.
20, 47, 129, 195, 217, 217,
229, 242, 244. 21, 91, 103.
22, 137, 266. 23, 96, 213.
24, 20, 20, 52, 156, 228. 25,
40, 40, 54, 56, 67, 67, 67,
106, 111, 308, 308. 26, 204,
232. 27, 66, 123, 130, 139,
140. 28, 237, 279. 29, 11,
13, 26, 26, 44, 138, 218, 241,
247. 30, 75, 122, 140, 142,
158, 195, 201. 31, 5, 7, 9,
10, 17, 34, 34, 142, 142, 185,
197. 32, 84, 124, 141. 33,
137. 34, 128. 36, 75. 37, 1,
7, 52, 82, 96, 104, 105, 107,
115, 124. 38, 112, 123, 199,
206, 220.
ἀδίκημα 1, 152. 2, 35, 66.
3, 61, 107. 4, 77. 7, 146, 170.
8, 48. 10, 7, 128, 138, 138.
11, 89, 178, 180. 13, 73, 163.
14, 5, 31. 15, 15, 30, 60,
114, 116, 116, 160, 177. 17,

109, 172, 186, 289. 18, 57,
172. 19, 79, 108, 192. 21,
90, 122, 175, 199. 22, 170,
279. 23, 40, 97, 133. 24,
44, 170, 176, 212, 216, 220.
25, 102, 149, 303. 26, 59, 213,
227. 27, 2, 13, 91, 95, 121,
127, 130, 131, 173. 28, 102,
103, 127, 193, 229, 235, 243,
330. 29, 38, 49, 170, 232,
243. 30, 31, 65, 65, 72, 73,
74, 87, 90, 90, 102, 134, 143,
149, 156, 167, 181. 31, 17,
32, 84, 196, 198. 33, 157.
37, 73, 80, 130, 146.
ἀδικία 1, 73, 79. 2, 73. 4, 211,
211. 5, 71. 6, 15, 22. 7, 72.
8, 52, 93. 9, 5. 10, 112, 122.
11, 17, 44, 83, 112, 113. 14, 46.
15, 21, 90, 108, 117, 130, 150,
152, 163. 16, 60, 124. 17,
161, 162, 163, 209, 243, 245,
284. 20, 182, 189, 197. 21,
40, 233. 23, 242. 24, 70.
26, 53. 28, 214, 215, 270.
29, 204. 30, 128. 31, 141.
32, 180. 33, 15, 23, 52, 105.
33, 159. 34, 56. 35, 2, 17,
70. 36, 2. 38, 85.
ἀδικοπραγέω 27, 89, 177. 29,
15. 30, 182. 31, 199.
ἄδικος 2, 35. 3, 18. 5, 15, 32. 6,
32. 7, 71, 134, 143. 8, 32. 9, 2,
3, 4. 10, 49, 85, 126, 170.
11, 20, 95, 118. 13, 187, 194.
14, 42, 46. 15, 27, 83, 121,
129. 16, 61, 61. 17, 77, 90,
162, 162. 18, 57, 101. 19, 82,
145. 20, 50, 153, 238, 243.
21, 236. 22, 182, 194. 23, 33,
103, 104, 211. 24, 143. 25,
45, 58, 95, 140, 142, 281, 311.
26, 107, 156. 27, 61, 140.
28, 204, 277, 295. 29, 14,
253. 30, 85, 164, 209. 31, 2,
14, 36, 39, 42, 44, 44, 54,
63, 66, 76, 77, 121, 143, 158,
194, 204, 215, 217, 218, 224.
32, 98, 174, 182, 194. 33,
154, 154. 34, 79. 36, 112, 112.
37, 132, 141, 173. 38, 105. 39
(VIII 7, 8), (VIII 7, 8).
ἀδιοίκητος 6, 32.
ἀδιόρθωτος 6, 32.
ἀδόκιμος 4, 119. 7, 162. 15,
34, 198. 21, 227. 22, 284.
ἀδολεσχέω 4, 43, 43.
ἀδολέσχης 6, 32.
ἀδόλεσχος 7, 130.

ἄδολος 1, 136. 2, 77. 8, 133.
10, 22. 13, 49. 17, 95, 110,
129. 19, 78. 21, 218. 22, 133.
24, 67, 72, 148. 25, 63, 150.
27, 58, 65. 29, 258. 31, 161,
194. 32, 62, 124. 34, 109.
ἀδοξέω 7, 41, 34, 23. 37, 31.
ἀδοξία 9, 29. 14, 38. 15, 16,
18, 112. 17, 212, 284. 23, 106.
24, 131. 29, 208. 32, 5, 10,
37, 166. 34, 34, 151.
ἄδοξος 7, 34. 10, 111. 11, 61.
13, 195. 19, 16. 21, 155.
25, 51. 27, 42, 71. 31, 74,
172. 32, 32, 174. 34, 120. 38,
13.
ἄδουλος 34, 40.
ἀδούλωτος 12, 68. 17, 275.
21, 114. 22, 79, 122. 25, 39.
30, 91. 34, 23, 23, 88, 95, 102,
111, 114, 159.
ἄδραστος 22, 141.
ἀδρομερής 17, 142.
ἀδρός 11, 115. 20, 269. 23, 26.
ἀδυναμία 17, 212. 32, 167.
ἀδυνατέω 2, 86. 4, 1, 39, 54,
92, 132, 147, 202. 5, 129. 6,
36, 61. 7, 6, 127, 149. 8, 22,
145. 9, 20, 31. 10, 28, 56,
63, 111, 116. 11, 33, 48, 74. 12,
80. 13, 32, 64, 185. 14, 42,
58. 15, 155. 16, 148. 17, 12,
72, 142, 238, 269. 18, 60.
19, 38, 43. 20, 56, 56, 173,
209, 224. 21, 44. 23, 112,
135. 26, 145. 27, 116, 146.
28, 40, 72. 29, 247. 30, 35,
78. 31, 3, 81, 111, 199. 32, 12,
24, 31, 88, 183. 33, 29, 121,
130. 34, 63, 87. 35, 76. 38, 6.
ἀδύνατος 2, 34, 91. 3, 4, 93.
4, 4, 10. 5, 58, 59. 6, 123.
7, 154, 155. 8, 5. 7, 9, 9,
28. 10, 180. 11, 141. 12, 81,
96. 13, 155. 14, 30. 16, 46.
17, 132. 18, 67. 20, 34, 36,
49, 50, 210, 236. 21, 155. 22,
120, 122. 23, 80. 25, 174.
26, 261. 28, 32, 282, 341.
29, 136. 33, 49. 36, 21, 23,
46, 82, 89, 104. 38, 68.
ἀδυσώπητος 28, 152. 37, 177.
ἄδυτος 2, 62. 5, 95. 7, 40.
8, 14, 173. 10, 9. 13, 135.
17, 82. 18, 168. 19, 162. 22,
232. 26, 82, 87, 95, 152, 154,
174, 178. 28, 23, 84, 231, 274,
275, 297. 33, 75. 38, 188,
306, 308.

ἄδω 3, 21, 103. 4, 221. 6, 131.
7, 131. 8, 106, 114, 163. 10,
74, 150. 11, 79, 81, 81, 82,
82, 94. 12, 63, 126, 127, 131.
13, 79, 94, 95, 121. 14, 13,
36. 15, 35, 49. 16, 60, 108,
113, 128. 17, 21, 262. 18, 15,
115. 19, 50, 59, 178. 20, 20,
115, 143, 169. 21, 37, 75, 233,
233, 256. 22, 38, 242, 269,
269, 270, 271. 25, 180, 255,
284. 26, 29, 162, 239, 256.
28, 342. 29, 220. 34, 91,
114. 35, 14, 80, 80, 84, 87.
36, 57, 139. 38, 96, 284.
ἀδωροδόκητος 10, 50.
ἄδωρος 22, ‹44›.
ἀεί → αἰεί
ἀειδής 7, 31, 86, 87. 8, 14, 15.
9, 54. 12, 21, 126. 15, 100,
147. 16, 5. 19, 72. 20, 7.
21, 188. 23, 75, 79. 25, 158.
28, 20.
ἀειθαλής 1, 153. 6, 25. 11,
171. 20, 140. 31, 181. 34, 69.
ἀεικίνητος 4, 234. 6, 127. 23,
155. 36, 84.
ἀειπάρθενος 2, 15. 17, 170.
18, 7. 19, 50. 20, 194, 196.
26, 210. 35, 65.
ἀέναος, ἀέννaος 1, 168. 5,
123. 6, 66. 8, 129, 151. 11,
105. 12, 91, 121. 14, 53. 15,
182. 18, 120. 19, 137, 198.
22, 183, 245. 23, 42, 157.
25, 189, 212. 28, 277, 285,
303. 29, 20, 180. 32, 6, 10,
79. 33, 168. 38, 9, 101.
ἀέξω 1, 104.
ἀεροβατέω 7, 152.
ἀερομυθέω 16, 138.
ἀερόμυθος 6, 32.
ἀεροπορέω 25, 218. 30, 5.
ἀεροπόρος 1, 63, 65, 84, 147.
5, 111. 17, 238. 27, 115. 28,
162. 35, 8, 54. 36, 45.
ἀερώδης 21, 145.
ἀετός 8, 161. 17, 154. 23, 266.
ἀζήμιος 14, 5, 42. 15, 153.
25, 67. 27, 114. 28, 224.
32, 93. 34, 59. 38, 287.
ἀζήτητος 4, 47.
ἄζυγος 28, 268.
ἄζυμος 6, 62. 18, 161, 162, 168,
168. 28, 181. 29, 41, 150, 158,
158, 158, 159, 161. 35, 81.
ἄζυξ 17, 125.
ἄζωστος 35, 72.
ἀηδής 7, 99. 25, 108. 28, 301.

ἀθρέω 5, 58. 21, [188].
ἀθροίζω 22, 187. 24, 158, 258.
26, 163, 278. 27, 32, 36.
28, 56. 30, 80. 32, 67.
34, 138. 35, 65. 38, 199,
216.
ἄθροισμα 7, 8. 32, 73.
ἀθρόος 1, 34, 41, 57, 71, 80,
130, 158. 4, 163, 163, 164. 5,
61, 62, 76. 6, 40, 41. 7, 7, 117.
8, 53, 138. 10, 18, 41, 113.
11, 39, 126, 129. 12, 31, 160.
13, 44, 148, 221. 14, 58. 15,
17, 30, 48. 16, 9, 31, 121,
144, 156. 17, 204, 279. 19,
186, 200. 20, 115, 150, 225.
22, 13, 84. 23, 42, 110, 138,
199. 24, 217, 219, 246. 25,
18, 100, 118, 136, 180, 211,
233. 26, 10, 30, 154, 282,
283, 288. 27, 39, 169. 28,
182, 224. 29, 191, 220. 30,
160. 31, 45, 85, 140, 222.
32, 33. 33, 106, 159, 164.
34, 102. 35, 83. 36, 82, 89,
91, 92, 92, 143, 146. 37, 1,
114, 137, 153, 165. 38, 9, 67,
73, 80, 124, 134, 186, 190, 221,
223, 225, 267, 342, 348. 39
(VIII 11, 4).
ἀθυμέω 24, 181. 25, 40, 184,
192. 29, 87. 38, 184.
ἀθυμητέον 15, 104.
ἀθυμία 24, 247. 25, 181. 33,
151.
ἄθυμος 10, 65.
ἄθυρμα 29, 193. 35, 52. 37,
36, 85. 38, 168.
ἄθυρος 19, 85. 22, 147, 165.
ἀθύρω 36, 42.
ἄθυτος 5, 94. 12, 108. 26, 107,
162. 28, 56, 223. 30, 125.
31, 122. 32, 40.
ἀθῷος 4, 150. 28, 204. 30,
61, 196.
Ἄθως 22, 118.
Αἰγαῖον 37, 151.
αἴγειος 16, 97.
Αἴγειρα 36, 140.
αἴγειρος 36, 64.
αἰγιαλῖτις 26, 42.
αἰγιαλός 1, 113. 25, 176. 26,
42, 255. 36, 42, 122. 37, 56,
122. 38, 127.
Αἰγυπτιακός 4, 212. 11, 62.
16, 160. 17, 203. 18, 163.
19, 90. 22, 281. 25, 284.
26, 161, 169, 193, 196, 270.

28, 2, 79. 30, 125. 37, 17,
29. 38, 163, 166, 205.
Αἰγύπτιος 3, 103. 4, 13, 37,
38, 242. 6, 48, 51, 130. 7,
93, 95. 8, 2, 96, 158. 13,
36, 95, 208. 15, 36, 70, 70.
16, 14, 141. 18, 1, 20, 20,
71, 84. 19, 18, 19, 148, 179,
180. 20, 117, 118, 170. 22,
88, 106, 109, 259, 277, 280.
23, 93, 107, 251. 24, 201,
203, 237, 250. 25, 17, 23, 24,
91, 98, 101, 109, 134, 145, 147,
172, 178. 26, 19, 19, 193, 194,
195, 248. 27, 76. 30, 23.
32, 106, 107. 33, 90. 34,
125. 35, 8, 8. 37, 78, 80, 92.
38, 80, 166.
Αἴγυπτος 3, 59, 77, 84, 87.
4, 38, 81, 94, 175, 212, 212.
6, 51, 62, 118, 134, 134. 7,
38, 39, 46, 94, 94, 177. 8,
29, 60, 62, 62, 96, 155, 156,
165. 10, 174. 11, 64, 84, 88,
88, 89. 13, 111, 210. 14, 13.
15, 29, 72, 81, 88, 92. 16,
18, 20, 21, 23, 29, 54, 76,
77, 151, 154, 159, 160, 162,
201, 202, 204. 17, 79, 80,
251, 255, 255, 315, 316, 316.
18, 21, 83, 83, 85, 86, 118,
164. 19, 18, 180. 20, 20, 90,
97, 97, 125, 173, 174, 207.
21, 114, 220, 240. 22, 5, 43,
109, 123, 189, 216, <255>, 255,
258, 266, 300. 23, 92, 103.
24, 15, 27, 37, 117, 121, 135,
151, 157, 159, 161, 164, 184,
186, 188, 195, 238, 242, 248,
251, 254, 255, 259. 25, 5, 5,
21, 34, 36, 84, 85, 86, 99,
107, 112, 113, 114, 116, 118,
120, 122, 143, 149, 163, 164,
167, 171, 179, 193, 202, 210,
216, 237, 240, 247, 290. 26,
1, 29, 246. 27, 80. 28, 5.
29, 146, 217, 250. 32, 106.
34, 125. 35, 21. 36, 62. 37,
2, 3, 43, 45, 45, 93, 152, 158,
163. 38, 139, 148, 250, 281,
338. 39 (VIII 6, 1), (VIII 6, 1).
αἰδέομαι 3, 65, 65, 65. 5, 95.
9, 47. 11, 61. 12, 162. 15,
173. 19, 6. 21, 99, 107. 22,
208, 292. 23, 135. 24, 48.
25, 36. 28, 115. 29, 11, 193,
234, 237, 238. 30, 21, 32. 31,
119, 188, 201. 33, 116, 164.
36, 108, 134. 37, 81, 181.

αἴδεσις 39 (VIII 6, 6), (VIII
6, 8).
αἰδήμων 32, 182.
ἀίδιος 1, 7, 67, 171. 4, 101,
148. 5, 2, 4, 9, 25. 7, 143.
8, 39. 10, 92, 108. 12, 8, 18.
13, 224. 15, 41. 17, 169.
19, 97, 173. 20, 122, 140.
22, 14. 23, 55, 76. 24, 265.
26, 52, 65. 27, 41, 60, 64,
134. 28, 20, 28, 47. 29, 166.
31, 73, 141. 32, 204, 214.
36, 7, 9, 9, 53, 53, 55, 55,
62, 69, 69, 70, 70, 75, 113,
116, 118, 119, 130, 130, 131,
132.
ἀιδιότης 1, 12, 44. 18, 56.
20, 122. 23, 55. 32, 65. 36,
36, 52, 55, 75, 105.
αἰδοῖος 28, 83.
αἰδώς 1, 152. 3, 65, 65. 6,
26, 27. 8, 147, 181. 15, 37,
116. 17, 128. 18, 13, 124.
19, 3, 3, 3, 5, 6, 119.
20, 201, 217. 21, 97, 124.
22, 62, 80. 23, 94, 153. 24,
107, 153, 222, 246, 257. 25,
20, 84, 161. 26, 234. 29, 26.
30, 14, 25, 51, 54, 56, 176,
209. 31, 2, 140. 32, 122, 195.
33, 64, 97, 97, 106. 34, 87.
35, 33, 81. 36, 16, 20. 37,
28, 89. 38, 5, 36, 242, 204,
276, 293, 352. 39 (VIII 7, 12).
αἰεί, ἀεί 1, 33, 43, 92, 94, 100,
140, 140, 141, 168, 171, 172.
2, 29, 72, 89. 3, 12, 59, 83.
4, 11, 25, 25, 27, 27, 47, 53,
68, 69, 125, 131, 139, 149,
164, 216, 219, 222, 252.
5, 33, 51, 66, 70. 6, 32, 38,
42, 44, 63, 66, 76, 79, 92,
116, 127, 127, 134, 134, 137.
7, 74, 113, 133, 178. 8, 11, 18,
18, 19, 22, 24, 25, 30, 45, 94,
116, 119, 134, 134, 143, 145,
145, 163, 165. 9, 1, 33, 42,
49, 52, 55. 10, 34, 111, 119,
137, 166, 176. 11, 13, 23, 34,
35, 36, 45, 56, 56, 78, 90, 97,
121, 122, 159. 12, 7, 25, 31,
58, 81, 89, 113, 127, 131, 159,
161, 162. 13, 5, 13, 24, 27,
49, 53, 61, 145, 159, 169, 174,
182, 211, 224. 14, 12, 24.
15, 2, 7, 14, 21, 30, 43, 52,
69, 85, 101, 112, 115, 122, 130,
148, 161. 16, 11, 26, 67, 85,
111, 128, 162. 17, 17, 32, 35,

48, 71, 109, 128, 161, 205, 206,
227, 234, 241, 252, 269, 292,
295. 18, 4, 33, 47, 58, 103.
19, 27, 51, 57, 63, 64, 114,
114, 146, 186, 200. 20, 2, 60,
60, 88, 126, 151, 167, 196, 198,
217. 21, 9, 33, 35, 44, 45,
110, 117, 126, 151, 155, 192,
211, 223, 234. 22, 6, 10, 47,
74, 100, 104, 112, 114, 115,
133, 184, 186, 220, 237, 278,
282, 288. 23, 28, 47, 141, 213,
215, 222, 246, 253. 24, 5, 7,
41, 41, 65, 141, 159, 162, 213,
264, 265. 25, 4, 8, 10, 14,
31, 46, 48, 148, 149, 168, 181,
190, 204, 231, 257, 265, 295,
328. 26, 18, 41, 69, 169, 215,
222, 245, 262, 279. 27, 49,
50, 53, 57, 67, 74, 82, 83, 87,
95, 96, 100, 101, 113, 149, 152,
178. 28, 27, 33, 64, 76, 113,
115, 127, 133, 148, 178, 224,
229, 243, 250, 252, 285, 288,
288, 296, 301, 342. 29, 19,
27, 46, 48, 60, 71, 83, 116,
129, 168, 173, 187, 195, 200,
228. 30, 1, 1, 4, 17, 29, 40,
123, 151, 172, 181, 195, 197
31, 24, 51, 60, 68, 105, 139,
161, 165, 169, 173, 180, 187.
32, 6, 9, 18, 20, 22, 55, 94,
107, 114, 130, 131. 33, 15,
24, 26, 27, 34, 70, 72, 84,
88, 98, 102, 104, 104, 134, 154,
166, 169. 34, 11, 12, 138, 155.
35, 11, 26, 69. 36, 1, 17,
61, 64, 69, 73, 109, 112, 128,
138, 147. 37, 4, 35, 44, 87,
133, 143, 153, 166, 180. 38,
18, 44, 63, 85, 85, 165, 186,
198, 200, 211, 310, 325, 366.
39 (VIII 7, 5), (VIII 7, 10),
(VIII 7, 13), (VIII 7, 16).
αἰθέριος 4, 161, 161. 9, 62.
10, 78. 12, 3, 18. 15, 4, 5,
95. 17, 87. 19, 138. 22, 67.
26, 158, 258. 27, 44. 31,
123, 123. 33, 84. 36, 30,
119, 147.
αἰθεροβατέω 16, 184. 17,
238. 28, 37, 207. 29, 45.
αἰθερώδης 21, 145.
αἰθήρ 1, 70. 4, 161, 202. 9,
62. 12, 14, 18, 21, 22. 15,
156. 17, 79, 87, 88, 240, 283.
20, 72, 179. 21, 22, 54, 139,
145. 24, 78. 25, 217. 26,
154, 194, 285. 30, 2, 185, 187.

31, 115, 236. 32, 75, 183.
33, 36, 36, 37. 34, 99. 36,
102. 38, 347.
Αἰθιοπία 2, 63, 68, 68, 85.
25, 99. 37, 43.
Αἰθιόπισσα 3, 67, 67, 67.
Αἰθίοψ 10, 174.
αἰθρία, ἡ 1, 58, 113. 6, 90.
17, 208. 21, 202. 22, 166.
23, 79. 25, 41, 125. 29, 143.
31, [52].
αἴθυια 4, 155. 7, 101. 31, 113.
35, 55.
αἴθω 15, 156.
αἰκία 4, 201. 7, 51. 11, 116.
25, 44. 27, 170. 29, 94, 95.
30, 159, 181. 31, 84. 33, 140.
34, 25, 106. 35, 42. 37, 59,
71, 72, 96, 117. 38, 128, 302.
αἰκίζω 4, 33, 38. 7, 99. 8,
184. 11, 117. 15, 47. 19, 121.
23, 104. 25, 44. 30, 159.
37, 75, 84, 173, 173. 38, 128.
Αἰλίμ, Αἰλείμ 19, 183, 183,
183. 25, 188.
αἴλουρος 27, 79.
αἷμα 2, 91. 3, 56. 4, 202. 7,
69, 79, 79, 80, 80, 81, 83, 84,
91, 92, 100, 177. 11, 21, 154.
13, 87. 16, 83. 17, 54, 54,
55, 56, 56, 57, 58, 64, 182,
182, 185, 277. 19, 188, 190.
21, 30, 74, 74, 221. 22, 259.
23, 67, 198. 24, 14, 22, 53,
78, 240. 25, 81, 99, 99, 101,
130, 144, 284, 303. 26, 150,
152, 152, 230. 28, 62, 110,
137, 160, 199, 204, 205, 205,
218, 231, 231, 233, 254, 268,
268, 317. 29, 128. 30, 25,
91, 91, 150, 150, 155. 31,
19, 119, 122, 123, 123, 123,
125, 178. 32, 2, 79, 102, 195,
199. 33, 68, 109, 144. 34,
25, 99. 35, 15, 72. 36, 128.
37, 190. 38, 54, 75, 97, 235,
356.
αἱμασιά 20, 74. 25, 271.
αἱμοειδής 28, 216.
αἱμορραγία 25, 99.
αἱμωπός 38, 266.
Αἰνάν 19, 149.
αἴνεσις 4, 26. 28, 224, 224.
αἰνετός 12, 95, 117, 126, 135.
21, 33, 35. 23, 13.
αἰνέω 19, 59.
αἴνιγμα 4, 103, 226, 226, 231,
233. 17, 262. 22, 3, 4.
αἰνιγματιστής 4, 225.

αἰνιγματώδης 17, 63. 22, 3.
28, 200.
αἰνίσσομαι, αἰνίττομαι 1,
154. 5, 21, 60. 7, 155, 178.
8, 18. 9, 58. 10, 21. 11,
95, 110. 12, 48. 13, 96, 100,
223. 14, 49, 58. 15, 96, 158.
16, 7, 65, 223. 17, 54, 116,
128, 243, 290. 19, 157. 20,
7. 21, 218. 22, 14, 74, 222.
23, 83, 166. 26, 102, 106,
128, 131, 147, 150, 180, 186,
207, 244. 28, 9, 23, 89, 173,
206, 260, 269, 289. 29, 89,
147. 31, 66, 109, 113, 137,
144. 33, 17, 63, 113, 131. 34,
2, 29, 68, 153. 35, 17. 36,
4, 111, 121. 38, 181.
αἴξ 1, 85. 11, 61. 17, 106, 126.
21, 189, 197, 198, 199. 22,
19. 28, 135, 163, 165. 29,
35. 32, 95. 34, 30. 38, 76.
αἰπόλιον 21, 198. 22, 152.
24, 257. 25, 133. 28, 136,
141, 163. 32, 126. 33, 107.
36, 79.
αἰπόλος 1, 85. 6, 104. 11, 48.
22, 152. 31, 22. 32, 144.
34, 30. 38, 76.
αἱρεσίμαχος 25, 24.
αἵρεσις 5, 30. 8, 78. 9, 18.
10, 49. 12, 45, 147, 151.
13, 171. 17, 241. 18, 110,
130. 20, 153. 23, 215. 26,
160, 176, 177, 278. 28, 340.
29, 228, 228. 31, 108, 157,
157. 32, 60, 185, 205. 33,
16, 54, 78. 34, 83. 35, 29.
αἱρετέος 2, 65.
αἱρετός 5, 6. 8, 39. 10, 163.
13, 155. 18, 80. 20, 197, 22,
20. 30, 98. 33, 138. 34, 61.
αἱρέω 1, 10, 156. 2, 86. 3,
51. 4, 16, 52, 156. 5, 41, 76.
6, 31, 37, 46, 47, 81. 7, 1,
175. 8, 67, 75, 75, 119. 9,
21. 10, 27, 50. 11, 48, 59.
12, 81, 147. 13, 123, 150,
160, 166, 169, 169, 178. 15,
39, 112, 133, 178. 16, 189.
17, 77, 178, 206. 18, 82, 84,
176. 19, 3. 20, 51, 151, 227.
21, 7, 174. 22, 14, 32, 122,
144. 23, 86, 221, 257. 24,
77, 161. 25, 37, 83, 111, 161,
216, 221, 222, 243, 253, 254,
259, 306, 332. 26, 3, 31, 88,
141, 142, 176. 27, 175, 177.
28, 54, 162, 219, 280, 303.

2*

29, 15, 31, 44, 93, 166, 173.
30, 30. 31, 9, 21, 158, 170,
173, 174, 175. 32, 25, 57, 63,
66, 68, 184, 184, 185, 205,
206. 33, 11. 34, 120. 35,
83. 36, 41, 81, 104, 128. 37,
74, 140. 38, 215, 239, 301,
343, 369. 39 (VIII 6, 6).
αἴρω 1, 41, 70, 163. 3, 58.
8, 110, 136. 9, 66. 10, 137.
11, 154. 15, 4, 18, 57, 74, 90.
16, 184. 17, 20, 241, 305.
18, 159. 19, 40. 20, 22, 67,
81, 154, 265. 21, 107, 115,
131, 154, 211. 22, 98, 171,
207, 245. 23, 42, 43. 24,
102, 138, 149, 181, 187, 195.
25, 85, 115, 180, 181, 185,
217, 218, 218, 233, 250, 290.
26, 54, 90, 96, 136, 173. 28,
37, 44, 57, 300, 330. 29, 230.
30, 105, 127. 31, 74, 128.
32, 45, 135, 201. 33, 8, 27,
80, 152. 35, 3 36, 63, 86,
135. 37, 144. 38, 227.
αἰσθάνομαι 2, 22. 3, 64, 64,
68, 69, 69, 70, 71. 4, 198, 216,
216, 216. 5, 73. 6, 2, 20, 106,
125. 8, 36, 42. 10, 16. 11,
167. 12, 80. 14, 30. 15, 53,
125, 165. 16, 8. 17, 29, 73,
107. 18, 99, 101, 127. 19,
135, 135. 20, 56. 21, 21. 22,
83, 162, 293. 23, 126. 24,
48, 244. 25, 56, 243. 26, 252.
28, 62. 30, 35, 115. 31, 81,
233. 32, 39. 33, 72, 93, 94,
129, 171. 34, 31, 58. 37, 2,
98, 121, 124, 141. 38, 174,
300.
αἴσθησις 1, 31, 53, 62, 62,
112, 117, 120, 130, 130, 139,
139, 147, 162, 165, 165, 165,
166, 166. 2, 1, 1, 1, 1, 1, 1,
11, 19, 21, 22, 22, 22, ⟨22⟩,
25, 25, 26, 26, 26, 26, 27,
27, 27, 28, 28, 28, 28, 29, 29,
29, 29, 30, 30, 39, 39, 103,
104. 3, 4, 5, 6, 8, 9, 14, 24,
24, 24, 25, 25, 25, 26, 30, 30,
30, 36, 37, 38, 38, 38, 39,
40, 41, 42, 43, 44, 44, 44, 45,
46, 49, 49, 49, 50, 50, 50, 50,
64, 67, 69, 69, 70, 70, 70,
71, 71, 71, 73, 76. 4, 17, 20,
21, 22, 41, 41, 44, 44, 49, 50,
50, 50, 56, 57, 57, 57, 58, 58,
59, 60, 61, 61, 64, 64, 67, 81,
81, 103, 108, 108, 108, 109,

109, 111, 111, 112, 112, 115,
182, 182, 183, 183, 184, 184,
185, 185, 185, 188, 198, 198,
199, 200, 200, 200, 200, 202,
203, 211, 216, 216, 219, 220,
220, 220, 221, 222, 222, 222,
224, 224, 225, 234, 234, 235,
243, 251, 251. 5, 41, 41, 41,
52, 57, 58, 58, 58, 60, 65, 65,
70, 70, 70, 71, 73, 97, 113,
117, 124. 6, 31, 49, 78, 97,
104, 105, 106. 7, 17, 25, 33,
34, 52, 53, 54, 54, 85, 99,
100, 109, 110, 159, 171. 8, 36,
55, 56, 56, 98, 126, 127, 135,
137, 159, 177. 9, 8, 17. 10,
41, 41, 42, 43, 62, 150. 11,
30, 34, 58, 80, 80, 89, 97, 97.
12, 14, 28, 50, 83, 133, 133,
159. 13, 8, 46, 58, 63, ⟨70⟩,
71, 108, 133, 161, 169. 14,
2, 12. 15, 19, 52, 53, 90, 105,
106, 110, 123, 125, 126, 127,
133, 133, 194, 194. 16, 2, 2,
3, 5, 7, 10, 50, 77, [99], 100,
100, 104, 137, 187, 188, 190,
190, 191, ⟨191⟩, 192, 195, 195,
197, 197, 199, 200, 201, 203,
203, 203, 204, 204, 205, 206,
209, 212, 213, 213, 214, 214,
219. 17, 15, 42, 52, 52,
53, 63, 66, 69, 71, 73, 85, 89,
89, 98, 106, 107, 108, 108,
109, 110, 111, 111, 118, 119,
126, 129, 132, 142, 184, 186,
246, 257, 257, 315. 18, 20, 21,
21, 21, 27, 27, 81, 92, 96,
97, 99, 100, 100, 143, 143, 143,
144, 144, 144. 19, 22, 45, 45,
46, 71, 91, 92, 101, 109, 134,
135, 182, 188, 189, 189, 189,
190, 192, 192, 193. 20, 7, 56,
56, 110, 118, 157, 164, 205,
223. 21, 20, 25, 27, 32, 33,
41, 42, 42, 42, 43, 44, 44, 46,
49, 53, 55, 55, 59, 68, 69,
70, 77, 79, 79, 81, 84, 88, 89,
118, 119, 135, 146, 174, 177,
180, 246. 22, 13, 16, 51, 65,
109, 165, 267, 292. 23, 29,
57, 60, 64, 72, 74, 118, 147,
149, 154, 156, 159, 164, 165,
236, 238, 239, 240, 243, 2 44.
24, 49, 114, 130, 142. 25,
11, 105, 124, 125. 26, 27, 81,
81, 82, 148, 199, 201, 211, 227.
27, 35, 147. 28, 17, 19, 26,
27, 29, 46, 99, 100, 174, 193,
201, 201, 211, 219, 293, 298,

321, 333, 337, 339, 344, 344.
29, 89, 163. 30, 111, 161, 182,
184, 192, 195. 31, 25, 92,
100, 123, 188, 192, 197, 200.
32, 11, 12, 200. 33, 26, 28,
29, 143. 34, 11, 66. 35, 10,
27, 45. 36, 1, 15, 77. 37, 159.
38, 2, 12, 21, 43, 168.
αἰσθητήριον 2, 104. 4, 183,
235. 7, 15. 8, 112. 13, 155,
201. 15, 20.
αἰσθητικός 1, 65, 66, 67. 3,
24, 35, 37, 45. 4, 21, 26, 41,
111, 172, 183, 185. 5, 59, 59,
64. 6, 75. 8, 127. 10, 42.
13, 105, 171. 16, 119. 28,
18. 31, 123.
αἰσθητός 1, 12, 12, 12, 16, 16,
19, 25, 27, 31, 31, 34, 36, 36,
37, 41, 49, 53, 55, 70, 71, 82,
101, 101, 129, 134, 135. 2, 1,
22, 22, 22, 24, 24, 24, 24,
25, 26, 26, 26, 27, 27, 27,
28, 28, 29, 29, 29. 3, 36, 70,
71, 107. 4, 11, 15, 16, 17, 18,
44, 58, 60, 109, 109, 179, 184,
198, 200, 220, 224, 251. 5,
57, 65, 97, 97. 6, 105, 106.
7, 4, 4, 15, 25, 53, 100, 109,
110. 8, 5, 98, 99. 9, 61. 10,
31, 32, 58, 58. 11, 34, 42,
58, 80. 12, 14, 50, 118. 13,
30, 54, 61, 63, 70, 132, 133,
134. 14, 3, 4, 55. 15, 72, 78,
81, 81, 96, 97, 98, 99, 104,
133. 16, 13, 13, 20, 28, 95,
100, 101, 101, 102, 103, 104,
105, 141, 190, 191, 195, 198,
199, 207, 209, 214. 17, 14, 51,
60, 71, 75, 75, 88, 89, 109, 110,
111, 126, 131, 134, 134, 185,
209, 242, 263, 280, 289. 18,
20, 21, 21, 25, 31, 50, 51, 52,
100, 103, 106, 117. 19, 134,
189, 190. 20, 3, 3, 6, 7, 44,
65, 92, 93, 93, 96, 111, 116,
117, 117, 118, 118, 118, 180,
180, 267, 267. 21, 43, 44, 72,
79, 82, 84, 119, 157, 185, 186,
188, 215. 22, 107, 283. 23,
29, 52, 77, 79, 84, 88, 119,
200, 243. 26, 74, 82, 82, 82,
127, 263, 271. 27, 59. 28,
6, 17, 20, 279, 288, 302. 29,
56, 57, 141, 185. 30, 111, 191.
32, 212, 214. 33, 36, 45.
34, 111. 35, 11, 27. 36, 1, 1,
15, 15, 46, 112, 133. 38, 290,
319, 320.

αἴσιος 5, 33. 11, 169. 12, 161.
17, 9. 22, 142. 24, 6, 210.
25, 282, 329. 26, 24. 27,
158. 30, 98. 32, 75. 34, 160.
37, 22, 177.
άίσσω 17, 126. 20, 62. 21,
198. 26, 273. 31, 26, 83.
33, 94.
αἶσχος 4, 62. 14, 42. 16, 98,
161. 20, 199. 21, 109, 109,
224. 26, 139. 28, 219, 326.
34, 4, 137.
αἰσχροκερδής 6, 32.
αἰσχροπαθής 6, 32.
αἰσχρός 1, 73, 153. 2, 61. 3,
32, 66, 68, 68, 70. 4, 63, 158.
5, 92. 6, 138, 138. 7, 74, 97,
101, 133. 8, 81, 86. 9, 21, 39.
10, 49, 105, 123. 11, 123,
144. 12, 158. 13, 16, 187, 194,
212, 222. 16, 153. 17, 36, 77,
242. 19, 34, 84. 20, 30, 193,
193, 197, 198, 199, 206. 22,
148, 202, 216, 216, 217, 217.
23, 106, 143. 24, 216. 27,
93, 115, 115, 123. 28, 280. 29,
135. 30, 24, 49, 51, 64, 65.
31, 6, 6, 95, 95, 146. 32,
10, 24, 180, 205, 205. 33, 16,
18, 92, 96, 116. 34, 115, 136,
136. 36, 41, 76. 37, 34. 38,
42, 103. 39 (VIII 7, 1).
αἰσχρουργία 22, 168.
αἰσχρουργός 6, 32.
Αἰσχύλος 34, 143.
αἰσχύνη 3, 70. 7, 51, 134. 10,
98, 100. 17, 109, 291. 19,
158. 21, 104, 113. 24, 19.
25, 3, 293. 28, 281. 30, 54,
160, 173. 31, 6, 182. 32, 37,
40, 202. 33, 5. 37, 75, 166.
αἰσχύνω 3, 53, 65, 68. 5, 81.
7, 133. 15, 27, 47, 49. 16,
34, 225, 225. 19, 31, 144.
23, 94. 24, 50, 87, 172. 28,
321. 30, 25, 51, 64. 31, 6, 64.
38, 105.
αἰτέω 5, 72. 7, 60. 8, 147, 147,
179. 12, 90. 15, 7, 74. 16,
121. 18, 127. 20, 253. 21,
126. 25, 182, 331. 26, 5, 24,
36. 28, 24, 67, 144, 193, 193,
229, 235, 237, 283, 284, 299.
29, 196. 30, 67, 131, 204.
34, 39. 35, 19, 27. 37, 64,
97, 98, 105. 38, 232, 239,
247, 287, 287.
αἴτημα 28, 43.

αἴτησις 6, 53. 10, 87. 11, 99.
32, 77, 78.
αἰτία 1, 21, 45, 47, 54, 72, 77,
79, 80, 82, 83, 84, 100, 131,
132, 133. 2, 8, 18, 34, 59, 99,
99, 99,. 3, 50, 68, 94. 4, 35,
65, 69, 75, 77, 77, 246. 5,
4, 55, 55, 59, 125. 6, 52, 72,
126. 7, 35, 43, 77, 86, 106,
141, 142, 150, 153. 9, 1, 62.
10, 21, 108. 11, ‹131›, 179.
12, 155, 165, 171. 13, 9, 11,
15, 73, 140, 211. 14, 18, 32.
15, 112, 114, 124, 142, 144,
156, 158. 16, 47, 65, 136. 17,
59, 115, 124, 249, 300, 301,
301. 18, 163, 179. 19, 3, 4,
8, 15, 64, 94, 161, 162, 206.
20, 13, 16, 126, 136. 21, 33,
40, 72, 167, 172. 22, 54, 76.
23, 13, 84, 91, 206. 24, 32,
80, 89, 115, 148, 156, 165,
184, 212, 235. 25, 8, 94, 157,
281. 26, 5, 81, 158, 159, 182,
211, 229, 272. 27, 14, 15, 18,
97, 118, 176. 28, 3, 13, 14,
111, 113, 124, 147, 172, 191,
195, 214, 263, 283, 317, 340.
29, 11, 51, 134, 210, 221, 243,
251, 253. 30, 58, 80, 82, 97,
103, 107, 124, 129, 131, 134,
178, 180, 190, 199. 31, 9, 11,
25, 92, 120, 123, 125, 158.
32, 23, 27, 134, 165. 33, 6,
12. 34, 127. 36, 4, 20, 22,
22, 23, 24, 26, 27, 74, 75, 78,
106, 146. 37, 9, 46, 140. 38,
38, 39, 57, 171, 177, 198, 199,
206, 293, 373.
αἰτιάομαι 3, 78, 96. 4, 179.
5, 33, 34, 36, 128. 11, 33,
64, 175. 13, 25. 15, 161, 190.
16, 75. 17, 91, 105. 19, 20,
80. 21, 226. 22, 132, 182.
23, 181. 24, 30, 182, 215, 225,
233. 25, 90, 170, 183. 27,
87. 28, 40, 154. 29, 231. 30,
55. 31, 64. 32, 141, 147, 152.
34, 91. 37, 181. 38, 229,
248, 257, 332, 358, 360.
αἰτιατέον 5, 37. 15, 155. 23,
130.
αἰτιατός 12, 33.
αἰτιολογία 19, 163.
αἰτιολογικός 19, 163.
αἴτιος 1, 8, 30, 38, 52, 53, 115,
164. 2, 20, 25, 35, 82, 99,
101, 105. 3, 19, 46, 69, 69.
4, 6, 7, 7, 29, 35, 54, 73, 73,

76, 97, 100, 102, 206, 215,
243, 247. 5, 28, 29, 34, 36,
37, 38, 46, 48, 87, 88, 90, 125,
125, 126, 127, 127, 127, 128,
130. 6, 3, 8, 54, 54, 54, 56,
92, 94, 96. 7, 16, 58, 89, 95,
98, 103, 122. 8, 14, 19, 38,
111, 168, 177, 179. 9, 10, 29.
10, 53, 56, 60, 68, 87, 87, 105,
116, 125. 11, 31, 49, 91, 96,
129, 172, 173. 12, 20, 27, 33,
35, 48, 60, 61, 64, 72, 91, 93,
109, 131, 139, 147, 148. 13,
6, 12, 61, 73, 75, 105, 107,
107, 108, 126, 138, 141, 160,
163, 166, 171, 180. 15, 10,
13, 98, 123, 124, 161, 165, 167,
180, 181, 189, ‹196›. 16, 30,
131, 172, 179, 181, 194. 17,
22, 74, 143, 168, 171, 236, 289.
18, 42, 66, 79, 117, 127, 166,
171, 173. 19, 8, 12, 23, 25,
80, 133, 137, 140, 141, 171,
198, 213. 20, 15, 46, 87, 104,
117, 122, 155, 205, 221, 221.
21, 27, 67, 92, 147, 161, 190,
240. 22, 41, 41, 288, 289, 291.
23, 27, 78, 134, 143, 244, 261,
268. 24, 30, 33, 170, 183, 241,
244. 25, 11, 26, 138, 237, 308.
26, 174, 219. 27, 12, 59, 64,
107, 151, 176. 28, 10, 23, 25,
31, 62, 62, 99, 154, 155, 200,
215, 252, 289, 337, 343. 29,
5, 7, 7, 21, 65, 106, 114, 118,
137, 146, 151, 163, 171, 197,
198, 204, 228, 228, 228, 243,
245, 246, 248, 254. 30, 40, 41,
97, 117, 117, 145, 178, 180.
31, 34, 68, 95, 110, 147, 181,
237. 32, 34, 35, 45, 65, 94,
100, 143, 150, 165, 166, 178,
187, 202, 210, 212, 216, 221.
33, 13. 34, 90, 133, 150.
35, 1, 86. 36, 8, 34, 52, 70,
70, 70, 70, 78, 89, 89, 106,
116, 128. 37, 50, 142, 143,
189. 38, 2, 3, 39, 69, 83, 141,
149, 161, 178, 190. 39 (VIII
7, 9).
Αἰτωλία 38, 281.
αἰφνίδιος, –ον 2, 17. 5, 38.
6, 78. 9, 20. 10, 26, 89.
11, 174, 175, 176. 16, 156,
184. 19, 115. 22, 125, 137.
24, 6, 211. 25, 127, 133, 179.
26, 154, 254, 283. 28, 75.
30, 126. 31, 201. 33, 146.
36, 129. 37, 128, 140, 154.

αἰχμαλωσία 3, 35.
αἰχμαλωτίς 4, 21.
αἰχμάλωτος 4, 225, 232. 6,
26. 7, 14. 16, 150. 23, 229.
24, 47, 47. 25, 36, 142, 250,
311. 32, 110, 114, 115. 33,
164. 34, 19, 37, 114, 122. 37,
60, 87, 95. 38, 155. 39
(VIII 7, 8).
αἰών 4, 25, 198, 199. 5, 2, 71,
90. 6, 47, 76. 7, 149, 178.
8, 119. 9, 19. 10, 2, 32, 32,
115. 12, 47, 47, 51, 51, 53,
114, 116, 169. 13, 31, 195.
14, 24, 67. 16, 8, 125, 17,
165, 165, 165. 19, 46, 52,
57, 57, 57, 96, 107, 115. 20,
12, 12, 80, 185, 267, 267. 21,
19, 46, 114, 139. 22, 31, 36,
101, 199, 212, 248. 23, 271.
24, 24. 25, 206. 26, 14, 212.
27, 67, 104. 28, 170, 172,
282, 282. 33, 37, 85. 38, 85,
300.
αἰώνιος 4, 85, 199. 6, 127.
8, 121, 123. 10, 142. 12,
8, 73, 74, 85, 89. 13, 76, 127,
141, 142, 155. 17, 290. 18,
105. 19, 78, 211. 20, 12. 22,
285. 23, 51, 54. 24, 146. 32,
129. 34, 24, 117. 36, 75.
αἰώρα 10, 172. 22, 46, 61.
αἰωρέω 13, 36. 22, 16, 62.
ἀκαθαίρετος 1, 164. 13, 99.
16, 215. 17, 284. 21, 103,
131. 22, 285, 290. 25, 50,
260. 31, 169. 32, 6, 186.
33, 97, 169. 34, 151. 38, 22,
41, 196, 240.
ἀκαθαρσία 2, 52. 3, 29. 12,
95, 99, 109. 17, 113.
ἀκάθαρτος 2, 52. 4, 8, 139,
139, 147. 7, 103, 169. 10, 8,
127, 127, 128, 131, 132, 132.
11, 131, 145. 12, 103. 13,
127, 143. 14, 49. 15, 167.
16, 65, 69. 19, 81. 20, 200.
21, 202. 27, 94, 95. 28,
100, 119, 150, 223. 30, 50,
206, 208, 208, 209. 31, 106,
109. 32, 147.
ἀκάθεκτος 11, 84. 16, 132.
21, 36, 122. 24, 40, 153.
29, 9, 193. 31, 82. 33, 94.
38, 190.
ἀκαιρεύομαι 26, 208. 29, 49.
ἀκαιρία 12, 103. 14, 42, 43.
16, 126. 20, 185. 24, 42.
ἀκαιρολόγος 6, 32.

ἄκαιρος 13, 97. 19, 191. 22,
83, 85. 25, 139. 26, 206.
28, 120. 34, 84. 36, 26.
37, 101. 38, 14.
ἀκακία 1, 156, 170. 4, 110.
13, 6. 17, 38. 32, 195.
ἄκακος 11, 96. 24, 6. 28, 105.
30, 101, 119. 32, 43. 37, 68.
38, 234.
ἀκάκωτος 17, 125.
ἀκαλλώπιστος 1, 1. 5, 42.
35, 38.
ἀκάματος 6, 40. 19, 41. 36,
8, 64. 38, 90.
ἀκαμπής 16, 175, 223. 18, 61.
28, 306. 32, 3. 33, 27. 37,
60. 38, 301.
ἄκανθα 4, 248, 248, 248, 249.
21, 89.
ἀκανθώδης 25, 65. 31, 29.
ἀκαρής 8, 25. 12, 53. 17, 83,
143. 20, 186. 23, 161. 24,
141. 25, 180.
ἀκαρπία 22, 199.
ἄκαρπος 2, 50, 52.
ἀκατακάλυπτος 3, 29. 30, 60.
ἀκατάληπτος 2, 20. 3, 65.
5, 97. 7, 89. 8, 15, 169, 169.
13, 187. 15, 138. 17, 132,
132, 209, 246. 20, 10, 15.
21, 15, 21, 23, 25, 33, 67.
28, 47.
ἀκαταληψία 13, 175.
ἀκατάλλακτος 16, 150. 17,
43, 244, 245. 20, 95. 22, 98.
23, 14, 105, 213. 24, 156.
38, 205.
ἀκατάπληκτος 16, 61. 25,
233, 251. 32, 27, 32, 71. 33,
95.
ἀκατασκεύαστος 36, 19.
ἀκατάσχετος 6, 61. 7, 110.
10, 138. 20, 239. 21, 107.
22, 275.
ἀκατονόμαστος 21, 67. 38,
353.
ἄκεντρος 25, 68.
ἀκέομαι 2, 70. 8, 138. 18, 18.
25, 187. 28, 249. 36, 63.
38, 274.
ἀκέραιος 38, 334.
ἄκεσις 16, 124. 28, 77.
ἀκέφαλος 22, 213.
ἀκηλίδωτος 5, 95. 6, 139. 7, 171.
28, 150, 167. 32, 205, 222.
ἀκήρατος 5, 50. 7, 77. 9, 8,
22. 15, 177. 17, 34. 18, 25.
20, 219. 24, 146. 32, 55.
ἀκήρυκτος 6, 17, 35, 130. 10,

166. 15, 42. 19, 114. 20,
60. 21, 106. 22, 166. 31,
202. 33, 87. 38, 100, 119.
ἀκιβδήλευτος 5, 29. 6, 26.
7, 137. 12, 106. 17, 105.
19, 130.
ἀκίβδηλος 16, 116.
ἀκίνδυνος 7, 42. 14, 37. 21,
124. 22, 86. 24, 139. 25,
85, 285. 26, 254. 29, 52.
30, 132. 32, 176. 38, 47.
ἀκίνητος 1, 9, 61, 100, 100,
101. 4, 45. 8, 28. 9, 65. 11,
43. 14, 41. 16, 167. 18, 45.
21, 69, 136, 249. 22, 119,
136. 26, 7. 29, 58. 30, 172.
31, 143, 232. 33, 76. 35, 4.
36, 59, 59, 121, 125. 38, 68,
300.
ἀκκισμός 25, 297.
ἀκλεής 6, 122. 13, 198.
ἄκλειστος 19, 85. 20, 5. 22,
165.
ἄκληρος 17, 187.
ἀκλινής 1, 97. 3, 83. 6, 63.
7, 12, 148. 8, 23. 9, 49, 49,
54. 10, 22, 23. 15, 30, 87.
96. 17, 87, 95, 298. 19, 47,
150. 20, 87, 176. 22, 219,
220, 278. 23, 63, 170, 273.
25, 30. 28, 64, 191. 29, 2.
32, 158, 216. 33, 30, 169.
34, 28. 36, 116. 38, 1.
ἀκμάζω 1, 42, 140. 7, 113.
10, 173. 12, 161. 15, 149.
19, 146, 180. 22, 85. 23,
67. 24, 135. 25, 6, 226, 265.
26, 30. 29, 153, 228. 34,
73. 36, 63, 73. 38, 142.
ἀκμή 1, 103, 140. 2, 10. 4,
179. 6, 15, 25, 80, 80, 87.
7, 98. 8, 71. 11, 85, 153.
13, 146. 14, 16. 15, 7. 16,
126, 141. 17, 130, 299. 19,
125. 21, 11, 199. 24, 91, 166.
26, 43, 140. 28, 282. 30,
39, 81. 32, 26. 33, 141. 34,
15, 132. 36, 58, 62, 64, 71.
38, 87, 203, 249. 39 (VIII
11, 7).
ἀκμῆς 5, 86, 90. 13, 21. 25,
215. 29, 102.
ἄκμων 8, 116. 27, 72.
ἀκοή 1, 4, 62, 62, 119, 165,
172. 2, 25, 83. 3, 7, 26, 39,
74, 75. 4, 44, 50, 56, 57, 58,
216, 220, 220. 5, 42, 72. 6,
7, 61, 73, 78, 78, 131. 7, 125,
157, 168, 171. 8, 86, 104, 106,

106, 143, 161, 161, 165, 165,
166, 166. 9, 18. 10, 42, 111,
120. 11, 34, 132. 12, 29, 62,
127, 159. 13, 82, 82, 82, 94,
103, 156, 158, 159. 15, 19,
52, 57, 72, 72, 72, 90, 110,
140, 141, 141, 141, 141, 148.
16, 38, 47, 48, 48, 49, 52,
103, 119, 137, 188. 17, 10, 12,
14, 14, 185, 232. 18, 27, 66,
113, 143, 143. 19, 191, 200,
208, 208, 208, 208. 20, 102,
102, 111, 202, 247. 21, 20,
27, 36, 45, 55, 80, 140, 248.
22, 160, 259, 263. 23, 60,
127, 150, 150, 160, 167, 236,
266. 24, 20, 61. 25, 3, 220,
235. 26, 150, 211. 27, 35,
44, 55, 148. 28, 8, 29, 193,
211, 272, 337, 342. 29, 202,
232. 30, 134. 31, 59, 60, 60,
61, 137, 140. 33, 79. 35, 31.
37, 124. 38, 18, 175, 216,
227, 237, 255, 268, 310. 39
(VIII 11, 15).
ἀκοίμητος 20, 5, 40. 23, 162.
24, 147. 25, 185, 289. 28,
49, 330. 31, 139, 201.
ἀκοινώνητος 5, 86. 6, 32. 14,
68. 19, 35. 20, 104. 24, 30.
27, 123, 171. 29, 16, 73, 75.
30, 23. 31, 187, 204, 207.
32, 141. 33, 92. 38, 34, 68.
ἀκολάκευτος 7, 21. 13, 107.
14, 13. 16, 86. 21, 54. 22,
292. 24, 63.
ἀκολασία 1, 73. 3, 18. 6, 15,
22. 7, 72. 10, 112. 11, 17,
98, 101, 112. 15, 21, 90. 17,
209, 245, 254. 20, 197. 22,
181, 210. 24, 70. 25, 295,
305, 311. 26, 55. 28, 173,
282. 30, 23, 51, 62, 64,
65. 31, 89. 33, 159. 34,
56, 159.
ἀκολασταίνω 7, 73. 8, 82. 16,
219. 22, 266. 23, 134.
ἀκόλαστος 3, 18. 5, 51. 6, 32.
7, 133, 143. 8, 52, 156, 181.
10, 126, 170. 13, 210. 14, 42.
19, 28, 153. 20, 50, 153. 21,
88. 23, 103, 107. 24, 40, 50,
64. 27, 168. 28, 148, 323,
325. 31, 94. 32, 40, 182, 194.
33, 100. 34, 57.
ἀκολουθέω 2, 108. 3, 50. 4,
67, 109, 197, 236. 5, 117. 6,
51. 8, 4, 6, 120. 11, 37. 13,
34, 38. 14, 12. 15, 32. 16,

151, 207, 211. 17, 185. 20,
37. 22, 103. 23, 70. 25, 268.
27, 113. 28, 25. 33, 58. 35,
67. 36, 84, 145.
ἀκολουθία 1, 28, 65, 131. 4,
110. 6, 125. 8, 23. 11, 106.
12, 49. 13, 24. 14, 26. 15, 14.
16, 84, 110, 131. 17, 301. 19,
119, 150, 152. 20, 47, 135. 22,
44. 23, 6. 26, 48, 130, 263, 266.
27, 83. 28, 1, 195. 29, 52,
129, 150, 223. 30, 180. 31, 39,
46. 35, 1. 36, 27, 27, 103,
112. 37, 6. 38, 34.
ἀκόλουθος 4, 150, 204, 223.
6, 112, 128. 7, 52, 61, 81, 95,
119, 150. 8, 4, 66, 139,
169. 9, 67, 67. 10, 20, 33,
59, 69, 77, 141. 11, 125. 12,
20, 32, 93. 13, 206. 14, 1,
30. 15, 127, 171. 16, 128, 173.
17, 50, 95, 266, 283. 18, 63,
122. 19, 165, 177. 20, 11,
178, 195. 21, 61, 82, 173, 191.
22, 169, 215. 23, 3, 118. 24,
58. 25, 29, 113, 156. 26, 1.
27, 1, 32. 30, 48, 136. 32,
19, 129. 33, 3, 11, 42, 52, 82.
34, 22, 96, 160. 36, 53. 37,
112. 38, 77, 94, 365.
ἀκονάω 9, 60. 11, 114, 135.
14, 2. 15, 43, 131. 16, 124,
210. 17, 109, 123, 130, 140.
18, 17. 19, 125. 20, 108. 21,
49, 199. 22, 39, 280. 26, 279.
27, 63. 31, 191. 34, 7.
ἀκόνη 18, 25.
ἀκονιτί 4, 15. 10, 147. 11, 150.
17, 7, 47. 20, 81. 32, 38.
33, 31.
ἀκοντίζω 25, 99. 34, 108.
ἀκοντιστής 25, 168.
ἀκόρεστος 4, 148. 7, 113. 8,
174. 10, 154. 12, 25. 13, 4,
220. 17, 109. 21, 50. 26,
23. 28, 192. 30, 1, 9. 31,
20, 91, 113. 32, 9. 33, 135,
154. 37, 180. 38, 89.
ἄκος 17, 10. 21, 51. 22, 60. 25,
211. 37, 118.
ἀκοσμέω 16, 60.
ἀκοσμία 1, 33. 15, 109. 17,
206. 21, 241. 22, 152. 24,
87. 25, 302. 36, 54, 54, 85,
105, 106. 38, 204.
ἄκοσμος 6, 32. 19, 31. 22,
260. 31, 210. 33, 20.
ἀκούσιος 1, 128. 2, 35. 4, 141.
5, 22, 66, 75, 96. 6, 48, 128,

128, 130, 132, 133. 7, 97. 8,
10, 10, 11, 11, 48, 87. 10, 48,
75, 89, 113, 128, 130, 130.
11, 175, 176, 176, 178, 178,
179, 179, 180. 13, 66, 95,
123, 125, 163, 163. 15, 179.
16, 225. 19, 53, 65, 65, 75,
76, 76, 77, 86, 93, 94, 96,
102, 105, 107, 108, 115, 115,
117. 20, 241, 243. 21, 71.
27, 68, 142. 28, 158, 227,
234, 235, 238. 29, 52, 87, 196.
30, 123, 128, 128, 129, 132,
134, 136. 34, 109.
ἄκουσμα 1, 78, 162. 4, 156.
9, 31. 11, 35. 16, 216. 18,
113. 20, 138, 209, 211, 212.
21, 165. 24, 142. 25, 10, 20.
28, 174. 38, 43.
ἀκουστέον 3, 35. 4, 41, 243.
9, 45. 15, 134.
ἀκουστής 16, 224.
ἀκουστικός 19, 182. 21, 170.
ἀκουστός 16, 48, 48, 52, 104.
27, 47.
ἀκούω 2, 54, 83, 90. 3, 16,
59, 69, 69, 82, 82, 82. 4, 51,
54, 54, 54, 56, 84, 103, 111,
142, 183, 216, 216, 219, 222,
222, 245, 245. 5, 27, 57, 62,
73. 6, 24, 26, 29, 45, 98, 106,
125. 7, 5, 28, 61, 99, 123,
124, 131, 134, 175. 8, 1, 36,
37, 87, 126, 179. 10, 52, 82,
84. 11, 13, 57, 59. 12, 29,
72, 83, 129. 13, 96, 96, 98,
106, 123, 155, 157, 158, 160,
160, 219. 14, 21. 15, 1, 3,
52, 58, 59, 59, 59, 62, 72,
117, 123, 148, 189, 194, 195.
16, 38, 47, 47, 48, 69, 137,
197, 197, 208, 218. 17, 2, 10,
10, 11, 11, 71, 267, 292. 18,
20, 66, 68, 96, 143, 180. 19,
23, 85, 122, 123, 127, 147, 153,
154, 159, 198, 208. 20, 6, 61,
99, 119, 138, 138, 143, 157,
170, 171, 200, 202, 202, 204.
21, 27, 37, 55, 55, 140, 158,
162, 193, 193. 22, 8, 21, 114,
160, 263, 264. 23, 99, 112,
148, 214, 238, 239. 24, 22,
26, 92, 105, 116, 125, 126,
126, 151, 167, 175, 179, 183,
226, 256. 25, 45, 76, 83, 85,
125, 173, 227, 233, 233, 275,
280, 281, 283. 26, 114, 165,
200, 201, 201, 217, 228, 257,
260. 27, 46, 74, 75, 88, 88,

89, 90, 139. 28, 45, 50, 279,
321. 29, 11, 41, 94, 216, 256,
256. 30, 178. 31, 40, 61, 107,
202. 32, 39, 59, 173, 217.
33, 163. 34, 118. 35, 45, 73.
36, 11, 142. 37, 10, 32, 40,
40, 40, 88, 103, 114, 114.
38, 132, 181, 182, 186, 201,
206, 224, 241, 243, 255, 349,
350, 353, 357, 370. 39 (VIII
6, 9), (VIII 7, 20).

ἄκρα 1, 63. 4, 115. 5, 86. 30,
138, 184. 37, 156.

ἀκράδαντος 8, 25, 122. 12,
153. 15, 87. 20, 135. 23, 269.
26, 14.

ἀκραιφνής 1, 8, 45, 150. 4,
64. 6, 12. 8, 20. 9, 8. 10,
79. 12, 58. 16, 52. 17, 184,
294. 28, 46, 51, 66, 106. 29,
55. 30, 121. 31, 56, 236.
36, 77. 38, 40, 165.

ἀκρασία 1, 158, 164. 5, 92.
7, 113. 8, 93. 11, 101. 22,
202, 204, 210. 23, 94. 24,
56, 57. 26, 164. 27, 123, 169.
29, 19, 135. 30, 23, 34, 40,
49, 137. 31, 122. 32, 36, 143.
33, 116. 35, 6. 38, 14.

ἀκράτεια 32, 180.

ἀκρατής 4, 62, 109. 7, 174.
16, 52. 20, 170, 215. 22,
182, 201, 202, 205. 23, 90,
95, 103. 32, 208.

ἀκρατίζομαι 4, 82. 13, 148.
22, ‹248›. 25, 187. 26, 204.
34, 102.

ἄκρατος 1, 20, 71, 144, 150.
4, 62, 149, 155. 5, 2, 29, 86.
6, 32, 68. 8, 32, 37, 137, 142,
176. 10, 77, 77, 77, 78, 78, 81,
82, 82, 82, 83, 158. 11, 37,
157. 12, 39, 143, 144, 147,
154, 160, 162, 163, 171, 171.
13, 2, 4, 5, 11, 29, 78, 95,
123, 128, 152, 161, 220, 221.
15, 73. 17, 94, 183, 183, 184,
236, 289. 18, 22, 36. 19,
31, 72, 166, 176, 202. 20,
102, 154, 184. 21, 117, 122,
143, 145, 163. 22, 8, 149, 183,
190, 205, 249. 23, 135, 205,
205. 24, 91, 155. 25, 255.
26, 23, 152, 162. 27, 108.
28, 37, 99, 192, 249. 29, 50,
193. 30, 186. 31, 91, 113.
32, 162, 182. 33, 38, 71, 122.
34, 5, 13, 31, 117, 156. 35,

40, 45, 85. 36, 87. 37, 136.
38, 2, 14, 83, 320.

ἀκράτωρ 1, 80. 4, 149, 156.
6, 61. 7, 25. 12, 145. 13,
210, 223. 17, 109. 19, 31.
22, 147, 184, 203, 215. 25,
161. 26, 196. 30, 34. 31,
127. 32, 163.

ἀκράχολος 6, 32. 13, 223.
22, 192.

ἀκρεμών 25, 65, 189.

ἀκρίβεια 5, 128. 6, 85. 8, 112,
133, 159. 10, 150. 11, 135.
12, 141. 13, 201. 17, 1. 24,
130, 140. 25, 279. 27, 52,
71. 28, 213. 31, 1. 35, 31.
37, 3, 112. 38, 351.

ἀκριβής 1, 52, 56, 65, 66, 71.
2, 99. 3, 25, 61. 4, 115, 183.
5, 11, 17, 129. 6, 137. 7, 11,
47. 9, 57. 10, 93, 121, 123.
11, 18. 15, 57, 97. 16, 34,
89, 189, 191, 195, 222. 17,
63, 74, 142, 152. 18, 143.
19, 7, 34, 53. 20, 60. 21,
11, 58, 59, 60, 204, 228. 22,
99, 103, 107. 23, 49, 84, 157,
266. 24, 7, 49, 162, 165, 205.
25, 24, 49, 68, 122, 230. 26,
51, 52, 129, 145, 167. 27, 147.
28, 27, 61, 75, 154, 160, 167,
195. 29, 253. 30, 53, 141.
31, 105, 154, 156, 171, 190.
32, 56, 57, 165. 33, 28. 34,
75. 35, 75. 36, 1, 86. 37,
77, 90, 96. 38, 154, 208, 220,
259, 269, 372. 39 (VIII 6, 9).

ἀκριβοδίκαιος 17, 143. 22,
101. 24, 65.

ἀκριβολογέομαι 11, 136. 17,
256.

ἀκριβολογία 11, 143. 28, 260.

ἀκριβόω 1, 28, 77. 2, 91. 4,
95, 206. 5, 66, 91. 6, 1, 70.
11, 1, 28, 95, 124. 12, 74.
14, 33. 16, 89, 176, 184, 189.
17, 125, 215. 18, 21, 81, 89.
19, 47, 87. 20, 69, 153, 266.
21, 4, 133, 172, 197. 22, 8,
155, 206. 23, 2, 167, 240.
24, 125, 151. 25, 4. 26, 46,
115. 27, 1, 18, 48, 82. 28,
1, 105, 110, 269. 29, 1, 200.
30, 117. 31, 231. 32, 12, 24.
35, 14, 49, 51. 36, 39.

ἀκριβωτέον 13, 3. 19, 38.
20, 131. 22, 17. 28, 189.
32, 166. 34, 16, 20. 36, 130.

ἀκρίς 1, 163. 3, 105. 25, 121,

122, 126, 145. 31, 114. 33,
128.

ἀκριτόμυθος 4, 119. 22, 275.

ἄκριτος 4, 66, 119, 128, 131.
10, 171, 182. 22, 115. 23,
20, 264. 24, 44, 52. 26, 214.
29, 163. 31, 88. 34, 157.
37, 54, 105, 106, 126, 140.
38, 241, 302, 344.

ἀκροάομαι 13, 25. 15, 9. 17,
12, 13. 18, 69. 24, 65. 27,
33, 46. 35, 31, 76, 77, 80.
37, 106. 39 (VIII 7, 12).

ἀκρόασις 6, 31. 13, 213. 17,
12, 253. 20, 203, 210. 22,
37. 26, 214. 33, 7. 35, 79.
38, 169, 175.

ἀκροατήριον 18, 64.

ἀκροατής 4, 121. 6, 78. 7, 134.
17, 14, 15. 18, 70. 20, 18,
270. 21, 36. 31, 43. 37, 24.
38, 168, 183.

ἀκροατικός 7, 124, 125. 34,
81.

ἀκροβατέω 21, 131. 25, 169.
27, 45. 32, 173.

ἀκροβολίζομαι 4, 238.

ἀκροβολισμός 6, 4.

ἀκρόδρυα, τά 1, 116. 22, 49.
25, 230. 26, 186, 223. 28,
134, 248. 29, 216, 221. 31,
208, 214. 32, 95, 149. 33,
101, 107. 35, 54.

ἀκροθώραξ 13, 221. 35, 46.

ἀκροκιόνιον 26, 77.

ἀκρόπολις 3, 91. 11, 46. 14,
57. 15, 83, 113, 144. 21, 32.
23, 150. 31, 49.

ἀκροποσθία 28, 4.

ἄκρος 1, 33, 68, 71, 110, 137.
2, 10, 28. 3, 86. 4, 88, 164.
5, 6, 81, 111. 6, 21, 37. 7,
28, 39, 54, 81, 129, 131. 8,
104, 157, 174. 10, 35, 40, 43,
55, 110, 118, 127, 168. 11,
98, 121, 161, 162, 162, 181.
12, 9, 16, ‹111›, 160. 13,
20, 150, 216, 217. 14, 2. 15,
55, 150, 197, 197. 16, 135,
163, 175. 17, 67, 139, 141,
143, 181, 206, 218, 218, 229,
276. 19, 132, 172. 20, 88, 123,
212, 227. 21, 37, 40, 60, 148,
152, 169, 219. 22, 70, 144,
189, 213, 221, 230, 235, 289.
23, 58, 122, 257. 24, 268.
26, 58, 150, 150, 150, 151,
151. 27, 21. 28, 37, 166. 29,
98, 157. 31, 83, 92, 92, 102,

27, 6, 15, 32, 57, 65, 67, 81,
91, 128, 138. 28, 28, 51, 59,
63, 66, 74, 88, 89, 97, 138,
191, 207, 230, 287, 303, 309,
313, 313, 319, 323, 344. 29,
2, 49, 52, 164, 164, 171, 194,
227, 236, 244, 258, 259. 30,
53, 58, 141, 155, 164, 181, 186.
31, 5, 33, 43, 43, 44, 50,
52, 69, 69, 69, 71, 75, 80,
156, 156, 178, 189, 192. 32,
6, 17, 20, 56, 65, 102, 178,
182, 187, 195, 195, 214, 219,
221. 33, 4, 8, 25, 25, 27, 28,
36, 46, 58, 110, 123, 148, 162.
34, 12, 27, 37, 41, 42, 74, 83,
158. 35, 1, 27, 39, 39, 63, 89.
36, 1, 2, 56, 68, 69, 76, 90,
138. 37, 96, 99, 106, 119, 164.
38, 20, 30, 60, 77, 248, 277,
279, 359.
αληθεύω 4, 124. 5, 15, 15.
13, 40. 23, 107. 24, 95. 26,
177. 27, 84. 31, 60. 36, 48.
αληθής 1, 56, 72, 78, 82, 139.
2, 7, 17, 45, 65, 85. 3, 46,
68, 81, 93, 93. 4, 7, 51, 58,
120, 122, 157, 224, 229, 229.
5, 9, 23, 42, 76, 87, 93, 108,
119, 124, 127. 6, 14, 26, 35,
65, 74, 108, 109. 7, 10, 19,
38, 74, 138, 157. 8, 1, 27, 45,
102, 115, 185. 9, 59. 10, 65,
105, 107, 125, 128, 146, 182.
11, 69, 97, 119, 141, 159, 159,
164, 164. 12, 40, 80, 133, 162.
13, 12, 36, 38, 45, 47, 55,
61, 79, 88, 92, 95, 111, 139,
155, 166, 166, 205, 211, 223,
224. 14, 67. 15, 9, 72, 98,
116, 144, 190. 16, 19, 21, 66,
69, 76, 95, 95, 99, 152, 171,
202, 213. 17, 19, 62, 75, 111,
115, 132, 132, 199, 243, 256,
268, 279, 285, 303, 305, 306,
315. 18, 6, 13, 18, 19, 22,
44, 51, 93. 19, 11, 19, 27,
82, 126, 154, 160, 208, 212.
20, 33, 45, 128, 140, 175, 213,
248, 248, 264. 21, 84, 128,
166, 185, 226, 233, 237, 238.
22, 47, 64, 72, 128, 162, 181,
188, 194. 23, 20, 25, 50, 60,
68, 94, 120, 158, 203, 219,
261. 24, 22, 30, 52, 104, 119,
165, 200, 254, 258. 25, 182,
183, 190, 255, 274, 286. 26,
12, 75, 103, 108, 128, 171, 185,
235. 27, 3, 8, 18, 40, 47, 124,

136. 28, 10, 30, 30, 34, 36,
38, 53, 116, 137, 154, 168, 176,
245, 314, 326, 327, 332. 29,
10, 22, 23, 53, 59, 91, 95,
163, 173, 176, 203, 224, 248,
252, 262. 30, 65, 83, 100,
115, 121, 129, 149, 156. 31,
48, 51, 73, 84, 184, 185, 231.
32, 4, 4, 8, 33, 44, 64, 185,
193, 205, 205. 33, 30, 43.
34, 1, 113. 35, 10, 40, 52.
36, 10, 15, 37, 47, 69, 76,
83, 106, 106, 126. 37, 72,
140. 38, 5, 110, 125, 215,
237, 260, 265, 290, 299, 347,
357. 39 (VIII 6, 4), (VIII 7, 19).
αληθινός 2, 32, 35. 4, 52.
7, 10. 9, 33. 17, 162. 18,
101, 159. 19, 17, 82, 131. 22,
193. 25, 289. 28, 332. 32,
78. 33, 41, 104. 38, 366.
αληθομάντις 26, 269.
αληθότης 4, 120, 122, 124, 124,
127.
άληκτος 6, 66. 11, 36. 12,
39. 13, 95, 159. 18, 6. 31,
142. 33, 73. 38, 35.
άληστος 11, 133. 12, 31. 14,
28. 16, 205. 20, 84, 270.
21, 193. 24, 27. 25, 48. 28,
133. 32, 165, 176. 34, 90.
35, 26. 38, 177.
αλητεύω 16, 171.
αλήτης 6, 32.
αλιεύω 11, 24. 12, 102.
αλίζω (Α) 26, 257.
άλις 10, 20. 21, 14, 189. 22,
261. 27, 154. 29, 38, 139,
203. 31, 132. 33, 57. 34, 16.
39 (VIII 7, 20).
αλίσκομαι 4, 17. 5, 124. 7,
74, 178. 10, 103, 153. 11, 93,
116, 150, 160. 13, 5, 64, 68,
74, 79. 15, 111, 126, 174, 177.
16, 219. 19, 47, 107. 20,
62, 215. 22, 94. 23, 64, 258.
24, 44, 215, 216, 221. 25,
251, 252. 27, 111. 30, 94,
121, 123. 31, 7, 57, 120, 121.
32, 23, 46, 186. 33, 18, 29,
149. 34, 31, 115, 121, 152.
36, 49. 37, 59, 147, 150. 38,
163.
αλκή 1, 85. 8, 161. 11, 95,
146. 13, 174. 15, 49. 22,
10, 170. 25, 70, 111, 132, 259.
30, 39. 32, 45. 33, 89. 34,
40, 112, 134, 147. 35, 60.
38, 111.

άλκιμος 11, 83. 29, 56.
αλλά passim.
αλλαγή 20, 70, 130. 25, 81.
32, 124.
άλλαγμα 8, 95.
αλλάττω 1, 41, 97. 4, 110, 110.
6, 89, 89, 112, 114, 114. 8,
13, 95, 95. 10, 176. 13, 172,
173. 15, 74. 19, 57. 20, 89,
123. 24, 36, 165. 25, 156,
282. 28, 47. 31, 146. 37, 18.
αλλαχόθεν 24, 182. 25, 21,
203. 30, 5. 31, 170. 33, 165.
αλλαχόθι 6, 67. 8, 29. 13, 99.
20, 168. 21, 62.
αλλαχόσε 23, 91. 37, 71.
αλληγορέω 3, 5, 10. 4, 4, 60,
238. 5, 25. 8, 51. 11, 27, 157.
13, 99. 16, 131, 205. 20, 67.
21, 67. 22, 31, 207. 23, 99.
24, 28. 27, 101. 28, 269.
29, 29. 33, 125, 158. 35,
28, 29.
αλληγορία 1, 157. 4, 236. 8, 7.
12, 36. 19, 179. 21, 73, 102.
22, 8. 23, 68, 131. 27, 1.
28, 287, 327. 29, 147. 33,
65. 35, 78.
αλληγορικός 22, 142.
αλληλοκτονέω 23, 261.
αλληλοκτονία 38, 144.
αλληλοτυπία 36, 8.
αλληλουχέω 16, 180. 33, 56.
αλληλοφαγία 33, 134.
αλλήλων 1, 33, 67, 83. 2, 17,
28. 4, 21, 115, 173. 5, 20, 21,
22, 25, 54, 109, 111, 113, 120.
6, 2, 4, 20, 75. 7, 2, 7, 88.
8, 184, 185. 9, 56. 10, 107.
11, 27, 120. 12, 89, 160. 13,
24, 175, 196. 14, 34. 15, 7, 8,
9, 9, 21, 26, 153, 176, 185, 195.
16, 178. 17, 44, 126, 132,
147, 207, 218. 18, 81. 19,
112. 20, 66, 104. 21, 53. 22,
302. 23, 42, 101, 215, 248,
254. 24, 30, 256. 25, 178.
26, 7, 8, 89. 27, 2, 6, 64,
153. 28, 138, 208. 29, 43, 64,
68, 151, 155, 190, 210, 243.
30, 28, 51. 31, 210. 32, 18,
35, 116, 140, 184, 225. 33, 81,
148. 34, 48, 79. 35, 24, 40,
63. 36, 57, 109, 109. 37, 185.
38, 47, 217, 351. 39 (VIII 6, 2),
(VIII 7, 10), (VIII 7, 12). (VIII
7, 13).
αλλογενής 21, 161. 28, 124.
31, 16. 32, 147.

ἀλλόγλωσσος, ἀλλόγλωττος 8, 91.
ἀλλοδαπός 7, 151. 15, 76. 17, 267. 18, 23. 23, 65, 245. 24, 225. 25, 49. 29, 164. 31, 16. 33, 20.
ἀλλοεθνής 30, 29. 38, 183.
ἄλλοθεν 11, 35. 19, 52. 31, 84.
ἀλλοῖος 5, 88. 8, 25, 110. 9, 28. 20, 55. 28, 143. 38, 79.
ἀλλοίωσις 2, 74, 74. 36, 113, 113, 115.
ἀλλόκοτος 25, 11. 30, 4. 32, 219. 34, 63. 37, 167. 38, 34.
ἄλλος passim.
ἄλλοτε 1, 147. 8, 25, 110. 9, 28. 11, 166. 13, 176. 20, 55. 21, 150, 150, 233. 26, 38. 28, 61, 143. 29, 220. 38, 79.
ἀλλότριος 1, 12, 74. 2, 26, 50, 61. 3, 40. 4, 22, 23, 32, 160, 239, 241. 5, 9, 78, 117. 6, 29, 97. 7, 134, 165. 8, 109, 172. 11, 6, 84. 12, 143, 165. 13, 176. 14, 3. 15, 74, 82, 115, 150, 186. 16, 10. 17, 44, 105, 259. 19, 15. 20, 197. 21, 23, 100. 22, 47, 67. 23, 95, 129, 135, 211, 258. 24, 18, 44, 66, 144, 164, 216. 25, 17, 53, 141, 235. 26, 273. 27, 128, 135, 137, 171. 28, 340. 29, 50, 73, 76, 106, 123, 168, 236. 30, 9, 12, 21, 24, 51, 113, 116, 116, [146], 183. 31, 5, 7, 20, 26, 33, 38, 54, 67, 70, 157, 158, 185, 203. 32, 89, 91, 100, 105, 125, 167, 173, 226. 33, 139. 34, 19, 106. 36, 40. 37, 56, 74, 77, 132. 38, 72, 201.
ἀλλοτριότης 7, 164. 17, 270. 29, 73. 33, 85. 34, 79. 38, 72, 112.
ἀλλοτριόω 2, 103. 5, 18. 8, 156. 13, 69, 161, 177. 16, 7, 11. 17, 26, 278. 19, 154. 22, 107. 23, 211. 24, 230. 25, 13, 49, 234, 307. 26, 19, 172, 243, 245. 27, 152. 28, 114. 29, 111, 126. 30, 155. 32, 146, 207. 33, 134. 38, 57.
ἀλλοτρίωσις 5, 41, 74. 6, 96. 8, 135. 9, 33. 12, 25. 13, 6. 15, 82. 16, 19. 17, 154. 18, 152. 24, 166, 232. 25, 280. 27, 124. 32, 190, 196. 36, 105. 37, 180. 38, 178.
ἀλλόφυλος 17, 42. 21, 161.

28, 56. 32, 160, 222. 34, 93. 38, 200, 211.
ἄλλως 3, 15, 17. 4, 121, 204, 206. 5, 35. 12, 27. 13, 176. 17, 223. 19, 38. 20, 4, 21, 186. 21, 75, 76, 186. 22, 291. 23, 20. 25, 287. 26, 191, 214. 28, 109, 114. 29, 36, 203. 30, 50, 64, 68, 70, 90, 95. 31, 163, 168, 171. 32, 64, 124, 168. 36, 96, 98. 37, 115, 163. 38, 194.
ἁλμυρόγεως 25, 192.
ἁλμυρός 1, 38. 3, 32. 5, 70. 13, 12. 15, 26, 26. 21, 18. 22, 281. 33, 145.
ἁλοάω 24, 112, 112. 27, 77. 28, 165. 32, 145, 146.
ἀλογέω 4, 72, 243. 7, 37, 45, 65, 114. 9, 15. 11, 93, 104. 12, 14. 13, 16, 35, 40, 110. 15, 48. 17, 64, 71, 109. 18, 27, 151. 19, 25, 35, 115. 22, 11. 23, 192. 24, 62, 153. 25, 9, 270, 284. 26, 69, 193, 205, 213. 27, 110, 136. 28, 51, 56, 62, 143, 155, 176. 29, 11, 18, 46, 174, 195. 30, 62, 166, 176. 31, 16, 26. 32, 115, 205. 33, 78, 106, 138. 34, 22, 106, 116, 133, 151. 35, 68. 36, 68, 131. 37, 52, 67. 38, 128, 132, 256.
ἀλογητέον 11, 78.
ἀλογία 4, 123. 13, 157. 17, 71.
ἀλόγιστος 2, 17. 4, 202. 14, 11. 24, 143. 34, 150.
ἄλογος 1, 73, 79, 148. 2, 11, 17, 24, 24, 24, 40, 40, 40, 41. 3, 2, 6, 6, 23, 23, 58, 64, 75, 75, 97, 100. 4, 24, 30, 50, 89, 108, 111, 115, 116, 127, 185, 220, 224, 229, 229, 246, 248, 249, 251, 251, 251, 251. 5, 12, 32, 36, 39, 58, 64, 70, 111. 6, 45, 46, 46, 47, 47, 47, 80, 104, 105, 106. 7, 3, 5, 6, 9, 25, 38, 38, 46, 53, 82, 83, 91, 168, 170. 8, 26, 46, 66, 68, 69, 69, 73, 74, 98, 161, 162. 9, 20, 40, 41. 10, 52, 90. 11, 31, 41, 56, 56, 63, 63, 68, 88, 90, 94, 139, 175, 179, 179. 12, 16, 43, 49. 13, 98, 110, 111, 199. 14, 14. 15, 9, 24, 90, 111, 126, 176, 177. 16, 3, 26, 66, 66, 152, 185, 200, 206, 206, 210, 212, 213, 224. 17, 16, 61, 64, 109, 132, 132, 138, 138, 167, 185, 192, 209, 232, 245.

18, 26, 26, 27, 55, 56, 96, 97. 19, 22, 72, 90, 91, 126, 152, 158, 207. 20, 110, 246. 21, 109, 199, 255. 22, 16, 115, 151, 153, 245, 276, 278. 23, 249, 266, 267. 25, 60, 127, 133, 272. 26, 96, 139, 156. 27, 76. 28, 66, 66, 66, 74, 79, 88, 148, 200, 200, 209, 260, 333, 333. 29, 69, 83, 89, 146, 163. 30, 43, 57, 99, 129, 189. 31, 24, 55, 79, 121, 123, 203. 32, 81, 117, 125, 133, 140, 148, 148, 160, 172. 33, 26, 59, 74, 91, 91. 34, 131, 133, 157. 35, 8, 9. 36, 73, 77.
ἀλοητός 29, 70. 31, 12.
ἀλουργής 35, 49.
ἀλουργίς 22, 53. 27, 4. 29, 20. 30, 41.
ἅλς 1, 66. 15, 26. 21, 247, 248. 22, 210. 24, 196, 210. 26, 104. 28, 175, 175, 289, 289, 289. 30, 96. 33, 154. 35, 37, 41, 73, 81, 81, 81.
ἄλσος 2, 48, 48, 49, 49. 23, 138. 28, 74. 38, 151.
ἁλυκός 15, 26.
ἄλυπος 5, 86. 23, 202. 28, 115. 33, 35, 68, 13.
ἄλυρος 19, 22. 20, 229.
ἁλυσείδιον 26, 113.
ἅλυσις 2, 28. 37, 74.
ἀλυσιτελής 4, 61, 222. 11, 39, 47. 13, 16, 20. 22, 275. 23, 18. 28, 100. 31, 151. 33, 20. 35, 20. 37, 19, 137. 38, 218.
ἄλυτος 15, 166. 17, 23. 21, 111. 25, 207. 28, 52, 137, 317. 33, 81. 36, 13, 13.
ἄλφα 4, 121. 20, 61. 23, 81.
ἀλώβητος 16, 95.
Ἀλωεῖδαι 15, 4.
ἅλων, ἅλως 4, 248, 249. 6, 107, 109, 109. 17, 296. 21, 239. 28, 134. 31, 29. 39 (VIII 7, 6).
ἅλωσις 25, 295. 33, 148. 37, 9, 54. 38, 122, 292.
ἀλωτός 7, 46. 31, 200. 32, 36. 35, 9. 36, 21, 24, 74.
ἅμα 1, 13, 17, 26, 28, 40, 41, 67, 79, 150, 168. 2, 34. 3, 73. 4, 57, 57, 179. 5, 22, 67, 84, 99, 121. 6, 40, 42, 65, 94, 98. 7, 87. 8, 38, 40, 71, 142, 150, 152. 11, 31. 12, 2, 73. 13, 7. 14, 36. 15, 5, 22, 28, 142.

16, 170. 17, 14. 18, 66, 84, 100. 20, 32, 53, 61, 139, 167. 21, 234. 22, 195. 23, 65, 66, 77, 95, 176, 228. 24, 11, 11, 23, 103, 197, 207, 217, 255. 25, 18, 47, 57, 77, 83, 91, 117, 120, 121, 136, 164, 164, 204, 207, 208, 209, 230, 236, 252, 260, 276, 286, 286, 306. 26, 36, 59, 66, 94, 166, 196, 202, 232, 233, 264. 27, 63. 28, 68, 77, 80, 132, 138, 169, 193, 194, 203, 222, 279, 330, 341. 29, 88, 92, 130, [130], 157, 160, 188, 203, 203, 230. 30, 18, 23, 32, 36, 55, 94, 112, 140, 197. 31, 57, 99, 163, 174, 213, 221. 32, 12, 43, 74, 90, 90, 92, 99, 115, 181, 215. 33, 9, 63, 89, 111, 146, 149. 34, 24, 118, 127, 128, 149. 36, 96, 141, 143. 37, 12, 18, 26, 29, 48, 70, 83, 114, 122, 140, 167. 38, 42, 42, 178, 194, 197, 197, 222, 222, 245, 250, 290, 303, 331, 331, 352, 353, 358. 39 (VIII 6, 1).

ἀμαθαίνω 17, 180.

ἀμαθής 5, 129. 6, 32. 7, 143. 17, 14. 19, 9. 20, 17, 56. 22, 259. 24, 204. 33, 111. 39 (VIII 6, 4).

ἀμαθία 1, 45. 4, 20, 33, 36, 52, 193, 195. 6, 47, 48, 86. 7, 3. 8, 52. 9, 30. 10, 134. 11, 74. 12, 80, 144. 13, 137. 16, 18, 149, 170. 17, 10, 48, 77. 18, 88. 19, 8, 39, 42, 82. 21, 109. 23, 24. 24, 106. 28, 306. 31, 47, 146. 32, 4, 180, 220. 33, 61, 61, 61. 34, 12, 159, 38, 2.

Ἀμαλήκ 4, 186, 186, 187, 187. 13, 24. 16, 143. 18, 54, 55.

ἀμαξήλατος 11, 102.

ἀμαρτάνω 1, 78. 2, 35, 35, 93. 3, 60, 63, 68, 78, 78, 78, 78. 4, 34, 105, 106, 212, 237. 5, 65, 94. 6, 131. 7, 145. 8, 58. 9, 16. 10, 74, 134, 141, 142. 11, 1, 179. 13, 11. 14, 10, 31, 33, 42, 47, 50, 50. 15, 22, 40, 110, 119, 163. 19, 76, 99, 105, 157. 20, 48, 79, 195, 217, 233, 238, 251. 21, 91, 236. 23, 17. 24, 52, 104, 156, 176, 220, 254. 25, 96, 154, 273, 326. 26, 147, 166, 167. 27,

139, 141, 177. 28, 67, 79, 187, 193, 193, 227, 230, 230, 232, 241, 243, 244, 279. 29, 11. 30, 89, 90, 182. 31, 42, 156, 225. 32, 177, 177. 33, 117, 163. 34, 132. 37, 44, 81, 105. 38, 7, 242.

ἁμάρτημα 2, 93. 3, 61, 63. 4, 77, 241, 241. 6, 54, 132. 7, 146. 8, 11, 98. 10, 21, 72, 73, 113, 126, 134, 138, 138. 11, 10, 123, 142, 146, 176. 12, 143, 143, 166. 13, 12, 95, 95, 160, 163. 15, 9, 11, 25, 71, 76, 116, 171, 178. 17, 7, 173, 295, 297, 299, 304, 306, 307. 19, 65, 65, 67, 80, 105, 117, 158, 158, 193, 194. 20, 47, 196, 233, 236, 241, 243, 250. 21, 87, 175, 198. 22, 174, 196, 299. 25, 58. 26, 24, 107, 134, 147, 203, 220. 27, 6. 28, 187, 190, 191, 192, 215, 215, 228, 230, 234, 238, 242, 245, 259. 29, 31, 196. 30, 54, 64, 136, 167, 168. 31, 2, 55, 68. 32, 75, 124, 163. 33, 74, 112. 34, 60. 37, 35.

ἁμαρτία 12, 108. 15, 179. 16, 206. 17, 20, 305. 19, 157, 159. 20, 233, 234, 248. 21, 104. 22, 296. 26, 203, 235. 27, 83. 28, 190, 193, 194, 196, 197, 226, 239, 243, 247, 251, 252.

ἁμάρτυρος 6, 34.

ἀμαυρός 1, 140. 26, 56. 27, 149. 29, 46. 31, 190. 34, 146. 38, 269.

ἀμαυρόω 1, 31, 57. 25, 124. 26, 44. 27, 11, 34, 68, 147. 28, 30, 58, 100, 288. 29, 247. 31, 52, 191, 200. 32, 162. 34, 11, 126. 37, 153, 182. 38, 2, 63.

ἀμαχεί, ἀμαχί 7, 29. 38, 233.

ἄμαχος 11, 78. 15, 118. 17, 288. 23, 231. 25, 70, 111, 225, 263. 32, 33. 33, 137. 38, 215.

ἀμάω (A) 19, 170, 171, 171. 22, 24, 77. 32, 90. 33, 127.

ἄμβατος → ἀνάβατος

ἀμβλίσκω 18, 129, 138. 21, 107. 30, 108, 108. 32, 157. 33, 130. 39 (VIII 7, 7).

ἀμβλόω → ἀμβλίσκω

ἀμβλύνω 19, 125.

ἀμβλύς 1, 97, 97. 7, 98. 10, 63. 11, 13. 17, 89. 21, 27, 236. 23, 188, 240. 37, 67, 124.

ἀμβλυωπής 8, 161.

ἀμβλυωπία 34, 47.

ἀμβλωθρίδιον 2, 76. 10, 14. 16, 33.

ἄμβλωσις 30, 117.

ἀμβροσία 10, 155.

ἀμβρόσιος 22, 249.

ἀμέθεκτος 33, 121.

ἀμέθελκτος 19, 92.

ἀμείβω 1, 104, 147. 4, 10. 6, 72. 7, 151, 154. 11, 166. 14, 58. 17, 104. 23, 90. 24, 46, 212, 215, 258. 25, 33, 33, 149. 28, 46, 172, 224. 29, 64, 78. 36, 109, 109. 38, 185.

ἀμείλικτος 16, 225. 22, 293. 24, 15, 82, 170. 25, 49. 29, 129, 253. 30, 5, 84, 113, 203. 31, 14, 82, 89. 32, 124. 34, 120. 37, 182. 38, 301, 350.

ἀμείνων 1, 68, 169, 140. 3, 2, 15. 4, 84, 89, 91, 163, 246. 5, 4, 29, 84, 98. 6, 7, 82, 92, 106, 114, 117, 123. 7, 10, 37, 52, 145, 145, 176. 8, 11, 41, 82, 94, 173, 173. 9, 25, 37, 65. 10, 24, 46, 49, 107, 155. 11, 18, 83, 168. 12, 31, 45, 53, 68, 100, 176. 14, 5, 15, 29, 69. 15, 34, 54, 60, 60, 91, 103, 108, 108, 116, 121, 188, 195. 16, 23, 47, 53, 67, 86, 100, 116, 146, 148, 149, 171, 185. 17, 5, 46, 73, 89, 89, 112, 241. 18, 33, 52, 53, 143, 145. 19, 10, 30, 36, 73, 126, 129, 172, 205. 20, 102, 122, 149, 185, 222, 240. 21, 95, 97, 132, 177, 183. 22, 105, 164, 202, 240, 240, 255. 23, 17, 27, 88, 207, 215. 24, 101, 113, 177, 191. 25, 3, 86, 183, 226. 26, 49, 69, 249. 27, 51, 69, 92. 28, 36, 48, 51, 57, 114, 157, 201, 246, 275. 29, 10, 13, 28, 35, 61, 67, 178, 209, 227, 239, 249. 30, 172. 31, 186, 186, 187, 218. 32, 183, 211. 33, 115. 34, 101. 35, 90. 36, 32, 38, 41, 42, 42, 130. 37, 151. 38, 68, 242, 287.

ἀμείωτος 24, 178.

ἀμέλγω 32, 144.

ἀμέλει 4, 76. 7, 50. 10, 171. 15, 191. 35, 36.
ἀμέλεια 11, 39. 21, 8. 35, 61.
ἀμελετησία 6, 23, 86. 17, 213. 19, 14.
ἀμελέτητος 25, 92, 259.
ἀμελέω 4, 152. 7, 19, 43, 55, 157. 11, 47, 143. 12, 39. 16, 92. 17, 303. 21, 52, 155, 203. 24, 77, 131, 248. 25, 51, 109. 27, 118. 29, 27, 108, 250. 30, 130. 31, 41, 175. 32, 162, 202. 33, 156, 171. 34, 87. 37, 43.
ἀμελής 11, 67. 16, 68. 18, 81. 20, 147, 153. 21, 217. 22, 114. 29, 132. 31, 102. 33, 12. 34, 44. 37, 170.
ἀμελητέον 6, 41.
ἀμελλητί 6, 53, 68.
ἄμεμπτος 4, 63. 8, 181. 9, 63. 11, 127. 12, 58. 16, 129. 20, 47,48, 51. 28, 138. 32, 60. 34, 59.
ἀμενηνός 28, 28. 38, 130.
ἀμερής 1, 41. 6, 137. 11, 134. 17, 131, 142, 143, 236, 236. 18, 4. 20, 180.
ἀμέριστος 6, 110. 17, 308. 27, 103, 103, 104.
ἀμετάβλητος 3, 67, 86. 5, 90. 15, 104. 20, 28, 54. 22, 237. 26, 39. 28, 312. 30, 178. 33, 15.
ἀμετάπτωτος 18, 140, 141.
ἀμεταστρεπτί 10, 116. 14, 13. 15, 40. 16, 25. 17, 305. 32, 30, 181. 33, 17, 62, 117. 35, 18.
ἀμέτοχος 1, 73, 149. 2, 31, 88. 3, 53. 4, 169, 229. 5, 17, 90. 6, 98, 111. 10, 41, 90. 12, 13, 42, 44. 13, 61, 76, 115. 15, 177, 177. 16, 29, 118. 17, 48, 61. 19, 20, 108, 117. 21, 22. 22, 230. 23, 202. 24, 146. 26, 210. 27, 31, 177. 28, 166, 230, 259, 296, 311, 327. 29, 11, 48, 53, 56, 214. 30, 136. 31, 55, 111. 33, 35. 35, 6, 32. 36, 73. 37, 73.
ἀμέτρητος 11, 101.
ἀμετρία 1, 159. 3, 77. 8, 52, 115. 13, 22, 131. 16, 18, 21. 18, 60. 20, 143. 23, 134. 30, 209. 32, 195.
ἀμετροεπής 20, 251. 22, 260.
ἄμετρος 1, 81. 3, 16. 4, 111, 149, 155, 165, 183, 195. 5, 105.

6, 32. 7, 98. 11, 32, 88. 12, 105. 13, 214. 14, 2. 15, 117, 162. 17, 32, 105, 297. 18, 55. 19, 42. 20, 214.21,122. 23, 20, 45, 91. 27, 77. 28, 305, 343. 29, 50. 30, 9, 151. 31, 79. 32, 163. 33, 47, 48, 135. 37, 107, 167. 38, 162, 368. 39 (VIII 7, 8).
ἀμῇ 21, 15.
ἀμηγέπη → ἀμῇ
ἄμης 13, 217.
ἄμητος 1, 115. 19, 171. 22, 6, 24, 48. 24, 6. 28, 183. 29, 158, 186. 31, 208. 32, 90. 33, 101. 38, 257.
ἀμήτωρ 1, 100. 2, 15. 13, 61. 17, 62,170, 216. 26, 210, 210. 27, 102. 29, 56.
ἀμηχανία 6, 71. 36, 128.
ἀμήχανος 1, 15, 79, 102. 4, 235. 5, 66, 96, 102. 6, 3, 36, 79. 7, 155. 8, 5, 97, 163, 168. 9, 5, 19. 10, 29, 77. 11, 49, 53, 118, 161, 178. 12, 21. 13, 138, 145, 192. 15, 156, 187. 16, 13, 195. 17, 60, 72, 88, 202, 242, 306. 18, 36, 138, 152. 19, 117, 141. 20, 89, 185. 21, 91, 236. 22, 89, 262. 23, 105, 175, 224. 25, 47, 62, 121, 143, 173. 26, 163, 247. 27, 11, 120, 123. 31, 127, 175. 32, 54, 215. 33, 40, 44. 34, 30, 80. 36, 5, 21, 48, 52, 81, 90, 93, 104, 114, 129. 37, 18, 133. 38, 178, 196, 209, 303, 363.
ἀμίαντος 2, 50. 5, 50. 7, 169. 8, 133. 16, 31. 18, 124. 19, 50, 114, 118, 144. 22, 185. 28, 113, 250. 31, 40.
ἀμιγής 1, 31, 71, 136. 3, 2. 5, 86. 6, 110. 7, 68. 8, 32, 133. 10, 56, 77, 81. 13, 44. 15, 73, 182. 16, 52, 153. 17, 94, 183, 183, 184, 236. 18, 36. 19, 174. 20, 102. 21, 163. 22, 9. 23, 122, 205, 205. 26, 110, 204. 27, 177. 28, 224, 262. 29, 55, 59, 161. 30, 4. 33, 71. 35, 81.
ἄμικτος 2, 50. 3, 15. 6, 32. 17, 28. 19, 35. 24, 30. 29, 16. 31, 204. 32, 135, 141. 33, 92. 38, 34, 147.
ἄμιλλα 4, 233. 7, 1, 28, 32, 36, 39, 41. 11, 110, 111, 162. 16, 75. 21, 152. 23, 105,

210, 244. 25, 232. 33, 94.
ἀμιλλάομαι 6, 100. 7, 29. 8, 161. 11, 115. 16, 167. 22, 114. 23, 40, 209, 242. 24, 18. 25, 8. 26, 136, 171. 28, 186. 31, 205. 32, 186. 34, 105. 38, 144.
Ἀμιναδάμ 8, 76.
ἀμισής 13, 215. 24, 114, 206.
ἄμμα 36, 88.
Ἀμμανῖται 4, 81, 81. 8, 177.
ἄμμος 4, 37, 203. 19, 148. 21, 3, 175, 175. 30, 160.
ἀμνάς 28, 226, 233, 251, 253. 30, 46.
ἀμνημονέω 16, 191.
ἀμνήμων 24, 99. 25, 140.
ἀμνησίκακος 24, 246.
ἀμνηστία 15, 160. 18, 109. 19, 89, 99. 22, 292, 299. 24, 92, 212, 239, 262. 25, 311. 26, 24, 134. 28, 161, 187, 193, 229, 236, 242. 30, 128. 37, 84.
ἀμνός 17, 174. 20, 159. 28, 169, 170, 177, 178, 184, 184, 198. 31, 105.
ἀμοιβή 4, 7. 5, 122, 123. 7, 108. 12, 130. 22, 279. 24, 267. 25, 58. 26, 256. 27, 112, 115, 167. 28, 123. 29, 97, 171, 234. 31, 166, 195, 196. 36, 108. 37, 50. 38, 59.
ἀμοιρέω 1, 74, 158. 5, 35. 7, 86. 8, 145. 9, 11. 15, 177. 20, 8, 12. 21, 137. 23, 51, 74. 25, 135. 26, 27, 60, 73, 235. 28, 40, 44, 52, 64, 111, 310. 29, 149. 30, 17. 32, 120, 123, 206. 33, 15. 37, 61.
ἄμοιρος 4, 55. 22, 184. 33, 110.
Ἀμορραῖος 4, 225, 232, 232. 10, 99. 17, 300, 302, 304, 308. 25, 258.
ἄμορφος 1, 38. 15, 87. 17, 140. 28, 47, 328, 328. 35, 7. 36, 41, 56.
ἀμουσία 17, 81, 210.
ἄμουσος 4, 36. 7, 18. 8, 107. 12, 167. 13, 33. 15, 15, 55, 150. 16, 72. 19, 22. 20, 229. 24, 206. 28, 174, 321. 30, 32. 31, 145, 233. 34, 51. 36, 74.
ἀμοχθί 4, 69.
ἀμπέλιος 22, 164.
ἄμπελος 1, 116. 7, 106. 12, 32, 71. 13, 2, 222, 222, 222, 223, 224. 20, 162. 22, 158,

159, 159, 162, 163, 169, 171,
190, 191, 191, 195, 199. 24,
91, 92. 25, 228, 231. 36, 63.
38, 82.
ἀμπελουργικός 12, 1, 140.
ἀμπελουργός 12, 1.
ἀμπελόφυτος 31, 215.
ἀμπελών 10, 94, 96, 145, 154,
154. 11, 1, 148, 149, 157, 157,
166. 12, 1, 140. 19, 175, 176.
22, 172, 173. 29, 105. 31,
203, 208, 213. 32, 28, 91, 92.
33, 128.
ἀμπεχόνη 21, 93, 102, 187.
22, 52, 53, 126. 24, 41, 52.
32, 18, 19. 33, 99. 36, 67.
ἀμπέχω 3, 53. 5, 95. 6, 21.
21, 96, 101. 30, 41. 31, 93,
203. 32, 18.
ἀμπίσχω 30, 206.
ἀμπωτίζω 10, 177. 22, 121.
25, 176. 29, 143.
ἄμπωτις 1, 113.
ἀμυγδαλέα, ἀμυγδαλῆ 26,
186.
ἀμυδρός 1, 65, 141, 145. 4, 111.
6, 30. 8, 118. 10, 43. 12, 27.
16, 38, 79. 18, 135, 140. 20,
162. 21, 116, 171, 202. 22,
17, 138. 23, 240. 28, 37. 30,
4. 32, 56.
ἀμυδρότης 33, 143.
ἀμυδρόω 10, 3, 78. 33, 38.
ἀμύητος 2, 60. 5, 48, 94, 121.
7, 77, 79. 11, 25. 13, 37, 51.
15, 116. 19, 179. 22, 30.
ἀμύθητος 1, 43. 2, 61. 4, 148.
6, 29, 122. 7, 170. 8, 108,
110, 141, 167. 10, 112. 11, 35.
12, 103. 13, 171, 171, 202,
217. 14, 42. 15, 10, 15, 171.
17, 33, 131, 284. 19, 55. 20,
146, 239. 21, 6. 22, 48. 23,
159, 261. 24, 57, 269. 25,
145, 212, 323. 26, 62, 115,
289. 27, 2, 156. 28, 90, 151,
163, 184, 192, 322, 339. 29,
63, 169, 205. 30, 2, 28, 178,
194. 31, 82, 85, 149. 33, 107,
132. 34, 9, 64. 35, 19. 36, 64.
38, 101, 226. 39 (VIII 6, 1).
ἄμυνα 2, 68. 10, 60. 11, 147.
12, 41. 15, 45. 20, 159, 200.
23, 213. 24, 166, 263. 25,
170, 244, 249, 304. 26, 273.
27, 75, 177. 30, 129. 31,
224. 32, 109. 33, 140. 38,
68, 215.
ἀμυντήριος 1, 84. 3, 8. 4, 26,

155. 6, 130. 10, 68. 17, 203.
20, 159. 21, 103, 235. 25,
170. 27, 178. 32, 3. 36, 148.
37, 90. 38, 229.
ἀμύνω 1, 85. 3, 79. 4, 115, 200.
6, 135. 7, 36. 11, 95. 13, 71.
16, 26. 19, 210. 23, 211.
24, 50. 25, 40, 46, 111, 142,
173, 215, 314. 26, 252. 30,
17, 19, 85, 195. 31, 7, 121,
185, 197, 222. 35, 41. 38,
100.
ἄμυστις 13, 221.
ἀμφημερινός 15, 151.
ἀμφήριστος 25, 218. 30, 55.
ἀμφί 21, 14. 25, 90, 101. 28,
152.
Ἀμφιάραος 38, 78.
ἀμφίβιος 7, 154.
ἀμφίβολος 8, 46. 11, 16, 136.
12, 113. 22, 184. 24, 183,
191. 28, 63. 38, 218.
ἀμφίδοξος 27, 128.
ἀμφιθαλής 18, 132. 34, 10.
38, 93.
ἀμφικλινής 26, 237. 38, 15.
Ἀμφίλοχος 38, 78.
ἀμφισβητέω 4, 205. 6, 91. 12,
82. 27, 86, 92. 29, 10. 30,
131.
ἀμφισβήτημα 36, 142.
ἀμφισβήτησις 4, 233. 27, 140.
31, 173. 37, 24.
ἀμφότερος 1, 38, 92, 104, 106,
116, 136, 156. 2, 1, 21, 21, 86,
89, 95, 96. 3, 50. 4, 83, 109,
122. 5, 109. 6, 3, 138. 7, 35,
54, 108. 8, 37, 95. 10, 50.
11, 29, 75, 82, 145, 176. 12,
172. 13, 35, 77, 83, 84, 85, 94,
115, 130. 14, 24. 15, 72. 16,
54, 67, 69, 73, 82, 88, 89, 165,
166, 175. 17, 11, 15, 49, 126,
206, 310. 18, 84, 154. 19,
70, 73, 148, 188. 20, 19, 23,
42, 118, 155, 201. 21, 41, 111,
159. 22, 8, 42, 139, 147, 156,
156, 157. 23, 6, 157, 246. 25,
24, 47, 78, 97, 240, 302. 26,
40, 142, 154, 180, 182, 245,
266. 27, 50, 51, 110, 156.
28, 333. 29, 66, 139, 191.
30, 21, 58, 73, 134. 31, 1, 37,
69, 106, 129, 198, 208, 215,
234. 32, 22, 208, 222. 33,
137. 34, 118. 35, 53. 36, 121.
37, 132. 38, 79, 142, 195,
228, 236, 305.
ἄμφω 1, 13, 65, 99, 103, 106.

2, 106. 3, 71, 72. 4, 184, 217.
5, 27, 48, 73, 112. 6, 14, 36,
65, 138. 10, 179. 11, 118,
145, 161. 12, 44, 87. 14, 54.
16, 3, 73, 78, 86, 147, 148,
207. 17, 45, 139, 213. 18, 22,
82. 19, 145, 156. 20, 43. 21,
23. 22, 12, 227, 263. 23, 88,
205. 24, 148, 205. 25, 27,
301. 26, 98, 119, 221. 27,
31. 28, 6, 116, 233. 29, 225,
232, 233. 30, 14, 23, 24. 31,
11, 31, 102, 111, 186. 32, 54,
116, 225. 33, 95. 34, 57. 35,
85. 38, 111.
ἀμώμητος 36, 41.
ἄμωμος 2, 50, 50. 5, 85. 6, 51.
11, 130. 17, 114. 18, 106.
19, 18, 80. 20, 60, 233. 21,
62. 22, 72, 185. 28, 201, 268,
283.
ἄν passim.
ἀνά 1, 45. 4, 65, 65, 65, 156,
182, 182, 184, 185, 246. 5, 75.
6, 9. 7, 1. 8, 37. 10, 116, 147.
11, 5, 35, 59, 88, 143, 147.
12, 61, 133, 164. 13, 111, 127,
127, 139. 14, 58. 15, 39, 133.
16, 22, 204. 17, 163, 163,
166, 186, 206. 18, 113, 153.
19, 101. 20, 52, 52, 217. 21,
76, 76. 22, 144, 229, 235. 23,
44, 134, 170, 244. 24, 109,
158. 25, 6, 243, 253. 26, 41,
195. 27, 159. 28, 77, 172,
172, 223. 29, 160. 30, 2, 24,
47. 31, 100, 104. 32, 18, 47.
35, 69. 37, 147. 38, 214.
ἀναβαθμός 8, 113. 22, 67. 33,
110. 38, 77.
ἀναβαίνω 1, 131. 2, 28. 3, 91.
4, 179, 214, 214. 7, 93. 8,
127, 132, 136, 136, 136. 10,
99. 11, 93. 15, 74, 95, 158.
16, 18, 168, 169, 170. 17,
45, 45, 251. 19, 170, 170, 178,
181, 194, 195. 20, 270. 21, 3,
57, 62, 133, 189, 197, 199.
22, 16, 19, 119, 216, 216, 218.
24, 35, 148. 26, 161. 36, 58,
58, 294.
ἀναβάλλω 11, 85. 30, 102.
39 (VIII 11, 9).
ἀνάβασις 36, 147.
ἀναβαστάζω 1, 86.
ἀναβάτης 3, 102, 103, 103, 104.
11, 67, 68, 72, 73, 73, 78, 82,
92, 94, 124. 13, 111. 16, 62.
22, 269.

ἀνάβατος 15, 4.
ἀναβιβάζω 4, 214. 7, 114, 118.
8, 29, 31. 22, 170. 24, 120.
37, 142.
ἀναβλαστάνω 1, 77. 6, 125.
8, 163, 172. 11, 10, 30. 12,
2, 48. 13, 9, 61. 16, 123, 125.
17, 279. 18, 146. 21, 220.
22, 14. 36, 100. 38, 321.
ἀναβλέπω 4, 39. 5, 62. 8, 17.
10, 181. 17, 76, 76, 86. 21,
64, 67, 164, 189, 197, 199. 23,
78. 30, 187. 32, 179. 34, 56.
ἀναβλύζω 13, 32. 21, 97.
ἀναβοάω 25, 235. 37, 41, 122,
144, 169. 38, 301, 356.
ἀναβολή 25, 46. 30, 94. 37,
129. 38, 248. 39 (VIII 7, 1).
ἀναγγέλλω 4, 16, 16, 16, 17, 17,
21, 174, 176. 7, 5, 5, 12. 8, 89.
10, 131. 12, 59. 16, 140. 18,
170. 19, 20, 127. 20, 14.
ἀνάγειον 35, 33.
ἀναγέννησις 36, 8.
ἀναγιγνώσκω 2, 83. 11, 18.
18, 20, 74, 148. 20, 66. 21,
205. 22, 127. 23, 177. 25, 4.
31, 160, 161, 163. 32, 131.
34, 82. 37, 98. 38, 254. 39
(VIII 7, 13), (VIII 7, 13).
ἀναγκάζω 4, 110, 120, 155. 5,
81. 7, 13, 131, 134. 8, 54, 165.
10, 102, 164. 11, 47, 49, 101,
111. 13, 22, 159. 15, 38. 16,
114. 17, 270, 310. 18, 6. 19,
145. 20, 241, 262. 21, 77, 99,
129, 204, 246. 22, 123, 133,
196, 280. 24, 26, 142, 147.
25, 38, 95, 112, 268. 26, 166.
27, 114, 129. 28, 99, 165.
29, 85, 90, 107, 112. 30, 197.
31, 158. 32, 84, 127. 34, 27,
30, 34, 36, 60, 60, 60, 60,
61, 61, 95, 95, 96, 96. 36,
136. 37, 31, 130, 153, 155.
38, 61, 141, 293.
ἀναγκαῖος 1, 2, 8, 9, 12, 26,
26, 35, 53, 61, 66, 78, 79, 80,
82, 83, 97, 111, 115, 119, 133,
135, 143, 145, 151, 153, 153,
162, 164, 167, 167, 171. 3, 16,
17, 17, 33. 4, 22, 45, 51, 91,
140, 141, 147, 147, 151, 154,
157, 159, 194, 227. 5, 78, 85,
87. 6, 98, 115, 121, 125. 7, 12,
34, 44, 81, 104, 130, 141, 157,
160, 161. 8, 91, 91, 108, 112.
9, 9, 29, 34. 10, 4, [30], 71,
153, 170. 11, 19, 39, 58, 68,

88, 98, 106, 131, 141, 141, 149.
12, 15, 37, 51, 54, 65, 75, 100,
104, 141, 164. 13, 15, 28, 31,
112, 131, 169, [192], 195, 214.
14, 20, 33, 36, 54, 61, 63.
15, 38, 135, 158, 170, 176.
16, 82, 173, 223. 17, 14, 35,
63, 90, 102, 133, 139, 141, 145.
18, 24, 29, 29, 30, 63, 100,
165. 19, 8, 38, 70, 87, 98,
154, 161, 206. 20, 96, 100,
103, 150, 166, 184, 197, 213,
219. 21, 4, 36, 42, 42, 55, 64,
68, 97, 104, 124, 242. 22, 22,
28, 33, 49, 64, 82, 116, 155,
180, 180, 215, 240, 261, 262.
23, 3, 49, 60, 65, 78, 91, 156,
237, 249, 259. 24, 3, 34, 95,
109, 115, 118, 124, 153, 154,
155, 163, 165, 183, 190, 195,
225, 241, 243, 243, 253, 263.
25, 5, 28, 111, 124, 124, 141,
151, 160, 191, 195, 201, 206,
209, 223, 224, 231, 237, 251,
316, 324, 333. 26, 3, 6, 48,
51, 63, 66, 70, 72, 88, 123,
134, 141, 142, 146, 147, 151,
159, 177, 183, 205, 222, 222,
222, 223, 223, 226, 228, 230,
233, 241, 246, 251, 255, 258,
270. 27, 10, 16, 18, 32, 45,
50, 52, 67, 97, 99, 113, 117,
118, 164, 165, 170. 28, 7, 8,
31, 34, 54, 68, 70, 97, 98, 131,
133, 133, 134, 153, 158, 165,
179, 195, 211, 224, 227, 267,
269, 298, 323, 327, 332, 340,
342, 343, 345. 29, 3, 6, 17,
23, 25, 34, 34, 39, 53, 65, 68,
70, 81, 85, 91, 113, 123, 130,
133, 141, 159, 160, 161, 166,
172, 173, 175, 177, 180, 185,
195, 199, 203, 205, 207, 228,
233, 241, 245, 247, 248, 260.
30, 4, 25, 61, 81, 90, 95, 152,
179, 201. 31, 36, 55, 63, 68,
171, 175, 178, 206, 211, 217,
228. 32, 6, 27, 56, 65, 75, 79,
87, 93, 100, 104, 118, 122, 133,
144, 145, 149, 149, 152, 154,
178, 180, 180, 181, 190. 33,
10, 42, 98, 105, 106, 107, 120,
127, 134, 138. 34, 8, 32, 34,
76, 80, 115, 121, 142. 35, 10,
15, 24, 25, 29, 35, 53, 61. 36,
1, 5, 16, 36, 37, 49, 65, 67,
82, 90, 112, 130, 132, 134,
136, 144. 37, 4, 51, 62, 64,
134, 143. 38, 10, 51, 74, 81,

124, 128, 147, 178, 193, 248,
252, 253, 274, 299, 318, 326.
39 (VIII 7, 14), (VIII 11, 9).
ἀνάγκη 1, 72, 132, 139. 2, 2,
73, 86. 3, 16, 28, 57, 71. 4, 5,
41, 60, 77, 117, 121, 151, 151,
189, 200, 218. 5, 2, 13, 56,
66, 74, 82, 83, 109, 115. 6, 3,
13, 31, 39, 69, 71, 104, 106.
7, 11, 50, 54, 104, 119, 124,
125, 141, 153, 167, 171. 8, 3,
4, 9, 19, 53, 61, 67, 69, 98,
135, 184. 9, 4, 7, 18, 43, 49,
64. 10, 12, 27, 28, 47, 48, 66,
100, 117, 119. 11, 1, 31, 49,
70, 77, 88, 116, 118, 150. 12,
7, 19, 35, 43, 122, 172, 175.
13, 7, 48, 129, 170, 196, 214.
14, 36. 15, 17, 41, 91, 127.
16, 3, 30, 169, 179. 17, 41,
45, 142, 181, 187, 226, 272,
274, 300. 18, 20, 40, 73. 19,
32, 32, 63, 98. 20, 49, 149,
270. 21, 46, 110, 114, 132,
177. 22, 20, 34, 44, 81, 129,
136, 150, 154, 253, 253, 293.
23, 184, 186. 24, 71, 186,
192, 264, 269. 25, 10, 39,
58, 89, 184, 247. 26, 53, 201,
250. 27, 39, 57, 85, 140, 150.
28, 30, 101, 103, 126, 127,
127, 130, 143, 292, 338. 29,
74, 124, 137, 209. 30, 34, 97.
31, 70, 119, 136, 150, 179,
193, 198. 32, 7, 25, 30, 67,
83, 122, 128. 33, 19, 20, 121,
124, 156. 34, 41, 58, 96. 35,
34, 61, 68. 36, 18, 21, 32, 45,
51, 51, 52, 53, 55, 71, 85, 92,
104, 115, 149. 37, 17, 186.
38, 126, 327, 360. 39 (VIII
6, 7), (VIII 7, 7), (VIII 11, 13),
(VIII 11, 17).
ἀναγκοφαγέω 38, 275.
ἄναγνος 1, 7. 5, 94. 6, 138.
8, 177. 23, 14. 31, 217.
ἀναγνώρισις 24, 237.
ἀνάγνωσις 4, 18. 17, 253.
ἀνάγνωσμα 38, 165.
ἀναγνωστέον 7, 47.
ἀναγραπτέον 10, 181.
ἀνάγραπτος 23, 11, 177, 262.
26, 108. 31, 175, 238. 32, 95,
201.
ἀναγραφή 18, 175. 19, 137.
20, 189. 21, 33, 48. 22, 265,
301. 33, 2. 39 (VIII 6, 5).
ἀναγράφω 1, 6, 12, 25, 104,
128. 5, 124. 6, 19, 54. 7, 15,

20. 10, 50, 127, 137. 11, 50,
140, 145, 172. 13, 37. 14, 6,
12, 17, 48, 49, 69. 15, 6, 23,
128, 141, 143, 149, 168. 16,
14, 20, 69, 204. 17, 165, 227,
260, 291. 18, 30, 37, 44, 56,
99, 120. 19, 2, 142, 178, 180,
185. 20, 12, 53, 132, 267. 21,
134, 167, 172, 190, 219. 22, 1,
4, 10, 157, 234, 277, 290, 300.
23, 1, 5, 17. 24, 1, 1, 228.
25, 1, 299. 26, 188, 222. 27,
1, 97, 121, 131, 154, 165, 169.
28, 20, 31, 56, 92, 112, 129,
170, 280. 29, 3, 41, 42, 79,
140, 150, 152, 223. 30, 155.
31, 2, 114, 140, 150, 206. 32,
52. 33, 43, 54, 67, 127, 150.
35, 57. 36, 31, 120. 37, 164.
38, 13, 56.
ἀνάγω 3, 93. 4, 7. 6, 8, 110.
7, 20. 10, 4. 11, 127. 12,
108, 162, 164. 13, 129. 16,
171, 202. 17, 226. 21, 62.
22, 72, 74. 23, 234. 24, 139.
25, 284. 26, 73, 141, 153,
159, 162, 224, 270. 28, 38,
145, 152, 166, 168, 169, 183,
184, 185, 185, 188, 228, 257,
271, 272, 283. 29, 188. 30,
125. 31, 174. 33, 82. 37, 63,
125, 155. 38, 151, 156, 157, 280,
312, 317, 326, 334, 355. 39
(VIII 6, 9).
ἀναγωγή 37, 27.
ἀνάγωγος 6, 47. 10, 64. 13,
13, 33. 19, 201. 20, 229.
21, 255. 22, 259.
ἀναδείκνυμι 1, 114. 6, 30, 35.
7, 39, 44. 11, 8. 12, 110, 118.
15, 103, 179. 18, 93. 19, 96.
28, 90. 33, 153.
ἀνάδελφος 29, 127.
ἀναδέμω 11, 113, 157.
ἀναδεύω 1, 38. 17, 58. 28,
179.
ἀναδέχομαι 5, 46, 78. 6, 114,
132. 10, 16, 16, 115. 11, 151,
152. 13, 35, 218. 15, 163.
16, 144. 17, 272, 286. 18,
46, 92, 165. 22, 122. 23, 246.
30, 90. 33, 128, 139. 38, 61,
85, 117, 118.
ἀναδέω 11, 112, 113. 20, 44,
109. 29, 235. 38, 95.
ἀναδιδακτέον 5, 129.
ἀναδιδάσκω 1, 8, 160, 170.
5, 29, 42, 48. 7, 10, 43, 44,
135. 8, 16. 10, 148. 11, 93.

13, 37. 15, 142. 16, 179.
17, 97, 182, 203, 213. 18,
15, 15, 28, 80, 122, 163. 19,
74. 20, 80, 104, 167. 21, 68,
159. 22, 1, 252. 23, 6, 61, 75,
258, 275. 24, 2, 129, 143. 25,
76, 102, 146, 207, 207. 26, 9,
40, 67, 74, 128, 141, 153, 177,
183. 27, 37, 115, 137. 28, 22,
25, 41, 161, 167, 205, 230, 332.
29, 21, 55, 66, 88, 112, 142,
170, 197, 228. 31, 169. 32,
116, 133, 160, 165, 168. 33,
77. 34, 2, 81, 82, 145. 35, 23.
36, 134. 38, 31, 58, 170, 223.
ἀναδίδωμι 1, 42, 56, 133, 133,
158. 4, 13, 161. 11, 112. 13,
85, 112, 218. 16, 31. 18, 114,
118, 173. 19, 200. 20, 43, 159.
21, 49, 49, 97, 144, 152. 22,
62, 74. 23, 38, 141. 24, 92.
25, 65. 26, 65, 143. 28, 72.
30, 184. 31, 104. 33, 27.
35, 53. 36, 62, 63. 37, 37,
97. 38, 178, 254.
ἀναδικάζω 10, 183.
ἀναδίπλωσις 24, 107.
ἀναδονέω 22, 1.
ἀναδύομαι 8, 18. 21, 13. 25,
58. 30, 70. 32, 63, 83, 89.
36, 68.
ἀναζάω 21, 147.
ἀναζεύγνυμι 24, 208. 25, 177,
187.
ἀναζέω 18, 55, 162. 25, 127.
ἀναζητέω 1, 166. 4, 47. 6, 64.
8, 21, 182. 10, 155. 11, 23,
26. 12, 79. 13, 73, 113. 14,
27. 15, 75. 17, 247. 19, 143.
20, 105, 108. 22, 50, 61, 271.
24, 117. 28, 3. 29, 165. 34,
19, 65. 38, 202.
ἀναζωγραφέω 16, 214. 24,
126. 28, 27. 38, 306.
ἀναζώννυμι 3, 28. 4, 153.
ἀναζώω → ἀναζάω
ἀνάθεμα 25, 253.
ἀναθερίζω 32, 92.
ἀνάθεσις 17, 75. 20, 93. 21,
242, 242, 252, 252. 37, 43, 51.
38, 138, 207, 207, 217, 233,
248, 299, 306, 333. 39 (VIII
7, 4), (VIII 7, 5).
ἀναθετέον 6, 106, 109.
ἀνάθημα 7, 20. 12, 126. 16,
98, 98. 17, 200. 19, 42, 42.
20, 220. 21, 243, 243, 251,
253. 27, 133. 28, 66. 29, 32,

37, 115, 115, 115. 31, 69. 38,
151, 157, 280, 297, 319, 335.
ἀναθλίβω 28, 218. 30, 114,
193.
ἀναθυμίασις 2, 42. 21, 144.
26, 105.
ἀναθυμιάω 1, 165.
ἀναιδής 25, 130.
ἄναιμος 13, 87. 22, 259.
ἀναιμωτί 11, 150. 25, 180.
32, 33, 38. 33, 97. 38, 233.
ἀναίρεσις 4, 189. 11, 88. 15,
34. 16, 92. 19, 93. 22, 213.
23, 180, 189. 29, 232. 30,
88, 121. 36, 5, 79, 79, 81, 111,
114. 37, 53, 105, 162. 38,
335.
ἀναιρετέον 30, 84.
ἀναιρετικός 4, 76.
ἀναιρέω 1, 81, 157. 2, 20. 3, 99.
4, 35, 35, 73, 189. 5, 50, 55,
74, 75, 75. 6, 55, 58, 121, 133.
7, 16, 47, 48, 48, 48, 50, 50,
51, 51, 69, 75, 78, 78, 78, 122,
165, 166, 168, 177, 178, 178.
8, 38, 85, 182, 185. 9, 32.
10, 18. 11, 16, 18, 105. 12,
90, 110. 13, 67, 69, 95. 15,
72, 160, 160, 166, 193. 16, 92.
17, 244. 18, 119. 19, 60,
107, 147. 20, 49. 21, 174.
22, 24, 67, 123, 267. 23, 176,
197, 233, 234. 24, 10, 12, 25,
233. 25, 17, 44, 45, 109, 135,
145, 218, 258, 300, 302, 303,
304, 308. 26, 156, 172, 186,
214. 27, 81. 28, 56, 108, 120,
160, 319, 327, 328, 329, 344.
29, 83, 85, 134, 192. 30, 42,
85, 86, 87, 92, 95, 116, 118,
119, 120, 120, 120, 121, 126,
126, 127, 128, 132, 132, 136,
136, 141, 142, 142, 145, [1ᴬ 6],
151, 153, 165, 168. 31, 7, 95,
204, 222. 32, 43, 46, 90, 129,
139, 143, 200, 224. 33, 69,
72, 95, 150. 34, 19, 79, 158.
36, 23, 78, 82, 84, 84, 85, 85,
92. 37, 9, 10, 49, 67, 132,
174, 174, 185, 189. 38, 30, 30,
81, 117, 146, 206, 316, 342.
39 (VIII 7, 6), (VIII 7, 9).
ἀναισθησία 13, 4, 5, 154,
162, 166. 25, 272. 38, 1,
70.
ἀναισθητέω 13, 6, 154.
ἀναίσθητος 6, 32. 7, 85. 21,
248. 29, 95. 32, 200.

14, 42. 19, 128. 20, 138.
25, 233. 30, 156. 33, 5.
39 (VIII 6, 6).
ἀνανεύω 5, 41. 20, 254, 254.
30, 70.
ἀνανήφω 3, 60.
ἀνανήχομαι 7, 100. 8, 178.
9, 13. 15, 66. 20, 107. 30, 3.
ἀνανταγώνιστος 10, 150. 13,
112. 14, 57. 15, 34, 100.
16, 120. 21, 69, 129, 169,
250. 22, 38, 279. 23, 37, 243.
24, 82. 25, 218. 27, 146.
28, 207. 31, 164. 32, 33.
33, 93, 97.
ἀνάντης 23, 59. 31, 109, 112.
Ἀναξαγόρας 35, 14. 36, 4.
Ἀνάξαρχος 34, 106, 109, 109.
ἀναξηραίνω 25, 177. 26, 254.
36, 122.
ἀνάξιος 1, 168. 4, 195. 6, 124.
7, 13, 62, 142. 9, 16. 10, 76.
17, 91. 19, 151, 155. 23, 146.
24, 75. 25, 3. 28, 211, 314,
325. 30, 67. 31, 151, 152.
32, 122, 210. 33, 96. 36, 85.
ἀνάπαυλα 2, 43. 5, 87. 7, 122.
24, 179. 25, 38. 29, 39, 64, 69,
89, 96, 101, 207, 260. 31, 8,
173. 33, 153. 37, 139. 38,
171. 39 (VIII 7, 15), (VIII 7, 16).
ἀνάπαυσις 4, 77. 5, 87. 8, 24.
18, 45, 48. 19, 174. 21, 174.
23, 27, 27, 28.
ἀναπαύω 4, 77. 5, 87, 90, 90.
8, 24. 10, 12. 18, 45, 48.
19, 173. 21, 113, 128, 174.
25, 291. 33, 157.
ἀναπείθω 4, 110, 212. 8, 185.
11, 48. 12, 105. 13, 38. 15,
131. 17, 29, 92, 97. 18, 126.
19, 97. 22, 76, 89, 162, 192.
26, 175. 27, 123, 141. 30, 5,
166. 32, 15, 208. 34, 13.
38, 246.
ἀναπείρω 20, 160. 30, 144,
145, 146. 32, 136.
ἀναπέμπω 6, 74. 10, 84. 21,
29. 31, 190.
ἀναπετάννυμι 4, 43, 219. 6,
22. 11, 34. 12, 58. 15, 19.
20, 138. 23, 154. 25, 46.
28, 75. 29, 62, 105. 31, 9,
43. 34, 13, 85. 37, 88. 38,
169.
ἀναπέτομαι 5, 31. 8, 84. 9, 13.
20, 237.
ἀναπηδάω 20, 179.
ἀναπίμπλημι 2, 36, 51. 5, 106.

6, 20. 7, 123. 9, 39. 11, 45.
13, 87. 14, 15, 42. 16, 59.
17, 67, 240, 307. 21, 178.
22, 2, 147, 162. 23, 16, 40,
96, 119. 25, 100. 27, 126,
144, 175. 28, 50, 153, 331.
29, 22, 50. 30, 51, 102. 31,
95. 33, 157. 34, 62. 35, 10,
27. 36, 56. 37, 5, 41, 125.
38, 90, 102, 354.
ἀναπίνω 1, 38.
ἀναπίπτω 12, 145. 13, 122,
167. 18, 164. 24, 114. 25, 69,
173, 182, 233. 28, 313. 32,
25, 71, 88.
ἀνάπλασις 1, 124.
ἀναπλάσσω, ἀναπλάττω 9,
15. 24, 137. 28, 332. 34, 62.
ἀναπλέκω 6, 21. 30, 37.
ἀναπλέω 7, 151.
ἀνάπλεως 16, 212. 18, 61.
19, 80. 24, 53. 27, 33. 28,
209, 327. 29, 155. 30, 79.
31, 56. 32, 32, 211. 33, 41,
159. 35, 6.
ἀναπληρόω 1, 126. 3, 20, 38.
12, 40. 13, 53. 17, 300, 304.
20, 168. 21, 135. 24, 206.
28, 294. 33, 111. 38, 257.
ἀναπλήρωμα 26, 208.
ἀναπλήρωσις 32, 43.
ἀναπλόω 15, 186.
ἀναπνέω 27, 74. 32, 6. 35, 75.
37, 88. 38, 369.
ἀναπνοή 13, 106. 21, 20.
26, 148. 28, 338. 33, 143.
36, 135. 38, 125, 126, 270.
ἀναπόδεικτος 12, 115. 31, 31.
ἀναποδήμητος 23, 65.
ἀναπολέω 4, 17, 17. 11, 132.
15, 159. 24, 211. 31, 107.
37, 180. 38, 17, 310.
ἀναπομπή 29, 117.
ἀναπράσσω, ἀναπράττω 16,
91. 21, 95. 26, 197. 27, 95.
28, 55. 29, 75, 94, 247. 30,
102, 163. 31, 214, 218. 32, 42.
38, 343.
ἀνάπτυξις 2, 99. 5, 128. 18,
44, 148.
ἀναπτύσσω 2, 99. 9, 36. 11,
136. 18, 20. 21, 91.
ἀνάπτω 1, 79, 148, 160. 4, 44.
5, 63, 113. 6, 9, 99. 7, 105.
8, 37, 114. 10, 2, 26. 12, 67.
14, 63. 16, 3, 186. 17, 7,
23, 301. 19, 163. 20, 22,
90. 21, 77, 78, 224. 23, 237.
24, 28, 135, 151, 166. 26, 58.

27, 42. 28, 14, 252, 307,
334. 29, 30, 165. 30, 184.
31, 176, 177. 33, 29, 56. 35, 70.
36, 33, 127. 37, 104. 38, 130,
141, 190, 347.
ἀναπυνθάνομαι 9, 50.
ἄναρθρος 19, 22. 26, 164.
ἀναρίθμητος 2, 102.
ἀνάριθμος 8, 3.
ἀναρμοστία 1, 22. 15, 150.
29, 191. 32, 183.
ἀνάρμοστος 1, 149. 6, 32. 8,
107, 107. 9, 41. 10, 4, 105.
15, 15. 18, 16. 19, 22. 21,
28. 24, 145, 269. 29, 130,
154. 30, 19, 23. 31, 187.
36, 75.
ἀναρπάζω 12, 24. 20, 214.
34, 132. 36, 49. 38, 58, 160.
ἀναρρήγνυμι 1, 158. 4, 156.
13, 208, 214. 36, 139. 37, 56.
ἀναρριπίζω 1, 158. 4, 187.
9, 51. 12, 144. 17, 296. 18,
92. 22, 147. 31, 27, 113. 32,
9. 33, 171. 37, 44.
ἀναρρίπτω 11, 152. 36, 33.
ἀναρτάω 17, 43. 21, 157. 26,
113. 30, 160.
ἀναρχέω 1, 38.
ἀναρχία 1, 11. 6, 106. 7, 141.
11, 46. 22, 154, 286, 289,
290, 295. 25, 26. 26, 161,
163. 30, 125. 38, 17.
ἄναρχος 36, 53, 75.
ἀνασείω 5, 38. 11, 174. 15,
35. 20, 215. 22, 132. 38, 177.
ἀνασκεδάννυμι 12, 60. 18,
56. 23, 79, 229. 25, 123.
ἀνασκέπτω 25, 259.
ἀνασκίδνημι 7, 95. 9, 3. 10,
46. 32, 164.
ἀνασκιρτάω 4, 128. 6, 4.
11, 93. 12, 38. 29, 135, 142.
36, 128.
ἀνασκολοπίζω 8, 61. 22, 213.
24, 96, 98. 30, 151, 152.
37, 83, 84.
ἀνασκοπέω 38, 261.
ἀνασπάω 2, 38, 38. 11, 7.
12, 24. 18, 127. 20, 224.
21, 102. 26, 240. 31, 227.
32, 154.
ἀνάσσω 34, 125.
ἀνάστασις 8, 185. 11, 151. 25,
164. 38, 330.
ἀνάστατος 27, 126.
ἀναστέλλω 4, 153. 8, 50, 127.
10, 39, 79, 182. 15, 14. 17,
70. 19, 34. 25, 99. 27, 50.

29, 172. 30, 147. 31, 111.
34, 65.
ἀναστενάζω 24, 187.
ἀναστέφω 28, 57, 115.
ἀναστοιχειόω 8, 5. 17, 29,
184, 200. 23, 43. 26, 288.
36, 94.
ἀναστομόω 25, 211. 35, 23.
ἀναστράπτω 27, 143.
ἀναστρέφω 4, 48. 9, 53. 10,
35. 14, 12, 15, 68. 19, 196.
37, 180.
ἀναστροφή 10, 72.
ἀνασῴζω 3, 33, 34. 16, 16,
63. 22, 109. 33, 165.
ἀνατείνω 6, 25. 12, 20. 13,
102. 15, 157. 17, 79.
23, 164, 235. 25, 192. 26,
36, 154. 27, 44. 28, 185.
31, 34. 32, 57. 35, 66, ‹77›,
89. 37, 169. 38, 353.
ἀνατέλλω 1, 57, 129, 129. 2,
18, 21, 24, 24, 46, 46, 46.
3, 30. 4, 32, 35, 171, 242,
248. 6, 79. 8, 57, 58. 10,
123, 123. 12, 40. 13, 44.
15, 61, 63. 16, 68. 17, 50,
264. 20, 246, 260. 21, 72, 76,
79, 80, 83, 84, 116. 23, 156.
26, 44, 222, 266. 32, 164.
34, 3.
ἀνατέμνω 1, 69, 80, 85, 114,
115, 144. 8, 31. 11, 142.
12, 80. 13, 73. 14, 36. 15,
57. 16, 195. 17, 125. 23, 7.
25, 99, 201, 256. 26, 189.
27, 77. 28, 91, 192, 335.
29, 199. 31, 102, 155. 32,
145. 34, 33. 35, 86. 38, 348.
ἀνατίθημι 1, 37, 45, 72. 8,
113. 11, 20, 43, 50. 12, 119,
133. 16, 98. 17, 73, 74, 108,
110, 114, 117, 165, 179, 187,
200. 18, 74, 93, 98, 105, 114,
155. 19, 67, 73, 206. 20, 220,
221. 21, 203, 241, 244, 247,
251. 22, 69, 75, 76, 241. 23,
2, 47, 69, 84, 267. 24, 235,
240. 25, 97, 252, 254, 259,
317. 26, 28, 190, 216, 222.
27, 108, 161. 28, 13, 248.
29, 24, 51, 58, 134, 175, 195.
30, 180. 33, 12, 13. 34, 15.
35, 64. 36, 8, 146. 37, 41.
38, 135, 136, 136, 188, 260,
265, 299, 299, 303, 305, 305,
335, 346, 365. 39 (VIII 7, 4).
ἀνατολή 1, 58. 2, 43, 46, 61.
3, 10. 5, 22. 10, 88. 12, 32,

40, 118. 15, 1, 60, 60, 61, 62,
62, 64, 64, 65, 66, 67. 16, 140.
20, 190, 264. 21, 3, 175. 23,
161, 226. 24, 134, 166. 25,
278. 26, 92. 28, 69. 30, 187.
37, 45. 38, 191.
ἀνατολικός 38, 289.
ἀνατομή 11, 1. 18, 54. 25, 38.
26, 253. 30, 117.
ἀνατρέπω 1, 80. 5, 38. 7, 73,
144. 8, 55, 72, 181. 10, 98.
11, 35, 75, 106, 120, 164. 13,
79. 14, 42. 15, 17, 35, 43,
132. 16, 63, 171. 19, 24, 27.
20, 81, 239. 21, 222. 22, 145,
214, 278. 23, 240. 24, 97,
130, 139. 25, 261. 26, 255.
27, 132. 29, 14. 30, 79.
31, 50, 212. 32, 49, 132.
33, 6. 36, 11, 21. 38, 371,
371.
ἀνατρέφω 6, 15, 104. 11, 91.
13, 164, 211. 22, 9. 23, 92.
24, 26, 162. 25, 11. 30, 47.
38, 310.
ἀνατρέχω 1, 46. 2, 38. 3, 34.
4, 94, 126, 213, 238, 239.
5, 41, 50. 7, 159. 10, 37.
11, 10. 12, 22. 13, 8, 40,
51. 14, 65, 67. 17, 125. 18,
77. 20, 247. 22, 285. 23, 88.
25, 58, 106, 115, 216, 228.
29, 6. 30, 152. 36, 33, 49,
51.
ἀνατρίβω 6, 86. 7, 49.
ἀνατροπή 8, 22, 184. 10, 166.
15, 101, 122, 145. 16, 184.
20, 50, 72. 33, 143. 34, 38.
38, 134.
ἀνατυπόω 12, 27.
ἄναυδος 31, 198. 33, 54.
ἀναφαίνω 1, 38, 100. 7, 134.
9, 5. 11, 33. 12, 129. 16,
183. 17, 306, 306. 18, 124,
153. 19, 28. 21, 84. 22, 51.
24, 165, 255. 25, 79, 82, 155,
194, 214. 26, 26, 64, 228, 263,
267. 28, 296. 29, 59, 141,
152. 30, 6, 61, 200. 31, 51,
[52]. 32, 85. 33, 4, 37, 44.
34, 149. 35, 58. 36, 121.
37, 27. 38, 22, 89, 90, 120.
ἀναφαίρετος 3, 63. 13, 74.
17, 27. 22, 212, 248. 25,
235, 304. 28, 207. 29, 259.
31, 194.
ἀναφανδόν 29, 28. 30, 66.
ἀναφέρω 2, 50, 61, 82. 3, 102.
4, 72, 136, 168. 6, 2, 51, 116,

132, 136. 7, 12, 32, 134. 8, 65,
123, 123, 168. 9, 15. 10, 69.
13, 18, 37, 187, 202, 216. 14,
67. 15, 7, 149, 179, 181. 16,
117. 17, 173, 174. 199. 18, 98.
20, 75, 249. 21, 191, 195,
195, 235. 22, 97, 159, 199.
24, 8, 171, 180, 246. 25, 79,
105, 248. 26, 151, 177, 237.
27, 19. 28, 232, 233, 291.
29, 182, 223. 30, 44, 77, 134.
31, 132, 230. 32, 221. 34, 15.
36, 64. 37, 111. 38, 184.
Ἀνάφη 36, 121.
ἀναφής 22, 232. 38, 6.
ἀναφθέγγομαι 3, 40. 7, 92.
8, 143. 12, 39. 15, 44. 22,
107. 25, 288. 26, 268, 275.
29, 4. 31, 90. 34, 19.
ἀνάφθεγμα 22, 17.
ἀνάφθεγξις 20, 262. 38, 354.
ἀναφλέγω 12, 10. 13, 27.
14, 43. 17, 37, 64. 22, 212.
24, 41. 25, 297. 28, 150.
31, 26, 29, 83. 32, 9, 163.
ἀναφορά 2, 50. 7, 81. 10, 1.
16, 131. 17, 171, 314. 28,
131, 336. 29, 242. 38, 369.
ἀναφράσσω 5, 78.
ἀναφύω 1, 40. 22, 218. 24, 102.
ἀναχαιτίζω 1, 79, 88. 2, 73.
6, 49. 11, 70. 22, 83. 25, 25,
177, 270. 29, 18, 147, 163.
31, 99. 32, 41.
ἀναχαλάω 33, 161.
ἀναχέω 1, 38, 113. 2, 34. 4,
87. 5, 123. 7, 40. 10, 128,
177. 12, 15, 171. 13, 147, 152,
193. 14, 53. 15, 23. 16, 121.
17, 32, 264. 19, 179. 22,
245, 247. 23, 42. 24, 109,
159, 235. 25, 6, 123, 145, 179,
240, 255. 26, 63. 27, 35.
28, 303. 29, 143, 214. 32,
81, 160. 33, 41, 99. 35, 86.
36, 33, 96, 126, 147. 38, 82,
357.
ἀνάχυσις 1, 57. 13, 133. 21,
19. 22, 249, 278. 23, 159.
25, 212. 27, 41. 28, 34. 36,
62, 102, [110].
ἀναχωρέω 1, 35. 3, 85. 4, 12,
13, 13, 14, 213. 7, 45. 13, 40.
16, 190. 23, 30. 25, 105.
28, 219, 298. 35, 89.
ἀναχώρησις 24, 13. 26, 253,
267. 28, 16, 58. 29, 83. 30,
93. 36, 117. 37, 93, 155. 38,
220, 239.

3*

30, 252. 28, 209, 263, 279.
32, 174. 35, 42, 62. 38, 56.
ἀνεπιστρεπτί 4, 14.
ἀνεπίσχετος 3, 11. 6, 32, 121.
7, 174. 10, 155. 11, 37. 13,
95. 16, 204.
ἀνεπιτήδειος 11, 84. 20, 106.
31, 25. 32, 60. 38, 34.
ἀνεπιτηδειότης 7, 2. 18, 13.
ἀνεπιτίμητος 7, 145.
ἀνεπιτρόπευτος 6, 45. 7, 145.
11, 44, 49. 22, 283. 38, 20.
ἀνεπίφαντος 24, 249. 37, 110.
ἀνεπίφατος 37, 27.
ἀνέραστος 17, 42.
ἀνερεθίζω 9, 35. 13, 18. 16,
210. 18, 74. 19, 25. 20, 173.
21, 226. 22, 87. 33, 21, 89.
37, 17, 30.
ἀνερευνάω 4, 232. 23, 217.
ἀνερίθευτος 37, 145. 38, 68.
ἀνερμάτιστος 7, 144. 26, 260.
27, 67. 31, 50. 32, 40. 34,
38.
ἀνέρπω 1, 63. 24, 101. 25,
103, 104, 144. 28, 62. 36, 128.
ἀνέρχομαι 4, 45. 11, 69. 15,
4, ‹134›. 16, 160, 166. 20,
179. 21, 138, 142, 147, 236.
24, 101. 26, 70, 144.
ἀνερῶ 14, 55. 18, 90. 21, 207.
25, 156.
ἀνερωτάω (ἀνερέσθαι) 5,
126. 7, 59. 38, 365.
ἄνεσις 5, 38, 92, 105. 6, 23.
10, 162. 12, 56, 166, 170.
13, 21. 17, 156. 18, 160.
20, 87. 22, 184. 23, 152.
24, 33. 25, 20, 89, 89, 191.
26, 21. 27, 163. 28, 192.
29, 60, 67, 83, 96, 98, 99,
104. 30, 109. 33, 155. 35,
58. 36, 43. 38, 12, 168. 39
(VIII 7, 17).
ἀνέστιος 35, 47. 37, 115, 123.
38, 123.
ἄνετος 4, 56. 32, 78.
ἄνευ 1, 23, 81, 86, 100, 130,
132, 132, 139, 144, 168. 2, 92.
3, 41, 56, 107. 4, 49, 75, 77,
98, 99, 135, 144, 146, 178, 216,
226, 235, 240, 251. 5, 8, 24,
59, 71, 87, 102. 6, 36, 37, 40,
80, 84. 7, 61, 104. 8, 87, 97,
111. 9, 52. 10, 9, 55, 58, 93,
109. 11, 4, 20, 61, 68, 77, 92,
129, 134, 145. 12, 11, 168.
13, 145. 14, 37, 41. 16, 31,
58, 70, 81, 116, 142, 171. 17,

29, 60, 295, 315. 18, 21, 28,
33, 46, 107, 129, 171. 19, 32,
66, 72, 102, 158, 175. 20, 4,
31, 142, 157, 166, 219, 249,
270. 21, 42, 174, [188, 188],
236. 22, 25, 200, 288. 23, 6,
16, 18, 53, 87, 122, 125, 192,
235. 24, 37, 65, 67, 117, 127,
222. 25, 38, 133, 266, 274.
26, 5, 32, 50, 76, 119, 132,
154, 210, 210, 213, 219, 223.
27, 30, 159. 28, 40, 191, 195,
272, 340. 29, 39, 65, 198,
230, 246, 262. 30, 7, 53, 111,
127, 161. 31, 9, 30, 75, 228.
32, ‹83›. 33, 32, 34, 85. 34,
80. 35, 37, 81. 36, 89, 130.
37, 86, 140. 38, 365.
ἀνεύρεσις 10, 86.
ἀνεύρετος 19, 153. 21, 8, 16.
ἀνευρίσκω 1, 114. 2, 26. 4,
36, 55. 5, 121. 6, 120. 8, 182.
12, 78, 79. 15, 75, 88. 16,
220. 17, 16. 18, 67, 127. 19,
126, 131, 140, 149, 153, 158.
20, 168. 21, 6, 49. 22, 51,
213, 271. 23, 87, 164. 24,
197, 210, 217. 25, 204, 237,
255, 255, 317. 26, 273. 27,
16, 17, 78. 28, 41, 64, 191.
30, 68, 80, 93, 141. 31, 69,
75, 127. 33, 5, 36, 170. 34,
66. 36, 2. 37, 118. 38, 5, 89,
178.
ἀνευρύνω 7, 100. 8, 50, 126.
ἀνέφικτος 2, 75. 8, 13. 15, 7.
28, 44.
ἀνέχω 1, 128. 2, 93. 4, 193.
6, 9, 34, 79. 7, 107. 8, 135.
10, 32, 72, 126. 13, 166. 15,
60, 60, 92. 16, 23. 17, 238.
18, 5. 20, 107. 21, 125. 23,
176. 24, 65, 79, 118. 25, 205,
239. 26, 39, 205, 211. 27, 98.
28, 117, 330. 29, 59, 66, 252.
30, 32, 48, 200. 31, 43, 103.
32, 150, 196. 34, 36, 56, 81.
36, 138. 38, 133, 201, 208,
222, 268, 275, 335. 39 (VIII
7, 5), (VIII 7, 6), (VIII 7, 11),
(VIII 7, 17), (VIII 7, 19).
ἀνεψιαδοῦς 33, 109.
ἀνεψιός 8, 109. 33, 109. 37,
12. 38, 23, 26, 36, 54, 67, 75.
ἀνηβάω 6, 76. 7, 51, 106. 8,
151. 15, 7. 16, 141. 22, 10.
29, 91. 33, 157. 36, 132,
149.
ἄνηβος 1, 104.

ἀνηγεμόνευτος 12, 53. 22,
286.
ἀνήκεστος 4, 216. 5, 68. 7,
176. 8, 81. 12, 157. 15, 13,
154. 16, 172. 20, 144. 21, 27.
24, 26, 193, 248. 25, 139.
27, 152. 30, 101, 104, 159,
166. 31, 172. 32, 115. 37, 1,
96, 105, 117, 139, 179. 38, 17,
24, 109, 237, 293.
ἀνήκοος 15, 116. 22, 63.
ἀνηλεής 4, 199. 7, 146. 11,
114. 16, 14. 21, 107. 22, 84,
87. 24, 81, 171. 25, 37, 172.
29, 93. 30, 119. 31, 202.
33, 138. 37, 68. 38, 87.
ἀνήλιος 22, 133.
ἀνήμερος 3, 11. 6, 20, 117.
12, 43. 24, 82, 177. 27, 78.
30, [146], 152. 31, 225. 32,
132. 35, 9.
ἀνήνυστος 36, 5.
ἀνήνυτος 1, 81. 3, 102. 5, 78.
6, 39, 114. 7, 19. 8, 74. 9, 35.
13, 5. 15, 177. 16, 100. 18,
53. 19, 91, 162. 20, 171, 173.
21, 256. 23, 96. 24, 61. 25,
194, 216, 237. 27, 149. 28,
16. 31, 80, 158. 32, 178, 214.
35, 2. 38, 216, 302.
ἀνήρ 1, 3, 17, 84, 104, 104, 105,
105, 105, 132, 134, 153, 156,
156, 165, 165, 167, 167, 168.
2, 80. 3, 19, 19, 38, 44, 45,
47, 50, 50, 59, 59, 59, 63, 73.
4, 24, 59, 60, 60, 61, 148,
150, 181, 181, 220, 220, 220,
221. 5, 43, 43, 46, 49, 49, 51,
114, 121. 6, 49, 79, 100, 100,
100, 101, 101, 126. 7, 9, 50,
75, 134, 147, ‹149›. 8, 7, 50,
53, 66, 80, 109, 117, 132, 134,
165, 166. 9, 51. 10, 121, 132,
136, 148, 170. 11, 9, 50, 57,
80, 81, 158. 12, 29, 36, 163.
13, 14, 14, 40, 41, 54, 55, 67,
76, 114, 114, 118, 193, 211, 211.
14, 9, 11, 19, 46. 15, 13, 15,
55, 130, 145. 16, 3, 90, 97,
100, 120, 164, 196, 221. 17,
62, 139, 164, 247, 274, 290,
301. 18, 19, 34, 37, 41, 71,
80, 137, 137. 19, 3, 3, 27, 40,
40, 51, 63, 82, 114, 114, 128,
146, 149, 154, 188, 189. 20,
61, 64, 132, 132, 140, 149, 152,
205. 21, 124, 125, 222. 22,
4, 9, 9, 50, 98, 114, 123, 182,
185, 185, 273. 23, 1, 4, 5, 26,

31, 38, 46, 47, 48, 52, 54, 68, 88, 88, 90, 95, 98, 99, 99, 101, 107, 109, 114, 114, 135, 136, 137, 142, 182, 191, 208, 247, 248, 260, 260, 267, 273, 275. 24, 31, 50, 60, 66, 77, 79, 104, 106, 114, 116, 127, 128, 128, 129, 134, 191, 196, 204, 207, 230, 259, 264, 268. 25, 1, 3, 4, 40, 51, 54, 76, 122, 134, 147, 147, 180, 180, 221, 227, 242, 253, 262, 264, 284, 296, 301, 305, 311, 317, 325. 26, 58, 65, 103, 136, 142, 171, 193, 202, 234, 236, 242, 247, 256, 256, 256, 283. 27, 1, 32, 38, 65, 89, 124, 126, 151. 28, 8, 9, 11, 42, 57, 92, 101, 105, 106, 107, 108, 108, 109, 124, 129, 129, 138, 144, 163, 201, 204, 211, 211, 271, 275, 277, 310, 314, 316, 323. 29, 24, 24, 25, 29, 29, 30, 30, 31, 32, 33, 43, 55, 124, 125, 133, 146, 200. 30, 14, 30, 30, 31, 32, 36, 45, 48, 49, 51, 53, 55, 61, 61, 62, 63, 64, 72, 89, 117, 169, 170, 171, 172, 173, 173, 174, 175, 176, 176, 178, 178, 186. 31, 20, 42, 120, 128, 131, 140, 142, 149, 151, 152, 171, 178, 178, 218, 225. 32, 8, 18, 19, 20, 21, 38, 41, 42, 43, 71, 112, 172, 177, 185, 190, 199, 201, 220, 223. 33, 7, 23, 52, 52, 57, 109, 113, 114, 125. 34, 10, 12, 47, 62, 62, 74, 91, 92, 124, 139, 140, 144. 35, 1, 14, 14, 29, 49, 57, 59, 59, 69, 78, 83, 87, 87, 88. 36, 60, 60, 69, 76, 134. 37, 15, 68, 76, 89, 157. 38, 32, 39, 39, 48, 58, 62, 66, 99, 104, 116, 124, 136, 144, 161, 170, 195, 208, 254, 312, 338, 338. 39 (VIII 6, 2), (VIII 6, 8), (VIII 7, 3), (VIII 7, 5), (VIII 7, 7), (VIII 7, 8), (VIII 7, 14), (VIII 11, 3), (VIII 11, 14), (VIII 11, 18).

ἀνθέλκω 8, 156. 13, 53. 22, 11, 227. 23, 73. 26, 165. 38, 218.

ἀνθέμιον 17, 218, 218, 219, 220.

ἀνθέω 2, 23. 3, 75. 8, 112, 121, 164. 9, 29. 10, 173. 11, 153. 12, 85, 159. 17, 208. 21, 11, 37. 22, 109, 199, 272. 24, 130. 26, 119, 186, 186. 28,

93, 311. 29, 152. 31, 209. 34, 73. 35, 52.

ἀνθήλιος 21, 239.

ἀνθηροποικίλος 22, 57.

ἀνθηρός 21, 225.

ἄνθησις 31, 210.

ἄνθιμος 13, 218.

ἄνθινος 16, 103. 26, 110, 119, 119, 120, 121, 133. 28, 93, 93, 94.

ἀνθίστημι 5, 35. 9, 66. 10, 181. 15, 32, 43. 16, 61. 22, 88, 93. 25, 273. 31, 111.

ἀνθοβαφής 29, 20. 35, 49.

ἀνθογραφέω 1, 138.

ἀνθολκή 20, 184.

ἄνθος 1, 104. 19, 153. 21, 199. 22, 62. 28, 282, 325. 30, 39. 32, 112. 36, 64.

ἀνθράκινος 2, 82.

ἀνθρακοειδής 13, 173.

ἀνθρακόομαι 38, 130.

ἄνθραξ 2, 63, 66, 67, 79, 81, 81, 84. 28, 4, 72. 36, 86, 86, 86, 86, 87, 88, 90.

ἀνθρώπειος 1, 69, 160. 4, 38, 126. 5, 96. 6, 22, 71, 100, 111. 7, 73, 156. 13, 37, 86. 15, 114. 16, 3, 19. 18, 53. 19, 38. 20, 15, 39, 104. 21, 156, 192, 218. 22, 63, 68, 81, 136, 184, 230, 291. 24, 136, 140, 170. 25, 27, 31, 41, 109. 26, 5, 6, 16, 158, 187, 216. 27, 91, 95. 28, 334. 29, 67, 224. 30, 19. 31, 32. 32, 2, 22. 33, 68, 125. 34, 89. 37, 102, 146. 38, 97. 39 (VIII 7, 20).

ἀνθρωπικός 35, 58.

ἀνθρώπινος 1, 5, 25, 54, 69, 105, 114, 135, 150, 163. 2, 38, 38, 43, 69. 4, 29, 30. 5, 127. 7, 90. 8, 35, 79, 115, 173, 175. 9, 28. 10, 52, 120, 137, 177. 12, 39. 13, 76, 91, 166. 14, 38, 56. 15, 115. 16, 158, 179. 17, 35, 84, 84, 126, 128, 129, 179, 182, 183, 264, 283. 18, 79. 19, 62, 162, 167, 168, 170, 204. 20, 18, 219, 225, 237. 21, 57, 66, 77, 94, 112, 118, 212, 219, 245. 22, 193, 194, 233, 277, 288. 23, 8, 124, 202. 25, 5, 32, 83, 133, 238, 279. 26, 255. 27, 60, 66, 122, 177. 28, 27, 36, 197, 238, 254, 255, 336. 29, 21, 51, 71, 225, 225, 231. 30, 115, 118, 119, 129, 185, 207, 209. 31, 11, 41,

71, 82, 103, 138, 175, 188, 202. 32, 5, 56, 64, 79, 171, 172, 199, 200, 213. 33, 36, 81, 145, 163, 165. 34, 24, 80, 80, 105, 131. 35, 39. 37, 121, 126, 176. 38, 21, 46, 75, 143, 162, 190, 355.

ἀνθρωποβόρος 33, 90, 92. 35, 9.

ἀνθρωπογονέω 36, 66.

ἀνθρωποδώδης 31, 100.

ἀνθρωποειδής 1, 137. 23, 8. 25, 43. 27, 80. 29, 255.

ἀνθρωποθυτέω 23, 193.

ἀνθρωπολογέω 6, 94. 10, 60. 15, 135.

ἀνθρωπόμορφος 1, 69. 2, 36. 6, 95. 8, 4. 10, 59. 12, 35. 15, 135. 18, 115. 20, 54. 21, 15. 23, 33, 113. 28, 266. 30, 99. 32, 195.

ἀνθρωποπαθέω 4, 237. 27, 43. 37, 121.

ἀνθρωποπαθής 6, 95. 8, 4. 10, 59. 12, 35.

ἀνθρωποπλάστης 21, 210.

ἄνθρωπος 1, 25, 40, 45, 53, 58, 65, 65, 65, 66, 68, 68, 69, 69, 72, 72, 72, 73, 75, 75, 76, 77, 77, 77, 78, 78, 79, 79, 80, 82, 82, 83, 83, 85, 87, 87, 88, 103, 105, 114, 134, 134, 135, 135, 136, 138, 139, 140, 140, 140, 141, 142, 143, 145, 146, 147, 148, 151, 153, 156, 162, 162, 169, 170. 2, 8, 10, 21, 25, 27, 31, 31, 31, 31, 32, 32, 43, 47, 53, 53, 53, 53, 88, 88, 90, 97, 105, 105. 3, 1, 1, 1, 4, 4, 4, 5, 11, 13, 13, 19, 21, 23, 48, 49, 73, 85, 108. 4, 2, 30, 38, 70, 76, 96, 96, 126, 161, 174, 176, 201, 201, 237. 5, 39, 40, 43, 43, 50, 53, 54, 56, 79, 87, 90, 91, 111, 111, 124. 6, 7, 19, 35, 79, 93, 94, 98, 101, 124. 7, 5, 5, 5, 10, 13, 17, 22, 22, 22, 23, 27, 30, 76, 80, 80, 82, 83, 84, 84, 85, 85, 86, 102, 113, 122, 127, 135, <138> 138, 138, 139, 139, 139, 139, 151, 152, 153, 160, 162, 162, 162, 174. 8, 36, 37, 49, 58, 67, 77, 79, 101, 105, 106, 113, 119, 157, 160, 161, 161, 162, 168, 173, 185. 9, 1, 5, 6, 15, 16, 16, 17, 19, 32, 32, 33, 33, 33, 33, 51, 53, 60, 61, 62, 63. 10, 1, 2, 3, 19, 20, 20, 20, 21, 22, 26, 27, 29, 33, 36, 44, 47, 47, 48,

49, 50, 51, 51, 53, 53, 54, 55,
62, 69, 69, 69, 71, 73, 75, 81,
117, 117, 118, 124, 138, 139,
150, 156, 173, 176. 11, 1, 1,
6, 8, 9, 20, 23, 24, 37, 41, 44,
46, 62, 67, 84, 90, 96, 97, 102,
103, 107, 107, 108, 113, 116,
125, 139, 143, 148, 148, 148,
148, 166, 166. 12, 1, 17, 17,
18, 19, 20, 28, 32, 34, 38, 41,
41, 42, 44, 70, 102, 137, 140,
151, 156, 177. 13, 13, 26, 30,
36, 47, 62, 68, 69, 70, 70,
73, 73, 75, 78, 82, 83, 84, 91,
101, 119, 120, 144, 156, 160,
175, 214, 220. 14, 3, 21, 23,
25. 15, 1, 1, 5, 6, 9, 11, 13,
15, 24, 24, 41, 41, 44, 44,
46, 49, 62, 65, 93, 98, 107,
116, 121, 140, 142, 142, 146,
147, 150, 158, 168, 169, 170,
176, 178, 179, 179, 182. 16, 2,
4, 19, 22, 40, 42, 59, 61, 66,
81, 87, 90, 108, 113, 121, 124,
124, 126, 131, 140, 142, 171,
178, 181, 192, 194, 218, 219,
220. 17, 7, 12, 49, 56, 57,76,
84, 95, 109, 115, 117, 118, 121,
127, 137, 142, 151, 155, 155,
155, 164, 164, 168, 171, 191,
224, 231, 231, 233, 233, 246,
258, 261, 284, 296, 302, 303.
18, 11, 17, 27, 50, 54, 84,
97, 97, 122, 131, 170, 173. 19,
1, 9, 10, 21, 38, 57, 64, 68,
68, 70, 71, 71, 71, 72, 72, 72,
91, 104, 108, 127, 127, 131,
149, 149, 163, 167, 169, 184.
20, 6, 7, 10, 12, 24, 25, 26,
26, 26, 26, 31, 36, 40, 44,
50, 52, 63, 64, 104, 117, 118,
119, 125, 127, 131, 151, 181,
182, 183, 184. 186, 197, 198,
205, 210, 213, 218, 246, 256,
258, 259, 263. 21, 29, 33,
34, 34, 35, 52, 55, 58, 74,
74, 74, 103, 103, 104, 105,
107, 108, 108, 110, 113, 146,
153, 170, 170, 172, 174, 194,
205, 215, 215, 215, 231, 233,
234, 236, 237, 237, 238, 254,
256. 22, 49, 54, 66, 89, 98,
114, 115, 116, 132, 174, 188,
188, <188>, 189, 189, 189, 229,
230, 231, 231, 233, 234, 243,
262, 267, 267. 23, 7, 8, 8, 8,
9, 10, 11, 12, 20, 23, 31, 32,
33, 33, 33, 36, 45, 46, 51,
54, 54, 55, 56, 56, 94, 98,

115, 118, 126, 136, 175, 186,
189, 207, 208, 208, 217, 223,
247, 261, 264, 266, 272, 273,
275. 24, 2, 24, 25, 35, 44,
52, 59, 70, 80, 99, 116, 126,
144, 155, 172, 174, 193, 194,
203, 210, 241, 244. 25, 11,
60, 72, 76, 84, 87, 94, 100,
102, 111, 127, 130, 133, 145,
149, 155, 157, 169, 173, 184,
192, 193, 197, 200, 213, 216,
222, 272, 283, 283, 285, 289,
290, 304, 314. 26, 9, 22, 26,
27, 36, 59, 60, 65, 81, 84,
127, 127, 128, 135, 155, 156,
186, 189, 191, 193, 197, 197,
199, 206, 217, 222, 223, 238,
248, 251, 263, 281, 291. 27, 4,
10, 15, 31, 32, 34, 41, 43,
47, 52, 75, 78, 81, 83, 91, 91,
99, 104, 106, 107, 109, 109,
110, 110, 111, 113, 114, 115,
118, 121, 132, 133, 134, 153,
155, 160. 28, 10, 30, 43, 44,
64, 67, 74, 76, 89, 97, 100,
116, 116, 116, 135, 152, 159,
168, 169, 172, 179, 184, 190,
195, 196, 206, 211, 234, 234,
252, 265, 268, 272, 276, 277,
277, 285, 294, 295, 303, 303,
307, 310, 318, 320, 322, 330,
331. 29, 11, 17, 27, 28, 35,
38, 42, 44, 54, 63, 68, 69, 69,
78, 82, 82, 84, 89, 89, 96,
103, 133, 141, 156, 158, 159,
162, 164, 165, 165, 167, 167,
171, 172, 173, 174, 179, 185,
188, 189, 190, 196, 213, 217,
251, 252, 253. 30, 5, 11, 25,
38, 43, 45, 46, 48, 49, 52, 52,
57, 57, 83, 83, 99, 103, 108,
109, 111, 117, 121, 144, 144,
146, 166, 192, 207. 31, 14,
44, 48, 63, 73, 103, 116, 119,
123, 157, 161, 179, 180, 200,
201, 202, 218, 223, 227, 228.
32, 10, 36, 52, 54, 54, 58,
63, 73, 74, 81, 81, 84, 86, 96,
119, 125, 131, 140, 143, 148,
149, 149, 150, 154, 160, 162,
185, 204, 206, 217. 33, 1, 8,
9, 13, 14, 14, 17, 23, 62, 63,
68, 69, 69, 72, 85, 85, 86,
87, 89, 91, 92, 95, 96, 110,
117, 126, 130, 132, 149, 149,
152, 153, 154, 155, 163, 172.
34, 7, 11, 12, 17, 17, 18, 43,
43, 45, 63, 71, 77, 111, 121,
123, 139, 156, 158. 35, 14,

17, 40, 62, 69. 36, 23, 29,
43, 46, 46, 55, 55, 57, 58,
60, 61, 65, 65, 66, 68, 69,
69, 69, 73, 75, 97, 130, 130, 131,
145, 146, 149. 37, 2, 4, 6,
13, 48, 101, 104, 109, 115, 123,
130, 135, 170, 187. 38, 3, 33,
43, 50, 68, 76, 76, 76, 81, 83,
98, 106, 109, 118, 118, 118,
139, 141, 144, 174, 190, 190,
194, 196, 198, 210, 211, 218,
242, 249, 263, 265, 277, 278,
278, 303, 306, 326, 327, 332,
347, 348, 355, 367. 39
(VIII 6, 4), (VIII 11, 10).
ἀνθρωπότης 7, 76. 8, 115. 22,
230. 29, 21.
ἀνθυπαλλάσσω 31, 88. 32,
205. 37, 151, 157.
ἀνθύπατος 38, 315.
ἀνθυποβάλλω 39 (VIII 7, 8).
ἀνθυπουργέω 34, 79.
ἀνία 1, 167. 4, 216. 5, 118.
24, 27, 97, 201, 233. 25, 11,
128, 198, 247. 26, 230. 29,
138. 33, 72, 72, 105, 135, 139.
37, 146, 153, 159. 38, 184,
339.
ἀνιαρός 4, 211. 22, 151. 24,
183, 183, 186. 30, 115. 33, 73.
37, 118.
ἀνίατος 5, 2, 10, 42. 6, 48.
7, 148, 174. 8, 11, 71, 74.
9, 35. 10, 182. 11, 40. 13,
18, 28, 140, 222, 223. 15, 22,
24, 163. 16, 210. 19, 80. 21,
86, 87. 22, 85, 191, 196, 205.
23, 115, 182, 207. 24, 87,
191. 26, 167. 27, 87. 28, 174,
230, 237, 314, 324. 29, 232.
30, 11, 28, 34, 88, 88, 88,
122, 173. 31, 152, 181, 200.
33, 72, 135, 145, 149. 34, 76,
90. 38, 190.
ἀνιάω 17, 310. 23, 29, 202,
204, 214, 230. 24, 71, 227.
25, 247. 26, 177, 279. 28,
314.
ἀνίδρυτος 1, 156. 6, 32. 7, 12.
8, 22. 9, 67. 10, 4. 13, 170,
170. 17, 288. 18, 58. 20,
156. 21, 156, 192, 192, 192.
23, 84, 85. 25, 196. 28, 29.
29, 168, 213. 31, 88, 139,
153. 32, 40. 33, 29, 151.
34, 38. 38, 67.
ἀνίερος 5, 94. 6, 32, 128, 138.
9, 16. 10, 128. 11, 113.
12, 108. 15, 160, 161. 18,

169. 19, 83, 114. 20, 107.
21, 253. 22, 168. 26, 107.
28, 102, 150, 223, 270, 281,
292. 30, 40, 88. 31, 40, 217.
32, 135. 33, 52.
ἀνιερόω 13, 152. 17, 179.
20, 220. 21, 32, 243. 25,
253.
ἀνιερωτέον 6, 103, 108.
ἀνίημι 1, 40, 64, 141. 3, 28.
4, 153, 190. 5, 128. 6, 37,
128, 137. 7, 45. 8, 13, 13.
9, 53. 10, 24, 47, 79, 81, 163.
11, 59. 12, 162. 13, 116,
218. 15, 166. 16, 181. 19,
130. 20, 215, 240. 21, 19,
123, 181. 22, 104. 23, 20,
73, 233, 234. 24, 23, 234,
238. 25, 39, 102, 155, 168,
201, 281. 26, 66, 144. 28, 69,
75, 92, 99, 159, 237. 30, 111,
159. 31, 97, 102, 216. 32, 79,
83, 97, 111, 215. 33, 9, 48,
68, 144. 35, 14, 33, 36. 37, 36,
112. 38, 39, 83, 146, 162,
267, 367. 39 (VIII 7, 3),
(VIII 7, 19).
ἀνίκητος 6, 80, 87. 9, 47.
19, 149. 22, 141.
ἀνιμάω 12, 24. 31, 107.
ἀνίπταμαι 7, 88.
ἄνιπτος 29, 6.
ἀνισόδρομος 5, 22.
ἄνισος 1, 97. 5, 22. 6, 32.
7, 36. 8, 5, 52. 15, 48, 108.
17, 150, 160, 164. 19, 106.
20, 103. 22, 80, 112. 24,
140. 27, 41, 61, 167. 28, 121,
121, 295. 29, 21, 190. 30, 181.
31, 89, 166, 205, 237. 32,
146. 34, 24. 35, 17. 36, 112.
ἀνισότης 17, 161, 162. 24, 142.
27, 5. 28, 121. 29, 34, 204.
31, 166, 187, 231, 237. 35, 70.
38, 85.
ἀνίστημι 3, 25, 101. 4, 229.
7, 1, 47, 47, 134. 8, 76. 13, 54,
156, 203. 15, 72, 74, 79. 16,
80, 177, 208. 17, 262. 18, 83.
19, 23, 48. 20, 113, 156.
21, 46, 100, 189, 249, 249.
22, 6, 78. 25, 215, 283, 284.
28, 68. 29, 62, 119. 31, 141,
158. 33, 165. 34, 130, 132,
141. 35, 80, 83. 36, 42. 37,
114, 115. 38, 173, 201, 203,
228, 228, 252, 350. 39 (VIII
6, 1).
ἀνίσχω 1, 34. 12, 40. 16, 68.

17, 264. 20, 6, 162. 21, 11,
72, 83. 22, 34. 28, 171.
31, 7, 7, 147. 32, 164. 35, 27,
89. 36, 120. 39 (VIII 11, 6).
Ἄννα 10, 5. 13, 145. 20, 143.
21, 254.
ἀνοδία 7, 18. 11, 101. 13, 51.
22, 161. 23, 86. 25, 167,
237. 26, 138. 27, 81. 28, 60,
215, 301. 29, 23. 30, 29.
31, 109, 155. 33, 117, 167.
ἄνοδος 7, 114. 19, 194.
ἀνόητος 19, 14, 123. 22, 163,
181, 208. 25, 293. 29, 254.
38, 367.
ἀνόθευτος 6, 26. 7, 137.
ἄνοθος 9, 14. 11, 104. 12, 24.
16, 86, 116. 26, 139. 27, 58.
28, 32. 32, 185. 34, 99.
ἄνοια 4, 164, 211. 13, 93. 14,
11. 15, 5, 54, 65. 18, 61.
20, 193, 193. 22, 115, 169,
191, 200.
ἀνοίγνυμι, ἀνοίγω 3, 47, 47.
4, 104, 105, 180, 180, 181,
181. 5, 46, 46. 10, 156, 156.
16, 34, 121. 17, 25, 51, 76.
18, 7. 19, 192. 20, 132, 133.
23, 7. 24, 162.
ἀνοίκειος 1, 74, 74, 149. 4, 204.
6, 91, 96. 10, 141. 12, 144.
17, 261. 18, 138. 29, 154.
31, 50, 208. 32, 2, 146.
38, 102.
ἀνοικισμός 37, 62.
ἀνοικοδομέω 15, 142. 16, 63.
ἄνοικος 38, 123.
ἀνοιμώζω, ἀνοιμώττω 24,
217. 37, 157.
ἀνομβρέω 2, 34. 4, 12. 7, 44. 12,
81. 17, 31. 19, 182, 192. 21, 19.
25, 65, 212. 27, 16.
ἀνομβρία 32, 49.
ἀνομία 4, 79. 6, 57. 7, 141.
8, 52. 13, 143. 14, 25, 48.
15, 108. 17, 212, 300. 20,
150. 26, 165. 28, 188, 279,
321. 34, 76. 38, 30.
ἀνομοιογενής 30, 47. 32, 140.
ἀνόμοιος 1, ⟨22⟩, 54, 71. 5, 110.
6, 100. 7, 164, 164, 164. 12,
151. 14, 60. 15, 185. 26, 193.
28, 121. 30, 181. 31, 187.
32, 19. 35, 20.
ἀνομολογέομαι 2, 2, 67. 5,
124. 6, 7, 136. 12, 174. 13, 16,
83, 142. 14, 2. 15, 5, 115.
16, 42. 17, 118. 18, 178.
20, 152. 31, 100. 36, 106.

37, 18. 38, 353. 39 (VIII 6, 7).
ἄνομος 22, 296.
ἀνόνητος 6, 117. 11, 171.
ἀνοργίαστος 5, 94. 6, 32.
13, 146.
ἀνορθιάζω 13, 156. 20, 138.
21, 193. 27, 45. 29, 62.
35, 77. 38, 169.
ἀνορθόω 12, 17. 32, 3.
ἀνορχέομαι 13, 146. 34, 39.
38, 354.
ἀνόσιος 8, 34. 13, 42, 194.
15, 36, 123. 17, 201. 18, 171.
20, 153, 197. 22, 120, 290.
24, 143, 216. 26, 199, 203,
279. 27, 63, 86. 28, 279,
316, 327. 29, 10. 30, 91, 141.
32, 43, 138. 36, 106. 37, 104.
38, 160.
ἀνοσιουργέω 25, 301.
ἀνοσιούργημα 24, 47, 173.
25, 46. 26, 201. 27, 2.
28, 56, 319. 30, 13, 14, 19,
84.
ἀνοσιουργία 38, 30.
ἀνοσιουργός 15, 116, 161.
18, 87. 25, 8. 26, 273.
30, 84.
ἄνοσος 1, 153. 9, 34. 11, 123.
15, 25. 16, 119. 17, 184. 20,
213. 22, 73. 23, 26, 267, 275.
26, 185. 28, 173, 224. 32,
176. 33, 119. 36, 21, 25, 26,
26, 70, 74. 37, 144.
ἀνουθέτητος 6, 23, 32.
ἄνους 3, 69. 4, 164. 5, 116.
15, 65.
ἀνοχή 38, 100.
ἀνταγαπάω 23, 50.
ἀνταγωνιστής 4, 190, 190.
7, 29. 11, 112.
ἀνταδικέω 29, 44.
ἀντακολουθέω 33, 81.
ἀνταλλάσσω, ἀνταλλάττω
30, 96.
ἀνταμελέω 29, 27.
ἀνταναιρέω 30, 128.
ἀνταπειλέω 34, 153.
ἀνταποδίδωμι 10, 5. 14, 10.
17, 184. 27, 117.
ἀνταποθνήσκω 4, 32, 35.
ἀνταποτίνω 29, 78.
ἀνταρκτικός 1, 112.
ἀνταυγάζω 28, 321.
ἀντεῖπον 25, 299.
ἀντεισάγω 5, 50. 7, 16.
ἀντεκτίνω 17, 104. 22, 183.
24, 267. 26, 7. 27, 117.
29, 68, 97. 31, 166. 38, 47.

ἀντέκτισις 5, 110. 36, 108, 116.
ἀντεξελαύνω 37, 120.
ἀντεξετάζω 5, 121. 8, 19.
14, 9. 23, 37. 24, 24.
ἀντεπίθεσις 1, 33. 21, 222.
22, 35. 29, 43, 52.
ἀντεπισπάω 8, 116.
ἀντεπιτίθημι 16, 32. 22, 12.
25, 191, 215. 29, 190.
ἀντεπιτρέχω 31, 111.
ἀντεπιφέρω 7, 2. 8, 185. 15,
15. 23, 261. 38, 144.
ἀντερείδω 5, 78.
ἀντερείσιος 5, 79.
ἀντεφεστιάω 26, 33.
ἀντεφήδομαι 30, 85.
ἀντεφορμάω 25, 260.
ἀντεφόρμησις 23, 214.
ἀντέχω 4, 201. 9, 13. 13, 58.
16, 26. 20, 214. 23, 182.
25, 233. 26, 70. 30, 4, 29.
31, 111. 33, 38 34, 118 35, 35.
36, 128, 137. 37, 10, 179.
ἄντηχος 11, 79. 35, 88.
ἀντί 1, 5, 33, 94, 152, 165, 165,
165, 170. 2, 89, 89. 3, 10,
16, 16, 21, 21, 32, 35, 35,
38, 44, 46, 90, 92, 92. 4, 52,
82, 87, 107, 156, 180. 5, 7,
7, 7, 65, 75, 75, 75, 91, 122.
6, 78, 88, 88, 88, 118, 118,
125, 129, 135. 7, 105, 106,
106, 122, 131. 8, 10, 124, 145,
145, 156, 158, 179. 9, 21, 45.
10, 171. 11, 11, 168. 12, 38,
98, 98, 98, 98, 114, 147, 157,
158. 13, 109, 223, 224. 15, 5,
38, 38, 78, 159, 191. 16, 69,
119, 173. 17, 8, 32, 77, 77,
77, 77, 77, 124, 206. 18, 65,
67, 93, 93, 93, 137, 176. 19,
86, 97, 145. 20, 79, 130, 150.
21, 74, 171. 22, 14, 39, 51,
140, 292, 295. 23, 51, 64,
70, 242, 242, 242. 24, 35,
46, 86, 105, 123, 123, 123,
123, 201, 221. 25, 33, 125,
125, 202, 218. 26, 78, 116,
131, 158, 167, 242, 253, 267.
28, 111, 111, 113, 125, 127,
180, 240. 29, 11, 35, 35, 36,
95, 106, 170, 207, 222. 30, 32,
82, 96, 106, 125, 150, 156,
158, 168, 168, 168, 182, 197,
197. 31, 12, 17, 26, 125, 146,
159, 159, 195, 227. 32, 72, 84,
98, 179, 223. 33, 8, 22, 52,
58, 110, 155, 162. 34, 38,
64, 79, 79, 160. 35, 41. 36, 37,

37, 41, 66, 68, 74. 37, 3,
37, 37, 37, 38 ‹69, 93, 96, 175.
38, 60, 149, 183, 203, 209,
232, 276, 368. 39 (VIII 11, 17).
ἀντιβαίνω 2, 86. 4, 156, 202.
8, 72. 10, 183. 13, 58. 20,
159. 32, 170. 38, 160, 233.
ἀντιβιάζομαι 10, 149. 20, 185.
22, 12. 31, 115. 33, 5, 94.
36, 33.
ἀντιβλάπτω 31, 211.
ἀντιβλέπω 4, 202.
ἀντιβολία 38, 248.
ἀντιβρίθω 26, 228.
Ἀντιγενίδας 34, 144.
ἀντιγεννάω 4, 10. 27, 112.
Ἀντίγονος 34, 114.
ἀντίγραφος 38, 315.
ἀντιδιατίθημι 30, 85. 31, 103.
ἀντιδίδωμι 4, 24, 110. 5, 123.
13, 82. 16, 38. 18, 134.
19, 132. 20, 25. 22, 118.
23, 273. 24, 105. 25, 155,
251. 28, 208. 29, 83. 38, 89.
ἀντίδικος 2, 87. 3, 92. 32, 174.
36, 142. 37, 126. 38, 350,
361, 362.
ἀντιδοξέω 17, 125. 36, 76, 84.
ἀντίδοσις 2, 29. 4, 24, 110.
5, 110, 122. 7, 108. 16, 173.
20, 25. 27, 112. 29, 97.
32, 185, 225. 36, 116. 38, 47,
85.
ἀντιδράω 4, 201. 5, 81. 12,
160. 34, 112.
ἀντιδωρέομαι 30, 127.
ἀντίθεος 8, 37, 123. 15, 88.
18, 118. 19, 140. 22, 183.
ἀντιθεραπεύω 30, 27. 38, 39.
ἀντίθεσις 13, 187.
ἀντίθετος 7, 38. 33, 52.
ἀντικάθημαι 15, 20, 43. 20,
113. 32, 11.
ἀντικαταλαμβάνω 8, [167].
ἀντικαταλλάσσομαι, ἀντι-
καταλλάττομαι 6, 38, 112.
8, 26, 94, 95. 10, 18, 150,
169. 16, 97. 17, 239. 18, 98.
19, 59, 152. 34, 135.
ἀντικατηγορέω 27, 75.
ἀντικηρύσσω 34, 25.
ἀντικινέω 23, 150.
ἀντικοπή 36, 8.
ἀντικρύς 2, 85. 5, 11, 11, 20,
25. 8, 32, 169. 14, 27. 22,
139, 226. 25, 170, 257. 26,
78, 80, 94. 28, 231, 268. 29,
216. 30, 55, [60], ‹60› 31, 80.
37, 75. 38, 151.

ἄντικρυς 1, 79. 4, 8. 5, 9. 6,
18. 7, 52, 80. 10, 133. 13,
101, 141. 15, 47. 16, 5, 13.
17, 56. 18, 154. 19, 211. 20,
204, 265. 21, 245. 22, 65,
184, 272. 23, 31, 127. 24, 67.
25, 263. 28, 22, 41, 230, 235,
266. 29, 11, 198. 30, 86, 94,
168. 31, 120, 138, 199. 32,
106, 147, 149. 33, 40. 37, 1,
32. 38, 52, 164, 171.
ἀντιλαμβάνω 2, 38. 3, 36, 43.
4, 56, 56, 60. 6, 36. 7, 101.
9, 18. 12, 132. 13, 190, 191.
18, 143. 25, 11, 262. 26, 7.
28, 272, 317, 334. 36, 29.
37, 16. 38, 59, 62.
ἀντιλέγω 12, 176. 15, 54. 24,
225. 25, 85. 34, 53, 63, 125.
38, 301.
ἀντίληψις 1, 53, 139. 2, 25, 29.
3, 24, 36, 40, 70, 71. 4, 58, 97,
109, 112. 6, 36. 10, 79. 12,
84. 15, 105, 127. 20, 56. 23,
72, 157. 26, 148, 227. 27, 34.
29, 46. 31, 190. 32, 24, 200.
35, 33. 36, 86. 37, 10, 66.
ἀντιλογία 4, 65. 13, 37. 15,
52.
ἀντιλογικός 15, 52.
ἀντιλοχάω 22, 40.
ἀντιλυπέω 25, 141, 270. 32,
140.
ἀντιμαρτυρέω 7, 166.
ἀντιμεθέλκω 8, 25.
ἀντιμεθίστημι 27, 57.
ἀντιμετακλίνω 22, 145.
ἀντιμεταλαμβάνω 36, 31.
ἀντίμιμος 17, 88. 19, 179. 21,
215. 26, 62, 65, 195.
ἀντιπαθής 11, 98.
ἀντίπαις 5, 114.
ἀντίπαλος 1, 33. 2, 86. 4, 7.
5, 15, 81. 6, 17. 7, 29, 35, 164.
10, 43, 137, 143. 11, 79, 114,
120, 163. 13, 35, 122. 15,
179. 16, 26, 69, 85. 18, 164.
19, 25. 20, 81, 185. 21, 86,
174. 22, 146, 277. 23, 48,
225, 234, 240, 256. 24, 5.
25, 169, 217, 252, 261, 282,
294, 296, 309. 26, 13, 185,
252. 28, 149. 30, 36. 31, 46,
111. 32, 2, 38, 116, 116, 153.
33, 25, 59, 93, 95, 169. 34,
26. 35, 15. 36, 136, 138. 37,
172. 38, 183, 359.
ἀντιπαραδέχομαι 36, 109.
ἀντιπαραχωρέω 29, 64, 155.

άντιπαρέκτασις **15**, 185.
άντιπαρεκτείνομαι **15**, 187. **25**, 231.
άντιπαρέχω **12**, 130. **14**, 58. **24**, 46. **31**, 195.
άντιπάσχω **4**, 201. **5**, 79, 82. **30**, 195. **34**, 112.
άντιπαταγέω **25**, 118.
άντιπέμπω **38**, 47, 89.
άντιπέραν **26**, 255. **35**, 86. **37**, 155.
άντιπέρας **25**, 319.
άντιπεριάγω **9**, 44. **11**, 70.
άντιπεριΐστημι **21**, 20.
άντιπηρόω **30**, 195.
άντινέω **4**, 202. **20**, 95. **22**, 13. **24**, 149. **31**, 50.
άντίπνοια **12**, 152.
άντιπολεμέω **25**, 217.
άντιπράττω **38**, 117.
άντιπροεΐδον **37**, 185.
άντιπροσαγορεύω **38**, 181, 352.
άντιπροσφθέγγομαι **1**, 152.
άντιπρόσωπος **5**, 25. **17**, 132, 207, 213. **19**, 211. **26**, 98.
άντιρρέπω **3**, 83. **6**, 122. **8**, 22, 100. **9**, 28. **11**, 89. **12**, 111. **16**, 148. **20**, 124, 185. **23**, 212. **26**, 228. **31**, 167.
άντίρρησις **36**, 132.
άντίρροπος **1**, 113. **2**, 8. **32**, 186. **37**, 174.
Ἀντισθένης **34**, 28.
άντισοφίζομαι **13**, 50. **15**, 14.
άντισοφιστεύω **16**, 83.
άντίσπασμα **16**, 149. **19**, 22.
άντισπάω **6**, 49. **8**, 25. **11**, 70. **13**, 53. **16**, 67. **17**, 46, 241. **20**, 173. **21**, 57, 152, 243. **22**, 11. **23**, 73, 176. **26**, 165, 237. **29**, 21.
άντίστασις **19**, 211.
άντιστατέω **2**, 69, 87. **3**, 91. **4**, 201. **5**, 11, 13, 20. **7**, 72. **8**, 71. **11**, 3. **12**, 144. **13**, 57, 196. **15**, 17. **20**, 10. **24**, 149.
άντιστροφή **35**, 84.
άντίστροφος **24**, 80.
άντίταξις **7**, 9. **17**, 306. **18**, 32.
άντιτάττω, άντιτάσσω **3**, 108. **5**, 12, 78. **6**, 55, 121. **10**, 124. **13**, 115. **18**, 31. **20**, 160, 265. **23**, 233. **25**, 175. **31**, 222. **32**, 5, 10, 43, 43. **33**, 96. **34**, 126. **35**, 40, 64. **38**, 349.
άντιτείνω **6**, 117. **36**, 136.
άντιτειχίζω **15**, 145.

άντιτεχνάομαι **7**, 176.
άντίτεχνος **34**, 144.
άντιτίθημι **1**, 36. **7**, 16. **9**, 40. **10**, 85. **25**, 193. **32**, 37. **34**, 55. **38**, 110.
άντιτιμάω **23**, 177. **26**, 67. **31**, 184. **34**, 42. **38**, 272.
άντιτυπής **26**, 183.
άντίτυπος **12**, 133. **15**, 102. **17**, 181.
άντίφθογγος **26**, 256.
άντιφιλέω **32**, 225.
άντιφιλονεικέω **3**, 32. **4**, 156. **10**, 97. **15**, 52. **25**, 130. **31**, 25. **32**, 5. **38**, 144.
άντίφωνος **11**, 79. **12**, 167. **35**, 84, 88.
άντιχαρίζομαι **7**, 108. **12**, 130. **23**, 177, 203. **24**, 258. '**27**, 112.
άντλέω **8**, 151. **20**, 111.
ἄντρον **8**, 49.
άντωθέω **22**, 145. **31**, 111.
άντωφελέω **27**, 114.
άνύβριστος **23**, 98. **24**, 210. **29**, 95. **37**, 79.
άνυδρία **39** (VIII 6, 2).
άνδρος **21**, 40.
άνυπαίτιος **1**, 16, 136. **7**, 78. **9**, 16. **10**, 61, 128, 134. **11**, 49. **12**, 108. **14**, 50. **15**, 125, 149. **16**, 6. **18**, 101. **20**, 36, 51. **22**, 73. **26**, 138. **28**, 102, 117, 127, 153, 167, 202, 227, 259, 300. **29**, 35, 44, 48, 175. **30**, 59, 61, 154, 166. **31**, 121. **32**, 58, 177. **33**, 23. **36**, 83. **39** (VIII 11, 9).
άνύπαρκτος **20**, 36. **30**, 45. **34**, 72. **36**, 5, 105.
άνυπέρβλητος **26**, 207. **29**, 158. **36**, 22.
άνυπέρθετος **1**, 42. **6**, 53, 68. **10**, 159. **11**, 80, 85. **15**, 110. **20**, 142. **23**, 108. **24**, 118. **25**, 109, 184. **28**, 55, 83, 225, 316. **29**, 13, 60, 182. **30**, 8. **31**, 138. **32**, 41, 88, 126, 185. **33**, 136. **37**, 100. **38**, 99.
άνυπεύθυνος **6**, 23. **11**, 56. **22**, 244. **30**, 137. **34**, 59, 124. **38**, 28, 134, 190.
άνύποιστος **15**, 110. **25**, 39, 105.
άνύποπτος **23**, 251. **24**, 185.
άνυπόστατος **33**, 95.
άνυπότακτος **17**, 4.
άνύπουλος **33**, 163. **34**, 155. **38**, 41.

άνύσιμος **7**, 131. **11**, 86. **16**, 154. **24**, 86. **28**, 52. **31**, 109. **36**, 97. **37**, 67. **38**, 251.
άνύω, άνύτω **1**, 86. **7**, 70. **15**, 153. **16**, 133. **23**, 62. **24**, 181, 185. **26**, 247. **29**, 142. **33**, 78. **34**, 111.
ἄνω **1**, 41, 54, 70, 122, 128, 137, 163. **2**, 4, 71. **3**, 105. **4**, 4, 82, 120. **5**, 27. **6**, 6, 8, 59, 60, 77, 108. **7**, 85, 176. **8**, 170. **9**, 22, 31. **10**, 53, 175. **11**, 136. **12**, 14, 23, 25, 64. **13**, 75. **15**, 139. **16**, 168, 172, 182. **17**, 34, 70, 115, 126, 143, 217, 218, 234, 238, 239, 239, 241. **18**, 4. **19**, 97, 180, 197. **20**, 72, 107, 146. **21**, 21, 25, 26, 54, 119, 128, 139, 147, 151, 152, 154, 156, 162, 235. **22**, 86. **23**, 46, 58, 60. **24**, 16, 93, 131, 136, 169, 176, 244. **25**, 31, 34, 111, 118, 190, 198, 238, 314, 322. **26**, 71, 99, 204. **27**, 6, 53, 57, 57, 57, 65, 74, 74, 103. **28**, 3, 32, 37, 54, 66, 94, 94, 131, 164, 185, 194, 195, 207, 263, 301, 301, 328. **29**, 5, 27, 63, 65, 82, 165, 231, 233, 234. **30**, 1, 15, 29, 46, 62, 184, 192, 207. **31**, 115, 159, 159, 170, 176, 236. **32**, 34, 35, 53, 65, 77, 119, 176, 183, 209, 216. **33**, 41, 43, 52, 109, 124, 135, 151, 152, 162. **34**, 148. **35**, 33, 66. **36**, 29, 33, 33, 58, 60. **24**, 16, 93, 131, 136, 169, 176, 244. **25**, 31, 34, 111, 118, 190, 198, 238, 314, 322. **26**, 71, 99, 204. **27**, 6, 53, 57, 57, 57, 65, 74, 74, 103. **28**, 3, 32, 37, 54, 66, 94, 94, 131, 164, 185, 194, 195, 207, 263, 301, 301, 328. **29**, 5, 27, 63, 65, 82, 165, 231, 233, 234. **30**, 1, 15, 29, 46, 62, 184, 192, 207. **31**, 115, 159, 159, 170, 176, 236. **32**, 34, 35, 53, 65, 77, 119, 176, 183, 209, 216. **33**, 41, 43, 52, 109, 124, 135, 151, 152, 162. **34**, 148. **35**, 33, 66. **36**, 29, 33, 33, 58, 109, 113, 115, 135, 135, 136. **37**, 14, 46, 50, 73, 120, 126, 131, 162. **38**, 46, 50, 59, 77, 86, 90, 118, 121, 198, 204, 333, 341, 359.
άνώδυνος **5**, 86. **11**, 97.
ἄνωθεν **1**, 117. **7**, 86. **10**, 155. **11**, 134. **14**, 57. **16**, 35. **17**, 64, 166, 184, 274. **18**, 36. **19**, 49, 101, 138, 166, 180, 192. **20**, 260. **22**, 142, 198. **23**, 43, 157. **25**, 115, 117. **26**, 48, 69, 118, 144. **28**, 85. **30**, 2. **32**, 42, 217. **33**, 73, 133. **36**, 147.
άνωθέω **1**, 63. **7**, 100. **8**, 175. **11**, 174. **19**, 191. **20**, ‹214›. **25**, 270. **31**, 50.
άνώλεθρος **20**, 80. **21**, 158. **36**, 7.
άνωμαλία **23**, 212. **24**, 36, 142, 247, 269. **28**, 106. **29**, 52. **31**, 88. **32**, 10. **36**, 43,

117, 119, 132, 137. 37, 71. 38,´ 34, 346.
ἀνώμαλος 1, 97. 17, 160. 18, 28. 21, 115, 150, 153, 156. 30, 181.
ἀνώμοτος 21, 13. 27, 84, 141, 157. 34, 84.
ἀνώνυμος 14, 52.
ἀνώτατος 20, 58.
ἀνώτερος 21, 75.
ἀνωφελής 1, 11. 6, 36, 115. 8, 164. 13, 168. 20, 211. 22, 22. 24, 143, 173. 25, 67. 26, 48. 27, 12. 29, 95. 32, 129.
ἀνώφοιτος 1, 147. 19, 62. 25, 189, 218. 36, 29, 136.
ἄξενος 23, 107.
ἀξία 2, 87, 87. 4, 10, 126. 14, 40. 26, 9, 51. 28, 121, 135, 248. 29, 36, 37, 233. 31, 57.
ἀξιέραστος 8, 12. 16, 36, 163. 20, 143. 22, 109. 23, 88, 191. 25, 59. 26, 205. 31, 161. 32, 66, 164. 33, 36.
ἀξιοθέατος 16, 36.
ἀξιόλογος 29, 5.
ἀξιόμαχος 31, 221.
ἀξιομνημόνευτος 16, 17, 18. 22, 109. 35, 57.
ἀξιόνικος 6, 92. 16, 186. 24, 123. 26, 205. 31, 54.
ἀξιόπιστος 20, 258. 24, 252.
ἀξιοπρεπής 14, 62. 32, 188.
ἀξιόρατος 16, 36.
ἄξιος 1, 4, 6, 89, 155, 156, [170]. 2, 44, 70, 85. 3, 14, 42, 85. 4, 10, 15, 79, 83, 106, 141, 164, 171, 209. 5, 42, 80, 112. 6, 29, 33, 54, 61, 77, 94, 118, 124, 128. 7, 57, 70, 101, 118, 137. 8, 22, 91, 96, 105, 135, 139. 9, 1, 16, 36. 10, 1, 76, 90, 104, 105, 106, 108, 171. 11, 45, 60, 120. 12, 158. 13, 111, 158, 192, 194, 223. 14, 5, 16, 31, 52. 15, 22, 53, 140, 168, 178. 16, 21, 57, 108, 170, 203. 17, 7, 10, 14, 32, 33, 90, 109, 123, 128, 215, 226, 227, 247, 252, 277, 293. 18, 5, 13, 27, 73, 98, 130, 173. 19, 20, 24, 29, 30, 40, 73, 74, 79, 84, 87, 93, 96, 118, 129. 20, 52, 58, 64, 82, 83, 91, 104, 145, 186, 197, 224, 236. 21, 5, 93, 95, 147, 153, 167, 207, 212, 212, 246, 246, 248. 22, 66, 93, 122, 160, 177, 179, 227, 258, 263, 282. 23, 10, 11, 22, 107,

167, 204, 204, 255, 266, 271. 24, 2, 28, 42, 44, 46, 58, 153, 170, 171, 206, 216, 220, 249. 25, 1, 47, 148, 212, 273, 291. 26, 9, 11, 59, 135, 143, 162, 171, 191, 217, 285. 27, 20, 67, 73, 94, 117, 118, 141. 28, 43, 57, 96, 234, 258, 264, 284, 297, 309, 314, 314, 315, 319, 323. 29, 4, 14, 23, 36, 107, 116, 129, 141, 149, 149, 173, 185, 202, 226, 232, 234, 253, 255. 30, 38, 89, 90, 103, 143, 148, 153, 155, 176, 195. 31, 6, 15, 59, 59, 65, 77, 150, 182, 218, 230. 32, 52, 89, 117, 139, 155, 176, 202, 223. 33, 13, 23, 45, 69, 87, 113, 162. 34, 15, 42, 44, 61, 84, 95, 97, 141, 143, 145, 156. 35, 3, 6, 34, 66, 73. 36, 1, 3, 41, 71, 73, 80. 37, 80, 93, 109. 38, 38, 51, 71, 103, 110, 144, 187, 245, 288, 341, 349. 39 (VIII 7, 2), (VIII 7, 9).
ἀξιοσπούδαστος 26, 194.
ἀξιοτίμητος 16, 163.
ἀξιόχρεως 5, 45, 98, 100. 6, 57. 7, 62. 8, 143. 12, 33, 69, 126. 15, 146. 16, 197. 19, 110. 20, 26. 38, 37.
ἀξιόω 1, 30, 45, 53, 142, 148. 2, 33, 39, 55, 95. 4, 14, 27, 74, 87, 93, 94, 106, 192, 197. 5, 34, 84, 99. 6, 6, 28, 42, 47, 100, 119, 128, 130. 7, 7, 14, 52, 54, 102, 116, 134, 134, 145, 160. 8, 54, 71, 78, 83, 90, 130. 9, 12, 36, 58, 61. 10, 4, 20, 31, 47, 104, 110, 157, 158, 180. 11, 121, 149. 12, 26, 44, 62, 63, 72, 146, 151, 156. 13, 25, 65, 72, 74, 75, 94, 95, 216. 14, 20, 22, 29, 53, 58, 69. 15, 76, 79, 110, 116, 133, 161, 182. 16, 27, 94, 145, 158, 191. 17, 13, 18, 28, 43, 49, 49, 64, 105, 185, 194, 223, 247, 270, 303. 18, 13, 125. 19, 38, 114, 160, 209. 20, 18, 25, 59, 64, 83, 114, 195, 216, 227, 245, 255. 21, 16, 21, 45, 69, 121, 190, 196, 205, 228, 244. 22, 62, 115, 124, 134, 192. 23, 22, 37, 41, 46, 50, 76, 98, 115, 127, 165, 243, 256, 270. 24, 12, 25, 86, 152, 154, 154, 192, 205, 241. 25, 2, 8, 20, 98, 142, 155, 158, 243, 321, 323,

324, 331. 26, 5, 53, 58, 67, 96, 142, 173, 194, 200, 203, 208, 242, 274. 27, 12, 14, 18, 36, 41, 49, 50, 68, 95, 102, 109, 163, 177. 28, 24, 31, 42, 42, 51, 63, 161, 168, 177, 229, 283, 291, 303, 308, 318, 319. 29, 23, 66, 71, 78, 104, 106, 133, 139, 219, 229, 234, 238, 246, 255. 30, 13, 39, 62, 116, 192, 198. 31, 11, 55, 63, 72, 126, 170, 202, 213. 32, 20, 54,´60, 84, 102, 105, 109, 112, 115, 144, 151, 165, 172, 179, 201, 203, 209, 210, 225. 33, 23, 61, 74, 75. 34, 44, 75. 35, 36, 57. 36, 89. 37, 40, 44, 61, 83, 106. 38, 53, 69, 75, 80, 84, 86, 98, 106, 141, 178, 191, 250, 285, 294, 333, 346, 347. 39 (VIII 7, 12), (VIII 7, 19), (VIII 11, 1), (VIII 11, 13), (VIII 11, 13).
ἀξίωμα 4, 191. 5, 29, 99. 6, 14, 16, 73, 119. 8, 62, 63, 110. 10, 116, 150. 11, 140. 17, 3, 223. 18, 137, 149. 19, 50. 20, 217. 21, 132. 24, 72, 107, 216. 25, 168, 268. 26, 234. 28, 139, 159, 187. 29, 34, 145, 215. 32, 186, 191, 223. 33, 157. 34, 126. 37, 78. 38, 140, 276, 286, 300.
ἀξίωσις 1, 37. 13, 131. 24, 164. 28, 242, 245, 324.
ἀοίδιμος 1, 82. 5, 91. 13, 152. 16, 184. 17, 27, 76, 214. 18, 160. 21, 166. 22, 24. 23, 167. 28, 50, 322. 32, 207. 34, 137. 35, 26.
ἀοίκητος 17, 147. 25, 195.
ἄοικος 4, 2, 3. 6, 32. 9, 67. 18, 58, 62. 32, 190. 35, 47.
ἄοκνος 7, 56, 62. 8, 13. 13, 159. 14, 38. 16, 97, 216. 17, 9. 22, 38. 29, 83. 32, 215. 34, 34. 39 (VIII 11, 6).
ἄοπλος 25, 172. 38, 229.
ἀορασία 17, 250. 21, 114.
ἀόρατος 1, 12, 29, 31, 69, 135. 4, 206. 5, 98, 101, 101. 6, 133, 133. 7, 31, 31, 40, 86, 86, 89, 128. 8, 15, 15. 9, 8, 10. 29. 12, 18. 13, 86, 129, 132, 192. 15, 136, 138, 172. 16, 5, 52, 181, 183, 220. 17, 75, 115, 115, 119, 170, 180, 259, 266, 280. 18, 25, 144. 19, 46, 46. 20, 7, 14, 139, 139.

21, 71, 72, 73, 73, 90, 111, 135, 148, 157, 164, 199, 210. 22, 2, 213, 252, 282, 291. 23, 69, 73, 74. 24, 255. 25, 158. 26, 37, 65, 76, 217, 217. 27, 33, 44, 59, 60, 120. 28, 18, 20, 46, 46, 50, 72, 137, 279, 302. 29, 165, 185. 31, 31, 31, 192. 32, 47, 57, 172. 34, 111. 35, 78. 36, 19, 69. 38, 2, 290, 310, 318.
ἀόργητος 33, 77.
ἀόριστος 8, 116. 15, 117. 28, 48. 29, 221. 31, 122. 33, 36, 36, 85. 36, 103.
ἄόρμητος 10, 41.
Ἀουίλλιος 37, 1.
ἀπαγγέλλω 3, 62. 4, 120. 12, 78. 16, 78. 17, 261. 19, 7. 25, 3, 84, 179, 232, 250. 37, 119. 38, 186, 197, 226.
ἄπαγε 5, 100. 13, 66. 19, 102. 21, 174. 26, 199. 27, 32. 28, 301. 30, 26. 36, 82.
ἀπαγόρευσις 2, 93, 93, 94, 94. 10, 53. 13, 91. 17, 173. 18, 120. 19, 100, 105. 26, 4, 46, 47, 51. 27, 51, 121, 170, 176. 28, 23, 299. 31, 39, 183.
ἀπαγορευτικός 15, 141. 19, 104. 24, 29.
ἀπαγορεύω 2, 48, 93, 94, 101. 4, 22, 56. 13, 138, 138. 16, 130. 19, 95, 98, 193. 24, 190. 25, 14, 37, 38, 112. 26, 4, 187, 219. 27, 39, 138, 142. 28, 38, 64, 223. 29, 67, 90. 30, 9, 110, 160, 174, 204. 31, 104, 183, 196, 203, 214. 32, 82, 134, 146. 33, 29, 55, 55, 55, 139, 156. 34, 47, 110. 35, 1, 55. 37, 181. 38, 299.
ἀπάγω 4, 21. 6, 26. 7, 14, 54. 10, 112. 15, 160, 161. 19, 83, 84. 22, 84. 24, 35, 52, 80, 85, 104, 154, 220, 247. 25, 49, 243, 276, 282, 285, 311. 26, 201, 217. 27, 13, 15. 30, 90, 141, 159. 32, 96, 117. 33, 164. 34, 37, 114. 37, 35, 72, 85, 115. 38, 186. 39 (VIII 7, 2).
ἀπαγωγή 37, 121. 38, 17.
ἀπάδω 1, 133. 8, 1, 51. 10, 90. 12, 35. 13, 196. 15, 150. 23, 5, 222.
ἀπαθανατίζω 1, 44, 77. 7, 111. 8, 123. 15, 149. 21, 36. 26, 288. 31, 14. 32, 14.

ἀπάθεια 3, 100, 102. 4, 129, 131. 12, 98. 23, 257.
ἀπαθής 1, 101. 7, 46. 15, 12. 17, 184, 204, 311, 314. 23, 145. 24, 13. 25, 65. 26, 59. 27, 150. 31, 83, 93. 36, 21. 38, 328, 371.
ἀπαιδαγώγητος 5, 71. 6, 23. 7, 145. 19, 9.
ἀπαιδευσία 4, 2, 20, 33, 121, 148, 193. 8, 52. 13, 6, 11, 12, 27. 13, 125, 137, 138, 140, 141, 143, 153, 154. 16, 136. 17, 210. 18, 88. 19, 14, 121, 152. 21, 225. 22, 213, 259. 24, 53, 79, 249. 34, 12.
ἀπαίδευτος 7, 143, 175. 13, 13. 22, 260.
ἀπαιδία 24, 187. 28, 11.
ἀπαίρω 7, 5, 27. 19, 21, 127, 131. 21, 172, [188]. 23, 62, 92. 24, 169, 233. 25, 286. 37, 26. 38, 179.
ἄπαις 28, 129.
ἀπαιτέω 16, 91. 24, 227. 30, 140. 31, 31. 38, 28, 275. 39 (VIII 7, 20).
ἀπαιωρέομαι 8, 26. 11, 75. 15, 38. 19, 152. 25, 231. 26, 121. 28, 93. 30, 114. 34, 158. 35, 51.
ἀπακριβόομαι 1, 138. 38, 274.
ἀπάλαμνος 1, 104.
ἀπαλγέω 33, 135.
ἀπαλείφω 2, 100. 4, 187. 10, 20, 51. 21, 244. 23, 19. 30, 62. 37, 131.
ἀπαλλαγή 4, 87, 177, 178. 17, 275. 23, 96, 128. 24, 263. 25, 314. 28, 4, 77, 195. 29, 95. 30, 80. 32, 115. 36, 129.
ἀπαλλάττω 2, 108, 128. 6, 117, 130. 8, 23. 12, 14. 13, 71. 16, 34. 18, 65, 66. 19, 5, 37, 55. 20, 80, 219, 243, 261. 21, 70. 22, 229. 23, 30. 24, 25, 170, 184, 224, 233. 25, 22, 191. 28, 105. 29, 85, 106, 139, 253. 30, 27, 30, 62, 63, 82, 107. 31, 4, 15, 196. 32, 68. 34, 156. 38, 337, 367.
ἀπαλόνυχος 32, 130.
ἀπαλός 8, 165. 17, 38, 125. 20, 212. 21, 199. 22, 10. 23, 108. 28, 313. 31, 25. 32, 178. 34, 160.
ἀπαμπίσχω 13, 6. 19, 158.

21, 98, 216. 24, 14, 185, 238. 30, 121. 31, 185.
ἀπαμφιάζω 3, 53, 54. 5, 17. 6, 30. 9, 53. 10, 56, 103. 13, 34. 20, 199. 22, 170. 23, 102. 30, 61. 32, 111.
ἀπαμφιέννυμι 4, 153.
ἀπαναγκάζω 23, 213.
ἀπανθρακίζω 22, 50.
ἀπανθρωπία 24, 81. 25, 95. 29, 75, 93, 146, 167. 30, 110, 167. 31, 4.
ἀπανίστημι 23, 86, 258.
ἀπανταχοῦ 31, 179. 32, 64. 39 (VIII 7, 9).
ἀπαντάω 1, 80. 4, 202. 5, 33. 7, 36, 120. 10, 38. 15, 6, 59, 116. 16, 82. 17, 261. 21, 4, 61, 71, 71, 116, 118. 22, 142. 23, 250. 24, 78, 256. 25, 214, 285. 29, 109. 32, 88. 33, 107. 34, 25, 99. 35, 66, 79. 36, 132. 38, 122, 322, 336.
ἀπάντησις 10, 166.
ἀπαντλέω 9, 25. 17, 31.
ἀπάντλησις 8, 164.
ἅπαξ 1, 168. 3, 54. 4, 51. 5, 3. 6, 127. 7, 41, 149, 178. 8, 163. 9, 33, 52, 60. 10, 4, 82, 82. 11, 8, 104, 105. 13, 42, 136, 169, 198. 16, 40, 137. 18, 4. 19, 101. 20, 119, 247. 21, 62, 77. 22, 88. 24, 179. 25, 46, 183, 283, 326. 26, 65, 258. 27, 96, 99. 28, 59, 72, 261. 29, 146, 183. 31, 26, 85. 33, 6, 72. 35, 19. 36, 42, 59, 68, 91. 37, 180. 38, 58, 77, 218, 303, 306, 356.
ἀπαξάπας 36, 37, 144.
ἀπαξιόω 8, 164. 22, 174. 26, 238. 28, 308. 36, 2.
ἀπαράβατος 36, 112.
ἀπαράδεκτος 11, 71. 19, 117.
ἀπαραίτητος 7, 136. 8, 9. 9, 47. 10, 48, 68. 11, 98, 117. 13, 135. 15, 116. 16, 225. 19, 99, 21, 236. 22, 88, 293. 24, 21, 170. 25, 45, 89, 303. 28, 55, 338. 30, 42, 76. 31, 19. 33, 149. 38, 192, 212, 218, 244, 307, 336.
ἀπαράλλακτος 13, 90, 169.
ἀπαράσκευος 6, 32.
ἀπαρηγόρητος 26, 245. 27, 63, 95. 29, 134. 30, 129. 31, 3, 82. 33, 94.
ἀπαρκτέον 18, 101.

ἀπαρρησίαστος 17, 29. 33, 124.

ἀπαρνέομαι 39 (VIII 7, 4).

ἀπαρτάω 1, 141. 3, 78. 9, 56. 11, 3. 20, 53. 28, 68. 30, 182. 36, 105.

ἀπάρτησις 7, 90. 15, 67.

ἀπαρχή 6, 72, 72, 74, 107, 108, 109, 117, 136. 15, 124. 17, 113, 113, 253. 18, 7, 89, 98. 20, 2, 191, 191, 192. 22, 75, 77, 272. 23, 196. 24, 194. 25, 252, 254, 316, 316, 317, 318. 26, 137. 27, 160. 28, 77, 77, 78, 78, 117, 120, 126, 128, 129, 132, 133, 138, 139, 147, 151, 152, 152, 153, 183, 213, 216, 252, 255, 279. 29, 41, 120, 134, 162, 162, 167, 168, 171, 171, 175, 175, 179, 179, 184, 186, 216, 219, 221, 222. 31, 98, 99, 99, 125, 180. 32, 95, 159. 34, 15. 38, 156, 157, 216, 291, 311, 312, 316.

ἀπάρχομαι 6, 74. 8, 97. 18, 95, 96, 96. 20, 2, 191. 22, 6, 76, 148. 25, 254, 254. 26, 137. 28, 78, 133, 134, 137, 141, 157, 248, 255. 29, 175, 175, 180. 31, 98. 32, 95. 38, 157.

ἀπαστράπτω 5, 62. 7, 118. 10, 78, 96. 19, 139. 25, 66. 26, 70, 254.

ἀπατάω 4, 59, 61, 61, 61, 63, 66, 66, 121, 190, 230. 6, 28, 77, 85. 7, 61. 9, 17, 41. 11, 42, 96, 164. 13, 65, 147, 183. 15, 54, 65, 126. 16, 12, 83, 83. 17, 71, 303. 19, 34. 20, 198, 201, 208, 240. 21, 224. 22, 39, 101, 133. 23, 88. 24, 93, 142. 25, 182, 195, 280, 282, 301. 27, 141, 172. 28, 26, 315. 29, 112. 30, 72, 81, 101. 31, 53, 57, 188. 32, 180. 36, 117. 37, 13, 109, 172. 38, 28, 40, 62, 111, 163, 180.

ἀπατεών 6, 32. 15, 140. 17, 85, 185. 25, 90.

ἀπάτη 1, 155, 165. 4, 64, 66. 6, 22, 26, 76. 7, 27, 38, 61. 9, 15, 59. 10, 66. 11, 13, 16, 43. 12, 104. 13, 46, 217. 14, 15. 18, 18. 22, 40. 23, 101. 24, 56. 25, 43, 94, 235. 27, 3, 55, 125. 28, 10, 29. 31, 50, 89, 109. 32, 196, 214,

214. 33, 24, 129, 147. 34, 56, 66, 151. 36, 132.

ἀπατηλός 19, 22, 208. 34, 155. 36, 77.

ἀπαυγάζω 23, 119.

ἀπαύγασμα 1, 146. 12, 5ᵖ 31, 123.

ἀπαυθαδίζομαι 32, 210.

ἄπαυστος 1, 33. 6, 39. 7, 55, 89, 174. 8, 13, 167. 12, 89, 93, 135. 17, 16. 21, 36. 22, 200. 23, 29, 43, 138. 24, 246. 25, 121. 27, 57. 28, 27, 169. 30, 10. 31, 113. 33, 135. 34, 56. 37, 9. 38, 13, 198, 243.

ἀπαυτοματίζω 1, 149. 4, 30. 13, 199. 19, 171. 20, 166, 219, 257. 25, 320. 27, 16. 28, 35. 29, 105, 107. 30, 189. 32, 97. 33, 42. 36, 63.

ἀπαυχενίζω 11, 34. 13, 93. 15, 54. 17, 245. 23, 135, 212, 228. 28, 304. 29, 232. 31, 220. 32, 113. 36, 30.

ἀπεῖδον 1, 55. 10, 108, 146. 12, 65. 13, 150. 14, 11. 20, 164. 21, 203. 23, 71, 173. 24, 117. 25, 212. 26, 51. 27, 9. 28, 41, 139, 294. 29, 32, 56, 104, 244. 30, 102, 164. 31, 95. 32, 32. 34, 28. 36, 4.

ἀπείθεια 13, 15, 15.

ἀπειθέω 2, 96. 10, 50. 11, 70, 166. 13, 14, 16, 18, 18. 16, 174. 20, 206.

ἀπειθής 6, 32. 11, 88. 13, 14, 16, 17, 17, 29, 93, 95. 18, 61. 19, 39. 25, 43. 26, 261. 28, 106. 29, 66. 31, 24. 32, 15, 109, 141, 208.

ἀπεικάζω 2, 15, 22, 24, 83. 3, 11, 81, 99. 4, 46, 76. 6, 104. 7, 114. 11, 14, 31, 89, 175. 13, 87, 112, 155, 222. 15, 30. 16, 104. 17, 47, 127, 197, 307. 20, 74. 21, 238. 22, 255. 27, 8. 29, 30.

ἀπεικονίζω 1, 16, 69. 4, 96. 5, 86. 7, 78. 10, 110. 12, 19, 20. 19, 100. 26, 74. 31, 164. 35, 88.

ἀπεικόνισμα 1, 16, 139. 2, 45. 4, 96. 7, 83, 160. 8, 105. 13, 90. 17, 112, 231. 19, 5. 21, 214. 26, 11, 117, 127. 27, 134. 28, 47, 84. 29, 2,

151, 224. 32, 12. 33, 65. 34, 94. 38, 318.

ἀπεικός → ἀπέοικα

ἀπειλέω 4, 84. 7, 45. 10, 144, 166. 13, 102. 15, 188. 19, 23, 39. 24, 68, 170, 224. 25, 46, 242, 243. 28, 301. 29, 81. 34, 125, 144, 145, 153. 38, 304.

ἀπειλή 1, 128, 128. 7, 46. 10, 64, 68. 12, 10. 13, 32, 102. 15, 116. 22, 96. 24, 222. 29, 83, 232. 31, 72. 32, 5, 124. 34, 25, 144. 38, 262, 276.

ἄπειμι (ibo) 5, 72. 10, 177. 11, 147. 13, 183. 15, 134. 17, 186. 23, 258. 24, 169, 187, 190, 193. 25, 10, 12. 28, 295. 31, 220. 33, 6. 36, 38. 37, 162.

ἄπειμι (sum) 6, 124. 11, 36. 17, 269. 27, 149. 31, 80. 32, 9. 34, 138.

ἀπεῖπον 1, 23. 4, 8, 60, 110, 190. 5, 15. 6, 17. 7, 29, 32. 20, 204, 231. 21, 164. 25, 263. 27, 138, 141. 29, 182. 30, 13, 22, 24, 47, 117, 168. 31, 95, 100, 205. 32, 18. 34, 27, 112.

ἀπειράκις 17, 190, 235.

ἀπείργω 4, 246.

ἀπειρέω 15, 37. 25, 170.

ἀπειρία 1, 47. 2, 35, 73. 5, 55, 7, 41. 10, 134, 152. 15, 12, 144. 19, 27. 27, 27.

ἀπειροκαλία 24, 205. 35, 52.

ἀπειρόκαλος 6, 32.

ἀπειρομεγέθης 17, 227. 20, 179. 21, 42. 36, 103.

ἄπειρος 1, 60, 60, 171. 2, 35. 3, 19. 4, 105, 170, 171, 202. 5, 66. 7, 76. 8, 18, 108. 9, 2. 10, 122, 129. 1, 31, 92, 160. 12, 53, 67, 144. 13, 199. 17, 154, 190, 228, 235. 18, 111, 120. 20, 49. 23, 162. 24, 195, 225. 25, 229. 27, 29. 28, 48, 329. 30, 189. 31, 80. 34, 51, 52. 36, 102, 119, 132. 38, 30, 85, 163, 164, 198, 215.

ἀπελαύνω 4, 1, 1, 171. 5, 96. 7, 163. 8, 20. 11, 161. 13, 104. 15, 144. 16, 69, 183. 17, 26, 87, 179. 18, 171. 19, 74. 23, 32, 210. 27, 119. 28, 344. 33, 153. 37, 15.

ἀπελέγχω 7, 10, 71. 16, 225.

29, 26. 32, 213. 36, 107.
37, 141, 141.
ἀπελευθεριάζω 1, 87. 6, 104.
10, 29. 13, 101. 15, 98.
23, 213. 24, 66. 27, 163.
29, 97. 30, 177. 34, 104.
36, 74.
ἀπελεύθερος 10, 48. 34, 157.
37, 112. 38, 272.
ἀπελευθερόω 38, 155.
Ἀπελλῆς 38, 203, 204, 205.
ἀπελπιστέον 33, 38.
ἀπεμπολέω 31, 17. 34, 122.
ἀπέναντι 5, 1. 8, 24, 32. 21, 89.
ἀπέοικα 22, 211.
ἀπεραντολόγος 7, 130.
ἀπέραντος 18, 53. 23, 20,
110. 36, 102.
ἀπέρατος 16, 100. 17, 212.
19, 57. 24, 137.
ἀπεργάζομαι 1, 16, 33. 3, 13.
4, 19, 70, 109, 156, 251. 5, 94,
103. 6, 80, 108. 7, 15, 60,
98, 113, 146, 154. 8, 4, 85.
10, 25. 11, 16, 66, 142. 12,
16, 28, 40, 171. 13, 89, 98.
15, 89. 16, 116. 21, 29, 106,
200. 23, 136, 150. 24, 47,
88, 112, 142. 25, 200. 26, 93,
211. 27, 131, 151. 28, 29,
54, 99, 123, 146, 192, 217, 254,
335. 29, 39, 48, 75, 192.
30, 11, 25, 28, 194. 31, 5,
10, 82, 86, 112, 118, 146, 166,
190, 207, 237. 32, 14, 39,
44, 70, 90, 103, 116, 155, 170,
178. 33, 97, 121, 138. 34, 79,
88, 159. 35, 23. 36, 67.
37, 132. 38, 91, 100, 237,
246.
ἀπερίγραφος 1, 23. 2, 20. 6,
59, 59, 124. 8, 19, 151, 174.
15, 162. 17, 31, 131, 190,
212. 21, 12, 175. 23, 71.
24, 29, 113. 29, 164, 221.
30, 151. 31, 96. 33, 85.
ἀπερικάθαρτος 12, 95, 113,
113, 113, 114, 115.
ἀπερίληπτος 12, 151. 17, 229.
23, 159. 25, 311. 29, 164.
32, 35.
ἀπεριμάχητος 1, 11.
ἀπερινόητος 19, 141. 20, 15.
ἀπεριόριστος 6, 124.
ἀπερίσκεπτος 6, 32. 11, 176.
13, 85, 108, 195. 16, 45.
19, 125. 20, 147. 22, 103.
24, 51. 30, 79. 31, 26.
35, 14. 36, 146.

ἀπερίτμητος 16, 224. 28, 304.
ἀπερυγγάνω 21, 122.
ἀπέρχομαι 4, 253. 16, 1, 3,
7, 9, 10. 17, 275, 276, 277,
277. 21, 70, 189. 24, 17, 126.
38, 367.
ἀπερῶ 10, 66. 13, 2. 18, 164,
169. 22, 67. 28, 249. 29, 9,
65. 31, 74, 120, 170.
32, 6, 34. 34, 26. 35, 55.
37, 10, 128. 38, 209, 362,
366, 372.
ἀπεσθίω 12, 160.
ἀπευθύνω 1, 3. 26, 138. 28,
188.
ἀπευκταῖος 24, 187. 35, 56.
ἀπευκτός 7, 148. 11, 40. 24, 9,
21. 26, 245. 29, 131.
ἀπεύχομαι 27, 75. 38, 345.
ἀπεχθάνομαι 13, 87. 20, 170.
37, 146. 38, 346.
ἀπέχθεια 37, 29, 128. 38, 373.
ἀπεχθής 20, 168.
ἀπέχθομαι 24, 167. 35, 69.
38, 211, 293.
ἀπέχω 1, [170]. 2, 102. 3, 88.
4, 154. 8, 71. 11, 91, 113.
20, 47. 21, 36. 22, 257.
23, 28, 253. 24, 256. 25,
308. 27, 45. 29, 15, 94, 198.
30, 12, 21, 21. 31, 129, 202.
32, 126, 140, 163. 38, 131,
361.
ἀπήμων 9, 10. 14, 5. 15, 153.
16, 119. 17, 35, 184. 19, 112.
21, 149. 28, 224.
ἀπήνη 24, 251.
ἀπηχέω 22, 259. 24, 21.
ἀπιστέω 6, 93. 16, 140. 17, 93,
251. 20, 188. 23, 269, 269.
24, 17. 25, 74, 76, 212, 236.
26, 69, 177, 261. 32, 153,
188. 33, 49, 150. 34, 5.
38, 67.
ἀπιστία 4, 164. 6, 22. 10, 101.
13, 40. 15, 57. 17, 95. 19,
152. 20, 181, 201. 24, 19, 30.
25, 90. 26, 269, 280. 27, 84,
172. 28, 273. 29, 8. 31, 32.
33, 28. 38, 118.
ἄπιστος 1, 114. 4, 164. 6, [32],
32. 13, 78, 205. 15, 48.
17, 93, 302. 21, 12. 22, 44.
23, 60, 111. 24, 252. 25, 200,
231, 264. 26, 166, 253, 280.
29, 252. 31, 60, 137, 155.
32, 223. 34, 27. 38, 3, 73,
339.

ἀπλανής 1, 28, 31, 54, 70, 113,
147. 4, 99. 5, 21, 22, 22,
23. 7, 84. 11, 43. 12, 12.
15, 140. 17, 208, 233. 18,
104, 108. 19, 119. 20, 67,
179. 21, 21. 23, 69, 158.
24, 142, 147. 25, 166, 212.
26, 237. 27, 52, 53, 81, 102,
103, 104. 28, 13, 17, 34, 210.
29, 45, 151, 255, 259. 30, 187,
189. 31, 155. 33, 41. 35, 5.
36, 10, 46, 83. 37, 26.
38, 2.
ἄπλαστος 4, 2. 6, 26, 45. 7, 93.
12, 44, 44. 16, 106. 18, 61,
62. 22, 140. 29, 235. 30,
101, 108. 31, 71. 33, 162,
166. 34, 155.
ἀπλατής 1, 49. 17, 131. 18,
147.
ἄπλετος 7, 173.
ἀπλήρωτος 4, 148. 6, 23. 13,
220. 26, 185. 38, 14.
ἀπληστία 1, 54, 159. 7, 103.
8, 98. 11, 58. 13, 4, 6, 22.
22, 211. 23, 104. 28, 150.
29, 197. 31, 100, 100. 35, 55.
36, 74.
ἄπληστος 3, 87. 4, 39, 148,
184. 5, 92. 6, 32. 7, 25, 101.
8, 174. 9, 31. 10, 154. 11, 34,
36, 101. 12, 23, 148. 13, 122,
222. 15, 154. 17, 29, 100,
136. 19, 31. 21, 50. 22, 147.
23, 149. 24, 93, 256. 30, 1,
9. 31, 94, 113, 129. 32, 9.
33, 135, 156. 34, 71. 35, 9,
74. 36, 128. 38, 89.
ἀπλότης 1, 156, 170. 25, 172.
ἀπλοῦς 3, 2. 4, 101, 140, 178,
236. 5, 121. 8, 114. 10, 56,
82, 104. 11, 141, 141, 141.
12, 44, 65, 111. 13, 76, 77,
135, 162, 174, 189, 190, 192,
211. 14, 58. 15, 192. 16, 153.
17, 21. 18, 36, 143. 19, 164.
20, 184. 21, 8, 45, 63, 79.
22, 156. 23, 77. 28, 299.
35, 65, 82. 37, 12, 90, 128.
38, 36, 207, 261. 39 (VIII
7, 1), (VIII 7, 6).
ἄπλωτος 22, 143, 180. 25, 172.
28, 301. 34, 67.
ἀπνευστί 11, 115, 177. 12, 160.
17, 201. 18, 64. 19, 97.
20, 61, 117. 22, 81, 180.
23, 183. 24, 181. 25, 44.
26, 251, 254. 35, 76. 37, 188.
ἀπό passim.

ἀποθλίβω 11, 157. 24, 91.
32, 157.
ἀποθνήσκω 2, 90, 101, 101,
105, 105, 106, 106, 107, 108.
3, 27, 77, 78, 82. 4, 32, 34,
35, 69, 212, 212. 5, 8. 7, 34,
94, 178. 8, 39, 45, 73, 143.
9, 14. 11, 95, 148, 148, 148,
156, 164, 175. 12, 147, 177,
177, 177. 13, 86, 127, 140.
15, 122. 16, 206, 206. 17,
19, 276, 292. 19, 53, 55, 59,
60, 62, 64, 115, 117. 20, 96,
96, 210. 21, 48, 143, 151, 217.
22, 282. 24, 23, 24, 223.
25, 141, 171, 183, 183, 279,
309. 26, 225, .227, 227. 28,
84, 108, 115. 29, 130. 30,
26, 64, 133, 133, 148, 149,
153, 157. 31, 15, 37. 33, 70,
70, 72, 72, 137, 158. 34, 111,
118, 133. 36, 126. 37, 11,
132, 187. 38, 29, 62, 65, 236.
39 (VIII 6, 9).
ἀποθραύω 11, 114. 36, 132.
ἀποικία 1, 135. 15, 77, 78.
16, 176. 17, 98. 18, 84.
19, 36, 95. 23, 66, 68, 72,
77, 85. 25, 71, 103, 163, 170,
195, 222, 233, 236, 239, 254.
26, 232, 246, 288. 29, 25,
146, 150, 158. 30, 111. 31,
178. 32, 77, 102, 219. 33, 16,
17, 80. 35, 22. 37, 46. 38,
281, 282.
ἀποικίζω 8, 68. 25, 220, 237.
28, 59. 33, 84, 117. 34, 130.
ἀποίκιλος 6, 26. 12, 111.
13, 86, 215. 18, 19.
ἄποιος 1, 22. 2, 36, 51. 3, 80.
4, 36, 206. 5, 67. 15, 85. 17,
140. 18, 61. 19, 8, 9. 20, 135.
22, 45. 28, 47, 328. 31, 187.
33, 130.
ἀποκάθημαι 19, 188, 189.
ἀποκαλέω 25, 10, 30. 37, 39,
54.
ἀποκαλύπτω 3, 66. 5, 14. 9,
32, 35, 39. 15, 71. 16, 126.
19, 188, 188, 189, 190, 192,
193.
ἀποκάλυφος 5, 17.
ἀποκάμνω 25, 251. 26, 252.
ἀποκατάστασις 17, 293. 27,
164.
ἀποκαταστατικός 1, 101.
ἀπόκειμαι 7, 128. 20, 199.
ἀποκείρω 1, 85. 21, 106. 24,

105, 179. 28, 250, 254, 305.
32, 111.
ἀποκήρυκτος 17, 26. 22, 148.
ἀποκηρύττω 33, 61.
ἀποκλείω 30, 90. 32, 107.
39 (VIII 7, 3), (VIII 7, 6).
ἀποκληρόω 7, 82, 119. 8, 92.
11, 116. 12, 131. 17, 136,
191. 19, 118. 28, 158. 29,
120. 36, 107. 38, 214.
ἀποκλήρωσις 25, 278.
ἀποκλίνω 8, 22, 100, 101, 102.
9, 64. 10, 150, 162. 13, 18.
15, 131. 16, 145, 148. 21,
86, 246. 23, 198. 24, 142. 25,
160. 26, 58, 139, 193. 36, 64.
37, 24. 38, 32. 39 (VIII
11, 3).
ἀπόκλισις 16, 148.
ἀποκλύζω 8, 163.
ἀποκναίω 7, 72. 8, 86. 11,
136. 16, 111. 20, 197.
ἀποκνέω 12, 136. 20, 222.
25, 63, 239, 321. 29, 4.
32, 17. 36, 95. 38, 217.
ἀποκνητέον 17, 144. 28, 32.
ἀποκοπή 9, 25. 27, 92. 28,
338. 29, 4, 244. 30, 175.
31, 149.
ἀπόκοπος 28, 330, 344.
ἀποκοπτέον 22, 68.
ἀποκόπτω 4, 8, 127, 129, 130,
134, 140, 147. 11, 39, 86.
12, 104, 109. 13, 23, 28,
39, 69, 213. 16, 69. 20, 205.
22, 64, 69, 184. 28, 325.
30, 179, 180. 36, 49, 51, 143.
37, 53. 38, 242.
ἀπόκρατος 7, 95.
ἀποκρίνω 1, 39. 3, 46, 89,
90. 4, 59, 60, 77, 78, 88.
5, 72. 6, 64. 7, 27, 57, 59.
8, 5, 90, 139. 10, 60, 92,
108, 145, 167. 11, 57, 59.
12, 128. 13, 120, 149. 16,
196, 213. 17, 17, 17, 138, 140.
18, 94. 19, 86, 87, 132, 133,
135, 206. 20, 91, 230. 21,
192, 210. 22, 15. 23, 175.
24, 90, 199, 223. 25, 88,
128, 244, 258, 281, 321. 26, 180.
190. 28, 216, 218. 32, 149.
33, 84, 130. 34, 62, 101, 129.
35, 32. 36, 4, 78, 95, 123,
147. 38, 271, 360, 362.
ἀπόκρισις 2, 13. 4, 53, 54.
7, 57, 58, 58, 59, 61. 8, 62.
17, 18. 19, 169. 20, 91, 106,
253. 25, 244. 26, 188, 192,

192, 221, 233. 38, 259, 333.
ἀποκριτέον 20, 11.
ἀπόκροτος 26, 202. 29, 169.
33, 114. 34, 65. 35, 62.
ἀποκρούω 21, 103.
ἀποκρύπτω 1, 72. 4, 1, 1, 4,
4, 5, 6, 6, 7, 9, 27, 27, 27,
28, 28, 39, 48, 54. 6, 33. 7,
163. 13, 44. 15, 143. 18, 76.
20, 38. 21, 83, 119. 22, 3.
26, 80. 28, 166, 221, 322.
32, 169. 35, 28. 38, 147.
ἀπόκρυφος 4, 36. 6, 26, 62.
23, 147. 26, 37.
ἀπόκρυψις 1, 58, 115. 31, 185.
ἀποκτείνω 4, 69, 70, 73, 74,
75. 7, 1, <45>, 46, 47, 47, 50,
164, 167. 8, 10, 124, 170.
11, 97. 13, 67, 70, 70, 70.
15, 160. 19, 23, 53, 77. 22,
297. 24, 188, 249. 25, 167,
171. 26, 171. 30, 86, 128,
129, 136, 141, 144, 159. 31, 38.
38, 229.
ἀποκυέω, ἀποκύω 1, 161. 2,
15. 5, 54. 6, 3, 103. 7, 114,
116, 121. 8, 63, 112, 114.
10, 5. 12, 135. 13, 30. 15,
144. 17, 294. 18, 6, 129.
19, 208. 20, 137. 27, 128.
30, 111, 118. 32, 131, 137.
36, 66.
ἀποκύησις 32, 128.
ἀποκυΐσκω 5, 102. 12, 15.
32, 126.
ἀπολαγχάνω 8, 72.
ἀπολαμβάνω 1, 64. 18, 136.
19, 151. 23, 257, 259. 24,
24, 188, 193, 209. 25, 79.
26, 63, 86, 91. 30, 108.
31, 195. 32, 83, 88. 37, 162.
ἀπόλαυσις 1, 42, 77, 78, 153.
2, 103. 4, 20, 52, 80, 112, 151,
155, 227, 227. 5, 113. 6, 22,
57, 124, 125. 7, 33, 60, 98,
114, 156. 8, 144, 148, 185.
9, 60. 10, 147, 156. 11, 24,
<36>, 108, 157. 12, 34, 52,
132, 162, 166. 13, 214. 14, 61.
15, 25, 85, 93. 16, 11, 35,
217, 218. 17, 137, 255, 285.
18, 32, 56, 65, 164. 19, 32,
176. 20, 165, 215. 21, 48.
22, 48, 209, 212, 214. 24, 57.
25, 187. 26, 24, 70, 212.
27, 161. 28, 165, 303, 322.
29, 19, 186, 205. 30, 113.
31, 103, 120. 32, 30, 30,
126, 127, 133, 135, 156, 159,

ἀπότιϑτος 25, 18. 30, 200.
32, 142.
ἀποτίκτω 1, 41. 2, 15. 5, 52.
6, 102. 7, 60, 127. 8, 35, 56,
83, 135. 10, 39, 137, 154. 13,
60, 163. 16, 219. 18, 3, 160.
20, 151. 30, 44, 47. 32, 137,
138, 139. 36, 60, 65.
ἀποτινάσσω, ἀποτινάττω
15, 69, 73.
ἀποτιννύω → ἀποτίνυμι
ἀποτίνυμι, ἀποτιννύω 29, 78.
31, 29, 37. 38, 343.
ἀποτίνω 4, 248. 23, 259. 25,
333. 28, 234. 30, 64, 145, 146,
[146], 148. 31, 12, 22.
ἀποτολμάω 2, 38. 8, 42. 24,
50. 34, 43. 38, 77, 287.
ἀποτομή 22, 255. 24, 257.
25, 278. 28, 76, 131. 29, 120,
168, 222. 34, 76. 36, 138.
37, 39. 38, 48, 155.
ἀποτομία 29, 94. 37, 95.
ἀπότομος 6, 32.
ἀποτορνεύω 17, 229.
ἀποτρέπω 9, 33. 13, 79.
ἀποτρέχω 4, 198. 30, 174.
ἀποτρόπαιος 33, 151.
ἀποτροπή 6, 48, 70. 7, 123.
13, 224. 17, 15, 172. 19, 99.
23, 129. 25, 149. 26, 5. 28,
283. 30, 171.
ἀποτρύχω 28, 125. 29, 101.
31, 215.
ἀποτρύω 31, 38.
ἀποτρώγω 7, 176. 34, 108.
35, 40.
ἀποτυγχάνω 10, 93, 98. 11,
85. 15, 167. 24, 41, 150. 27,
149. 30, 44. 34, 60. 35, 61.
ἄπους 1, 157. 16, 65, 69. 25,
77. 31, 113.
ἀπουσία 4, 113. 5, 118. 7, 141,
141. 14, 43. 16, 155. 22, 288.
26, 161.
ἀποφαίνω 1, 7, 26, 53. 2, 17,
87. 4, 166, 206. 5, 50. 6, 9,
91. 7, 7, 58, 72, 80, 148. 8, 88,
153. 9, 2, 25, 33, 38. 10, 31.
11, 31, 92, 129, 173. 12, 144.
13, 111, 138, 138, 141, 199.
16, 83, 137, 180, 186. 17, 20,
46, 88, 155, 276. 18, 3. 19,
133, 171, 171. 20, 59, 141, 181,
221. 21, 81, 95, 98, 175. 22,
29, 243, 277. 23, 88, 150, 270.
25, 1, 36, 150, 235. 26, 218,
284. 27, 35, 140, 176. 28,
125, 181, 182, 188, 221, 223,

238, 322. 29, 24, 38, 110, 137,
142, 157, 192, 249. 30, 52, 82,
119, 173. 31, 32, 49, 63, 153,
159, 189, 217. 32, 61, 79. 33,
40. 34, 37, 107, 130, 142. 35,
14. 36, 12, 47, 142, 145. 38,
36, 121, 350, 370. 39 (VIII
7, 5).
ἀποφαντέον 34, 104.
ἀποφαντικός 4, 51.
ἀποφαντός 18, 149.
ἀπόφασις 16, 162. 30, 208.
34, 97.
ἀποφέρω 4, 74.
ἀποφεύγω 19, 27, 42. 25, 91.
33, 62. 37, 129. 38, 341.
ἀπόφημι 39 (VIII 7, 5).
ἀποφϑέγγομαι 15, 62. 17,
259. 24, 117. 25, 176. 26,
33, 253, 263.
ἀπόφϑεγμα 24, 95.
ἀποφορά 2, 42. 7, 157.
ἀποφορτίζομαι 20, 168. 29,
15. 33, 33, 157.
ἀπόφραξις 33, 143.
ἀποφράς 27, 145. 30, 183. 33,
171.
ἀποφράσσω 30, 78.
ἀποχέτευσις 1, 123.
ἀποχετεύω 11, 37. 30, 10.
ἀποχέω 24, 200.
ἀποχή 27, 159. 29, 203.
ἀποχράω 1, 52, 163. 5, 121.
8, 148. 10, 81. 16, 76. 20,
14. 23, 15, 255. 26, 45. 28,
212. 31, 126, 212. 32, 105.
34, 58.
ἀποχρώντως 6, 72. 8, 98. 10,
51. 19, 143. 20, 130. 24, 80.
27, 32, 175. 29, 262. 30,
104. 31, 132. 32, 50, 101.
ἀποχωρέω 25, 77.
ἀποψύχω 36, 128.
ἀπραγμοσύνη 6, 27. 37, 184.
ἀπράγμων 23, 22. 26, 235.
37, 183.
ἄπρακτος 2, 25. 3, 26, 26, 70.
4, 14, 34, 35. 16, 34. 25, 67,
267. 26, 269. 29, 64. 33,
90. 37, 110.
ἀπραξία 1, 7. 3, 30. 5, 87.
13, 161. 16, 91. 17, 170,
257. 23, 154. 36, 84, 85.
37, 57.
ἀπρεπής 5, 92. 13, 194. 19, 66.
28, 148.
ἀπρίξ 5, 33. 20, 84.
ἀπροαίρετος 8, 71. 10, 48.

ἀπρονόητος 6, 32. 33, 23. 39
(VIII 6, 4).
ἀπροόρατος 1, 128. 6, 32. 10,
130. 21, 110. 22, 214. 26,
162. 30, 79. 31, 26. 33, 20.
38, 2, 109.
ἀπροσδεής 10, 56. 11, 54.
23, 30.
ἀπροσδόκητος 13, 111. 17,
249. 21, 71. 22, 145, 268.
24, 211, 214. 25, 136, 170,
257. 26, 203. 29, 219. 30,
5. 33, 165. 38, 184, 197, 342.
ἀπρόσιτος 24, 82. 26, 70.
ἀπροστασίαστος 6, 32, 45. 8,
68. 22, 283.
ἀπροφάσιστος 8, 13. 23, 226.
32, 31. 38, 257.
ἄπταιστος 5, 70. 6, 63, 123.
7, 131. 8, 22, 80. 10, 75, 141,
182. 11, 177. 12, 49. 13,
199. 15, 14. 16, 73, 79, 133.
20, 122, 149. 23, 269. 24,
142, 147. 27, 50. 28, 224.
29, 202. 31, 167. 33, 59.
37, 149.
ἀπτός 23, 239.
ἅπτω 2, 30, 38. 4, 111. 5, 57,
62, 73, 87. 6, 85. 8, 20. 9, 33.
11, 53, 161. 13, 51, 152, 168.
14, 6. 15, 133, 156. 18, 96.
20, 256. 21, 9, 54, 55. 22,
70, 93. 23, 238. 24, 126, 126.
25, 109, 143. 26, 156. 27,
127. 30, 115, 175, 206. 31,
91, 103. 33, 134. 34, 116, 136.
36, 148. 38, 208.
ἄπτωτος 22, 145.
ἄπυρος 12, 108.
ἄπυστος 36, 5.
ἀπωδός 13, 116. 15, 55, 150.
17, 81. 18, 16. 21, 28. 26,
228. 27, 15. 31, 24.
ἀπωθέω 1, 165. 6, 28. 7, 95,
143. 8, 67. 13, 84. 14, 2.
15, 12. 16, 13, 22. 17, 181,
202. 19, 49. 21, 102, 103,
110. 27, 64, 85. 28, 10. 29,
209. 30, 27. 32, 65. 34, 12,
139. 36, 74. 37, 24. 38, 325.
ἀπώλεια 11, 94. 15, 22, 196.
18, 119. 20, 228. 22, 281.
24, 191. 25, 10, 96, 133, 138,
145, 307. 29, 251. 32, 132.
33, 133. 36, 20, 74. 38, 233.
ἀπωτάτω 19, 189.
ἄρα 1, 129. 3, 20, 76. 4, 74,
151. 5, 35, 108, 126. 7, 13, 24,
141, 143, 157. 8, 17, 33, 90,

9, 4, 17, 33, 35, 44, 48, 48.
10, 4, 19, 24, 26, 29, 49, 79,
88, 95, 96, 103, 111, 119, 122,
137, 140, 154, 180. 11, 6, 9,
18, 25, 44, 77, 79, 81, 91, 101,
104, 109, 119, 121, 125, 142,
157, 160, 168. 12, 31, 35, 37,
37, 38, 40, 41, 42, 43, 43, 46,
60, 108, 121, 122, 122, 126,
134, 145, 159, 171, 172. 13,
2, 6, 6, 8, 16, 21, 23, 29, 42,
80, 82, 83, 85, 94, 94, 95, 116,
119, 128, 134, 137, 138, 139,
139, 148, 150, 150, 187, 211,
224, 224. 14, 8, 9, 15, 20, 25,
29, 38, 41, 41, 43, 61, 65, 69.
15, 43, 52, 57, 60, 61, ‹67›,
67, 68, 69, 70, 81, 86, 91, 103,
147, 149, 161, 167, 198. 16,
18, 26, 27, 37, 45, 47, 53, 70,
86, 99, 104, 122, 123, 126,
128, 132, 144, 145, 147, 151,
154, 156, 158, 163, 163, 167,
167, 200, 219, 225. 17, 5,
35, 37, 38, 44, 48, 62, 88, 91,
110, 110, 112, 128, 175, 179,
194, 209, 241, 241, 243, 256,
258, 274, 285, 290, 292, 298,
307, 307, 307, 309, 310, 311,
316. 18, 2, 3, 4, 6, 7, 9, 10,
11, 12, 18, 19, 22, 22, 23, 23,
24, 26, 35, 37, 53, 56, 63, 64,
71, 72, 82, 82, 111, 113, 114,
123, 123, 128, 129, 138, 142,
178, 179, 180. 19, 6, 18, 18, 18,
21, 25, 36, 38, 43, 51, 55, 58,
82, 110, 112, 114, 126, 128,
139, 149, 154, 176, 183, 183,
187, 187, 194, 209. 20, 14, 50,
71, 73, 75, 78, 80, 81, 83, 88,
133, 142, 148, 148, 149, 149,
149, 149, 150, 150, 167, 167,
171, 183, 184, 187, 196, 196,
199, 213, 220, 224, 225, 229,
254, 255, 258, 260, 261, 263,
265, 269. 21, 37, 48, 49, 51,
84, 86, 94, 117, 121, 124, 131,
167, 174, 174, 177, 179, 179,
200, 220, 225, 246, 248, 248,
251, 256. 22, 11, 22, 74, 76,
90, 98, 107, 133, 170, 173, 176,
178, 182, 190, 225, 230, 232,
235, 243, 244, 256, 258, 277,
279, 281. 23, 1, 4, 15, 16, 19,
23, 25, 26, 27, 31, 31, 31, 34,
36, 37, 41, 47, 48, 50, 52, 54,
55, 60, 89, 99, 99, 100, 101,
101, 102, 103, 103, 104, 105,
105, 106, 114, 114, 116, 146,

168, 191, 204, 206, 219, 219,
220, 224, 227, 243, 244, 261,
269, 270. 24, 59, 80, 87, 153,
153, 172, 230. 25, 48, 48, 76,
148, 159, 226, 259, 318, 329,
329. 26, 7, 8, 8, 9, 10, 11, 17,
29, 45, 53, 57, 66, 113, 115,
128, 129, 134, 138, 140, 180,
181, 183, 184, 189, 200, 216,
239. 27, 29, 52, 100, 110, 119.
28, 19, 52, 55, 105, 150, 150,
173, 186, 201, 209, 215, 221,
245, 269, 269, 277, 287, 287, 290,
295, 303, 304, 308, 314, 320.
29, 11, 13, 23, 23, 29, 30,
39, 42, 45, 46, 47, 61, 62, 68,
73, 73, 147, 170, 187, 209, 226,
228, 235, 236, 259, 262, 262,
262. 30, 51, 128, 155, 186,
191, 209. 31, 14, 58, 101, 108,
124, 134, 134, 135, 144, 145,
147, 148, 150, 151, 177, 179,
181, 192, 206. 32, 8, 10, 15,
22, 47, 53, 55, 60, 67, 85, 85,
94, 95, 120, 127, 142, 164, 170,
181, 181, 188, 190, 194, 198,
205, 206, 210, 211, 216, 226,
227. 33, 3, 5, 11, 15, 20, 27,
27, 31, 50, 52, 53, 62, 64, 65,
66, 90, 93, 112, 115, 119, 152,
160, 164, 172. 34, 8, 27, 53,
57, 60, 60, 61, 62, 63, 68, 69,
74, 74, 80, 88, 92, 105, 107,
109, 111, 114, 117, 135, 146,
150, 151, 152, 154. 35, 1, 26,
34, 60, 72, 90. 36, 2, 75. 38,
5, 81, 91, 98, 143, 196, 309,
312. 39 (VIII 11, 2).
ἀρήγω 21, 86. 23, 95. 38, 113.
ἀρήν 28, 188, 189, 251, 253.
31, 12. 32, 133, 142, 142, 144.
33, 87. 38, 76, 317.
Ἄρης 38, 93, 97, 97, 111, 112,
113.
ἀρθριτικός 33, 145.
ἄρθρον 19, 72. 21, 229, 229.
38, 238.
ἀρθρόω 7, 22. 8, 106. 17, 4,
25. 20, 56. 21, 29. 25, 84.
27, 46.
ἄρθρωσις 33, 2.
ἀρίγνωτος 36, 37.
ἀρίδακρυς 6, 32.
ἀρίδηλος 10, 29. 11, 97. 12,
12, 27. 16, 35, 39, 93. 17,
303. 21, 201. 22, 3, 241.
24, 145. 25, 59, 269, 298.
26, 248. 27, 34. 31, 139.
32, 53, 63. 34, 95. 37, 7, 144.

ἀριθμέω 4, 39. 8, 96, 96. 17,
86, 97. 22, 192. 24, 158. 25,
147.
ἀριθμητικός 1, 107, 108. 6, 1.
21, 205. 27, 21. 29, 200.
31, 105.
ἀριθμός 1, 13, 13, 13, 14, 14,
27, 47, 47, 47, 49, 49, 50, 51,
51, 52, 53, 55, 60, 60, 78, 89,
91, 91, 92, 93, 95, 96, 97, 98,
99, 99, 100, 101, 101, 101,
102, 102, 106, 107, 109, 120,
123, 127, 138. 2, 3, 4, 14, 15,
15, 63. 3, 3. 5, 68. 6, 7, 122.
7, 63, 82, 88. 8, 36, 48, 64,
89, 95, 96, 96, 96, 96, 96,
173. 9, 55, 56. 10, 11, 85, 90.
11, 104. 12, 59, 75, 76, 76,
94, 117, 118, 121, 122, [123],
124, 125, 125, 132, 133, 151.
13, 15, 115. 14, 19. 16, 152,
154, 169, 176, 198, 201, 202,
203, 207. 17, 88, 107, 108,
126, 144, 145, 146, 156, 175,
189, 190, 190, 190, 193, 195,
298, 299. 18, 4, 88, 90, 91,
94, 95, 102, 109, 113, 116, 117.
19, ‑57, 73, 87, 87, 94, 184,
185, 186. 20, 1, 88, 143, 183,
188, 188, 189, 192, 192, 200.
21, 30, 138. 22, 112, 193,
194. 23, 13, 13, 28, 28, 69, 69,
98, 122, 244. 24, 29, 101,
113, 182. 25, 23, 96, 188, 311,
315. 26, 28, 79, 80, 81, 84,
102, 115, 115, 124, 174, 266.
27, 20, 20, 20, 23, 23, 26,
27, 28, 102, 168. 28, 91, 163,
170, 177, 178, 181, 336. 29,
32, 40, 40, 41, 41, 47, 56, 58,
84, 86, 108, 113, 140, 150, 156,
176, 177, 179, 201, 215, 217,
230. 31, 41, 54, 105, 105,
‹105›, 113. 32, 10, 43, 46,
[77], 158, 185. 33, 26, 65,
110, 111, 111, 111, 125. 34, 72.
35, 65. 36, 58, 145. 37, 163.
ἀριστάω 34, 122.
ἀριστεία 26, 173. 28, 57. 30,
124. 32, 2, 38.
ἀριστεῖα, τά 21, 130. 25, 327.
26, 65, 160. 28, 132.
ἀριστερός 8, 101, 102. 10,
163.
ἀριστεύς 25, 304. 26, 274.
ἀριστεύω 9, 43. 29, 245.
ἀριστίνδην 16, 201. 18, 114.
21, 128. 22, 54, 272. 23, 83.
24, 260. 25, 221, 306. 26,

18, 113. 21, 217. 28, 146.
29, 20.
ἀρρενικός, ἀρσενικός 4, 8,
11. 6, 89, 89, 102, 103, 104.
10, 141. 28, 135, 248.
ἀρρενογονέω 9, 5. 16, 126,
206.
ἀρρενόομαι 24, 79. 30, 173.
32, 20. 38, 320.
ἀρρεπής 9, 50. 10, 23. 15,
30, 32. 20, 87, 153, 183. 22,
220, 227. 23, 170. 34, 29.
ἄρρηκτος 7, 103, 158. 11, 112.
12, 9. 13, 102. 15, 166. 16,
181. 17, 67. 19, 112. 20,
240. 36, 125.
ἄρρην, ἄρσην 1, 13, 13, 14,
76, 134, 161. 3, 13, 97, 97.
4, 3, 188, 202, 243. 5, 43, 54,
111, 111. 6, 103, 103, 106, 112,
112. 7, 28, 121, 170, 172, 172.
8, 10, 177. 9, 4, 5. 10, 111.
11, 73, 73, 139. 12, 158. 13,
33, 55, 164, 211, 212, 224.
16, 95, 140. 17, 61, 139, 164.
18, 131. 19, 51, 51, 51, 52,
204, 208. 20, 261. 21, 200.
22, 15, 184. 23, 101, 101,
102, 135. 25, 8, 13. 26, 60,
234, 235. 27, 54. 28, 138,
198, 200, 201, 212, 228, 228,
233, 240, 325, 331. 29, 33,
33, 34, 50, 56, 58, 125, 164.
30, 37, 37, 43, 178, 178. 32,
18. 34, 124. 35, 59. 39
(VIII 7, 1).
ἄρρητος 1, 126. 7, 102, 175,
176. 17, 170. 20, 14, 15, 15. 21,
67, 191. 23, 20. 30, 178.
34, 108.
ἀρρηφορέω 13, 129.
ἄρρυθμος 5, 105. 18, 16. 28,
343.
ἀρρώστημα 1, 150. 6, 48, 70,
121. 7, 43. 8, 46, 72, 74, 74.
10, 65, 67, 182. 14, 45. 15,
16. 17, 284. 18, 53. 21, 69.
25, 133. 28, 167, 253, 257.
29, 17. 30, 98. 31, 100.
32, 162.
ἀρρωστία 5, 68.
ἀρσενικός → ἀρρενικός
ἄρσις 17, 241.
ἀρτάω 1, 117. 4, 16. 5, 67,
104. 6, 13. 8, 26. 9, 39, 45.
12, 165. 15, 57. 16, 44.
17, 56, 97. 21, 45. 25, 184.
26, 121, 130. 28, 26. 34, 19.
Ἄρτεμις 27, 54.

ἀρτηρία 8, 104. 10, 84. 25, 84.
27, 32. 33, 144.
ἄρτι 2, 94. 4, 159. 5, 114. 7, 12.
8, 131, 152, 172. 11, 161. 12,
52, 99, 151, 161. 16, 150. 19,
146. 20, 172. 21, 9, 199.
23, 231. 24, 250. 25, 49,
215, 230, 251. 26, 222. 30,
119. 35, 52. 38, 23.
ἀρτίγονος 32, 130. 36, 67.
ἀρτιοπέριττος 1, 14, 136. 27,
20, 20. 29, 58.
ἄρτιος 1, 13, 13. 7, 7. 8, 32,
80. 9, 41. 10, 179. 12, 38,
125. 13, 135. 20, 70, 88, 182.
21, 131. 22, 163. 26, 84.
27, 20, 20, 164. 29, 58. 30,
106. 31, 167. 32, 98, 101.
36, 104. 37, 50. 38, 58, 351.
ἀρτίπους 20, 187.
ἄρτος 4, 81, 81, 142, 162, 169,
173, 173, 174, 176, 251, ‹251›.
6, 107, 107. 14, 8. 16, 157,
157. 17, 175, 226. 18, 161,
167, 168, 170. 19, 137, 138,
139, 185. 20, 259. 21, 36,
126. 22, 158. 26, 104. 27, 160.
28, 132, 172, 172, 173, 175, 185.
29, 20, 158, 161, 179, 182,
185, 186. 33, 99. 35, 37, 73,
81, 81, 81.
ἀρτύω 13, 219.
ἀρύω (A), ἀρύτω 1, 31. 8, 130.
12, 168. 19, 97, 202. 20, 165.
22, 190. 25, 81, 144, 182.
28, 262. 30, 58, 186. 31, 75,
81, 140. 32, 79, 125. 34, 57.
Ἀρφαξάτ 20, 189.
ἀρχάγγελος 15, 146. 17, 205.
21, 157.
ἀρχαιολογέω 6, 79. 23, 5.
26, 48. 28, 8.
ἀρχαιολογία 17, 279. 29, 146.
ἀρχαῖος 1, 21. 6, 78. 7, 63,
149. 8, 90, 98, 101, 110.
10, 138, 178. 12, 161. 13,
164. 16, 150. 17, 181, 278,
283. 18, 89. 20, 85, 171.
21, 205. 23, 19, 67, 81. 24,
262. 25, 3, 31, 93, 101, 164,
186, 241, 262. 27, 11. 28, 2,
102, 103. 29, 13, 35, 74, 78,
85, 115, 122, 160. 30, 30, 35.
31, 47, 149. 32, 67, 83, 84.
33, 147. 34, 15. 35, 80.
37, 153. 38, 135, 301, 305,
315. 39 (VIII 6, 1).
ἀρχαιότροπος 12, 158. 16,
201. 34, 82.

ἀρχέγονος 8, 63. 35, 2. 36, 57.
ἀρχέκακος 13, 12. 31, 85. 35,
70.
ἀρχέτυπος 1, 16, 25, [25], 69,
71, 78, 141. 2, 22, 43, 45.
3, 4. 4, 96, 102. 5, 11, 86, 97.
7, 78, 83, 87. 8, 105, 185.
10, 25, 32. 12, 20, 27, 50.
13, 133, 133. 15, 63, 108,
172. 16, 12, 12, 40. 17, 126,
225, 230, 280. 18, 8. 20, 135,
146, 183, 267. 21, 37, 75, 75,
115, 126, 173, [188], 206, 232.
22, 147. 23, 3. 24, 87. 26, 74.
27, 26, 101. 28, 171, 279,
327. 29, 152, 237. 30, 83,
207. 31, 55, 164. 32, 51, 70,
197. 33, 29, 163. 34, 62, 94.
35, 29. 36, 15. 38, 246, 365.
ἀρχή 1, 2, 3, 13, 26, 26, 26,
27, 44, 44, 44, 44, 45, 52, 54,
57, 62, 67, 79, 82, 82, 82, 82,
84, 91, 94, 97, 97, 98, 127, 141,
141, 148, 148, 151, 152, 170.
2, 5, 6, 6, 9, 19, 43, 63, 64, 65.
3, 15, 15, 107. 4, 8, 70, 78,
84, 89, 92, 113, 167, 185, 185,
187, 188, 188, 205, 253. 5, 5, 5,
7, 28, 29, 29, 36, 54, 107, 117.
6, 19, 35, 49, 59, 120. 7, 33,
44, 56, 64, 81, 88, 118, 122,
142, 145, 153, 154, 157. 8, 7,
65, 112, 113, 117, 127, 128,
129, 170, 174, 174, 181. 9, 14,
15, 47, 66. 10, 26, 28, 70.
11, 31, 47, 49, 56, 60, 85, 125,
125, 157, 158, 169, 173, ‹173›,
180, 181. 12, 53, 76, 77, 88,
90, 92, 93, 150. 13, 15, 42,
57, 75, 126. 14, 21, 23, 25,
40, 57, 69. 15, 42, 42, 55,
68, 106, 114, 144, 146, 153,
177, 187, 193. 16, 42, 56, 172,
186. 17, 62, 92, 114, 114, 116,
116, 116, 117, 120, 121, 121,
121, 122, 122, 125, 126, 163,
172, 190, 198, 209, 273, 281,
315. 18, 2, 2, 81, 89, 92, 120,
146. 19, 10, 12, 20, 26, 88,
107, 148, 171, 171, 172, 172,
178, 183, 186. 20, 15, 16, 17,
17, 20, 22, 36, 58, 65, 78,
79, 79, 79, 79, 88, 100, 102,
258. 21, 5, 142, 151, 162,
162, 187, 211, 211. 22, 29,
99, 123, 154, 217, 221, 241,
243, 243, 244, 284, 287, 289,
290. 23, 1, 5, 7, 19, 25, 37,
46, 46, 47, 60, 64, 91, 105,

112, 116, 134, 162, 164, 219, 242, 263. 24, 12, 37, 70, 85, 87, 92, 92, 98, 119, 131, 133, 137, 148, 159, 166, 173, 217, 225, 246. 25, 8, 22, 32, 46, 48, 60, 81, 96, 98, 138, 139, 148, 150, 163, 186, 226, 231, 251, 256, 300, 307, 311, 327, 328. 26, 1, 34, 27, 39, 49, 51, 60, 64, 80, 93, 181, 181, 181, 181, 220, 222, 241, 246, 246, 258, 285. 27, 5, 35, 51, 52, 53, 58, 89, 102, 117, 136, 142, 164. 28, 51, 55, [102], 172, 180, 182, 186, 188, 188, 198, 266, 300, 325. 29, 38, 40, 40, 56, 65, 110, 111, 119, 122, 125, 126, 133, 140, 140, 142, 142, 151, 152, 155, 156, 157, 157, 157, 177, 204, 210, 212, 231, 233. 30, 16, 29, 121, 184. 31, 12, 25, 89, 97, 100, 143, 147, 151, 157, 158, 160, 170, 176, 186, 209, 214, 231. 32, 22, 53, 54, 59, 61, 63, 70, 79, 81, 107, 179, 188, 202, 218. 33, 1, 7, 9, 23, 46, 63, 68, 69, 97, 98, 102, 105, 107, 118, 130. 34, 20, 42, 107, 117, 139. 35, 6, 17, 39, 63, 65. 36, 14, 19, 20, 42, 53, ‹59›, 59, 71, 73, 89, 98, 98, 99, 118, 143. 37, 2, 10, 11, 12, 18, 18, 20, 23, 45, 45, 91, 103, 105, 107, 117, 115, 138, 146. 38, 10, 15, 19, 23, 24, 28, 32, 34, 36, 68, 71, 76, 85, 87, 143, 144, 149, 190, 213, 232, 255, 279, 290, 293, 335, 347. 39 (VIII 7, 17).

ἀρχηγέτης 1, 79, 136, 142. 8, 42. 13, 42. 19, 73, 89. 20, 64, 88. 23, 9, 46, 276. 25, 7, 34, 242. 26, 65, 274. 27, 1. 29, 3, 217. 31, 123, 181. 32, 193, 199, 206. 33, 57, 60, 166. 34, 10. 35, 29. 38, 54.

ἀρχηγικός 26, 219.

ἀρχηγός 4, 175. 21, 89.

ἀρχιδεσμοφύλαξ 10, 111, 116. 13, 210.

ἀρχιερεύς 3, 56. 6, 130. 9, 52. 13, 85. 16, 102. 17, 82, 182, 303. 19, 87, 106, 106, 108, 115, 116, 118, 118. 21, 214, 215, 216, 219. 22, 183, 185, 189. 25, 301, 304. 26, 3, 6, 31, 66, 75, 109, 117, 133, 142, 146, 153, 176, 178, 187, 292. 28, 72, 84, 96, 97, 105, 107,

109, 110, 113, 113, 226, 228, 229, 230, 230, 244, 244, 268. 29, 164. 30, 123, 131, 134. 31, 69. 33, 78. 38, 278, 296, 307.

ἀρχιερωσύνη 19, 42. 25, 334. 26, 2, 275. 33, 53, 56. 38, 278.

ἀρχικός 23, 99, 124. 24, 189. 31, 147. 34, 159. 38, 53.

ἀρχιμάγειρος 4, 236, 236. 10, 111. 13, 210, 210, 210, 210, 216. 20, 173. 22, 16. 24, 27, 61, 104, 152, 154.

ἀρχιοινοχόος 13, 208, 210, 210, 216, 218. 22, 5, 16, 155, 158, 181, 195. 24, 88, 91, 99, 104, 152, 154, 156.

ἀρχιπροφήτης 20, 103, 125. 22, 189.

ἀρχισιτοποιός 13, 210, 210, 214, 216. 22, 5, 16, 155, 158. 24, 88, 93, 104, 152, 154, 156.

ἀρχιστράτηγος 18, 125.

ἀρχισωματοφύλαξ 38, 175.

ἀρχιτεκτονέω 21, 206.

ἀρχιτεκτονικός 1, 17, 20.

ἀρχιτέκτων 1, 24. 4, 95. 20, 30. 22, 8.

ἄρχω 1, 18, 31, 40, 57, 67, 68, 100, 100, 101, 117, 168. 2, 5, 6, 16, 18, 18, 26, 41, 72, 72. 3, 70, 72, 78, 78, 82, 96. 4, 73, 81, 84, 87, 88, 159, 163, 187, 191, 214, 222, 222, 223, 224, 228, 231, 244, 253. 5, 3, 7, 27, 27, 29, 31, 41, 50, 53, 83, 115, 115. 6, 9, 12, 16, 28, 31, 44, 66, 104. 7, 9, 12, 23, 25, 26, 82, 134, 141, 141, 159. 8, 16, 64, 98, 109, 128, 134, 138, 152, 172, 174. 9, 1, 45, 54, 65, 66. 10, 35, 110, 112, 170. 11, 1, 8, 20, 31, 33, 41, 47, 47, 48, 56, 58, 84, 86, 88, 95, 118, 125, 125, 134, 159, 160, 165, 177, 181. 12, 1, 3, 52, 55, 57, 76, 86, 87, 98, 140. 13, 3, 9, 11, 15, 98, 109, 131, 165, 221. 14, 1, 14, 22. 15, 1, 33, 54, 83, 108, 112, 152, 154, 155, 170, 173. 16, 8, 8, 13, 20, 76, 116, 149, 150, 169, 184, 190, 202. 17, 4, 30, 51, 102, 131, 134, 149, 163, 166, 189, 190, 195, 251, 256, 256, 258, 269, 271, 295. 18, 6, 109, 114. 19, 95, 95, 98. 20, 18, 23, 78, 80, 112, 128,

228. 21, 9, 124, 155, 155, 163, 182, 193, 194, 195, 240. 22, 2, 68, 91, 91, 119, 136, 136, 168, 198, 244, 290, 299. 23, 10, 10, 70, 84, 99, 121, 122, 182, 193, 211, 223, 226, 237, 272. 24, 2, 44, 63, 76, 79, 79, 269. 25, 5, 5, 71, 90, 98, 114, 115, 134, 142, 151, 153, 160, 165, 170, 176, 181, 187, 311, 324. 26, 1, 5, 28, 34, 47, 48, 69, 99, 100, 184, 214, 214, 226, 235, 260, 266, 266. 27, 13, 14, 53, 66, 97, 119, 121, 165, 167, 167. 28, 1, 12, 13, 13, 14, 33, 77, 121, 172, 194, 219, 226, 228, 229, 229, 233, 300, 307, 307. 29, 3, 48, 78, 133, 141, 142, 145, 166, 166, 181, 226, 227, 234, 241, 251. 30, 74, 85, 105, 126, 146, 183, 184. 31, 7, 8, 8, 21, 85, 96, 110, 116, 127, 152, 157, 157, 162, 163, 169, 169, 175, 184, 184, 184, 188, 193, 224. 32, 63, 64, 66, 72, 76, 132, 151, 217. 33, 21, 28, 37, 54, 89, 97, 123, 123, 129, 153, 164, 166, 171. 34, 19, 22, 30, 35, 47, 96, 115, 123, 152. 35, 9, 78. 36, 19, 62, 68, 110, 125, 149, 149. 37, 4, 9, 15, 17, 19, 33, 43, 50, 76, 80, 81, 104, 117, 123, 124, 125, 127, 147. 38, 5, 18, 20, 22, 48, 51, 57, 69, 70, 78, 87, 108, 119, 119, 140, 140, 180, 187, 222, 230, 256, 273, 313, 346, 364, 365. 39 (VIII 7, 3), (VIII 7, 5).

ἄρχων → ἄρχω

ἀρωγός 2, 45. 15, 171. 16, 57, 225.

ἄρωμα 2, 42. 21, 178. 22, 59.

ἀσάλευτος 21, 158. 26, 14, 124. 34, 28. 36, 116.

ἄσαρκος 9, 31. 13, 87. 19, 58. 24, 101.

ἀσάφεια 4, 123, 226, 226. 6, 85. 17, 63, 302, 302. 22, 102, 106. 24, 106, 131, 140, 143. 28, 64. 31, 190. 34, 16.

ἀσαφής 4, 127, 228. 16, 19. 18, 136. 27, 148. 38, 38.

ἄσβεστος 12, 4. 13, 134, 212, 223. 15, 61, 156. 17, 36, 276. 19, 81. 22, 67, 248. 23, 157. 24, 146. 27, 122. 28, 285, 285, 288. 29, 183, 215.

ἀσέβεια 2, 43. 5, 65. 6, 15, 22,

18. 5, 52, 107. 6, 12, 58, 76.
7, 21. 9, 35. 10, 79. 11, 43,
167. 12, 64. 13, 34, 70, 165.
14, 5. 16, 203. 17, 44, 44,
274. 18, 154. 19, 92. 22, 9.
23, 6, 13, 22, 30, 30, 65.
24, 11, 14. 26, 48, 58. 27,
109. 29, 19. 32, 179. 33, 12,
20, 54, 87, 100, 152. 34, 3,
142. 35, 1, 24, 58, 90. 37, 38.
38, 261.
ἀσπαίρω 38, 63.
ἄσπασμα 23, 212. 24, 256.
ἀσπασμός 24, 23.
ἀσπαστός 37, 162. 38, 103.
ἀσπίς 4, 115. 11, 151. 13, 222,
223. 22, 88, 89, 191. 25, 109.
27, 78. 34, 78. 37, 90. 38,
97, 133, 163, 166, 299, 300,
305, 306.
ἀσπονδεί 27, 87. 33, 92.
ἄσπονδος 1, 164. 6, 17, 32.
7, 72, 149, 165. 9, 35. 13, 97.
15, 45. 17, 44, 245. 19, 114.
21, 106. 22, 98, 166, 210.
24, 263. 25, 242. 29, 134.
30, 96, 155, 195. 31, 16, 23.
32, 131. 33, 87. 35, 41. 37,
13, 59, 126. 38, 180, 292.
Ἀσσύριος 2, 63, 69, 69, 85,
86. 25, 23.
ἀστάθμητος 25, 31, 41. 38, 1.
ἀστασίαστος 23, 28, 216, 226.
31, 166. 37, 145. 38, 8. 39
(VIII 6, 2).
ἄστατος 4, 53. 6, 32, 90. 7,
12, 148. 8, 22. 9, 15. 10, 4.
13, 180, 181. 15, 114. 20,
91. 21, 156, 202. 28, 26.
29, 71. 31, 156.
ἄσταχυς 6, 80. 17, 296. 27,
160. 29, 41. 31, 29. 32, 49.
ἄστεγος 19, 189, 191, 191, 191,
191.
ἀστείζομαι 25, 266.
ἀστεῖος 2, 93. 4, 23, 53, 67, 77,
77, 89, 167, 190, 191. 5, 105.
7, 4, 52, 66, 68, 71, 72, 75,
112, 140, 170. 8, 32, 81, 101,
160. 9, 27. 10, 107, 154. 12,
114, 131, 139, 172, 172, ‹176›
176. 15, 73, 106, 109. 16, 24,
99, 118, 130, 142. 17, 19, 42,
50, 78, 243, 259, 276, 292. 18,
4, 131, 132. 19, 18, 55, 154.
20, 45, 147, 168, 175, 180, 193,
193, 204, 252. 21, 171, 176,
200. 22, 24, 26, 81, 134, 227,
230, 244. 23, 22, 52, 83, 85,

90, 99, 103, 118, 214, 225,
242, 274. 25, 9, 18, 48. 26,
33. 28, 275, 277, 284. 29, 30.
32, 167. 34, 1, 18, 21, 27, 28,
30, 53, 59, 61, 72. 35, 69, 72.
ἀστεϊσμός 35, 59.
ἀστέον 38, 204.
ἀστεροειδής 1, 82. 17, 87,
88. 21, 84.
ἀστεφάνωτος 8, 78. 20, 81.
33, 6. 34, 26.
ἀστήρ 1, 31, 31, 45, 54, 55, 56,
57, 59, 61, 73, 114, 114, 115,
144, 147. 3, 30. 4, 39, 40, 99,
203. 5, 22, 24. 6, 97. 8, 19,
19. 9, 7. 10, 107. 11, 51.
12, 12, 118, 151. 13, 44, 106.
16, 179, 181, 184, 194. 17,
86, 88, 97, 280, 283. 18, 51,
133. 20, 67, 72. 21, 22, 53,
83, 135, 145. 22, 6, 111, 113,
114, 131, 132. 23, 69, 77, 157,
158. 24, 8, 9. 25, 120, 176,
212. 26, 44, 102, 122, 239,
271. 27, 49, 53, 55. 28, 13, 13,
15, 16, 39, 66, 90, 91, 207, 210,
296, 300, 322, 339. 29, 5, 45,
151, 155, 255. 30, 187. 31,
155. 32, 12, 74, 212. 33, 41.
35, 5. 36, 4, 46, 47. 37, 169.
ἀστοιχείωτος 12, 52.
ἀστός, ἀστή 3, 97, 97. 6, 26.
16, 99. 18, 6, 22, 23, 23, 24,
24, 25, 31, 32, 34, 36, 41, 43,
43, 51, 59, 59, 63, 75, 76, 77.
19, 76, 154, 212. 20, 147.
24, 47. 25, 35. 30, 66, 80,
136, 171. 31, 142. 32, 82,
173. 34, 158.
ἀστραπή 23, 43. 25, 118. 27,
44.
ἀστράπτω 31, 52. 36, 86.
ἀστρατεία 31, 223. 32, 23.
ἀστράτευτος 5, 32. 11, 150,
156.
ἀστρολογικός 23, 82.
ἄστρον 1, 29, 53. 2, 8, 8. 4,
202. 17, 86. 19, 184. 21,
137, 214. 24, 78. 33, 45, 45.
34, 25, 99. 36, 4, 121.
ἀστρονομέω 18, 50. 21, 53,
54.
ἀστρονομία 2, 57. 16, 178.
17, 98. 18, 11, 49. 21, 161.
23, 69, 77.
ἀστρονομικός 32, 212.
ἄστυ 15, 106. 17, 127. 25, 312.
30, 74, 78, 170. 31, 20, 237.
35, 24. 37, 185.

ἀστυγείτων 25, 239, 263.
ἀστυνόμος 30, 74. 31, 21.
ἀσυγκατάθετος 3, 65. 10,
100.
ἀσύγκριτος 7, 29. 9, 41. 10,
56. 13, 43. 19, 141. 20, 3.
22, 227.
ἀσύγχυτος 1, 28. 15, 195. 31,
106, 132. 32, 52.
ἀσυλία 26, 236. 27, 177. 28,
159, 255. 30, 88, 88. 32, 124.
34, 148, 149. 38, 346.
ἄσυλος 9, 16. 14, 66. 17, 108.
25, 34. 33, 90. 34, 151.
ἀσύμβατος 6, 32. 7, 166. 23,
14, 105. 24, 156. 25, 242.
28, 295, 313. 29, 16. 30, 16.
31, 28, 32, 89, 178, 184, 202.
32, 40, 108, 191. 33, 137.
37, 19. 38, 205.
ἀσύμμετρος 6, 32.
ἀσύμπλοκος 23, 122.
ἀσύμφορος 20, 197. 24, 143.
ἀσυμφωνία 1, 22.
ἀσύμφωνος 6, 32. 13, 116,
180, 198. 15, 67, 150. 18, 16.
22, 284. 24, 145, 269. 29,
130. 36, 75.
ἀσύνδετος 17, 198.
ἀσυνήθης 1, 161. 6, 1. 37, 89.
ἀσύντακτος 25, 250. 37, 35,
135, 172.
ἀσύστατος 4, 252.
ἀσφαγής 30, 144.
ἀσφάλεια 1, 142. 4, 164. 5,
126. 7, 36, 37, 42. 11, 149,
167. 12, 92, 146. 15, 103.
17, 125. 19, 30, 80, 20, 111.
24, 63, 251. 25, 36. 26, 58.
27, 178. 28, 75, 159. 29, 52.
30, 128, 130, 132, 166. 31,
21, 58, 166. 32, 24, 152. 34,
151. 35, 22, 23. 37, 41, 53.
38, 42, 128, 195, 207.
ἀσφαλής 5, 103. 7, 33. 9, 46.
11, 93, 162, 168. 12, 70. 13,
185, 205. 15, 104, 106, 106.
16, 217, 224. 17, 314. 18,
141. 19, 6, 136, 206. 20, 242.
21, 124, 158, 181. 22, 92, 127.
23, 269. 24, 255. 25, 15,
47, 85, 178, 333. 26, 247. 28,
69, 154. 30, 166. 31, 50, 159.
33, 58, 147, 153. 36, 17, 74.
37, 31, 52, 115, 177. 38, 124,
247, 361.
ἀσφαλτόπισσα 15, 106.
ἄσφαλτος 15, 1, 102, 102, 104,
104, 105.

ἀσχαλάω 37, 29.
ἀσχάλλω → ἀσχαλάω
ἄσχετος 25, 198.
ἀσχημάτιστος 17, 181. 19, 8.
22, 45. 28, 48.
ἀσχημονέω 5, 94. 7, 130. 21,
99.
ἀσχημοσύνη 3, 27, 66. 4, 158,
158. 9, 32, 35, 39. 19, 193.
21, 92, 101, 109.
ἀσχήμων 27, 169.
ἄσχιστος 17, 232.
ἀσώματος 1, 16, 18, 29, 29, 29,
34, 34, 36, 36, 49, 49, 53, 55,
92, 92, 98, 111, 129, 130, 134,
144. 2, 1, 82, 91. 3, 59, 80.
4, 186, 206. 5, 49, 49, 60, 114.
6, 5, 59, 69. 7, 159. 8, 20, 99,
137. 9, 14, 31, 61. 10, 55, 83.
11, 139, 140. 12, 14. 13, 87,
99, 124, 133, 134, 136. 15, 61,
62, 81, 105, 106, 172, 174, 176.
16, 13, 90, 103. 17, 63, 66,
131, 132, 209. 19, 58, 164.
20, 7, 33, 56, 59, 267. 21, 30,
36, 62, 79, 113, 115, 127, 131,
135, 187, 232. 22, 72, 73. 23,
13, 118, 236. 25, 158. 26, 74,
127, 271. 27, 102. 28, 66,
288, 302, 327, 329. 29, 176,
212. 30, 190. 32, 12. 33, 26,
30, 37.
ἀσωματότης 2, 3. 3, 57.
ἀσωτία 14, 40. 33, 52.
ἄσωτος 12, 101. 13, 131. 19,
28. 22, 148. 31, 91. 35, 47.
ἄτακτος 1, 22, 97. 6, 32, 45,
85. 7, 141. 11, 74. 12, 3.
23, 151. 28, 48. 33, 20. 36,
75. 38, 344.
ἀταλαίπωρος 1, 2, 79. 5, 12.
18, 37, 173. 20, 258. 26, 267.
28, 132. 32, 29.
ἀταμίευτος 1, 23. 25, 204.
26, 9, 259. 28, 221. 29, 22,
199. 33, 103. 38, 51, 147,
163.
ἀταξία 1, 28. 6, 82. 12, 3.
13, 144. 19, 10. 21, 241.
22, 152. 23, 151. 24, 143,
145. 27, 155. 28, 329. 31,
187, 210, 210, 235. 33, 76.
36, 31, 32, 40, 40, 106. 38,
94, 147.
ἄταφος 22, 269. 24, 25. 25,
39.
ἄτε 1, 16, 36, 81, 84, 88, 127,
141, 142, 144, 159, 169. 2, 18,
23, 27, 31, 44. 4, 1, 72, 108,

124, 149. 5, 44, 49, 49, 88, 89.
6, 10, 34, 48, 64, 70, 71, 104.
7, 37, 55, 89, 93, 106, 114,
146, 172, 172. 8, 7, 7, 10, 11,
23, 67, 75, 96, 101, 157, 173,
184. 10, 31, 40, 56, 76, 82.
11, 149. 13, 124, 170, 215,
223. 14, 56, 60. 15, 106, 108.
16, 14, 140, 184, 206. 17,
100, 301. 18, 50, 138, 145.
19, 6, 12, 13, 66, 66, 101,
115, 187, 191. 20, 88, 128,
219, 246, 266. 21, 213. 22,
3, 10, 81, 97, 97, 152, 230.
23, 20, 95, 127, 137, 155, 162,
231. 24, 4, 53, 145, 146, 191,
205, 217. 25, 38, 89, 95, 100,
137, 169, 250, 286, 299, 318.
26, 34, 159, 163, 231. 27,
99, 177. 28, 53, 106, 127, 152,
269. 29, 5, 91, 109, 118, 247.
30, 36, 78, 79, 85, 102, 121,
130, 189, 202. 31, 20, 25,
123, 179, 188. 32, 39. 33,
76, 93. 34, 30, 43, 61, 146.
36, 26, 30, 59, 76, 102, 116,
148. 37, 119, 176. 38, 133.
39 (VIII 7, 19).
ἀτείχιστος 19, 189, 190. 25,
330.
ἀτέκμαρτος 2, 20. 5, 33. 17,
179. 21, 11, 54. 22, 105, 145,
212. 31, 18, 201. 32, 122.
ἀτεχνία 7, 51.
ἄτεχνος 17, 2, 34, 36. 39
(VIII 11, 13).
ἀτέλεστος 21, 164, 191.
ἀτελεύτητος 1, 23. 13, 52.
19, 61. 21, 12, 24. 22, 44,
133. 31, 122. 32, 37. 33, 70.
36, 53, 75, 116. 37, 71, 167,
180. 38, 100.
ἀτελής 1, 42, 63. 2, 80.
3, 97. 4, 47, 135, 135, 207,
213, 249. 5, 94. 6, 29, 43,
57, 65, 113, 114, 129. 7, 46.
8, 85, 95, 171. 9, 45. 10, 93.
11, 54, 140, 141, 145, 160,
169. 14, 12, 24. 15, 158. 16,
55, 73. 17, 19, 116, 242, 269,
275. 18, 48, 137, 148. 19,
13, 141, 162, 207. 20, 122,
122, 230. 21, 213. 22, 213.
23, 135. 28, 11, 200. 29,
158, 158, 158. 30, 11, 32, 34,
85. 31, 32, 158. 32, 29, 156,
156, 184, 209. 33, 56, 110,
127, 142, 149, 166. 36, 43,
48, 49, 71, 99. 39 (VIII 11, 3).

ἀτενής 27, 147.
ἀτέραμνος 28, 218.
ἀτερπής 14, 23. 38, 168.
ἀτεχνής 35, 1.
ἀτεχνία 17, 210. 19, 27. 21,
225.
ἄτεχνος 4, 36. 7, 18, 109, 143.
8, 109. 9, 2. 12, 141, 173.
31, 40. 34, 51.
ἀτημέλητος 8, 68.
ἀτίθασος 1, 83. 2, 69. 3, 11,
92. 4, 17, 156. 5, 111. 6, 20,
62, 105, 105. 8, 160. 9, 35.
11, 154. 12, 43. 15, 24, 110,
165. 16, 210. 17, 138. 22,
192. 23, 32. 24, 25, 36, 82.
25, 43, 109. 27, 78. 28, 295.
29, 9. 30, 103, 145, 158. 31,
16, 119, 225. 32, 132. 33,
59, 88. 34, 89. 35, 9, 40.
38, 22, 131.
ἀτιμάζω 13, 17. 18, 128, 139.
26, 9, 19, 58. 27, 119.
ἀτιμία 10, 111, 171. 11, 61.
15, 18. 19, 30. 22, 43. 24,
123. 25, 273. 27, 126. 29,
248, 253. 30, 168, 181. 32,
166. 34, 7, 55. 35, 42. 37,
77, 79, 152, 172. 38, 110, 301.
ἄτιμος 5, 93. 7, 34. 10, 150.
17, 26, 172. 22, 148. 26,
241. 27, 6. 32, 174, 195. 34,
156. 35, 7. 36, 46. 38, 119.
ἀτιμόω 29, 132, 253. 37, 144,
172.
ἀτιμώρητος 25, 308.
Ἀτλαντικός 13, 133.
Ἀτλαντίς 36, 141.
ἄτμητος 9, 27. 11, 30. 17,
232, 233, 234, 234, 236, 237.
28, 274, 287. 32, 90.
ἀτμίς 17, 251. 28, 72.
ἀτμός 1, 62, 139, 165. 3, 7, 39.
4, 44, 56, 58, 173, 235. 5, 57.
6, 31, 98. 7, 157, 173. 12,
159. 15, 52. 16, 50, 51, 51.
17, 226. 20, 111. 21, 27.
23, 148, 239. 24, 142.
ἀτοκέω 17, 36, 51.
ἀτόκιος 39 (VIII 7, 7).
ἀτολμία 25, 234. 32, 5, 180.
ἄτολμος 31, 140. 32, 25.
ἄτομος 2, 1, 22. 11, 134. 17,
131, 142. 19, 148. 20, 180.
36, 8.
ἀτοπία 2, 36. 5, 91. 6, 95.
11, 145. 36, 145.
ἄτοπος 1, 56. 3, 61. 4, 53, 53,
205, 234. 5, 91. 6, 5. 8, 87.

11, 130, 151. 15, 7. 16, 12, 17, 25, 217. 20, 132, 240. 21, 95, 137. 22, 32. 23, 208. 25, 308. 27, 29, 76. 28, 125, 127, 191, 329. 29, 38. 30, 90. 31, 34, 55, 195. 32, 64, 143, 150. 34, 121, 135. 36, 22, 53, 78, 84, 99. 37, 39, 184. 38, 44, 125. 39 (VIII 6, 4).
ἀτραγῴδητος 24, 249.
ἀτραπός 8, 18, 102, 155. 9, 64. 10, 143. 16, 128, 129, 146. 22, 134. 25, 50, 165, 179. 26, 254. 29, 202. 31, 102, 109, 154. 34, 3.
ἀτρεμίζω 27, 35. 29, 103.
ἄτρεπτος 2, 51, 51. 3, 32, 33, 54, 67, 89. 4, 94, 125. 5, 19, 19, 52, 90. 6, 101. 8, 27, 27, 28. 10, 22. 13, 88. 15, 96, 106. 20, 24, 28, 54, 87, 135, 175. 21, 232, 249. 22, 221, 228, 237. 23, 63. 25, 45. 27, 43, 95. 28, 312. 29, 230. 33, 15. 36, 59.
ἀτριβής 10, 144. 17, 287. 22, 180. 25, 167, 170. 26, 247. 28, 188, 301. 29, 199, 250. 31, 126. 38, 216.
ἄτριβος 11, 160.
ἄτριπτος 3, 98. 11, 104.
ἀτροφέω 36, 88, 127.
ἄτροφος 3, 105.
ἄτρυτος 1, 80, 167. 7, 19, 46. 13, 21. 15, 92. 19, 173. 29, 60, 260. 33, 27, 128, 156. 38, 90.
ἄτρωτος 13, 177. 20, 109. 22, 144. 32, 44. 34, 40.
ἄττα 5, 36. 15, 91. 16, 14. 17, 235. 18, 176. 22, 83. 25, 281. 34, 47. 39 (VIII 11, 7).
→ auch ὅστις
ἄττα 5, 68. 15, 185. 18, 144. 19, 34. 31, 198. 35, 7, 40. 36, 122.
ἀττακός 3, 105.
Ἀττικός 8, 94. 37, 156, 173. 38, 281.
ἄττω → ἀίσσω
ἀτύπωτος 6, 85. 17, 180, 299. 22, 45.
ἀτυφία 5, 42. 13, 124. 18, 138. 19, 25, 35. 22, 40, 63, 140. 23, 24, 104. 26, 96. 27, 162. 28, 309. 32, 16, 17, 178, 195. 33, 59. 35, 39, 39.

ἄτυφος 22, 64. 29, 235. 34, 84.
ἀτυχέω 1, 167. 4, 47. 7, 114. 8, 21. 16, 134, 155. 17, 112. 27, 69. 30, 27. 31, 200. 37, 183. 38, 190.
ἀτύχημα 24, 99. 26, 227. 28, 81. 29, 208. 30, 70. 31, 24, 72, 76.
ἀτυχής 26, 241. 29, 87. 30, 16, 57. 31, 76. 35, 19. 37, 159.
ἀτυχία 18, 13. 24, 72, 205, 247. 27, 71. 28, 103. 29, 76, 78, 85. 33, 129. 38, 197, 342.
αὖ 1, 73, 88, 91, 99, 103, 113, 119, 124, 139, 156. 2, 4, 7, 12. 3, 8. 4, 99, 113. 6, 59. 7, 9, 105, 117, 125. 8, 3, 41, 108, 109, 116, 126, 141, 145, 155. 9, 18, 27. 10, 37, 49, 164. 11, 11, 14, 27, 51, 51, 63, 112, 129. 12, 2, 45, 121, 133. 13, 75, 91, 142, 173, 180, 183, 185, 185, 194. 14, 24, 24, 36, 36. 15, 89, 176, 194. 16, 148. 17, 114, 135, 140, 152, 153, 177, 184, 190, 191, 247. 18, 84. 19, 82, 111, 161, 182. 20, 63, 78, 147, 157, 173, 221. 21, 205. 23, 21, 75, 121, 147. 24, 12, 60. 25, 3, 150, 248. 26, 47, 264. 27, 23. 28, 184, 281, 331. 30, 26. 31, 147, 237. 32, 9, 19, 126, 214. 33, 44. 36, 36, 42, 98. 38, 261. 39 (VIII 7, 3).
αὐαίνω 31, 209.
αὐγάζω 13, 189. 15, 140. 16, 189. 19, 136. 20, 199. 22, 1, 133. 24, 68. 26, 139. 30, 100. 31, 60.
αὐγή 1, 31, 71. 5, 97. 10, 3, 29, 46, 135. 12, 40. 13, 44, 173. 17, 87, 88, 263, 308, 310. 18, 8, 47. 20, 6, 162, 162. 21, 84, 112, 116, 117, 202, 239. 22, 67. 23, 70, 76, 119, 157, 158. 25, 68, 145. 26, 148, 254, 271. 28, 40, 297. 29, 210. 31, 192, 236. 32, 221. 33, 25, 37. 34, 5. 36, 86, 86, 86, 88, 88, 88, 90, 90, 92, 92, 92, 92.
αὐγοειδής 1, 30. 8, 159. 10, 79. 17, 222. 19, 110. 21, 217. 25, 66. 27, 44. 28, 54. 32, 164, 179, 188. 36, 2.

αὐδάω 34, 143.
αὐθάδεια 3, 99. 7, 44. 8, 52. 11, 47, 163. 17, 21. 23, 213. 24, 66, 73, 174. 25, 139. 31, 9. 34, 54.
αὐθάδης 4, 231. 6, 32. 7, 23. 17, 21. 22, 80. 28, 304, 306. 32, 89. 37, 35. 38, 301.
αὐθαίρετος 34, 118.
αὐθέκαστος 24, 65. 37, 15.
αὐθέντης 7, 78.
αὐθημερόν 32, 88.
αὐθιγενής 5, 50. 18, 22. 21, 160. 23, 42, 159. 25, 6, 192, 212. 26, 54. 28, 34, 210. 29, 172. 32, 6. 33, 41. 36, 147. 38, 200, 214.
αὖθις 1, 46, 47, 67, 154, 170. 4, 22, 88, 92, 102, 164. 5, 3, 4, 49, 50. 6, 11. 7, 11, 64, 75, 81, 106, 118, 138, 147, 163. 8, 10, 40, 75, 117, 154. 10, 30, 86, 90, 103, 183. 11, 59, 76, 132, 181. 12, 50, 141. 13, 48, 48, 50. 15, 10, 76, 124, 158. 16, 44, 84, 150, 176. 17, 123, 226, 260. 18, 14, 84. 19, 99, 181. 20, 83, 166. 21, 139. 22, 271, 283. 23, 49, 56, 71, 140. 24, 127. 25, 42, 58, 150, 162, 167, 181, 332. 26, 27, 60, 62, 152, 229, 288. 27, 98. 28, 154, 217, 262, 292. 29, 115, 122, 133, 229. 30, 31, 106, 154, 175. 31, 173, 223. 32, 22, 86, 138, 197. 34, 15, 73, 160. 35, 63. 36, 71, 100, 138, 147. 37, 24, 58, 82, 138. 38, 144, 326, 329. 39 (VIII 7, 15), (VIII 7, 17).
αὐλαία 18, 116, 117. 26, 84, 85, 86, 87.
αὖλαξ 1, 85, 115. 14, 36. 25, 201. 27, 77. 29, 172. 32, 145.
αὔλειος 4, 40. 18, 10. 30, 169. 35, 30. 37, 89, 166.
αὐλέω 34. 18, 46. 34, 144. 36, 122.
αὐλή 4, 40. 12, 44. 18, 116. 19, 41. 20, 190. 26, 80, 82, 90, 91, 91, 93. 38, 12.
αὐλητής 18, 46. 34, 144. 37, 85.
αὐλητρίς 35, 58.
αὖλος 2, 82, 82, 88. 3, 80.
αὐλός 1, 119. 3, 75. 4, 221. 6, 18. 8, 105. 14, 36. 25, 99. 28, 217. 29, 193, 246.
αὐλών 4, 40.

Αὐνάν 8, 180. 10, 16, 18. 16, 164, 165.
αὐξάνω, αὔξω 1, 101, 113. 4, 214, 227. 6, 55. 7, 105. 8, 125. 10, 37. 11, 158. 12, 114. 14, 12. 19, 30. 20, 23, 192, 229, 263. 22, 76. 23, 71, 137. 24, 102. 25, 8, 63, 150. 26, 270. 28, 178. 29, 57, 143, 217. 30, 74. 31, 215. 32, 158. 33, 131. 36, 48, 58, 72. 38, 321.
αὔξησις 1, 41, 59, 101, 103, 105. 2, 10. 4, 172. 6, 73, 98. 7, 14. 9, 30. 13, 53. 14, 15. 15, 196. 16, 53. 18, 96. 19, 176. 20, 67. 26, 277. 28, 178. 29, 125, 143, 154. 30, 58, 188. 32, 156. 36, 43, 58, 60, 60, 98, 101.
αὐξητικός 10, 37. 17, 137.
αὔξω → αὐξάνω
ἄυπνος 19, 41. 24, 103.
αὔρα 1, 41. 2, 42, 42. 4, 89. 6, 31. 9, 10. 10, 26, 177. 11, 62. 13, 58. 18, 114. 20, 181, 215. 21, 49, 51, 178. 22, 74. 23, 116. 25, 30. 29, 143, 172. 30, 5. 32, 93. 34, 8. 35, 23. 36, 64. 37, 11. 38, 126.
αὔριον 6, 69, 70.
αὐστηρός 5, 6. 7, 6, 157. 8, 72, 101. 10, 170. 12, 167. 13, 149. 14, 23. 17, 48. 19, 3, 25, 33, 41. 24, 65, 204. 25, 161. 26, 23, 185. 28, 71, 74, 155. 29, 19, 159, 160. 31, 124, 179. 33, 35. 38, 167.
αὔτανδρος 26, 281.
αὐτάρ 15, 4. 36, 17.
αὐτάρκης 1, 146. 4, 163, 165, 198. 5, 46. 8, 49. 10, 183. 12, 33, 128, 136. 13, 58. 19, 29, 165. 20, 8, 172. 21, 117. 22, 47, 50, 56. 23, 30, 155. 24, 111, 194. 25, 204, 205. 26, 119. 27, 29, 31, 81, 100. 28, 277. 29, 84, 120, 178, 234. 31, 122, 230. 32, 9. 34, 47. 36, 38, 74. 37, 90, 99.
αὐτεξούσιος 4, 73. 5, 88. 8, 115. 12, 46. 13, 43. 17, 85, 301. 24, 148. 28, 14. 29, 81. 32, 209. 34, 57. 38, 183.
αὐτεπάγγελτος 26, 252.
αὐτήκοος 12, 168. 13, 94. 14,

65. 21, 160, 168. 23, 6. 33, 27. 38, 245.
αὐτίκα 1, 42, 51, 64, 93, 95, 112, 117, 165. 2, 54. 4, 186. 5, 13. 7, 152. 11, 27, 29, 158. 12, 28. 13, 190. 17, 50. 18, 25, 90. 19, 4, 126. 20, 19, 179. 21, 6, 44, 216. 22, 157, 215, 223. 23, 21, 90, 147. 25, 48, 77, 91, 126, 258, 261, 277, 331. 26, 171, 191, 203. 28, 114, 160, 262. 30, 129, 145. 32, 23, 135, 148, 151, 199. 33, 57, 61. 34, 40. 35, 1. 36, 58, 68, 78, 88, 91, 127, 143. 37, 75. 38, 130, 305, 329. 39 (VIII 11, 10).
αὐτοβοεί 23, 180, 229. 25, 169, 233, 243. 26, 274. 32, 43. 34, 132.
αὐτογενής 20, 260.
αὐτοδίδακτος 1, 148. 6, 79. 8, 78. 12, 110. 15, 81. 16, 29, 140, 167. 17, 65. 18, 36, 99. 19, 166. 20, 88. 21, 160. 22, 10. 27, 117. 29, 240. 33, 27, 59.
αὐτοκέλευστος 6, 130. 7, 11, 120. 10, 47. 11, 147. 15, 59. 20, 104, 108, 270. 21, 111. 22, 267. 24, 240. 25, 21, 50, 63. 26, 137. 28, 57, 79, 144. 29, 146, 239. 30, 75, 127. 31, 9, 75, 193. 34, 22. 38, 245.
αὐτοκίνητος 1, 149.
αὐτοκρατής 1, 17, 46. 27, 58. 28, 19. 29, 1, 24. 32, 218. 34, 19. 36, 112. 38, 26, 54, 143, 190.
αὐτοκρατορικός 38, 157, 166, 328.
αὐτοκράτωρ 4, 198. 12, 90. 14, 69. 15, 125, 125, 175, 181. 16, 186. 17, 85, 301. 18, 49, 49, 116. 19, 111. 23, 78. 28, 13. 37, 9, 15, 83, 97, 105, 150. 38, 11, 28, 29, 30, 53, 56, 69, 73, 119, 121, 133, 136, 140, 142, 160, 175, 236, 255, 277, 288, 289, 298, 300, 301, 305, 309, 316, 322, 322, 324, 325, 352, 361, 368.
αὐτολεξεί 38, 353.
Αὐτόλυκος 35, 57.
αὐτομαθής 1, 148. 2, 92. 4, 135. 6, 6, 78. 7, 30. 8, 78. 10, 4. 12, 168. 13, 60, 94. 14, 65. 15, 74. 16, 29, 101,

140. 17, 295. 18, 36, 36, 99, 111. 19, 43, 166, 168, 168, 170. 20, 1, 88, 137, 255, 263. 21, 68, 160, 168, 194. 22, 10. 23, 6, 16. 24, 1. 29, 240. 33, 27, 36, 59. 38, 245.
αὐτοματίζω 16, 32.
αὐτόματος 1, 81, 167. 19, 170, 170, 170, 170, 171, 172, 199. 20, 260. 30, 92. 39 (VIII 7, 19).
αὐτομολέω 7, 173. 8, 172. 9, 43, 65, 66. 13, 58. 22, 253. 24, 177. 28, 52. 32, 181, 221. 33, 16, 152. 36, 76.
αὐτομόλησις 9, 66.
αὐτομολία 9, 66. 23, 232. 25, 305.
αὐτόμολος 3, 10. 9, 67.
αὐτόνομος 22, 100, 293. 24, 136, 242. 34, 91.
αὐτοπραγία 24, 66. 34, 21.
αὐτόπρεμνος 11, 7. 12, 24. 20, 224.
αὐτοπρόσωπος 4, 177. 27, 19, 39, 175.
αὐτός passim.
αὐτοστατέω 22, 228.
αὐτοσχεδιάζω 37, 101.
αὐτοσχέδιος 22, 50. 35, 38. 38, 201, 246.
αὐτοτελής 18, 149. 20, 260.
αὐτοῦ 9, 54. 10, 23. 15, 31. 20, 178. 22, 227.
αὐτουργέω 25, 130. 29, 67.
αὐτουργία 24, 34. 27, 159. 29, 67. 34, 142.
αὐτουργός 12, 168. 20, 259. 22, 202. 28, 14. 34, 32.
αὐτόφωρος 30, 52. 31, 7.
αὐτόχειρ 13, 66. 25, 10, 303, 308. 30, 96, 114. 32, 132.
αὐτοχειρία 26, 197. 30, 85, 91. 31, 7, 10, 160. 38, 30, 61.
αὐτόχθων 5, 120. 6, 44. 15, 12, 79. 18, 22. 19, 76. 21, 160. 23, 209, 252. 25, 8, 35. 26, 58. 28, 52, 124. 29, 170. 32, 104, 108.
αὐχενίζω 21, 222. 22, 134. 31, 114, 217.
αὐχέω 4, 12, 42. 5, 63. 6, 49. 10, 146, 148, 168. 11, 60, 63. 16, 20. 17, 214. 18, 127. 22, 30, 202. 25, 272. 28, 10, 150. 31, 74. 32, 187. 33, 94.
αὔχημα 4, 193. 5, 63, 107. 6, 49, 62. 15, 131. 18, 134. 20,

26. 21, 228. 28, 311. 30, 37. 32, 197. 33, 94.
αὐχήν 5, 81. 6, 21. 8, 3. 9, 31. 11, 70, 75. 12, 16, 16, 145. 13, 131, 173. 19, 107. 20, 160. 22, 78, 83, 213. 23, 164. 24, 256. 25, 228. 26, 35, 240, 252. 27, 4. 30, 160, 184. 32, 173. 34, 155. 35, 45, 53. 37, 160. 38, 30.
αὐχμηρός 19, 33. 28, 134. 33, 35, 121, 161. 38, 83.
αὐχμός 23, 91, 179. 25, 265. 28, 92, 184. 29, 191. 32, 49.
αὐχμώδης 29, 153.
ἀφαγνίζω 22, 25. 30, 205.
ἀφαίρεμα 4, 133, 136. 6, 107, 107, 107.
ἀφαίρεσις 1, 167. 3, 60, 60. 4, 113. 5, 118. 6, 1, 8, 98. 9, 25. 17, 149, 187. 19, 128. 25, 46. 31, ‹143›, 144, 146, 147, 158. 36, 113, 113. 37, 151. 38, 28, 87.
ἀφαιρετέον 6, 109.
ἀφαιρέω 3, 35, 69, 78. 4, 32, 112, 129, 130, 130, 131, 136, 147, 147, 183. 5, 58, 69, 74. 6, 1, 5, 89, 97, 98, 101, 107, 107, 107, 107, 111, 115. 7, 105, 158, 158. 9, 24, 43, 43. 10, 173. 15, 195. 16, 67, 105. 17, 49, 91, 120. 19, 15, 16, 16, 19, 55. 20, 32, 56, 192. 21, 98, 105, 114, 137. 22, 162. 23, 8. 24, 52, 58. 25, 8, 55, 55, 137, 181, 293. 26, 34, 244. 28, 115, 132, 132, 254, 310, 328. 29, 24, 87, 139. 30, 56, 197, 204. 31, 101, 143, 146, 147, 159, 178. 32, 30, 65. 33, 33, 99, 172. 34, 36, 55, 57, 117. 35, 60. 36, 42, 50, 51, 51, 86, 114, 114, 125. 37, 5, 29, 49, 77, 94, 103, 122, 171. 38, 157, 232, 276, 326, 347. 39 (VIII 6, 7).
ἀφάνεια 17, 157.
ἀφανής 1, 39, 43. 3, 30. 4, 3. 5, 16, 96, 128. 7, 23. 8, 50, 59. 10, 39. 12, 20, 79, 128. 13, 65, 193. 14, 41. 15, 196. 16, 35, 89, 105, 147, 186, 214. 19, 160. 20, 222, 232. 21, 6, 7, 68, 119, 203, 222, 224. 22, 43, 120, 214, 252. 24, . 131, 248. 25, 30, 32, 49, 56, 109, 114, 127, 134, 160, 166, 173, 177, 211, 280. 26, 76, 79,

164, 241, 252. 27, 1, 40, 70. 28, 6, 140, 200. 29, 68, 108, 250. 30, 80, 117, 121, 121, 125, 130, 136, 147, 178, 194. 31, 50, 69. 32, 18, 162. 33, 31, 61, 129, 171. 34, 66, 133. 35, 78. 36, 121. 37, 80. 38, 33, 146, 172, 191, 220, 263, 280, 317, 337.
ἀφανίζω 1, 57, 169. 4, 23, 27, 27. 6, 69. 8, 93, 113. 10, 43, 73, 123. 11, 11, 167, 169. 13, 111. 15, 13, 187, 188, 193. 16, 24, 85, 122. 20, 186. 21, 194. 22, 13, 109, 128. 23, 19, 41, 43, 45, 142. 25, 3, 102, 110, 175, 261, 311. 27, 11. 29, 47, 170. 31, 52, 81, 147, 202. 32, 164, 201. 34, 73. 36, 20, 79, 88, 120, 127, 140, 141, 144. 37, 116. 38, 134, 144, 202. 39 (VIII 7, 7).
ἀφάνταστος 1, 73. 8, 8, 21. 10, 41. 12, 13. 17, 137. 21, 136. 32, 160.
ἀφαυαίνω 1, 38, 113, 131. 7, 108. 8, 112, 125. 10, 37. 13, 9. 16, 101, 123. 17, 270. 19, 124. 29, 153. 31, 209. 34, 69. 36, 96.
ἀφεγγής 38, 103.
ἀφειδέω 4, 209. 11, 168.
ἀφειδής 29, 22. 31, 222. 33, 128. 38, 198.
ἀφέλεια 13, 6. 23, 117. 34, 84.
ἀφέλκω 23, 88. 31, 70. 32, 30.
ἀφελληνίζω 38, 147.
ἀφενάκιστος 19, 125.
ἄφεσις 6, 122. 7, 63, 144. 16, 32. 17, 273. 18, 89, 108, 109. 20, 228. 25, 123. 26, 147. 28, 190, 215, 237. 29, 39, 67, 122, 176. 37, 84. 38, 287.
ἄφετος 4, 17, 244. 6, 104. 10, 47, 49. 11, 36, 73. 13, 71, 101, 151. 14, 39. 15, 98. 22, 196. 23, 67. 26, 161. 28, 100. 30, 145. 31, 122. 32, 31. 33, 62. 37, 182.
ἀφή 1, 62, 62. 3, 8, 39, 74. 4, 58. 5, 57. 6, 31, 73. 7, 168. 10, 131, 131. 12, 133. 15, 52, 90. 16, 137, 188. 17, 48, 232. 19, 182. 21, 55, 80. 23, 148, 149, 236, 241.
ἀφηβάω 17, 299.
ἀφηγέομαι 6, 49, 50. 9, 55.

11, 66, 81. 13, 115, 125. 16, 60, 143, 172. 17, 241. 18, 50. 20, 114. 29, 181. 32, 58. 34, 30. 37, 8, 109, 116.
ἀφηδύνω 12, 159.
ἀφηνιάζω 1, 86. 2, 73, 95. 3, 104. 4, 128, 193, 223. 6, 105, 106. 11, 32, 74. 13, 15. 16, 62. 17, 206. 18, 118. 20, 115. 23, 212. 25, 88, 167. 26, 53, 169. 28, 343. 29, 142, 232. 31, 96. 34, 40, 104. 37, 4, 17, 188. 38, 265, 332.
ἀφηνιασμός 6, 49. 7, 23. 11, 71. 29, 18. 31, 79, 99.
ἀφηνιαστής 4, 136. 6, 32, 45. 11, 84. 12, 49. 13, 111. 18, 158. 22, 293. 25, 26. 27, 39, 49, 174. 28, 304. 29, 39. 31, 79, 127. 32, 13, 195.
ἀφησυχάζω 23, 10.
ἀφθαρσία 1, 153. 6, 5. 11, 100. 13, 140, 212. 17, 35. 19, 56, 59. 20, 210. 21, 181, 217, 218. 22, 258. 23, 55. 26, 61, 194. 36, 1, 27, 27, 46, 47, 76, 150.
ἄφθαρτος 1, 82, 82, 119, 134. 2, 4, 51, 51, 78, 78. 4, 31, 36. 5, 5, 6, 7, 51, 86. 6, 7, 63, 95, 97, 101. 7, 49, 75, 77, 78, 85, 85, 115. 8, 105, 135. 9, 14, 14, 45, 61. 10, 26, 36, 46, 123, 142, 151, 180. 11, [141]. 12, 44, 114. 13, 110, 136, 145, 208, 209, 212. 15, 41. 16, 13, 18, 18, 19, 132, 198, 199. 17, 14, 79, 118, 138, 205, 311, 314, 316. 18, 108. 19, 59. 20, 3, 14, 78, 80, 122, 181, 195. 21, 31, 34, 94, 137, 243. 22, 230, 253, 258, 283. 23, 55, 55, 165, 243. 24, 265. 26, 158, 171. 27, 41. 32, 67. 33, 1. 34, 46, 105. 36, 3, 7, 7, 10, 12, 13, 17, 17, 19, 19, 20, 34, 44, 51, 51, 69, 75, 86, 93, 129. 38, 85, 118.
ἀφθονία 1, 77, 168. 2, 54. 6, 76. 7, 21, 113, 137. 11, 34, 39, 58, 101. 14, 13. 15, 7. 16, 30. 17, 286. 19, 96, 176. 23, 134, 208. 25, 6, 152, 193, 201, 210, 211. 27, 16, 17, 117. 28, 141. 29, 19, 158, 169, 180, 185, 192, 203. 30, 203. 31, 228. 32, 127, 144.

33, 106. 34, 9, 64, 87. 37, 130, 143. 38, 90.
ἄφθονος 1, 39, 79, 113, 133. 2, 45, 80. 4, 164, 203. 5, 99. 6, 10, 22, 48. 7, 14, 20. 8, 98, 115, 145, 147, 151. 9, 36. 10, 108, 153. 11, 25, 32, 48, 149. 12, 65, 91, 102. 13, 32. 14, 39, 53, 56. 15, 25. 16, 15, 121, 204. 17, 31, 213. 19, 35, 102, 129. 20, 32, 89, 215. 22, 61, 93, 181, 252. 23, 92, 234, 252. 24, 55, 109, 161, 210, 253. 25, 25, 55, 164, 209, 228, 255, 320. 26, 6, 9, 13, 23, 53, 58, 134. 27, 178. 28, 71, 78, 133, 134, 154, 286. 29, 20, 199, 205. 30, 111. 31, 28, 74, 83, 126, 140, 195. 32, 6, 48, 133, 149, 161, 163, 187. 33, 103, 107, 129, 168. 34, 13, 87. 35, 16, 35, 56. 36, 62, 148. 37, 63, 184. 38, 107, 118, 141, 252, 311. 39 (VIII 11, 10).
ἀφίδρυμα 8, 158, 165. 13, 109. 21, 208. 25, 298. 26, 205. 27, 7, 51, 74, 156. 32, 102, 221. 38, 81, 208, 310, 317, 319.
ἀφιερόω 9, 12. 12, 132. 29, 115.
ἀφίημι 3, 34, 80. 4, 41, 56, 128. 5, 91. 6, 34, 82. 7, 53, 141, 142, 144, 150. 8, 78, 131. 11, 36, 44, 49, 76. 12, 152. 14, 26, 57. 15, 48, 165, 189. 16, 32. 17, 20, 20. 19, 15, 173. 20, 107, 162, 257. 21, 105. 22, 139. 24, 71. 28, 266, 298. 29, 79. 30, 64, 114, 175, 184, 196. 31, 3. 32, 28, 97, 203. 33, 103, 140, 166. 34, 96, 156. 38, 190, 205, 228, 304, 323, 325. 39 (VIII 7, 15).
ἀφικνέομαι 1, 86. 4, 156. 5, 106, 120, 120. 6, 42, 90, 128. 7, 39, 158, 158. 8, 8, 53, 84, 152, 176. 9, 53. 10, 35, 131, 134, 143. 11, 160. 12, 162. 13, 49, 158, 213, 218. 14, 24. 15, 29, 175. 16, 175, 194. 17, 150, 238, 283. 18, 81, 155. 19, 41, 44, 98, 107. 20, 114, 116, 163, 168, 199. 21, 3, 66, 86, 112, 122, 131, 133, 236. 22, 19, 139, 147, 264. 23, 79, 161, 172, 240,

241. 24, 6, 12, 168, 168, 187, 188, 196, 226, 240, 251. 25, 49, 188, 194, 310. 26, 167, 217, 247. 27, 44, 80, 88, 145. 28, 24, 34, 68, 316. 29, 238. 30, 16. 31, 173. 32, 30, 132. 34, 81, 85, 103, 160. 35, 50. 37, 15, 27, 28, 122. 38, 52, 172, 180, 182, 185, 199, 252, 338, 349.
ἀφιλήδονος 34, 84.
ἀφιλόδοξος 34, 84.
ἀφιλόνεικος 11, 159. 15, 14. 23, 28. 25, 24. 38, 68.
ἄφιλος 6, 32.
ἀφιλόσοφος 1, 2, 26. 23, 110. 28, 174.
ἀφιλοχρήματος 34, 84.
ἄφιξις 7, 37. 11, 161, 161, 179. 17, 265. 18, 121. 20, 171. 24, 185, 255. 25, 280. 26, 171. 37, 28, 31, 161. 38, 257.
ἀφίστημι 1, 141. 2, 82, 89. 3, 28, 96. 4, 71, 84, 239, 242. 5, 18, 33. 6, 38, 47. 7, 15, 63, 85. 8, 18, 120, 122, 152. 9, 38. 10, 9, 14, 134. 11, 125, 155, 174. 12, 22, 99. 13, 38. 15, 76, 140, 157, 157. 16, 194. 17, 206. 18, 54, 157. 19, 103. 20, 226, 265, 265. 21, 68, 119. 22, 198. 23, 169, 197. 24, 45, 117, 177. 25, 250. 26, 89, 91, 94, 102. 27, 34, 87, 147. 31, 82, 128, 219. 32, 34, 96, 182, 183. 33, 80. 34, 107. 37, 27, 93. 38, 171. 39 (VIII 7, 15).
ἄφοβος 5, 86. 16, 169. 23, 202. 24, 266. 28, 55. 30, 128, 166. 33, 35. 38, 13, 322.
ἀφοράω 1, 114. 8, 141. 11, 5, 49. 12, 69. 13, 37. 14, 7, 16, 43. 16, 153, 190. 17, 79. 19, 129. 24, 259. 30, 8. 32, 63, 122, 197. 34, 29. 35, 64. 38, 213.
ἀφορέω 21, 115. 22, 238. 28, 246. 31, 211.
ἀφόρητος 4, 194, 202. 7, 46. 11, 40. 20, 129. 24, 26, 262. 25, 191. 28, 100. 29, 201. 30, 99, 195. 31, 113. 33, 132, 137, 137, 153. 37, 58, 95, 117. 30, 209, 345.
ἀφορία 1, 58. 15, 167. 23, 1, 91, 268. 25, 265. 28, 92,

246. 29, 213. 33, 132. 38, 257.
ἀφορίζω 2, 63, 65. 8, 128, 129. 21, 101. 22, 241, 243, 243. 29, 35.
ἀφόρισμα 6, 107.
ἀφορισμός 21, 101.
ἀφορμή 1, 47. 4, 66. 12, 36, 141. 15, 68, 191. 16, 2. 17, 300. 20, 229. 23, 162, 218, 220. 24, 258. 25, 46. 26, 44. 27, 17. 28, 156, 286. 29, 85, 93, 118. 32, 222. 34, 51, 71, 78. 37, 1, 34, 35, 40, 47, 102. 38, 63, 152, 200, 248, 259.
ἄφορος 12, 97. 20, 225.
ἀφοσιόω 38, 102, 154.
ἀφραίνω 7, 73. 11, 40. 13, 5. 16, 219. 21, 155. 22, 266.
Ἀφροδίτη 27, 54. 35, 59.
ἄφροντις 34, 22, 23.
ἀφρόντιστος 6, 23.
ἀφρός 1, 67.
ἀφροσύνη 1, 73, 79. 2, 75, 75, 86. 4, 193, 211, 242. 5, 10, 32, 71, 92. 6, 15, 17. 7, 178. 8, 93, 176. 10, 112, 181. 11, 17, 44, 73, 77, 112. 12, 40. 13, 10, 20, 27, 95, 125, 128, 140. 14, 26, 38. 15, 21, 66, 68, 75, 90, 91, 197. 16, 60, 124, 134, 169, 224. 17, 209, 245, 284. 18, 61, 179. 19, 113, 188. 20, 197. 22, 160, 162, 181, 192, 192, 192, 195, 196, 198, 200, 203, 234. 23, 24. 26, 162, 198. 28, 98, 99, 214, 288, 305, 343. 29, 49, 214, 239. 32, 180. 33, 59, 159. 34, 28, 56, 63. 35, 2, 74. 36, 2.
ἀφρούρητος 13, 160. 25, 330. 38, 226.
ἄφρων 2, 75, 86. 3, 18. 4, 67, 67, 189, 189, 189, 200, 216, 229, 248, 251, 252. 5, 32, 41, 121. 6, 46, 51, 51. 7, 48, 123, 143, 162, 162, 169. 8, 22, 24, 32, 32, 100, 179. 10, 64, 68, 126. 11, 42, 74. 12, 141, 166, 171. 13, 11, 110, 147, 150. 14, 10, 15, 23, 42, 68, 69. 15, 49, 75, 110, 119, 162, 165, 198. 16, 38, 67, 100, 156. 17, 73, 83. 18, 175. 19, 16, 19. 20, 23, 50, 91, 128, 153, 170, 175, 195, 254. 21, 234. 22, 116. 23, 274. 25, 95.

27, 177. 29, 239. 32, 174.
34, 30, 51, 57, 136. 36, 56.
ἀφυής 10, 100. 20, 68, 211.
ἀφυῖα 9, 2. 17, 212.
ἄφυκτος 21, 81. 25, 172.
ἀφύλακτος 13, 160. 19, 190,
191. 31, 27. 37, 113.
ἀφωνία 5, 93. 24, 214. 25, 83.
27, 92. 35, 1.
ἄφωνος 1, 126. 7, 91, 91. 11,
136. 12, 10. 13, 195. 15, 55.
17, 3, 210. 18, 150. 20, 63,
64. 24, 239.
ἀφώρατος 37, 27.
ἀφώτιστος 21, 117. 29, 140.
ἀχάλινος 7, 44, 174. 17, 110.
22, 132. 23, 29, 191. 24,
246. 25, 25. 26, 198. 28, 53,
241. 32, 113. 33, 154.
37, 14. 38, 162.
ἀχαλίνωτος 11, 84. 15, 165.
22, 165, 275. 29, 6. 30, 45,
79.
ἀχανής 1, 29, 32. 5, 116. 7,
100. 17, 3. 24, 22, 214, 239.
25, 194. 26, 251. 30, 147,
149. 35, 33. 36, 147. 37, 10,
87, 114. 38, 189, 223.
ἀχαριστέω 28, 284.
ἀχαριστία 1, 169. 6, 58. 17,
226. 25, 58. 32, 165. 38, 118.
ἀχάριστος 10, 48, 74. 17, 302.
24, 99. 38, 60.
ἄχει 22, 216.
Ἀχειμάν 8, 60, 61.
ἀχειραγώγητος 22, 161.
ἀχείρωτος 34, 149.
ἄχθομαι 4, 211. 6, 125. 8, 84.
15, 49. 23, 86, 259. 24, 189.
32, 88. 33, 72. 34, 55.
ἄχθος 5, 78. 7, 9. 8, 74, 149.
9, 16. 10, 2, 15. 11, 20, 25,
49. 12, 56. 16, 14, 144. 17,
46. 18, 171. 20, 185. 21,
110, 128. 22, 62, 171, 208.
23, 207. 24, 179, 217. 25, 30,
231. 28, 74. 29, 83, 89. 30, 50,
114, 160, 160, 193, 199. 31, 212,
216. 33, 157. 36, 65. 37, 14,
119, 160.
ἀχθοφορέω 9, 31. 12, 8. 16,
91, 144, 221. 27, 4. 29, 69.
32, 116. 34, 34.
ἀχθοφόρος 32, 88. 37, 92.
ἀχλύς 2, 46. 4, 171. 5, 61. 10,
130. 16, 197. 21, 165. 23, 79.
30, 4. 33, 37.
ἀχλυώδης 38, 269.
ἀχόρευτος 16, 72. 26, 162.

30, 125. 31, 145. 38, 168.
ἀχορήγητος 25, 243.
ἄχραντος 6, 139.
ἀχρεῖος 28, 287.
ἀχρηματία 9, 29. 19, 25.
31, 3, 77.
ἀχρήματος 12, 69. 32, 98.
33, 54. 34, 77.
ἄχρις, ἄχρι 1, 94, 101, 103,
105, 105, 105, 105, 105,
105. 2, 10, 11, 13, 29, 37.
3, 33, 38, 60, 63. 4, 47, 183.
5, 95. 6, 3, 15, 83. 7, 10,
87, 89, 107, 153. 8, 14, 33,
61, 130, 173, 184. 9, 14, 44,
62. 10, 29, 35, 75, 102, 127,
143. 11, 17, 17, 23, 25, 101,
103, 138, 161, 165, 180, 181.
12, 123, 160. 13, 143, 158,
200, 202. 14, 23, 42. 15, 42,
140, 157. 16, 181, 218. 17, 39,
149, 149, 222, 271, 294, 300,
310. 18, 34, 53. 19, 37, 55,
182. 20, 36, 102, 237. 21, 54,
95, 97, 119, 134, 145, 151, 175,
181, 192. 22, 67, 81, 102, 232,
257, 257. 23, 56, 150, 182,
214, 223, 241, 253, 253. 24,
10, 26, 41, 66, 96, 139, 156,
159, 169, 187, 256, 270. 25, 2,
15, 44, 99, 104, 128, 130, 165,
218, 228, 287, 291, 325, 327,
329. 26, 19, 79, 118, 163, 174,
178, 223, 259, 271. 27, 114.
28, 45, 85, 102, 166, 178, 178,
232, 335. 29, 33, 33, 42, 116,
145, 155, 189, 196, 213. 30,
163, 182, 184. 31, 48, 82, 83,
99, 107, 140, 222. 32, 18,
26, 52, 72, 96, 109, 120, 133,
137, 140, 145. 33, 25, 82, 120.
34, 66, 89, 92, 110, 130, 131,
133. 35, 33, 55, 86, 89. 36, 4,
60, 60, 86, 96, 97, 100. 37, 27,
37, 48, 81, 85, 112, 152, 154,
155, 156, 173, 173. 38, 1, 10,
127, 141, 252, 255, 260, 267,
281, 309.
ἄχρονος 6, 53, 64, 69, 69, 76,
76. 7, 89. 11, 176. 13, 48, 119.
16, 126, 139. 19, 167, 169.
20, 180.
ἀχρώματος 6, 32. 30, 25.
ἄχυρον 6, 109. 24, 113. 25,
38, 38.
ἀχώριστος 9, 48.
ἄψαυστος 5, 50. 18, 124. 19,
50. 23, 90. 30, 14, 74. 31, 33,
119. 38, 6, 308, 328, 346.

ἀψεύδεια 32, 178.
ἀψευδέω 7, 37. 17, 302. 24,
95, 171, 263. 25, 196, 221, 331.
26, 135. 29, 10. 34, 137.
ἀψευδής 1, 59, 81, 142. 4, 128,
206. 5, 86, 129. 6, 26. 7, 93,
124, 138. 8, 13, 59, 143. 10,
14, 61. 11, 146. 12, 128. 13,
45, 56, 76, 98, 139, 169, 198.
14, 67. 15, 34, 125. 16,
106, 108, 115, 138, 183, 190.
17, 4, 5, 42, 121, 186, 201.
18, 74, 103, 153, 163. 19, 17,
27, 57, 89, 101, 208. 20, 22,
65, 103, 131, 206, 213, 221.
21, 10, 156. 22, 140, 160,
220, 243, 253, 291. 23, 243,
268, 269. 24, 126, 185, 265.
25, 82, 303. 26, 100, 128,
237, 280. 28, 191, 273, 341.
29, 2, 49, 150. 31, 32, 85.
32, 120. 33, 17, 28, 81, 155,
163. 34, 19, 46, 54, 84, 111.
36, 28. 37, 191. 38, 59, 77.
39 (VIII 11, 3).
ἀψίκορος 6, 32. 7, 118. 10, 28.
24, 36. 30, 79. 32, 113.
36, 16. 38, 61.
ἀψίς 1, 71. 5, 23. 7, 84. 20, 179.
ἀψοφητί 21, 148. 30, 101.
ἄψυχος 1, 9, 22, 62, 66, 73,
153. 2, 36. 3, 22, 97, 97.
4, 35, 73, 160. 5, 80, 111.
6, 46, 69, 88. 7, 130, 136.
8, 61, 99. 9, 15, 20, 37, 41,
65. 10, 8, 8, 8, 8. 11, 56,
139, 152. 12, 177. 13, 132,
164, 177, 183, 183. 16, 167,
185. 17, 12, 137, 137, 138,
160, 209. 18, 48. 19, 19, 61,
122, 126, 148. 20, 173. 21,
248. 22, 259, 259. 23, 148,
267. 27, 7, 33, 76, 133, 133.
28, 29. 29, 97, 199, 245, 256.
31, 13, 35, 35, 227. 32, 85,
219. 33, 25. 34, 46, 46,
156. 35, 4.
ἄωρος 1, 104.

Βαβυλών 9, 66, 66. 22, 59.
23, 188. 25, 5, 34. 32, 223.
38, 216, 282.
βαδίζω 4, 139, 159. 5, 95.
7, 39. 8, 18, 31, 102, 136.
10, 8, 57, 159. 11, 88, 104.
15, 75. 16, 143, 146, 216.
18, 10, 122, 124. 21, 152.
22, 79. 23, 172, 269. 24, 190.

60. 34, 25. 37, 140. 38, 368.
βασιλεία 1, 148. 6, 49. 9, 66.
10, 6, 174. 12, 56, 67. 13,
216. 16, 196, 197, 197. 17,
301. 18, 118. 19, 10. 20, 15,
135. 22, 243, 244, 285. 23, 24,
242, 261, 261. 24, 119. 25,
25, 46, 60, 148, 149, 253, 254,
290, 334, 334. 26, 30, 66,
241. 28, 57, 207, 334. 30, 13,
100. 31, 164. 32, 54. 33, 53.
34, 117, 125. 37, 25, 29, 38.
38, 179, 278, 278.
βασίλειον 8, 5. 14, 66, 66.
15, 113. 18, 116. 23, 56.
24, 123, 256. 25, 15, 91, 118,
138, 312. 26, 42, 194, 194.
31, 94. 33, 123, 123. 37, 92.
38, 299.
βασίλειος 10, 136. 19, 74, 111.
20, 128. 24, 97. 26, 187.
βασιλεύς 1, 17, 56, 71, 84, 85,
88, 139, 144, 148. 2, 59. 4, 13,
24, 38, 79, 79, 79, 79, 80,
81, 115, 115, 197, 212, 212,
212, 225, 232. 5, 29, 63, 99,
99, 99. 6, 9, 48. 7, 13, 14,
23, 26, 94, 94. 8, 8, 54, 101,
101, 128. 9, 45, 64. 10, 148,
159, 160. 11, 41, 41, 50, 51,
51, 57, 59, 60, 61, 66, 78, 85.
12, 14, 33, 51, 51, 55, 57,
68, 88, 92, 169. 13, 24, 105,
111, 113, 113, 143, 208, 220.
14, 57, 66. 15, 29, 29, 72,
88, 170, 170, 173, 175. 16, 8,
54, 146, 161, 170, 197, 204.
17, 20, 288. 18, 50, 92, 116,
125. 19, 16, 66, 118, 124, 145.
20, 17, 20, 28, 56, 89, 112,
116, 151, 152, 152, 173, 207.
21, 32, 140, 191. 22, 5, 42,
43, 44, 83, 99, 100, 116, 117,
154, 211, 243, 244, 244, 277,
290. 23, 74, 74, 93, 96, 103,
144, 180, 183, 226, 226, 227,
231, 232, 234, 236, 240, 241,
261. 24, 2, 2, 7, 27, 76, 88,
91, 92, 93, 96, 97, 100, 105,
105, 107, 107, 116, 119, 123,
131, 133, 133, 148, 148, 148,
148, 149, 149, 151, 151, 157,
163, 166, 166, 222, 242, 248,
248, 250, 251, 257, 258. 25, 8,
10, 13, 15, 32, 32, 33, 34, 45,
49, 61, 62, 73, 87, 91, 105,
120, 122, 123, 134, 138, 158,
166, 167, 215, 250, 252, 256,
258, 263, 267, 275, 277, 282,

283, 287, 292, 296, 321. 26, 2,
3, 4, 4, 4, 5, 5, 6, 16, 28, 28,
30, 31, 32, 100, 116, 131, 187,
248, 292. 27, 40, 41, 41, 61,
155, 178. 28, 18, 18, 31, 142,
308. 30, 18, 43, 100, 100, 111,
184. 31, 92, 123, 164, 168,
176, 186, 191, 212, 213, 218.
32, 53, 85, 85, 154, 216, 218.
33, 54, 54, 55. 34, 20, 31, 42,
42, 43, 93, 96, 96, 132, 136.
37, 25, 29, 33, 34, 35, 38, 40,
103, 123, 170. 38, 3, 138, 142,
179, 207, 261, 278, 292, 300,
300, 300. 39, (VIII 11, 18).
βασιλεύω 2, 41. 12, 47, 51, 53.
15, 54, 91. 16, 160, 170. 17,
7. 19, 140. 20, 28, 125. 22, 7,
7, 93, 93, 94, 95, 100, 100, 100,
215, 289. 23, 237. 24, 149.
25, 149, 217. 26, 2. 37, 39.
38, 294.
βασιλικός 5, 63. 8, 101, 101,
102, 102, 102, 102. 9, 64.
10, 144, 145, 159, 159, 160,
162, 180. 12, 56, 68. 13, 91,
92. 15, 149. 16, 146. 19, 95,
98, 100, 103. 20, 15, 28, 152,
222. 21, 126, 163. 22, 44,
211. 23, 121, 121, 125. 24, 91,
93, 120, 148. 25, 8, 20, 61,
153, 275. 26, 2, 99, 99. 31,
147, 168. 32, 216. 34, 123,
126, 154. 37, 4. 38, 6, 54.
βασιλίς 2, 65. 6, 44. 8, 128.
11, 25. 13, 201. 18, 2, 18, 37,
50, 50. 20, 80. 22, 243.
23, 15, 150, 270. 26, 211.
28, 269. 31, 147. 32, 188.
βασίλισσα 18, 45.
βάσιμος 10, 165. 34, 67.
βάσις 1, 118. 4, 106. 5, 100.
6, 42. 7, 85. 8, 3, 25. 9, 22.
10, 57, 60. 11, 75. 12, 5, 7.
13, 156. 16, 102. 18, 46.
20, 81. 21, 134, 144, 146,
235. 22, 189, · 223. 26, 77,
78, 78, 82, 82, 90, 97, 113.
27, 44. 28, 117, 231, 340.
30, 184. 31, 167, 198. 37,
189. 38, 135.
βασκαίνω 11, 112. 37, 143.
βασκανία 5, 33. 20, 95, 112.
21, 107. 23, 184. 25, 4, 246.
29, 141. 32, 170.
βάσκανος 6, 32. 11, 64. 18,
71. 23, 21, 199. 24, 144. 28,
241. 33, 83. 37, 29.

Βάσσος 37, 92, 109, 111, 112,
114, 115.
βαστάζω 7, 9. 16, 144. 20,
224. 21, 174. 22, 171, 210.
βάτος, ἡ 4, 253. 19, 161. 21,
194, 194. 22, 161. 25, 65,
67, 68.
βάτραχος 6, 69, 69. 16, 83.
22, 259. 25, 103, 144.
βαφή 18, 117. 22, 53.
βαφικός 12, 159.
βδέλυγμα 6, 51, 51. 16, 64.
17, 162. 19, 18.
βδελυκτός 28, 323.
βδελυρία 22, 211. 30, 45.
βδελυρός 7, 95.
βδελύττομαι, βδελύσσομαι
6, 51, 51. 16, 63. 17, 163.
19, 18. 32, 106.
βέβαιος 1, 99, 151. 2, 89. 4,
53, 92, 101, 199, 206, 208.
5, 26, 65, 72, 83, 101, 103,
109, 109. 6, 86, 90, 93, 93,
124, 126. 8, 13, 28, 100, 119,
122. 9, 28, 52, 67. 10, 34,
49, 54. 11, 121, 160. 12, 8,
70, 82, 84, 88. 13, 48, 50,
170, 183, 205. 15, 31, 65,
76, 87, 87, 94, 104, 106. 16,
41, 105, 148. 17, 23, 95, 101,
224, 275, 298, 314. 18, 121,
140, 141. 19, 151. 20, 55,
84, 164, 182, 270. 21, 159,
241, 248. 22, 101, 170, 212,
220, 223, 278, 298. 23, 111,
182, 220, 225, 268, 275. 24,
100, 107, 122, 126, 147. 25,
30, 95, 220, 266, 283, 298,
331. 26, 14, 17, 99, 108, 124,
161. 27, 43, 67. 28, 26, 30,
70, 77, 110, 124, 191, 242, 290,
311. 29, 2, 13, 118, 232. 30,
70, 130. 31, 16, 50, 61, 70,
107, 108, 158, 160, 161, 220.
32, 41, 216, 216, 226. 33,
30, 97, 152, 169. 34, 37, 95.
35, 31. 38, 61.
βεβαιότης 4, 164. 5, 13. 6,
16. 9, 48. 10, 4, 17, 22. 12,
31. 13, 126, 139. 16, 44. 19,
150, 154. 20, 87. 21, 124, 158.
22, 227. 28, 283. 36, 59,
116.
βεβαιόω 4, 46, 93, 203, 204.
5, 9. 6, 34, 37, 64, 85, 127.
7, 12. 12, 112, 149. 13, 77.
14, 57. 15, 105, 112, 131, 153,
180, 197. 16, 70, 128. 17,
25, 98, 260, 307. 18, 107, 113.

19, 74. 21, 12, 12, 181. 23,
71, 110, 144, 262, 263, 263.
24, 267. 26, 173, 221. 28,
138, 284, 318. 29, 9, 25, 28,
117, 121. 30, 114, 182. 31, 77.
32, 209. 34, 86, 88, 160.
37, 50.
βεβαίωσις 3, 55. 5, 108. 8,
181, 184. 17, 96, 306. 18,
151. 20, 155. 22, 29. 23,
273. 24, 92, 164. 26, 199.
27, 123. 29, 13, 24. 30, 82.
33, 118. 34, 138. 38, 153,
162.
βεβαιωτέον 15, 40. 29, 12.
βεβαιωτής 4, 207. 31, 157.
37, 20.
βέβηλος 2, 62, 62. 5, 94. 6,
32, 101, 138, 138. 8, 96, 110.
12, 53, 61. 13, 127, 143. 16,
69. 18, 25, 25, 169. 19, 19,
114, 114, 213. 20, 104, 136,
200. 21, 253. 22, 292. 23,
20. 26, 158, 199. 27, 94, 173.
28, 100, 102, 104, 123, 150,
223. 29, 6, 249, 249. 30, 130,
183. 31, 40, 84. 39 (VIII 7, 2),
(VIII 7, 10).
βεβηλόω 21, 89. 31, 39.
βεβήλωσις 18, 25.
Βεελφεγώρ 15, 55. 20, 107,
107.
βέλος 6, 82, 82. 7, 99. 10, 60.
12, 152. 14, 26. 15, 48. 20,
247. 21, 236. 22, 120. 25,
131. 30, 92. 34, 78. 37, 90.
38, 95, 104.
βελτίόω 1, 101. 4, 84. 5, 4.
6, 42. 7, 56, 88. 8, 78. 9, 24,
63. 10, 132. 11, 6, 169. 16,
71, 149. 18, 110. 19, 30, 166.
20, 23, 75, 84. 21, 104, 162,
170, 178, 240. 23, 23. 24, 88.
25, 64, 328. 26, 66, 69. 27,
17. 30, 209. 34, 57, 98. 35, 1.
38, 7, 52.
βελτίων, βέλτιστος 1, 22, 67,
71, 74, 137, 140. 3, 16. 4, 73.
6, 5. 7, 11, 101. 8, 51, 86, 125.
10, 85, 119. 12, 104. 16, 72,
73. 17, 202. 18, 67. 20, 88,
112, 123, 149. 21, 152. 23,
18, 19, 37, 52, 116, 129, 164,
256. 24, 21, 83, 165, 192.
25, 154, 234, 262, 285. 26, 2.
27, 35, 50, 72, 177. 28, 186,
188, 227, 238, 300, 320, 341.
29, 14, 61, 62. 31, 106, 218,
238. 32, 83, 110, 217. 33,

15, 40, 48, 59, 161. 35, 14.
36, 15, 43, -68. 37, 40, 187.
38, 18, 83, 95.
βελτίωσις 1, 103, 128. 5, 86.
6, 10, 62, 113, 114. 8, 174.
11, 166. 17, 316. 18, 37.
20, 19, 65, 120. 21, 60. 22,
107, 301. 23, 17, 26, 268. 24,
74. 26, 59. 27, 113. 28, 197,
260, 300. 32, 115, 193. 33,
65, 119, 163, 167. 34, 64, 133.
36, 43. 38, 44, 63.
Βενιαμίν 19, 73. 20, 92, 92.
22, 36.
Βεσελεήλ 4, 95, 96, 102, 102,
102, 102. 9, 23. 12, 26, 27.
21, 206.
βῆμα 24, 35.
βία 1, 58, 63, 80, 113. 2, 73.
8, 116. 10, 177. 11, 70, 76,
89. 15, 117, 117, 157. 17,
241. 18, 73. 20, 186. 22,
81, 92, 294. 23, 44, 73, 160.
24, 41, 52, 209. 25, 25, 41,
49, 115, 118, 211, 270. 26,
139. 28, 92, 99, 204, 301.
29, 191. 30, 3, 64, 69, 76,
153, 159. 31, 2, 111. 32, 89,
146. 33, 52, 73, 153. 34, 63.
35, 71. 36, 30, 33, 119, 129,
147. 37, 188.
βιάζω 1, 142. 3, 34. 4, 147.
5, 19, 22, 94, 115. 6, 121.
7, 32. 9, 35. 10, 100, 100,
101, 166. 11, 100, 111. 12,
147, 152. 13, 116, 123, 143,
167, 185, 200. 14, 6. 15, 91,
133. 16, 26. 17, 241, 310.
19, 32. 20, 173, 262. 21, 7.
22, 124, 133, 145, 299. 23,
59, 184. 24, 42, 51, 52, 52,
83, 118. 25, 108, 215, 292,
308, 314. 26, 51. 27, 85. 28,
127, 159. 29, 2, 4, 50, 90.
30, 64, 70, 72, 77, 77, 160,
173. 31, 70, 136, 205. 33,
130. 34, 27, 34, 61, 97, 108.
36, 28, 56, 74, 135, 136, 139.
37, 143. 38, 31, 155. 39
(VIII 7, 1), (VIII 11, 9), (VIII
11, 16).
βίαιος 1, 141. 4, 17, 80. 5, 13,
37, 92. 7, 100. 8, 163. 9, 13,
31, 51. 10, 103. 11, 46. 15,
17. 16, 217. 19, 49. 20, 239.
21, 222. 22, 166. 23, 65, 135.
24, 25, 81, 84, 223, 239. 25,
44, 93, 120, 123, 131, 176.
27, 147, 170. 30, 79, 136,

168. 33, 69. 35, 9, 75, 86.
36, 11, 20, 128, 139. 37, 62,
162.
Βίας 34, 153.
βιαστικός 23, 195. 28, 9. 30,
35. 32, 122.
βιβλιοθήκη 38, 151.
βιβλίον 2, 19. 6, 51. 12, 1.
22, 175. 31, 163, 163.
βίβλος 1, 129. 2, 19, 21. 5, 124.
7, 139, 139, 161. 8, 1, 65,
158. 12, 26. 13, 1, 208. 14,
17. 15, 3, 128, 149. 16, 14.
17, 20, 258. 22, 127. 23, 1,
2, 9, 11, 156, 177, 258. 25, 4.
26, 11, 36, 45, 59, 95, 188.
27, 1, 154. 29, 150. 31, 164,
175. 32, 17, 34, 95, 201. 34,
82. 36, 19.
βιβρώσκω 4, 230. 12, 95, 113,
113, 113, 114.
Βιθυνία 38, 281.
βίος 1, 54, 78, 79, 103, 105, 119,
128, 152, 153, 153, 156, 156,
164, 167, 167, 170. 2, 57, 107,
108. 3, 21, 57, 70, 89, 93, 98,
98, 107. 4, 80, 224, 237, 247,
251, 253. 5, 6, 32, 33, 37, 91,
95, 120. 6, 11, 13, 23, 26, 38,
63, 109, 123, 125. 7, 23, 33,
34, 48, 49, 60, 68, 74, 95, 95,
103, 119, 157. 8, 2, 22, 34,
43, 45, 56, 70, 73, 86, 113,
121, 122, 156, 165, 185. 9, 14,
51, 53, 55, 56, 57, 64. 10, 7,
25, 32, 61, 75, 102, 114, 129,
182. 11, 25, 35, 43, 60, 62,
98, 135, 143, 144, 157, 164,
180. 12, 49, 147. 13, 12, 36,
58, 73, 75, 86, 87, 95, 99, 100,
101, 131, 139, 149, 151, 152,
155, 195, 202, 212, 215, 219.
14, 11, 38, 69. 15, 42, 43,
48, 69, 71, 79, 105. 16, 11,
19, 47, 54, 56, 59, 70, 88, 100,
105, 129, 133, 145, 153, 158,
165, 171, 179. 17, 41, 43, 45,
48, 53, 82, 111, 113, 200, 238,
285, 290, 307, 315. 18, 11,
52, 53, ‹53›, 57, 61, 67, 69, 70,
90, 165. 19, 3, 22, 25, 33,
35, 36, 36, 36, 37, 37, 41, 44,
45, 45, 47, 49, 55, 58, 59, 61,
62, 113, 122, 123, 128, 129,
145, 150, 150, 153, 154, 154,
158, 159, 176, 191, 204. 20,
36, 38, 44, 50, 51, 55, 80,
103, 103, 169, 185, 213, 214,
215, 267. 21, 10, 46, 82, 104,

109, 113, 121, 121, 124, 124, 125, 128, 139, 150, 150, 150, 174, 177, 179, 202, 205, 221, 234, 243. **22**, 11, 25, 44, 47, 47, 63, 64, 66, 70, 74, 81, 97, 105, 107, 133, 134, 142, 145, 147, 148, 150, 161, 168, 200, 202, 235, 250, 265, 302, 302. **23**, 5, 6, 17, 19, 22, 27, 30, 37, 40, 47, 54, 61, 84, 87, 155, 163, 207, 216, 222, 230, 246, 246, 256, 256, 260, 268, 271, 276. **24**, 1, 20, 55, 87, 126, 141, 143, 230, 269. **25**, 1, 3, 4, 29, 29, 29, 29, 48, 89, 111, 158, 160, 183, 195, 209, 213, 214, 238, 279. **26**, 36, 66, 138, 150, 150, 151, 181, 185, 186, 211, 215, 219, 235, 281, 288, 289, 292. **27**, 1, 49, 60, 66, 77, 99, 99, 101, 108, 117, 122, 138, 150, 174. **28**, 31, 57, 60, 62, 69, 96, 100, 108, 110, 120, 134, 152, 154, 161, 186, 202, 203, 206, 224, 224, 259, 280, 320, 321, 336, 342, 345. **29**, 10, 18, 19, 19, 42, 45, 46, 48, 52, 62, 64, 65, 68, 70, 71, 91, 92, 101, 101, 123, 130, 142, 157, 160, 170, 173, 195, 199, 214, 240, 262. **30**, 2, 6, 50, 50, 54, 57, 59, 117, 119, 122, 123, 135, 161, 166, 169, 173, 192. **31**, 11, 13, 41, 66, 69, 69, 71, 82, 91, 95, 102, 108, 109, 124, 134, 138, 166, 167, 169, 182, 186, 194, 201, 225, 228. **32**, 5, 17, 19, 29, 39, 47, 51, 52, 67, 72, [78], 149, 149, 180, 183, 184, 190, 194, 205, 210, 211, 222, ‹226›. **33**, 2, 6, 11, 11, 24, 27, 35, 36, 51, 51, 53, 79, 81, 82, 88, 98, 107, 112, 116, 119, 120, 121, 135, 142. **34**, 14, 49, 50, 51, 63, 64, 74, 76, 84, 91, 92, 110, 114, 115, 120, 140, 143, 154. **35**, 1, 13, 16, 17, 25, 47, 58, 64. **36**, 56, 74, 84, 142. **37**, 41, 53, 91, 159, 176, 183, 184, 187. **38**, 5, 13, 15, 20, 43, 46, 63, 83, 89, 92, 141, 147, 158, 224, 236, 325, 343. **39** (VIII 11, 4), (VIII 11, 11), (VIII 11, 13), (VIII 11, 18).

βιοτή 34, 145.

βιόω 1, 172. **7**, 62, 75, 78, 134, 154. **8**, 69. **11**, 144, 159. **14**, 8. **15**, 149. **17**, 57, 277, 290. **21**, 47. **22**, 31. **23**, 4, 191, 270. **24**, 31, 71, 268. **26**, 48, 223. **27**, 49, 94, 168. **29**, 33, 164, 262. **30**, 142, 142, 154, 202. **32**, 4, 15, 47, 76, 127. **35**, 74, 90. **38**, 85.

βιωτικός 26, 158. **34**, 49, 51, 52.

βιωφελής 13, 213. **21**, 52. **22**, 42, 256. **23**, 101. **24**, 79. **27**, 50, 84. **28**, 165, 179, 210, 335. **29**, 7. **30**, 31. **31**, 99, 146. **35**, 60. **39** (VIII 11, 7).

βλαβερός 1, 10. **3**, 105. **4**, 27, 76, 80, 104, 110, 131. **5**, 93. **6**, 71. **7**, 72, 105, 134, 175. **11**, 11, 41, 47, 133. **12**, 100, 116, 161. **13**, 39, 185, 187. **15**, 12. **17**, 109. **18**, 88, 179. **19**, 14, 43. **20**, 170, 197, 243. **21**, 27. **22**, 64, 150. **24**, 143. **25**, 108, 222. **27**, 13, 156. **28**, 120, 173, 206, 306, 321, 340. **29**, 195. **31**, 119, 194. **32**, 227. **34**, 69. **35**, 20. **38**, 49, 81, 89.

βλάβη 4, 184. **5**, 14. **7**, 2, 99. **10**, 98. **12**, 92, 103, 110. **13**, 18, 166, 184, 185. **15**, 162, 189. **16**, 172. **17**, 252. **18**, 167. **20**, 202, 246. **21**, 102. **22**, 52, 163. **23**, 127. **25**, 246. **29**, 87, 206, 207. **31**, 2, 34, 194. **33**, 88, 91, 100, 140. **34**, 55, 103. **38**, 339.

βλάβος 15, 50. **28**, 100. **31**, 23, 29.

βλαπτικός 1, 64.

βλάπτω 1, 80. **2**, 51. **4**, 16, 62, 123. **7**, 52, 71, 76, 104, 109, 109, 143. **8**, 67, 144, 184. **9**, 27, 43, 43. **10**, 113. **11**, 39, 125. **12**, 89, 144, 144. **13**, 155, 168, 185, 206. **15**, 48, 159. **16**, 210. **20**, 243. **22**, 54, 239, 240. **24**, 139, 216. **25**, 145, 278. **27**, 66, 68. **28**, 252. **29**, 74, 117, 197. **30**, 104, 143. **31**, 2, 26, 41, 65, 186, 189, 198, 198, 211. **32**, 13, 25, 93, 156, 211. **36**, 37, 80. **38**, 176, 297, 344. **39** (VIII 7, 16).

βλαστάνω 1, 47, 132, 153. **2**, 23, 89. **3**, 75. **4**, 170, 248. **6**, 25, 40. **8**, 125, 125, 133, 163, 164, 182. **11**, 7. **12**, 74. **13**, 8. **18**, 95. **20**, 260. **22**, 22, 199, 272. **25**, 121. **26**, 119, 186. **28**, 93, 138. **29**, 152. **31**, 209, 209. **32**, 199. **33**, 68, 128, 172. **34**, 70. **35**, 62. **36**, 30, 61, 69, 98, 149.

βλάστη 3, 10. **6**, 79. **9**, 4. **10**, 67. **11**, 10. **21**, 106. **22**, 64. **34**, 69.

βλάστημα 2, 23, 24. **7**, 132. **8**, 151. **10**, 181. **12**, 42, 107. **16**, 140. **18**, 57. **22**, 77, 173, 242. **30**, 39.

βλαστόν 7, 111.

βλαστός 1, 41. **12**, 4. **17**, 218, 220. **22**, 159, 199. **26**, 179. **31**, 25.

βλασφημέω 15, 154. **16**, 115. **19**, 84, 84. **22**, 131. **26**, 206. **27**, 63. **28**, 53. **31**, 197. **38**, 169.

βλασφημία 16, 117. **24**, 74. **26**, 205. **27**, 86, 93. **37**, 33, 35, 35, 142. **38**, 368.

βλάσφημος 24, 247. **38**, 141.

βλέμμα 15, 11. **23**, 153, 175. **24**, 48, 166. **25**, 331. **30**, 8. **32**, 40. **34**, 39. **35**, 31, 77. **38**, 180, 349.

βλέπω 1, 53. **3**, 46, 67. **93**. **4**, 81, 109, 110, 172. **8**, 21, 36. **9**, 31. **11**, 54. **12**, 38, 58. **13**, 157, 160. **14**, 4, 40. **15**, 63, 123. **16**, 38, 52, 191, 222, 224. **17**, 48, 55, 76, 78. **18**, 81. **19**, 123. **20**, 40, 143, 157. **21**, 114. **23**, 25, 65, 70, 79, 164. **24**, 58, 66, 126, 147, 258, 265. **25**, 55, 153, 188, 190. **26**, 162, 201, 252. **27**, 74, 101. **28**, 14, 18, 18, 279. **29**, 23, 77. **31**, 62, 189, 202. **32**, 7, 85, 151, 172, 193. **33**, 45, 54, 69. **34**, 101. **35**, 11, 13. **38**, 5, 109.

βλῆμα 26, 202. **33**, 140. **34**, 151.

βοάω 1, 79. **7**, 48, 69, 79, 91. **17**, 14, 15, 16, 19. **18**, 154, 163. **19**, 84, 196. **20**, 56. **23**, 31. **24**, 16. **25**, 69. **29**, 11. **30**, 77, 77. **38**, 323.

βοή 4, 214. **37**, 39. **38**, 227.

βοηδρομέω 24, 211. **38**, 101, 226.

βοήθεια 6, 70. **13**, 185. **16**, 57. **17**, 58, 60. **22**, 128. **24**, 33. **25**, 49, 72, 184. **26**, 252. **28**, 309. **29**, 217. **30**, 172. **31**, 8. **35**, 44. **37**, 11. **38**, 39, 274.

βοηθέω 3, 5, 5, 7, 8. 4, 31.
16, 225. 21, 86, 111. 23, 95.
24, 20. 25, 24, 40. 28, 216.
30, 77, 173, 175. 31, 9, 42,
199. 38, 113.
βοήθημα 6, 70. 13, 160. 21,
112. 36, 89.
βοηθός 3, 1, 5, 5, 5, 5, 6,
7, 7, 7, 8, 8, 8, 9, 9, 9, 9,
10, 14, 24. 4, 48. 13, 111.
15, 39. 17, 58, 59. 22, 265.
24, 51. 25, 56, 58, 174, 306.
30, 74, 78, 140. 31, 171, 178,
179. 34, 104. 38, 112.
Βοηθός 36, 76, 78.
βόθρος 4, 223. 11, 68. 24, 14.
37, 188, 190.
Βοιωτία 38, 281.
βολή 33, 95. 38, 229.
βόλος 25, 93. 26, 250.
βόρβορος 28, 148.
βορβορώδης 11, 144.
βορέας 21, 3, 175.
βόρειος 5, 88. 9, 10. 17, 147.
25, 179. 26, 102, 104, 104.
30, 188, 188.
βορρᾶς → βορέας
βόσκημα 25, 133, 330, 331.
31, 26. 38, 124. 39 (VIII
11, 4).
βόσκω 7, 5, 25, 25. 19, 127.
31, 22.
βοτάνη 1, 40. 6, 70. 21, 125.
βοτρυηφορέω 24, 91.
βοτρυηφόρος 22, 171.
βότρυς 13, 222. 20, 224. 22,
159, 171, 191, 199. 24, 91.
25, 231.
βούβαλος 31, 105.
Βουζύγιος 39 (VIII 7, 8).
βουθυτέω 7, 20. 11, 127. 12,
107. 19, 186.
βουκόλιον 6, 89, 104, 104.
22, 152. 23, 108. 24, 257.
25, 133. 28, 136, 141, 163.
32, 126. 33, 107. 36, 79.
βουκόλος 1, 85. 6, 104, 104,
105. 11, 48. 22, 152. 31, 22.
32, 144. 34, 30. 38, 76.
βούλευμα 10, 135. 16, 24.
20, 195. 24, 266. 25, 260.
311. 26, 140, 212, 289. 28,
205, 333, 344. 30, 73. 31, 47.
32, 3, 70, 80, 183, 184. 33,
81. 34, 155, 155. 37, 21.
38, 25, 56, 280.
βούλευσις 19, 53, 77.
βουλευτήριον 7, 40. 20, 198.
21, 122. 22, 188. 23, 20.

27, 98. 28, 55. 29, 44. 30,
74, 169. 31, 9. 35, 27. 37,
102.
βουλευτής 15, 86. 24, 63.
28, 55, 121. 38, 75.
βουλευτικός 38, 74.
βουλεύω 5, 73. 6, 62. 7, 40,
69, 96, 97, 97. 8, 53, 59,
156. 10, 26. 11, 176. 13,
165, 165, 166, 169, 204. 15,
125, 158, 160, 161. 16, 72.
19, 14, 22, 125. 20, 197, 238,
238, 244. 24, 12, 73, 176.
25, 15, 89, 305, 305. 27, 60.
30, 21, 70, 86. 34, 6. 37, 2,
20, 21, 110, 140, 178. 38, 51,
204, 244, 350.
βουλή 1, 75. 4, 205. 7, 134.
8, 11, 36, 80, 85, 86, 175.
12, 168. 13, 165, 165, 203.
15, 153, 198. 16, 201. 17,
244. 18, 4. 20, 237. 22, 187.
23, 101. 25, 242, 194. 29, 29.
31, 134. 32, 45, 183. 34, 68,
138. 37, 40. 38, 51. 55, 67,
160.
βούλημα 1, 3. 3, 62. 4, 239.
7, 72. 8, 73. 17, 272. 19,
209, 211. 22, 117. 23, 204.
25, 59, 95, 287. 26, 31. 28,
323. 29, 132. 30, 85, 121,
136, 176. 32, 185. 38, 33, 263,
311, 331.
βούλησις 12, 106. 17, 246.
24, 192. 27, 135. 36, 13.
38, 317, 322.
βούλομαι 1, 16, 44, 77, 87, 138,
149. 2, 4, 35, 63, 90. 3, 17, 25,
32, 32, 36, 37. 4, 39, 45, 55,
56, 69, 134, 153, 210, 213, 223,
245. 5, 14, 60, 95. 6, 23.
7, 1, 29, 71, 127, 154, 168.
8, 2, 5, 71, 83, 144, 145. 9, 60.
10, 21, 70, 75, 80, 121, 144,
153, 164. 11, 5, 15, 73. 12, 8,
14, 87, 94. 13, 41, 50, 82, 85,
110, 195. 15, 4, 57, 64, 83,
91, 115, 166, 196. 16, 2, 34,
46, 60, 66, 75, 99, 162. 17, 44,
44, 86, 88, 92, 112, 158, 225,
243, 290. 18, 38, 90, 127. 19,
30, 74, 148, 155, 165, 191. 20,
26, 53, 79, 129, 144, 181, 211,
227, 242, 258, 270. 21, 15, 90,
163, 188, 202, 202, 210. 22,
24, 48, 86, 92, 117, 154, 176,
229, 246, 258. 23, 5, 9, 102,
129, 142, 207, 216, 251, 268.
24, 55, 90, 90, 94, 99, 146,

165, 181, 217, 241. 25, 16, 17,
49, 62, 96, 110, 110, 111, 144,
164, 168, 198, 209, 213, 220,
221, 248. 26, 80, 152, 167,
202. 27, 9, 37, 72, 81, 86.
28, 36, 67, 68, 96, 111, 116,
138, 167, 195, 203, 210, 241,
253, 257, 263, 286. 29, 5, 48,
118, 123, 157, 160, 214. 30, 71,
77, 129, 130, 134, 148, 173,
177, 184. 31, 69, 81, 104, 105,
117, 160, 186, 187. 32, 18, 83,
119, 134, 188. 33, 103, 121.
34, 59, 94, 95, 96, 101, 138.
35, 40. 36, 94, 130. 37, 28,
51, 82, 86, 111, 114, 114, 129,
137, 189. 38, 26, 41, 73, 132,
134, 182, 198, 200, 218, 247,
303, 303, 308, 316, 351, 363.
39 (VIII 6, 2), (VIII 6, 4), (VIII
6, 6), (VIII 7, 19), (VIII 11, 12).
βουνός 8, 57, 59.
βούπαις 35, 50.
Βούρα 36, 140.
βοῦς 1, 85. 6, 55. 10, 117.
12, 108, 164. 13, 174. 16,
152. 17, 20. 18, 95. 20, 159.
21, 108. 22, 144, 216, 216,
217, 217. 24, 101, 108, 108.
27, 77. 28, 135, 163, 165,
291. 29, 35, 70. 30, 44, 46.
31, 11, 12, 12, 13. 32, 95,
145, 145, 146, 146, 146, 147.
34, 30. 36, 23. 38, 76.
βραβεῖον 4, 74. 6, 17. 10,
137. 11, 112, 114. 16, 27.
18, 159. 20, 81. 21, 130, 152.
33, 6, 11, 27, 47, 47.
βραβευτής 1, 11. 7, 23. 11,
112. 13, 111. 16, 67. 17, 271.
21, 152. 22, 138. 24, 270.
28, 180. 29, 139. 31, 64, 66.
35, 43.
βραβεύω 2, 87. 4, 35. 13, 77.
17, 95. 24, 72. 25, 163. 30,
133. 31, 55, 173. 37, 106.
38, 2.
βραδύγλωσσος 17, 4, 16. 25,
83.
βραδύνω 6, 87, 87. 16, 25.
17, 255. 25, 102. 28, 243.
29, 4. 31, 140. 35, 76. 37, 69.
βραδύς 6, 78. 10, 93. 12, 161.
13, 120. 15, 48. 17, 149, 254.
18, 13. 19, 159, 159. 21, 101,
165. 23, 59, 109, 150, 150.
25, 183. 27, 35, 85. 29, 221.
36, 71, 133, 135. 37, 34. 38,
213.

βραδυτής 1, 156. 6, 53. 11,
175. 12, 161. 16, 151. 24, 182.
25, 275. 29, 38. 38, 248.
βρασμός 8, 71. 11, 37.
βραχίων 4, 133, 134, 134, 135,
135, 135, 136, 137. 8, 132, 140,
140, 146. 25, 54. 28, 145,
147, 147.
βραχυλογία 1, 130.
βραχύς 1, 6, 6, 72, 82, 113,
121. 2, 14. 4, 25, 70, 134, 134,
135, 135, 171, 196, 197. 7, 89,
90, 90, 91, 153. 8, 58, 112.
10, 27, 30, 103, 127, 146,
155, 178. 11, 10, 53, 115, 130,
169. 12, 6, 11, 28, 81, 128,
156. 13, 32, 58, 154, 168, 183,
196, 221. 14, 7, 64. 15, 5,
13. 16, 65, 122, 123, 123, 137,
194. 17, 89, 102, 142, 145,
148, 148, 149, 150, 154, 155,
155, 290. 18, 11, 150, 150.
19, 176. 20, 65, 78, 180, 186,
223. 21, 10, 46, 125, 220.
22, 289. 23, 44, 71, 71, 86,
94, 122, 166, 199, 199, 258,
262. 24, 27, 38, 39, 101, 130,
131, 147, 168, 170, 230. 25, 22,
30, 38, 108, 200, 275. 26, 135,
140, 168, 173, 192, 204, 268.
27, 135, 137. 28, 18, 69, 71,
141, 151, 166, 242, 275, 338.
29, 49, 55, 131, 170, 180, 201.
30, 5, 25, 42, 50, 121, 126,
170, 170, 170. 31, 52, 83, 85,
136, 145, 171, 173, 213. 32, 26,
135, 221. 33, 82, 131, 138,
168, 172, 172. 34, 55, 84, 96,
130, 136. 35, 16, 34. 36, 29,
41, 69, 100, 100, 101, 104,
114, 135, 149. 37, 17, 37, 55,
58, 79, 124, 155, 165, 168. 38,
18, 24, 48, 117, 128, 193, 269,
282, 330, 341, 347.
βραχύτης 1, 41. 7, 105. 10, 37.
Βρεντέσιον 37, 26, 152, 173.
βρέφος 1, 103, 124, 132, 161.
2, 9. 5, 114. 17, 294. 18, 4.
21, 192. 22, 10, 204. 24, 127,
128, 129. 25, 12, 17. 29, 33.
30, 110, 114, 115, 117, 118,
119, 199, 200. 32, 131. 33,
110. 36, 60, 67.   .
βρεφώδης 14, 11. 18, 19.
βρέχω 2, 21, 25, 26, 29. 21, 85.
βρίθω 1, 40, 85. 10, 85. 12, 7,
25, 144. 17, 46, 295. 20, 165.
25, 217. 26, 179. 28, 34.
31, 114. 33, 128. 36, 136.

βριμόομαι 22, 168.
βροντή 23, 43, 160. 25, 118.
27, 44.
βροτός 36, 121.
Βροῦτος 34, 118.
βροῦχος 3, 105.
βροχή 2, 26.
βρόχος 26, 252. 30, 160. 38,
131.
βρύον 36, 140.
βρῶμα 19, 174.
βρώσιμος 2, 52. 12, 96.
βρῶσις 1, 38, 38. 2, 56, 58,
90, 97, 98, 98, 99, 99, 99.
12, 95. 18, 29. 22, 155, 215.
24, 154. 25, 184. 28, 150,
184, 222, 256. 34, 153.
βύβλος 37, 37.
βύζην 32, 43.
βύθιος 7, 15, 100. 8, 153. 10,
76. 21, 122. 25, 175. 30, 6.
38, 357.
βυθός 3, 34, 102. 11, 89, 169.
12, 144. 13, 22. 15, 66. 20,
107. 26, 249, 252. 30, 114.
34, 66. 38, 371.
βύσσος 16, 97. 18, 117, 117.
21, 216. 26, 84, 87, 88, 111.
βῶλος 1, 157. 30, 58.
βωμολοχία 10, 102. 28, 319.
βωμολόχος 5, 94. 6, 32. 24,
125. 30, 101. 31, 50.
βωμός 5, 96. 6, 137, 138. 11,
130. 12, 107, 108, 164. 13, 85,
87, 129, 131, 134, 134. 15,
161. 18, 102, 169. 19, 80.
21, 195. 22, 67, 299. 23, 173,
176, 197. 25, 219, 277, 277,
282, 287, 287. 26, 94, 94, 106,
144, 146, 150, 152, 154, 155,
158, 224, 270. 27, 7. 28, 21,
98, 125, 147, 150, 167, 185,
199, 199, 205, 212, 215, 221,
231, 232, 233, 239, 254, 254,
255, 273, 276. 29, 162, 182,
183, 215, 216. 30, 55, 91.
31, 125. 32, 135. 33, 154.
38, 12, 139, 201, 203, 317,
334, 356.

Γάδ 22, 35.
γαῖα 36, 17, 30, 30.
Γαϊδάδ 8, 66, 69.
Γάϊος 37, 9, 9, 10, 11, 12, 12,
14, 22, 26, 31, 97, 98, 100,
108, 109, 114, 180. 38, 8, 14,
16, 17, 19, 24, 25, 32, 33,
36, 36, 38, 52, 58, 60, 62,

67, 69, 69, 73, 81, 86, 91, 101,
110, 114, 119, 133, 134, 137,
141, 162, 164, 168, 171, 172,
173, 175, 178, 185, 188, 197,
201, 204, 206, 218, 219, 222,
230, 231, 232, 248, 248, 253,
255, 257, 261, 261, 263, 265,
268, 271, 272, 275, 290, 330,
335, 335, 337, 346, 354, 356, 373.
Γάϊος Καῖσαρ 37, 25.
Γάϊος Νορβανὸς Φλάκκος
38, 314, 315.
γάλα 11, 9. 12, 15. 14, 8.
22, 204. 30, 199, 200. 31, 12,
12. 32, 128, 130, 130, 142,
143, 144, 144, 144. 34, 160.
36, 66.
Γαλαάδ 4, 16, 19. 18, 43.
γαλακτίζω 22, 10.
γαλακτοτροφέω 25, 9. 16.
30, 199. 32, 129, 133. 36, 67.
γαλακτοτροφία 25, 18.
γαλακτώδης 11, 9. 16, 29.
18, 19. 22, 10.
γαλαξίας 1, 112.
γαλήνη 1, 63. 6, 16, 90. 8, 22.
9, 51. 10, 129. 18, 93. 19,
191. 22, 166, 229. 25, 41.
28, 224. 30, 5. 31, 154.
33, 116.
γαληνιάζω 5, 38. 10, 26. 15,
32. 23, 207. 29, 54.
γαληνίζω 12, 167.
γαληνός 15, 43. 17, 285. 19,
50. 23, 30, 153. 25, 214.
38, 197.
Γαλιλαία 38, 326.
γαμβρός 17, 44. 28, 111, 111.
38, 62, 71.
γαμετή 18, 152. 23, 168, 246,
253. 30, 80. 32, 111, 223.
γαμέω 11, 152. 25, 13. 27, 130.
28, 105, 110, 111, 129. 30, 27,
30, 62. 32, 28, 29, 222, 223.
γάμμα 4, 121.
γάμος 1, 103, 104. 5, 92. 8, 79.
9, 29, 10. 87. 18, 5, 5, 70.
19, 52. 21, 200. 23, 90, 94,
98, 100, 101, 135. 24, 43, 44,
45, 121. 25, 60. 26, 137. 27,
126. 28, 101, 105, 107, 108, 109,
112, 138. 29, 25, 50, 125, 133,
135. 30, 11, 15, 22, 29, 61,
63, 63, 67, 70, 72, 72, 80, 82.
31, 203. 32, 112. 38, 40, 72.
39 (VIII 11, 14).
γαμψός 28, 164.
γανόω 4, 173, 173. 6, 24. 7, 157.
11, 157. 12, 170. 13, 5, 62.

22, 248. 30, 193. 37, 98.
γάνυμαι 1, 152. 2, 64. 26, 210.
38, 355.
γάνωμα 12, 39. 21, 49. 22,
249.
γάρ passim.
γαργαλίζω 31, 100.
γαργαλισμός 4, 160. 6, 26.
7, 110. 30, 10.
γαστήρ 1, 118, 124, 157, 158.
2, 9, 83, 86. 3, 26, 76. 4, 62,
88, 88, 114, 114, 138, 138, 139,
141, 142, 144, 145, 145, 145,
146, 148, 148, 149, 150, 157,
159. 5, 93, 93. 6, 4, 33, 49,
49. 7, 113, 157, 157. 8, 3,
155, 155. 9, 18, 18. 10, 15.
11, 36. 13, 22, 220. 16, 65.
17, 20. 18, 80, 80, 128, 129,
130, 131, 135, 136, 137, 138,
138, 139, 139, 139. 19, 1, 31,
35, 35, 204, 204. 20, 134.
21, 122. 22, 51, 147, 208.
24, 61, 101, 154. 25, 19, 28,
160, 160, 195. 26, 23, 156.
28, 150, 166, 174, 192, 192.
29, 49, 148, 163, 195, 195.
30, 43, 43, 62, 108, 117. 31,
82, 91, 96, 113, 113, 127. 32,
86, 126, 135, 137, 139, 163,
182, 182, 208, 208. 34, 130,
156. 35, 55. 38, 56, 275.
γαστριμαργία 1, 79, 158. 11,
37. 13, 206. 22, 155, 181,
201. 23, 133. 32, 136. 38, 14.
γαστρίμαργος 22, 50. 23,
149. 28, 223. 31, 91, 126.
γάστρις 8, 181.
γάστρων 22, 205.
γαυριάω 5, 70. 11, 73. 21,
224. 22, 267. 38, 86.
γαῦρος 15, 18. 22, 78. 24, 150.
γαυρόω 25, 284.
γέ passim.
γέγωνα 4, 183, 232.
γεγωνός 4, 41. 5, 7. 6, 98.
7, 38. 8, 103. 10, 83. 12,
126. 13, 94. 16, 169. 19, 92.
23, 83. 26, 127.
Γεδεών 15, 130, 130.
γεηπόνος → γεωπόνος
γείνομαι 26, 236.
γειτνίασις 35, 24.
γειτνιάω 1, 33. 25, 35. 28,
122. 30, 162. 31, 19. 33,
110. 36, 100. 38, 14.
γείτων 15, 52, 52, 54. 17, 193,
224, 307. 20, 1. 21, 178.
23, 122. 28, 120, 216. 31,

93, 235. 36, 144, 148.
γειώρας 15, 82.
γελάω 4, 85, 217, 218, 218, 218.
5, 93. 6, 70. 11, 55, 115.
14, 6, 32. 15, 3, 55. 16,
156. 17, 81, 295. 19, 35, 107,
155. 20, 154, 155, 156, 157,
157, 166, 166, 166, 168, 175,
176, 209. 21, 218. 23, 112,
206, 206. 24, 125. 25, 62,
293. 28, 1, 2. 29, 23, 55.
33, 24, 171. 35, 73, 73. 37,
147. 38, 362.
γελοῖος 23, 20. 35, 58. 37,
34.
Γελῷοι 13, 174.
γέλως 2, 82. 4, 87, 217, 217,
218, 219, 219. 5, 67. 7, 123,
124, 124, 124. 8, 179. 11, 62,
93. 12, 168, 168, 168, 169.
13, 62, 149. 16, 157. 17,
48. 18, 61. 19, 31. 20, 103,
131, 137, 137, 154, 157, 157,
157, 166, 261. 22, 167. 23, 112
201, 201, 206. 25, 20, 164.
26, 211, 240, 249. 27, 129.
28, 176. 29, 18, 54, 164, 246.
31, 200. 32, 5, 202. 33, 5,
31, 31. 34, 54, 104. 35, 58.
38, 169, 361.
γεμίζω 1, 1. 23, 133. 24, 170,
207. 27, 40. 28, 70. 31, 129,
140. 34, 14, 56.
γέμω 3, 99. 4, 123, 160, 226.
10, 112. 15, 57, 141. 16, 36,
79, 115, 136, 147. 17, 87, 113,
266, 291. 18, 53. 20, 189.
21, 121. 22, 85, 97, 117, 286,
296. 23, 151, 151. 24, 81, 89,
143, 145, 250. 26, 273. 28, 64,
309. 29, 46, 93, 107, 146,
187. 30, 193. 32, 3, 221.
33, 59. 34, 8, 26, 95, 101,
109, 123. 35, 19, 54. 37, 92.
38, 135, 218.
γενάρχης 17, 279. 18, 61, 133.
21, 167. 25, 189. 37, 74.
γενεά 1, 104, 140, 141, 148. 4, 83.
6, 112. 7, 121. 8, 60. 9, 4.
10, 117. 13, 40, 61, 127. 14,
10. 15, 149. 16, 27. 17, 61,
260, 293, 293, 295, 296, 297,
298, 298. 19, 126, 129, 208.
20, 12. 21, 200. 22, 15. 23,
31, 36, 38, 247. 24, 251, 261.
25, 7, 13, 238, 242. 26, 29,
210, 235. 27, 128. 28, 3, 111,
201. 29, 31, 56, 127, 133, 138,
199. 30, 37, 159. 31, 175.

32, 18, 102, 108, 214, 222.
33, 2, 23, 158, 169. 37, 68.
38, 196, 230, 308.
γενεαλογέω 23, 31.
γενεαλογία 18, 44.
γενεαλογικός 26, 47, 47.
γενεή → γενεά
γενεθλιακός 37, 83.
γενεθλιαλογικός 16, 178, 194.
γενέθλιος 1, 89. 24, 97. 25,
207. 26, 210. 28, 170. 29,
59, 70. 37, 81.
γένειον 1, 103, 104, 105. 24,
23, 105. 35, 30. 38, 223.
γένεσις 1, 12, 12, 12, 14, 25,
27, 31, 34, 37, 40, 42, 43,
46, 52, 52, 54, 58, 59, 64,
67, 67, 68, 72, 75, 77, 79, 100,
129, 133, 139, 140, 151, 152,
161, 168, 171. 2, 1, 7, 18, 18,
19, 19, 21. 3, 2, 6, 11, 15, 24,
74, 83, 83. 4, 7, 73, 77, 78, 78,
85, 86, 89, 101, 185. 5, 16,
19, 43, 50, 51, 54, 62, 75,
97, 108, 109, 114, 114, 120,
125. 6, 4, 10, 14, 17, 42, 58,
64, 66, 66, 70, 70, 72, 72,
73, 98, 102, 102, 120. 7, 46,
80, 114, 121, 124, 138, 139,
146, 147, 148. 8, 5, 23, 23,
29, 30, 33, 42, 65, 89, 125,
133, 168, 171, 172, 177, 182.
9, 1, 3, 42, 53. 10, 4, 21, 31,
56, 58, 61, 75, 77, 87, 108,
117, 119, 119, 123, 157, 179.
11, 6, 25, 103. 12, 12, 53,
61, 61, 64, 66, 86, 93, 117,
130. 13, 30, 31, 42, 69, 73,
77, 171, 208, 208, 211. 14,
4, 8, 22, 22, 23, 26, 28, 60,
62. 15, 42, 57, 98, 106, 114,
144, 149, 175, 186, 187, 190, 191,
192, 196. 16, 6, 22, 95, 115,
136, 183, 207. 17, 30, 38, 45,
45, 50, 93, 97, 103, 115,
121, 122, 146, 163, 164, 170,
170, 171, 171, 172, 177, 206,
209, 246, 247, 257, 280, 314.
18, 13, 14, 59, 81, 84, 91,
130, 134. 19, 70, 84, 110, 136,
160, 161, 173, 176, 204. 20,
10, 13, 18, 27, 27, 28, 36,
46, 46, 48, 74, 127, 130, 156,
157, 166, 177, 188, 195, 218,
223, 228, 255, 264, 268. 21,
37, 37, 38, 66, 77, 184, 189,
197, 211, 244, 249. 22, 28,
59, 67, 68, 100, 107, 131, 221,
221, 231, 253, 273, 290. 23, 1,

1, 9, 11, 31, 110, 162, 195, 248, 254. 25, 96, 98, 116, 212, 279. 26, 1, 37, 47, 48, 51, 60, 64, 80, 111, 119, 147, 260, 263, 266. 27, 58, 117, 163. 28, 6, 10, 16, 27, 43, 80, 102, 112, 112, 114, 140, 210, 277, 295, 326. 29, 5, 6, 42, 58, 58, 133, 152, 154, 160, 166, 233, 248. 30, 23, 36, 47, 58, 62, 112, 178, 178, 179, 179, 188, 199. 31, 68, 187, 208, 209. 32, 62, 72, 93, 112, 130, 132, 134, 203, 206, 218. 33, 1, 1, 9, 13, 22, 63, 68, 132, 145, 149, 160, 160. 34, 80, 105. 35, 6, 65. 36, 8, 8, 8, 14, 14, ‹27›, 53, 57, 62, 65, 66, 73, 78, 79, 89, 94, 95, 99, 100, 100, 111, 111, 117, 118, 134, 137. 37, 187. 38, 56.

Γένεσις 8, 127. 23, 1. 36, 19.

γενητός 1, 12, 45, 67, 135, 171. 3, 5, 6, 12, 33, 34, 99. 4, 4, 31, 100, 101, 180, 180, 208, 209. 5, 16, 31, 77, 77, 99, 109, 119, 121. 6, 94, 100, 101, 139. 8, 20, 135, 145. 9, 26. 10, 58. 12, 66. 13, 84, 199, 209. 15, 122. 16, 91, 134, 157, 180, 183. 17, 56, 143, 206. 18, 107. 19, 141. 20, 14, 22, 85, 142, 201. 21, 60. 22, 253. 23, 206. 24, 254, 265. 25, 174. 26, 6, 65, 147, 168, 171. 28, 13, 20, 252, 293. 29, 55, 166. 31, 73. 32, 65, 65, 180, 213. 33, 28, 39. 36, 7, 7, 7, 13, 14, 17, 17, 18, 19, 55, 73, 78. 38, 5, 118.

γενικός 2, 22, 22, 23, 23, 24, 59, 59, 63, 64, 64, 65, 65, 65. 3, 13, 86, 86. 4, 175, 175, 175. 5, 5, 6, 7. 7, 118. 8, 128. 10, 95. 11, 138. 12, 1. 13, 138. 17, 167, 173. 18, 120. 19, 176. 20, 78, 79. 80, 148. 29, 189. 33, 67. 36, 79.

γενναῖος 4, 75. 7, 150. 9, 4, 40. 11, 86, 167. 13, 224. 15, 41. 17, 91, 105. 20, 177, 187, 261. 21, 93. 22, 10, 253. 23, 192. 25, 40, 234. 26, 274. 27, 73. 28, 271. 29, 84, 129, 247. 31, 45. 32, 17, 71, 127, 133, 167. 34, 24. 36, 54, 132. 37, 52. 38, 215.

γενναιότης 6, 27. 25, 309. 32, 5.

γεννάω 1, 43, 47, 50, 51, 51, 55, 66, 69, 84, 94, 99, 99, 99, 99, 99, 99, 99, 99, 99, 99, 100, 100, 100, 100, 100, 100, ‹100›, 100, 101, 101, 113, 133, 144, 152, 161, 167. 2, 7, 10, 15, 15, 15, 15, 99. 3, 9, 12, 25, 37, 37, 45, 45, 46, 47. 4, 83, 87, 113, 146, 217, 217, 218, 219, 219, 219, 219, 234, 244, 247. 5, 23, 27, 27, 44, 44, 49, 53, 119, 124. 6, 3, 24, 65, 87, 101. 7, 54, 116, 119, 145. 8, 40, 66, 90, 98, 135, 170, 177. 9, 1, 5. 10, 1, 3, 4, 15, 19, 30, 40, 47, 117. 12, 9, 15, 15, 31, 97, 110, 124, 125. 13, 2, 73, 86, 94, 98. 15, 63, 122, 132, 145, 187. 16, 31, 33, 92, 142, 183, 193. 17, 36, 54, 60, 62, 157, 171, 171, 172, 172, 200, 205, 216, 248, 265, 295. 18, 4, 23, 43, 56, 74, 76. 19, 50, 52, 161, 167, 209. 20, 10, 29, 63, 68, 137, 138, 163, 188, 189, 193, 263, 267, 267. 21, 20, 31, 35, 76, 166, 171, 173, 181, 190. 22, 24, 26, 141. 23, 98, 136, 180, 195, 228, 250. 24, 58, 188, 254. 25, 5, 8, 9, 11, 33, 147, 204. 26, 164, 185, 210, 222, 235. 27, 9, 25, 27, 27, 42, 51, 107, 112, 120, 132. 28, 6, 84, 96, 121, 130, 139, 172, 209, 291, 294, 313, 314, 329, 330, 336, 339. 29, 29, 29, 40, 52, 52, 59, 129, 137, 172, 173, 186, 205, 225, 228, 228, 231, 233, 240, 260. 30, 14, 23, 43, 49, 113, 116, 154, 189. 31, 15, 147, 166, 182, 182, 210, 238. 32, 93, 126, 128, 192, 202, 205, 207, 208, 223, 224. 33, 65, 121. 34, 79. 35, 9, 17, 18, 70. 36, 58, 59, 67, 92, 100. 37, 46, 91, 158. 38, 58, 89, 338. 39 (VIII 7, 7).

γέννημα 2, 31. 3, 8, 48, 85. 4, 89, 131, 150, 209, 217, 218. 5, 44, 48, 52. 6, 104. 7, 114, 114, 114. 8, 10, 63, 172. 10, 4, 56, 117. 12, 95, 135, 136, 137, 137, 137. 14, 22. 16, 78, 140, 142, 200. 17, 48, 247. 18, 6, 7. 21, 201, 202. 27, 160. 28, 183. 29, 179, 181. 31, 12, 217.

γέννησις 20, 96.

γεννητής 15, 149. 22, 178. 26, 205, 209. 27, 53, 107. 28, 209. 29, 30, 31, 198. 32, 85. 33, 46. 36, 1.

γεννητικός 1, 13, 123, 162. 4, 8, 150. 6, 58. 8, 3. 10, 111. 20, 173, 205. 22, 68, 158, 184, 195. 24, 58. 25, 302. 28, 2, 216, 325. 29, 49. 30, 10, 41, 175.

γένος 1, 16, 44, 54, 61, 62, 63, 63, 64, 64, 65, 76, 76, 77, 79, 81, 114, 117, 120, 133, 134, 135, 136, 140, 141, 148, 157, 163, 169, 169. 2, 4, 14, 16, 20, 31, 45, 45, 47, 78, 86. 3, 4, 8, 11, 12, 12, 13, 13, 13, 13, 17, 22, ‹47›, 50, 86, 95, 96, 96. 4, 42, 78, 166, 206. 5, 5, 7, 49, 66, 96, 99, 106, 106, 107. 6, 6, 6, 7, 8, 35, 64, 65, 70, 78, 84, 92, 98, 105, 109, 111. 7, 7, 25, 46, 60, 76, 77, 78, 99, 102, 122, 151, 152, 174. 8, 42, 43, 43, 92, 103, 104, 105, 109, 109, 134, 173, 185. 9, 1, 56. 10, 7, 16, 19, 21, 73, 75, 76, 81, 95, 119, 121, 144. 11, 41, 83, 100, 133, 145, 154. 12, 14, 129. 13, 13, 60, 78, 111, 122, 162, 214, 217, 220. 14, 52, 65. 15, 1, 42, 43, 50, 56, 70, 74, 90, 91, 95, 117, 150, 182, 192. 16, 18, 20, 29, 46, 54, 54, 63, 66, 69, 84, 114, 121, 124, 125, 140, 155, 155, 158, 171, 218. 17, 7, 36, 45, 47, 52, 58, 61, 76, 82, 112, 118, 126, 164, 172, 177, 182, 183, 184, 186, 187, 203, 249, 265, 272, 275, 276, 278, 278, 283, 284. 18, 20, 20, 22, 22, 36, 41, 51, 85, 94, 108, 132. 19, 9, 42, 62, 64, 73, 103, 104, 105, 107, 114, 140, 147, 168. 20, 1, 8, 12, 34, 54, 58, 64, 78, 78, 85, 88, 88, 109, 110, 117, 120, 133, 137, 166, 189, 213, 246, 256, 263. 21, 12, 28, 45, 68, 110, 112, 147, 159, 166, 175, 194, 209, 240, 256. 22, 14, 16, 48, 90, 149, 174, 186, 188, 210, 210, 228, 230, 276, 279. 23, 7, 9, 23, 30, 45, 46, 50, 51, 54, 56, 98, 115, 136, 202, 204, 207, 211, 251, 272. 24, 2, 30, 42, 56, 93, 233, 241. 25, 5, 7, 69, 100, 103, 109, 147, 149, 226, 302, 304,

324. 26, 8, 9, 27, 36, 55, 59,
60, 61, 62, 64, 65, 65, 84, 87,
121, 126, 142, 186, 189, 196,
245, 289. 27, 23, 52, 71, 81,
130, 153. 28, 1, 30, 76, 97,
110, 118, 122, 160, 168, 169,
172, 190, 194, 201, 211, 243,
253, 298, 303, 329, 342. 29,
35, 47, 52, 95, 100, 111, 114,
129, 133, 158, 162, 164, 167,
167, 171, 217, 225, 237, 239.
30, 7, 11, 11, 21, 25, 27, 38,
46, 99, 100, 113, 113, 118, 125,
157, 162, 165, 176, 185, 192.
31, 14, 18, 101, 101, 105, 113,
114, 116, 118, 123, 132, 132,
133, 157, 180, 192, 206, 208.
32, 10, 38, 60, 119, 122, 123,
131, 132, 149, 191, 193, 197,
199, 206, 207, 212, 225. 33,
8, 9, 14, 26, 36, 68, 68, 72,
83, 84, 85, 90, 107, 110, 125,
141, 163. 34, 18, 35, 63, 71,
93, 114, 158. 35, 11, 21, 35,
37, 62. 36, 12, 45, 55, 55, 69,
97, 117, 130, 145, 146, 149.
37, 13, 39, 96. 38, 3, 4, 8,
10, 26, 33, 48, 54, 62, 68, 76,
98, 142, 143, 144, 149, 178,
201, 265, 320, 346, 348. 39
(VIII 11, 2).
γεραίρω 6, 117. 12, 131. 17,
110. 23, 235. 25, 23, 155.
26, 256. 27, 61, 78. 28, 21,
52, 272. 29, 132, 134, 164,
199, 209. 30, 184. 32, 77, 218.
33, 121, 126. 38, 96.
γεράνδρυον 33, 172.
γέρανος 31, 117.
γέρας 6, 77. 7, 42, 92. 8, 105.
10, 45, 168, 169. 11, 56. 12,
42, 63. 13, 65. 14, 16, 37.
15, 30, 57. 16, 141. 17, 291.
18, 37, 108. 19, 37, 118. 21,
35, 169. 23, 98, 165. 25, 148,
205, 236, 304, 321, 327. 26,
17, 58, 67, 142, 173, 194, 236,
242, 274. 27, 161. 28, 57, 79,
117, 122, 123, 135. 29, 183,
235, 258, 258, 259, 261. 30,
128. 31, 121. 32, 53, 102.
33, 2, 22, 36, 52, 74, 90, 120,
152, 166. 35, 36, 90. 36, 68.
38, 46.
Γερμανία 38, 10.
Γερμανικός 38, 10, 206.
Γερμανικός (adi.) 38, 356.
Γερμανός 22, 121.
γερουσία 13, 14. 14, 24. 16,

168. 25, 73. 26, 153. 30, 80.
37, 74, 76, 80. 38, 229.
γέρων 1, 105, 105, 105. 6, 76.
14, 20. 22, 36. 24, 127, 128.
38, 1. 39 (VIII 7, 13).
γεῦμα 18, 174.
γεῦσις 1, 62, 62, 162, 165. 2,
25. 3, 7, 26, 39, 74, 96. 4,
58, 156, 216, 220, 220. 5, 57.
6, 44, 73. 7, 99, 101, 168, 173.
9, 18. 11, 36. 13, 217. 15,
19, 52, 90. 16, 51, 137, 188.
17, 48, 232. 19, 182. 20,
111, 164. 21, 55, 80. 22, 51,
215. 23, 148, 149, 236, 241.
28, 174, 337, 338. 31, 100.
35, 45, 53.
γευστός 13, 191.
γεύω 4, 111, 216, 216. 5, 57,
62, 73. 6, 85. 13, 106. 15,
194. 18, 96. 19, 138. 21, 48,
55, 165. 22, 149. 23, 89, 238.
24, 25, 126, 126. 25, 182,
190. 26, 192. 27, 74, 80.
28, 37, 176, 223. 31, 92, 99.
32, 136, 188. 34, 114. 38,
310.
γέφυρα 22, 118.
γεώδης 1, 135. 2, 1, 31, 32, 88.
4, 172, 252, 252. 5, 89. 7,
85, 98, 109, 112, 114, 163. 8,
89. 12, 44. 15, 92, 95, 104.
16, 9, 63. 17, 197. 18, 20,
96. 20, 21, 34. 21, 86, 146,
177. 26, 119. 36, 29, 29, 33,
86, 87, 90, 135.
γεώλοφος 7, 2. 21, 125. 25,
276. 35, 22. 36, 42, 118, 148.
γεωμέτρης 11, 138. 20, 80.
34, 49, 157.
γεωμετρία 1, 49, 98. 2, 57.
5, 105. 11, 3, 18. 12, 121.
13, 49. 18, 11, 16, 75, 144,
146, 146. 21, 205. 25, 23.
26, 39. 29, 230.
γεωμετρικός 1, 107, 108. 20,
146, 146. 21, 9. 26, 96. 27,
21. 29, 200. 34, 49.
γεωπονέω 2, 43. 7, 112. 15,
124. 16, 91. 17, 121. 29, 207.
32, 98. 34, 34, 76.
γεωπόνος 1, 80, 85, 115, 168.
4, 170, 227. 6, 38. 7, 104, 112.
8, 142. 10, 38, 91. 12, 136.
15, 38. 20, 149, 221, 259.
29, 104, 213. 30, 32. 32,
145, 157. 33, 128. 39 (VIII
11, 8).
γεωργέω 7, 104. 11, 5. 12, 42,

96, 98, 112. 14, 36. 18, 123.
22, 64, 163. 31, 75. 34, 69.
35, 89. 38, 47. 39 (VIII 7, 15).
γεωργία 5, 34. 6, 11. 7, 104,
108. 10, 87. 11, 3, 25, 26.
12, 2, 139. 17, 115, 121, 137.
18, 65. 22, 21. 25, 201. 27,
162. 28, 335. 29, 206. 31,
215. 32, 93, 98, 98. 35, 62.
39 (VIII 7, 17).
γεωργικός 1, 81, 167. 7, 105,
109, 111. 11, 4, 7, 10, 17, 20,
125, 181. 12, 1, 94, 94, 140.
14, 36. 16, 55. 19, 170. 22,
61. 29, 172. 32, 155. 33, 12.
34, 68.
γεωργός 2, 47, 80. 5, 33. 7,
104, 104, 105, 108, 112. 11, 1,
2, 4, 5, 20, 22, 26, 27, 67, 124,
125, 158, 181. 12, 1, 1, 140.
14, 35, 36, 36. 16, 221. 22,
64. 24, 260. 25, 22. 28, 305.
30, 33, 39. 33, 60. 36, 63,
98. 37, 57.
γῆ 1, 26, 29, 38, 38, 39, 40, 42,
43, 45, 45, 45, 46, 47, 58, 59,
62, 63, 63, 64, 64, 69, 72, 78,
84, 85, 111, 113, 114, 116, 129,
129, 129, 129, 131, 131, 131,
132, 133, 133, 133, 133, 133,
134, 136, 137, 146, 147, 147,
154, 157, 158, 163, 167, 168,
171. 2, 1, 1, 2, 2, 19, 21, 21,
21, 21, 21, 21, 25, 25, 26, 26,
27, 28, 28, 28, 31, 32, 34, 56, 63,
63, 63, 66, 66, 66, 68, 90, 96.
3, 4, 9, 11, 13, 19, 53, 59, 71,
88, 88, 106. 4, 4, 5, 12, 42, 65,
65, 82, 83, 99, 101, 107, 161,
161, 161, 161, 169, 172, 202,
202, 222, 246, 247, 247, 252,
253, 253, 253. 5, 12, 25, 41,
49, 53, 62, 99, 100, 108, 108,
111, 111, 119, 121. 6, 11, 25,
25, 51, 51, 52, 57, 72, 89, 90,
97, 107, 118, 134. 7, 8, 62, 69,
79, 80, 85, 85, 85, 87, 88, 89,
96, 98, 99, 100, 104, 106, 107,
108, 114, 118, 119, 119, 121,
122, 150, 150, 151, 152, 152,
154, 156, 156, 159, 163, 163,
163, 163, 170, 174. 8, 1, 50, 65,
65, 91, 116, 125, 127, 127, 144,
163, 180. 9, 1, 3, 7, 12, 22, 31,
58, 60, 60, 62, 65, 66. 10, 19,
20, 20, 20, 33, 51, 79, 87, 107,
122, 140, 140, 145, 148, 149,
153, 155, 157, 161, 181. 11, 1,
3, 4, 5, 6, 7, 17, 20, 21, 21, 21,

γλισχρός 16, 217. 34, 121.
37, 130.
γλισχρότης 5, 42.
γλίχομαι 1, 71, 166. 2, 30. 4,
9, 171. 5, 31, 45, 109. 6, 41,
65. 7, 89. 8, 18. 11, 97. 13,
124. 15, 117, 128. 17, 76,
243. 19, 141. 21, 234. 22,
204. 23, 21, 103, 150, 166.
25, 69, 286. 26, 234. 27,
146. 28, 37, 207. 29, 165.
30, 4. 32, 30. 34, 39. 36,
37. 38, 127.
γλυκαίνω 4, 173. 7, 117. 8,
156. 9, 25. 16, 36, 36. 18,
163, 166, 166. 19, 139. 25,
186. 27, 16. 28, 292.
γλύκιος 25, 211.
γλυκύπικρος 22, 150.
γλυκύς 1, 38, 38, 131, 131. 3,
32. 5, 70, 70. 13, 112, 190.
17, 208. 18, 166, 166. 19,
138, 139. 21, 18. 31, 56. 36,
104.
γλυκύτης 7, 118. 8, 154. 18,
169.
γλυπτός 4, 36, 36.
γλυφή 19, 185. 22, 55. 26,
114, 132, 133.
γλῶσσα, γλῶττα 1, 104, 104,
159. 2, 69. 5, 35, 105, 116.
6, 49, 61. 7, 23, 44, 92, 102,
127, 174, 175. 8, 93. 10, 84.
11, 53, 95. 13, 103, 106. 14,
28, 45. 15, 9, 11, 27, 33, 36,
68, 156, 168, 189. 16, 47, 71,
81, 114. 17, 11, 14, 25, 266.
18, 80, 177. 19, 85, 86. 20,
56, 178, 240, 244. 21, 29,
161. 22, 51, 132, 147, 165,
267, 267, 278, 302. 23, 20,
27, 57. 24, 121. 25, 84, 274.
26, 26, 31, 40, 97, 114, 127,
196, 200, 208, 239. 27, 32,
63, 91, 93, 159. 28, 53, 147,
272. 29, 6, 41, 49, 145, 194,
195. 31, 90. 32, 193. 33,
14, 143, 163. 34, 108. 38,
113, 280, 360.
γλωσσαλγία 26, 198. 30, 174.
37, 33.
γλώσσαργος 38, 170.
γνάμπτω 23, 170. 24, 26. 25,
251. 34, 121.
γνήσιος 3, 94, 97. 6, 21, 29,
43, 45, 58. 7, 21, 21, 62, 135,
157. 8, 102, 163. 9, 17, 44.
10, 4, 116, 121, 151. 11, 32.
12, 60, 71, 126. 14, 8, 14, 14,

56. 15, 1, 48, 69, 72, 181.
16, 86, 94. 17, 19, 44, 51,
123. 18, 6, 14, 23, 35, 112.
19, 50, 152, 152, 189, 208.
20, 5, 147, 204. 21, 23, 53.
22, 22, 47, 64, 266, 272, 273.
23, 25, 110, 132, 168, 194,
194, 221, 221, 250, 254, 264.
24, 43, 59, 74, 210, 218, 258.
25, 15, 17, 19, 28, 32, 72,
147, 328. 26, 5, 139. 27, 3,
126, 128. 28, 309, 316. 29,
88. 30, 29. 31, 51, 184, 191,
203. 32, 59, 62, 75, 79, 145,
185, 224. 33, 39, 43, 57, 108,
139. 34, 3, 79, 87, 99. 35,
72, 90. 36, 56, 83. 37, 9, 19.
38, 24, 38, 62, 71, 195.
γνόφος 8, 14, 14. 9, 54. 20, 7.
25, 158.
γνοφώδης 25, 176.
γνώμη 1, 45, 156. 2, 87. 3, 67,
108. 4, 53, 125, 144, 205, 232.
5, 14, 15, 16, 17, 78, 96. 6,
26, 79, 93, 123. 7, 10, 12, 50,
56, 62, 69, 96, 134, 134. 8,
9, 10, 75, 80, 140, 176. 9, 37,
54, 66. 10, 22, 23, 26, 28,
29, 47, 66, 100, 120, 147, 182.
11, 178. 12, 108. 13, 115,
123, 123, 124, 138, 138. 14,
15, 18, 68. 15, 32, 52, 65,
150, 160. 16, 7, 25, 120, 148,
172, 184, 201, 225. 17, 9, 68,
85, 99, 243. 18, 73, 121. 19,
52, 65, 86, 114, 115, 118, 119,
171, 205. 20, 10, 91, 200, 203,
243, 244. 21, 81, 91, 132, 191,
202. 22, 26, 29, 73, 91, 99,
104, 174, 185, 278, 292. 23,
6, 6, 120, 141, 168, 170, 211.
24, 15, 73, 240, 246. 25, 86,
150, 196, 199, 214, 235, 244,
273, 282, 285, 294. 26, 9, 53,
143, 154, 172, 175, 228, 231.
27, 68, 141, 177. 28, 30, 38,
79, 103, 203, 241, 246, 248,
259, 271, 300. 29, 5, 87, 88,
137, 165, 231. 30, 15, 19, 34,
55, 73, 86, 93, 120, 129, 141.
31, 34, 43, 76, 193. 32, 19,
27, 43, 56, 61, 64, 69, 71, 83,
94, 184, 202, 207, 208. 33,
54, 138. 34, 24, 27, 97, 98,
99, 132, 141. 35, 13, 68, 71.
36, 59, 142. 37, 16, 19, 50,
51, 134, 145. 38, 26, 39, 51,
141, 213, 219, 223, 241, 245,

246, 258, 319, 350. 39 (VIII
11, 13).
γνωρίζω 1, 53, 153, 156. 2, 91.
3, 69. 4, 57, 58, 61, 100, 183.
5, 40, 115, 115, 115. 6, 20,
132. 7, 56, 131, 142. 8, 35,
167. 9, 3. 10, 126, 135, 161,
167. 12, 64, 66. 13, 72, 89,
187, 187. 16, 13, 22, 93, 137,
213. 17, 54, 246. 18, 18. 19,
38. 20, 17, 91. 21, 29. 22,
42. 23, 71, 125, 200. 24, 157,
165, 165, 193. 25, 59. 26,
124. 28, 42, 335. 31, 69. 35,
10. 37, 3, 96, 111, 111, 142,
144. 38, 255, 269, 269, 272.
γνώριμος 1, 61, 149. 4, 9, 120.
5, 16, 16, 16, 46. 6, 79. 7,
49, 57, 79, 86. 8, 12, 13, 90,
141, 148, 150, 151. 9, 25, 26.
10, 146, 148. 12, 115. 13,
33, 42, 72, 114. 14, 20, 35, 68.
15, 39, 119, 183. 16, 201,
203, 224. 17, 15, 81, 122, 213.
18, 122, 127. 19, 136, 160.
21, 87, 91, 111, 124, 173, 191.
22, 2. 23, 6, 19, 123, 273.
24, 90. 25, 1, 80. 26, 153,
205. 27, 82, 88, 123. 28, 50,
59, 319, 345. 29, 132, 132,
226. 30, 6. 31, 140, 162. 32,
55, 74, 218. 34, 36, 82. 35,
63. 36, 16, 133. 37, 3. 39
(VIII 11, 1).
γνώρισμα 6, 91. 12, 118. 15,
13. 20, 91. 21, 21. 25, 59.
28, 33, 42.
γνωριστικός 1, 154.
γνωσιμαχέω 18, 53. 21, 32.
23, 215. 25, 220, 232.
γνωσιμαχία 22, 264.
γνῶσις 4, 126. 10, 143. 16, 42.
17, 91. 19, 82. 21, 60. 23,
268. 26, 218. 27, 147, 149.
31, 63, 64, 70, 189. 32, 178.
γνωστός 2, 56, 60, 61. 4, 101.
20, 8.
γόης 6, 32. 17, 302. 28, 315.
33, 25. 39 (VIII 6, 2), (VIII
6, 3).
γοητεία 1, 2, 165. 8, 101. 12,
104, 106. 13, 71. 22, 40. 25,
301. 27, 125. 33, 8. 38, 162.
39 (VIII 6, 2), (VIII 11, 14).
γοητεύω 21, 220.
γομόρ 18, 100.
Γομόρρα 13, 222. 21, 85. 22,
191, 192.
γονάτιον 35, 51.

γονεύς 1, 99, 171. 2, 99. 4, 10.
6, 129. 7, 145. 8, 49, 90, 109,
181. 10, 17. 12, 146. 13, 17,
32, 33, 35, 42, 72, 77, 80, 83,
93, 95, 131. 14, 23. 16, 69,
116. 17, 171, 172, 295. 19, 3,
29, 43, 47, 84, 88, 109. 20,
40, 147, 206, 206, 226. 22,
83, 128, 178. 24, 74, 187. 25,
9, 32. 26, 198, 207, 245. 27,
42, 51, 51, 106, 107, 110, 112,
116, 117, 118, 118, 119, 120,
121, 165, 166. 28, 101, 114,
137, 139, 139, 250, 310. 29,
3, 124, 125, 129, 129, 130, 131,
223, 224, 225, 225, 227, 229,
232, 233, 234, 237, 239, 240,
243, 244, 248, 254, 261. 30,
21, 23, 29, 67, 80, 116, 116, 131,
153, 154, 159, 168, 168. 31,
150, 178, 178, 178, 184. 32,
82, 114, 131, 178, 193, 194,
198, 202, 208, 208, 226. 33,
109, 134, 148, 148. 34, 10, 87,
119, 143. 35, 18, 47, 72. 37,
68, 148. 38, 5, 58, 115, 142,
289, 343. 39 (VIII 7, 3), (VIII
7, 8).
γονή 1, 14, 105, 124. 4, 180.
5, 43. 7, 102, 147. 8, 176.
10, 5, 137. 13, 211. 18, 9,
130. 20, 110, 142, 255. 21,
37. 23, 101, 135. 28, 105.
30, 32, 34, 39. 36, 30. 39
(VIII 7, 7).
γόνιμος 1, 103, 117, 124, 133.
2, 9, 11, 39, 76. 4, 150. 7,
168. 11, 30. 17, 208, 211,
232. 20, 144. 21, 17. 25, 5.
27, 159. 28, 6. 29, 172, 177.
30, 33. 36, 97, 97.
γονορρυής 4, 7, 7, 8. 28, 118.
γόνος 35, 51.
γόνυ 11, 75. 24, 219. 25, 271.
Γοργών 38, 237.
γοῦν 1, 25, 51, 85, 85, 90, 94,
135. 2, 14, 41. 3, 32, 107.
4, 2, 30, 56, 63, 71, 78, 86,
118, 123, 124, 145, 149, 150,
156, 157, 186, 186, 187, 203.
5, 50, 54, 113, 130. 6, 8, 41,
46, 86, 100, 101, 130, 135. 7,
49, 59, 72, 98, 130, 145, 151,
170, 176. 8, 14, 19, 25, 81, 96,
102, 105, 115, 121, 126, 166.
9, 47, 62. 10, 16, 26, 27, 92,
144. 11, 14, 23, 41, 59, 81,
123, 126, 136. 12, 80, 120,
127, 147, 154, 168. 13, 13, 30,

31, 82, 131, 160, 177, 177, 194,
208. 14, 4, 8, 17. 15, 70, 74,
97, 116, 159. 16, 4, 13, 17, 80,
130, 173, 206, 213, 217. 17, 14,
56, 65, 239, 242, 260. 18,
54, 72, 74, 123. 19, 4, 43, 89,
143, 191. 20, 13, 14, 194, 195,
213, 215, 224, 229, 254. 21,
7, 19, 46, 48, 145. 22, 4, 23,
56, 167, 212, 229, 291. 23,
136, 213. 24, 47, 86, 94, 146,
160, 249, 260. 25, 9, 32, 39,
49, 56, 58, 159, 160, 231, 238,
239, 268, 273, 315. 26, 15, 52,
157, 203. 27, 72, 91, 104. 28,
45, 52, 60, 78, 127, 142, 157,
163, 166, 186, 254, 298, 300,
325. 29, 60, 71, 106, 126, 199.
30, 4, 17, 40, 74, 96, 128, 184.
31, 23, 28, 67, 151, 157, 209,
215, 230. 32, 53, 59, 63, 80,
83, 106, 124, 129, 157, 186,
217. 33, 19. 34, 94, 98, 101,
121, 124, 131, 133, 157. 35, 1,
26, 54, 75. 36, 20, 48, 63,
76, 100, 125. 37, 94, 129. 38,
7, 12, 18, 22, 50, 60, 131, 287,
289, 298, 313, 372. 39 (VIII
11, 3), (VIII 11, 18).
γράμμα 6, 79. 10, 6. 12, 131,
173. 15, 50. 16, 85, 139, 195.
17, 176, 258. 18, 58. 20,
63, 64. 21, 57, 202. 23, 60,
275. 24, 168. 25, 23, 23.
26, 132, 290, 292. 27, 140.
28, 31, 58, 336. 29, 159, 230,
238. 30, 8. 31, 30, 142, 161,
162. 33, 79. 34, 95, 104, 158.
35, 28, 75, 78. 37, 57, 108,
131. 38, 69, 195, 231, 253, 260.
γραμματεῖον 38, 178.
γραμματεύς 11, 148. 37, 3.
γραμματικός, γραμματική
1, 126, 126. 2, 14, 94. 5, 105.
6, 74. 7, 18, 75 75, 75. 13,
49. 17, 210, 282. 18, 11, 15,
74, 142, 142, 148. 20, 80, 146,
146. 21, 9, 205. 34, 49, 49,
51, 51, 157.
γραμματιστής 24, 132.
γραμματιστική 18, 148.
γραμματοκύφων 37, 20, 131.
γραμμή 1, 49, 49, 49, 98, 102.
11, 138. 17, 131, 210. 18,
77, 144, 146, 147. 21, 187.
26, 115. 27, 24, 25, 25, 26.
35, 51.
γραφεύς 3, 26. 5, 11. 8, 141.

13, 109. 17, 169. 26, 205.
38, 290.
γραφή 1, 77. 5, 11, 104. 6, 71.
8, 38, 113. 11, 168. 13, 11.
15, 14. 16, 34. 17, 106, 159,
167, 167, 266, 286. 18, 34, 90.
19, 4. 21, 1. 23, 4, 11, 23,
61, 68, 121, 131, 236. 24, 87.
25, 158, 287. 26, 40, 51, 74,
84, 203. 27, 8, 37, 51. 28, 1,
33, 214. 29, 104, 134. 31,
55. 32, 51. 33, 65. 34, 62,
94. 37, 185. 38, 148, 151, 276,
365.
γραφικός 1, 41. 3, 75. 23, 267.
27, 7, 156.
γραφίς 27, 72.
γράφω 1, 78, 141, 163. 4, 198.
6, 60. 7, 141. 8, 24, 80, 102,
104, 176, 179. 11, 18. 13, 64.
14, 68. 15, 112, 160, 197.
16, 35, 85, 110, 167. 17, 20,
102, 172, 245, 250, 277, 294,
295. 18, 74, 126, 137, 148,
178. 20, 23, 48, 52, 93. 21,
13, 92, 95, 205, 244. 22, 43,
49, 133, 175, 197, 205. 23,
10, 186. 25, 35, 300. 26, 14,
26, 203, 230. 27, 47, 132,
140. 29, 132. 30, 53, 62, 166.
31, [2], 63, 142, 160, 160,
161, 162, 163, 163, 163. 32,
193. 33, 53. 34, 19, 37, 104.
37, 132, 134. 38, 27, 53, 92,
119, 138, 202, 207, 207, 218, 254,
260, 303, 314, 315, 315, 330,
333. 39 (VIII 6, 9), (VIII 11, 2).
γρύζω 22, 267. 35, 75.
Γύαρα 37, 151, 151.
γυῖον 1, 104.
γυμνάζω 1, 63. 6, 78, 85. 7, 41,
49, 66. 9, 60. 13, 22. 14, 65.
15, 39. 16, 74, 199. 18, 17,
27, 180. 19, 125. 20, 81, 84,
85. 21, 250. 22, 263. 23,
96. 24, 26, 223. 25, 48. 31,
101, 111, 163. 32, 18. 33,
153. 34, 111. 36, 129. 37, 5.
γυμνασία 29, 98
γυμνασιαρχέω 37, 130.
γυμνασιαρχία 34, 6.
γυμνάσιον 1, 17. 20, 172. 21,
69, 129. 37, 34, 37, 138. 38,
135.
γύμνασμα 11, 160. 15, 75.
20, 81, 230. 23, 48. 25, 61,
310. 34, 88. 39 (VIII 11, 7).
γυμναστικός 29, 230.
γυμνικός 1, 78. 7, 2. 12, 160.

29, 246. 30, 176. 31, 74.
33, 6, 11. 35, 41. 38, 45.
39 (VIII 11, 6).
γυμνός 1, 1, 24. 3, 22, 53, 53,
56, 57, 59, 64, 64, 70, 71. 4,
49, 54, 54, 55, 55. 5, 17, 31.
6, 30, 84. 7, 36. 9, 53. 10,
83, 103. 13, 34. 14, 32. 16,
90, 192. 19, 158. 20, 199.
21, 43, 98, 99. 22, 121, 170.
23, 102, 117, 236. 27, 77.
28, 63, 295, 295. 29, 131.
31, 71, 185. 33, 4, 166. 34,
43, 160. 35, 78. 36, 67. 37,
36.
Γυμνοσοφισταί 22, 56. 23,
182. 34, 74, 93.
γυμνότης 3, 59. 4, 55. 13,
4, 6. 14, 1.
γυμνόω 3, 53, 53, 54, 57, 59,
59, 60, 60. 4, 157. 5, 17. 13,
5. 28, 83. 30, 56, 176, 176.
γύμνωσις 3, 57, 58, 59, 60, 60,
61, 64.
γυναικεῖος 4, 218. 5, 8, 50.
6, 21. 7, 28. 8, 134, 166. 13,
60. 18, 180. 19, 128, 167.
22, 185. 28, 108. 35, 33.
γυναικοκτόνος 38, 234.
γυναικομανής 30, 79.
γυναικόμορφος 29, 50.
γυναικόω 22, 185. 23, 136.
γυναικώδης 9, 4. 13, 63.
γυναικωνῖτις 4, 98. 6, 103.
11, 79. 16, 96. 22, 9, 55,
184. 35, 32. 38, 358.
γύναιον, τό 4, 63. 11, 149.
22, 83. 23, 182. 25, 16, 257.
30, 101, 159. 32, 221. 34,
117, 119. 37, 62, 87, 89.
γύνανδρος 6, 100. 17, 274.
32, 21.
γυνή 1, 124, 132, 133, 133, 134,
151, 151, 153, 156, 165, 165,
167. 2, 13. 3, 14, 19, 19, 20,
38, 38, 38, 38, 44, 44, 48, 49,
50, 50, 53, 64, 73, 74. 4, 1, 49,
49, 50, 56, 56, 59, 60, 61, 61,
65, 66, 66, 74, 74, 85, 182,
184, 184, 185, 188, 188, 188,
198, 200, 200, 213, 217, 222,
225, 225, 234, 236, 236, 243,
244. 5, 14, 40, 40, 41, 41, 43,
50, 50, 52, 54, 60, 72. 6, 19,
20, 28, 100, 100, 100, 101, 101,
102. 7, 50. 8, 33, 33, 33, 34,
35, 75, 75, 76, 76, 76, 76, 79,
109, 112, 117, 124, 124, 134,
166, 180, 181, 183. 9, 6. 10,

19, 39, 119, 121, 121, 136.
11, 80, 81, 96, 97, 148, 157,
158, 166. 12, 15, 65, 169.
13, 54, 54, 55, 59, 73, 74, 149,
164, 193, 211, 211. 14, 21, 23.
16, 95, 97, 99, 99, 100, 126,
141, 217. 17, 47, 49, 53, 61,
139, 164, 186, 257, 258. 18,
1, 23, 23, 34, 34, 38, 41, 43,
50, 51, 71, 71, 72, 73, 73, 76,
78, 80, 137, 137, 180. 19, 3,
3, 48, 51, 55, 121, 128, 149,
151, 188, 188. 20, 61, 77, 143,
166, 226, 253. 21, 123, 246,
247. 22, 106. 23, 31, 93, 98,
99, 101, 108, 109, 112, 132,
136, 137, 245, 248, 253, 255,
255, 260, 267. 24, 40, 43, 45,
46, 52, 52, 56, 60, 60, 64, 66,
80, 232, 261, 269. 25, 8, 51,
59, 85, 134, 147, 147, 179, 180,
180, 296, 296, 300, 305, 311,
330, 330, 331. 26, 64, 64, 68,
136, 236, 240, 247, 256, 256,
256. 27, 32, 42, 45, 124, 126,
128, 151. 28, 9, 11, 56, 56,
104, 109, 124, 138, 144, 201,
201, 211, 281, 316, 323, 325.
29, 24, 24, 30, 30, 32, 33, 43,
56, 124, 133, 135, 139, 139,
146, 207. 30, 9, 11, 12, 14,
21, 26, 26, 26, 30, 31, 31, 32,
34, 41, 43, 45, 48, 49, 51, 53,
54, 55, 56, 59, 59, 62, 63,
72, 80, 82, 108, 113, 169, 170,
171, 172, 173, 174, [174], 175,
176, 176, 178. 31, 142, 178,
203, 218, 223, 225. 32, 18,
19, 21, 30, 35, 36, 38, 39, 42,
43, 110, 115, 139, 199, 207,
220. 33, 109, 139, 146. 34,
10, 35, 115, 140, 151. 35, 6,
18, 32, 47, 59, 59, 68, 69, 83,
87, 87, 88. 36, 41, 65, 66,
69. 37, 14, 68, 95. 38, 14,
39, 39, 59, 61, 65, 104, 116,
121, 124, 135, 136, 208, 227,
230, 234, 308, 319. 39 (VIII
7, 3), (VIII 7, 5), (VIII 7, 7),
(VIII 7, 8), (VIII 7, 14), (VIII
11, 14), (VIII 11, 14), (VIII
11, 17).
γυρόω 29, 172. 32, 156.
γωνία, ἡ 1, 97, 97. 12, 121.
26, 78, 79, 80.

Δαβίδ 15, 149.
δαδουχέω 13, 168. 17, 311.

δαδοῦχος 17, 311.
δαιδαλεύομαι 22, 53.
Δαίδαλος 30, 44.
δαιμονάω 7, 46.
δαιμόνιον 25, 276.
δαιμόνιος 34, 112. 36, 47, 64,
76.
δαίμων 9, 6, 16, 16. 21, 141.
27, 54. 32, 172. 34, 39, 130.
37, 168, 179. 38, 65, 112. 39
(VIII 6, 1), (VIII 6, 9).
δαΐς, δᾴς 9, 25. 36, 33.
δακετόν 14, 46.
δάκνω 1, 157. 3, 8, 77, 81, 81,
84, 84, 85, 85, 87, 93, 94, 99,
99. 9, 35. 11, 94, 95, 98, 106,
107, 109, 109. 13, 223. 14,
46. 16, 210. 22, 88. 30, 103.
35, 40.
δάκρυ 24, 256. 37, 87.
δακρυόεις 16, 156.
δάκρυον 1, 123. 2, 13. 16,
157, 157, 157. 23, 174.
24, 23, 175, 200, 238. 34,
153. 37, 9, 157. 38, 186, 187,
223, 228, 243.
δακρυρροέω 24, 219. 26, 291.
δακρύω 16, 155, 156. 17, 310.
21, 10. 24, 175. 25, 10, 15,
39, 138. 26, 225. 38, 275.
δακτύλιος 1, 141. 10, 43. 16,
97. 19, 150. 20, 135. 22, 44.
24, 149.
δακτυλοδεικτέω 37, 153.
δάκτυλος 5, 81. 10, 168. 12,
160. 16, 85, 85. 22, 70. 25,
112, 218. 28, 231. 35, 40, 77.
36, 143.
δαμάζω 1, 111. 3, 104, 104.
13, 221. 18, 158. 23, 170.
δάμαλις 17, 106, 125. 28,
268.
Δαμασκός 17, 2, 54, 58, 61.
Δάν 3, 94, 94, 94, 94, 94, 96,
97. 11, 94, 95, 99, 100, 107,
109. 22, 35.
δανείζω 8, 5, 142. 16, 10. 17,
282. 21, 92, 95, 98, 100, 100.
27, 31, 95. 29, 74, 74, 77,
168, 183. 32, 82, 86, 89. 33,
106, 107. 34, 35. 36, 29.
38, 344.
δάνειον 8, 142. 16, 11, 91.
17, 104, 282. 26, 63. 27,
167. 29, 39. 31, 30, 30. 32,
83, 89, 122. 38, 275, 343.
δάνεισμα 8, 5.
δανειστής 12, 101. 21, 93, 95,
96, 98, 100. 29, 72, 75, 122,

122. 30, 204. 32, 89, 123.
33, 106. 38, 13.
δαπανάω 24, 14, 27. 26, 106,
108, 157. 27, 173. 28, 267.
31, 26. 33, 153. 34, 119.
36, 91, 93, 123, 125. 37, 71,
174.
δαπάνη 7, 20. 10, 163. 33,
128. 34, 86. 37, 61, 130.
38, 198.
δαπάνημα 22, 57.
δαπανηρός 25, 68.
Δαρδανίς 34, 115.
δᾶς → δαΐς
δασμός 1, 85. 16, 204. 22,
116, 132. 23, 226, 237. 24,
135. 25, 28, 152. 27, 163.
28, 143. 29, 92, 205, 247.
30, 163. 31, 12, 113, 212,
213, 214, 218, 228. 32, 154.
33, 156. 37, 133.
δασύς 1, 121. 2, 14. 3, 59.
4, 2. 16, 153, 153, 154, 158.
23, 138. 25, 14.
δατέομαι 16, 164. 23, 227.
δάφνη 22, 62.
δαψίλεια 38, 253.
δαψιλής 25, 11.
δέ passim.
Δεβῶν 4, 225, 233.
δέησις 5, 47. 8, 169. 30, 68.
38, 227, 239, 276, 290, 331.
δεητικός 29, 196. 38, 303.
δεῖ 1, 7, 13, 14, 23, 49, 75, 82,
83, 114, 139, 143, 146, 169.
2, 37, 51, 70, 83, 94, 103.
3, 17, 24, 40, 66, 72, 76. 4,
73, 120, 129, 136, 136, 144,
145, 165, 183, 205, 222, 224,
241, 244. 5, 52, 55, 78, 87, 125,
126. 6, 35, 49, 53, 60, 77,
89, 99, 123. 7, 11, 59, 138,
154. 8, 49, 50, 65, 84, 94, 101,
110, 137, 141, 142, 162, 185.
9, 4. 10, 19, 30, 56, 59, 61,
154. 11, 31, 69, 85, 123, 129,
130, 151, 157, 160, 176. 12,
66, 83, 133. 13, 12, 18, 38,
48, 86, 111, 158, 180, 195. 15,
3, 144, 179, 182. 16, 25, 89,
105, 105, 130, 152, 184, 197.
17, 25, 32, 101, 196, 199, 212,
253, 287. 18, 70, 80, 93, 96.
19, 27, 62, 64, 98, 98, 172.
20, 13, 33, 45, 75, 140, 153,
182, 237, 238, 248. 21, 54,
112. 22, 27, 58, 60, 61, 61,
63, 109, 128, 150, 188, 206,
275, 288, 301. 23, 26, 32,

189, 259. 24, 25, 38, 45, 72,
76, 115, 117, 143, 171, 184,
193, 263, 265. 25, 3, 87, 160,
220, 274, 325, 331. 26, 66,
68, 74, 141, 150, 173, 183, 185,
187, 187, 187, 200, 231, 243,
259, 274. 27, 6, 15, 17, 29,
37, 44, 77, 94, 100, 113, 123,
124, 157. 28, 27, 34, 67, 108,
116, 123, 131, 137, 154, 158,
163, 168, 177, 188, 220, 229,
229, 254, 255, 262, 266, 283,
301, 302. 29, 36, 70, 91, 111,
114, 121, 134, 154, 163, 165,
174, 176, 181, 190, 204, 247,
248, 262. 30, 7, 25, 59, 119,
149, 156, 171, 205. 31, 33,
48, 50, 55, 64, 84, 94, 108,
132, 132, 133, 137, 158, 184,
201, 203, 207, 229, 231. 32,
17, 23, 29, 31, 33, 50, 61, 97,
102, 106, 122, 127, 154. 33,
47, 49, 54, 55, 55, 55, 70, 162.
34, 33, 64, 113. 35, 1, 13,
21, 80. 36, 40, 47, 56, 56,
58, 71, 82, 83, 90. 37, 22, 31,
44, 83, 92, 93, 94, 111, 115,
125, 156. 38, 5, 38, 43, 81,
101, 102, 114, 125, 149, 234,
239, 253. 39 (VIII 7, 2), (VIII
7, 11), (VIII 7, 11), (VIII 7, 17),
(VIII 7, 19).
δεῖγμα 1, 87, 130, 157, 161,
163. 6, 120, 139. 10, 10. 11,
135, 152. 12, 40, 61, 121. 16,
190. 17, 195, 289. 19, 206.
20, 224. 21, 25. 22, 32, 98,
171, 265. 23, 114, 141, 245,
255. 24, 51, 106, 149, 170.
25, 188, 226. 26, 29, 124,
189. 27, 29, 63. 28, 86, 154,
202, 279. 29, 161. 30, 61,
137. 31, 196. 32, 52, 66, 80,
101. 34, 84, 91. 37, 2, 4, 78.
38, 100, 317, 332.
δείδω 4, 15, 128. 5, 15, 24,
130. 6, 26, 28. 10, 64, 166.
13, 179. 17, 20, 24, 28. 19,
14, 24. 20, 22, 217. 21, 107.
22, 90, 122. 23, 95, 126, 228,
232, 247. 24, 15, 48, 129, 225,
232, 261. 25, 8, 26, 36, 84,
227, 291. 26, 169, 197. 29,
213, 240, 241. 30, 33. 31, 40.
32, 37, 48, 56, 63, 114. 33,
86. 34, 101, 118, 121, 154.
36, 11, 108. 37, 12, 181. 38,
33, 133, 249, 256, 262, 293.
δείκνυμι, δεικνύω 1, 49, 60.

2, 2. 4, 60, 102, 106, 121,
121, 206. 5, 90. 7, 19, 27,
31, 128, 163, 177. 8, 65. 10,
1, 81, 109. 11, 108. 12, 165.
13, 93, 106, 110, 157, 220.
15, 81, 81, 138. 16, 1, 36,
36, 40, 42, 43, 43, 44, 183.
17, 72, 121, 214, 225, 225,
226, 277, 298. 18, 163. 20,
58, 58, 237, 264. 21, 79, 168,
185. 23, 79, 256, 276. 24,
17. 25, 71, 90, 185, 285. 26,
56, 105, 121, 246. 29, 176,
224. 34, 147. 36, 19, 24, 49,
52, 53, 88, 90, 105. 37, 111.
38, 31, 194.
δεικνύω → δείκνυμι
δείλαιος 6, 71. 11, 75. 37,
68, 167. 38, 61.
δείλη 4, 43. 28, 169, 256. 37,
27, 110. 38, 269. 39 (VIII
7, 13).
δειλία 1, 73, 79. 2, 68, 68, 86.
3, 18. 4, 54. 6, 15. 7, 37, 51.
10, 112, 163, 164. 11, 17,
154. 13, 115, 116. 15, 21, 52,
90. 17, 209, 245. 20, 197.
23, 24. 25, 233, 325. 28,
214. 30, 88. 31, 146. 32,
24, 25, 26. 33, 52, 148. 34,
21, 56, 159. 38, 90.
δειλινός 17, 174, 199.
δειλός 2, 86. 3, 18. 6, 32. 10,
170. 20, 50, 153. 25, 236.
32, 23.
δειματόω 27, 145. 37, 176.
δεῖνα 10, 170. 24, 77, 77. 29,
16, 16, 16. 34, 46, 46.
Δεῖνα 16, 223. 20, 194, 194.
δεινός 2, 74. 4, 224, 232. 5,
2, 15, 78, 82, 116. 7, 43, 99,
113, 131. 8, 137. 11, 46. 12,
24, 80. 13, 16, 219. 14, 40.
15, 5, 29, 48, 65, 76, 193.
16, 74, 125. 17, 60, 251, 268,
297. 18, 165. 20, 79, 172.
21, 104, 220. 22, 82, 88.
23, 188, 193. 24, 7, 49, 83,
137, 140, 214. 25, 45, 101,
122, 138, 181, 210, 263, 301,
325, 329, 330. 26, 27, 164.
27, 72, 72, 109, 125. 29, 27,
75. 30, 44, 62, 111, 114, 137,
147, 158. 31, 39, 120, 145.
32, 31, 141. 33, 76, 78, 78,
88, 97, 143, 143, 146. 34, 34,
156. 35, 1. 36, 10, 66, 84,
149. 37, 62, 96, 114, 135, 143,
146. 38, 33, 39, 57, 162, 196,

217, 222, 263. 39 (VIII 11, 14).
δεινότης 5, 105. 11, 143. 19,
82, 82. 22, 283. 33, 97. 35,
31, 75. 39 (VIII 6, 4).
δεῖξις 7, 31. 13, 94. 15, 138.
16, 5, 35. 17, 66. 20, 207.
δειπνοθήρας 22, 51.
δεῖπνον 1, 78. 4, 156. 35, 83.
38, 310, 344.
δειπνοποιέω 23, 233.
δειρή 34, 116.
δείρω 6, 84.
δεισιδαιμονέω 21, 230.
δεισιδαιμονία 6, 15. 7, 24. 9,
16. 10, 103, 163, 164. 12,
107. 20, 138. 31, 147. 33, 40.
δεισιδαίμων 5, 42. 7, 18.
δέκα 1, 104, 105. 10, 119. 12,
124. 14, 19. 17, 167, 168.
18, 71, 111, 113, 113, 114, 116,
118, 119, 120. 20, 23. 22, 33.
24, 163, 167, 268. 25, 96,
234, 236. 26, 83, 84, 85, 86,
91. 27, 27, 30, 32, 36, 50,
154, 175, 176. 28, 1, 177, 181,
184, 189. 29, 1, 41. 30, 7.
31, 41, 78, 105, 106, 132,
133, 133, 134. 33, 2. 36, 65.
37, 92, 113. 38, 138.
δεκάδαρχος 18, 110.
δεκαετία 18, 81, 88, 121.
δεκάζω 15, 126, 141. 17, 71.
18, 27, 27. 24, 142. 28, 277.
34, 11.
δεκαπλασιάζω 16, 169.
δεκάς 1, 47, 47, 91, 91, 95, 99,
99, 102. 2, 15, 15, 15. 6, 122.
8, 48, 97, 173, 173, 173. 12,
123, 123, 124, 125, 125, 125.
18, 88, 89, 90, 91, 94, 109,
109, 111, 116, 119. 19, 186.
20, 2, 228, 228. 23, 244.
25, 97. 26, 79, 84, 84. 27,
20, 22, 23, 24, 26, 27, 27, 27,
29. 28, 178. 29, 40, 40, 40,
41, 201. 31, 105.
δέκατος 1, 103, 104. 3, 52. 4,
174. 8, 48, 95, 96. 18, 90, 92,
93, 94, 95, 95, 95, 95, 98, 99,
99, 100, 101, 102, 102, 103,
103, 105, 105, 105, 106, 106,
106, 106, 107, 107. 20, 2, 191,
191, 192, 192, 234, 245. 25,
134. 28, 156, 157, 186, 256.
29, 41, 200, 200. 32, 95.
δεκτικός 7, 99. 20, 211. 36,
22.
δελεάζω 1, 165, 166. 11, 103.
13, 50. 16, 29, 150. 17, 71,

93, 274, 304. 18, 77. 19,
189. 20, 116. 21, 218. 22,
101. 25, 171, 268. 28, 29,
155. 30, 29. 31, 81, 100. 32,
40. 33, 25. 34, 31, 159. 35,
18, 18, 63. 38, 180. 39
(VIII 11, 15).
δέλεαρ 8, 72. 10, 168. 11, 16.
12, 102, 103. 13, 70, 165.
14, 23. 19, 33, 39, 151, 155.
20, 172. 22, 51. 24, 213.
25, 295. 28, 314. 29, 74.
31, 43, 67. 36, 56. 38, 28,
345.
δέλτος (B) 29, 242, 262. 30,
7, 7, 8. 38, 276.
δελφάκιον 34, 121.
Δελφικός 38, 69.
Δελφοί 8, 113.
δέμω 23, 173. 25, 277. 26,
72. 28, 21. 29, 119. 32, 28.
δενδρῖτις 31, 215.
δένδρον 1, 38, 40, 41, 43, 153,
154, 154. 2, 49, 56. 5, 102, 111.
6, 125. 7, 107, 108. 10, 91.
11, 6, 8, 10, 11, 12, 14, 17, 158.
12, 3, 24, 28, 32, 33, 44, 46,
74, 74, 74, 85, 96, 103, 106,
119, 135, 136, 137. 13, 106,
174, 224. 14, 36, 65. 17, 270.
20, 73, 140, 162, 165. 21, 58.
22, 64. 23, 45. 25, 22, 119,
189, 192, 224, 226, 228. 26,
22, 186, 222. 27, 161, 162.
28, 74, 172, 172, 254. 29,
105, 143, 153, 205, 207. 31,
22, 81, 208, 208, 209, 209, 209,
227. 32, 6, 81, 156, 157, 160.
33, 41, 129, 141. 34, 70, 70.
36, 35, 35, 57, 63, 75, 96,
100, 132, 133.
δενδροτομέω 31, 226. 32,
149. 35, 15. 38, 132.
δενδροτομία 29, 191. 32, 150.
38, 17.
δενδροφόρος 23, 138. 38, 249.
δενδρόω 22, 170.
δεξαμενή 1, 123. 6, 61. 7, 15,
15, 92. 8, 26, 104, 151. 10,
96. 11, 36. 12, 28. 13, 32,
206, 214. 16, 121. 17, 185.
19, 91, 201. 20, 111. 21, 177.
22, 200, 203. 24, 12. 25, 52,
57. 28, 216, 217. 29, 201.
31, 140. 32, 143.
δεξιά → δεξιός
δεξιόομαι 3, 18, 93. 12, 45.
13, 176, 209. 14, 29, 68. 17,
41. 20, 242. 21, 119. 22, 69.

24, 182, 257. 30, 178, 180.
38, 181, 352.
δεξιός 1, 122. 2, 4. 3, 20.
4, 90. 5, 21, 37. 8, 101, 102.
10, 73, 145, 162, 162, 163, 163,
163, 175. 14, 27. 15, 139.
16, 146. 17, 151, 176, 209.
21, 26. 22, 67, 126. 23, 124,
176, 224, 224. 24, 229, 238.
25, 270, 294. 26, 78, 150,
151, 291. 27, 31. 28, 145.
31, 32. 32, 67. 35, 30, 69,
77. 38, 95, 95, 104, 177, 181.
δεξιότης 19, 31. 21, 110. 23,
208. 24, 249. 26, 151.
δεξίωσις 10, 79. 17, 40. 25,
275.
δέον, τό 1, 88. 5, 14. 6, 69,
79. 8, 26. 10, 100. 14, 6. 15,
13, 54, 164. 16, 75, 105, 105,
154. 17, 5, 14. 19, 123, 189.
20, 91. 21, 105. 22, 85, 87.
23, 41. 24, 59, 173. 25, 58,
63, 274, 286, 322, 325. 26,
194. 27, 70. 28, 125, 243, 279.
29, 6, 14, 112, 246. 30, 79,
147, 149, 150, 178. 31, 2, 38,
61, 119. 32, 205. 33, 14, 46,
112. 34, 23. 36, 40, 107.
37, 182. 38, 95, 101, 197.
δεόντως 1, 98. 2, 104. 3, 76,
105. 4, 77, 131. 5, 14, 14, 15,
128. 6, 68. 7, 103. 8, 100.
10, 48. 11, 118. 13, 14, 106.
14, 32, 49. 15, 145. 16, 48.
17, 281, 313. 18, 56, 179.
19, 33, 135. 20, 204. 21,
70. 23, 5, 202. 24, 58. 25,
129, 157. 26, 7, 17, 125. 27,
36, 76, 113. 28, 150, 192, 197.
29, 59. 30, 119, 155, 181.
31, 150. 36, 44, 49, 54, 138.
37, 40. 38, 103, 149.
δέος 2, 84. 6, 33. 12, 3. 16,
170. 17, 3, 23. 23, 186,
188. 24, 9, 189. 25, 46, 77,
91, 178, 263. 26, 251. 28,
120. 29, 4, 55. 30, 29, 102,
126, 159, 166. 31, 6. 32, 23.
33, 18, 21. 34, 22, 128. 37,
47, 89, 115. 38, 66, 74, 128,
194, 325, 334.
δέρμα 5, 79. 6, 139. 14, 49.
20, 107.
δερμάτινος 4, 69, 69. 8, 137,
180. 15, 55.
δεσμεύω 22, 6, 17, 33.
δέσμιος 37, 74.
δεσμός 1, 131. 3, 57, 72. 6, 36,

81. 7, 103, 103, 158. 10, 35, 47.
11, 36. 12, 9. 13, 152. 15,
136, 166 166, 167. 16, 181,
220. 17, 23, 23, 68, 137, 188,
242, 246, 273. 19, 112. 20,
240. 21, 181. 24, 179, 179,
187, 188, 193, 195. 25, 38.
26, 86. 28, 52, 137, 317.
30, 181. 31, 168. 32, [78].
33, 56, 81. 34, 18. 36, 13,
30, 36, 75, 125, 129, 137.
38, 14, 72, 146, 324. 39 (VIII
7, 2), (VIII 7, 7).
δεσμωτήριον 4, 21, 42. 10,
111, 113. 13, 101, 208. 16, 9.
17, 85, 109. 20, 173. 21,
22, 139. 24, 80, 98, 104, 154,
270. 36, 47. 38, 368.
δεσμώτης 10, 112. 13, 101.
24, 85, 89, 123, 244, 247.
38, 340.
δεσμῶτις 10, 115.
δεσπόζω 1, 148. 3, 107. 12,
55, 72. 14, 63. 15, 91, 133.
16, 185. 20, 24. 22, 100.
23, 84.
δέσποινα 4, 146, 202. 5, 71,
115. 6, 72. 10, 48. 11, 58.
14, 57. 16, 18. 17, 42. 18,
14, 23, 37, 73, 74, 77, 154.
19, 5, 206. 21, 27. 24, 45,
51, 52, 71. 25, 184, 191. 29,
16. 31, 82, 82. 32, 130, 181,
223. 33, 117. 35, 37.
δεσποτεία 1, 167. 4, 192. 5,
69, 75. 10, 114. 11, 47. 16,
186. 17, 186. 24, 70. 25, 39.
29, 81, 233. 31, 113. 33, 137.
δεσπότης 1, 83, 85, 142, 165,
165. 2, 95, 96. 3, 63, 83,
104. 4, 9, 84, 88, 156, 156,
194, 194, 194, 195, 199, 213,
224. 5, 61, 83, 107, 118, 119.
6, 58, 117. 7, 56, 56. 8, 68,
109, 109, 138, 184. 9, 45, 46.
10, 47, 64, 159. 12, 53, 56,
90, 91, 101. 13, 122, 122,
131, 198. 14, 55, 55, 69. 15,
170. 16, 169. 17, 2, 6, 7,
9, 22, 22, 22, 23, 23, 24, 27,
100, 273. 19, 3, 20. 20, 19,
21, 46. 21, 7. 22, 108, 133,
295. 23, 116, 213, 213, 228.
24, 35, 36, 37, 40, 45, 46,
47, 47, 52, 66, 66, 69, 71,
76, 79, 80, 92, 104, 123, 150,
199, 213, 219, 222. 25, 36,
156, 201, 271, 324. 26, 22,
239. 27, 61, 114, 165, 166, 167.

28, 24, 126, 126, 126, 127.
29, 67, 83, 90, 106, 109,
113, 122, 122, 219, 226, 227,
233, 234, 241. 30, 5, 137, 141,
142, 145, 146, 148, 195, 197,
203. 31, 7, 15, 17, 89, 152,
153, 186. 32, 59, 96, 115, 124,
124. 33, 86, 89, 137, 138, 164.
34, 17, 19, 35, 38, 40, 45,
79, 100, 101, 104, 136, 159.
35, 9, 19. 37, 23, 26, 69,
96, 121, 126, 127. 38, 13, 105,
119, 119, 121, 122, 166, 168,
169, 173, 178, 183, 208, 218,
222, 233, 237, 239, 247, 271,
276, 285, 286, 290, 301, 314,
321, 326, 355. 39 (VIII 7, 8),
(VIII 7, 14).
δεσποτικός 5, 3. 7, 56. 12, 90.
20, 24. 22, 294. 23, 45, 129.
24, 67. 26, 50. 28, 127, 128.
29, 93. 30, 163. 32, 114,
124. 33, 130, 137. 34, 156,
158. 38, 350.
δεσπότις 28, 269.
Δευκαλίων 33, 23.
δεῦρο 7, 5, 10. 15, 65, 72, 72.
δεῦτε 15, 1, 1, 1, 107, 168, 182.
δευτερεῖα, τά 1, 45, 148. 4,
93, 94. 6, 72, 88. 10, 12.
11, 121. 12, 26, 27, 132.
13, 35, 35, 87. 15, 148. 16,
161, 205. 18, 39, 51. 19, 208.
20, 195. 21, 116, 132. 22,
43. 23, 26, 38, 39. 24, 138,
148, 187. 27, 50, 50. 28, 17,
38, 289. 29, 175, 235. 32,
176, 210. 34, 135. 38, 71.
δευτερεῖος 16, 160. 22, 46.
24, 120, 148.
δευτερεύω 3, 81. 4, 197. 23,
64, 64, 150.
Δευτερονόμιον 4, 174. 10, 50.
δεύτερος 1, 37, 41, 79, 82, 92,
102, 102, 103, 137, 141, 157,
171. 2, 10, 33, 39, 63, 68,
70, 71, 71, 71, 71, 81, 103.
3, 5, 24, 36, 45, 80, 86.
4, 26, 52, [80], 94, 94, 115, 128,
132, 177, 177, 191. 6, 132.
7, 145. 8, 75, 94, 142, 145,
173. 10, 110. 11, 178. 12,
156, 165. 13, 107, 163, 201,
201. 15, 124, 148, 156. 16,
26, 53, 101. 17, 10, 59, 59,
104, 169, 251, 295, 299. 18,
22, 51, 106. 19, 51, 73, 87,
95, 206. 20, 48, 78, 102, 240.
21, 1, 2, 5, 44, 44, 51, 62,

72, 79, 104, 116, 180. 22, 2,
3, 69. 23, 5, 17, 85, 123, 128.
24, 112, 175, 175, 185, 187,
216. 25, 36, 58, 102, 188, 220,
237, 261. 26, 46, 47, 60, 65,
190, 191, 222, 222, 231, 231,
243, 263. 27, 10, 21, 21, 39,
82, 82, 84, 103, 106, 132, 135,
139, 156, 170, 175. 28, 5, 32,
38, 45, 74, 94, 108, 109, 111,
127, 134, 156, 159, 178, 217,
242, 250. 29, 34, 41, 56, 87,
135, 138, 169, 181, 196, 239,
262. 30, 8, 30, 129, 130, 162.
31, 1, 5, 35, 41, 54, 62, 138,
175, 176, 211, 236. 32, 113,
129, 130, 149, 176, 213. 33,
15, 22, 98, 166. 36, [33], 41,
65. 37, 1, 86, 149. 38, 32,
75, 187, 278, 286, 318, 356.
39 (VIII 6, 8).
δεχάς 27, 23.
δέχομαι 1, 6, 18, 20, 22, 23,
86, 151, 165, 166. 2, 37, 37,
61, 61, 61, 79. 3, 83. 4, 183.
5, 5, 29, 43, 46, 72, 75, 82,
6, 60, 69, 83, 84, 101, 127,
137, 138. 7, 10, 46, 87, 96,
100, 103, 127, 136, 156. 8,
45, 142, 146, 148, 176, 178.
9, 38. 10, 43, 47, 48, 79, 88.
11, 16, 21, 113, 132. 12, 19,
111, 114. 13, 32, 111, 137, 148,
178. 15, 23, 87, 106. 16, 130.
17, 75, 123, 125, 136, 139,
149, 156, 181, 188, 242, 295,
309. 18, 9, 42, 104, 135.
20, 3, 30, 31, 55, 88, 141,
150, 181, 203, 218. 21, 124,
129. 22, 176, 248. 23, 129.
24, 20, 179. 26, 150, 196,
241. 27, 23, 39. 28, 43, 45,
199, 214, 271. 29, 240. 30, 89.
31, 107, 221. 32, 107, 203.
33, 163. 34, 4, 13, 130. 36,
6, 6, 18, 24, 37, 40, 43, 82,
102, 106, 131. 38, 153, 212,
214, 232, 237. 39 (VIII 7, 5),
(VIII 7, 5), (VIII 7, 17).

δέω (Α) 14, 39. 15, 103. 16,
3, 181. 24, 175, 177, 179, 244.
26, 201. 33, 81. 36, 13, 30.
37, 74. 38, 154, 206, 329,
329, 340.

δέω, δέομαι (Β) 1, 72, 105,
113. 2, 26, 26, 76, 94, 94,
103, 104. 5, 44, 97, 109, 119.
6, 44, 91, 92, 92, 98. 7, 54,

διάδημα **18**, 118. **19**, 111. **26**, 116, 131. **37**, 37.
διαδιδράσκω **20**, 195. **25**, 263. **29**, 253. **30**, 121.
διαδίδωμι **1**, 148. **4**, 183. **13**, 147. **17**, 67. **28**, 135. **35**, 64. **37**, 45.
διαδοχή **7**, 75. **12**, 127. **17**, 37, 100. **20**, 95. **22**, 184. **24**, 36, 246. **25**, 38, 191, 231. **26**, 221, 233, 243, 244. **28**, 296. **29**, 127, 129. **30**, 16. **33**, 151, 169. **34**, 148. **36**, 69, 74. **38**, 143, 288.
διάδοχος **10**, 5, 113. **11**, 156. **23**, 252. **24**, 119, 136, 166. **25**, 32, 150. **28**, 16. **31**, 170, 173. **32**, 56, 64, 68, 70, 70. **33**, 108. **34**, 20. **37**, 9. **38**, 23.
διαδράσσομαι **30**, 175.
διαδύνω, διαδύω **23**, 140. **31**, 186.
διάδυσις **15**, 116.
διαζάω **22**, 150. **35**, 47.
διαζεύγνυμι **1**, 33. **4**, 121. **5**, 18. **7**, 149. **8**, 104. **9**, 55, 56. **10**, 40. **11**, 13, 137, 141. **13**, 70. **15**, 9. **16**, 7, 11, 12, 58, 150, 178, 220. **17**, 202. **18**, 49, 76. **19**, 55, 91, 92; 117, 196. **20**, 270. **21**, 28, 147, 205. **22**, 28, 28. **23**, 213, 215, 223. **24**, 225. **25**, 241. **26**, 7, 282. **28**, 139. **29**, 25, 256. **30**, 23, 64, 70, 105. **31**, 210. **32**, 133, 161, 190. **35**, 63. **36**, 139. **37**, 15.
διάζευξις **9**, 25. **12**, 25. **15**, 67. **23**, 258. **24**, 169. **30**, 80. **32**, 76, 126, 128. **33**, 19.
διαζωγραφέω **26**, 76.
διαζώννυμι **1**, 112. **15**, 109. **25**, 228, 246. **29**, 169.
διαθεάομαι **16**, 185.
διάθεσις **4**, 210. **5**, 62, 104. **7**, 3, 139, 157. **8**, 36, 170. **11**, 97. **12**, 31, 44, 60. **13**, 120. **14**, 6. **15**, 31, 31. **17**, 177. **26**, 207, 248. **28**, 253. **29**, 35. **30**, 191. **32**, 74, 83. **35**, 48, 61. **38**, 103.
διαθέω **37**, 120, 162.
διαθήκη **4**, 85, 85. **6**, 57, 57. **7**, 67, 68. **17**, 313. **20**, 51, 52, 52, 52, 53, 57, 58, 58, 58, 263. **22**, 223, 223, 224, 224, 237. **29**, 16.
διαθλέω **3**, 108. **7**, 2, 27. **8**,

101. **10**, 13. **13**, 82. **18**, 70, 165, 180. **19**, 36, 43, 162. **20**, 81, 179. **24**, 177. **25**, 48. **26**, 236. **28**, 79. **33**, 52. **34**, 110. **39** (VIII 11, 6).
διαθλητέον **35**, 1.
διαθρέω **20**, 134.
διαίρεσις **1**, 95. **6**, 84, 85, 86, 87. **8**, 159. **11**, 129, 141, 145. **13**, 93. **17**, 168, 236. **19**, 186. **28**, 195, 196, 209. **31**, 108. **36**, 79, 79, 80.
διαιρετέον **6**, 82.
διαιρετός **2**, 3. **7**, 90. **11**, 134. **28**, 137, 180. **30**, 28, 180. **32**, 103.
διαιρέω **1**, 95. **2**, 3. **4**, 32, 32, 170. **5**, 31, 80. **6**, 76, 97, 110. **8**, 85, 162. **10**, 173. **11**, 127. **13**, 23. **15**, 111. **16**, 124. **17**, 130, 130, 131, 132, 133, 134, 134, 136, 138, 140, 141, 141, 141, 142, 143, 146, 146, 164, 164, 165, 174, 176, 180, 215, 216, 219, 220, 230, 232, 233, 235, 235, 236, 242, 242, 312. **18**, 8. **20**, 173. **21**, 17. **22**, 215. **28**, 194, 196. **31**, 77. **36**, 128.
διαίρω **7**, 23. **24**, 214. **26**, 285. **30**, 151. **31**, 48, 235, 236. **32**, 71, 163. **36**, 118. **38**, 191, 202.
διαίσσω **20**, 247.
δίαιτα **4**, 226. **6**, 70. **7**, 77, 95, 115. **8**, 71. **12**, 55, 102, 162. **13**, 171. **17**, 127. **18**, 53. **19**, 41, 92. **20**, 230. **21**, 123. **22**, 9. **24**, 53, 93, 204. **25**, 64, 153. **29**, 19, 85, 125, 160, 187, 207. **32**, 19, 104. **34**, 98. **37**, 90. **38**, 14, 83, 274.
διαιτάω **1**, 63. **6**, 3, 124. **10**, 151. **12**, 10. **15**, 19. **16**, 3. **23**, 215. **28**, 148. **29**, 206.
διαίτημα **5**, 116.
διαιτητής **21**, 142.
διαιωνίζω **9**, 19. **12**, 93. **18**, 38. **20**, 209. **21**, 45. **22**, 149. **26**, 125. **27**, 58. **29**, 5, 56. **30**, 113. **33**, 72.
διαιώνιος **38**, 157.
διακαθαίρω **27**, 162.
διακαθιζάνω **3**, 27, 28.
διακαίω **17**, 147. **25**, 114.
διακαλύπτω **24**, 106. **31**, 51. **35**, 78.
διάκειμαι **4**, 126, 127, 141. **8**, 27, 61. **13**, 128. **15**, 44. **17**,

308. **18**, 152. **22**, 158. **23**, 169. **24**, 211, 226, 255. **25**, 118, 298. **26**, 248. **38**, 159, 169, 201, 279.
διακελεύομαι **4**, 56. **34**, 36.
διακινέω **13**, 165. **16**, 189. **21**, 182. **25**, 26, 114, 120, 197. **26**, 147. **27**, 35, 87. **28**, 53. **30**, 75, 92. **31**, 238.
διακλάω **10**, 153.
διακληρόω **12**, 61. **23**, 124. **25**, 191, 321. **26**, 285. **28**, 156, 188, 298, 333. **29**, 121. **36**, 34.
διακναίω **37**, 167.
διακομίζω **1**, 86. **16**, 18. **24**, 27. **25**, 141, 226. **31**, 31. **38**, 254.
διακονέω **35**, 70.
διακονία **24**, 167. **29**, 91. **32**, 122. **37**, 162.
διακονικός **35**, 50, 71. **37**, 113.
διάκονος **8**, 165. **9**, 12. **24**, 241. **26**, 199. **35**, 75.
διακόπτω **4**, 32. **15**, 104. **17**, 242. **19**, 91. **25**, 211. **26**, 254. **29**, 43. **34**, 113. **35**, 7. **37**, 189, 190.
διακορής **7**, 106. **13**, 207. **19**, 31. **32**, 115. **35**, 53.
διακόσιοι **26**, 283. **29**, 33, 146.
διακοσμέω **1**, 20, 40, 45, 47, 53, 54, 62, 113. **5**, 105. **12**, 5, 14, 86. **15**, 174, 174. **16**, 4, 60, 182. **17**, 87, 303. **19**, 10, 97. **22**, 54, 57. **23**, 121. **26**, 99, 133, 137, 243. **28**, 33, 270, 307. **29**, 151, 151. **30**, 37, 32, 39. **36**, 4, 54, 54. **37**, 30, 38. **38**, 79.
διακόσμησις **28**, 208, 208. **36**, 6, 9, 81, 85, 94.
διακρατέω **15**, 69, 166. **19**, 190. **26**, 238. **36**, 75.
διακρίνω **1**, 76, 125, 131, 137, 154. **2**, -7, 50. 3, 96. **4**, 115, 119, 157. 5, 25. **6**, 3, 101. **11**, 95, 130, 136, 142, 163. **12**, 147. **13**, 37, 193, 198. **15**, 87, 185, 187, 191. **16**, 18, 19, 24, 48. **17**, 134, 177, 201, 205, 216, 236, 271. **18**, 18, 129, 129. **19**, 57. **20**, 43, 192, 208, 249. **21**, 18, 76, 138. **22**, 4, 22, <24>, 24, 28. **24**, 90, 104, 113, 143, 203, 248. **25**, 78, 144. **28**, 227, 227,

20, 22, 29, 35, 37, 38, 40, 40, 48,
97, 122, 125, 126, 127, 128, 137,
146, 147, 168. 8, 18, 20, 22, 26,
80, 83, 87, 88, 88, 100, 102, 113,
118, 118, 123, 136, 151, 164, 165,
167, 184. 9, 17, 53. 10, 3, 4, 8, 9,
45, 46, 67, 118, 136, 138. 11, 9,
27, 43, 49, 53, 81, 108, 126. 12,
7, 21, 40, 42, 58, 74, 103, 111,
138, 159, 169. 13, 23, 28, 39,
59, 69, 70, 82, 94, 108, 126, 140,
159. 14, 3, 11, 38, 42. 15, 20,
27, 44, 49, 59, 66, 74, 100, 105,
123, 129, 131, 132, 133, 159, 177,
191. 16, 3, 14, 34, 50, 71, 71, 72,
74, 77, 78, 81, 81, 84, 111, 114, 115,
117, 132, 155, 157, 169, 187, 204,
213, 214, 219, 222, 224. 17, 4,
12, 15, 70, 71, 89, 93, 110, 124,
204, 242, 245, 246, 249, 250,
251, 257, 268, 280, 296, 307. 18,
33, 45, 47, 56, 65, 121, 129, 137,
143, 156, 162, 180. 19, 10, 92,
110, 118, 138, 144, 148, 150, 154,
156. 20, 26, 33, 45, 69, 114, 118,
132, 144, 152, 154, 165, 168, 176,
177, 178, 178, 179, 193, 194, 194,
201, 205, 216, 236, 245, 245,
247, 250. 21, 11, 27, 29, 44, 66,
72, 79, 81, 90, 91, 115, 128, 148,
164, 184, 199, 250. 22, 2, 22,
65, 74, 76, 95, 137, 162, 171, 173,
176, 179, 180, 226, 229, 251, 272.
23, 57, 71, 77, 78, 107, 119, 122,
152, 161, 172, 175, 177, 201, 251,
273. 24, 8, 11, 61, 71, 97, 106,
113, 126, 165, 179, 192, 235, 254,
265. 25, 24, 159, 188, 190, 223,
244, 259, 274, 278, 286, 301. 26,
24, 51, 69, 76, 96, 129, 129, 135,
140, 141, 167, 171, 237, 252, 272,
273. 27, 1, 13, 15, 35, 43, 52, 64,
80, 82, 86, 101. 28, 9, 11, 20,
30, 32, 49, 54, 59, 61, 105, 176,
191, 205, 210, 214, 259, 269,
283, 287, 288, 290, 299, 321,
331. 29, 9, 9, 30, 30, 36, 45,
46, 54, 64, 185, 197. ˊ30, 2,
51, 92, 121, 135, 189, 192. 31,
20, 62, 75, 160, 163, 191, 191,
192. 32, 11, 30, 45, 57, 92,
103, 118, 127, 134, 161, 189,
214. 33, 28, 31, 50, 61, 80,
88, 104, 123, 153, 163. 34,
11, 17, 20, 22, 29, 46, 55, 61,
75, 87, 128, 140. 35, 13, 27.
36, 43, 78. 37, 10, 19, 102.
38, 2, 35, 52, 77, 109, 177,
274, 310, 329.

διανοίγω 6, 89, 89, 89, 89, 102,
103, 104, 112, 118. 16, 222.
17, 117, 124. 20, 56. 22, 36,
36, 275. 26, 281.
διανομεύς 38, 147.
διανομή 17, 179, 182. 25, 206,
318, 321, 324. 26, 85, 289.
27, 14. 28, 204, 208. 29,
116, 136, 139. 37, 140. 38,
158, 158.
διαντλέω 5, 120.
διανυκτερεύω 36, 4. 37, 36.
διαπαλαίω 37, 188.
διαπατάω 25, 74. 37, 165. 39
(VIII 11, 15).
διαπάττω 25, 127.
διαπέμπω 19, 149, 154, 155.
24, 14. 26, 232. 31, 107.
37, 97, 103. 38, 165, 220, 313.
διαπεραίνω 35, 81.
διαπέτομαι 37, 165.
διαπίπτω 4, 150, 150. 6, 32.
διαπιστέω 32, 74.
διαπλάττω, διαπλάσσω 1,
63, 68, 134, 135, 140, 148, 153.
3, 96. 4, 85, 161. 8, 33, 104.
10, 46. 12, 6, 34. 13, 110.
15, 90, 95, 175. 16, 3. 17,
52. 18, 90, 136. 19, 68, 69.
20, 30, 137, 146. 21, 15. 25,
279. 26, 84. 28, 28, 105, 266.
31, 196, 218. 33, 160. 36,
66, 69, 98. 38, 56, 290.
διαπλέκω 35, 50.
διαπλέω 26, 41. 38, 47, 190.
διαπνέω 4, 14. 10, 38. 13,
207. 20, 84. 22, 146. 24, 5.
25, 42, 106. 27, 163. 28, 69.
29, 60. 31, 214, 223. 33,
153. 34, 110.
διαποζεύγνυμαι 8, 156.
διαπολεμέω 25, 319.
διαπονέω 1, 128. 11, 64. 12,
25, 94. 18, 24, 142. 23, 69.
24, 152, 230. 29, 61, 64. 30,
100, 117. 32, 4, 94. 33, 119.
34, 74, 80, 146. 35, 1.
διαπονητέον 28, 149.
διαπόνητος 23, 133.
διαπορέω 2, 43, 85. 7, 57. 8, 1,
33. 9, 1. 12, 8. 18, 73. 20,
15. 21, 5. 25, 16. 27, 18.
29, 129. 36, 85.
διαπόρησις 26, 237. 35, 77.
διαπορητέον 2, 90, 101. 7, 32.
10, 104.
διάπραξις 15, 158.
διαπράσσω, διαπράττω 15,
55, 155. 23, 196. 25, 83, 327.

26, 30, 217. 30, 76. 32, 41.
37, 137.
διαπρεπής 16, 203. 26, 140.
31, 69. 32, 36.
διαπρέπω 16, 161. 19, 154.
διαπτοέω 24, 183, 197, 239.
26, 250. 37, 176. 38, 370.
διαπτύσσω 17, 63. 22, 127.
30, 6. 35, 78.
διαπυνθάνομαι 19, 153. 39
(VIII 7, 14).
διάπυρος 20, 139, 180. 21,
22. 22, 67. 23, 79. 36, 47.
διαριθμέω 24, 158, 180. 27,
96. 29, 140. 31, 11.
διαρκής 1, 80. 28, 173. 34,
122.
διαρπάζω 37, 76.
διαρρέω 6, 32, 80. 8, 113,
119, 122. 13, 131. 15, 38,
102. 19, 201. 20, 33. 26,
184. 29, 19, 240. 30, 37.
31, 91. 37, 16.
διαρρήγνυμι 3, 57. 19, 111.
21, 245. 24, 217.
διαρρήδην 1, 25.
διαρρύομαι 4, 42.
διαρτάω 7, 7. 19, 112. 24,
187. 26, 197. 30, 23. 31, 210.
36, 114. 38, 131, 366.
διάρτησις 12, 60.
διασείω 3, 99. 11, 106. 20,
158. 34, 79. 36, 36.
διασημαίνω 1, 84. 35, 77.
38, 264.
διάσημος 21, 201, 226. 26,
284.
διασκεδάννυμι 11, 40.
διασκεδαστής 4, 12.
διάσκεψις 19, 162. 38, 221.
διασκίδνημι 25, 122.
διασκοπέω 15, 86. 16, 189,
220. 20, 145.
διασμύχομαι 26, 56.
διασπάω 11, 40.
διασπείρω 8, 89. 12, 59. 15,
1, 1, 1, 118, 121, 196, 196,
‹196›. 18, 56, 56, 57, 58.
25, 128. 37, 71.
διασπορά 15, 197. 33, 115.
διάστασις 1, 102, 102, 102, 102,
120. 8, 129. 17, 144. 18, 147.
21, 26. 27, 25. 36, 79.
διαστατός 1, 36, 49. 21, 26.
27, 25.
διαστέλλω 4, 88, 157, 168. 5,
129. 6, 4, 4. 8, 44, 60. 11,
133, 142. 13, 127, 143. 16, 19.
17, 139, 166, 215, 312. 18,

318, 327, 344. 29, 26. 30, 27, 57, 78, 175. 31, 172, 186. 32, 11, 16, 127, 130, 134, 224. 33, 42. 34, 5, 19, 24, 62, 89, 126,149. 35, 1, 59. 36, 10, 42, 132. 37, 149, 162. 38, 33, 43, 76, 80, 278, 320. 39 (VIII 7, 15), (VIII 11, 10).
διαφεύγω 7, 153. 25, 87. 26, 255. 27, 150, 173. 28, 36, 45. 29, 253. 32, 46. 33, 149.
διαφθείρω 4, 22, 25, 27, 113, 148, 227, 228, 228, 229, 229, 233, 243, 248. 6, 123, 134. 7, 32, 38, 99, 116, 141, 165, 174, 8, 82, 94, 145. 10, 16, 21, 105. 11, 77, 101, 126. 12, 144. 13, 28. 14, 13. 15, 25, 27, 193. 16, 66, 200. 17, 302. 18, 55, 137. 19, 117. 20, 144, 189, 195. 22, 161, 288. 23, 11, 98, 135, 136, 180, 229. 24, 36, 45, 50. 25, 8, 11, 39, 100, 105, 110, 133, 143, 236, 305. 26, 235, 286, 287. 27, 16, 64, 77, 122, 124. 28, 290, 313. 30, 11, 34, 39, 51, 96, 107. 31, 23. 32, 42, 149, 186. 33, 12. 34, 71, 104. 35, 9, 16, 86. 36, 21, 47, 49, 49, 67. 37, 66, 67, 68. 38, 107, 123, 124, 128, 130, 230.
διαφθορά 4, 234. 13, 211. 22, 63. 32, 17. 34, 127. 38, 40.
διαφθορεύς 38, 92.
διαφίημι 26, 22, 211. 34, 18. 38, 175.
διαφορά 1, 58, 134. 2, 42. 3, 75, 76, 85, 87, 97. 4, 99, 133, 140. 5, 37, 114, 129. 6, 23, 77, 84, 98, 100. 7, 77, 108. 8, 40, 78, 109, 117. 11, 26, 59, 124, 140. 13, 171, 202, 217. 15, 8, 173. 18, 70, 130. 19, 52, 86, 96, 174. 20, 30, 41. 21, 203, 209. 22, 32, 183. 23, 159, 210, 214. 24, 32, 62, 155. 25, 75. 26, 237, 289. 27, 9, 20, 28. 28, 53, 240, 339. 29, 123, 178, 221. 30, 74, 76, 105, 119. 31, 20. 32, 117. 37, 78.
διάφορος 1, 41, 84. 3, 73. 8, 81. 12, 152, 153. 13, 30, 88, 89, 90, 109, 170. 17, 244. 18, 25. 19, 26. 21, 202. 24, 155. 26, 179. 27, 50. 29, 28, 29, 150, 243. 39 (VIII 6, 2).
διαφορότης 31, 207.

διάφραγμα 31, 93.
διαφυλάττω, διαφυλάσσω 4, 168, 189. 5, 85. 6, 69. 10, 28. 13, 224. 15, 102. 16, 55. 17, 108, 114, 181, 184, 184, 314. 19, 112. 21, 3, 149, 179. 22, 9. 25, 241. 26, 34. 29, 16, 30, 111, 198. 31, 119, 143. 32, 37, 96, 222. 33, 13. 35, 68. 36, 36, 59, 74. 37, 5, 8. 38, 300, 328. 39 (VIII 6,2).
διαφύομαι 28, 217.
διάφυσις 1, 39. 25, 228.
διαφωνέω 12, 156. 13, 114, 116. 15, 55, 56. 20, 109.
διαφωνία 17, 248.
διάφωνος 3, 15.
διαχαράττω 21, [188].
διαχειμάζω 38, 15.
διαχειρίζω 31, 193.
διαχέω 8, 104. 14, 49, 49. 38, 309.
διαχράομαι 30, 109, 162. 34, 114.
διαχωρίζω 6, 139. 16, 13. 17, 163, 198. 21, 76.
διαψεύδω 25, 283.
δίγλωσσος 6, 32.
δίδαγμα 4, 194. 7, 135. 8, 147. 10, 183. 16, 91.
διδακτικός 18, 35. 20, 83, 88. 33, 27.
διδακτός 4, 50. 6, 113. 20, 255, 263. 25, 76.
διδασκαλεῖον 26, 216. 27, 40. 29, 62. 33, 66. 38, 312.
διδασκαλία 1, 79. 2, 92, 94, 94. 5, 10, 101, 102. 6, 7, 48, 79. 7, 66, 143. 8, 91, 131, 141, 146. 10, 54. 15, 59, 72, 98, 140. 16, 39, 184. 17, 66. 18, 24, 36, 69, 112, 127. 19, 146, 200. 20, 8, 12, 84, 99, 257, 257. 21, 168, 170. 22, 6. 23, 52, 53, 53. 24, 1. 28, 105, 132. 29, 80, 141, 164. 31, 96, 97, 106, 124, 175. 32, 15, 74. 33, 49, 58, 162. 34, 13. 35, 76. 36, 3. 38, 277.
διδασκαλικός 11, 122. 23, 52.
διδάσκαλος 6, 51, 65, 65. 7, 17, 49, 66, 145. 8, 38, 54, 80, 141. 9, 54. 10, 134. 11, 66. 16, 116. 17, 19, 102, 182, 295. 18, 114, 122, 122. 20, 86, 270. 21, 191. 22, 202. 23, 6. 24, 74, 254. 25, 21, 80. 28, 41, 56. 29, 99, 226, 233. 30, 11, 39. 31, 140. 37,

3, 34, 124. 38, 26, 27, 31, 53, 54, 227.
διδάσκω 1, 142, 167. 2, 93, 76. 3, 85. 4, 1, 36, 50, 55, 173, 179. 5, 68, 85. 6, 104. 7, 66, 78, 132, 134. 8, 90, 120, 132, 138, 139, 140, 140, 141, 142, 148, 150, 159, 166, 185. 10, 125. 12, 110. 13, 11, 81, 84, 157. 14, 44. 15, 148. 16, 8, 42, 90, 140. 17, 17, 39, 61, 71, 121, 156, 169, 207, 243, 291, 295. 18, 12, 69, 70, 90, 94, 97, 107, 126. 19, 6, 11, 55, 116, 122, 138, 140, 169, 172, 172, 207. 20, 5, 18, 32, 76, 85, 88, 138, 220, 236, 256, 263, 270. 21, 115, 160, 173. 22, 45, 68, 124. 24, 86. 25, 22, 23, 308. 26, 141, 190, 215. 27, 84, 87, 123, 124. 28, 42, 319. 29, 96, 107, 160, 239. 30, 21. 31, 107, 115, 130, 154, 161, 223. 32, 63, 183. 33, 23, 49, 61. 34, 61, 144. 37, 52, 121. 38, 56, 64, 115, 364.
διδαχή 29, 3.
δίδραχμος 17, 186, 187, 189.
δίδυμος 9, 56. 13, 90, 90. 17, 162. 18, 18, 82. 20, 248. 22, 69, 70, 72. 25, 240. 30, 23, 179, 179. 32, 51, 208. 33, 63, 63. 34, 1.
δίδωμι 1, 45, 46. 2, 89. 3, 46, 59. 4, 23, 26, 43, 56, 56, 56, 56, 57, 58, 58, 58, 59, 60, 61, 61, 61, 61, 64, 66, 68, 83, 84, 106, 133, 169, 173, 173, 175, 177, 180, 182, 217. 5, 2, 20, 122. 6, 9, 19, 43, 56, 64, 72, 89, 97, 97, 98, 98, 98, 102. 7, 21, 112, 126, 161, 161, 161, 161. 8, 9, 63, 145, 147. 9, 43. 10, 5, 6, 6, 6, 7, 50, 57, 57, 94, 145, 156, 158, 158, 169. 11, 21, 168, 172. 12, 95, 96, 107. 13, 47, 67, 106, 119, 212. 14, 8, 21. 15, 8, 57, 160, 175, 191. 16, 2, 80, 84, 101, 115, 120, 121, 142, 173, 191. 17, 2, 2, 8, 20, 22, 24, 25, 31, 31, 33, 33, 36, 38, 49, 65, 96, 99, 103, 104, 114, 123, 123, 123, 124, 124, 162, 187, 205, 267, 273, 300, 302, 313. 18, 56, 71, 72, 81, 99, 99, 108, 119, 130, 137, 137. 19, 53, 69, 75, 76, 117, 138, 150, 151, 154. 20, 2, 12, 19, 51, 62, 130, 131, 131,

141, 171, 175. 13, 17, 29, 34, 58, 64, 81, 107, 111, 187, 194, 197. 14, 10, 30, 38, 40, 47. 15, 35, 105, 152. 16, 61, 121, 124, 125, 196, 219. 17, 36, 77, 94, 95, 104, 118, 162, 162, 162, 162, 168, 169, 223, 260, 260. 18, 90, 90, 101. 19, 38, 62, 63, 82, 82, 90. 20, 40, 50, 62, 104, 146, 146, 153, 189, 196. 21, 91, 184. 22, 7, 116, 193, 194, 194, 223, 224, 296. 23, 27, 27, 31, 33, 33, 38, 46, 232, 232, 242. 24, 9, 72, 143. 25, 24, 31, 46, 50, 55, 102, 142, 244, 260, 274, 279, 302, 314, 315, 323. 26, 4, 47, 100, 108, 214, 228, 279, 279. 27, 14, 38, 69, 106, 140, 178. 28, 102, 160, 300. 29, 14, 27, 139, 171, 180, 236, 243. 30, 27, 61, 82, 122, 129, 131, 137, 153, 164. 31, 2, 10, 40, 46, 55, 56, 62, 63, 64, 64, 65, 66, 66, 66, 67, 67, 67, 67, 70, 77, 103, 137, 137, 138, 139, 141, 141, ‹143›, 166, 169, 169, 183, 189, 193, 194, 204, 205, 206, 222. 32, 50, 88, 91, 109, 124, 167, 167, 174, 182, 189, 194, 226. 33, 93. 34, 44, 72, 149. 35, 17. 37, 50, 53, 106, 121, 126, 134, 173. 38, 25, 28, 63, 64, 180, 213, 239, 243, 289, 350, 363, 366, 371, 371.
δικαιοσύνη 1, 51, 73, 81. 2, 63, 65, 72, 72, 87, 87, 87. 4, 77, 150, 247. 5, 5, 96. 6, 27, 37, 57, 84. 7, 18, 72, 73, 121, 122, 123, 143, 157. 8, 93, 128. 10, 79. 11, 18. 12, 122, 122. 13, 23. 15, 86, 112. 17, 94, 95, 161, 162, 163, 209, 243. 18, 2, 16, 31, 109, 179. 20, 177, 197, 225, 240. 21, 49, 80, 179, 198. 22, 74, 174. 23, 27, 33, 56, 103, 104, 208, 219. 24, 153. 25, 154, 328. 26, 9, 185, 216, 237. 27, 164. 28, 277, 304. 29, 12, 13, 62, 63, 204, 259. 30, 155. 31, 56, 57, 134, 135, 136, 141, 143, 170, 181, 194, 204, 218, 226, 230, 230, 231, 238. 32, 1, 47, 175, 180. 33, 15, 22, 23, 66, 157, 160, 162. 34, 67, 70, 83, 159. 35, 17. 36, 108. 38, 85, 312. 39 (VIII 6, 8).
δικαιόω 5, 33. 7, 38, 81, 170.

10, 9, 159. 13, 48, 51, 95, 131. 16, 73, 95, 144, 155, 216. 17, 194. 18, 119. 19, 69. 20, 19, 24, 136. 21, 59, 212, 214. 22, 10, 107, 114, 132. 23, 142, 171, 207, 246. 24, 237. 25, 44, 96, 243, 311. 26, 130, 131, 211. 27, 43. 28, 6, 67, 109, 140, 180, 215, 298. 29, 18, 72, 113, 158. 30, 52, 168, 172, 180. 31, 23, 215. 32, 16, 82. 33, 120. 35, 1. 38, 84. 39 (VIII 6, 5).
δικαίωμα 7, 67, 68. 17, 8. 18, 163. 22, 175. 27, 109.
δικανικός 28, 342.
δικασμός 4, 233.
δικαστέον 4, 13.
δικαστήριον 10, 112. 12, 108, 173. 13, 139. 15, 126, 141. 16, 223. 18, 27, 143. 19, 118. 20, 198. 21, 122. 22, 188. 23, 20. 26, 217. 27, 111. 28, 55. 29, 44. 30, 52, 64, 74, 121, 141, 145, 148, 169. 31, 9, 19, 34, 66, 136. 32, 171, 206. 33, 28, 69, 69. 37, 7. 38, 368.
δικαστής 1, 11, 128, 155. 2, 87, 87. 4, 205. 5, 11, 72. 7, 23. 10, 50, 112, 128, 183. 11, 116. 15, 25, 126. 17, 271. 19, 118. 20, 112. 22, 99. 23, 133, 168. 24, 63, 215. 26, 217, 228, 238. 27, 87, 87, 140, 140. 28, 55, 121, 277. 30, 53, 69, 71, 77, 82, 143. 31, 7, 8, 43, 56, 59, 64, 70, 71, 71, 78, 136, 172, 174, 188, 190, 206. 35, 44. 36, 142. 37, 54, 106, 126, 129, 134. 38, 183, 341, 349, 350, 359, 359, 360.
δικαστικός 17, 247. 20, 110.
δίκη 1, 46, 80, 80, 169. 2, 64. 4, 106, 202, 233. 7, 100, 169, 176. 8, 9, 12. 9, 21, 31. 10, 34, 48, 74, 76, 76, 76. 11, 36, 51, 117. 12, 107. 13, 28, 30, 111, 135, 223. 14, 6. 15, 8, 108, 116, 118, 120, 121, 127, 160, 162, 170, 174, 182. 16, 186, 225. 17, 226. 20, 62, 106, 110, 125, 194, 194. 21, 94. 22, 154, 290. 23, 41, 141. 24, 43, 48, 71, 170, 228. 25, 46, 55, 134, 218, 237, 245, 326. 26, 53, 99, 162, 200, 202, 206. 27, 95, 122, 150, 177. 28, 14. 29, 27, 28, 28, 78, 231, 234,

243, 252. 30, 19, 31, 39, 46, 58, 76, 90, 102, 129, 131, 140, 168, 175, 175. 31, 7, 10, 11, 19, 20, 77, 90, 173, 176, 201. 32, 42, 76, 100, 147, 227. 33, 69, 136, 147, 149, 157. 34, 79, 89. 37, 14, 104, 107, 115, 115, 128, 131, 146, 181, 189. 38, 107, 336. 39 (VIII 7, 1).
δίκτυον 5, 57. 6, 29. 7, 65. 8, 116. 10, 153. 11, 24, 44, 103. 15, 92. 33, 20.
διμοιρία 17, 49. 29, 139.
δίνη 9, 13. 12, 24. 15, 23. 22, 237.
διό 1, 38, 66, 83, 127, 135, 139, 163. 2, 6, 31, 58, 76, 86. 3, 8, 12, 18, 27, 34, 38, 46, 47, 55, 58, 60, 89, 90, 92, 101. 4, 8, 20, 26, 34, 39, 42, 45, 78, 139, 142, 154, 160, 167, 172, 180, 196, 207, 213, 214, 229, 237, 253. 6, 53, 66, 79, 103, 109, 114. 7, 27, 47, 67, 78, 90, 103, 119, 139, 144, 160. 8, 69, 73, 75, 96, 122, 123, 127, 135, 142, 145, 145, 152, 163, 177. 9, 28. 10, 74, 127. 11, 100, 110, 145. 12, 17, 19, 42. 13, 23, 120, 122, 138, 146, 166. 15, 102, 147, 154, 161, 182. 16, 27, 73, 75, 76, 97, 135, 145, 147, 153, 168, 182, 193. 17, 4, 19, 33, 58, 81, 100, 159, 198, 233, 252, 257. 18, 57, 122. 19, 40, 63, 71, 86, 128, 138, 159, 203. 20, 17, 68, 74, 138, 176, 180, 200, 229, 249, 254, 263. 21, 10, 40, 109, 116, 137, 167, 221, 229, 241, 245, 252. 22, 3, 42, 80, 93, 100, 135, 149, 236, 280, 296. 23, 19, 80, 103, 159, 166. 25, 50, 61, 279. 26, 41, 53, 82, 197. 27, 93, 142. 28, 42, 42, 77, 248, 290, 310, 344. 29, 49, 115, 142, 150, 167, 240. 30, 77, 96, 119, 137. 31, 14, 43, 44, 61, 66, 131, 184, 191, 194, 213. 32, 163, 187, 192, 216. 34, 47, 139, 140. 36, 33, 38, 89, 91, 121, 127, 132, 133.
Διογένης 12, 151. 34, 121, 157. 36, 77.
διοδεύω 16, 216, 216, 219, 220.
διοίγνυμι, διοίγω 6, 78. 7, 100, 103. 8, 18. 10, 39. 12, 169. 14, 3. 16, 39, 165. 17, 25, 50, 78, 118, 119. 19, 31.

διωλύγιος

203, 270. 20, 113. 21, 199.
22, 279. 23, 231. 25, 140,
167, 176, 178, 178. 26, 248,
251, 254. 27, 146. 30, 39. 31,
80, 111. 32, 7, 30. 33, 95,
147, 148. 37, 151, 178, 188.
διωλύγιος 8,116. 22, 162.
Δίων 36, 48, 48, 49, 49, 49, 50,
50, 51.
δίωξις 24, 181.
διῶρυξ 25, 38, 99, 103.
δόγμα 1, 11, 25, 158, 172. 2,
54, 55, 108. 3, 55. 4, 1, 20,
35, 35, 35, 84, 188, 194, 229. 5,
9, 17, 85, 86, 121. 6, 3, 5,
19, 50, 65, 77, 121, 130. 7,
6, 28, 32, 41, 48, 50, 66, 66,
103, 133, 135. 8, 24, 34, 38,
51, 66, 129, 130, 133, 175, 180.
9, 52. 10, 18, 72, 88, 166.
11, 44. 12, 52, 62, 70, 77,
77, 98. 13, 198, 212, 213. 15,
34, 35, 36, 51. 16, 22, 34,
53, 131, 152, 159, 197. 18, 35,
36, 54, 111, 142, 167. 19, 45,
57, 148, 173, 200, 210. 20, 5,
16, 32, 65, 168, 202, 210. 21,
50, 148, 181, 199, 250. 22, 74,
170, 244, 256, 284, 285. 23,
79, 81, 82, 101, 112, 220, 243.
24, 86. 25, 24, 29, 48. 26,
66, 140, 212. 27, 30. 28, 37,
50, 106, 269, 345. 29, 29, 61,
63, 147. 30, 1, 46. 31, 75, 92,
107, 140, 141, 149. 32, 8, 42,
99. 33, 122. 34, 3, 97. 35,
26, 31, 35, 68. 36, 2, 17. 36,
55, 76, 76, 77.
δογματικός 3, 100. 4, 215. 5,
121. 6, 42, 64. 8, 59, 138. 16,
119. 17, 114, 246, 276, 292.
δοκέω 1, 21, 46, 68, 71, 72, 79,
127, 128, 133, 136, 140, 154,
163, 163, 164. 2, 6, 16, 49, 52,
69, 76. 3, 6, 69. 4, 6, 27, 34,
35, 97, 112, 113, 164, 167, 174,
178, 182, 190, 202, 210, 236,
245. 5, 57, 63, 67, 75, 94, 98,
113, 114. 6, 2, 30, 35, 35, 41,
48, 62, 91, 94, 123, 128. 7, 10,
17, 35, 41, 46, 49, 50, 50, 55,
57, 61, 69, 70, 78, 89, 95, 102,
109, 144, 175. 8, 16, 19, 95, 114,
136, 143, 152, 161. 9, 50. 10, 46,
69, 87, 93, 121, 141, 142, 148,
157, 170. 11, 3, 27, 40, 43, 54,
60, 69, 69, 127, 136, 169, 169.
12, 3, 7, 12, 33, 56, 65, 100,
128, 141, 147, 175, 176. 13, 1,

23, 35, 37, 44, 54, 64, 73, 84, 87,
88, 106, 146, 164, 166, 187, 204,
205, 208. 14, 18, 27, 31, 47, 47.
15, 52, 57, 59, 69, 91, 99, 100,
103, 106, 125, 138, 179. 16, 12,
40, 83, 86, 87, 88, 90, 96, 110,
115, 140, 156, 160, 163, 167,
178, 186, 201, 211, 222, 225,
225. 17, 5, 16, 18, 21, 29, 55,
76, 85, 113, 116, 121, 128, 130,
145, 148, 150, 171, 180, 216,
224, 266, 276, 283, 294, 299.
18, 5, 13, 38, 100, 110, 115,
128, 146, 163, 177, 178. 19, 41,
65, 75, 76, 82, 92, 140, 155, 156,
173, 175, 179. 20, 60, 61, 104,
113, 166, 170, 179, 181, 206,
211, 222, 231, 232, 233, 248,
252. 21, 2, 6, 9, 31, 35, 37, 47,
87, 114, 131, 135, 163, 238. 22,
24, 107, 113, 119, 132, 138,
154, 166, 181, 214, 215. 23, 41,
44, 52, 64, 84, 98, 101, 103, 113,
123, 144, 167, 178, 188, 190,
193, 206, 216, 267. 24, 6, 15,
27, 30, 35, 38, 51, 58, 59, 66,
70, 87, 91, 93, 101, 116, 117,
124, 126, 143, 170, 176, 177,
189, 190, 204, 215, 228, 235,
238, 248, 253. 25, 3, 4, 12, 21,
48, 51, 62, 64, 74, 90, 122, 146,
149, 160, 191, 202, 265, 305,
314, 316. 26, 10, 49, 74, 90,
107, 138, 158, 162, 175, 186,
204, 214, 221, 227, 235, 241,
245, 270. 27, 23, 33, 33, 39,
43, 46, 55, 57, 61, 68, 80, 89,
108, 110, 113, 128, 136, 141,
142. 28, 2, 7, 9, 13, 21, 23, 79,
79, 80, 84, 133, 152, 195, 209,
215, 227, 235, 312, 315, 316,
330. 29, 11, 11, 68, 75, 89, 97,
106, 131, 169, 191, 235, 239,
252. 30, 1, 18, 19, 21, 70, 75,
77, 80, 100, 119, 120, 121, 136,
159, 166, 175, 192, 194. 31, 3,
9, 14, 40, 46, 61, 80, 82, 95, 103,
138, 138, 202, 206, 238. 32,
16, 18, 29, 37, 63, 85, 91, 103,
136, 139, 192, 225. 33, 9, 12,
40, 78, 89, 91, 136, 149. 34, 27,
57, 100, 124, 140. 35, 3, 17, 45,
59, 78, 79. 36, 4, 27, 31, 61,
63, 75, [75], 7 8, 1 0 2, 1 0 6,
109. 37, 1, 2, 11, 19, 26, 52,
53, 59, 59, 76, 80, 106, 116,
119, 125, 126, 130, 138, 140,
141, 153, 162. 38, 4, 35, 73, 91,
93, 95, 113, 117, 118, 176, 178,

180, 182, 192, 214, 216, 220,
243, 255, 259, 265, 303, 308,
325, 333, 335, 361, 367, 372.
39 (VIII 6, 1), (VIII 6, 4), (VIII
6, 8), (VIII 7, 1), (VIII 7, 1), (VIII
7, 14), (VIII 7, 14), (VIII 7, 18),
(VIII 11, 1).
δόκησις 7, 162. 13, 34, 39. 14,
14. 16, 108, 158. 18, 103. 25,
43.
δοκησίσοφος 4, 179. 6, 3, 32.
8, 52. 13, 37. 16, 136. 20,
105, 176. 22, 298.
δοκιμάζω 2, 77. 3, 7. 4, 168.
6, 77, 80. 7, 142. 8, 62, 96.
10, 128. 13, 186, 190. 15,
184. 16, 48, 51, 117. 17, 308,
308. 23, 253. 24, 118, 138.
25, 164, 226, 263, 306, 327.
26, 34, 177. 31, 153. 32, 32,
54, 54, 60, 63, 66, 208, 227.
34, 23. 38, 220.
δοκιμασία 18, 164. 19, 149,
155. 31, 106, 157. 32, 68. 37,
130.
δοκιμαστής 17, 252. 32, 64.
δοκιμεῖον 21, 226.
δοκίμιον → δοκιμεῖον
δόκιμος 1, 128. 2, 66, 66. 3,
67. 4, 95, 104, 119, 120, 168.
6, 137. 8, 96, 162. 10, 65.
11, 16, 66. 12, 18, 81. 14,
20. 15, 4, 159. 17, 158, 180,
216, 252. 19, 19, 63. 20, 124,
179, 208, 208. 21, 202, 255.
22, 20. 23, 180, 189. 24, 114,
161, 201. 25, 24, 221, 267. 26,
28, 32, 187, 234. 28, 61, 78,
104, 166, 214. 29, 36, 125.
30, 117, 176. 31, 47, 77, 137,
174, 196. 32, 65, 201. 33, 111.
34, 98, 140. 35, 41. 36, 48.
37, 163. 38, 107, 144, 173,
282.
δοκίς 25, 231.
δολερός 19, 79. 30, 86. 31,
185. 34, 91, 154.
δόλιος 6, 32. 15, 39.
δολιχεύω 1, 44, 113. 12, 9. 25,
118. 27, 104. 28, 172. 36,
109.
δόλιχος 1, 85. 7, 35. 21, 115.
29, 103, 246.
δόλος 4, 108. 15, 160. 19, 53,
77, 78. 31, 183. 38, 62.
δολοφονέω 7, 61, 69, 96. 8,
49, 124, 172. 15, 47. 24, 15.
30, 90, 131, 131. 32, 199. 37,
65, 179. 38, 65.

δολόω 39 (VIII 7, 7).
δόμα 4, 196, 196. 5, 84. 6, 111.
　10, 6. 16, 94, 142. 26, 242.
δόξα 1, 79, 154, 171. 2, 51, 59,
　75. 3, 56, 56, 57, 107. 4, 7, 7,
　13, 20, 31, 86, 126, 230. 5, 9,
　66, 71, 83, 117. 6, 2, 3, 5, 69,
　78. 7, 6, 9, 32, 33, 71, 78, 95,
　122, 136, 157, 160, 161. 8, 13,
　34, 35, 38, 38, 42, 52, 65, 112,
　117, 122. 9, 15, 15, 36, 37, 37,
　39, 53, 62. 10, 120, 150, 172.
　11, 56, 129, 130. 12, 171. 13,
　36, 36, 38, 45, 52, 57, 57, 70, 73,
　75, 76, 79, 144, 162. 14, 3, 15,
　57, 61, 67. 15, 48, 93, 106, 112,
　118, 118. 16, 19, 21, 69, 86, 87,
　92, 107, 152, 154, 172, 181, 183,
　184, 187, 192. 17, 48, 71, 92,
　169, 212, 289. 18, 6, 15, 27,
　54, 124. 19, 15, 16, 16, 19, 25,
　33, 35, 39, 47, 128, 128, 151.
　20, 92, 93, 94, 96, 214. 21, 73,
　82, 124, 126, 218, 232, 237,
　248, 255. 22, 12, 15, 16, 42,
　47, 48, 50, 53, 55, 57, 59, 61, 62,
　78, 93, 93, 95, 115, 133, 155.
　23, 70, 77, 123, 123, 123, 184,
　187, 219, 223, 263, 264. 24,
　59, 147, 254. 25, 62, 293.
　26, 53, 177. 27, 4, 65, 72, 125,
　151, 153. 28, 11, 27, 28, 28,
　45, 45, 59, 196, 311, 313, 328.
　29, 11, 164, 208, 244. 30, 1,
　31, 164. 31, 53, 71, 82, 88, 188.
　32, 7, 35, 65, 161, 162, 166,
　214, 214. 33, 11, 24, 27, 28,
　29, 100, 162. 34, 3, 11, 19, 66,
　75, 158. 35, 17, 64. 36, 7, 7, 12,
　47. 37, 170. 38, 279, 328.
δοξάζω 1, 19. 4, 35. 5, 37, 69.
　6, 95. 8, 25. 10, 21. 11, 82.
　16, 108. 21, 91, 185. 22, 269.
　36, 106.
δοξοκόπος 6, 32.
δοξομανέω 19, 30. 22, 114.
δοξομανής 19, 126. 22, 98.
　37, 41.
δορά (Α) 13, 87. 25, 127. 28,
　151, 165, 232, 268. 33, 143,
　146. 35, 38. 37, 71.
δοράτιον 30, 92. 31, 222.
δορκάς 11, 115. 31, 105.
δόρυ 37, 92.
δορυάλωτος 4, 117. 37, 60.
δορυφορέω 1, 139. 2, 59. 6,
　28, 59. 10, 109, 113. 15, 17.
　16, 37. 17, 223, 286. 18, 8.
　20, 21. 22, 114, 232. 23, 122.

25, 189. 28, 30, 45, 173. 30,
　41. 31, 168.
δορυφόρος 4, 115, 115. 7, 33,
　85. 13, 201. 14, 62. 15, 17,
　18, 19, 20, 55, 101. 16, 170.
　17, 286. 21, 27, 32, 103. 22,
　96. 25, 275. 30, 111. 31, 92,
　123. 32, 8. 37, 30, 38. 38, 6.
δόσις 4, 26, 64. 5, 84. 31, 195.
δοτέος 28, 122. 29, 245.
δοτός 10, 6, 6.
δουλαγωγέω 34, 63.
δουλεία 4, 17, 192, 198, 199.
　5, 75. 6, 122. 10, 114. 12,
　53. 17, 268, 269, 271. 18,
　175. 19, 207, 212. 23, 241.
　24, 15, 20, 136, 219, 221. 25,
　171, 247. 28, 58, 77. 29, 122,
　122. 31, 14, 15, 17. 32, 111,
　210. 33, 124, 137. 34, 10, 17,
　32, 36, 42, 45, 57, 64, 105,
　115, ‹118›, 124, 135, 136, 137,
　138, 139, 155, 158. 38, 17.
δουλεύω 4, 88, 193, 195, 199,
　221, 240. 5, 71, 107. 17, 272,
　275. 18, 176, 176. 22, 100,
　100, 136. 23, 164. 24, 247,
　270. 28, 57. 29, 79, 85. 31,
　17, 152. 32, 209. 33, 139, 164.
　34, 57, 114, 115. 39 (VIII
　7, 3).
δούλη → δοῦλος
δουλικός 34, 36, 114.
δουλοπρεπής 4, 195. 11, 73.
　17, 186. 19, 28. 24, 77. 29,
　28. 31, 183. 32, 87, 92. 34,
　24, 24, 34. 34, 99, 154. 35, 72.
　37, 64.
δοῦλος 1, 85, 167. 3, 97, 97, 107.
　4, 88, 89, 156, 156, 193, 194,
　198, 198, 201, 224. 5, 83, 117.
　6, 9, 72. 7, 34, 56, 146. 8, 109.
　9, 46. 11, 58. 12, 101. 13,
　198. 14, [32], [32], 51, 55, 59,
　69. 15, 48, 91, 133, 133. 16,
　26, 45. 17, 5, 7, 53, 273. 18, 31,
　33, 36, 79, 154, 154, 155. 19,
　20, 212, 212. 20, 33, 46. 22,
　30, 51, 62, 136, 136, 294. 23, 45,
　109, 228. 24, 35, 47, 66, 67,
　69, 76, 123, 135, 228, 244, 248.
　25, 36, 201, 299, 324. 26, 21,
　22, 50, 211. 27, 61, 165, 166.
　28, 126, 176. 29, 48, 68, 69,
　69, 81, 82, 84, 90, 122, 123,
　226, 227. 30, 145, 195. 31, 3,
　4, 91, 113. 32, 115, 121, 122,
　123, 124, 124, 125, 162. 34, 1,
　11, 22, 23, 24, 35, 35, 36, 37,

37, 38, 40, 41, 44, 45, 48, 48,
　50, 51, 52, 60, 60, 61, 79, 101,
　104, 136, 140, 142, 156, 159.
　35, 9, 71. 38, 13, 119, 119,
　119, 119, 203, 233, 285. 39
　(VIII 7, 2), (VIII 7, 14), (VIII 11,
　17).
δουλοσύνη 34, 134.
δουλόω 3, 29, 49. 4, 17, 89,
　220. 11, 42. 18, 165. 21, 114.
　22, 279. 25, 167. 32, 118.
　34, 22, 149, 159.
δούρειος 30, 44.
δράγμα 22, 6, 6, 17, 17, 21,
　30, 31, 32, 32, 33, 41, 75, 75,
　78, 80, 80, 110. 24, 6, 112, 113,
　158. 27, 160. 29, 41, 70, 162,
　171, 175, 176. 31, 29. 32, 90,
　145.
δράκων 11, 95, 96. 13, 222.
　16, 83. 22, 191. 25, 77, 91,
　92. 33, 8. 36, 128, 128, 129.
δρᾶμα 16, 112, 38, 202.
δραματοποιία 38, 351.
δράξ 20, 234, 249, 249. 22,
　71, 74.
δραπετεύω 16, 209. 30, 5. 32,
　210.
δραπέτης 16, 209.
δρασμός 3, 91. 4, 194. 5, 4.
　6, 129. 16, 26, 209. 17, 270.
　19, 14, 23, 78, 206. 34, 127.
δράσσομαι, δράττομαι 20,
　234, 249. 22, 71, 74.
δραστήριος 1, 8, 8. 4, 86. 5,
　87. 7, 161. 19, 11. 20, 16.
　34, 101.
δραστικός 18, 156. 26, 53. 28,
　200.
δραχμή 17, 145, 186, 187, 189.
　18, 113, 113. 24, 258. 29, 33,
　33, 33, 33.
δράω 1, 13, 85. 2, 5. 3, 38, 38.
　4, 7, 33, 210, 210, 247. 5, 14,
　75, 81, 122. 6, 54, 68, 128,
　130, 132. 7, 12, 57, 64, 69, 104,
　161, 172. 11, 25, 119, 123, 150,
　153, 163. 12, 87. 13, 73, 78,
　122. 14, 37. 15, 6, 47. 16,
　129. 17, 170. 19, 65, 74, 93,
　94, 106, 133, 156, 20, 122, 243.
　21, 7, 111. 22, 89, 196. 23,
　122, 135, 174, 183, 184, 185,
　188, 263. 24, 47, 66, 81, 166,
　263. 25, 24, 38, 44, 46, 79, 94,
　95, 201, 205, 297, 303, 305,
　305, 308. 26, 30, 73, 144, 165,
　213, 217, 220. 27, 60, 69, 74,
　98, 105, 141. 28, 16, 57, 113,

127, 158, 186, 234, 246, 284, 313, 314, 318, 321. 29, 13, 14, 52, 91, 98, 146, 234, 245, 248, 253. 30, 19, 19, 37, 64, 69, 74, 84, 87, 88, 88, 92, 95, 128, 149, 149, 153, 155, 156, 158, 180, 182, 197, 204, 209, 209. 31, 17, 32, 73, 77, 142, 184, 187, 193, 197, 198, 202. 32, 34, 127, 139, 166, 172. 33, 11, 32, 46, 72, 106, 135. 34, 27, 59, 61, 97. 35, 1, 15, 42, 73. 36, 21, 38. 37, 72, 137. 38, 92, 98, 102, 209, 233, 239, 261, 348. 39 (VIII 7, 11), (VIII 7, 11), (VIII 7, 11).

δρεπανηφόρος 25, 168.

δρέπανον 24, 6.

δρέπω 1, 156. 10, 40, 154, 11, 25, 152. 20, 165. 21, 58. 24, 91. 25, 230. 26, 22. 31, 81. 32, 91, 97, 156, 159.

δρομαῖος 38, 364.

δρομεύς 8, 161. 10, 36. 11, 115, 177. 16, 133.

δρόμος 1, 86, 88. 4, 48. 7, 23, 89, 141. 11, 68, 74, 177. 12, 9, 22, 76. 15, 115. 17, 245. 22, 201. 23, 160. 26, 291. 28, 340. 36, 88. 37, 26.

δρόσος 4, 169, 169. 16, 101, 101. 25, 200, 204. 26, 258. 32, 93. 33, 131.

Δρουσίλλα 37, 56.

δρύϊνος 18, 61. 19, 39, 42.

δρυμός 23, 138. 28, 75.

δρυοτόμος 35, 7.

δρῦς 16, 223. 18, 61, 61. 20, 211. 36, 64. 38, 127.

δυάς 1, 13, 13, 49, 95, 98. 2, 3. 9, 52. 10, 84, 84, 84. 20, 200. 22, 70. 23, 122. 26, 115, 288. 28, 180. 30, 180, 180. 33, 46, 46. 36, 113, 113.

δύναμαι 1, 4, 21, 23, 63, 76, 90, 103, 104, 124, 141, 156, 156, 162, 166. 2, 10, 62, 62, 86, 91. 3, 26, 48, 57, 65, 71, 73, 80. 4, 1, 4, 5, 5, 6, 15, 32, 40, 40, 50, 50, 52, 84, 109, 111, 116, 118, 120, 131, 140, 145, 146, 151, 152, 170, 180, 180, 202, 206, 206, 207, 207, 236, 240, 240, 244, 245. 5, 6, 17, 27, 36, 39, 39, 59, 65, 65, 78, 84, 85, 109. 6, 19, 33, 37, 37, 49, 94, 95, 101, 114, 116, 116, 122, 124, 125, 135. 7, 22, 31, 36, 43, 60, 78, 87, 89, 91, 96, 97, 100, 101, 101, 101, 105, 149, 150, 152, 152, 153, 161, 165, 176. 8, 2, 20, 21, 50, 66, 67, 71, 74, 96, 134, 139, 142, 163, 175, 184. 9, 13, 29, 34, 38, 51, 52, 56. 10, 12, 47, 52, 55, 64, 68, 78, 78, 79, 80, 80, 81, 129, 147, 149. 11, 4, 19, 22, 33, 37, 37, 47, 56, 56, 63, 76, 84, 93, 93, 94, 97, 113, 121, 142, 146, 147, 150, 151, 164, 179. 12, 21, 60, 78, 87, 89, 96, 130, 152. 13, 27, 44, 48, 54, 56, 58, 59, 63, 71, 73, 75, 101, 103, 122, 126, 155, 156, 160, 164, 168, 169, 198, 199, 211, 213, 221, 224, 224. 14, 6, 14, 21, 36, 42, 58, 61, 62. 15, 8, 11, 22, 25, 32, 46, 66, 97, 98, 102, 105, 112, 112, 160, 161, 185, 194. 16, 26, 26, 27, 55, 64, 74, 78, 80, 85, 95, 144, 150, 154, 155, 167, 175, 192, 199, 207. 17, 13, 34, 43, 44, 49, 58, 63, 82, 86, 109, 111, 125, 142, 143, 154, 194, 236, 237, 239, 240, 244, 246, 256, 274, 287, 304, 308, 308, 310. 18, 6, 8, 12, 14, 44, 52, 58, 72, 77, 81, 88, 106, 110, 121, 158, 163, 171. 19, 27, 30, 34, 61, 62, 96, 96, 109, 121, 159, 164, 187, 197. 20, 7, 11, 68, 82, 100, 107, 117, 126, 158, 165, 183, 183, 196, 203, 209, 214, 227, 231, 242, 252. 21, 4, 35, 37, 44, 49, 51, 54, 56, 57, 79, 81, 82, 91, 103, 117, 131, 136, 143, 164, 204, 220, 236, 237, 238, 239, 256. 22, 1, 3, 11, 22, 24, 94, 101, 103, 122, 123, 171, 172, 176, 184, 226, 237, 241, 259, 276, 278. 23, 47, 47, 71, 122, 140, 162, 182, 184, 200, 211, 216, 216, 224, 236, 243, 249, 252, 267, 268. 24, 9, 22, 27, 47, 58, 104, 118, 140, 147, 158, 188, 214, 226, 227, 231, 238, 242, 249, 258. 25, 3, 11, 83, 104, 115, 124, 152, 170, 186, 188, 205, 207, 237, 263, 278, 283, 295, 305, 328. 26, 6, 10, 13, 34, 70, 87, 175, 226, 229, 239, 247, 263. 27, 31, 64, 67, 87, 112, 112, 117, 130, 140. 28, 10, 10, 39, 42, 44, 49, 54, 65, 99, 113, 147, 176, 203, 263, 292, 298, 326, 332, 340, 341. 29, 15, 105, 114, 121, 122, 189, 202, 207, 220, 231, 258. 30, 4, 25, 77, 78, 92, 94, 100, 103, 106, 159, 175, 175, 197, 198, ‹200›. 31, 7, 29, 41, 105, 114, 186, 197, 204, 204, 223, 230, 235. 32, 5, 11, 29, 42, 54, 71, 74, 89, 105, 153, 158, 170, 203, 203, 213, 221. 33, 6, 11, 19, 26, 36, 43, 45, 67, 72, 80, 88, 94, 131, 133, 137, 140, 149, 156, 167. 34, 5, 7, 56, 109, 114, 128, 130, 146. 35, 63, 68, 78. 36, 9, 49, 51, 82, 103, 128, 129. 37, 1, 6, 11, 17, 31, 35, 43, 57, 64, 65, 72, 118, 118, 132, 143, 159, 176, 184. 38, 21, 27, 28, 39, 71, 111, 130, 131, 132, 134, 168, 171, 174, 189, 209, 223, 229, 238, 251, 260, 269, 311, 360, 368, 370.

δύναμις 1, 5, 7, 13, 13, 20, 21, 23, 23, 31, 46, 49, 51, 51, 52, 57, 64, 67, 81, 85, 96, 101, 103, 125, 126, 126, 131, 140, 141, 141, 145, 148. 2, 10, 14, 14, 28, 30, 32, 37, 38, 38, 39, 42, 60, 61, 62, 62, 96, 98, 100, 100, 100. 3, 21, 21, 21, 22, 23, 24, 24, 35, 37, 40, 41, 41, 41, 45, 73, 86. 4, 14, 33, 35, 49, 49, 49, 73, 88, 96, 97, 115, 124, 136, 145, 185, 191, 202, 231, 232. 5, 19, 20, 27, 28, 29, 32, 51, 59, 59, 62, 63, 64, 70, 82, 96, 106, 128. 6, 14, 18, 31, 36, 38, 39, 39, 41, 45, 47, 56, 56, 59, 59, 59, 60, 60, 69, 72, 73, 75, 76, 102, 108, 110, 119, 128, 131. 7, 3, 6, 25, 29, 41, 53, 66, 72, 82, 83, 83, 89, 90, 92, 95, 102, 102, 112, 159. 8, 5, 9, 14, 20, 27, 36, 64, 66, 120, 122, 126, 127, 141, 141, 143, 151, 161, 163, 167, 168. 9, 37, 47, 56. 10, 3, 19, 34, 37, 56, 77, 78, 79, 81, 85, 88, 109, 109, 110, 116, 167. 11, 12, 22, 22, 59, 63, 78, 85, 86, 86, 94, 95, 111, 119, 157, 162, 166, 167, 172. 12, 14, 30, 31, 45, 46, 50, 83, 86, 86, 89, 90, 123, 125, 129, 133, 141, 144, 157. 13, 6, 15, 22, 30, 32, 65, 82, 83, 91, 92, 105, 106, 113, 115, 121, 157, 185, 190, 192. 14, 7, 13, 26, 43, 43, 47, 61. 15, 19, 30, 37, 39, 49, 51, 52, 55, 104, 111, 115, 136, 137, 137, 166, 171, 172, 175, 175, 182, 187, 187, 188, 190, 192, 193, 195. 16, 3, 9, 40, 55, 57, 61, 76, 77, 82, 91, 102, 110, 119, 120, 124, 144, 170, 181, 181, 182, 202, 205, 213, 220. 17, 4, 8, 24, 43, 73, 99, 102, 110, 118, 144, 151, 153, 160, 166, 166, 170, 172, 185, 212, 269, 270, 281,

δύσεργος 6, 48. 10, 2. 28, 299.
δύσερις 6, 32. 11, 159. 13,
17. 18, 129. 23, 213, 225. 38,
198.
δυσερμήνευτος 21, [188].
δυσεύρετος 6, 32. 8, 43. 17,
248. 19, 153, 157. 21, 8, 8, 16, 24.
23, 19, 24.
δυσέφικτος 6, 32. 16, 134.
δυσήκοος 23, 240.
δυσθανατάω 32, 92.
δυσθανατέω 25, 123. 26, 211,
250.
δυσθεράπευτος 10, 182. 12,
32. 13, 115. 30, 23. 32, 4.
δύσθετος 4, 53.
δυσθεώρητος 16, 222. 25, 21.
δυσθήρατος 8, 13. 13, 174. 16,
150. 17, 248. 19, 164. 20, 236.
23, 24. 27, 125. 28, 36. 31,
185.
δυσθυμία 25, 119. 29, 83.
δυσίατος 1, 155, 167. 4, 33. 10,
67. 11, 93. 19, 80. 23, 96. 24,
10, 118. 28, 4, 292. 29, 15, 23.
30, 28, 98. 31, 5, 79, 100. 35,
2.
δύσις 1, 58. 5, 22. 12, 118. 17,
265. 20, 190. 23, 161. 24, 134,
166. 28, 69. 30, 152, 187. 35,
34. 38, 145, 191.
δυσκαθαίρετος 2, 86. 25, 8.
δυσκάθαρτος 7, 144. 8, 75. 10,
9, 183. 12, 107. 15, 153. 19,
85. 20, 62. 21, 227. 29, 23,
27, 253. 38, 66.
δυσκαρτέρητος 21, 124. 23,
96, 185. 24, 223. 26, 184.
δυσκατάληπτος 28, 32, 36.
δυσκατέργαστος 28, 218.
δυσκατόρθωτος 25, 19.
δυσκίνητος 28, 99.
δύσκλεια 6, 100. 10, 171. 17,
113. 22, 120. 38, 369.
δυσκολία 6, 30, 35. 19, 106. 23,
192. 39 (VIII 6, 4).
δύσκολος 8, 156. 12, 115. 13,
177. 21, 7. 28, 306. 33, 49. 39
(VIII 6, 4).
δυσκρασία 1, 125.
δύσληπτος 31, 185.
δύσλυτος 6, 32.
δυσμαθής 26, 261.
δύσμαχος 23, 136. 38, 190.
δυσμεναίνω 5, 37.
δυσμένεια 20, 95. 24, 176. 31,
185, 227. 33, 137. 37, 24. 38,
171, 205.
δυσμενής 4, 1, 71. 5, 77. 6, 20.

7, 37, 165. 8, 24. 11, 88, 146,
159. 13, 10, 69, 70, 176. 17,
245. 22, 89. 24, 167. 25, 291.
26, 9. 30, 113. 32, 151, 195. 33,
61, 85, 118, 127, 170. 37, 62, 126,
146, 147. 38, 293.
δυσμή 17, 249, 258, 263, 264,
307, 307. 21, 84, 92, 112. 22,
147. 24, 159. 26, 92. 37, 45.
δύσνοια 24, 5.
δυσοδέω 38, 126.
δυσοδία 24, 183. 25, 194. 31,
111.
δυσοδμία 17, 79. 26, 260.
δυσοιώνιστος 37, 177.
δυσόρατος 19, 164. 33, 38.
δυσόργητος 6, 32.
δυσπαρηγόρητος 30, 28.
δυσπεριγένητος 21, 8.
δυσπερινόητος 19, 164.
δυσπεψία 31, 100.
δύσπλοια 20, 150. 21, 150.
δυσπόρευτος 23, 86.
δυσπόριστος 1, 80.
δυσπραγία 24, 244.
δυσσεβής 15, 2. 29, 135. 30, 14.
δυστέκμαρτος 16, 195.
δύστηνος 22, 119. 34, 40. 38,
23, 29, 31.
δυστοκέω 20, 96.
δυστόπαστος 8, 13. 16, 195. 19,
164. 21, 182. 28, 32. 29, 165.
33, 38.
δύστροπος 21, 7. 28, 306.
δυστυχής 11, 35. 20, 55, 231.
21, 122. 22, 298. 37, 64, 172.
38, 52, 367.
δυστυχία 24, 223. 33, 169.
δύσυδρος 36, 148.
δυσυπομόνητος 6, 30. 23, 185.
29, 90. 32, 5. 33, 145.
δυσυπονόητος 6, 32. 27, 125.
δύσφημος 38, 101.
δυσφροσύνη 24, 245.
δυσχείμερος 25, 118.
δυσχεραίνω 1, 161, 161. 10, 166.
11, 54, 57. 12, 39. 13, 9, 208.
15, 2, 41. 17, 43. 21, 95, 222,
236. 22, 160. 23, 41, 97, 257.
24, 50, 166, 171, 246. 25, 40,
90, 196, 321. 26, 167. 29, 19,
87, 245. 30, 50, 118, 166. 34,
61, 125. 37, 24, 89, 107, 138. 38,
154, 253.
δύσχρηστος 6, 32.
δυσχωρία 38, 127.
δυσώδης 3, 7. 8, 112. 25, 204.
36, 125.
δυσωδία 25, 100. 26, 262.

δυσώνυμος 4, 44. 6, 32. 14, 52.
15, 115. 22, 166. 38, 101.
δυσωπέω 1, 128. 7, 146. 8, 97.
10, 126. 15, 52. 19, 118, 203.
21, 124. 27, 169. 29, 36.
31, 127. 33, 91. 34, 124.
38, 52.
δυσωπία 12, 8.
δύω 1, 115, 147. 2, 46. 4, 171. 7,
151. 12, 40, 144. 13, 22. 17,
264, 264. 21, 4, 5, 72, 72, 81, 83,
83, 114, 116, 117, 118. 23, 44. 24,
54. 26, 19. 28, 296. 30, 142.
35, 27. 36, 120, 141. 38, 10. 39
(VIII 11, 6).
δώδεκα 1, 60, 107, 107, 108, 108,
108, 109, 109, 110. 14, 66. 17,
175, 176, 195. 18, 168. 19, 58,
73, 183, 184, 184, 185, 185, 185. 20,
263. 22, 257. 24, 167. 25, 188,
189, 221, 306. 26, 112, 112, 124,
126, 133, 160, 175, 178. 28, 79, 87,
87, [172]. 29, 33, 161, 177. 32,
[77] 33, 57. 34, 122.
δωδεκάς 29, 177.
δωδεκατημόριον 22, 112.
δωδέκατος 22, 113.
Δωθαείμ, Δωθαΐν 7, 5, 28. 19,
127, 127, 128.
δῶμα 11, 170.
δωρεά 1, 23, 77. 4, 78, 87, 147,
166. 5, 84, 121, 122, 122, 123.
6, 26, 57. 8, 36, 42, 80, 144. 10,
57, 105. 11, 90. 12, 89. 13, 32,
94, 119. 14, 55. 15, 7, 127. 16,
46, 53, 70, 86, 106, 127. 17, 26,
80, 205, 206. 18, 96. 19, 29,
66. 20, 8, 30, 52, 58, 61, 64, 126,
142, 218, 269. 21, 113, 117, 162,
163. 23, 46, 90, 155, 159, 273.
24, 46, 231, 241, 249, 258. 25,
21, 184, 204, 266, 267, 293, 333.
26, 155. 27, 112, 167. 28, 43,
57, 151, 152, 172, 277. 29, 55, 97,
108, 111, 138, 158, 160, 180, 180,
187, 219. 30, 99, 111. 31, 217.
32, 105, 130, 133, 165, 169, 202.
33, 79, 163. 37, 23, 171. 38, 88,
335, 343.
δωρέω 1, 66. 2, 80. 4, 95, 105,
166, 179, 203. 5, 44, 106, 119,
122. 6, 24, 40, 98, 124. 7, 124,
151. 8, 142, 174. 10, 47, 104, 108.
11, 168, 180. 13, 119, 172. 16,
70, 88, 109, 122, 172, 203. 17,
97, 302. 18, 17, 75, 146. 19, 76,
155. 21, 227. 22, 76, 224, 224.
23, 7, 39, 54. 24, 150, 251. 25,
304, 304. 27, 17. 28, 224. 29,

33, 18. 34, 76, 150. 36, 67. 38, 106.

ἐγγίζω 3, 57. 4, 9. 5, 18. 7, 46. 8, 27. 10, 161. 13, 96. 16, 56, 132. 17, 30. 19, 59, 162.

ἐγγίων, ἔγγιστος 11, 25. 13, 67, 70, 71. 19, 90, 90. 26, 245. 27, 33.

ἐγγλύφω 2, 81. 17, 176. 26, 123.

ἔγγονος 3, 34. 6, 103. 8, 112, 177. 10, 4, 15, 116, 118, 138. 11, 32. 14, 47, 48. 17, 65, 186. 18, 75, 119, 152. 20, 68, 147, 189, 193, 255. 21, 141, 141, 169. 22, 96, 134, 139, 184, 266. 23, 82. 29, 101, 259. 31, 85. 32, 82, 126, 128, 129, 133, 134, 136, 138, 142. 36, 15, 112.

ἐγγράμματος 11, 136. 12, 10. 37, 55.

ἐγγραφή 24, 69.

ἐγγράφω 1, 143. 2, 19. 4, 244. 7, 139. 9, 61. 10, 121. 11, 81, 119. 15, 109. 21, 39. 25, 157. 26, 211, 274. 28, 63, 106. 29, 45. 30, 36, 72. 34, 7.

ἐγγυάω 8, 78. 11, 157. 18, 12, 38, 72, 73, 134. 21, 254. 24, 121, 132. 27, 47. 28, 109. 30, 22, 26, 34, 81. 32, 28, 114. 38, 37.

ἐγγύη 30, 70.

ἐγγυητής 5, 45. 11, 50.

ἐγγύθεν 23, 75.

ἐγγυμνάζω 19, 36. 24, 38. 29, 91.

ἐγγύς 5, 19, 19. 7, 25. 8, 20, 27, 84, 84, 109, 152. 9, 41. 44, 46, 47. 11, 148, 161. 13, 70, 174. 15, 9, 124, 157. 16, 57. 17, 83, 202. 19, 92, 101. 20, 217, 237, 237. 21, 32, 54. 22, 129, 180. 23, 26, 121, 121. 24, 116, 117, 238. 25, 198, 263, 275. 26, 8, 122, 169, 249, 251. 27, 15; 59, 120, 148. 28, 116. 29, 114, 127, 216. 30, 157, 164, 192. 31, 139. 32, 80, 132, 183. 33, 80. 35, 23, 24. 37, 124, 151. 38, 29, 183, 228.

ἐγείρω 1, 115. 3, 25, 30. 4, 14, 69, 224. 5, 38. 6, 103. 8, 54, 148. 10, 26. 11, 77, 122. 12, 159. 13, 147, 156, 179. 14, 5, 15, 133. 16, 122. 19, 189. 20, 56, 209. 21, 80, 99, 150, 174. 22, 18, 50, 106. 23, 154, 215. 24, 103, 125, 126, 142, 143, 147. 25, 284, 291. 27, 35. 28, 192, 298, 338. 29, 101, 193. 30, 28.

31, 129, 139, 141, 223. 32, 5, 71. 33, 151.

ἐγκάθημαι 3, 94. 11, 94, 105. 28, 270.

ἐγκαθίζω 3, 98, 98.

ἐγκαίνια, τά 18, 114.

ἐγκαινίζω 11, 148, 148.

ἐγκαλέω 10, 27. 16, 91. 37, 146.

ἐγκαλλωπίζομαι 23, 190.

ἐγκαλύπτω 6, 21. 15, 118. 18, 124, 125, 125. 20, 134. 22, 203. 27, 118. 28, 270, 279. 32, 131.

ἐγκάρδιος 28, 6.

ἐγκάρσιος 13, 131. 15, 157. 25, 165. 35, 45. 36, 113. 37, 189.

ἐγκαρτερέω 7, 149. 34, 24, 110.

ἐγκαταγηράσκω 11, 143.

ἐγκατακλείω 26, 182. 33, 145.

ἐγκαταλαμβάνω 7, 90. 16, 190. 25, 166. 36, 21, 87. 38, 63.

ἐγκαταλείπω 8, 121. 15, 166. 18, 160. 19, 197. 21, 3.

ἐγκαταμείγνυμι 21, 220. 38, 169.

ἐγκαταμένω 32, 214.

ἐγκαταπίνομαι 7, 100. 13, 79. 16, 85, 125. 19, 49. 22, 86. 30, 6.

ἐγκατάποσις 4, 146.

ἐγκατασκευάζω 4, 137. 21, 129, 135. 25, 111. 31, 82.

ἐγκατασκήπτω 7, 178. 35, 2.

ἐγκατασπείρω 32, 134.

ἐγκατατρίβω 11, 143.

ἔγκειμαι 5, 48. 6, 46. 14, 33. 17, 296. 37, 175.

ἐγκέφαλος 6, 136. 28, 213, 214, 215.

ἐγκισσάω 22, 19.

ἔγκλημα 6, 52, 72, 88. 7, 142. 13, 27. 14, 48. 15, 161. 20, 243. 22, 137. 27, 76. 28, 127. 30, 57, 63, 80. 31, 5, 40. 32, 147. 37, 6, 129, 139. 38, 23, 169, 177.

ἐγκοίλιος 4, 143, 143, 144.

ἐγκολάπτω 21, 202, 241.

ἔγκολλος 20, 211. 31, 160. 33, 64.

ἐγκολπίζω 12, 7. 15, 137. 18, 152. 36, 66.

ἔγκοτος 19, 39. 33, 86. 37, 19. 38, 199, 260, 303.

ἐγκράτεια 1, 164. 4, 18. 6, 27. 7, 19, 19, 72, 95, 103. 11, 98. 17, 48, 253, 254, 274. 18, 31, 80,

80, 80. 20, 229. 21, 124. 22, 15, 40, 106, 211. 23, 24, 103, 104, 253. 24, 55, 153. 25, 154, 161, 303. 26, 185. 28, 149, 150, 173, 175, 186, 193. 29, 195. 30, 22. 31, 97, 99, 101, 112, 112, 124. 32, 127, 180. 33, 100, 116. 35, 34. 38, 14. 39 (VIII 7, 11), (VIII 11, 14).

ἐγκρατής 2, 86. 4, 237, 239, 240, 241. 17, 203. 24, 54, 166. 32, 167, 182. 34, 84. 37, 96.

ἐγκρίνω 8, 96.

ἐγκρίς 7, 118.

ἐγκρύπτω 8, 118. 20, 229.

ἐγκρυφίας 6, 59, 60, 62, 86. 23, 108.

ἐγκύκλιος 4, 167, 244, 244. 5, 3, 6, 101, 105. 6, 38, 43, 43. 8, 137. 9, 60. 11, 9, 18. 13, 33, 49, 51. 14, 9. 16, 72. 17, 274. 18, 9, 10, 14, 19, 20, 23, 35, 72, 73, 79, 79, 121, 154, 155, 156. 19, 183, 213. 20, 229. 21, 240. 25, 23. 28, 336. 34, 160. 38, 166, 168.

ἐγκύμων 4, 104, 180. 5, 57. 7, 60. 10, 5, 15, 39. 18, 140, 145. 20, 134, 144. 21, 200. 23, 253. 29, 54. 30, 44.

ἔγκυος 5, 47. 30, 108. 32, 139.

ἐγκωμιάζω 17, 217. 23, 158. 26, 191. 37, 7.

ἐγκωμιαστικός 12, 131. 23, 217. 28, 342.

ἐγκωμιαστός 16, 110.

ἐγκώμιον 3, 67. 12, 128. 13, 74. 16, 112, 113. 17, 9, 91, 110, 162. 19, 73. 20, 220. 22, 38, 272. 23, 247, 255, 265. 24, 205, 26, 240. 28, 336. 29, 85. 31, 150, 230. 33, 118. 37, 108. 38, 38.

ἐγρήγορσις 3, 25, 30, 30. 4, 183. 5, 92. 7, 172. 13, 159, 204. 14, 5. 16, 190, 222. 17, 257, 257. 22, 39, 160. 24, 147. 28, 298. 29, 100, 103. 37, 177.

ἐγχαλινόω 4, 155, 195. 5, 19. 7, 53. 10, 47.

ἐγχαράττω 1, 128. 2, 19. 4, 16, 230. 11, 167. 19, 26. 20, 200, 270. 21, 256. 26, 112. 27, 50, 101. 28, 30, 59, 313. 31, 149. 32, 178. 33, 114. 35, 76.

ἐγχειρέω 1, 62. 10, 22, 135. 13, 16. 14, 36, 36. 15, 9, 158. 16, 83. 17, 299. 20, 47. 22, 120,

122. 28, 265. 31, 220. 32,
171. 34, 24, 34. 38, 209.
ἐγχείρημα 7, 122. 16, 98. 18,
113. 20, 249.
ἐγχείρησις 22, 200.
ἐγχειρητής 22, 37. 23, 183. 38,
213.
ἐγχειρίδιον 37, 90.
ἐγχειρίζω 12, 56. 13, 66. 24,
67, 188, 227, 257. 31, 156. 33,
51, 78. 38, 37, 50.
ἐγχέω 13, 221. 17, 182. 30, 58.
34, 15.
ἐγχορεύω 6, 33. 8, ‹137›. 12, 38.
13, 138. 18, 20. 19, ‹187›.
20, 225, ‹229›.
ἐγχρίμπτω 25, 131.
ἐγχρίω 18, 47. 21, 164.
ἐγχρονίζω 23, 185. 26, 140. 27,
137.
ἐγχωρέω 19, 141.
ἐγχώριος 23, 209. 24, 44, 113,
121, 157, 167, 195, 230, 242. 25,
132, 276, 296, 319. 26, 58. 27,
80. 28, 79. 29, 217. 30, 16.
34, 93. 35, 8, 69. 37, 37, 136.
38, 163, 166, 199, 295.
ἐγώ, ἡμεῖς 1, 32, 49, 81, 117, 125,
131, 135, 136, 136, 140, 140, 153,
154, 163, 164, 165, 170. 2, 45, 47,
48, 49, 51, 52, 59, 61, 61, 62, 70,
78, 78, 91, 98, 98, 99. 3, 2, 2,
7, 8, 9, 9, 20, 22, 22, 32, 32,
36, 40, 40, 41, 42, 46, 46, 46,
77, 78, 78, 82, 85, 85, 88, 88, 89,
97, 101. 4, 20, 20, 21, 21, 27,
27, 27, 35, 42, 42, 56, 56, 56,
56, 56, 58, 58, 59, 60, 66, 69, 69,
81, 85, 101, 101, 104, 105, 105, 115,
117, 119, 119, 120, 129, 131, 151,
153, 156, 162, 162, 166, 166, 167,
167, 169, 173, 174, 175, 175,
176, 177, 177, 177, 179, 179, ‹179›,
180, 180, 181, 181, 183, 191, 191,
191, 196, 196, 196, 198, 198,
198, 198, 202, 202, 202, 203,
207, 211, 212, 214, 218, 218, 219,
219, 225, 236, 237, 239, 245. 5,
5, 5, 5, 7, 27, 35, 36, 36, 37, 37,
37, 49, 49, 50, 57, 65, 66, 66,
66, 66, 66, 67, 67, 67, 67, 67,
68, 70, 72, 74, 74, 74, 74, 75, 84,
84, 91, 92, 94, 99, 105, 108, 113,
113, 114, 114, ‹114›, 115, 115, 119,
120, 128. 6, 8, 20, 22, 22, 23,
24, 27, 30, 30, 30, 33, 35, 41, 42,
42, 56, 56, 56, 57, 62, 64, 66,
66, 67, 68, 69, 75, 85, 87, 87, 87,
87, 98, 99, 106, 108, 108, 109,

111, 111, 111, 111, 111, 118, 118, 118,
118, 126, 134. 7, 4, 4, 4, 5, 5,
5, 5, 10, 15, 23, 29, 30, 31, 46,
46, 50, 50, 52, 53, 54, 57, 62, 62,
69, 72, 79, 82, 84, 85, 86, 89,
95, 95, 98, 102, 121, 121, 121, 122,
123, 123, 126, 127, 139, 141, 144,
146, 150, 150, 156, 156, 157, 158,
160, 163, 175. 8, 16, 16, 19, 23,
26, 28, 29, 29, 30, 30, 30, 30,
30, 30, 30, 31, 41, 49, 55, 58, 61,
61, 68, 68, 72, 80, 82, 89, 89,
89, 90, 90, 90, 90, 90, 91, 102,
104, 118, 122, 124, 132, 136,
139, 143, 143, 145, 155, 166,
167, 168, 168, 170, 175, 178,
179, 179, 184. 9, 1, 8, 15, 15,
17, 19, 20, 32, 40, 45, 45, 45,
47, 49, 50, 60, 63, 63. 10,
6, 6, 6, 6, 7, 23, 28, 45, 46,
57, 69, 84, 92, 106, 108, 109, 111,
121, 131, 133, 134, 135, 135,
136, 138, 138, 138, 145, 145,
145, 149, 155, 156, 166, 167,
168, 169, 169. 11, 9, 22, 30, 45,
50, 50, 51, 51, 52, 52, 59, 108,
112, 112. 12, 12, 29, 36, 36,
42, 49, 52, 62, 63, 64, 64,
83, 90, 90, 94, 95, 100, 110,
130, 131, 132, 133, 133, 133,
137, 138, 147, 147, 159. 13,
14, 14, 23, 28, 31, 36, 39, 39,
40, 40, 47, 50, 54, 54, 57, 59,
61, 63, 64, 84, 84, 85, 93, 97,
98, 105, 106, 114, 118, 123, 140,
149, 149, 152, 164, 169, 189, 190,
193, 194, 198, 224. 14, 4, 12,
15, 18, 19, 26, 33, 56, 56, 60,
68. 15, 15, 21, 31, 44, 44, 44,
44, 49, 50, 50, 51, 51, 52, 52,
55, 55, 65, 65, 69, 72, 72, 79,
80, 80, 84, 94, 98, 98, 121, 127,
127, 127, 129, 130, 133, 135,
138, 142, 165, 169, 169, 181,
181, 181, 184, 190. 16, 3, 13,
21, 21, 50, 52, 56, 68, 80, 86,
90, 95, 95, 104, 130, 138, 141,
142, 142, 142, 142, 142, 151,
156, 157, 157, 164, 169, 171,
172, 174, 174, 183, 206, 206,
208, 208, 212, 214. 17, 2, 2,
2, 2, 2, 8, 8, 8, 8, 14, 15, 19,
19, 20, 20, 20, 20, 20, 20, 20,
22, 24, 25, 25, 25, 26, 27, 28,
28, 29, 30, 30, 31, 31, 32, 32,
33, 34, 39, 39, 39, 42, 43, 45,
52, 58, 58, 58, 59, 59, 59, 62,
65, 65, 65, 71, 72, 76, 80, 80,
81, 92, 93, 95, 96, 102, 107,

112, 112, 113, 113, 113, 113,
116, 117, 117, 121, 123, 125,
125, 126, 128, 133, 153, 153, 179,
183, 185, 186, 186, 186, 206,
206, 207, 213, 216, 224, 225,
230, 230, 231, 231, 231, 234,
234, 234, 236, 236, 251, 251,
263, 263, 264, 265, 272, 272,
273, 282, 291, 304. 18, 1, 1,
2, 2, 2, 2, 2, 2, 5, 6, 6, 6,
7, 12, 12, 13, 13, 13, 14, 19,
26, 27, 30, 30, 38, 56, 72, 74,
76, 80, 81, 85, 86, 86, 86, 86,
86, 86, 86, 86, 90, 94, 96, 96,
98, 99, 100, 101, 102, 110, 123,
125, 133, 134, 152, 152, 152,
153, 156, 163, 177. 19, 1, 1,
15, 15, 15, 15, 15, 15, 15, 20, 21,
21, 22, 22, 22, 23, 23, 41, 55,
59, 61, 62, 67, 67, 67, 69, 69,
74, 75, 80, 80, 82, 84, 91, 103,
104, 104, 106, 116, 117, 118,
127, 127, 127, 137, 148, 149,
154, 155, 156, 165, 175, 182,
197, 203, 211. 20, 1, 8, 9,
9, 10, 11, 12, 12, 13, 13, 14,
14, 15, 16, 18, 18, 20, 20, 23,
23, 23, 27, 29, 29, 31, 37,
38, 39, 39, 39, 41, 50, 52, 52,
57, 57, 58, 58, 58, 58, 62, 78,
79, 79, 97, 97, 115, 115, 120,
136, 137, 138, 138, 139, 152,
154, 157, 166, 166, 173, 173,
179, 181, 184, 206, 206, 218,
230, 231, 233, 243, 246, 248,
254, 257, 263, 265. 21, 3, 3,
3, 6, 7, 15, 21, 25, 25, 30, 31,
32, 35, 42, 43, 46, 47, 59, 64,
64, 65, 75, 75, 77, 84, 86, 92,
97, 102, 110, 110, 111, 112,
118, 134, 142, 143, 143, 147,
154, 159, 163, 164, 164, 166,
173, 173, 177, 177, 179, 183,
189, 189, 189, 189, 189, 195,
195, 196, 196, 198, 203, 204,
219, 225, 226, 227, 227, 228,
229, 231, 238, 240, 241, 241,
241, 241, 249, 252, 254. 22, 1, 2,
6, 6, 7, 7, 7, 9, 17, 33, 54, 63,
69, 75, 91, 91, 93, 94, 94, 95,
95, 100, 100, 102, 104, 104,
108, 111, 111, 115, 123, 129,
133, 137, 137, 139, 139, 142,
149, 153, 159, 159, 159, 160,
163, 170, 172, 182, 182, 182,
184, 200, 205, 207, 207, 216,
218, 221, 221, 222, 223, 224,
224, 224, 227, 229, 244, 252,
255, 258, 267, 267, 269, 272,

272, 291, 291, 291, 291, 291,
297, 297, 301. 23, 28, 29, 42,
46, 51, 64, 98, 113, 115, 115, 128,
128, 129, 129, 129, 130, 142,
144, 147, 157, 160, 164, 166,
167, 178, 184, 193, 204, 204,
206, 236, 237, 243, 248, 249,
249, 250, 252, 261, 267, 276.
24, 6, 7, 9, 9, 15, 17, 17, 18, 19,
19, 20, 20, 20, 23, 25, 26, 27,
27, 27, 42, 43, 45, 46, 47, 47,
47, 50, 50, 51, 64, 64, 64, 66,
66, 68, 71, 71, 75, 77, 78, 78,
93, 104, 104, 104, 104, 106,
106, 110, 117, 118, 125, 126,
127, 129, 147, 167, 170, 171,
177, 184, 184, 187, 188, 192,
215, 216, 221, 222, 224, 225,
226, 227, 228, 238, 239, 241,
242, 243, 245, 262, 263, 264,
266, 266. 25, 11, 12, 35, 56,
58, 62, 72, 73, 75, 75, 84, 84,
88, 92, 146, 171, 194, 195, 225,
235, 245, 245, 274, 274, 277,
278, 278, 279, 280, 281, 283,
298, 298, 329, 330, 330. 26,
31, 82, 99, 129, 155, 158, 168,
168, 171, 185, 235, 235, 252,
272, 281. 27, 23, 31, 31, 33,
38, 41, 43, 47, 68, 88, 88, 89,
91, 91, 113, 141, 142. 28, 8, 18,
22, 23, 41, 41, 41, 43, 43, 45,
46, 47, 49, 80, 89, 95, 100,
171, 171, 197, 209, 214, 214,
214, 215, 222, 253, 258, 264,
266, 266, 266, 266, 282, 314,
317, 318, 323, 340, 343, 345.
29, 11, 11, 11, 20, 34, 47, 55,
89, 100, 104, 142, 160, 167,
191, 201, 217, 219, 239, 252.
30, 3, 3, 4, 5, 5, 19, 72, 119,
159, 166, 176, 185, 192, 194.
31, 39, 69, 69, 95, 123, 123,
138, 163, 164, 202, 231, 237,
238. 32, 14, 68, 136, 139, 183,
188, 192, 195, 195, 195. 33,
54, 80, 89, 91. 34, 1, 25, 25,
27, 62, 64, 95, 96, 96, 96, 99,
99, 103, 116, 124, 124, 125,
128, 130, 140, 144, 145, 145,
146, 146, 152. 35, 17. 36, 12,
13, 13, 29, 44, 63, 69, 71, 91, 95,
102, 106, 134, 137. 37, 22, 23,
43, 49, 51, 54, 59, 86, 94, 97,
101, 102, 103, 116, 121, 124,
125, 143, 157, 159, 163, 170,
173, 175, 178, 178, 179, 179.
38, 1, 4, 27, 49, 54, 56, 58, 76,
86, 89, 91, 91, 113, 114, 119,

120, 134, 152, 157, 174, 176,
181, 182, 182, 183, 184, 186,
187, 188, 193, 197, 218, 220,
224, 230, 231, 233, 236, 253,
255, 256, 258, 264, 265, 265,
274, 274, 275, 276, 276, 278,
281, 286, 287, 294, 308, 315,
323, 324, 326, 326, 327, 329,
334, 347, 351, 352, 353, 356,
357, 357, 359, 362. 362. 367.
367, 367, 370, 370, 372. 39 (VIII
7,2), (VIII 7,4), (VIII 7,8), (VIII
7,18), (VIII 7,20), (VIII 11,1).
ἔγωγε 1, 61. 5, 55. 6, 124, 136.
8, 39, 120, 164. 10, 128. 12,
44. 16, 89. 19, 3. 21, 41.
25, 4. 27, 75. 28, 281. 34,
38, 58. 38, 53. 39 (VIII 6, 5).
ἔδαφος 5, 104. 10, 38. 13, 172.
21, 125. 22, 54, 56, 140. 23,
65. 25, 77, 91, 107, 302. 26,
85, 254. 29, 172. 30, 58, 59.
31, 17, 214. 32, 105, 158.
34, 7, 133. 35, 33, 86. 36,
129. 37, 71, 160, 162. 38, 228,
352.
Ἐδέμ 2, 43, 45, 63, 64, 65, 65.
5, 12, 12, 13. 8, 1, 32, 32, 32,
128. 12, 32, 38. 15, 61. 22,
241, 242.
ἔδεσμα 29, 50, 148. 31, 91, 113.
ἔδομαι → ἐσθίω
ἔδος 30, 89. 36, 17. 38, 290.
ἕδρα 6, 42. 36, 136.
ἐδωδή 1, 159. 13, 220. 19, 31.
20, 164. 22, 49, 155, 157, 205.
23, 148. 24, 152, 206. 26,
23. 28, 135, 190, 233, 240,
244, 256. 29, 98, 175. 30, 9,
97. 31, 97, 110, 113. 32, 6,
126. 35, 9, 55. 36, 63.
ἐδώδιμος 2, 99, 99. 4, 184. 11,
19, 19. 12, 96, 97, 109. 14,
28. 17, 253. 26, 180, 180, 180.
30, 95, 198, 202.
Ἐδώμ 8, 101. 10, 144, 145, 148,
166, 180. 16, 146.
ἐθάς 10, 38. 11, 105. 21, 151.
22, 63. 37, 3. 38, 53, 187,
254.
ἐθέλεχθρος 6, 32. 25, 248. 37,
40.
ἐθελόδουλος 6, 32. 13, 122.
ἐθελοκακέω 6, 29. 24, 226.
25, 94. 37, 40, 129, 154. 38,
32.
ἐθελοντής 8, 10. 24, 228, 240.
25, 317. 32, 63, 94.
ἐθελουργός 7, 11. 10, 47. 15,

59. 20, 270. 25, 63. 28, 57.
29, 146. 30, 127. 34, 22.
ἐθελούσιος 5, 22. 10, 100. 31,
157. 35, 71.
ἐθέλω 1, 21, 24, 46, 88, 137.
4, 36, 81, 243. 5, 115. 6, 22,
24, 37, 40, 115. 7, 152. 8, 95,
156, 175. 9, 39, 43. 11, 5, 6.
13, 167. 14, 20, 32, 46. 15,
38, 153, 161, 175. 16, 11, 118,
211. 17, 158, 194. 18, 53, 71.
19, 35, 145. 20, 37, 60, 242.
21, 7, 98, 158, 188. 22, 83,
86. 23, 5. 24, 228. 25, 2,
19, 141, 158, 249, 297, 298,
300. 26, 52. 27, 43, 63, 112.
28, 65, 75. 29, 60. 30, 31,
78, 154, 175, 202. 31, 81, 124,
140, 229, 238. 32, 27, 108.
33, 99, 115, 135, 140. 34, 21,
54, 69, 86, 111. 35, 64. 36,
13. 37, 12, 50, 51, 54. 38,
36, 154, 209, 301, 315, 334. 39
(VIII 11, 12).
ἐθίζω 1, 85. 17, 234. 18, 47.
23, 136, 179, 269. 26, 205.
27, 43, 124. 28, 133. 29, 46,
60, 67, 88, 101. 30, 37. 31,
65. 34, 107, 110. 35, 35.
ἐθισμός 13, 54. 38, 315.
ἐθνάρχης 17, 279.
ἐθνικός 25, 69, 188.
ἔθνος 4, 88, 187. 5, 91. 6, 4,
57. 8, 89, 89, 90, 91, 91. 9,
51. 10, 148, 173, 176, 178. 12,
59, 59, 67, 67. 13, 28, 34,
193, 195. 15, 10, 11, 15, 15,
46. 16, 1, 53, 53, 56, 56, 60,
60, 60, 68, 120. 17, 8, 174,
272, 272, 277, 278, 278. 18,
3, 58, 119, 129. 19, 185. 20,
148, 148, 148, 150, 151, 191,
263. 21, 167, 177, 177. 22,
133, 287. 23, 40, 56, 57, 98,
181, 183, 188, 226, 276. 24,
38, 56, 134, 135, 136, 242, 259.
25, 4, 7, 8, 34, 71, 73, 73,
86, 88, 123, 129, 149, 158, 189,
189, 217, 220, 222, 240, 240,
242, 242, 245, 247, 254, 263,
278, 290, 291, 303. 26, 15,
19, 19, 20, 43, 44, 143, 153,
154, 159, 166, 179, 194, 202,
224, 229, 232, 232, 246, 250,
254, 256, 257, 271, 288, 291.
27, 1, 15, 32, 37, 37, 96, 159.
28, 2, 3, 7, 54, 78, 79, 111,
111, 113, 133, 136, 141, 144,
162, 168, 190, 226, 228, 229,

ἔϑος   90   εἴδω, οἶδα

229, 229, 230, 232, 244, 244. 29, 82, 121, [123], 134, 145, 150, 162, 162, 163, 166, 167, 170, 170, 171, 188, 190, 215, 217, 222. 30, 110, 131, 131, 139. 31, 16, 153, 158, 159, 179, 179, 181, 183, 184, 219, 224. 32, 34, 42, 56, 58, 60, 64, 67, 70, 72, 75, 77, 79, 103, 107, 119, 141, 185, 186, 212, 226. 33, 7, 57, 57, 65, 77, 77, 84, 85, 95, 107, 114, 114, 166, 169, 172. 34, 75, 137, 138, 37, 1, 45, 45, 45, 117, 124, 170, 191. 38, 10, 10, 19, 48, 116, 117, 119, 133, 137, 144, 147, 160, 161, 171, 178, 184, 194, 196, 207, 210, 214, 226, 240, 256, 256, 268, 274, 279, 279, 301, 347, 351, 373. 39 (VIII 6, 1), (VIII 6, 2).

ἔϑος 2, 99. 4, 30, 43. 5, 42, 122. 6, 15. 7, 2, 87, 87, 134. 8, 9, 50, 181. 10, 17, 88, 133, 167, 169, 179. 11, 29, 43, 56, 95, 140. 12, 74, 133, 163. 13, 54, 55, 55, 59, 68, 74, 80, 124, 193, 195, 198. 14, 19, 33, 35. 15, 28, 154. 16, 20, 90, 116, 142, 156, 157, 159, 173, 203, 214, 221. 17, 142, 279, 311. 18, 85, 173. 19, 73. 20, 104, 160, 269. 21, 98, 115, 201. 22, 9, 56, 78, 90, 123. 23, 31, 67, 137, 170, 184, 185, 185, 188, 188, 193, 260. 24, 15, 29, 42, 83, 93, 164, 207, 230, 247, 257. 25, 14, 24, 31, 49, 87, 96, 123, 196, 213, 275, 278, 310, 324. 26, 19, 33, 53, 193, 215, 266, 268. 27, 1, 85, 92, 137, 141, 160, 176. 28, 3, 58, 78, 113, 257, 313. 29, 91, 109, 147, 148, 179, 188. 30, 13, 29, 29, 56. 31, 16, 23, 149, 149, 150, 218, 218. 32, 65, 88, 102, 141, 218, 219. 33, 40, 54, 106, 135. 34, 58, 114, 154. 35, 1, 12, 32, 66. 37, 41, 43, 48, 50, 50, 52, 53, 75, 79, 81, 116, 154. 38, 81, 89, 115, 116, 134, 161, 164, 170, 201, 210, 240, 268, 300, 356, 360. 39 (VIII 6, 9), (VIII 7, 6), (VIII 7, 10), (VIII 7, 11).

ἔϑω, εἴωϑα 1, 50, 102, 131, 133. 4, 239, 246. 5, 27, 70. 6, 10, 77. 7, 35, 39, 81, 145, 177. 8, 53. 9, 6, 10, 12. 10, 45, 86, 132, 182. 11, 2, 9, 39, 41, 53, 56,

66, 139. 12, 27, 55, 62, 113, 115, 174. 13, 18, 99, 102, 119, 155, 172, 183, 205. 14, 16. 15, 3, 49, 77, 93, 114, 174. 16, 75, 122, 127, 219. 17, 22, 81, 145, 245, 249, 295. 18, 7, 150, 162, 165, 180. 20, 42, 59, 106, 116, 154. 21, 55, 102, 141. 22, 81, 91, 101, 127, 132, 214, 252, 291. 23, 89, 163, 193. 24, 2, 41, 44, 60, 125. 25, 64, 102, 175, 176, 204, 216, 266, 326. 26, 7, 24, 58, 106, 116, 137, 160, 186, 195, 268. 27, 57, 65, 87, 97, 97. 28, 140, 184, 311, 321. 29, 4, 206, 240. 30, 65, 89, 147, 178, 199. 31, 53, 96, 136, 148, 168. 32, 10, 17, 24, 39, 55, 137, 163. 33, 8, 79, 166. 34, 31, 62, 69, 131. 35, 27. 36, 36, 43, 52, 122. 37, 17, 33, 41, 64, 138. 38, 117, 128, 140, 261. 39 (VIII 11, 13).

εἰ passim.

εἴγε 8, 102.

εἰδέχϑεια 1, [158].

εἰδεχϑής 4, 62. 24, 101, 108. 36, 56.

εἴδησις 12, 36. 16, 42.

εἰδικός 5, 7. 10, 76, 95, 110. 20, 78.

εἰδοποιέω 1, 130. 28, 48, 327.

εἶδος 1, 25, 38, 51, 76, 76, 78, 82, 91, 92, 95, 130, 151, 172. 2, 22, ´64, 66. 3, 8, 9, 9, 12, 13, 13, 13, 14, 22. 4, 103, 131. 5, 4, 5, 6. 6, 8, 27, 84, 99, 104, 133. 7, 46, 46, 77, 78, 83. 8, 10, 32, 47, 60, 91, 92, 99, 105, 118. 9, 53. 10, 46, 62, 95, 113, 119, 123, 130. 11, 13, 90, 98, 133, 137, 140, 167, 171. 12, 1, 18, 110, 140, 167, 172, 172, 174. 13, 36, 85, 88, 92, 138, 157. 14, 18, 34, 52. 15, 60, 63, 64, 84, 85, 90, 96, 99, 99, 108, 117, 176, 185, 188, 191, 192. 16, 13, 17, 54, 66, 67, 71, 98, 105, 110, 117, 137, 155, 155, 155, 207. 17, 57, 57, 126, 138, 138, 164, 172, 173, 181, 209, 209, 262. 18, 73, 100. 19, 10, 12, 26, 53, 176. 20, 33, 58, 78, 78, 80, 80, 110, 119, 148, 148, 192, 212, 220, 270. 21, 1, 2, 2, 15, 30, 45, 79, [188], 189, 232. 22, 1, 1, 4, 15, 155, 163, 181, 190, 201, 210, 215, 216, 216. 23, 41, 56. 24, 165.

25, 79, 159, 159, 264. 26, 29, 61, 62, 76, 133, 191, 212, 223, 272. 27, 154, 168, 175. 28, 1, 45, 60, 64, 137, 151, 194, 211, 224, 226, 228, 254, 328. 29, 1, 39, 40, 140, 175, 182, 189, 193, 216, 224. 30, 7, 55, 72, 99, 125, 170, 182. 31, 92, 113, 132, 147, 186, 196, 211. 32, 19, 67, 73, 164. 33, 2, 70, 85, 99, 150. 34, 15, 90, 101, 111. 35, 38, 49, 54. 36, 69, 86.

εἴδω, οἶδα 1, 17, 33, 41, 50, 53, 71, 71, 72, 83, 85, 90, 141, 149, 149, 155. 2, 20, 28, 33, 56, 60, 61, 74, 74, 91. 3, 7, 9, 16, 17, 26, 40, 47, 65, 69, 81, 81, 82, 84, 87, 93, 97. 4, 2, 4, 12, 16, 32, 38, 54, 56, 57, 62, 63, 69, 73, 85, 90, 90, 95, 98, 101, 105, 111, 115, 118, 140, 146, 149, 156, 157, 162, 169, 169, 169, 173, 174, 175, 179, 180, 214, 221, 222, 226, 234, 240, 243, 245. 5, 1, 17, 27, 32, 32, 35, 37, 48, 49, 57, 61, 65, 115, 122, 127. 6, 4, 10, 10, 24, 28, 29, 30, 32, 33, 36, 38, 38, 71, 71, 77, 81, 84, 98, 106, 112, 118, 125. 7, 5, 5, 9, 10, 11, 24, 27, 30, 31, 34, 37, 43, 57, 57, 59, 59, 61, 76, 77, 84, 86, 99, 106, 126, 126, 126, 129, 130, 131, 132, 135, 142, 161, 165, 166, 167. 8, 15, 18, 41, 52, 95, 115, 116, 134, 137, 138, 141, 150, 157, 167, 167, 168, 168. 9, 6, 17, 51. 10, 20, 21, 44, 50, 51, 56, 65, 76, 80, 91, 131, 135, 143, 146, 150, 170, 181. 11, 1, 5, 43, 51, 78, 79, 128, 131, 161, 163, 179. 12, 21, 21, 28, 60, 64, 65, 80, 80, 105, 123, 141, 141, 162, 169, 169, 172. 13, 5, 15, 19, 22, 43, 48, 72, 76, 77, 82, 83, 111, 134, 135, 155, 155, 158, 160, 162, 167, 172, 177, 189, 192, 203, 206, 219. 14, 8, 13, 19, 20, 32, 32, 42, 51. 15, 1, 1, 3, 16, 24, 25, 26, 29, 36, 52, 62, 71, 72, 72, 92, 93, 97, 97, 100, 121, 134, 135, 140, 150, 150, 151, 155, 167, 169, 182, 183. 16, 10, 34, 34, 38, 42, 46, 48, 49, 49, 49, 51, 54, 55, 56, 62, 78, 79, 79, 90, 109, 115, 131, 134, 135, 135, 136, 174, 195, 196, 203,

213, 218. **17**, 18, 36, 51, 52, 113, 124, 146, 159, 159, 226, 249, 251, 252, 291, 301, 302, 308. **18**, 1, 11, 12, 20, 44, 46, 58, 73, 83, 123, 131, 139, 139, 150, 153, 161, 170, 179. **19**, ‹1›, 3, 8, 8, 23, 25, 27, 39, 54, 56, 58, 115, 131, 132, 132, 133, 133, 133, 133, 134, 134, 134, 134, 137, 137, 138, 141, 156, 165, 165, 193, 204, 204, 212, 213. **20**, 5, 7, 8, 10, 19, 42, 46, 57, 58, 66, 116, 132, 134, 134, 139, 153, 159, 162, 165, 168, 168, 174, 189, 199, 205, 212, 241, 253, 259. **21**, 3, 3, 13, 25, 26, 26, 27, 28, 39, 45, 56, 62, 64, 65, 67, 71, 117, 117, 127, 133, 171, 172, 179, 183, 189, 191, 194, 194, 195, 195, 197, 199, 200, 204, 208, 219, 238, 239, 240. **22**, 1, 5, 15, 19, 19, 19, 52, 65, 81, 103, 103, 111, 113, 123, 133, 133, 135, 137, 137, 147, 182, 216, 216, 218, 222, 253, 265, 266, 268, 277, 280, 282, 296. **23**, 58, 65, 75, 78, 79, 80, 84, 93, 102, 102, 104, 107, 112, 115, 116, 171, 173, 174, 175, 189, 191, 204, 214, 215, 230, 238, 260. **24**, 6, 8, 10, 12, 17, 20, 26, 43, 62, 66, 80, 87, 90, 93, 103, 127, 131, 162, 183, 196, 200, 208, 213, 217, 233, 248, 249, 249, 253, 254, 255. **25**, 2, 19, 31, 46, 54, 70, ‹72›, 76, 88, 153, 177, 197, 200, 212, 220, 223, 224, 233, 246, 248, 272, 273, 277, 289, 295, 302, 306, 310, 328, 329. **26**, 38, 61, 69, 165, 171, 172, 177, 202, 209, 213, 214, 217, 237, 240, 259, 261, 280, 291. **27**, 8, 18, 59, 60, 61, 72, 88, 88, 91, 94, 94, 95, 114, 133, 138, 139, 139, 139, 141, 142, 177. **28**, 15, 16, 32, 33, 37, 39, 40, 99, 160, 167, 176, 259, 281, 321, 332. **29**, 14, 23, 24, 26, 29, 51, 87, 93, 96, 98, 130, 194, 199, 228. **30**, 6, 34, 39, 40, 47, 62, 112, 129, 140, 145, 146, 172, 189, 193. **31**, 40, 61, 75, 100, 145. **32**, 21, 22, 25, 51, 67, 79, 94, 96, 96, 116, 117, 179, 182, 188, 200, 202, 214, 221, 227. **33**, 11, 33, 39, 45, 88, 129. **34**, 5, 26, 27, 32, 37, 40, 54, 54, 76, 78,

98, 101, 110, 123, 141, 148, 157. **35**, 1, 12, 20, 39, 43, 45, 46, 52, 65, 73, 87. **36**, 39, 69, 131, 149. **37**, 6, 15, 27, 37, 39, 42, 49, 50, 77, 83, 87, 92, 114, 114, 139, 157, 164, 169, 175, 179. **38**, 8, 12, 30, 41, 53, 104, 112, 153, 154, 160, 168, 169, 172, 195, 198, 198, 201, 209, 209, 216, 219, 224, 226, 226, 244, 261, 262, 278, 286, 293, 315, 324, 349, 351, 369. **39** (VIII 7, 16), (VIII 11, 14).
εἴδωλον **1**, 18. **3**, 46. **12**, 21. **13**, 108. **15**, 69, 71, 74. **18**, 65. **19**, 14, 143. **21**, 153. **22**, 133, 162. **23**, 153. **28**, 25, 26, 26, 28, 219. **33**, 19, 116. **34**, 146. **35**, 72. **37**, 164.
εἰδωλοποιέω **22**, 97.
εἶθε **4**, 34. **7**, 112, 178. **15**, 76. **22**, 199.
εἰκάζω **1**, 69. **2**, 69, 77. **3**, 74. **4**, 188. **8**, 129. **10**, 127. **11**, 12. **12**, 76. **13**, 167. **17**, 234. **18**, 137. **19**, 176, 179. **20**, 161. **21**, 204, 232, 233, 234. **22**, 240, 245, 259, 302. **26**, 63, 82. **37**, 109.
εἰκαιολογία **22**, 115.
εἰκαῖος **6**, 32, 61. **23**, 83. **24**, 125. **26** 175. **27**, 104. **28**, 275. **29**, 44, 244. **33**, 21. **34**, 63. **35**, 69. **37**, 69. **38**, 201.
εἰκαιότης **7**, 10.
εἰκασία **4**, 228. **5**, 69. **8**, 80. **15**, 140, 159. **17**, 98. **21**, 23. **25**, 68, 294. **26**, 265. **28**, 38, 63. **31**, 50. **38**, 21.
εἰκαστικός **5**, 116. **6**, 13. **7**, 38.
εἰκῇ **20**, 266. **24**, 26.
εἰκονογραφέω **38**, 290.
εἰκός **1**, 5, 13, 27, 45, 72, 148, 154, 155, 161. **2**, 17. **4**, 65, 137, 231, 233. **5**, 89. **6**, 11, 12, 13, 81, 136. **7**, 13, 31, 90, 94. **8**, 23, 33, 49, 136. **9**, 11, 56. **10**, 13, 14, 104, 106, 124, 132, 160. **11**, 13, 57, 89, 112, 117. **12**, 5, 7, 45, 149. **13**, 14, 70, 154. **14**, 6. **15**, 27, 38, 108, 118, 126. **16**, 177. **17**, 4, 12, 264. **19**, 6. **20**, 6, 49, 154, 157, 173. **21**, 32, 136, 164, 220, 232. **22**, 148, 203, 211, 226. **23**, 45, 63, 117, 145, 235. **24**, 97, 179. **25**, 11, 13, 27, 50, 115, 128, 136, 140, 145, 204,

275, 287. **26**, 32, 44, 64, 91, 141, 155, 219, 247. **27**, 44, 52, 60, 80. **28**, 3, 72, 78, 106, 314, 332. **29**, 73, 119, 129, 138, 146, 157, 189, 189, 232. **30**, 45, 49, 74. **31**, 18, 25, 31, 113, 129, 159, 178, 214. **32**, 54, 64, 151. **33**, 76, 92, 128, 129. **34**, 61, 71, 73. **36**, 46, 107, 112, 118, 130, 137. **37**, 100, 141, 181. **38**, 55, 136, 208, 217, 223, 262. **39** (VIII 6,3), (VIII 7,10).
εἰκοσαετία **14**, 8. **28**, 77. **29**, 33, 33.
εἴκοσι **1**, 93, 101. **2**, 10. **7**, 63, 64. **9**, 55, 55, 57. **26**, 78, 80, 84, 84, 85, 89, 91, 91. **27**, 27. **29**, 33, 33, 40. **30**, 126. **32**, 41. **38**, 141, 298.
εἰκοσιεννέα **1**, 91, 93.
εἰκοτολογέω **17**, 224. **38**, 57.
εἰκότως **1**, 36, 59, 63, 97, 133, 136, 144. **2**, 24, 79, 92, 95, 102. **3**, 6, 17, 90. **4**, 67, 87, 102, 112, 139, 161, 207, 207, 247. **5**, 41. **6**, 51, 54, 128, 130. **7**, 47, 176. **8**, 74, 99, 101, 162. **9**, 3, 22, 51. **10**, 46, 47, 142, 151. **11**, 54, 63, 66, 68, 71, 85, 94, 118, 145. **12**, 10, 80, 97, 99, 136, 147, 175. **13**, 28, 58, 95, 130, 149, 155, 203, 214. **14**, 26, 47, 69. **15**, 25, 49, 79, 80, 92. **16**, 48, 58, 197, 205, 213. **17**, 43, 108, 117, 189, 217, 225, 236, 256. **18**, 11, 23, 48, 78, 83, 102, 121, 130, 145, 170. **19**, 14, 64, 74, 80, 159, 198, 210, 211. **20**, 34, 93, 116, 128, 157, 166, 170, 184, 201, 205, 252. **21**, 95, 98, 170, 196, 247, 251. **22**, 1, 11, 80, 182, 300. **23**, 14, 27, 41, 51, 183, 240, 271. **24**, 5, 31, 154, 156. **25**, 157, 328. **26**, 177, 237, 256, 261. **27**, 13, 23, 24, 131, 161. **28**, 34, 52, 100, 113, 179, 185, 245, 285, 309, 344. **29**, 24, 46, 52, 86, 221. **30**, 179. **31**, 58, 120, 199, 210. **32**, 174, 205. **34**, 86, 105. **36**, 59, 83. **38**, 163.
εἰκτέον **24**, 192.
εἴκω **4**, 128, 186. **13**, 16. **15**, 48. **17**, 41. **21**, 20. **22**, 10, 124. **23**, 213. **24**, 65, 153, 173. **25**, 139, 225. **30**, 201. **31**, 146. **34**, 131. **38**, 218, 218.
εἰκών **1**, 17, 25, 25, 25, 25, 31,

69, 69, 71, 71, 72, 78, 100,
134, 134, 146. 2, 3, 31, 31, 33,
42, 43, 53, 53, 90, 92, 94. 3,
4, 4, 4, 4. 4, 96, 96, 96, 96,
[176]. 7, 83, 86, 87, 163. 10,
4. 11, 109. 12, 19, 19, 44,
44, 50. 13, 110, 132, 133, 134.
15, 62, 97, 146, 147, 147, 169.
16, 40. 17, 56, 57, 112, 164,
187, 231, 231, 231, 231. 19,
12, 68, 101. 20, 31, 93, 183,
212, 223. 21, 74, 74, 79, 115,
232, 239, 241. 22, 15, 45, 206.
23, 3, 153. 25, 66. 26, 51,
65, 267. 27, 101. 28, 81, 81,
96, 171. 29, 176, 178, 237. 30,
83, 180, 207. 31, 69, 146. 32,
4, 205, 205. 33, 45, 114. 34,
62. 37, 41. 38, 134, 138, 210,
334, 346.

εἰλέω → εἴλω
εἰλικρινής 1, 8, 31. 2, 88. 3,
82. 4, 111. 8, 134. 13, 101,
189, 190. 16, 222. 17, 98,
308. 18, 143, 143. 22, 20, 74,
134. 23, 129. 24, 145. 26,
40. 28, 39, 99, 219. 33, 40,
45. 34, 5. 35, 2, 82.

εἴλω 1, 47. 3, 74, 75. 5, 22. 6,
95. 8, 173. 14, 34. 22, 112.
23, 128, 165. 25, 92, 115. 28,
218.

εἱμαρμένη 16, 179. 17, 300.
20, 135. 22, 129. 34, 111. 36,
75. 37, 180. 38, 25.

εἶμι 1, 71. 2, 2. 4, 202. 5, 22,
91. 6, 113. 10, 116, 160. 13,
39. 15, 84. 16, 146. 17, 312.
19, 31, 31, 57, 141. 21, 55,
210, 214. 23, 105, 224, 229.
24, 12, 78, 78, 117. 25, 58,
73. 26, 168, 174, 194, 231. 27,
86. 28, 20, 237, 243, 263, 270,
300, 321. 30, 53, 55, 61, 67,
97. 31, 140, 141, 224. 32, 25,
123, 185, 213, 215. 34, 25. 35,
12. 36, 88. 38, 290.

εἰμί passim.
εἰνοσίφυλλος 15, 4.
εἴπερ 7, 26, 152. 8, 17, 82, 159.
12, 84. 13, 45. 14, 5, 36.
24, 250. 25, 58. 27, 70. 28,
127. 30, 67, 151, 166. 34, 12,
61. 36, 14, 60, 132. 37, 60,
82. 38, 209.

εἶπον 1, 13, 21, 24, 58, 67, 71,
72, 75, 78, 80, 82, 88, 107, 133,
135, 139, 139, 166. 2, 1, 19, 35,
40, 60, 88, 91. 3, 1, 8, 9, 15,

40, 44, 68, 88, 88, 88, 88. 4,
9, 24, 39, 49, 59, 59, 63, 65,
66, 71, 85, 86, 96, 107, 115,
138, 169, 169, 173, 173, 179,
179, 182, 184, 200, 204, 206,
217, 217, 218, 222, 224, 245.
5, 1, 18, 40, 42, 51, 63, 65,
68, 70, 72, 75, 77, 87, 88, 91,
100, 112, 114, 124, 128, 128.
6, 31, 33, 35, 42, 56, 69, 69, 70,
99, 104, 108, 121, 126. 7, 1, 4,
5, 5, 5, 5, 50, 54, 55, 59, 62,
69, 73, 74, 130, 138, 141, 142,
143, 165, 169. 8, 12, 17, 25,
27, 33, 41, 42, 49, 58, 80, 120,
126, 126, 132, 132, 132, 133,
172, 181, 185. 9, 19, 28, 56.
10, 2, 14, 18, 20 [31], 59, 66,
72, 74, 101, 104, 140, 145, 146,
149, 157, 160. 11, 69, 86, 101,
149, 171, 176, 176, 179, 179.
12, 1, 18, 18, 33, 48, 49, 64,
65, 68, 71, 78, 90, 101, 108,
108, 125, 133, 137, 139, 141,
153, 158, 175. 13, 12, 13, 40,
51, 61, 79, 84, 84, 93, 96, 106,
133, 138, 150, 150, 155, 170.
14, 21, 44, 47. 15, 1, 1, 1, 29,
39, 55, 58, 81, 119, 134, 135,
136, 142, 144, 144, 150, 165,
169, 169, 192. 16, 1, 43, 48,
50, 55, 58, 112, 115, 135, 137,
139, 147, 152, 163, 166, 187,
225. 17, 12, 14, 20, 25, 30, 38,
55, 66, 67, 68, 76, 82, 86, 88,
90, 96, 98, 101, 113, 116, 117,
122, 124, 164, 177, 181, 189,
230, 251, 275, 277, 290. 18,
1, 12, 13, 18, 50, 67, 73, 86,
93, 97, 99, 106, 125, 143, 154,
161, 177. 19, 1, 1, 1, 1, 11, 16,
23, 32, 49, 51, 54, 59, 61, 68,
68, 82, 127, 127, 139, 149, 149,
149, 171, 172, 177, 194, 197,
198, 202. 20, 1, 14, 18, 33,
45, 47, 64, 68, 71, 98, 140, 169,
170, 176, 177, 177, 178, 181, 181,
188, 194, 207, 223, 227, 250,
251, 253, 264. 21, 3, 21, 22,
22, 27, 64, 65, 74, 75, 87, 96,
97, 101, 106, 163, 166, 173,
183, 183, 184, 189, 189, 189,
194, 195, 195, 195, 195, 195,
196, 196, 209, 214, 229, 230,
252. 22, 9, 30, 32, 72, 86,
111, 111, 128, 172, 182, 182,
188, 189, [217], 230, 245, 245,
259, 260. 23, 15, 17, 24, 25,
33, 33, 44, 46, 54, 67, 73, 112,

114, 121, 134, 193, 199. 24,
17, 18, 18, 24, 48, 92, 94, 106,
116, 119, 166, 173, 187, 189,
212, 219, 239, 247. 25, 54,
73, 74, 84, 88, 92, 141, 244,
274, 280, 281, 281, 283, 285,
285, 285, 292, 294, 294, 296,
311, 333. 26, 7, 18, 62, 97, 99,
101, 122, 135, 138, 171, 185,
188, 270. 27, 18, 37, 73, 88,
98, 110, 113, 124, 124, 151.
28, 15, 49, 117, 137, 154, 168,
190, 203, 205, 233, 261, 271,
278, 289, 302, 328. 29, 53, 53,
59, 63, 75, 80, 91, 96, 104, 119,
157, 163, 176, 193, 194, 213,
219, 248, 251, 261, 262. 30,
50, 59, 149, 183, 200, 202, 206.
31, 20, 48, 84, 123, 133, 156,
184, 225, 231. 32, 1, 33, 44,
57, 59, 88, 99, 104, 146, 195,
199, 211, 218. 33, 31, 40, 54,
65, 69, 72, 83, 108, 111, 152,
153. 34, 28, 42, 43, 84, 95,
109, 112, 113, 123, 143, 144,
152, 157. 35, 1, 14, 40, 75.
36, 66, 74, 83, 97, 107, 107,
126. 37, 2, 6, 48, 59, 78, 101,
134, 157. 38, 5, 10, 10, 38,
86, 91, 102, 125, 140, 141, 152,
168, 178, 182, 195, 197, 215,
242, 261, 263, 274, 275, 304,
337, 351, 353, 362, 367. 39
(VIII 7, 2), (VIII 7, 4), (VIII 7,
9), (VIII 7, 14).

Εἴρ 4, 69, 69, 71, 73, 74, 74, 74,
75.
εἴργω 4, 81. 10, 3, 144. 16,
69. 26, 101. 28, 103, 120. 38,
334, 364.
εἰρεσία 12, 152. 13, 182.
εἰρηναῖος 4, 79, 117, 140. 8,
118. 13, 100. 15, 43, 70. 17,
206. 22, 250. 29, 45. 31, 221,
38, 102.
εἰρηνεύω 38, 204.
εἰρήνη 1, 33, 81, 142. 2, 45.
4, 46, 79, 81, 130, 187, 242.
5, 37, 86. 7, 2, 2, 174. 8, 183,
183, 185. 9, 51. 11, 25, 146,
153, 159. 13, 62, 74, 75, 76,
97, 100, 104. 15, 41, 46, 47,
49, 49, 57, 130, 132. 16, 63.
17, 162, 212, 275, 275, 284,
285, 286, 288, 289, 290. 18,
32, 177. 19, 173, 173, 174. 20,
150, 240. 22, 12, 35, 36, 40,
147, 147, 149, 229, 250, 253,
253, 254, 254. 23, 1, 215, 225,

226, 242, 261. 24, 34, 57, 115, 204. 25, 60, 142, 304, 310, 323, 323, 332. 27, 178, 178. 28, 57, 313. 29, 22, 208. 30, 17, 69, 131, 169. 31, 95, 221. 32, 22, 22, 61, 109, 153, 153. 33, 3, 92, 98, 116, 118, 118, 157. 34, 9, 34, 64, 76, 78. 35, 60. 36, 68. 37, 5, 8, 48, 62, 135, 184. 38, 8, 17, 68, 68, 90, 100, 108, 113, 132, 141, 141, 301, 306, 309, 312.
εἰρηνικός 5, 49. 9, 48. 13, 76. 15, 41, 49. 18, 25, 177. 20, 108, 131, 144. 21, 174. 22, 166. 23, 27, 28, 61, 105, 225. 24, 166, 167, 213. 25, 243. 28, 224. 30, 125, 137. 31, 224, 225. 32, 47. 33, 87. 37, 94. 38, 161, 231.
εἰρηνοποιός 29, 192.
εἰρηνοφυλακέω 27, 178.
εἰρηνοφύλαξ 17, 206. 29, 192. 38, 147.
εἰρκτή 17, 68, 273. 21, 139. 24, 52, 80, 86, 123, 247. 26, 201, 217. 27, 74. 29, 251. 34, 18. 37, 173. 38, 368.
εἰρκτοφυλακέω 10, 115.
εἰρκτοφύλαξ 10, 115. 16, 9. 20, 173. 24, 81, 84, 85, 123.
εἱρμός 1, 28, 65, 131. 8, 23. 15, 14. 16, 55. 17, 301. 18, 63. 19, 119, 150, 152, 154. 20, 47, 135. 22, 44. 26, 263. 27, 83. 28, 195. 29, 223. 31, 39. 36, 112.
εἴρω (A) 17, 188. 36, 75.
εἴρων 6, 32.
εἰρωνεία 5, 17. 12, 106. 17, 43. 25, 274. 39 (VIII 11,16).
εἰς 1, 15, 20, 35, 38, 41, 48, 48, 49, 49, 49, 50, 55, 57, 60, 60, 69, 72, 84, 89, 95, 96, 98, 99, 100, 102, 102, 105, 109, 128, 131, 132, 141, 151, 152, 171, 171, 171, 172, 172. 2, 3, 10, 34, 44, 51, 51, 61, 63, 66, 66, 81, 97, 97, 98, 100, 101, 102, 102, 103, 104. 3, 1, 2, 3, 3, 8, 15, 19, 35, 35, 48, 48, 49, 49, 49, 51, 52, 52, 60, 68, 94. 4, 7, 7, 8, 48, 49, 53, 78, 82, 105, 105, ‹105›, 115, 124, 126, 139, 145, 189, 211, 236, 253. 5, 22, 25, 26, 27, 58, 83, 87, 109, 119. 6, 3, 6, 10, 19, 19, 25, 40, 41, 52, 59, 108, 111, 131. 7, 30, 30, 31, 51, 53, 76, 107,

108, 134, 148, 153, 154. 8, 16, 28, 44, 49, 50, 75, 85, 95, 95, 129. 9, 2, 3, 16, 22, 34, 51, 53, 64, 65. 10, 10, 11, 14, 14, 18, 53, 55, 61, 67, 78, 85, 113, 130, 148, 153, 159, 174, 176, 181. 11, 5, 30, 49, 49, 54, 54, 71, 73, 90, 103, 118, 178. 12, 2, 38, 64, 67, 67, 103, 113, 113, 123, 124, 124, 124, 127, 128, 129, 131, 137, 142, 150, 150, 152, 153, 154, [154], 156, 164, 167, 173. 13, 4, 8, 8, 45, 57, 89, 92, 114, 115, 116, 116, 116, 146, 165, 171, 177, 178, 189, 193, 195, 198. 14, 8, 12, 17, 18, 21, 31, 42, 47, 60. 15, 1, 1, 1, 4, 5, 7, 7, 8, 10, 11, 15, 15, 15, 17, 17, 17, 25, 25, 29, 41, 41, 43, 43, 46, 55, 56, 100, 117, 117, 144, 145, 147, 150, 150, 150, 157, 165, 169, 169, 169, 170, 170, 170, 170, 170, 171, 187, 187, 192, 192, 192, 197. 16, 3, 14, 58, 60, 60, 61, 61, 62, 62, 64, 69, 73, 80, 104, 120, 134, 137, 148, 148, 152, 153, 155, 173, 180, 180, 206, 207. 17, 14, 15, 20, 23, 66, 110, 121, 138, 138, 144, 146, 146, 160, 213, 216, 216, 217, 230, 234, 246, 268, 288, 290. 18, 8, 22, 51, 74, 82, 104, 113, 113, 113, 142. 19, 56, 71, 71, 87, 114, 132, 154, 154, 168, 177, 186. 20, 15, 33, 48, 57, 61, 77, 110, 145, 146, 147, 200, 200, 200, 200, 200, 205, 224, 225, 225, 230, 233, 233, 253. 21, 5, 41, 96, 128, 149, 154, 166, 179, 185, 196, 205, 215, 229, 230, 237. 22, 14, 15, 33, 72, 96, 156, 171, 210, 218, 224, 248, 257, 262, 264, 270, 281, 284. 23, 5, 34, 43, 46, 46, 49, 50, 50, 56, 64, 81, 105, 110, 110, 116, 119, 122, 122, 124, 125, 130, 130, 131, 131, 131, 132, 139, 141, 145, 165, 196, 199, 199, 229, 235, 247. 24, 1, 5, 13, 29, 29, 31, 33, 33, 33, 36, 52, 76, 77, 84, 91, 102, 112, 123, 131, 167, 169, 180, 185, 188, 191, 220, 233, 259. 25, 10, 31, 44, 48, 59, 86, 92, 97, 102, 103, 114, 123, 126, 128, 128, 130, 133, 133, 136, 139, 151, 201, 205, 213, 216, 221, 231, 235, 242, 242, 254, 263,

284, 284, 286, 290, 295, 301, 304, 324, 324. 26, 7, 10, 30, 40, 48, 58, 59, 78, 78, 83, 91, 121, 121, 152, 160, 168, 170, 170, 174, 179, 180, 180, 182, 212, 232, 239, 273, 291. 27, 8, 21, 21, 22, 26, 26, 27, 28, 29, 36, 36, 37, 39, 39, 41, 43, 50, 51, 64, 65, 74, 91, 100, 123, 153, 155, 155, 159, 161. 28, 4, 9, 9, 14, 30, 32, 52, 54, 56, 65, 67, 67, 72, 79, 86, 110, 126, 127, 151, 163, 177, 178, 178, 180, 184, 195, 199, 199, 208, 208, 208, 211, 220, 222, 224, 225, 240, 243, 272, 296, 313, 317, 317, 327, 331, 332, 344. 29, 34, 35, 42, 65, 113, 122, 134, 165, 182, 184, 232, 234, 250, 258, 262. 30, 28, 29, 65, 65, 73, 74, 84, 90, 90, 95, 126, 126, 131, 131, 131, 142, 165, 168, 185, 189. 31, 12, 17, 27, 45, 47, 53, 53, 54, 54, ‹54›, 83, 85, 96, 109, 113, 113, 133, 136, 138, 159, 159, 165, 170, 172, 176, 178, 212, 212, 213, 219, 230. 32, 6, 11, 15, 21, 29, 34, 35, 40, 52, 52, 53, 85, 98, 102, 103, 130, 134, 138, 138, 163, 185, 202, 207, 213, 214, 215, 216, 221. 33, 7, 23, 24, 40, 52, 56, 57, 58, 61, 63, 69, 85, 85, 87, 94, 112, 114, 117, 123, 155, 162, 164, 164, 165, 165, 166. 34, 18, 79, 86, 122. 35, 2, 45, 77, 87. 36, 4, 6, 8, 21, 21, 25, 26, 56, 65, 79, 123, 141, 144. 37, 41, 45, 55, 57, 76, 92, 112, 137, 144, 173, 173, 175, 189. 38, 17, 19, 19, 27, 27, 48, 48, 48, 49, 58, 80, 115, 117, 117, 132, 144, 149, 170, 184, 209, 214, 225, 225, 232, 257, 281, 283, 284, 297, 314, 322, 326, 329, 334, 336, 338, 344. 39 (VIII 7,3), (VIII 7,10), (VIII 7,13), (VIII 11,10), VIII 11,12), (VIII 11,12).
εἰς passim.
εἰσάγω 1, 72. 2, 35, 52, 52, 53, 54. 4, 7, 92, 121. 5, 21, 32, 40, 45, 95. 6, 11, 14, 17, 64, 65, 89, 90. 7, 20, 170. 8, 34, 49, 67, 130, 135. 9, 56. 10, 43, 54, 59, ‹60›, 68, 111, 121. 11, 2, 41, 44, 97, 107, 125. 12, 1, 34, 35, 43, 44, 44, 47, 52, 99. 13, 31, 60, 77, 105, 198, 203, 208. 14,

76, 76, 76, 76,. 8, 137, 137.
11, 118, 118. 12, 144, 144,
171, 171. 17, 158, 158. 19, 46,
46. 21, 91, 91. 22, 147, 147,
147, 170, 170. 23, 21, 21, 47,
47. 24, 184, 184. 25, 142, 142,
211, 211. 26, 154, 154. 28, 51,
51, 284, 284, 284. 30, 24, 24,
27, 43, 43, 71, 71, 167, 167, 168,
168, 168. 33, 40, 40, 125, 125.
35, 13. 36, 95, 95. 37, 9, 9,
9, 33, 33. 38, 211, 211, 245,
245, 245, 260, 260, 338, 338.
39 (VIII 6, 1), (VIII 6, 1), (VIII
6, 9), (VIII 6, 9), (VIII 7, 7), (VIII
7, 7).
εἴωϑα → ἔϑω
ἐκ passim.
ἑκασταχοῦ 32, 61. 38, 119,
215.
ἕκαστος passim.
ἑκάστοτε 2, 75. 17, 213.
ἑκάτερος 1, 2, 13, 33, 38, 53,
63, 69, 78, 82, 91, 103, 116,
118, 135, 136, 145, 151, 152.
2, 58, 68, 73. 3, 53, 53. 4,
67, 89, 118, 118, 229, 249. 5,
25, 26, 29, 81. 6, 4, 28, 36,
36, 52, 109, 112, 137, 138. 7,
54, 57, 82, 88, 102, 108. 8, 10,
32, 95, 100, 106, 172. 9, 28,
48. 10, 48, 80, 162, 165. 11,
46, 47, 80, 89, 99, 114, 145,
180. 12, 88, 100, 131, 143, 155,
158, 172. 13, 8, 9, 35, 35, 85,
177, 185. 14, 9, 21. 15, 173.
16, 54, 71, 105, 110, 117, 133,
148, 158. 17, 121, 134, 138,
155, 177, 263, 311. 18, 26,
129, 154. 19, 120, 146. 20,
45, 66, 118, 189, 194, 263. 21,
18, 35, 38, 119, 159. 22, 8,
17, 134, 156, 158, 163, 169, 189,
215, 235, 238, 241, 263, 274.
23, 14, 88, 121, 122, 145, 157,
208, 220, 221, 267. 24, 12,
30, 104, 140, 205, 270. 25,
60, 115, 131, 142, 170, 233,
240, 257, 271. 26, 50, 69, 78,
80, 88, 89, 101, 112, 122, 123,
123, 133, 140, 165, 186, 253,
284, 286. 27, 20, 42, 51, 57, 72,
78, 110, 126, 159, 161, 161. 28,
33, 56, 92, 169, 172, 222, 228, 253,
258, 319, 324, 342. 29, 1, 63,
157, 207, 232, 256. 30, 16,
23, 31, 59, 87, 135, 170, 176,
176, 197, 202. 31, 1, 11, 31,
79, 88, 97, 102, 111, 142, 147,

168, 170, 173, 187, 211. 32, 13,
19, 27, 116, 130. 33, 2, 28,
33, 55, 63, 85, 99, 161. 34,
112, 146. 35, 39, 51, 58, 83,
85. 36, 3, 7, 21, 43, 53, 113,
123, 136, 139, 146. 37, 92,
147, 160. 38, 14, 54, 81, 97,
104, 111, 247, 288.
ἑκατέρωϑεν 2, 59. 12, 152.
17, 216, 218, 223. 18, 8. 19,
49. 25, 179. 26, 78, 85, 102.
28, 86, 156. 35, 86. 37, 38.
38, 350.
ἑκατόμβη 7, 20. 28, 271. 38,
356.
ἑκατόν 9, 55, 55, 57. 12, 75,
108. 17, 145. 20, 188, 189,
190, 192. 24, 268. 26, 89,
91. 27, 27. 28, 189. 29, 33.
37, 43.
ἑκατονταέτης 4, 85, 217. 20,
1, 176, 177.
ἑκατονταετία 4, 70.
ἑκατονταρχία 23, 232.
ἑκατόνταρχος, ἑκατοντάρ-
χης 18, 110. 25, 317. 37, 86,
109. 38, 30.
ἑκατοντάς 20, 1, 2. 27, 27,
27, 27. 33, 94, 94.
ἑκατοστεύω 20, 190, 268.
ἑκατοστός 20, 2, 190, 191.
ἐκβαίνω 2, 3, 82. 4, 117. 6,
95. 8, 7. 15, 98. 18, 82.
ἐκβάλλω 1, 104. 2, 55, 55, 96. 3,
63, 63. 4, 149. 5, 1, 1, 2, 3, 8, 8,
9, 10, 97. 7, 147, 147, 149, 149,
150, 150, 152, 156, 163. 8, 10.
19, 114, 114, 145.
ἐκβιάζω 27, 144. 29, 9, 16.
ἐκβιβάζω 9, 65. 10, 55.
ἐκβιβρώσκω 8, 56.
ἐκβλάστημα 2, 24. 8, 48.
ἔκβλητος 17, 29. 19, 61.
ἐκβοάω 4, 213. 7, 93. 15, 93.
17, 14. 19, 161. 22, 65. 25,
112, 136. 28, 41. 29, 198.
ἔκβόησις 7, 92. 13, 97, 102.
26, 163. 28, 272. 34, 141.
ἐκβολή 1, 105.
ἐκγίγνομαι 7, 35, 63. 8, 88.
11, 87. 20, 108, 128, 185, 213,
225. 21, 50, 51. 23, 58. 26,
40, 225, 255. 31, 115, 140.
32, 176. 33, 30, 83.
ἔκγονος 1, 10, 38, 46, 75, 99.
3, 6. 4, 198. 6, 134. 7, 50,
51, 106, 116. 8, 35, 40, 48,
74, 91, 124, 179. 13, 33, 42,

93. 15, 55, 124. 16, 203. 17, 261.
19, 98, 210, 211. 21, 122. 27,
117, 129. 28, 135, 137. 30,
16. 33, 61, 169. 35, 68. 37,
91, 136. 38, 322.
ἐκδακρύω 15, 92. 16, 15. 24,
217. 30, 193.
ἐκδέχομαι 1, 34, 80. 3, 2, 98.
4, 7, 12, 33, 206. 8, 12, 39,
136. 10, 107. 11, 99. 12,
114. 19, 172. 20, 22. 21, 9,
118. 27, 177. 37, 125, 147,
159. 39 (VIII 7, 18).
ἐκδέω 22, 83. 25, 52. 30, 160.
33, 58. 37, 70.
ἔκδηλος 2, 100. 3, 30. 4, 120.
5, 61, 84. 6, 30. 10, 121. 12,
20. 13, 54.
ἐκδημέω 23, 65, 65. 31, 142.
ἔκδημος 31, 36.
ἐκδιαιτάω 9, 21. 24, 44. 25,
26, 31, 241, 298. 33, 98. 37,
14.
ἐκδιαίτησις 13, 21. 22, 123.
24, 254. 25, 278. 26, 167,
270. 30, 126. 37, 50.
ἐκδιδάσκω 5, 46, 130. 6, 76,
76, 112. 7, 105. 8, 130. 11,
84. 12, 66.
ἐκδίδωμι 4, 117, 194. 7, 46.
8, 77. 9, 15, 37. 10, 129. 11,
68. 13, 12. 19, 74, 83. 21,
19. 22, 109. 24, 44, 219. 28,
241. 29, 135, 251. 30, 91, 121,
130, 167. 32, 124. 33, 138.
37, 23. 38, 118, 121.
ἐκδιηγέομαι 17, 206. 25, 58,
235.
ἐκδικέω 7, 167, 167, 169, 173.
33, 147.
ἐκδίκησις 4, 105, 106.
ἐκδοτέον 30, 88.
ἐκδοχή 3, 2. 5, 25. 6, 47. 7,
155.
ἐκδύνω → ἐκδύω
ἐκδύω 3, 55, 80. 5, 66, 76. 7,
41. 12, 110. 20, 233. 21, 43.
31, 95.
ἐκεῖ 2, 43, 47, 63, 63, 66, 66,
67, 67, 67, 77, 77, 77, 77, 77,
79, 79, 101. 4, 115, 115, 152, 179,
179. 5, 41. 6, 67, 67, 68. 8,
60. 12, 32, 41. 15, 1, 1, 1,
60, 168, 189. 16, 44. 17, 18,
35. 18, 81, 86, 163, 163. 19,
77, 183. 20, 72. 21, 57, 57,
62. 22, 120, 121, 133, 221,
221. 24, 80, 247. 25, 193, 220,
223. 28, 37, 88. 29, 45. 32,

30. 33, 6. 34, 102. 35, 85.
38, 225.
ἐκεῖθεν 2, 63. 8, 76, 128. 15,
1, 1, 196, 197. 16, 196, 197.
17, 255. 19, 23, 47, 48. 22,
241. 25, 114. 32, 10. 37, 26,
47.
ἐκεῖθι 6, 68. 9, 61. 12, 46.
16, 177. 19, 153. 38, 351.
ἐκεῖνος passim.
ἐκεῖσε 4, 38. 5, 13, 63, 81, 90.
8, 22, 113. 9, 13. 11, 68, 75.
15, 78. 17, 287. 19, 63. 23,
212. 25, 270. 26, 165. 27,
67. 28, 62. 31, 158. 38, 291.
ἐκεχειρία 5, 92. 6, 23. 15,
165. 16, 220. 18, 158. 24,
85, 254. 26, 22, 211. 27, 161.
28, 192. 29, 42, 69, 93, 109,
117, 160. 30, 183. 32, 122,
226. 33, 155. 34, 17, 123,
148. 37, 40, 67, 83, 171. 38,
12.
ἐκζητέω 19, 142, 158.
ἐκζωπυρέω 16, 66. 22, 299.
ἐκηβολία 25, 291.
ἐκηβόλος 37, 90.
ἐκθαυμάζω 22, 70.
ἐκθειάζω 4, 44.
ἐκθειόω 8, 115. 15, 173. 27, 8,
53, 70, 79. 28, 10, 344.
ἐκθερίζω 22, 23. 33, 128.
ἔκθεσις 30, 110, 117. 32, 131.
ἔκθεσμος 6, 32. 7, 61, 72.
9, 32. 12, 35. 23, 135, 137.
25, 302. 30, 46, 77. 31, 204.
32, 219. 36, 51, 85.
ἐκθέω 25, 333.
ἐκθέωσις 27, 81. 38, 77, 201,
332, 338, 368.
ἐκθηλύνω 5, 52. 6, 103. 8,
166. 11, 35. 12, 158. 21,
126. 22, 9. 26, 184. 29, 193.
30, 39.
ἐκθηριόω 15, 164. 16, 210.
34, 106.
ἐκθλίβω 8, 55. 21, 106. 22,
58, 159, 203, 204, 204. 25,
115, 211.
ἔκθλιψις 33, 151.
ἐκθνήσκω 25, 39. 27, 80.
ἐκθυμιάω 2, 42. 4, 11. 17, 196,
199, 200. 21, 178. 22, 232.
ἔκθυμος 11, 151. 19, 144. 24,
182. 25, 33, 236. 38, 277,
277.
ἐκκαθαίρω 12, 64. 13, 28.
22, 73, 158, 272. 25, 303.
27, 10.

ἐκκαίδεκα 1, 94.
ἐκκαίω 4, 248.
ἐκκαλέω 31, 139. 38, 247.
ἐκκαλύπτω 7, 128.
ἔκκαυμα 29, 251.
ἔκκειμαι 25, 14.
ἐκκενόω 8, 132, 150.
ἐκκεντέω 4, 242. 5, 32. 8, 183.
ἐκκηρύσσω 37, 132.
ἐκκλησία 4, 8, 81, <81>. 8,
143, 177. 10, 111. 13, 213,
213. 15, 144, 144. 16, 69.
17, 251. 20, 204. 22, 184,
187. 23, 20. 27, 32, 45. 28,
325. 29, 44. 32, 108. 34, 138.
36, 13.
ἐκκλησιάζω 16, 69. 24, 73.
27, 39. 34, 6.
ἐκκλησιαστής 28, 55.
ἐκκλίνω 6, 77. 8, 102. 10,
145. 18, 125. 20, 160. 34,
159.
ἐκκομίζω 25, 100. 26, 179.
28, 127, 156, 232. 35, 55.
37, 75.
ἐκκόπτω 4, 242. 7, 105. 10,
68. 11, 11, 12, 17. 20, 62.
23, 96. 27, 67. 30, 184, 195,
196, 198, 201, 202. 38, 224.
ἐκκρέμαμαι 1, 141. 8, 26, 27,
61. 10, 15. 11, 54, 97. 23,
170. 26, 121. 28, 319. 30,
160, 178. 33, 77.
ἐκκρεμάννυμι 6, 41. 15, 106.
16, 44, 168.
ἐκκρίνω 4, 242. 5, 73. 20,
106.
ἔκκρισις 1, 123. 20, 106.
ἐκκύπτω 22, 233.
ἐκλαλέω 2, 104. 5, 48. 6, 60,
62. 7, 102, 175. 12, 134. 14,
6, 32. 17, 38. 19, 85, 191.
20, 244. 23, 29. 24, 5, 110,
168, 200, 247. 25, 283. 29,
50. 34, 108. 35, 26. 37, 32.
39 (VIII 11, 16).
ἐκλαμβάνω 4, 120, 240. 36, 7.
ἐκλάμπω 3, 30. 8, 58. 11, 168.
20, 5. 22, 186. 23, 157. 24,
4, 124, 136. 25, 69, 166. 26,
41. 33, 171.
ἐκλανθάνω 4, 92. 5, 68. 8,
115, 146. 11, 173. 18, 40, 73,
78, 159. 24, 64, 99. 25, 106,
285. 26, 161, 165, 270. 28,
344. 30, 30. 31, 215. 32, 163,
179.
ἐκλέγω 7, 5. 9, 6, 64. 10, 50.
11, 153. 12, 56. 16, 60.

21, 62. 25, 152. 29, 109,
115, 122. 31, 212, 213. 32,
82. 34, 35. 39 (VIII 7, 18).
ἐκλείπω 4, 218. 5, 8, 50. 6, 3,
5, 6, 8, 81. 7, 28. 8, 81, 82,
134. 12, 24. 13, 58, 60. 15,
1, 44, 51, 162. 18, 60. 19, 128,
128, 131, 167. 22, 185. 24,
253. 26, 163, 271. 30, 155.
ἐκλείχω 4, 186. 16, 143. 18,
55.
ἔκλειψις 1, 58. 7, 28, 28, 28.
18, 60. 19, 128. 25, 123.
30, 187. 31, 52. 37, 159.
ἐκλεκτός 5, 7. 9, 64. 20, 66,
69, 69, 71. 22, 216, 217. 23,
82, 83.
ἔκλευκος 35, 51.
ἐκλιπαρέω 37, 31.
ἐκλιχμάομαι 4, 186.
ἐκλογεύς 23, 228. 24, 135.
28, 143. 29, 93. 30, 159.
38, 199.
ἐκλογή 31, 157.
ἐκλογίζομαι 25, 220. 30, 167.
32, 165. 36, 103.
ἐκλογιστής 12, 57.
ἔκλογος 35, 54. 37, 148.
ἔκλυσις 5, 82. 7, 168. 15, 7.
38, 268. 39 (VIII 7, 5).
ἐκλυσσάω, ἐκλυττάω 15, 164.
ἐκλύω 4, 193. 6, 80, 81, 86.
7, 167. 8, 112. 13, 50. 17,
25, 186. 18, 177. 23, 193.
24, 61. 25, 325. 27, 122.
30, 33. 32, 88. 36, 129.
37, 78.
ἐκμαγεῖον, τό 1, 71, 146. 10,
43. 17, 57, 181, 231. 19, 12.
20, 223. 22, 206. 26, 118.
28, 47. 29, 152. 30, 83.
36, 15.
ἐκμαίνω 17, 70. 24, 269. 29, 9.
ἐκμανής 15, 21. 33, 19. 38,
42, 121.
ἐκμανθάνω 13, 198. 18, 46.
20, 153.
ἐκμαρτυρέω 6, 92.
ἐκμασάομαι 12, 35.
ἐκμάσσω 19, 13.
ἐκμελής 3, 6. 4, 57. 5, 105.
13, 116. 15, 15, 55, 150.
18, 16. 19, 42. 28, 343.
32, 74.
ἐκμετρέω 20, 190.
ἐκμιμέομαι 21, 123.
ἐκμυσάττομαι 30, 24.
ἐκνέμω 28, 136. 30, 145. 37,
46.

ἐκνευρίζω 8, 166. 29, 240. 33, 140, 157. 38, 189.

ἐκνεύω 5, 41. 10, 170. 23, 152. 26, 82, 251.

ἐκνήφω 14, 1.

ἐκνίζω, ἐκνίπτω 5, 17, 95. 7, 170. 10, 7, 9. 13, 59. 16, 67. 17, 93, 113. 19, 41. 20, 49, 124. 21, 82, 148, 211. 22, 25. 26, 199. 28, 188, 206, 259, 281.

ἐκνικάω 15, 103, 104. 22, 12. 23, 35. 24, 230. 29, 109. 34, 89.

ἔκνομος 7, 171, 176. 9, 32. 24, 41. 26, 198, 214. 27, 131, 168. 29, 50. 30, 48. 31, 17, 197, 215. 33, 111, 126. 37, 189. 38, 103.

ἐκνοσηλεύω 21, 69. 28, 343. 29, 102.

ἐκούσιος 2, 99. 4, 141, 144. 5, 75, 96. 6, 48, 84, 129. 7, 10, 97, 122, 147. 8, 9, 10, 11, 11, 21, 48, 72, 75, 78. 10, 47, 48, 49, 75, 100, 113, 128, 129. 11, 173, 176, 180. 13, 66, 95, 123. 14, 4. 15, 21, 177, 179. 16, 32, 169, 169, 206. 17, 68, 123, 192, 240. 19, 53, 54, 65, 76, 78, 86, 102, 105, 108, 115, 115, 117. 20, 26, 57, 85, 270, 270. 21, 71, 131. 22, 174, 253, 253. 23, 6, 6, 40, 186. 24, 219, 240. 25, 224, 273. 26, 53, 59, 173, 231. 27, 62, 68, 142, 177. 28, 30, 103, 227, 235, 238, 259. 29, 52, 88, 196. 30, 15, 19, 34, 120, 128, 134, 134, 181. 31, 34, 76, 115, 150, 193. 32, 83, 94, 202. 33, 34, 54, 54, 138. 34, 24, 109. 35, 13, 68. 37, 50, 145. 38, 117, 308. 39 (VIII 11, 2), (VIII 11, 13).

ἔκπαλαι 11, 152.

ἐκπειράζω 18, 170.

ἐκπέμπω 1, 58. 7, 13, 15, 146. 12, 19. 14, 8. 15, 78. 17, 263. 24, 10, 11, 161, 163, 166. 25, 87, 103, 258, 266, 282, 306. 26, 31. 28, 188. 37, 112. 38, 281.

ἐκπετάννυμι 4, 43. 13, 101. 20, 21.

ἐκπίμπλημι 7, 145. 23, 249. 25, 111, 184, 251. 26, 233. 34, 119. 37, 98, 162.

ἐκπίνω 30, 61.

ἐκπίπτω 4, 183. 5, 2. 8, 169. 11, 127. 15, 69. 24, 132. 29, 251. 34, 127, 127, 127, 129.

ἐκπληκτικός 25, 65.

ἔκπληξις 26, 250. 34, 141. 37, 87, 114. 38, 189.

ἐκπληρόω 1, 32. 5, 60. 8, 6. 9, 27. 17, 188. 19, 38, 75, 186. 21, 62, 68, 68. 22, 210. 23, 250. 26, 91. 29, 124, 148. 30, 85. 31, 235. 33, 108.

ἐκπλήρωσις 1, 146. 2, 104. 4, 34, 145, 145. 5, 110. 18, 91. 19, 144. 22, 201. 24, 243. 27, 175. 37, 174.

ἐκπληρωτικός 22, 203.

ἐκπλήττω 24, 218. 25, 81. 28, 73, 253. 34, 124.

ἐκπλύνω 4, 141, 159. 16, 67.

ἐκπνέω 8, 113. 38, 125.

ἐκποδών 5, 50. 6, 53. 7, 178. 8, 38. 10, 18. 11, 97. 13, 192. 15, 112. 22, 67. 24, 17, 167, 245. 29, 95. 30, 85. 34, 19. 37, 12, 145. 38, 24, 59, 68, 329.

ἐκπολιορκέω 3, 91.

ἐκπονέω 5, 9. 7, 165. 11, 55. 13, 216. 16, 72, 178. 19, 8. 21, 57, 208, 251. 29, 206. 31, 48. 38, 46.

ἐκπορεύω 2, 63, 65, 65, 76. 4, 46, 174, 176. 8, 128. 18, 170. 22, 277.

ἐκπόρθησις 25, 263.

ἐκπορίζω 1, 10. 2, 63. 25, 11, 195, 201. 27, 99, 116. 28, 23, 283. 29, 240. 34, 8, 76. 35, 19.

ἐκπορνεύω 21, 89.

ἐκπρεπής 8, 92. 12, 65. 18, 124. 23, 94. 26, 111.

ἐκπρόθεσμος 26, 225, 231. 29, 38. 31, 196.

ἐκπυρόω 3, 58. 36, 83, 88, 88, 90, 107.

ἐκπύρωσις 17, 228. 28, 208, 208. 36, 4, 9, 47, 54, 76, 77, 81, 87, 88, 89, 90, 95, 99, 104, 105, 107.

ἔκπωμα 22, 60, 60, 249. 24, 91, 92, 207, 213, 216, 235. 35, 49. 37, 148. 38, 9.

ἐκρέω 33, 129.

ἐκρήγνυμι 8, 122.

ἐκσπερματίζω 4, 150.

ἔκσπονδος 30, 113.

ἔκστασις 3, 19, 31, 31. 5, 69, 116. 12, 147. 13, 15. 17, 249, 249, 250, 251, 251, 257, 257, 258, 263, 264, 265. 30, 99. 35, 40.

ἐκστρατεύω 18, 92.

ἔκτασις 8, 116. 11, 6. 25, 103.

ἐκτάττω 25, 169, 331. 35, 49. 37, 5.

ἐκτείνω 3, 88, 88, 93. 4, 24, 33, 33. 7, 90. 13, 105. 25, 103, 120. 26, 285. 27, 135, 146. 29, 221. 30, 24. 37, 1.

ἐκτέμνω 1, 73. 4, 128, 129, 130, 131, 131, 132, 140, 147, 251. 5, 96. 6, 115. 7, 124, 175. 10, 67, 130. 11, 17. 12, 107. 13, 123, 139, 213. 15, 11. 16, 67, 143, 200, 201. 20, 173. 22, 14, 184. 25, 231. 28, 66, 330, 331. 29, 96. 30, 31, 179. 31, 68. 32, 144. 33, 71, 72, 140. 36, 49. 38, 119. 39 (VIII 7, 7).

ἐκτενής 38, 60.

ἐκτήκω 33, 146.

ἐκτίθημι 2, 59. 25, 10, 11, 12. 30, 115, 116. 34, 128.

ἐκτικός 3, 22.

ἐκτιμάω 1, 128. 6, 130. 12, 119. 13, 80. 18, 152, 154, 156. 19, 57. 20, 205. 25, 98, 153. 26, 15, 21. 29, 86. 31, 178. 32, 225. 33, 117. 34, 66.

ἐκτιναγμός 15, 68.

ἐκτινάσσω, ἐκτινάττω 15, 69, 70.

ἐκτίνω 17, 282. 20, 125. 30, 106. 31, 3, 5, 33.

ἔκτισις 31, 11.

ἐκτιμητέον 28, 11.

ἐκτομή 6, 46. 16, 92. 20, 72. 28, 9, 9, 191.

ἐκτοξεύω 7, 149. 8, 91, 140. 13, 10. 18, 61.

ἐκτόπιος 22, 130. 34, 6.

ἔκτοπος 11, 37. 12, 3. 13, 29. 14, 23. 16, 216. 20, 267. 21, 130. 23, 137. 24, 223. 26, 201. 29, 170. 32, 126, 136. 33, 38. 36, 76. 37, 73.

ἐκτός 1, 20, 91, 118, 142, 166. 2, 29, 30, 60, 60, 60, 82, 89. 3, 56, 60, 61, 62, 63. 4, 20, 40, 40, 40, 64, 109, 120, 168, 239. 5, 57, 58, 65, 66, 96. 6, 49, 97, 105, 106, 115, 115. 7, 4, 4, 7, 8, 9, 9, 15, 21, 53,

211. 20, 65, 154, 170, 195.
21, 91. 23, 35, 135, 141. 24,
107, 127, 235. 25, 272. 26,
177, 200. 27, 87, 140, 151.
28, 235, 237. 29, 163. 30,
52, 61. 31, 40. 32, 75, 210.
33, 4. 34, 149. 35, 64. 36,
89.
ἐλέγχω 4, 77. 5, 88. 7, 23, 58,
146. 10, 28, 126, 128. 13, 43,
188. 15, 52, 52, 52, 121, 126,
126. 17, 95, 254. 18, 18, 151,
177, 177, 180. 20, 198. 21,
156. 23, 104, 135. 24, 48, 215,
262. 28, 235. 30, 54. 31,
6, 30, 40. 32, 92, 206. 36,
99. 37, 142.
ἐλεέω 2, 45. 6, 42. 10, 76, 76.
13, 38. 17, 38. 19, 55. 20,
40. 21, 95. 24, 25, 144. 25,
15, 45, 72, 95, 198. 31, 72,
76. 32, 91, 100, 114. 33, 39,
117. 38, 257.
ἐλεήμων 21, 92, 93.
Ἑλένη 37, 156.
ἔλεος, ὁ 6, 42, 121. 7, 145.
8, 9. 10, 74, 74, 75, 76, 76,
115. 17, 112. 19, 162. 20,
133. 21, 96, 112, 147. 22,
149. 24, 20, 72, 230, 255.
25, 34, 86, 303. 26, 227,
228. 27, 69. 28, 308. 29,
96, 115, 138. 30, 4, 76, 116.
31, 72, 76, 77, 180. 32, 141,
144, 209. 33, 154. 37, 60,
121. 38, 244, 367.
ἐλέπολις 25, 224. 27, 63. 30,
87. 31, 95, 222. 32, 109.
34, 38.
ἐλευθερία 1, 167. 4, 17, 41,
86, 89, 194. 5, 74, 107. 6,
117, 121, 122, 127, 127. 7, 63.
10, 47, 47. 12, 53. 15, 93,
94. 16, 25. 17, 124, 271, 273,
275. 18, 108. 19, 20. 20,
228. 22, 100. 24, 136. 25,
71, 86, 141, 171, 193, 247. 26,
22. 28, 57, 77, 176. 29, 66,
67, 84, 122, 218. 30, 172, 196,
198. 31, 3, 15. 32, 115, 122,
182. 33, 124, 165. 34, 10, 17,
18, 20, 21, 22, 36, 41, 42, 47,
47, 48, 63, 64, 88, 92, 95, 96,
98, 111, 113, 116, 117, 118, 124,
125, 131, 136, 137, 138, 138,
139, 141, 142, 158, 160. 35,
19. 38, 116, 147, 287. 39
(VIII 11, 3), (VIII 11, 4).
ἐλευθεριάζω 13, 151.

ἐλευθέριος 5, 72. 25, 36. 35,
69. 37, 80. 38, 215.
ἐλευθεροποιός 14, 57. 17,
186. 19, 212.
ἐλεύθερος 3, 97, 97. 4, 21, 56,
89, 194, 198, 202. 5, 72, 80.
6, 26. 7, 17. 8, 138. 10, 49,
114. 11, 59, 73. 12, 68. 13,
58, 71, 101, 122, 195. 14, 39,
57. 16, 67. 17, 186, 186. 18,
31. 19, 16, 212, 212. 20, 173.
21, 7, 181. 22, 51, 62, 79,
136, 196, 243, 293. 23, 16,
38, 67, 109, 251. 24, 35, 42,
47, 66, 67, 106, 206. 25, 36,
39, 140, 263. 26, 21, 50. 27,
71. 28, 100. 29, 39, 66, 68,
69, 79, 84, 84. 30, 67, 69,
136, 171, 184, 195. 31, 14, 18,
43, 68, 122, 194. 32, 31, 121,
122, 123, 125, 162, 173, 222,
222. 33, 137. 34, 1, 19, 20,
24, 35, 37, 40, 41, 42, 44, 45,
45, 50, 50, 52, 52, 52, 59, 59,
61, 62, 62, 79, 91, 100, 114,
115, 116, 117, 119, 119, 123,
133, 136, 140, 141, 142, 149,
157. 35, 70, 71, 72. 37, 183.
38, 332. 39 (VIII 7, 2), (VIII
11, 17).
ἐλευθεροστομέω 16, 116.
17, 7. 22, 95. 34, 99, 148.
ἐλευθερόω 4, 21. 6, 114, 127.
10, 48, 48. 16, 32. 17, 68.
22, 154. 29, 80. 30, 197,
201. 33, 164. 34, 156. 38,
155.
ἐλεφάντινος 29, 20.
ἐλεφαντόπους 22, 57.
ἐλέφας 8, 161. 13, 89. 17,
154. 33, 89. 35, 49. 36, 128,
129.
Ἐλιέζερ 17, 2, 58, 58, 59,
60.
Ἐλίκεια 36, 140.
Ἑλικών 38, 166, 168, 178, 203,
205, 206.
ἕλιξ 10, 39. 15, 38. 20, 162.
Ἐλισάβετ 8, 76.
Ἐλιφάς 18, 54, 54, 56.
ἕλκος 25, 128. 33, 143.
ἑλκόω 38, 35.
ἑλκυσμός 5, 69.
ἕλκω 8, 116. 9, 31. 11, 103.
13, 63. 17, 70. 23, 65, 161.
24, 150, 160. 26, 139, 236,
252. 33, 58, 58. 37, 70, 188.
38, 44, 262.
ἕλκωσις 25, 127, 128, 145.

ἐλλαμβάνω 1, 46. 6, 13. 7, 23,
118. 11, 69, 75. 12, 110. 15,
38, 51. 16, 6, 151, 221. 21,
103. 24, 47. 28, 26. 36, 137.
37, 189.
ἐλλάμπω 10, 3.
ἑλλάς 8, 93.
Ἑλλάς 2, 69. 10, 173. 14, 28.
23, 12. 24, 134. 25, 21. 26,
18, 31. 30, 16, 16. 33, 14, 165.
34, 73, 94, 132, 138, 140. 35,
14, 21, 57. 38, 102, 141, 147,
147, 237.
ἐλλείπω 1, 127. 6, 24. 16, 166.
26, 233. 29, 48. 30, 15. 33,
109.
ἔλλειψις 6, 9. 10, 162. 16,
146. 31, 168.
Ἕλλην 1, 127, 128. 3, 15. 12,
14. 13, 193. 15, 6, 6, 68.
17, 214. 18, 37, 42. 20, 36,
71, 179. 21, 58. 23, 17, 27,
136, 180, 267. 24, 28, 30, 90.
25, 2, 23. 26, 12, 20, 40, 97.
27, 153. 28, 211. 29, 44, 165,
194. 30, 15. 31, 61, 120. 33,
8, 23, 31. 34, 95, 96, 98, 140.
35, 14, 48, 68. 36, 57. 38,
145, 162, 292.
ἑλληνικός 5, 91. 12, 67. 15,
190. 24, 56. 26, 27, 32, 38,
38, 40. 30, 16. 34, 75, 88.
38, 8, 8, 83.
Ἑλληνιστί 23, 72, 99, 201.
33, 44. 38, 4.
Ἑλλήσποντος 22, 118.
ἐλλιπής 18, 149. 23, 47. 24,
206. 38, 358.
ἐλλόγιμος 1, 126. 25, 266.
33, 111.
ἐλλοχάω 28, 270. 36, 86, 90.
ἕλος 23, 138. 25, 14, 103.
ἐλπίζω 1, 46. 4, 85, 86, 87, 87,
164. 5, 75. 6, 53, 78. 7, 138,
138, 138, 139, 139, 160. 8, 97.
9, 36. 10, 68. 11, 158. 15,
4, 65. 16, 195, 224. 17, 39,
39, 100, 310. 18, 137. 19,
145, 164. 20, 8, 161, 163, 172.
21, 91. 22, 31, 131, 167, 212,
276, 285. 23, 9, 47, 128, 169,
195, 248. 24, 9, 133, 138, 144.
25, 72, 180, 214, 305. 26,
174. 27, 16. 28, 49, 138. 29,
196, 219. 30, 62. 32, 42. 33,
14, 102, 169. 38, 11, 28, 29,
73, 111, 137.
ἐλπίς 1, 81, 155. 3, 43. 4, 194.
5, 29, 106. 6, 123. 7, 120,

138, 138, 140. 8, 26, 26. 9, 39.
11, 162. 12, 88. 13, 25, 58, 58.
15, 104, 104, 166. 16, 70,
123, 124, 154. 17, 269, 311.
18, 5. 19, 99. 20, 155, 158,
163, 163, 163, 164, 165, 219,
222, 269. 21, 71, 204, 227.
22, 94, 142, 209, 279. 23,
7, 7, 8, 8, 10, 14, 14, 15, 16,
17, 51, 86, 110, 254, 268. 24,
3, 12, 20, 45, 93, 104, 113,
162, 208, 239, 252, 260. 25,
32, 58, 67, 137, 149, 171, 182,
187, 193, 195, 222, 250, 268,
285. 26, 14, 253, 259, 269.
27, 91, 113, 126. 28, 70, 78,
78, 310. 29, 67, 158, 187, 199,
238. 30, 6, 11, 34, 115. 31,
17, 28, 32, 81, 158, 172, 203.
32, 29, 30, 67, 75, 82, 109,
123, 138, 154, 159, 163, 207.
33, 5, 11, 11, 11, 11, 11, 11,
12, 13, 15, 72, 77, 129, 142,
147, 149, 160, 161. 34, 111,
133. 35, 46, 87. 37, 11, 16,
22, 100, 102, 109, 124, 124,
176. 38, 16, 82, 151, 172, 195,
195, 196, 197, 242, 318, 329,
329, 348, 356.
ἐμαυτοῦ 4, 203, 206. 6, 87.
7, 59. 8, 30. 11, 102. 16, 34,
35, 214. 17, 29, 29, 36. 19,
54. 23, 273. 24, 48, 71. 25,
280. 27, 42, 43. 28, 213.
30, 2. 31, 1. 32, 63, 120.
34, 152. 37, 159. 38, 27,
182, 323.
ἐμβαθύνω 1, 77. 12, 80. 19,
213. 21, 10. 33, 28.
ἐμβαίνω 12, 98.
ἐμβάλλω 5, 37. 8, 156. 11, 94.
16, 36. 18, 16, 163. 22, 294.
25, 258. 28, 262, 268. 29,
135. 31, 29, 29. 38, 132.
ἐμβιβάζω 4, 61. 10, 27.
ἐμβλέπω 6, 21. 7, 34. 14, 3.
18, 47. 22, 18, 142. 24, 236.
30, 91, 193.
ἐμβοάω 17, 67.
ἐμβολή 34, 101.
ἐμβόσκομαι 25, 320. 29, 109.
31, 94. 35, 14.
ἐμβριθής 23, 214. 24, 9. 25,
26, 95. 29, 163, 232, 241.
32, 15. 33, 4. 37, 4.
ἔμβρυον 18, 136.
ἔμετος 4, 149. 38, 14.
ἐμμανής 24, 16.
ἐμμέθοδος 36, 130.

ἐμμειδιάω 29, 54.
ἐμμέλεια 1, 165. 3, 26. 31, 134.
38, 42.
ἐμμελετάω 13, 138. 18, 113.
31, 141, 169.
ἐμμελής 1, 54. 3, 75. 4, 57, 99.
5, 26. 6, 23, 84. 8, 107. 10,
24, 25. 11, 80. 12, 131, 159.
15, 35. 16, 104, 178, 184. 17,
88, 199. 18, 76. 21, 28. 23,
73, 148. 26, 50. 30, 187. 35,
57, 83.
ἐμμένω 16, 160. 18, 78, 125.
22, 101. 24, 85. 25, 283.
31, 150.
ἔμμισθος 11, 5, 13. 20, 151.
23, 128. 31, 63.
ἐμός 1, 25. 2, 27. 3, 41, 41, 41,
69. 4, 56, 125, 192, 195, 195,
195, 198, 198, 198. 5, 5, 27,
63, 67, 67, 84, 108, 116, 116,
119, 119. 8, 39, 168. 15, 50.
17, 8, 30. 18, 152, 156. 19,
211. 20, 14, 39, 97, 152. 21,
172, 228. 22, 6, 80, 200, 200.
23, 143, 204, 249, 250, 251,
251, 252. 24, 6, 25, 66, 66,
94, 117, 150, 168, 192, 245.
25, 280, 294, 298. 26, 280.
27, 31. 28, 44, 49, 190, 273.
31, 39. 32, 62. 34, 19, 20,
75, 116, 128. 36, 13. 37, 159,
159, 173, 174. 38, 58, 58, 281,
283, 294, 334.
ἐμπαθής 12, 171.
ἐμπαίζω 16, 21. 19, 153.
ἔμπαλιν 1, 7. 2, 62, 73. 3, 25,
32, 50, 97. 4, 48, 89, 186,
189, 213, 217. 5, 70, 81, 105.
7, 43, 130, 133, 154. 8, 75,
110. 9, 16. 10, 124, 180. 11,
39, 123, 129. 12, 10, 17, 53,
167. 13, 5, 16, 24, 35, 111, 130,
143, 169, 176, 179. 14, 2, 7,
37, 52. 15, 12, 73, 82, 102,
191, 194. 16, 26, 72, 110, 162,
189, 204. 17, 81, 82, 162,
255, 270, 316. 19, 28, 30, 78,
146, 152. 20, 91. 21, 83. 22,
165, 176, 185, 256, 301. 23, 14,
22, 101, 151. 24, 62, 136,
139. 25, 224, 234, 242, 265.
26, 139. 27, 6. 30, 22. 31,
159, 172, 237. 33, 45. 36,
101, 148. 38, 107. 39 (VIII 7,
7), (VIII 11, 12).
ἐμπαρέχω 1, 54, 85. 5, 115.
10, 98. 22, 134. 23, 73.

25, 297. 26, 69. 32, 49.
33, 48. 37, 102.
ἐμπαροινέω 24, 45. 32, 162.
35, 42. 37, 4.
ἐμπεδόω 16, 18.
ἐμπειρία 2, 73. 7, 104. 11,
147. 14, 35. 15, 85. 19, 27.
21, 205. 25, 225. 28, 71.
32, 43, 74. 37, 3.
ἐμπειροπόλεμος 11, 160. 15,
145.
ἔμπειρος 6, 64. 7, 109. 9, 25.
11, 4. 16, 76. 22, 21. 29,
62. 34, 49, 50, 51, 52, 82.
35, 31. 37, 26. 39 (VIII 7,
11), (VIII 7, 13).
ἐμπεριέρχομαι 24, 140.
ἐμπεριέχω 1, 15. 13, 181.
ἐμπεριπατέω 7, 4. 8, 122.
10, 9, 165. 11, 103. 13, 10.
15, 19. 16, 77. 20, 265.
21, 148. 22, 248. 23, 204.
33, 123.
ἐμπηδάω 3, 6.
ἐμπίμπλημι 2, 46. 3, 26, 86.
4, 179, 202. 5, 74. 6, 34, 55.
7, 98, 113. 9, 23. 10, 94,
151. 16, 204. 17, 109. 19,
175. 21, 48, 58. 24, 78. 25,
136. 26, 163. 34, 25, 99.
37, 105.
ἐμπίμπρημι 4, 224, 249. 13,
27, 223. 15, 158. 16, 100.
17, 307. 18, 109. 19, 157.
23, 138, 145, 182. 25, 311.
26, 58. 28, 313. 31, 27, 223.
33, 12. 36, 20, 20. 37, 68,
69, 174. 38, 129, 132, 249.
ἐμπίνω 8, 138. 10, 81. 11, 157.
13, 2. 36, 128.
ἐμπίπτω 6, 82. 10, 130. 11,
101. 12, 61. 23, 241. 39
(VIII 6, 1).
ἐμπλέκω 17, 243. 19, 189.
21, 122. 26, 7. 37, 87, 189.
ἔμπλεος 6, 111.
ἐμπλέω 1, 88, 113. 17, 301.
33, 33, 34, 67. 36, 138.
ἐμπλόκιον 16, 97.
ἐμπνέω 1, 126, 139. 2, 32, 33,
35, 35, 36, 37, 37, 37, 37,
38, 39, [39], 39, 40. 7, 86.
12, 19. 16, 104. 22, 94.
25, 252. 32, 202.
ἐμποδίζω 16, 191. 25, 84.
26, 24, 129. 28, 75, 216.
32, 133. 33, 104. 35, 33.
38, 364.

ἐμπόδιος 9, 30. 13, 121. 24, 142. 28, 100. 32, 25.
ἐμποδοστατέω 6, 117.
ἐμποδών 11, 177. 15, 14, 163. 16, 217. 25, 258. 28, 55, 219. 29, 9. 30, 108. 34, 21. 36, 61. 38, 242, 313.
ἐμποιέω 1, 83, 85, 113. 4, 20. 5, 62. 7, 110, 118. 8, 26. 9, 26. 10, 93. 13, 18, 161. 14, 5. 16, 151. 17, 23, 123, 128, 249, 251, 270. 18, 16. 19, 172. 22, 58. 24, 142, 214. 25, 46, 77, 108, 120, 161. 27, 125. 29, 4, 38. 30, 10. 31, 6, 147, 198. 32, 23. 33, 151.
ἐμπορεύομαι 6, 28. 18, 112. 35, 89. 37, 134. 38, 204.
ἐμπορία 5, 34. 18, 65. 23, 65. 24, 18. 34, 78. 38, 129.
ἐμπορικός 5, 33.
ἐμπόριον 25, 194. 31, 154. 38, 15.
ἔμπορος 1, 147. 6, 116. 16, 217. 22, 170. 24, 15, 27, 139. 31, 193, 194. 37, 57.
ἐμπρεπής 1, 148. 7, 36. 10, 139. 11, 9, 51. 12, 170. 13, 119. 15, 175, 179, 180, 198. 17, 10, 200. 18, 113, 138. 20, 79, 253. 21, 165. 22, 76, 274. 23, 110. 27, 178. 30, 176. 36, 41.
ἔμπρησις 4, 225. 29, 191. 36, 147. 38, 134.
ἐμπρόθεσμος 26, 231. 37, 107.
ἐμπρομελετάω 18, 18. 25, 60.
ἔμπροσθεν 1, 123. 3, 100. 15, 156. 33, 37.
ἐμπρόσθιος 12, 16. 35, 51.
ἐμπτύω 3, 66.
ἐμπύρευμα 6, 123. 16, 122. 17, 37. 22, 299. 24, 124. 26, 65. 29, 47, 67, 160, 192. 30, 37.
ἐμφαγεῖν 1, 156. 19, 159.
ἐμφαίνω 1, 66, 75, 97, 149. 2, 37, 74, 82, 104. 3, 20. 4, 89. 5, 29, 29. 6, 1, 26, 60, 123, 136. 7, 69, 79, 115, 135, 156. 8, 129, 140. 10, 129. 12, 86, 115, 155. 13, 4, 88, 94. 14, 6, 45. 15, 69, 169, 190. 16, 92. 17, 11, 22, 40, 96, 102. 19, 68, 72. 20, 54, 232, 249. 21, 38, 145, 153. 22, 15, 16, 16, 16, 229,

301. 23, 18, 82, 153, 199. 24, 58. 25, 9. 26, 11, 191. 27, 22, 28, 105. 28, 93, 155, 279. 29, 249, 257. 30, 191. 31, 109, 151. 33, 39, 47. 35, 2, 78.
ἐμφανής 1, 27, 57, 92, 129. 4, 1, 9, 9, 11, 12. 5, 96. 7, 40, 163. 8, 57, 102, 141. 10, 37. 14, 6. 15, 142, 143, 190. 16, 157. 19, 34. 21, 45, 76, 90, 90, 173. 22, 129, 221. 23, 27, 77. 25, 70, 95, 146, 274, 280. 26, 65, 79, 177, 214. 27, 1, 7, 120, 120, 125, 151, 169. 28, 6, 96, 166. 29, 43, 143. 30, 52, 95, 121, 152, 194. 32, 39, 63. 33, 151, 165. 36, 56, 102. 37, 89, 142. 38, 59.
ἐμφανίζω 4, 27, 101, 101. 8, 16. 20, 8. 28, 41.
ἐμφαντικός 2, 34. 5, 49, 56. 7, 131. 8, 12. 11, 2, 16. 12, 42. 14, 25. 16, 81. 22, 192. 26, 39, 182. 27, 47.
ἔμφασις 1, 6, 71, 127. 4, 82, 100, 101, 102, 196. 16, 79. 17, 72, 197. 20, 147. 22, 206. 23, 120, 174. 25, 199. 26, 168. 29, 4. 31, 203. 34, 62, 74.
ἐμφέρεια 1, 69. 15, 183. 17, 225, 236. 21, 74. 32, 4. 38, 55.
ἐμφερής 1, 71, 152. 11, 103. 12, 72. 13, 133, 174. 17, 57, 131, 294. 18, 117. 19, 101. 20, 8, 223. 22, 206. 25, 66. 26, 51, 90. 31, 207. 38, 103.
ἐμφέρω 5, 129. 11, 103, 144. 12, 148, 151, 154. 15, 171. 16, 155, 183, 193. 20, 192, 201. 21, 63, 133. 23, 1, 207. 24, 145. 26, 218. 27, 39, 85, 162, 172. 28, 252. 29, 12, 39, 40. 31, 136. 32, 22.
ἐμφιλόσοφος 23, 150.
ἐμφορέω 1, 158. 4, 52, 155, 184. 6, 32. 7, 68, 101. 10, 154. 11, 32, 34, 39. 13, 122, 152, 207. 17, 109, 243. 19, 22, 31. 22, 150. 23, 149. 24, 93, 101, 256. 26, 162. 27, 108. 29, 197. 30, 108, 183, 186. 31, 25, 113, 129. 32, 136, 162. 35, 40, 55. 38, 137.
ἐμφράττω 8, 112.

ἔμφρων 12, 166. 27, 177.
ἐμφύλιος 6, 25. 8, 118. 11, 45, 171. 13, 75, 98. 15, 42. 16, 56. 17, 162, 244, 244, 246, 284. 18, 92. 19, 174. 22, 147. 24, 57. 25, 305. 27, 5, 152. 30, 16. 37, 44. 38, 68, 102, 335.
ἐμφυσάω 1, 134, 135. 2, 31, 33, 36, 36. 4, 161. 7, 80. 17, 56. 21, 34. 31, 123, 123.
ἐμφυτεύω 11, 168. 12, 37, 46. 13, 224. 14, 36. 33, 71.
ἔμφυτος 10, 101. 19, 122. 30, 138. 32, 23. 33, 5.
ἐμφύω 11, 121. 13, 223. 17, 243. 21, 69. 22, 176. 36, 1. 38, 277.
ἐμφωλεύω 11, 97, 154. 13, 28. 16, 146. 21, 32, 222. 38, 174.
ἐμψυχία 1, 22.
ἔμψυχος 1, 62, 66, 153. 3, 97, 97. 4, 35, 35, 73. 5, 57, 111. 6, 88. 9, 41. 12, 27. 13, 183. 16, 167, 185. 17, 137, 209. 21, 22. 23, 5. 25, 105, 162. 26, 4. 32, 160, 219. 36, 94.
Ἐμώρ 16, 224, 224. 20, 193.
ἐν passim.
ἐναβρύνομαι 24, 244. 29, 219. 30, 27.
ἐναγής 6, 32. 7, 96. 19, 60. 26, 196. 28, 89. 30, 86, 93, 136. 33, 68. 38, 208.
ἔναγχος 26, 225.
ἐνάγω 28, 316. 37, 30, 33.
ἐναγώνιος 21, 168. 34, 134.
ἐναδολεσχέω 24, 125.
ἐναθλέω 25, 323.
ἔναθλος 21, 168.
ἔναιμος 17, 54, 58, 60, 61, 63, 65. 28, 171, 171, 255, 274, 275. 35, 73.
ἐνακμάζω 35, 67.
ἐνάλιος 27, 54.
ἐναλλαγή 5, 92.
ἐνάλλαξις 8, 30.
ἐναλλάττω, ἐναλλάσσω 4, 90. 5, 88, 129. 8, 30. 12, 12. 13, 88. 14, 27. 15, 139. 17, 155. 36, 115. 38, 111, 131, 266.
ἐνάλλομαι 37, 70.
ἐναλύω 31, 202, 217.
ἐνάμιλλος 1, 96.
ἔναντι 4, 74. 8, 27.
ἐναντιόομαι 2, 87. 4, 115, 237. 6, 114, 114, 130. 7, 41. 11,

ἐνενήκοντα

ἐνενήκοντα 126, 135, 203, [208]. 33, 58, 138. 34, 22, 34, 65, 67. 35, 1, 17, 22, 33, 42, 50, 72, 85. 36, 4, 20, 21, 39, 48, 56, 61, 107, 107. 37, 20, 46, 82, 110, 116, 126, 145. 38, 36, 39, 81, 91, 105, 137, 137, 178, 187, 245, 253, 274, 286, 299, 309, 316, 361.
ἐνενήκοντα 4, 85, 217. 20, 1, 1, 176, 188, 192.
ἐνενηκοντάεξ 1, 94.
ἐνεπιδείκνυμαι 14, 40. 23, 190.
ἐνεργάζομαι 1, 166. 5, 32. 6, 26, 59. 13, 8. 24, 157. 25, 58, 233, 263, 291. 28, 45. 29, 230. 30, 97. 31, 226. 33, 18, 54. 38, 74, 82.
ἐνέργεια 1, 75, 81. 2, 28, 56. 3, 24, 24, 36, 36, 37, 37, 37, 38, 40, 40, 44, 45, 45, 101. 4, 18, 22, 144, 183. 5, 62, 70, 71, 87, 128. 6, 73, 97. 7, 122, 172. 10, 47, 49. 11, 38. 13, 101, 106, 106, 119, 171. 14, 2, 34. 15, 68, 72, 105. 16, 3, 32. 17, 108, 110, 119. 20, 257. 22, 34. 23, 154, 155, 158. 24, 58, 147. 26, 130. 28, 47. 29, 60, 228. 31, 140.
ἐνεργέω 2, 6, 29. 3, 31. 4, 20, 32, 86, 86, 234. 5, 14, 15, 79. 6, 77, 133. 7, 63, 64, 104, 114, 172. 11, 22. 13, 185. 14, 35, 37, 50. 16, 137. 18, 46. 19, 46, 173. 20, 122, 270. 23, 155. 27, 74. 28, 16, 145, 340. 29, 60, 67, 103. 30, 209. 35, 42.
ἐνέργημα 7, 114.
ἐνερεύγομαι 35, 45.
ἐνερευθής 13, 147.
ἐνευκαιρέω 11, 56. 13, 195. 15, 3. 22, 127. 30, 102. 31, 160. 37, 33.
ἐνευλογέομαι 16, 1, 118, 122. 17, 8. 21, 3, 176.
ἐνευφραίνομαι 8, 32. 12, 39. 21, 50. 26, 210. 28, 304. 29, 46, 52, 219. 30, 1. 31, 141. 35, 35.
ἐνεχυράζω 21, 92, 101, 105, 113.
ἐνεχύρασμα 21, 92.
ἐνεχυριάζω 30, 204.
ἐνέχυρον 11, 149. 19, 150. 21, 92, 95, 98, 100. 24, 185. 32, 89, 89.

ἐνηβάω 34, 15. 35, 67.
ἐνηδυπαθέω 30, 165.
ἐνήλατον 22, 57.
ἐνηρεμέω 16, 189. 24, 53. 26, 36.
ἐνησυχάζω 26, 36.
ἐνηχέω 17, 67, 71. 20, 57. 26, 37. 28, 65. 31, 49.
ἔνθα 1, 139. 24, 202. 25, 14, 47, 65, 158, 276. 26, 92, 92. 27, 94. 28, 232. 30, 162. 31, 54, 69, 92, 123. 36, 33. 38, 229.
ἐνθάδε 1, 135. 16, 196. 24, 224. 25, 280. 37, 31.
ἐνθαλαττεύω 10, 98.
ἐνθάπτω 16, 16, 23.
ἔνθεν 6, 36, 36. 16, 149. 25, 46, 46, 231, 231. 28, 86, 86. 35, 86, 86. 38, 217, 217.
ἐνθένδε 6, 119. 8, 7, 35. 12, 34, 115, 150. 16, 189. 17, 97, 99, 116, 276. 18, 99, 161, 177. 19, 21, 52, 63. 24, 92. 25, 71, 86, 276. 26, 47, 49, 165, 288. 28, 152. 32, 22, 53, 76, 139. 33, 29, 80.
ἔνθεος, ἔνθους 10, 138, 138. 15, 59. 16, 35, 84. 17, 249, 264. 19, 168. 20, 39. 21, 36. 25, 175, 201, 277, 288. 27, 35, 175. 31, 48. 34, 80. 37, 169.
ἔνθερμος 5, 30. 16, 165. 17, 282, 309. 19, 133. 20, 180. 21, 31. 22, 67. 23, 79. 26, 172.
ἔνθεσις 11, 6.
ἐνθήκη 37, 57.
ἔνθους → ἔνθεος
ἐνθουσιάζω → ἐνθουσιάω
ἐνθουσίασις 31, 52.
ἐνθουσιασμός 15, 159. 18, 112. 19, 90. 26, 246, 258.
ἐνθουσιάω 1, 71. 5, 49. 14, 27. 15, 44. 16, 190. 17, 70, 258, 259, 261, 263. 18, 132. 21, 254. 22, 1. 25, 57, 286. 26, 37, 192, 280. 28, 56, 65, 315. 30, 91, 126. 31, 49. 35, 12, 87.
ἐνθουσιώδης 22, 233. 26, 191.
ἐνθυμέομαι 10, 20, 33, 49. 16, 73. 20, 240, 241.
ἐνθύμημα 4, 230. 5, 16. 7, 40, 72, 125, 127, 128, 130, 132, 132. 16, 4, 35, 73, 79, 79, 80, 81. 19, 16. 22, 260. 26, 38, 199.

ἐνθύμιος 6, 76. 20, 239. 31, 69. 35, 78.
ἔνι 16, 189. 23, 137, 267. 24, 193. 28, 21. 32, 167.
ἐνιαύσιος 29, 204.
ἐνιαυτός 1, 52, 55, 60, 60, 60, 104, 116. 2, 6. 4, 11. 9, 52. 12, 118, 119, 136. 13, 195. 18, 4, 90. 19, 57, 184. 20, 267, 267, 268. 21, 20. 24, 108, 112, 260, 270. 25, 202, 238. 26, 222. 27, 163. 28, 90, 172, 180. 29, 39, 48, 71, 86, 86, 97, 113, 117, 117, 121, 122, 146, 152, 211, 213, 220, 223. 31, 215, 233, 235, 235. 32, 98, 99, 122. 33, 112, 153, 153, 155. 36, 19, 52, 71, 109, 118, 123, 145, 145, 146. 37, 133. 38, 148, 216, 306.
ἐνιδρύω 1, 128, 139, 152. 7, 123. 15, 107. 16, 98. 27, 52, 63. 28, 64, 191. 29, 232, 239. 30, 4, 68. 31, 20, 160. 33, 25, 80, 135, 148. 34, 113. 35, 35. 38, 73.
ἐνίημι 34, 119. 38, 197.
ἔνικμος 1, 39.
ἐνικός 27, 43.
ἔνιοι 1, 15. 2, 34, 57, 57. 4, 85, 86, 86, 115, 160, 182, 210, 215. 6, 101. 7, 36, 101, 122. 8, 41, 97. 9, 18, 18, 34. 10, 16, 113, 152. 11, 130, 134, 136. 12, 80, 107, 110. 13, 104, 122, 172, 176, 177. 15, 43, 118. 16, 45, 66, 158, 158. 17, 155, 280. 18, 78. 19, 55, 120. 20, 28, 60, 71, 164, 227. 21, 106, 118. 22, 277. 23, 65, 184, 193, 246, 255, 267, 276. 24, 137, 139. 25, 10, 25, 119, 148, 150, 183, 265. 26, 8, 174, 211, 222, 260. 27, 59, 63, 96, 112, 114. 28, 5, 10, 58, 79. 29, 56, 72, 129, 244. 30, 43, 47, 65, 128, 161. 31, 46, 61, 90, 122, 133, 151. 32, 139, 169, 218. 33, 12, 89, 95, 96, 146. 34, 58. 35, 35, 68. 36, 12, 16, 17, 18, 47, 76. 37, 46, 105, 141, 148, 173, 180. 38, 116, 153, 165, 215, 285, 340, 356, 358, 361, 362, 370. 39 (VIII 11, 8).
ἐνίστημι 2, 6. 3, 42. 6, 47. 11, 59. 12, 114. 16, 43. 20, 109. 22, 209, 210. 24, 158, 260. 25, 115, 220. 28,

205. 28, 304. 29, 52. 30,
27. 32, 67, 99.
ἐντρύφημα 22, 242.
ἐντυγχάνω 1, 6, 165. 4, 248.
5, 32, 48, 57, 62. 6, 48, 58,
79. 7, 159, 165. 10, 61, 91,
93, 93, 120, 136, 160. 13, 48,
49, 52, 79, 174. 14, 3, 17.
16, 29, 177. 17, 24, 29, 30,
109, 286. 18, 9, 143. 19, 26,
130. 20, 116, 119, 126, 129,
225. 21, 49, 70, 71, 214. 22,
233, 301. 23, 4, 15. 24, 137,
164, 210, 256. 25, 139, 173,
275. 26, 11, 40, 229, 243.
27, 37. 28, 28, 214, 321. 29,
104. 30, 6, 105. 31, 56, 60,
60, 142, 161, 162. 32, 17, 170.
35, 28. 36, 12. 37, 38. 38,
195, 239, 253, 330.
ἐντυμβεύω 2, 106, 108. 31,
188.
ἐντυπόω 4, 95. 29, 89. 31,
137. 33, 64. 38, 177.
ἐντύφω 13, 27. 16, 123. 17,
296. 22, 93. 23, 140. 24,
4, 124. 28, 4. 31, 27. 36,
93.
ἐνυβρίζω 31, 202.
ἔνυδρος 1, 62, 84, 147, 147.
5, 111, 111. 7, 151, 151, 152.
9, 7, 10, 11. 15, 6. 17, 139,
139. 21, 135. 22, 288. 25,
103. 27, 78. 30, 8. 31, 100,
101, 110, 116, 118. 33, 87.
35, 8, 54. 36, 45. 38, 139.
ἐνυπάρχω 1, 64, 76. 4, 97.
5, 91. 13, 28. 16, 55. 23,
140. 24, 40. 30, 103. 36,
108. 38, 63.
ἐνυπνιάζω 21, 3, 133. 22, 105,
111, 135.
ἐνυπνιαστής 22, 42, 104. 24,
12.
ἐνύπνιον 4, 226, 229, 229, 229.
5, 128. 16, 19. 21, 121. 22,
78, 96, 97, 111, 111, 135, 135,
138. 24, 126, 130, 134, 143.
ἔνυστρον 28, 147, 148.
ἐνυφαίνω 21, 225. 35, 49.
ἐνώμοτος 15, 26. 21, 13. 22,
298. 29, 14.
ἐνώπιος 4, 9. 13, 54, 84, 149.
18, 139. 19, 59, 141, 212.
20, 39, 40, 41, 41, 42, 47, 201,
201, 216. 22, 226. 31, 131.
Ἐνώς 7, 138, 139. 23, 8, 12.
33, 14.
ἔνωσις 2, 8, 37. 4, 38. 7, 107.

8, 12. 11, 6. 12, 60. 15,
69. 16, 220. 17, 40, 242.
19, 112. 26, 243. 31, 168,
207. 32, 135. 36, 75, 147.
ἐνωτικός 1, 131. 12, 89. 28,
52, 137, 317. 32, 35. 35, 63.
ἐνώτιον 4, 23. 8, 166. 16, 97.
18, 113.
Ἐνώχ 8, 33, 33, 35, 35, 40, 40,
40, 41, 44, 66. 15, 122, 123.
20, 34, 34. 23, 17, 17.
ἔξ 1, 13, 13, 14, 51, 96, 105, 107,
107, 107, 107, 108, 108, 108,
109, 109, 110, 128. 2, 2, 3,
12, 15, 20. 12, [123]. 13, 111.
17, 175, 177, 215, 216, 219,
220, 220, 225. 18, 8. 19, 73,
87, 94, 100. 21, 26. 23, 28,
29, 30. 26, 78, 80, 102, 103,
112, 123, 123, 133. 27, 28,
96, 97, 98, 99, 101, 163. 28,
158, 172, 172. 29, 41, 56, 60,
66, 67, 79. 33, 155. 34, 122.
35, 30, 35. 38, 227.
ἐξαγγέλλω 12, 128. 16, 73.
ἐξάγιστος 8, 159. 9, 20. 38,
166.
ἐξαγκωνίζω 18, 46. 25, 299.
37, 74. 38, 129, 228.
ἐξαγορεύω 22, 296, 299. 33,
163.
ἐξαγριαίνω 6, 104. 22, 87.
ἐξαγριόω 6, 20. 7, 25. 12, 43.
16, 210. 20, 39. 22, 66, 165.
26, 61. 28, 313. 29, 136.
31, 82. 33, 146. 36, 68. 38,
10, 163.
ἐξάγω 1, 64. 3, 11, 13, 84, 87.
4, 39, 40, 40, 40, 41, 41, 43.
8, 67, 155. 11, 44. 13, 14.
17, 76, 81, 81, 85, 96. 20,
207, 209. 21, 71. 22, 222.
25, 171.
Ἐξαγωγή 16, 14. 17, 14, 251.
21, 117.
ἐξαγώνιος 24, 138.
ἐξαδιαφορέω 4, 202. 7, 122.
8, 81. 29, 46.
ἐξαδιαφόρησις 17, 253.
ἐξαερόω 21, 144. 36, 107.
ἐξαετία 29, 39, 84, 104. 31,
215. 32, 98, 123. 37, 8, 158.
ἐξαήμερος 3, 12. 27, 100.
ἐξαιματόω 28, 216.
ἐξαιμάτωσις 28, 218.
ἐξαιρετός 1, 15, 62, 66, 99.
4, 26, 86, 139. 7, 92. 8, 105,
127. 9, 11, 64. 10, 45. 12,
17, 21, 42, 55, 58, 63. 14, 53.

15, 187. 17, 36, 205. 18, 17,
108. 19, 118. 20, 40. 21, 18,
25, 35. 22, 75. 23, 7, 150,
162, 165, 197, 199, 261. 24,
4, 42, 157, 178, 257. 25, 87,
205, 236, 278, 317. 26, 17,
155, 194, 291. 27, 76, 112,
159, 161. 28, 52, 102, 145,
290. 29, 55, 89, 110, 164, 190,
195. 30, 134. 31, 12, 35, 125,
179. 32, 199, 206, 217. 33,
14, 36, 53, 123, 163. 34, 8.
35, 36. 36, 79. 37, 117. 38,
117, 149, 212, 318, 371.
ἐξαιρέω 6, 117. 7, 16. 10, 47.
15, 93. 16, 14, 25. 17, 59,
124, 271. 29, 218. 33, 124.
38, 147.
ἐξαίρω 1, 147. 4, 186. 5, 81.
7, 152. 9, 22. 11, 10, 89, 169.
12, 24, 152. 13, 14, 28, 39,
128. 14, 2, 64. 16, 65, 168,
171, 172. 17, 269. 19, 45, 194.
21, 139. 22, 78, 139, 284.
25, 27, 31, 177. 27, 143. 32,
14, 173. 36, 136.
ἐξαίσιος 1, 113. 23, 43. 25,
119. 26, 209. 28, 92. 35,
78. 36, 11, 141.
ἐξαιτέω 29, 239.
ἐξαίφνης 1, 113. 4, 227. 5,
62, 100. 6, 26. 8, 113. 10,
37, 92, 97. 11, 176. 16, 35.
20, 165. 22, 143. 23, 138.
24, 23, 214, 238. 25, 65, 118,
283. 26, 271. 28, 57. 30,
96, 107. 32, 49. 33, 15, 37,
80, 127, 128. 36, 141. 37,
113, 124. 38, 123, 217, 337.
39 (VIII 6, 7).
ἐξακόσιοι 13, 111. 25, 168.
ἐξαλείφω 17, 20.
ἐξαλλάττω 5, 53. 26, 272. 28,
62.
ἐξαλλοιόω 22, 118.
ἐξάλλομαι 11, 76, 115.
ἔξαλλος 16, 203.
ἐξαμαρτάνω 12, 107. 13, 18.
17, 271. 22, 292. 24, 156,
171. 27, 70, 98, 172. 28, 53,
100, 237. 30, 175, 182. 31,
200. 32, 160. 33, 171. 37,
51.
ἐξαμαυρόω 25, 287. 32, 191.
34, 73.
ἐξαμβλόω 7, 147.
ἐξανάγω 17, 305. 21, 42. 22,
85. 27, 14.

ἔξωρος 28, 282. 38, 203.
ἐξώτατος 4, 41.
ἔοικα 1, 38, 41, 67, 69, 126,
133, 137, 139, 140, 154, 157,
166. 2, 61. 3, 22, 22, 81.
4, 94, 169. 5, 58, 69. 6, 82,
110. 7, 1, 43, 135. 8, 119.
10, 43, 82, 95. 11, 38, 77,
96. 12, 7, 36, 48, 75, 117, 161,
171. 13, 77, 115, 204. 14,
58, 65. 15, 4, 13, 85, 158.
16, 12, 71, 73, 93, 94, 116,
122, 131, 180. 17, 40, 75, 89,
143, 288. 18, 25, 39, 136,
143. 19, 22, 56, 128, 160, 182.
20, 102, 177, 230. 21, 21,
101, 150, 202, 215. 22, 3, 138,
163, 166, 243, 245, 252, 260.
23, 47, 48, 52, 131, 185, 200,
240, 258. 24, 7, 9, 30, 46,
63, 104, 126, 140, 143, 150,
213, 236. 25, 82, 272, 293.
26, 10, 15, 17, 39, 50, 96, 112,
122, 123, 202, 205, 248, 270,
288. 27, 3, 18, 40, 95, 107,
147, 149. 28, 26, 39, 59, 61,
68, 229, 290, 293, 334. 29,
19, 66, 141, 177, 194, 211, 213,
237. 30, 109, 186, 189, 208.
31, 6, 14, 31, 54, 99, 108,
143, 149, 203, 215. 32, 79,
121, 167, 188. 33, 29, 29, 43.
34, 1, 5, 30, 57, 123. 35, 78.
36, 2, 28, 44, 56, 95, 98, 134.
37, 102, 128, 178. 38, 37,
114, 183, 208, 237, 245, 245.
39 (VIII 6, 5), (VIII 6, 7), (VIII
7, 16).
ἑορτάζω 1, 116. 5, 86, 90. 6,
111. 26, 24, 210, 210. 27, 96.
28, 193. 29, 49, 70, 215.
37, 118.
ἑορτή 1, 89, 116. 5, 84, 85, 85,
90, 92, 94. 6, 111, 111, 111.
13, 95. 16, 92, 202. 18, 161,
161, 162, 162, 167. 19, 186.
22, 75, 144. 25, 88, 89. 26,
41, 159, 224. 27, 158, 159,
161. 28, 69, 168, 181, 182,
183, 187, 188, 189, 189, 190,
191, 192. 29, 39, 40, 41, 41,
42, 42, 46, 48, 51, 51, 52, 53,
56, 86, 140, 140, 142, 144, 145,
146, 150, 155, 156, 157, 157,
157, 157, 158, 160, 162, 162,
167, 176, 179, 188, 192, 193,
193, 194, 194, 206, 210, 211,
212, 213, 214, 215, 215, 215,
223. 30, 40, 125, 183. 33,

153, 171. 34, 140. 35, 65.
37, 116, 117, 118. 38, 12, 83,
280.
ἑορτώδης 16, 91. 27, 161.
28, 192. 29, 216. 33, 157.
ἐπαγγελία 20, 201.
ἐπαγγέλλω 2, 52. 8, 139. 11,
17, 64. 16, 37. 17, 124. 18,
138. 22, 167. 28, 57. 29, 30.
32, 54, 64. 35, 2, 3. 39
(VIII 7, 17).
ἐπάγγελμα 8, 139. 10, 146.
12, 81. 18, 133, 148. 20, 128.
29, 99. 32, 64. 37, 54.
ἐπάγω 1, 165. 3, 27, 77, 77.
4, 105, 158, 158. 6, 57. 7, 168.
8, 106, 113, 130, 135, 156. 13,
193. 15, 25. 16, 78. 17, 268,
271, 274, 276, 284, 304. 18,
171. 21, 52, 96. 22, 88, 137.
23, 64, 92, 96, 190. 24, 211,
261. 25, 96, 251, 301. 26,
20, 153. 27, 76. 28, 96, 237,
243. 30, 28. 31, 14. 32, 42.
33, 26, 136. 34, 58, 104.
36, 26. 38, 230, 251, 340.
ἐπαγωγός 6, 30. 14, 23. 31,
139. 35, 49.
ἐπαγωνίζομαι 8, 13. 32, 142.
36, 70.
ἐπᾴδω 16, 112. 28, 30, 60.
ἐπαίνεσις 12, 158.
ἐπαινετέος 5, 129. 16, 148.
ἐπαινέτης 12, 128. 17, 161.
ἐπαινετός 4, 75, 77, 83, 104.
5, 24. 6, 83, 116. 7, 35, 59.
8, 75, 87, 146. 10, 48, 71,
154. 11, 9, 66, 129, 129, 157.
13, 20, 194. 16, 20, 70, 108,
115, 129. 17, 158. 18, 4, 5,
67. 19, 26, 52, 86. 20, 47,
124, 197, 208. 22, 162, 177,
259. 23, 14, 191, 271. 24, 19.
25, 48. 26, 1, 30, 50, 138.
28, 43, 102, 138, 209, 269.
29, 63. 30, 128, 186, 209.
31, 15. 32, 172, 184, 208.
33, 83. 34, 88, 93.
ἐπαινέω 1, 89, 163. 3, 62, 67,
91. 4, 10, 86, 87, 94, 95. 7,
34. 10, 34. 11, 70, 118. 12,
128, 129. 13, 67. 15, 64, 147.
16, 95, 96, 108, 110, 110, 112.
17, 102, 159, 160. 18, 97.
19, 25, 206. 20, 178, 206,
224. 22, 40, 93, 108, 140.
23, 104, 183, 187, 209. 25,
313. 26, 191, 242. 27, 38.
28, 57. 29, 4, 173. 30, 155,

176. 31, 88, 150. 32, 27, 227.
33, 118. 34, 22. 35, 53. 37,
7, 12. 38, 46, 137, 259, 331,
332.
ἔπαινος 1, 163. 4, 15, 77. 5, 122.
7, 59, 61. 8, 71, 71, 72, 141.
9, 36. 10, 47. 12, 126, 128.
13, 74, 177. 14, 37, 37, 57.
16, 110, 118. 17, 90, 90,
129, 159, 178, 217. 18, 119.
19, 27, 30, 73. 20, 93, 192.
21, 35, 127, 244. 22, 38.
23, 4, 158, 178, 186, 186, 190,
190, 262, 275. 24, 154, 205,
246, 249. 25, 154, 303. 26,
45, 238. 28, 337. 29, 144,
< 234 >, 235. 31, 230, 230,
238. 32, 10. 33, 33. 34, 141,
141. 35, 31, 77. 37, 6, 99.
38, 38, 38, 284, 295. 39
(VIII 6, 4).
ἐπαίρω 1, 158. 4, 186. 6, 21,
31, 62. 10, 97. 12, 92, 157.
13, 18, 162. 14, 40. 15, 110.
16, 170. 19, 107. 23, 42.
24, 22, 166. 25, 70. 26, 139,
240. 28, 293, 311. 29, 185.
30, 4, 165. 31, 88. 32, 2,
173. 33, 11. 38, 171, 269.
39 (VIII 6, 3).
ἐπαισθάνομαι 5, 74. 7, 35.
8, 22. 10, 120. 22, 147, 147.
25, 145. 28, 223. 34, 157.
ἐπαίτιος 37, 42.
ἐπαιωρέω 21, 192.
ἐπακμάζω 1, 113, 140. 6, 76.
8, 151. 11, 171. 22, 10. 33,
103, 157.
ἐπακολουθέω 5, 43. 7, 173.
13, 73. 15, 190. 16, 164.
19, 130. 23, 177, 275. 24,
217. 25, 168, 169, 286. 26, 61,
175. 28, 25, 64, 79, 338.
31, 155. 32, 64, 75, 205, 227.
33, 145. 35, 86. 37, 113.
38, 185, 252.
ἐπακούω 7, 93. 8, 137. 15, 8.
19, 1, 5. 21, 129, 191. 24,
238, 265. 25, 47. 26, 170,
229. 31, 32. 38, 132.
ἐπαλείφω 15, 106. 17, 294.
22, 165. 28, 231.
ἐπαληθεύω 11, 2. 14, 48.
23, 32. 28, 236, 341. 30, 68.
ἐπαλλάττω 5, 110. 31, 147.
ἐπάλληλος 1, 54, 80, 167. 6,
16, 21, 25, 116, 127. 7, 113.
8, 12, 106. 10, 130, 153. 11,
160. 12, 89. 14, 29. 15, 23,

46, 105. 17, 4, 37. 21, 122.
22, 237, 245. 23, 42, 134,
245. 24, 175, 223. 25, 118,
147, 200. 26, 263, 284. 27,
71. 28, 148. 29, 8, 98, 202.
30, 16. 31, 39, 212. 32, 200.
33, 101, 156. 34, 58, 84, 141.
37, 121. 38, 66, 83, 255,
302.
ἐπαμάομαι 24, 25. 25, 39.
ἐπαμπίσχω, ἐπαμπέχω 13,
7. 19, 110. 20, 209. 21, 43,
220. 28, 216. 32, 24.
ἐπαμφοτερίζω 1, 170. 4, 67.
7, 131. 8, 100. 10, 22. 12,
70, 111. 13, 139. 16, 162.
20, 124. 26, 228. 28, 63.
33, 40, 63. 37, 78. 38, 244.
ἐπαμφοτερισμός 15, 31. 27,
128.
ἐπαμφοτεριστής 6, 70. 16,
148.
ἐπάν 11, 114, 158. 32, [78].
35, 89.
ἐπαναγκάζω 29, 74.
ἐπανάγκης 39 (VIII 7, 5).
ἐπαναζώννυμαι 35, 51.
ἐπαναιρέω 6, 95. 15, 70. 31,
194.
ἐπανάληψις 35, 76.
ἐπαναπλέω 26, 255.
ἐπαναπόλησις 8, 149.
ἐπανάστασις 11, 46. 17, 284.
19, 77. 24, 225. 26, 16, 169.
33, 73.
ἐπαναστρέφω 16, 126.
ἐπανασῴζω 17, 255.
ἐπανάτασις 10, 64, 167. 15,
165. 22, 7, 96. 25, 95. 29,
83. 32, 5. 33, 4. 34, 144.
38, 368.
ἐπανατείνω 7, 46. 11, 40, 98.
16, 9. 19, 6. 20, 23. 22, 121.
24, 68. 29, 163. 30, 86, 158.
31, 72, 199. 32, 114. 33, 137.
34, 25, 40, 136, 144, 146. 37,
89. 38, 350, 368.
ἐπανατέλλω 29, 210.
ἐπανατίθημι 21, 128. 22, 155,
202.
ἐπανατρυγάω 32, 91, 92.
ἐπάνειμι 4, 84. 6, 49. 18, 108,
123. 20, 85, 116. 22, 107.
23, 43, 62, 132, 235. 24, 108.
25, 58, 240, 267, 310. 26,
166, 269. 30, 30, 133. 32,
44. 33, 110. 38, 15, 93. 39
(VIII 11, 6).
ἐπανέρχομαι 7, 149. 13, 24.

14, 68. 15, 78, 78. 16, 211.
19, 6. 20, 109. 21, 256. 24,
169, 184, 195, 224, 226. 25,
293, 309, 332. 28, 129. 29,
102, 190. 30, 171. 32, 96.
37, 105, 112.
ἐπανέχω 6, 43. 20, 118. 27,
140. 28, 60. 34, 11.
ἐπανήκω 20, 116. 25, 232.
31, 36.
ἐπανθέω 1, 113. 6, 25. 16,
126, 140.
ἐπανθίζω 6, 21. 21, 224. 22,
53.
ἐπανίημι 22, 165.
ἐπανισόω 17, 158. 29, 139.
ἐπανίστημι 4, 103. 8, 71. 11,
146. 30, 17, 17. 33, 74. 34,
21, 89. 35, 40.
ἐπανίσωσις 16, 173. 35, 51.
ἐπανιτέον 10, 70. 19, 7, 181.
ἐπάνοδος 1, 155. 5, 2. 7, 63.
18, 89. 19, 5, 119. 21, 45,
45. 24, 178. 25, 232. 33,
115. 36, 28. 38, 195.
ἐπανορθόω 4, 123. 7, 74, 144,
146. 11, 47. 12, 92. 28, 10,
238. 29, 166. 30, 145, 148.
31, 23, 146. 33, 113. 34,
63. 35, 14. 37, 103.
ἐπανόρθωμα 33, 158.
ἐπανόρθωσις 2, 85. 4, 106.
9, 38. 10, 17, 182. 11, 13,
35, 90. 12, 146. 13, 91. 15,
171, 182. 20, 70, 248. 26,
36. 27, 174. 28, 336. 29,
12, 107. 30, 76, 106. 31, 72.
32, 91, 176. 37, 124. 38,
300, 369.
ἐπαντλέω 3, 32. 4, 202. 6,
61. 7, 15. 8, 104. 19, 191, 200.
20, 229. 25, 46, 55. 27, 169.
28, 191, 217. 31, 59, 75, 140.
32, 42, 116. 34, 13.
ἐπανύω 3, 61.
ἐπάνω 1, 32. 2, 21, 33. 3, 11.
9, 22. 17, 166. 22, 78. 23,
150. 28, 150. 29, 46. 32,
71. 33, 17. 34, 146.
ἐπάξιος 4, 107. 6, 77. 7, 116,
169, 169. 15, 26, 182. 16,
57, 64, 106, 133, 141. 17, 99,
193. 20, 42, 62, 268. 21, 22.
22, 97, 138, 202. 23, 24, 70.
25, 245, 304. 26, 57, 239.
28, 284. 30, 35, 84.
ἐπαξιόω 8, 96.
ἐπαοιδός (→ auch ἐπῳδός)
16, 83.

ἐπαπειλέω 25, 39.
ἐπαποδύω 1, 33. 11, 159. 13,
22. 22, 71, ‹276›. 23, 256.
27, 64. 30, 119. 31, 75. 32,
5, 31, 142. 33, 11. 37, 128.
38, 62, 93. 39 (VIII 11, 6).
ἐπαπορέω 22, 300. 28, 32,
213.
ἐπαράομαι 33, 72.
ἐπάρατος 4, 111. 5, 52. 7, 96.
8, 88, 159, 176. 14, 67. 15,
196. 16, 113. 17, 296. 23,
40. 26, 196. 27, 87. 29, 50.
31, 91. 32, 202. 33, 134,
141, 141, 141, 141, 141, 141.
34, 137. 37, 134. 38, 89,
166, 171.
ἐπάργυρος 37, 30.
ἐπάρδω 31, 56.
ἔπαρσις 4, 246. 18, 169. 28,
293. 29, 185.
ἐπαρτάω 5, 82.
ἐπασπιδόομαι 22, 82.
ἐπαυγάζω 33, 28.
ἔπαυλις 23, 139. 25, 103, 144,
262, 312, 330. 29, 116, 116,
119, 121, 121. 31, 27. 33,
141. 35, 23. 37, 169. 38,
185, 351, 358.
ἐπαυχέω 3, 66. 13, 151. 23,
159.
ἐπαφάω 25, 124.
ἐπαφή 25, 78. 28, 216.
ἐπαχθής 4, 251. 6, 30. 10,
114. 16, 145. 32, 161.
ἐπαχθίζομαι 23, 171. 24, 251.
25, 141, 203, 312. 26, 249.
29, 103. 31, 171. 32, 157.
34, 32. 38, 27.
ἐπεγείρω 25, 297. 26, 213.
38, 168.
ἐπεί 1, 12, 20, 23, 26, 35, 89,
100, 106, 117, 143, 151, 151,
155, 156. 2, 18, 24, 38, 44, 83,
96, 104. 3, 1. 4, 105, 108,
116, 206, 210, 212, 230, 236,
243, 249. 5, 3, 122. 6, 40, 60,
63, 91, 97, 115. 7, 6, 59, 132,
137, 160. 8, 4, 40, 69, 94,
127, 143, 145, 152. 9, 5, 9, 47,
56. 10, 57, 64, 123. 11, 9,
35, 49, 133, 149. 12, 34, 42,
50, 70, 99, 135, 144, 171, 175.
13, 57, 124, 142, 154. 14, 6,
35. 15, 12, 104, 115, 121, 135.
16, 7, 92, 115, 183, 197. 17,
21, 36, 41, 141, 158, 178, 223,
226, 229, 259, 279, 286, 307.
18, 64, 84, 117, 138, 158.

19, 61, 141. 20, 8, 90, 150,
178, 185, 224, 270. 21, 132,
159, 193. 22, 56, 66, 137, 140,
242, 251, 261. 23, 2, 3, 18,
27, 40, 45, 55, 57, 78, 120,
140, 228. 24, 20, 41, 125,
158, 175, 220. 25, 8, 10, 18,
57, 95, 114, 116, 129, 162, 202,
283, 305, 311. 26, 8, 27, 28,
58, 73, 82, 151, 163, 172, 174,
198, 223, 280, 282. 27, 6, 64,
89, 102. 28, 40, 64, 67, 101,
112, 131, 168, 180, 223, 229,
234, 254, 288. 29, 13, 72, 116,
135, 136, 160, 166, 222, 234,
248. 30, 7, 21, 34, 59, 88,
151, 151, 155. 31, 44, 79, 104,
108, 119, 176, 187, 188, 195,
202, 204. 32, 165, 182. 33,
55, 67, 70, 78, 85. 34, 37, 58,
62, 102, 121, 140, 153, 157.
35, 34, 38. 36, 2, 27, 32, 52,
53, 61, 66, 72, 75, 112, 114,
126, 134, 140, 142, 143, 145.
37, 16, 38, 143, 185. 38, 32,
168, 174, 220, 228, 300. 39
(VIII 7, 18), (VIII 7, 19), (VIII
11, 3).
ἐπείγω 1, 86. 10, 40, 93, 98.
11, 37, 69, 115, 175. 12, 22.
13, 152. 17, 305. 21, 165,
167. 22, 103, 186, 251. 23,
40, 49, 65, 122. 24, 118, 169.
25, 178, 216, 251, 328. 28,
317, 333, 344. 29, 97. 30,
105. 35, 72. 36, 136.
ἐπειδάν 1, 6, 17, 165. 3, 18, 61,
69, 70. 4, 152, 186, 186, 224.
5, 34, 94. 6, 64, 70. 7, 49,
127, 134, 143. 8, 130. 9, 1.
10, 130. 11, 31, 34, 66, 79,
132, 167. 12, 132, 172. 13,
7, 10, 37, 58, 101, 101, 111,
221. 14, 9, 36, 42. 15, 21, 59,
70, 78, 89, 114, 155. 16, 13,
68, 80, 144, 157, 166, 175, 189,
196, 208, 209, 214. 17, 29,
131, 194, 203, 264, 274. 18,
115, 121, 148. 19, 20, 25, 31,
41, 47. 20, 66, 81, 84, 171.
21, 81, 83, 119, 193. 22, 68,
71, 95, 105, 151, 152, 196, 223,
233. 23, 105, 119, 126, 182,
243. 24, 150. 25, 160. 27,
146. 28, 219, 323. 29, 9.
30, 68. 31, 26, 64, 75. 33,
62. 34, 104, 156. 35, 46, 66,
79. 36, 89, 91, 129, 149. 38,
172.

ἐπειδή 1, 2, 13, 13, 15, 29, 32,
38, 45, 74, 76, 82, 98, 102,
126, 133, 171. 2, 1, 3, 59. 3,
72. 4, 3, 15, 45, 51, 67, 87,
88, 104, 185, 195. 5, 16, 19,
25, 41, 50, 55, 82, 83, 87, 90,
98, 121. 6, 65, 124. 7, 154,
172. 8, 27, 51, 52, 96, 101.
10, 5, 42, 118. 11, 63, 88,
122, 131, 159, 177, 179. 12, 3,
21, 48, 132, 165. 13, 40, 84, 98,
133, 136, 170, 214. 14, 58.
15, 148, 155, 167, 180. 16,
3, 54, 58, 77, 79, 93, 147, 163,
165, 202, 206, 215, 221. 17,
2, 2, 23, 30, 55, 58, 65, 118,
179, 234, 244, 263, 311. 18,
25, 33, 73, 162. 19, 51, 73,
75, 97, 140, 146, 156. 20, 30,
36, 38, 87, 96, 98, 137, 178,
184, 184, 201, 208, 218, 248.
21, 8, 75, 77, 79, 117, 126,
135, 142, 221, 226. 22, 28,
34, 35, 123, 180, 192, 238.
23, 7, 76, 145, 146, 217, 242.
24, 4, 95, 99, 129, 153, 154,
223, 234. 25, 44, 98, 149,
163, 187, 205, 246, 273. 26,
6, 55, 59, 100, 104, 115, 121,
148, 149, 152, 187, 218, 245,
288. 27, 15, 34, 49, 104, 141.
28, 9, 30, 36, 38, 48, 56, 88,
94, 120, 135, 140, 146, 159,
177, 178, 178, 183, 196, 200,
238, 252, 285, 298, 307, 310,
315. 29, 6, 19, 25, 29, 60, 64,
95, 112, 118, 121, 133, 152,
158, 175, 177, 196, 221, 225,
240, 243, 249, 261. 30, 39,
47, 57, 58, 84, 99, 107, 159,
192, 207, 209. 31, 10, 12,
20, 40, 54, 127, 147, 168, 171,
178, 192, 199, 223, 231. 32,
19, 29, 34, 53, 56, 63, 66, 90,
94, 107, 117, 127, 128, 137,
146, 146, 148, 155, 156, 168,
187, 189, 216, 221. 33, 7, 36,
49. 34, 13, 63, 75, 92, 114,
118, 122, 127, 144. 35, 16, 18,
28, 64, 66. 36, 3, 21, 22, 24,
37, 57, 68, 89, 102, 121. 37,
5, 7, 14, 53, 96, 97, 100, 125.
38, 7, 62, 77, 84, 99, 103,
149, 167, 178, 246, 289, 341,
369. 39 (VIII 6, 5), (VIII 11,
12).
ἐπειδήπερ 1, 116. 8, 55. 9, 22.
10, 29. 14, 31. 15, 186. 16,
32, 47. 17, 76, 172. 18, 88.

21, 38, 63. 22, 134. 23, 101.
26, 279. 27, 160. 28, 85,
103, 282, 291. 29, 65, 202.
30, 52. 32, 17. 35, 10. 37,
32, 187. 38, 164.
ἐπεῖδον 4, 14. 8, 82. 19, 211.
21, 240. 22, 290. 25, 47.
26, 255. 27, 100. 30, 154.
33, 60. 34, 111. 38, 233.
ἔπειμι (ibo) 1, 89. 6, 66. 11,
23. 12, 41. 13, 195. 16, 62.
17, 154, 256. 20, 160. 21,
27. 22, 87, 122. 23, 232.
24, 89, 157, 162. 25, 175,
257. 26, 13, 275. 32, 88, 109.
34, 118. 37, 1. 38, 358.
ἐπείπερ 36, 13.
ἐπεῖπον 23, 36. 30, 204. 32,
68.
ἐπεισάγω 11, 43.
ἐπεισβαίνω 38, 129.
ἐπείσειμι 1, 67, 159. 8, 56.
23, 104. 27, 142. 28, 250.
32, 89. 37, 86.
ἐπεισέρχομαι 1, 119. 6, 135.
10, 3. 32, 115.
ἐπεισκομίζω 30, 37.
ἐπεισοδιάζω 4, 235. 20, 90.
ἐπείσοδος 3, 57.
ἐπεισρέω 34, 15. 37, 133. 38,
126.
ἐπειστρέχω 25, 302.
ἐπεισφέρω 10, 42. 16, 204.
32, 84.
ἐπεισφοιτάω 20, 243.
ἐπεισχέω 3, 32. 5, 61. 6, 61.
7, 15. 13, 221. 16, 100. 30,
5. 31, 222.
ἔπειτα 1, 25, 41, 79, 95, 136,
140, 159. 3, 5, 15. 4, 80, 120,
128, 163, 205, 207, 245. 5,
100. 6, 57, 76, 78, 128. 7,
38, 122. 10, 14. 11, 69, 152,
157, 174. 12, 29, 35, 113.
13, 19, 51, 73, 150, 175. 15,
31, 44, 98. 16, 46, 195. 19,
200. 20, 242. 21, 4, 55, 76,
214, 218. 22, 237. 23, 67,
173, 193. 24, 162. 25, 14,
115, 120, 127. 26, 14, 48, 69, 77,
124, 143, 146, 210, 263, 271.
27, 123. 28, 96, 178, 198,
203, 210, 231, 248, 311. 29,
3, 82, 123, 140, 166, 177. 31,
37, 79, 175, 189. 32, 6, 6,
70, 80, 151, 172, 199. 33, 163,
169. 35, 57, 80. 36, 17, 19,
22, 42, 48, 62, 94, 114, 150.
37, 89, 140. 38, 60, 67, 143,

ἐπίλεκτος 8, 92. 15, 56. 23, 83.
ἐπιλήθω 3, 29. 4, 94. 6, 55, 55, 55. 8, 121. 10, 90. 14, 28. 16, 206, 208. 18, 41. 19, 23. 21, 211, 246. 22, 232, 232, 294. 27, 43, 62. 31, 201. 32, 184. 33, 18. 34, 134. 37, 9, 186.
ἐπιλήνιος 11, 152.
ἐπίληπτος 1, 155. 4, 68, 75, 104, 247. 8, 75. 10, 71, 135. 14, 48. 15, 126. 18, 59. 22, 274. 23, 19, 40. 24, 177. 27, 129. 30, 88, 128, 172, 177, 209. 31, 79, 182. 32, 173, 206, 211. 35, 6. 36, 41. 38, 304.
ἐπιλήσμων 25, 58.
ἐπιλιχμάω 11, 36. 18, 55. 19, 31.
ἐπιλιχνεύω 1, 158. 4, 251.
ἐπιλογίζομαι 1, 129. 2, 62. 4, 16, 99. 15, 153. 23, 75.
ἐπιλογισμός 4, 102, 226. 6, 35. 12, 123. 21, 75.
ἐπίλογος 8, 64. 26, 51.
ἐπίλυπος 4, 216, 247. 20, 156, 169. 23, 202.
ἐπιλύω 3, 63. 11, 16. 35, 75.
ἐπιμαίνω 4, 63. 12, 65. 23, 195. 24, 40. 29, 50, 135. 30, 9, 11, 43, 45. 31, 7. 35, 6, 59.
ἐπιμανής 6, 32. 32, 113. 38, 34.
ἐπίμαχος 22, 1. 32, 48.
ἐπιμείγνυμι 5, 110.
ἐπιμέλεια 1, 88, 160. 6, 11, 37, 47, 112, 115, 123. 7, 11, 43, 111. 8, 181. 11, 4, 6, 51, 60, 61, 64, 171. 12, 26, 55, 73, 101, 162. 13, 33, 91, 199. 14, 40, 63. 16, 3, 193, 203, 211, 212. 17, 105, 137. 18, 6. 20, 18, 105. 22, 38, 147. 23, 70. 24, 2, 4, 25, 37, 67, 88, 117, 154, 157, 217, 248, 267. 25, 20, 22, 61, 71, 129. 26, 174. 27, 167. 28, 16, 71, 310, 318. 29, 14, 30, 83, 101, 233. 30, 36, 106, 116, 117. 31, 153, 156, 178, 183. 32, 39, 47, 52, 54, 58, 63, 70, 133. 33, 9, 11, 56, 104. 34, 69. 35, 16, 36, 72. 36, 11. 37, 105. 38, 143, 153, 240, 250, 278, 336. 39 (VIII 7, 9), (VIII 7, 17), (VIII 11, 13).
ἐπιμελέομαι 1, 10, 171. 5, 118.

7, 33, 34, 105. 11, 153. 12, 97. 16, 82, 89. 18, 17. 20, 40, 115, 149. 21, 121, 149, 162. 23, 82, 82. 24, 196. 25, 149. 27, 91. 28, 156, 295, 318. 29, 125, 260. 30, 68, 189. 31, 58. 32, 57, 143, 160. 33, 12, 42. 37, 74.
ἐπιμελής 4, 98. 10, 20. 11, 158. 12, 152. 15, 24, 140. 17, 190, 296. 18, 89. 19, 125. 21, 57. 23, 105. 24, 158. 26, 136. 27, 93, 102. 28, 21. 30, 11, 46. 31, 154, 154, 187, 191. 34, 24, 121. 38, 249, 274.
ἐπιμελητέον 16, 93.
ἐπιμελητής 12, 56. 18, 123. 20, 90. 23, 221. 24, 114, 152, 197, 211, 257. 28, 131. 29, 207. 30, 81. 31, 21. 33, 77. 34, 45.
ἐπίμεμπτος 8, 176. 32, 172.
ἐπιμέμφομαι 4, 179.
ἐπιμένω 4, 94. 5, 115. 6, 85. 7, 30. 9, 44. 10, 28. 14, 69. 16, 220. 18, 38. 19, 45. 23, 26. 24, 33. 25, 226, 230. 31, 48. 35, 31, 77.
ἐπιμερής 27, 20.
ἐπιμήκης 10, 128. 37, 68.
ἐπίμικτος 16, 152, 152, 152, 153, 154, 155, 163.
ἐπιμιμνήσκομαι 22, 32. 23, 37, 208. 27, 29. 29, 129. 32, 52, 101. 38, 193, 349.
ἐπιμιξία 2, 8. 27, 127. 30, 25. 31, 179. 35, 20.
ἐπιμοιράομαι 26, 283.
ἐπιμονή 2, 55, 55. 5, 41, 47, 102. 7, 118. 18, 38, 111. 19, 24, 45. 22, 37.
ἐπίμονος 6, 83. 13, 21.
ἐπιμορφάζω 4, 47. 7, 10, 19. 10, 102. 12, 70. 13, 43, 198. 17, 258. 19, 20, 35, 209. 20, 170, 199. 22, 295. 23, 103. 24, 166. 37, 19.
ἐπιμύλιος 30, 204.
ἐπινεανιεύομαι 7, 62. 8, 170. 10, 170. 31, 215. 34, 123. 37, 67.
ἐπίνειον 37, 155.
ἐπινείφω, ἐπινίφω 10, 155. 16, 33, 35, 121. 25, 200, 202. 32, 49.
ἐπινέμω 7, 110. 10, 176. 19, 158, 186. 24, 160, 263. 27,

150. 28, 128, 141, 145. 29, 212. 37, 141.
ἐπινεύω 4, 85. 13, 165. 16, 111. 20, 253, 254. 23, 107. 25, 105, 163, 252. 26, 36. 28, 302.
ἐπινήχομαι 1, 63. 6, 13, 61. 16, 125, 184. 20, 158.
ἐπινίκιος 13, 110, 115, 121. 15, 35. 18, 99. 23, 235. 25, 219, 284. 35, 57.
ἐπινίφω → ἐπινείφω
ἐπινοέω 3, 26. 6, 86, 87, 92, 95. 7, 38, 134, 172. 8, 9. 10, 63. 13, 219. 15, 137, 139. 19, 22. 21, 62, 204, 236. 22, 32. 24, 235. 26, 173, 197. 28, 214, 258, 336. 31, 40, 122, 215. 32, 34. 33, 27, 145. 34, 80. 36, 48, 56. 37, 70, 73, 86, 97. 38, 199, 358.
ἐπίνοια 1, 28. 15, 158. 16, 142, 184, 192. 17, 23, 229. 19, 168, 170. 20, 219, 249. 21, 40. 22, 119, 200, 212, 285. 25, 8, 17. 28, 335. 29, 29. 30, 44. 32, 107. 33, 145. 35, 63. 37, 87. 38, 254.
ἐπινομίς 17, 162, 250. 31, 160, 164.
ἐπίνοσος 17, 297.
ἐπιορκέω 28, 235. 29, 26.
ἐπίορκος 27, 88. 29, 27. 31, 40.
ἐπίπαν 1, 124. 4, 84. 11, 5.
ἐπίπεδος 1, 50, 50, 92, 98, 98, 98, 106. 12, 75. 21, 21. 26, 60. 38, 358.
ἐπίπεμπτος 28, 236.
ἐπιπέμπω 2, 28. 3, 31, 86. 6, 44. 8, 37, 44, 44, 73. 12, 114. 15, 21, 157. 16, 73. 20, 260. 21, 1, 86. 22, 213, 268. 33, 95. 38, 179, 342.
ἐπιπηδάω 33, 100.
ἐπιπίπτω 17, 249, 249, 258, 264. 23, 233. 24, 214, 256. 25, 119. 30, 3. 31, 85. 32, 49.
ἔπιπλα, τά 20, 89. 30, 206. 37, 148. 38, 122, 232.
ἐπιπληκτέος 8, 93.
ἐπίπληξις 18, 177, 179. 19, 205. 25, 26, 98, 126.
ἐπιπλήττω, ἐπιπλήσσω 1, 128. 3, 46. 7, 145. 8, 97. 10, 126. 25, 102. 37, 35, 35, 40. 38, 305.

28, 35. 31, 106. 32, 174.
33, 51, 56, 83. 35, 49.
ἐπιστήμων 4, 87, 202. 8, 90.
9, 60. 10, 30, 50. 11, 71.
12, 141, 144. 13, 89, 195.
14, 37. 15, 97. 16, 40, 40,
42, 56, 58. 18, 46, 142. 20,
220. 32, 170, 170. 33, 100.
34, 157. 38, 46, 56. 39
(VIII 11, 8).
ἐπιστηρίζω 21, 3, 133, 158.
ἐπιστολή 34, 96. 38, 199, 207,
207, 254, 254, 259, 291, 301,
303, 314, 315.
ἐπιστολιμαῖος 24, 168. 37,
108.
ἐπιστομίζω 3, 104. 4, 118, 128,
134, 155, 159. 7, 23. 11, 58,
88, 94. 15, 40. 17, 3. 27, 63.
28, 128, 193, 343. 31, 97.
ἐπιστρέφω 3, 8. 5, 37. 8, 106,
135. 10, 17. 11, 143. 15, 130,
131. 16, 195. 17, 46. 19,
124, 142. 20, 209. 21, 247.
22, 144, 174, 175. 23, 176.
24, 87, 175, 200, 230. 26,
247. 29, 11, 189, 256. 30,
41. 33, 95. 35, 45. 37, 30,
163. 38, 272.
ἐπιστροφάδην 23, 229. 26,
273. 30, 126. 31, 222.
ἐπιστυλίς 22, 54.
ἐπισυμπίπτω 28, 62.
ἐπισυνάγω 1, 38. 12, 60.
ἐπισυνίστημι 24, 34, 34. 26,
278. 36, 36. 37, 4. 38, 312.
ἐπισυρμός 26, 208.
ἐπισυρρέω 31, 173.
ἐπισύρω 26, 85.
ἐπισφαλής 10, 65. 33, 33.
ἐπισφάττω 31, 202.
ἐπισφίγγω 4, 104, 105. 22,
165, 294. 34, 18. 38, 131, 324.
ἐπισφραγίζω 7, 31. 16, 30.
24, 98, 212. 29, 14, 19, 176,
211, 227. 31, 105, 157. 32,
37. 33, 108. 37, 19. 38, 240.
ἐπίσχω 29, 87.
ἐπίταγμα 1, 167. 4, 56, 80.
5, 115. 13, 64. 15, 92. 16,
14. 18, 177. 20, 206, 226,
254, 256. 21, 56, 191. 22,
124. 23, 226. 24, 186. 25,
37, 40. 29, 67, 90, 93. 30,
8, 163, 177, 195. 33, 139, 154.
34, 22, 36, 104, 120. 38, 236.
ἐπίτασις 10, 162. 17, 156. 19,
146. 20, 87, 179. 21, 9. 24,

33. 29, 99. 32, 171, 201. 36,
43.
ἐπιτάττω 4, 80, 80. 5, 115.
16, 8. 20, 226, 254. 21, 56.
23, 74, 228. 24, 135, 152.
25, 37. 34, 22, 30, 101, 104.
38, 259.
ἐπιτείνω 4, 106, 183, 211. 5,
128. 8, 13. 10, 24. 12, 171.
13, 116, 185. 16, 132. 20,
267. 22, 184. 25, 25. 27,
33, 149. 30, 44, 151. 31, 80,
96, 102. 32, 105. 38, 268.
ἐπιτειχίζω 1, 79. 11, 46. 12,
159. 15, 54, 128. 19, 148.
20, 33. 22, 59, 276. 23, 133,
261. 26, 65, 194. 28, 28.
30, 138. 31, 5, 17. 32, 132.
33, 59, 68. 36, 69. 37, 65,
86.
ἐπιτείχισμα 25, 8. 32, 35.
ἐπιτειχισμός 15, 90. 22, 46.
23, 223. 26, 176, 185. 28,
173. 29, 46. 33, 25.
ἐπιτελέω 1, 61. 5, 14. 12, 165.
13, 129. 16, 97. 17, 82. 19,
37, 161. 21, 90, 214, 215.
22, 153. 24, 208. 25, 87,
253, 287, 298, 304. 26, 94,
147, 155, 221. 27, 162, 164.
28, 3, 56, 97, 98, 113, 217,
221, 297. 29, 61, 145, 167.
30, 56, 72, 125, 171. 31, 67.
32, 98, 100. 33, 79, 126,
131. 34, 36, 140. 35, 71, 37,
97. 38, 157, 157, 218, 317.
ἐπιτέλλω (Β) 1, 115, 115. 12,
151.
ἐπιτέμνω 17, 133. 24, 181. 28,
144. 29, 38. 31, 148. 33,
135. 34, 115. 38, 246.
ἐπιτέχνησις 10, 156. 15, 185.
ἐπιτήδειος 1, 80. 2, 28. 5,
79, 100. 6, 87, 90. 7, 5, 113.
9, 34. 11, 32, 39, 152. 12,
53. 13, 218. 15, 75, 110. 16,
212. 17, 247. 19, 155. 20,
82, 89. 21, 170, 236. 24,
186, 210, 248, 249, 251. 25,
192, 203, 205, 245, 305, 320.
26, 36, 60, 141, 161, 267.
27, 16, 18, 94, 99, 116. 28,
161, 267, 297. 29, 6, 109, 158,
175. 30, 91, 122, 200. 31,
126, 171. 32, 57, 63, 133. 33,
9, 100. 34, 20. 35, 22. 37,
184. 38, 120, 124, 162, 201,
257. 39 (VIII 11, 10).
ἐπιτηδειότης 21, 129.

ἐπίτηδες 23, 190. 29, 93.
ἐπιτήδευμα 1, 80. 4, 30, 211.
6, 100, 103, 113. 7, 111. 10,
105, 111, 123. 11, 41, 56. 13,
51, 218. 17, 50, 109, 121.
18, 85, 86, 86, 87. 19, 26,
128. 20, 195, 249, 255. 21,
106, 126, 251. 22, 21, 211.
23, 37, 40. 24, 50, 64. 26,
55, 289. 28, 343. 30, 11, 24,
42. 32, 87. 33, 18, 82, 142.
35, 1, 60. 37, 3, 57, 94. 38,
45, 45, 91, 230.
ἐπιτήδευσις 5, 34, 92. 6, 14,
38, 101. 11, 18, 28. 13, 13.
18, 65, 79. 19, 167. 20, 88.
29, 159, 170. 30, 37, 103.
31, 68. 33, 85, 85, 91. 34,
77. 38, 106.
ἐπιτηδευτέον 7, 28.
ἐπιτηδεύω 5, 33, 36, 95. 6,
116. 7, 11, 18, 19, 35, 74. 8,
157. 9, 60, 60, 62. 10, 102,
126. 11, 8, 115. 12, 139, 151.
13, 53, 54, 216. 15, 121. 16,
224. 17, 302. 18, 53, 73, 80.
19, 25, 160. 21, 7, 112, 151,
205. 22, 40, 76, 160, 179, 181,
182, 211. 23, 41, 61, 192. 24,
59, 59, 61, 67, 73, 75, 222.
25, 24, 153. 26, 48, 53, 67.
27, 62. 28, 32, 273, 306, 330.
29, 146, 147, 258. 30, 17,
116, 138. 31, 5, 16, 48, 135.
32, 47, 114, 190, 195. 33,
8, 97, 100. 34, 34, 49, 78, 90.
35, 20, 69. 37, 24, 25, 33,
66, 149. 38, 98, 110, 169,
312, 361. 39 (VIII 11, 7).
ἐπιτηρέω 4, 189. 24, 33. 25,
26. 32, 157. 38, 122, 128,
128.
ἐπιτηρητέον 30, 33.
ἐπιτίθημι 1, 50, 79, 114. 2,
91, 91, 92. 3, 62, 63. 4, 13,
14, 38, 90, 118, 189, 200, 224.
6, 100. 7, 11, 12. 8, 81, 81,
94. 9, 24. 11, 105, 108. 14,
8, 27. 15, 1, 12, 17, 86, 160,
160, 162, 162, 163, 167. 17,
60, 226. 19, 53, 77, 78. 20,
234, 234, 251. 21, 110, 130.
22, 71, 92, 151, 269, 279.
23, 176, 191, 228, 242, 275.
24, 5, 254. 25, 42, 46, 46,
67, 96, 141, 143, 231. 26, 53,
131, 147, 169, 174, 251, 277.
27, 121, 139. 28, 202. 29,
137, 218. 30, 73, 107. 32,

29, 107, 258. 30, 44, 61, 61.
31, 218. 32, 51, 62, 79. 34,
158. 35, 61, 61, 63, 67.
ἐργάζομαι 1, 77, 113. 2, 8, 21,
25, 25, 27, 27, 27, 27, 27, 27,
29, 51, 53, 54, [55], 55, 80, 80,
88, 89, 89, 89, 96. 3, 12, 61,
85. 4, 46, 50, 50, 77, 79, 80,
83, 108, 122, 184, 238. 5, 23,
35, 62, 81, 109, 122, 128. 6,
8, 11, 21, 36, 40, 48, 51, 78,
85, 86, 130, 135, 135. 7, 16,
46, 63, 63, 74, 76, 85, 86,
103, 104, 104, 109. 8, 48, 49,
50, 53, 62, 103, 117, 135, 156.
9, 26. 10, 35, 43, 49, 49, 57, 79,
138. 11, 5, 21, 21, 21, 25,
88, 124, 133, 142, 171. 12, 3,
5, 68, 158, 170. 13, 4, 30,
45, 133, 157, 157, 159, 177.
14, 5, 30, 36. 15, 59, 92,
189. 16, 20, 87. 17, 121, 139,
158, 183, 232, 273. 18, 15,
31, 58, 119, 172. 19, 26, 89,
93, 155. 20, 174, 194, 200.
21, 83, 123, 198, 202, 218.
22, 60, 192, 213, 291. 23,
6, 176. 24, 13, 52, 171, 220,
262, 269. 25, 38, 40, 125,
127, 197, 292, 305. 26, 107,
171, 204, 218, 227. 27, 100,
103, 136. 28, 36, 79, 295.
29, 13, 65, 78, 106, 134, 172,
229, 251. 30, 36, 42, 84, 87,
90, 113, 152, 181, 183, 199.
31, 23, 40, 100,'154, 178, 187,
203, 235. 32, 88, 129, 199.
33, 1, 106, 115, 127, 136, 140,
148, 151, 164. 34, 17, 79, 86,
96, 107. 35, 15, 38, 41. 37,
80, 84, 87, 110, 115, 174, 189.
38, 87, 146, 217, 222, 226,
229, 265, 303, 339, 351. 39
(VIII 7, 18).
ἐργαλεῖον 5, 125. 21, 207.
27, 72.
ἐργασία 11, 3, 20, 26. 12, 148.
28, 102, 282. 39 (VIII 7, 15).
ἐργαστήριον 22, 215. 26, 84.
30, 33, 109. 36, 66. 37, 56.
38, 56.
ἐργάτης 2, 26, 54, 55. 6, 51.
7, 108. 11, 5, 22, 26, 27,
67. 30, 202. 31, 199.
ἐργοδιώκτης 17, 255. 25, 37.
ἔργον 1, 9, 79, 84, 104, 128,
148, 149, 171. 2, 2, 3, 16, 18,
47, 48, 50, 74, 82, 102, 103.
3, 26, 61, 62, 68, 84, 86, 104,

104. 4, 21, 27, 27, 36, 44, 77,
79, 88, 95, 95, 99, 130, 140,
186, 204, 207, 212, 222, 231,
237, 238, 238, 239, 246, 247.
5, 14, 15, 41, 92, 92, 112,
119, 119, 122. 6, 23, 30, 41,
46, 49, 50, 53, 53, 65, 68,
75, 78, 95, 129. 7, 18, 35,
43, 52, 63, 64, 93, 108, 120,
121, 124, 125, 129, 155. 8,
38, 54, 64, 64, 87, 87, 88, 101,
141, 166, 167, 175, 181, 183.
9, 23, 23, 65, 66, 66. 10,
7, 12, 28, 34, 36, 59, 67, 78,
86, 106, 134, 156, 177. 11,
13, 25, 57, 59, 119, 130, 153,
162. 12, 6, 26, 81, 128, 130,
131, 156, 158, 162, 163, 170.
13, 31, 75, 82, 99, 126, 151,
156. 14, 46. 15, 39, 55, 59,
59, 83, 90, 93, 93, 95, 96, 97,
103, 153, 191, 191. 16, 15,
24, 46, 66, 97, 116, 128, 129,
163, 167, 185, 193, 225, 225.
17, 18, 50, 93, 95, 97, 101,
110, 115, 121, 160, 166, 196,
196, 199, 199, 206, 216, 225,
254, 260, 291. 18, 49, 105,
109, 137, 172, 173, 178, 178,
179. 19, 26, 37, 59, 65, 89,
95, 135, 152, 162, 172, 205.
20, 39, 64, 76, 79, 81, 138,
160, 223, 237, 237, 243, 243,
244, 244. 21, 112, 181, 182,
204, 205, 210, 220, 248. 22,
21, 27, 34, 34, 76, 120, 141,
302. 23, 5, 28, 37, 54, 70,
74, 75, 176, 178, 181, 193, 196,
199, 232, 255, 262, 267. 24,
38, 50, 52, 64, 85, 119, 216,
230, 230, 267. 25, 29, 37,
44, 59, 89, 117, 151, 153, 158,
180, 193, 203, 205, 249, 256,
283, 318, 329. 26, 28, 32,
48, 48, 60, 74, 111, 130, 140,
140, 141, 150, 150, 160, 161,
177, 211, 219, 241, 253, 267,
269, 273, 280. 27, 6, 29, 47,
76, 88, 97, 98, 136, 177. 28,
35, 41, 57, 71, 79, 95, 121,
138, 188, 205, 236, 265, 322.
29, 22, 52, 52, 59, 59, 64,
66, 75, 96, 159, 170, 170, 178,
188, 197, 250, 261. 30, 83,
100, 116. 31, 7, 55, 63, 68,
183, 203, 212, 215. 32, 19,
22, 24, 56, 88, 120, 152, 190,
196. 33, 9, 23, 43, 70, 82,
83, 119, 126, 131, 142. 34,

2, 74, 74, 81, 86, 93, 96, 96,
96, 102, 111, 141. 35, 14, 87.
36, 13, 15, 40, 44, 57, 69.
37, 3, 19, 40, 92, 97, 104,
126, 140. 38, 34, 41, 58, 103,
150, 176, 176, 233, 290, 323,
350. 39 (VIII 7, 2), (VIII 7, 11),
(VIII 7, 11), (VIII 7, 14), (VIII
7, 15), (VIII 7, 16), (VIII 7, 16),
(VIII 7, 19).
ἔρδω 1, 104.
ἐρεθίζω 13, 14, 16. 22, 90.
31, 100.
ἐρεθισμός 13, 15.
ἐρεθιστής 13, 14, 95.
ἐρείδω 8, 24. 12, 5. 15, 19,
87. 20, 135. 21, 246. 22,
229. 23, 273. 24, 256. 27,
44. 29, 2. 34, 28, 29.
ἐρείπιον 26, 56.
ἐρείπιος 7, 33. 33, 168.
ἐρείπω 36, 42.
ἔρεισμα 12, 8. 15, 104. 16,
121. 18, 30. 20, 156. 21,
158, 159. 27, 67. 31, 74.
ἐρέτης 28, 121.
ἐρεύγομαι (A) 13, 131.
ἔρευθος 6, 21.
ἔρευνα 4, 71. 5, 129. 6, 85.
11, 18. 14, 31. 15, 74. 17,
92, 247. 18, 52. 20, 60. 30,
58, 191. 31, 5. 34, 68. 36,
41. 37, 90, 96.
ἐρευνάω 1, 66. 2, 99. 4, 84.
5, 14, 105. 6, 52, 89. 7, 13,
57, 141. 8, 40. 9, 62. 10,
167. 11, 72. 12, 74. 15, 53,
183. 16, 90, 138, 176, 185.
17, 81, 115. 18, 45. 19, 165.
20, 7, 67, 72, 86, 236. 21,
41, 54, 55, 167, 222. 22, 54.
23, 147. 24, 127, 217. 25,
62. 27, 94. 28, 166. 33, 46.
34, 54, 65, 158. 36, 3, 130.
37, 86, 88, 93, 94.
ἐρευνητέον 8, 153. 15, 183.
19, 194. 21, 127, 201. 22,
17. 23, 188. 27, 50. 33, 7.
ἐρημία 3, 25, 85. 6, 45, 50,
104. 13, 160. 16, 90, 191, 225.
17, 297. 23, 175, 190. 25,
13, 54, 172, 194, 209, 238,
251, 255. 26, 214, 240. 28,
188. 29, 25, 208. 30, 74, 77,
78, 115. 31, 126, 180. 32,
96. 35, 20, 24, 62. 37, 162,
167, 177. 38, 20, 127, 171.
ἔρημος 1, 32. 2, 34, 44. 3, 64,
84, 84, 84, 85, 86, 87. 4, 4, 169,

ἑτερομήκης 2, 3.
ἑτερόμορφος 21, 232.
ἕτερος passim.
ἑτέρωθεν 11, 5. 34, 85.
ἑτέρωθι 4, 139. 7, 87, 118. 10,
82. 11, 100. 13, 101, 210.
14, 48. 15, 36, 63, 167. 16,
47, 122, 130, 185, 221. 17, 16.
18, 58. 19, 18, 77. 20, 23.
21, 92, 193. 22, 191. 26,
232. 30, 204. 38, 151.
ἑτέρωσε 6, 109. 8, 2. 10, 178.
11, 64. 18, 65. 21, 72, 79,
107.
ἐτησίαι 25, 115. 37, 26.
ἐτήσιος 1, 52, 55, 58, 59, 85,
113, 158, 168. 5, 88. 7, 87.
8, 163. 11, 8. 12, 33, 56, 120.
13, 91, 106. 16, 92. 17, 165.
18, 4. 20, 67, 246. 21, 97.
22, 62, 131. 23, 1, 69, 226.
24, 135. 25, 114, 116, 201, 212,
254. 26, 124, 125, 148. 27,
163. 28, 16, 34, 87, 144, 179,
210, 322. 29, 41, 57, 96, 158,
172, 191, 205, 211, 214, 247.
30, 163, 188. 31, 12, 208, 212,
213, 215, 228, 235, 235. 32,
6, 93, 120, 145, 154. 33, 41,
130, 132, 156. 36, 62, 109. 38,
190, 312.
ἔτι 1, 18, 43, 103, 104, 104, 104,
104, 107, 111, 127, 128, 136,
145, 148, 150, 153. 2, 15, 28,
74, 84, 99. 3, 6, 9, 11, 12. 4,
4, 9, 82, 84, 88, 94, 99, 115,
132, 194, 195, 210, 225, 225,
234, 244, 252. 5, 4, 6, 10, 18,
65, 76, 95. 6, 15, 26, 78, 79,
130. 7, 28, 40, 62, 63, 74, 106,
113, 113, 130, 131, 150, 174.
8, 3, 32, 37, 50, 90, 95, 112,
155, 165, 185. 9, 60, 62. 10,
8, 12, 13, 60, 68, 98, 107, 120,
156. 11, 13, 35, 36, 51, 83,
124, 141, 142, 153, 155, 157,
162, 173, 175. 12, 35, 47, 51,
94, 118, 135, 160. 13, 17, 23,
51, 57, 59, 63, 76, 78, 91, 126,
155, 165, 173, 177, 179, 183,
194, 198, 206, 221, 222. 14,
3, 14, 24, 61. 15, 2, 19, 37,
52, 90, 123, 164, 185, 187. 16,
21, 28, 67, 99, 163, 175, 184,
189, 195, 196, 196, 198, 199,
200, 211, 214, 224. 17, 23,
31, 44, 60, 63, 77, 84, 125,
160, 191, 195, 202, 203, 247,
256, 262, 264, 270, 279, 304,

308. 18, 36, 81, 96, 121. 19,
14, 15, 39, 43, 45, 129, 160,
187, 212. 20, 18, 108, 146,
159, 167, 173, 200, 215, 222,
258. 21, 50, 80, 81, 82, 114,
147, 148, 153, 173, 179, 199,
217, 218, 232, 235, 238, 246,
253, 255. 22, 18, 49, 49, 66,
66, 93, 95, 98, 101, 103, 107,
136, 152, 189, 235, ‹276›, 276.
23, 27, 112, 116, 122, 148, 158,
182, 223, 253, 273. 24, 7, 11,
21, 70, 86, 129, 143, 144, 167,
172, 183, 185, 212, 217, 220,
224, 249, 266. 25, 12, 16, 19,
21, 31, 44, 76, 78, 84, 88, 115,
121, 138, 175, 175, 179, 187,
196, 198, 204, 206, 212, 241,
251, 302, 305, 312, 321, 327.
26, 1, 56, 71, 73, 126, 140,
148, 154, 167, 172, 208, 213,
213, 227, 252, 257, 273, 280,
291. 27, 14, 21, 45, 76, 105,
149, 149, 160. 28, 50, 62, 104,
105, 129, 141, 282, 300, 313,
313, 319, 322, 342, 342. 29,
30, 30, 46, 74, 125, 139, 163,
180, 186, 217, 227. 30, 27, 33,
43, 82, 90, 99, 117, 206. 31,
17, 135, 149, 153. 32, 11, 22,
85, 89, 100, 105, 115, 138, 140,
141, 165, 178, 191, 203. 33,
41, 52, 107, 158. 34, 9, 45,
62, 73, 84, 89, 106, 110, 118,
160. 35, 13, 18, 50, [67], 75,
79. 36, 13, 26, 35, 64, 75, 83,
83, 90, 100, 103, 106, 118. 37,
10, 11, 14, 32, 46, 96, 117, 119,
125, 162, 167, 182. 38, 1, 15,
26, 28, 32, 38, 54, 56, 62, 63,
64, 71, 86, 115, 117, 131, 132,
142, 169, 170, 178, 180, 189,
226, 227, 254, 268, 328, 333,
355, 366. 39 (VIII 6, 1), (VIII
6, 6), (VIII 7, 11), (VIII 11, 14),
(VIII 11, 18).
ἑτοιμάζω 12, 47, 50. 16, 84,
174. 20, 269. 26, 60. 27, 14,
17. 32, 77, 129.
ἕτοιμος 1, 42, 81, 169. 6, 58,
63. 7, 10, 36. 11, 16, 95, 168.
12, 47, 50, 53. 15, 25. 16,
14, 30, 173. 18, 38. 19, 28,
98, 176, 191, 199. 20, 115,
219, 263. 21, 124, 169, 170,
176. 22, 154. 24, 198, 254.
25, 17, 85, 139, 275, 286. 26,
69, 144. 28, 49, 105, 113, 132,
225, 225, 302. 29, 103. 31,

12, 162. 32, 79, 83. 33, 139.
34, 87. 35, 13, 75. 38, 9, 95,
135, 233, 259.
ἑτοιμότης 7, 10, 120. 11, 147.
14, 2. 26, 172. 28, 144.
ἔτος 1, 45, 80, 104, 104, 105,
105. 2, 10. 4, 85, 179, 217.
7, 63, 63. 8, 60. 9, 55, 55,
56, 57. 10, 119. 11, 5. 12,
61, 95, 95, 95, 113, 113, 113,
114, 116, 117, 125, 132, 132,
136. 13, 136. 14, 8. 15, 80.
16, 126, 154, 176, 176, 198,
204. 17, 150, 269, 290. 18,
71. 19, 179. 20, 1, 189, 266.
21, 33, 47. 23, 134, 270. 24,
2, 109, 111, 121, 158, 159, 268.
25, 6, 206, 220, 237, 238.
26, 23, 41, 195. 27, 159, 161,
164. 28, 72, 77, 172. 29, 33,
39, 39, 79, 84, 86, 86, 97, 105,
110, 116, 117, 160, 197, 199.
30, 17. 31, 99, 213, 216.
32, 97, 158. 34, 67. 36, 63.
37, 8, 152. 38, 138, 141, 298,
307, 350. 39 (VIII 6, 9), (VIII
7, 15), (VIII 7, 17), (VIII 7, 18),
(VIII 7, 19).
ἐτυμολογία 12, 165.
ἔτυμος 1, 36, 126, 127, 133.
15, 137. 22, 174. 25, 17, 130.
26, 105, 149. 27, 160. 28,
88, 93, 147, 183, 329. 29, 188.
34, 73. 35, 2. 36, 54.
εὖ 1, 23, 23, 32, 33, 54, 77, 86,
131, 149, 150, 164. 2, 6, 108.
3, 26, 31, 78, 85, 100. 4, 27,
51, 56, 67, 160, 198, 203, 210,
243, 246. 5, 29, 35. 6, 26, 29,
54, 106, 137. 7, 13, 52, 52,
54, 57, 58, 104. 8, 19, 71, 126.
10, 66, 173. 11, 112, 115,
118, 173. 12, 87, 89. 13, 39,
84, 120, 142, 183. 14, 7, 18.
15, 33, 93. 16, 60, 70, 112,
189. 17, 56, 87, 94, 97, 178,
302. 18, 33, 44, 99, 99, 127.
19, 60, 60. 20, 160, 197, 199.
21, 209. 22, 10, 60, 71, 85,
104, 174, ‹291›. 23, 11, 19,
116, 153, 191, 192, 256. 24,
20, 35, 87, 267. 25, 30, 33,
78, 131, 158, 181, 183. 26, 10,
38, 57, 126, 182, 204. 27, 17,
17, 43, 55, 94, 112, 147, 165,
166, 167. 28, 29, 94, 104, 146,
178, 298, 337, 339, 343. 29,
8, 56, 137, 140, 202, 209, 226,
227, 229, 261, 262. 30, 12,

147. 31, 15, 29, 46, 61, 186, 197, 232. 32, 24, 32, 61, 105, 118, 166, 170, 184, 212. 33, 118, 120. 34, 27, 59, 59, 80, 102, 155. 35, 50, 72, 80. 36, 13, 38, 43, 69, 111, 132. 37, 48, 60, 139, 143, 147. 38, 103, 106, 133, 152, 172, 246, 255, 362.

Εὖα 3, 79, 81. 5, 54, 57, 60. 8, 33, 124. 11, 95, 99, 107, 108.

εὐαγγελίζομαι 1, 115. 22, 281. 24, 245, 250. 26, 186. 32, 41. 33, 161. 38, 18, 99, 231.

εὐαγής 5, 42, 94, 100. 6, 98, 138. 7, 69, 102. 10, 135. 11, 126. 12, 33, 68. 15, 142. 18, 25. 21, 82. 22, 67. 23, 69. 25, 44, 44. 26, 34, 147, 214, 273. 27, 96. 28, 68, 79, 159, 186, 194, 201, 224, 229, 316. 29, 12, 175. 30, 96, 124. 35, 6. 36, 32. 39 (VIII 7, 6).

εὐάγωγος 12, 33. 20, 56. 28, 105.

εὐαισθησία 4, 86. 14, 61. 23, 263. 33, 119.

εὐάλωτος 2, 86. 4, 210. 16, 144. 19, 155, 156. 24, 130. 25, 296, 325. 33, 21.

εὐανδρέω 21, 137. 23, 139. 25, 8. 29, 170. 30, 16. 33, 172. 38, 104.

εὐανθής 20, 82. 21, 123, 205.

εὐαρεστέω 3, 96. 4, 78, 177. 8, 43. 9, 63. 10, 109, 113, 116, 117, 118. 20, 34, 34, 38, 39, 40, 40, 41, 41, 47, 47. 23, 17, 31, 35, 35, 235, 248. 24, 66. 27, 38. 28, 219, 265. 32, 184. 33, 24, 167.

εὐαρέστησις 10, 116.

εὐαρεστητέον 33, 34.

εὐάρεστος 18, 156, 157. 20, 42, 48. 24, 195, 255. 28, 201. 31, 131. 32, 67, 208.

εὐαρμοστία 7, 125. 13, 117. 24, 269.

εὐάρμοστος 1, 22, 23, 138. 8, 88, 107. 13, 116. 15, 41, 43. 16, 110, 169. 17, 15, 217. 18, 76. 23, 77. 31, 134.

εὔβλαστος 24, 108. 25, 22. 31, 75.

Εὔβοια 38, 282.

εὔβοτος 22, 76.

εὐβουλία 6, 27. 7, 35. 14, 40. 17, 291. 20, 237, 262. 22,

180, 190. 32, 69. 33, 107.

εὔβουλος 16, 219.

εὔγειος 21, 200. 22, 76, 170.

εὐγένεια 10, 150. 17, 212. 23, 219, 229, 263, 265. 24, 37, 216, 248. 25, 140, 149. 26, 270. 28, 51, 82, 101, 117, 123. 31, 182, 230. 32, 187, 189, 189, 190, 191, 195, 200, 202, 203, 203, 207, 210, 210, 219, 220, 222, 226. 33, 152, 171. 34, 109. 38, 63.

εὐγενής 7, 107, 107. 8, 42. 11, 6, 59, 158. 12, 30. 13, 58. 14, 56. 16, 67. 18, 56. 23, 38, 251. 24, 4, 76, 106. 25, 18, 22, 266. 26, 179, 197. 28, 221. 29, 22. 30, 13. 31, 75, 211. 32, 32, 77, 187, 189, 191, 198, 198, 218. 34, 69, 95, 98, 119, 123, 126, 149, ‹155›. 35, 69, 72. 37, 64. 38, 116, 142, 195, 195, 215, 332, 342.

εὐγηρία 6, 100. 26, 186.

εὐγήρως 17, 291, 292. 24, 268. 33, 110. 38, 142, 224.

εὐγνώμων 20, 238. 24, 230.

εὐγονία 27, 160. 28, 92, 138. 29, 169. 31, 98. 32, 93. 33, 168. 37, 63.

εὐδαιμονέω 3, 101, 102. 4, 209, 218, 218, 219, 219. 7, 59, 60. 9, 38. 11, 157. 12, 49, 91. 18, 7. 19, 99. 20, 36, 94. 32, 183, 187. 33, 171. 34, 44. 39 (VIII 6, 1).

εὐδαιμονία 1, 144, 150. 3, 82. 4, 52, 205, 245. 5, 7, 19, 49, 86, 86. 7, 60, 60, 86. 8, 185. 10, 26, 55, 92, 118. 12, 35, 37, 66. 13, 224. 14, 56. 16, 120, 194. 17, 86. 18, 53. 20, 216, 237. 21, 57, 94. 22, 235, 287, 289. 23, 58, 115, 141, 202, 268. 26, 151, 189, 212. 27, 73, 74, 100. 28, 23, 25, 209, 345. 29, 38, 48, 236, 259. 30, 128. 31, 69, 201. 32, 61, 119, 178, 205. 33, 11, 81. 34, 24, 69, 69, 117, 139. 35, 11, 90. 38, 5, 11, 22, 69, 90, 211.

εὐδαιμονίζω 6, 40, 75, 124. 16, 74. 21, 256. 22, 27. 30, 2.

εὐδαιμονικός 31, 89, 126.

εὐδαιμονισμός 11, 80. 17, 110. 21, 35. 22, 38. 28, 224. 29, 7, 199.

εὐδαίμων 1, 135, 152, 156, 172. 2, 4. 3, 10. 4, 83. 5, 29, 39, 41, 94, 106. 6, 5, 99, 125. 7, 8, 33, 48, 49, 90, 140. 8, 72, 80, 104, 113, 134. 10, 97, 108. 11, 25. 12, 25. 13, 73, 100. 15, 177. 16, 11, 86, 88, 184. 17, 111, 285. 20, 51, 185. 21, 107, 121, 190. 22, 145, 147, 230, 249. 23, 35, 67, 87, 115, 227. 25, 13, 159, 193, 209, 226, 319. 27, 4, 104, 134. 28, 329. 29, 53, 141, 230. 31, 48, 95. 32, 50. 33, 11, 30, 60, 63, 122. 34, 41, 41, 91. 36, 46, 140. 37, 46, 151, 157, 163. 38, 5, 5, 257.

εὔδενδρος 23, 227. 25, 188, 228.

εὐδία 1, 63. 9, 51. 10, 26, 129. 28, 69, 224. 29, 42. 30, 5. 31, 154. 33, 116.

εὐδιάγωγος 2, 43. 28, 74.

εὐδιάζω 23, 207. 38, 145.

εὐδιάλυτος 13, 142.

εὐδικία 22, 40. 33, 107. 38, 90.

εὔδιος 15, 43. 17, 285. 19, 50. 22, 86, 225. 23, 26, 30, 153. 25, 214.

εὐδοκιμέω 7, 41. 16, 96. 20, 45. 24, 40. 27, 91, 110. 29, 244. 37, 108, 124. 38, 344.

εὐδόκιμος 9, 59. 10, 170. 12, 173. 13, 83, 95. 15, 13. 22, 50. 36, 120.

εὐδοξέω 24, 144.

εὐδοξία 15, 18. 17, 285, 286. 19, 17. 24, 150. 33, 107, 114. 34, 140. 37, 30. 38, 75.

εὔεδρος 1, 86.

εὐεκτέω 20, 215. 34, 160.

εὐέκτης 20, 33. 32, 170, 170.

εὐεκτικός 25, 22.

εὔελπις 7, 139. 23, 9, 11, 14, 16.

εὐελπιστία 12, 161. 17, 206. 19, 96. 24, 255. 25, 233.

εὐένδοτος 5, 78. 6, 32. 12, 133. 16, 144. 22, 10.

εὐέντευκτος 27, 42.

εὐεξία 1, 85. 4, 72. 7, 29. 12, 157. 16, 167. 23, 48. 24, 82, 138. 25, 15, 225. 26, 53, 69, 185. 28, 139. 29, 34, 230. 32, 32, 188. 33, 64, 146. 34, 146. 37, 149.

εὐέπεια 24, 269.

εὐεπίβατος 16, 147.

εὐεπιβούλευτος 19, 189. 38, 42.

εὐεπιχείρητος 6, 32. 25, 168.

εὐεργεσία 2, 95. 4, 78, 215. 5, 99. 6, 10, 60, 131, 133. 10, 7, 76. 11, 178. 13, 32. 16, 30, 118. 17, 29, 32, 33. 18, 173. 19, 66. 20, 28, 53, 59, 61, 64, 232, 269. 21, 143, 162, 163, 179. 24, 47. 25, 183, 199. 26, 41, 207, 259. 28, 169, 225, 283. 29, 231. 32, 94. 33, 97, 101, 108, 124. 38, 86, 268, 284, 287, 323.

εὐεργετέω 1, 23, 23, 23. 7, 54. 8, 140. 10, 80, 108. 12, 86, 87, 89, 130. 16, 73. 19, 96. 20, 18, 24, 24, 28, 40, 129. 23, 146. 28, 152. 29, 84, 85. 30, 197. 32, 72. 38, 50, 60, 283, 297.

εὐεργέτης 1, 169. 2, 96. 3, 56. 4, 137. 5, 73. 6, 127. 8, 154. 10, 110. 12, 87, 90. 14, 55, 55, 58. 18, 38, 97, 171. 20, 28. 21, 163. 24, 46, 99. 26, 198, 256. 27, 41, 165, 166. 28, 152, 209, 221, 272, 300. 29, 3, 174, 219, 226, 227, 229, 234. 31, 58. 32, 41. 34, 118, 118. 37, 48, 74, 81, 103, 126. 38, 22, 118, 148, 149. 39 (VIII 7, 2).

εὐεργετικός 12, 90. 20, 28. 33, 97.

εὐεργέτις 15, 182. 23, 124, 125, 129, 145, 145. 26, 189, 238. 28, 307, 307. 31, 187. 32, 133. 33, 122. 38, 6, 7.

εὐεργός 1, 136.

εὐερκής 15, 19. 16, 215. 19, 96, 203. 21, 149. 22, ‹170›.

εὐερνής 21, 58. 24, 91. 25, 188. 26, 77.

εὐετηρία 12, 102. 18, 173. 20, 260. 23, 92. 24, 108, 109, 267. 25, 193, 225, 251, 265. 29, 2, 171, 187, 192, 203. 30, 203. 31, 127. 32, 86. 37, 63. 38, 13, 90, 306.

εὔζωνος 6, 63. 31, 128. 38, 254.

εὐήθεια 3, 70. 5, 65. 7, 155, 166. 10, 154. 12, 32. 13, 192. 19, 38, 146. 20, 118. 22, 85, 116. 23, 86. 36, 66, 145.

εὐήθης 2, 2, 91. 5, 89. 8, 94, 141, 152. 10, 8. 11, 155.

15, 141. 16, 45. 26, 244. 27, 151. 28, 103, 215. 29, 8, 245. 30, 21, 194. 33, 88. 36, 6, 97. 38, 141.

εὐηθικός 10, 163.

Εὐήιος 38, 96.

εὐημερέω 20, 103. 23, 104. 38, 49.

εὐημέρημα 25, 250.

εὐημερία 35, 27, 27, 89.

εὐήμερος 8, 12. 17, 290.

εὐήνιος 11, 70.

εὔηχος 17, 266.

εὐθαλής 17, 270. 24, 108.

εὐθανασία 6, 100.

εὐθαρσής 20, 188. 32, 70. 34, 122.

εὐθηνέω 7, 106. 33, 129.

εὐθηνία 16, 15. 18, 173. 20, 260. 23, 1, 92. 24, 108, 109, 112, 158, 250, 260, 267, 270. 25, 193. 26, 267. 29, 22, 171, 192, 203. 30, 203. 32, 86. 34, 8. 37, 63. 38, 13, 90. 39 (VIII 6, 2), (VIII 6, 3), (VIII 7, 15).

εὔθηρος 25, 209. 31, 120.

εὔθικτος 2, 55. 8, 79, 80. 10, 93. 38, 57, 168.

εὐθιξία 2, 55, 55. 5, 102. 20, 98. 22, 37. 33, 50.

εὐθυβολέω 26, 265.

εὐθυβόλος 1, 15, 37, 150, 165. 3, 8, 38. 4, 60. 5, 1, 26. 7, 22, 65, 131. 8, 80. 10, 71, 93. 11, 2, 134. 12, 14. 13, 120, 164. 15, 62, 65, 191. 16, 79, 145, 152. 17, 54, 124. 18, 68. 20, 90, 94, 164, 253, 262. 24, 28, 104, 116. 25, 287. 26, 33, 119. 27, 8. 28, 15, 209, 330. 29, 73. 31, 51. 34, 95, 124. 36, 52. 37, 132. 38, 6.

εὐθυδρομέω 4, 223. 11, 174.

εὐθυμία 4, 217. 6, 27. 10, 4. 12, 56, 93, 166. 16, 165. 18, 161. 20, 131. 22, 144, 167, 249. 24, 113, 245. 25, 333. 26, 211. 27, 161. 28, 69. 29, 43, 98, 156. 32, 67. 33, 32, 71. 37, 118, 164. 38, 82.

εὔθυμος 24, 162, 198. 32, 90.

εὔθυνα 20, 243, 244. 25, 327. 27, 98. 28, 19. 30, 140. 37, 105.

εὐθύνω 2, 69. 3, 104. 4, 136, 224. 8, 22, 28. 9, 49, 64.

10, 164. 15, 115. 16, 129. 22, 134. 23, 70, 269. 24, 33. 26, 291. 28, 224. 33, 121.

εὐθύς, εὐθέως 1, 2, 3, 35, 37, 40, 60, 63, 67, 78, 83, 167. 2, 17, 43, 60. 3, 24, 33, 75, 82. 4, 1, 57, 57, 60, 74, 74, 92, 106, 212, 215. 5, 29, 56, 57, 61, 94, 118. 6, 15, 20, 52, 64, 69, 73, 79, 81. 7, 59, 116. 8, 98, 102, 103, 104, 128, 138, 171. 9, 21, 43. 10, 61, 120, 122, 123, 143, 161. 11, 36, 74, 138, 150. 12, 73, 134, 141. 13, 30, 58, 101, 118, 137, 142, 146, 209. 14, 22, 27, 30, 54. 15, 8, 13, 157. 16, 146, 154, 185, 219. 17, 14, 49, 66, 106, 132, 201, 210, 245, 251, 260. 18, 12, 56, 81, 82, 88, 107, 121, 154. 19, 25, 97, 117, 141, 166, 178. 20, 59, 91, 130, 142, 154, 160, 176, 177, 189, 247. 21, 4, 5, 31, 42, 72, 119, 185, 204, 208, 244. 22, 17, 51, 118, 146, 157, 243. 23, 25, 45, 77, 194, 219, 229, 240, 254. 24, 165, 249, 254. 25, 9, 11, 15, 21, 58, 59, 78, 99, 105, 127, 137, 139, 165, 176, 212, 235, 254, 267, 269, 297, 304. 26, 4, 31, 34, 49, 135, 139, 166, 207, 262, 275. 27, 11, 14, 20, 39, 63, 83, 144, 176. 28, 17, 33, 62, 103, 117, 200, 223, 261, 265, 300. 29, 5, 122, 162, 164, 182, 197. 30, 13, 18, 35, 50, 79, 84, 106, 139, 141, 142, 199, 205. 31, 40, 62, 107, 154, 163, 192, 195, 221. 32, 68, 88, 157, 163, 182, 200, 208. 33, 11, 26, 68. 34, 4, 24, 37, 42, 103, 117, 155, 155. 35, 2. 36, 60, 67, 88, 143. 37, 17, 19, 26, 45, 46, 65, 66, 74, 91, 114, 125, 148, 155, 188. 38, 14, 22, 32, 58, 96, 128, 143, 160, 171, 180, 202, 207, 209, 223, 237, 305, 307, 335, 339, 349, 354, 357. 39 (VIII 6, 6), (VIII 7, 10).

εὐθυσμός 19, 203.

εὐθυτενής 11, 101. 12, 58. 13, 182. 16, 133. 24, 147. 26, 253. 33, 148.

εὐθυωρία 8, 169.

Εὐιλάτ 2, 63, 66, 66, 74, 75, 85.

εὐκαιρέω 38, 175.

εὐκαιρία 1, 17. 8, 122. 16,
126. 20, 264. 25, 224, 229.
32, 48.
εὔκαιρος 22, 252. 35, 22.
εὐκάρδιος 34, 116.
εὐκαρπία 7, 108. 11, 7. 22,
131. 24, 109. 29, 171, 216.
30, 32. 32, 159. 33, 152.
εὔκαρπος 11, 6. 21, 174. 24,
257. 30, 39.
εὐκάτακτος 30, 58.
εὐκαταφρόνητος 7, 34. 11,
47. 23, 89. 26, 248. 31, 224.
34, 147. 38, 364.
εὐκίνητος 25, 22. 28, 99. 29,
67, 103. 38, 82.
εὐκλεής 3, 108. 6, 113, 125.
10, 18. 11, 110, 118. 12, 171.
14, 57. 20, 206. 22, 24. 29,
253. 32, 2. 34, 113. 38, 192.
εὔκλεια 6, 16. 8, 136. 11, 167.
12, 45. 14, 52. 17, 48. 19,
18, 30. 23, 106, 184. 24, 268.
25, 69, 265. 32, 10, 32, 37.
32, 84. 33, 82, 171. 34, 120.
35, 75.
εὐκλημάτεω 22, 171.
εὐκολία 6, 27. 25, 153. 28, 173.
31, 101. 32, 8. 34, 77, 84.
35, 69. 37, 91.
εὔκολος 28, 306. 38, 14.
εὔκομος 34, 122.
εὐκοσμία 10, 17. 15, 109. 17,
125. 20, 246. 22, 152. 28,
282. 30, 22, 37. 31, 21. 36,
106. 38, 5.
εὐκρασία 1, 17, 41. 17, 147.
23, 1, 92. 28, 34, 322. 29,
172. 32, 13, 93, 154. 33, 41.
35, 22, 23. 38, 126.
εὐκταῖος 1, 103. 29, 154. 31,
147. 32, 114, 176. 33, 136.
38, 288.
εὐκτικός 18, 149.
εὐκτός 20, 225. 26, 249.
εὐλάβεια 1, 156. 4, 113. 5, 29.
7, 45. 17, 22, 22, 29. 20, 201.
22, 82, 82, 141. 28, 270, 330.
30, 23. 32, 24. 38, 236,
352.
εὐλαβέομαι 9, 47. 14, 6. 17,
29. 19, 131, 141. 20, 24, 134.
21, 163. 23, 206. 24, 10, 144,
189, 255. 25, 73, 164, 215,
236. 28, 30, 56. 29, 3, 54,
234, 241. 30, 132. 31, 6.
32, 67. 36, 89. 37, 145. 38,
136, 199, 259.
εὐλαβής 4, 15. 17, 22. 22,

80. 24, 245. 25, 83. 33, 89.
38, 159, 182.
εὔληπτος 2, 86. 26, 182.
εὐλογέω 2, 17, 17, 18. 4, 177,
203, 203, 210, 210, 215, 217.
8, 64. 12, 135. 14, 17, 58,
58. 16, 1, 1, 1, 70, 107, 108,
109, 109, 113, 115. 17, 177,
251, 251. 19, 73, 73. 20, 25,
125, 127, 148, 230, 263. 25,
291. 26, 196.
εὐλογητός 14, 51. 16, 1, 107,
107, 108.
εὐλογία 4, 191, 192, 195, 210.
7, 67, 71. 13, 67. 14, 66.
16, 70, 73, 106, 108, 108,
115, 117. 17, 177. 19, 73.
20, 25, 200, 230, 237. 22,
180. 25, 283. 33, 79, 113.
εὐλογιστέω 4, 190, 192, 215.
14, 18.
εὐλογιστία 15, 66. 16, 71.
20, 128.
εὐλόγιστος 2, 17, 17, 18. 4,
210, 210, 210. 20, 91. 21,
155.
εὔλογος 1, 27, 45, 72. 4, 161.
6, 12, 12, 13. 7, 38, 38, 38,
95. 10, 127. 11, 156. 12,
54, 176, 177, 177. 13, 70.
16, 76, 180. 17, 192, 278.
19, 167. 20, 51. 21, 220.
23, 55. 24, 143. 25, 83, 174,
196, 244. 26, 261. 28, 38.
29, 185. 30, 18, 55, 119. 31,
40. 32, 23. 36, 44, 46, 60.
38, 248.
εὐμάθεια, εὐμαθία 5, 102.
11, 168. 12, 110. 18, 127.
21, 205. 28, 56.
εὐμαθής 22, 37. 26, 153.
εὐμάρεια, εὐμαρία 5, 12, 87.
6, 40. 14, 69. 22, 83. 26,
66. 31, 38. 33, 50, 95, 122.
εὐμαρής 1, 81. 4, 135. 7, 41,
68. 8, 79. 15, 4, 19, 111, 167.
16, 219. 17, 125. 20, 65,
218, 231. 21, 4, 58. 23, 191.
24, 129. 25, 83, 94. 26, 174,
261. 29, 88, 207, 216, 230.
31, 111, 128. 32, 133. 33,
67, 145. 35, 33. 38, 209. 39
(VIII 11, 12).
εὐμεγέθης 25, 166. 27, 93.
εὐμένεια 5, 37. 21, 110. 26,
27. 33, 163, 167. 34, 39. 38,
12, 181, 283, 287.
εὐμενής 2, 66. 7, 95. 10, 183.
12, 171. 18, 71. 19, 99. 23,

96. 24, 104. 25, 160. 26, 5,
238. 29, 218, 248. 30, 193.
32, 125. 38, 159, 243, 329.
εὐμετάβολος 10, 27.
εὐμήχανος 6, 44. 30, 121.
εὐμοιρία 8, 71, 154. 10, 93.
14, 38. 16, 75. 18, 37.
20, 2. 22, 147. 25, 21, 160.
26, 66. 32, 80. 33, 27, 50.
34, 35.
εὔμοιρος 10, 61. 20, 84. 23,
37. 29, 21. 33, 63.
εὐμορφία 1, 136. 3, 75. 4, 63.
6, 29. 8, 117. 9, 17. 11,
168. 14, 12. 19, 153. 20, 199.
21, 248. 23, 93, 267. 24, 40,
268. 25, 15, 296. 26, 137.
28, 29, 311. 29, 34. 30, 51.
31, 11, 82. 32, 182, 188. 34,
31. 37, 149.
εὔμορφος 32, 39, 110. 34, 38.
35, 50.
εὐνή 23, 233. 24, 41. 25, 124,
302. 30, 14, 63. 32, 112, 223.
37, 167.
εὔνοια 5, 33. 12, 90, 106. 15,
48. 16, 116. 17, 40. 19, 6,
40, 98, 112. 22, 108. 23, 153,
168, 194, 249. 24, 4, 5, 74,
218, 232, 263. 25, 19, 33,
148, 324. 26, 176, 236, 291.
27, 152. 28, 52, 52, 114, 137,
250, 317. 29, 80, 167, 232, 239,
239, 240. 30, 101, 116, 154,
155. 31, 16, 70, 166, 184.
32, 53, 56, 75, 104, 132, 192,
224, 225. 33, 97, 97, 118.
34, 42, 84. 37, 14. 38, 26, 40,
59, 62, 84, 277, 286.
εὐνοϊκός 29, 132.
εὐνομέομαι 23, 6.
εὐνομία 1, 81. 8, 118, 184. 17,
289. 18, 173. 20, 240. 22,
40. 23, 261. 28, 188. 29, 22.
30, 131. 31, 56, 95. 32, 61.
37, 5, 94. 38, 90. 39 (VIII
6, 8).
εὔνομος 1, 143. 7, 134. 23,
25, 61. 28, 33. 29, 190. 31,
21, 237. 32, 180. 33, 34, 41,
65. 35, 19. 37, 143. 38, 8.
εὔνους 4, 182. 24, 6, 67, 79.
25, 46, 328. 28, 316. 37, 18.
38, 36.
εὐνοῦχος 4, 236, 236, 236, 236,
236. 13, 210, 210, 210, 220,
224. 22, 184, 195. 24, 27, 37,
58, 58, 59, 60, 88, 89, 98, 153,
248.

εὐφημία 8, 181. 14, 52. 16, 88, 115. 20, 14. 22, 167. 23, 103, 184, 191. 25, 291, 293. 28, 144. 29, 11. 32, 84, 211, 222. 33, 82.
εὔφημος 15, 159. 19, 86. 20, 242. 21, 130. 24, 12. 32, 2. 33, 47.
εὐφορέω 21, 115. 22, 200, 238. 24, 159, 250. 30, 23. 33, 158.
εὐφορία 1, 39. 10, 48. 15, 167. 16, 123. 17, 32, 295. 18, 56, 98. 20, 221. 21, 115. 22, 272. 23, 134. 24, 111, 260. 25, 240. 26, 179. 29, 97. 31, 81, 98. 32, 120. 33, 103, 106, 107, 128. 37, 148.
εὔφορος 15, 89. 29, 67, 91, 199. 30, 31.
εὐφραίνω 2, 72. 4, 86, 87. 5, 86. 6, 33. 11, 148, 148. 13, 5. 16, 79. 19, 141. 20, 161. 22, 175, 175, 176, 176, 177, 177, 178, 179, 183, 246, 247. 23, 207. 25, 187, 247. 28, 321. 29, 194. 30, 186.
Εὐφράτης 2, 63, 72, 72, 85, 85, 87. 17, 315, 316, 316. 22, 255, 255, 300. 23, 226. 32, 223. 38, 10, 10, 207, 216, 259, 282.
εὐφροσύνη 4, 81, 87. 5, 8. 6, 111. 10, 81, 96, 96, 154. 12, 161. 13, 4, 6, 223. 16, 92, 204. 17, 76, 315. 18, 161, 167, 174. 19, 22, 176. 20, 161, 168, 262. 22, 167, 169, 172, 174, 179, 181, 190, 248, 249, 249. 25, 255. 28, 36, 191, 191, 193. 29, 49, 156, 193, 194, 214. 32, 67. 35, 46. 38, 13, 83, 88.
εὐφυής 4, 196. 6, 7, 64, 120, 120. 7, 107. 11, 158. 13, 94. 16, 164, 165. 17, 38. 18, 71, 82, 122, 127. 19, 138, 176. 20, 68, 98, 102, 212, 213. 21, 200. 22, 33, 37. 23, 26. 25, 22. 26, 141. 29, 39. 31, 75, 101. 34, 135. 38, 169.
εὐφυΐα 2, 52. 4, 249, 249. 5, 101, 102. 9, 2. 16, 165. 17, 212. 20, 98, 98, 101, 210. 22, 33, 37. 33, 50. 37, 34.
εὐφωνία 3, 75. 28, 29.
εὔφωνος 18, 46.
εὐχαριστέω 6, 52. 12, 126, 130, 136. 17, 31, 174, 199,

200, 226. 18, 114. 20, 186, 222. 22, 268. 26, 41. 28, 67, 167, 210, 211, 211, 283, 284. 29, 168, 175, 185, 203, 204. 30, 6. 32, 165. 37, 100, 121.
εὐχαριστήριος 26, 148. 35, 87. 38, 355.
εὐχαριστητέον 10, 7. 18, 96.
εὐχαριστητικός 6, 74. 10, 7. 13, 94, 105.
εὐχαριστία 2, 84. 6, 54, 63. 11, 80. 12, 126. 16, 25, 92, 142. 17, 15, 226. 25, 33, 317. 26, 42, 101. 28, 97, 131, 144, 169, 171, 195, 200, 211, 211, 224, 229, 272, 275, 276, 285, 286, 297, 297, 298. 29, 146, 156, 171, 175, 182, 185, 192. 31, 98. 32, 72. 33, 56. 37, 98, 123. 38, 284.
εὐχαριστικός 2, 80. 13, 121. 25, 180.
εὐχάριστος 2, 82. 4, 245. 12, 131, 135, 136, 136. 16, 43. 18, 7. 20, 220, 222. 22, 38, 72. 24, 213. 26, 108, 207, 256. 28, 287. 29, 174, 180, 209. 32, 74, 75, 165. 37, 48.
εὐχέρεια 7, 10. 10, 28. 11, 33. 13, 205. 16, 89. 24, 118. 28, 3, 128. 29, 6, 24, 37, 37. 32, 137, 152.
εὐχερής 6, 29, 32. 13, 188. 17, 81, 97. 21, 13. 24, 50.
εὐχή 2, 17, 84. 3, 63, 63. 4, 104, 107, 192. 5, 94. 6, 53, 53. 8, 179. 10, 87, 87, 87, 132, 156. 11, 94, 95, 99, 175, 175, 175. 12, 90. 13, 2, 66, 79, 126, 130. 14, 53, 66, 67. 15, 159. 16, 114, 117, 118. 17, 260. 18, 7, 99. 19, 154. 21, 126, 163, 189, 215, 252, 252. 22, 299. 23, 235, 250. 24, 195, 206, 210. 25, 47, 149, 219, 252, 280, 285, 292. 26, 5, 5, 24, 36, 42, 107, 133, 147, 154, 174. 27, 75, 126, 158. 28, 83, 97, 97, 113, 193, 224, 229, 247, 248, 249, 250, 251. 29, 12, 17, 24, 32, 34, 36, 38, 115, 129, 148, 167, 196. 30, 11, 131, 171. 32, 53, 59, 77, 120, 209. 33, 56, 79, 84, 126, 166. 35, 67, 89. 38, 280.
εὔχομαι 2, 17. 3, 63, 78, 94, 96, 96. 4, 104, 177, 179, 193. 6, 53, 69, 69, 99, 124. 7, 46, 103, 144, 147. 8, 67, 82. 10, 8,

156, 164. 11, 44, 45, 94, 99, 99, 156, 168, 175. 12, 46, 49, 52, 161, 162. 13, 2, 125, 224. 14, 12, 59, 61, 62, 64, 67, 68. 15, 39, 163. 16, 101, 111, 124, 171. 17, 34. 18, 7, 38, 57, 99, 175. 19, 115, 118, 164. 20, 41, 125, 127, 188, 204, 209, 210, 210, 213, 216, 218, 252, 253. 21, 163, 189, 252, 253. 22, 72, 101. 23, 58. 24, 88. 25, 122, 252. 26, 154, 214. 27, 72, 74. 28, 167, 252, 254, 254. 29, 34, 35, 36, 36, 37, 37, 38, 38. 30, 197. 32, 77. 33, 151. 34, 57, 63. 35, 27, 56. 37, 167. 38, 306.
εὔχορτος 1, 40. 23, 141. 25, 65, 228, 320. 29, 109. 36, 63.
εὔχρηστος 18, 141.
εὔχροια 1, 138. 4, 63. 26, 140. 33, 64.
εὐώδης 3, 7. 6, 21. 7, 157. 13, 218. 17, 197. 22, 62, 74. 26, 146. 28, 171, 175. 30, 37, 37. 36, 64.
εὐωδία 1, 165. 2, 42. 13, 87. 18, 115. 21, 178. 23, 148.
εὐώνυμος 1, 122. 2, 4. 3, 20. 4, 90. 5, 21. 10, 145, 162, 163. 14, 27, 29. 15, 139. 16, 146. 17, 151, 176, 209. 21, 26. 23, 224. 25, 270. 26, 78. 27, 31. 35, 30, 45, 69. 38, 95, 95, 105.
εὐωχέω 17, 29, 255. 22, 66. 24, 96, 98, 234. 25, 284. 26, 33. 27, 41. 28, 242, 304. 30, 115. 33, 139. 34, 102.
εὐωχία 1, 78, 78. 11, 66. 12, 162. 13, 91. 16, 204. 22, 87. 23, 117. 24, 25, 202, 204. 25, 187, 275. 28, 176, 185, 212, 221, 222. 29, 148, 149. 30, 96. 31, 103, 121. 32, 136. 35, 48, 56, 66. 38, 83, 356.
ἐφάλλομαι 11, 69.
ἐφάμιλλος 9, 41. 32, 84.
ἐφάπτω 3, 42. 5, 6, 58. 7, 87. 11, 178. 13, 86, 167. 15, 38. 16, 158, 160. 18, 22, 52. 19, 104, 104, 163. 20, 208. 22, 189, 230, 235. 24, 13. 26, 202. 28, 122, 329. 29, 21, 261. 30, 178, 179, 209. 31, 60, 122. 33, 36, 142. 36, 114.

ζόφος 2, 46. 4, 171. 10, 46.
32, 164. 33, 36, 82. 37, 167.
ζοφόω 29, 140.
ζυγάδην 1, 95. 8, 62. 33, 22.
ζυγομαχέω 4, 239.
ζυγόν, ζυγός 1, 116. 4, 193.
17, 162, 162. 24, 140. 31,
193, 194. 39 (VIII 7, 8).
ζύμη 18, 169. 28, 291, 293.
29, 182, 184.
ζυμόω 29, 159, 179, 182, 185,
185. 35, 81.
ζῶ 1, 77, 77, 79, 142, 153.
2, 31, 32, 32, 59, 98, 105,
107, 108, 108 108. 3, 9, 11,
13, 18, 81, 81, 93. 4, 52, 72,
146, 161, 174, 176, 212, 240.
5, 57, 115, 117. 6, 41, 41, 41, 41,
115, 124, 125. 7, 33, 33, 48,
48, 49, 49, 70, 70, 78, 80, 82,
95, 150. 8, 39, 44, 69, 70, 72,
72, 73, 82, 98, 181. 9, 10, 34.
10, 18, 123, 124, 124, 125,
125, 163. 11, 98, 154, 155.
12, 49. 13, 155, 211, 214,
215, 216. 14, 4. 15, 43, 161.
16, 21, 90, 128. 17, 53, 53,
56, 57, 61, 82, 111, 201, 201,
242, 251, 256, 258, 315. 18,
30, 33, 86, 170, 171, 174, 176.
19, 55, 55, 55, 56, 56, 56,
59, 59, 59, 64, 77, 77, 117,
118, 198. 20, 51, 173, 201,
201, 209, 210, 210, 213, 215,
216, 216, 218, 252. 21, 34,
117, 125, 150. 22, 31, 66, 66,
94, 177, 234, 234, ‹235›, 235,
282, 297. 23, 5, 182, 196,
230, 230, 236. 24, 17, 17,
24, 43, 154, 155, 184, 184,
189, 199, 199, 217, 255, 264,
266. 25, 29, 44, 49, 134, 138,
171, 193. 26, 223, 227, 231,
252, 281, 291. 27, 17, 17, 17,
17, 60, 67, 68, 98, 169. 28, 31,
105, 108, 127, 129, 153, 176,
300, 337, 337, 339, 345, 345.
29, 2, 44, 65, 74, 125, 129,
139, 229, 229, 243, 243, 248.
30, 11, 11, 26, 27, 30, 38,
50, 59, 59, 67, 71, 97, 132,
133, 142, 143, 148, 202, 204.
31, 21, 123, 169, 193, 195,
224, 228. 32, 91, 143, 149,
219, 221, 221. 33, 23, 70,
100, 135, 158. 34, 5, 22, 45,
59, 62, 89, 96, 96, 120, 160.
35, 37. 36, 97, 130, 143. 37,
8, 11, 14, 70, 84, 132, 174,

184, 187. 38, 14, 107, 131,
233, 249, 299, 329, 342, 352.
ζωγραφέω 9, 15. 12, 37. 14,
36.
ζωγράφημα 23, 267. 27, 70.
ζωγραφία 1, 141. 9, 59, 12,
71. 16, 167. 22, 53. 24, 39.
27, 66. 28, 29.
ζωγράφος 12, 71. 14, 35, 36,
36. 24, 39. 27, 70. 28, 33.
ζωγρέω 24, 133. 32, 43, 111.
37, 116.
ζωδιακός 1, 112. 19, 184. 22,
6, 112, 113. 26, 124. 28, 87.
33, 65.
ζῴδιον 22, 112, 112. 26, 123,
124, 124. 28, 87.
ζωή 1, 30, 134, 151, 153, 154,
154, 155, 156, 164, 172. 2, 31,
32, 35, 56, 59, 59, 59, 61.
4, 52, 52, 65, 107, 161, 161.
5, 1, 115. 7, 48, 80, 84. 8, 12,
24, 25, 39, 39, 45, 68, 69, 69,
69. 9, 14. 10, 50, 50. 11, 95,
97. 12, 19, 36, 37, 44, 44.
15, 80. 16, 21, 37. 17, 42,
45, 46, 46, 47, 52, 52, 53, 54,
54, 56, 60, 63, 65, 209, 290,
292. 18, 33, 87, 93, 96. 19,
39, 58, 58, 58, 59, 61, 78,
97, 197, 198, 198, 198, 198.
20, 48, 209, 213, 213, 223.
21, 20, 34, 148. 22, 47, 66,
73. 23, 6, 84, 271. 26, 138.
27, 56, 87. 28, 31, 227, 345.
29, 31, 197. 30, 4, 102, 198,
198, 201. 31, 91, 123, 169.
32, 32, 53, 68, 76, 132, 143,
177, 205. 33, 35, 68, 116,
122, 151. 35, 13. 36, 74, 97,
106. 37, 129, 147, 159, 179.
38, 31, 192, 224.
ζώνη 3, 27. 4, 153, 171. 17,
147. 25, 114. 26, 143.
ζωογονέω 1, 124. 4, 3, 243.
30, 108. 32, 14, 134. 33,
160. 36, 66, 98.
ζωογονία 1, 65.
ζωογονικός 26, 84.
ζῷον 1, 42, 43, 52, 58, 59, 62,
64, 64, 66, 66, 67, 68, 68,
72, 73, 73, 73, 77, 83, 84, 86,
88, 113, 114, 119, 132, 133, 133,
140, 147, 149, 152, 152, 157,
162, 163, 163. 2, 4, 12, 28, 30,
30, 69, 71. 3, 71, 75, 76, 96, 104.
4, 30, 43, 57, 75, 76, 76, 80, 99,
130, 130, 223, 223, 224, 239.
5, 58, 62. 6, 15, 25, 46, 47,

48, 85, 97, 102, 103, 104,
112, 115. 7, 38, 49, 55, 78, 82,
83, 139, 151, 151, 154, 154.
8, 3, 103, 104, 148, 161, 171.
9, 7, 8, 11. 10, 38, 41, 44, 44,
47, 48, 107, 119. 11, 8, 51,
67, 71, 74, 76, 90, 95, 103,
115, 130, 131, 145. 12, 12,
12, 14, 15, 16, 151. 13, 13,
69, 101, 106, 110, 144, 171,
175, 183. 15, 6, 6, 7, 134,
176, 195. 16, 47, 185. 17, 110,
115, 115, 137, 139, 140, 151,
154, 154, 155, 211, 215, 234.
18, 4, 17, 30, 61, 95, 96,
97, 133. 19, 13, 182. 20, 63,
69, 148, 150, 221, 246, 247,
264. 21, 29, 35, 103, 108,
135, 135, 135, 137, 161, 198,
203. 22, 122, 132, 260, 262,
288. 23, 1, 32, 41, 45, 159,
173, 266, 266, 267. 24, 2.
25, 23, 62, 77, 108, 109, 110,
119, 121, 127, 130, 130, 131,
132, 133, 145, 184, 192, 204,
212, 272, 272. 26, 30, 34,
60, 62, 64, 65, 126, 156, 162,
262, 290. 27, 33, 76, 79, 107,
115, 132, 134, 160. 28, 6,
10, 16, 27, 34, 74, 79, 92,
136, 161, 162, 165, 177, 189,
197, 202, 208, 210, 210, 213,
228, 233, 240, 248, 251, 253,
258, 260, 267, 291, 295, 322,
338, 339. 29, 35, 36, 36, 69,
74, 83, 84, 89, 144, 146, 154,
169, 173, 181, 205. 30, 43,
44, 47, 57, 108, 118, 191. 31,
11, 13, 14, 35, 37, 37, 38, 86,
105, 106, 107, 116, 118, 121,
128, 129, 203, 206. 32, 81,
117, 125, 137, 138, 140, 146,
155, 156, 160, 204. 33, 9,
13, 22, 41, 68, 88, 90, 90, 91,
92, 125, 132. 34, 75, 121, 131.
35, 3, 8, 78. 36, 4, 4, 20,
23, 26, 34, 35, 35, 45, 62,
66, 66, 68, 74, 74, 75, 95,
95, 97, 100, 117, 125, 128,
130, 131. 38, 76, 80. 39 (VIII
7, 7), (VIII 7, 9).
ζωοπλαστέω 1, 62, 67. 27,
120. 30, 33.
ζωοπλάστης 3, 73. 4, 88. 6,
108. 7, 80. 17, 106. 20, 56.
28, 10.
ζωοτοκέω 9, 11.
ζωοτόκος 17, 211.

ζωοτροφέω 16, 210. 21, 136. 28, 136.
ζωοφόρος 26, 123, 126, 133. 29, 142, 177, 178.
ζωοφυτέω 29, 169. 31, 217.
ζωόω 17, 137.
ζωπυρέω 1, 41. 3, 26. 6, 55. 7, 74, 95, 178. 12, 88. 16, 16, 122, 123. 17, 58, 309. 20, 209. 21, 51. 22, 184, 186. 23, 23, 213. 24, 4, 7, 15, 41, 168. 25, 242, 309. 27, 35. 28, 50, 285. 29, 160, 192. 32, 197. 33, 12. 34, 71. 36, 86. 37, 153. 38, 325, 337.
ζωπυρητέον 6, 123.
ζώπυρον 4, 186. 25, 186. 29, 67. 37, 11.
ζωτικός 1, 30. 7, 82, 82, 92. 10, 129. 23, 140. 25, 100, 189. 26, 143. 28, 218. 29, 172. 32, 93. 33, 144. 36, 128. 38, 125.
ζωώδης 23, 149.

Η 36, 113.
ἤ passim.
ἤ 4, 203. 7, 32. 8, 9, 90. 29, 132. 35, 6. 36, 83.
ἡβάω 1, 153. 5, 114. 8, 71. 11, 153, 171. 12, 151, 161. 13, 179. 14, 56. 17, 296. 18, 85, 162. 19, 146. 21, 11, 26, 199. 25, 216, 306. 26, 222. 34, 122. 36, 97.
ἥβη 1, 104.
ἡβηδόν 19, 90. 23, 229, 234. 25, 135, 167, 218, 261, 303. 26, 172. 28, 79. 29, 134. 31, 222. 32, 2, 186. 33, 95, 147.
ἡγεμονεύω 4, 73, 146. 6, 9. 14, 13. 15, 54. 18, 2, 32. 19, 69. 20, 24, 80. 23, 84. 24, 255. 25, 152. 26, 30. 28, 207.
ἡγεμονία 1, 87, 142. 2, 72. 4, 89, 205. 5, 29, 108. 8, 115, 129. 10, 114. 11, 46, 47, 84. 12, 67. 13, 126, 216. 14, 25. 16, 186. 17, 271. 19, 11, 20, 73, 111, 147. 20, 17, 22, 221. 21, 77, 162, 163. 23, 25, 220, 263, 263. 24, 9, 38, 119, 132, 135, 166, 270. 25, 13, 60, 149. 26, 29, 65, 175. 27, 136. 28, 215, 311, 334.

29, 20, 56, 134, 208, 233. 30, 18, 111, 184. 31, 82, 147, 151, 164, 169. 32, 55, 57, 72, 161, 162, 188. 33, 9, 53, 56, 65, 97. 34, 42, 124, 154. 37, 11, 12, 104. 38, 8, 27, 28, 30, 32, 32, 39, 47, 55, 58, 60, 63, 68, 68, 141, 143, 153, 168, 231, 259, 356.
ἡγεμονικός 1, 84, 117, 117, 119, 139, 147, 154. 2, 12, 39, 39, 59, 61, 61, 62, 65. 3, 6. 4, 89, 188. 6, 104, 112, 119, 134, 136, 137, 139. 8, 104, 108, 126, 127, 137. 10, 45, 84, 88. 11, 59. 12, 31, 44. 13, 8, 115. 17, 55, 55. 19, 110, 165, 182, 182, 182. 20, 123. 22, 123. 23, 57, 99, 129, 218, 219. 25, 77, 318. 26, 82, 127, 211, 239. 28, 171, 200, 213, 214, 258, 305. 29, 21, 173. 30, 195. 31, 69, 123, 137. 32, 85, 187. 33, 1. 37, 4. 38, 53, 54, 56, 56, 149, 256.
ἡγεμονίς 1, 126. 2, 65. 4, 13, 38, 191. 5, 41. 6, 44. 8, 128. 12, 122. 13, 153. 23, 27, 150, 164. 25, 124, 189. 27, 119. 28, 29. 29, 154. 31, 96, 135, 168. 32, 95. 37, 158.
ἡγεμών 1, 17, 30, 69, 69, 75, 78, 83, 100, 100, 100, 116, 135, 144, 148, 148, 165. 4, 30, 81, 88, 110, 150, 167, 224, 232. 5, 83, 83, 99, 107, 117. 6, 2, 9, 22, 40, 45, 54, 59, 104, 105, 106, 129, 130. 7, 25, 29, 30, 34, 114, 145, 155, 168. 8, 18, 92, 92. 9, 39, 46. 10, 19, 113, 174. 11, 8, 31, 33, 45, 57, 80, 87. 12, 2, 14, 60, 69, 91, 159. 13, 42, 113, 121, 131, 195, 199. 14, 60, 62, 69. 15, 59, 95, 133, 149, 170, 174. 16, 8, 57, 62, 104, 171, 174, 219. 17, 7, 117, 186, 205, 278. 19, 32, 69, 74, 103, 114, 124, 190. 20, 13, 16, 22, 45, 61, 63, 107, 112, 127, 129, 151, 153, 221, 240. 21, 30, 44, 73, 87, 93, 148, 162, 168, 198, 198, 240, 256. 22, 10, 21, 62, 120, 153, 207, 227, 267, 276, 288, 291, 293. 23, 30, 74, 83, 88, 227. 24, 132, 151, 177, 193, 249, 255. 25, 26, 36, 71, 86, 148, 160, 166, 180, 193, 198, 200, 228, 236,

243, 255, 284, 290, 318, 329. 26, 43, 59, 65, 67, 88, 122, 166, 168, 187, 215, 234, 238, 273, 277, 283. 27, 90, 155, 166, 167, 167, 178. 28, 18, 32, 34, 34, 56, 79, 97, 142. 29, 22, 61, 92. 30, 16. 31, 92, 153, 172, 172, 175, 176, 180, 190, 201. 32, 7, 32, 42, 61, 70, 169, 205. 33, 29, 41, 57, 75, 119. 34, 20, 20, 30, 62, 118, 146. 35, 83. 36, 1, 1, 13, 65. 37, 5, 19, 31. 100, 131, 133, 140, 143, 163. 38, 19, 24, 32, 44, 69, 75, 144, 144, 166, 247, 250, 256, 287, 318. 39 (VIII 11, 8), (VIII 11, 15).
ἡγέομαι 1, 131, 144. 2, 51. 3, 18, 68. 4, 37, 71, 90, 177, 189, 191, 245. 5, 70, 73. 6, 8, 20, 50, 71, 76. 7, 21. 8, 101. 10, 106. 11, 59, 62, 67. 12, 57, 69, 132, 161. 13, 209. 14, 15, 60, 62, 67. 15, 123, 160. 16, 14, 17, 175, 203. 17, 42, 82, 100. 18, 8, 35, 162, 164. 19, 70. 20, 136. 22, 109. 23, 8, 116, 258. 24, 15, 202. 25, 45, 50, 255, 306. 26, 27, 51, 69, 247, 249. 28, 8, 170, 314. 29, 12, 48. 30, 206. 31, 191, 200. 32, 15, 197. 33, 27. 34, 69. 35, 70. 36, 38, 138. 37, 46, 185. 38, 119. 39 (VIII 6, 2).
ἠδέ 36, 37.
ἤδη 1, 24, 24, 36, 50, 57, 59, 64, 66, 134, 148, 166, 171. 2, 10. 3, 22, 43, 44, 95, 96. 4, 83, 87, 89, 138, 173, 191, 238, 245. 5, 7, 32, 53, 54, 84. 6, 16, 25, 33, 66, 125, 126. 7, 12, 89, 106, 135, 172, 176. 8, 13, 14, 96, 115, 152, 153, 162. 10, 147, 148. 11, 18, 36, 93, 125, 126, 148, 158, 174. 12, 65, 93, 149, 168. 13, 58, 103, 110, 133, 163, 177. 14, 8, 9, 15, 22, 29, 36, 44. 15, 7, 13, 91, 152, 155, 176, 181, 196. 16, 26, 27, 44, 55, 98, 120, 139, 150, 214. 17, 19, 71, 158, 219, 255, 292. 18, 73, 84, 106, 137. 19, 3, 11, 104, 107, 145, 157, 162, 197. 20, 9, 106, 163, 222. 21, 10, 19, 87, 133, 136, 172, 195, 216. 22, 93, 110,

143, 147, 148, 152, 191. 23, 9,
37, 111, 133, 140, 156, 168,
177, 182, 213, 233, 248, 248,
252, 256. 24, 37, 46, 50, 54,
87, 121, 127, 161, 163, 164,
170, 178, 182, 189, 200, 235,
236, 260, 267. 25, 15, 20,
25, 35, 54, 64, 77, 82, 87, 94,
104, 169, 178, 210, 214, 217,
230, 244, 266, 268, 269, 275,
292, 306, 320. 26, 25, 29, 45,
66, 72, 157, 252, 252, 288,
291. 27, 50, 72, 84, 108. 28,
12, 27, 46, 56, 137, 192, 267,
268, 336. 29, 55, 94, 158, 197,
205, 213. 30, 6, 33, 87, 96,
98, 108, 117, 164, 169, 187,
200. 31, 16, 19, 67, 72, 85,
90, 158. 32, 8, 49, 68, 109,
118, 130, 137. 33, 128. 34,
26, 38, 123. 35, 13, 56. 36,
56, 85, 118, 118, 120, 129.
37, 3, 27, 41, 61, 68, 83,
97, 100, 108, 121, 124, 126,
140, 175. 38, 10, 11, 27, 28,
66, 107, 109, 114, 181, 187,
208, 218, 243, 244, 260, 265,
267, 300, 337, 342, 345, 353,
354, 356. 39 (VIII 7, 20), (VIII
11, 3).

ἥδομαι 4, 200, 200, 250. 6, 24.
7, 157. 19, 138. 20, 136, 171.
22, 266. 23, 21, 148. 24, 196.
25, 20, 167, 248. 26, 32,
29, 138, 258. 33, 71, 129.
37, 88, 89, 98, 124, 172. 38,
244, 285, 361.

ἡδονή 1, 54, 79, 152, 153, 157,
160, 161, 161, 162, 164, 165,
165, 166, 167. 2, 43, 69, 75,
86, 86, 86, 104. 3, 8, 17, 18,
26, 29, 48, 71, 72, 73, 74, 74,
74, 75, 75, 76, 76, 76, 77,
77, 79, 79, 81, 84, 84, 85, 87,
87, ‹88›, 90, 92, 92, 93, 93,
105, 105, 106, 106, 107, 107, 107,
107, 108. 4, 14, 21, 25, 25,
37, 61, 61, 62, 63, 64, 66,
68, 75, 76, 76, 77, 107, 108,
111, 111, 111, 112, 112, 113,
113, 113, 114, 114, 116, 116, 116,
138, 138, 138, 138, 139, 139,
139, 140, 141, 142, 142, 143,
143, 144, 148, 156, 160, 160,
160, 161, 182, 182, 183, 184,
184, 184, 185, 185, 188, 189,
189, 236, 237, 239, 240, 242,
246, 250, 251. 5, 12, 62, 71,
92, 93, 105. 6, 20, 28, 30,

30, 33, 33, 35, 45, 49. 7, 9, 16,
26, 26, 33, 34, 46, 95, 95, 98,
110, 113, 156, 157. 8, 26, 52,
56, 71, 72, 101, 116, [116], 119,
122, 135, 155, 159, 164, 179,
181, 183. 9, 17, 18, 33, 35,
40, 43, 44, 60. 10, 18, 71, 98,
111, 137, 143, 168, 170. 11, 17,
22, 23, 24, 25, 37, 41, 59,
83, 84, 91, 97, 97, 98, 100,
101, 103, 103, 105, 108, 108.
13, 8, 71, 102, 165, 176, 209,
212, 215, 222. 14, 23, 61.
15, 7, 48, 52, 85, 90, 93,
112, 117, 144, 145. 16, 9, 14,
18, 19, 29, 60, 65, 92, 119,
143, 217, 219. 17, 38, 48, 48,
49, 57, 77, 154, 269. 18, 12,
27, 57, 59, 66, 80, 84, 169,
172. 19, 3, 25, 32, 33, 35,
39, 148, 148. 20, 72, 89, 170,
214, 226. 21, 124, 199. 22, 9,
13, 13, 16, 48, 60, 69, 106,
122, 150, 156, 182, 209, 214,
276, 278. 23, 96, 100, 133,
147, 164, 196, 236, 238. 24,
43, 61, 63, 64, 73, 77, 79, 112,
153, 154, 154, 202. 25, 11,
28, 154, 181, 187, 204, 235,
248, 285, 295, 301. 26, 23,
58, 139, 225, 257. 27, 45,
143, 151, 153. 28, 9, 9, 9,
36, 74, 150, 176, 193, 292.
29, 30, 46, 89, 135, 160, 163,
175, 195, 208, 209. 30, 8, 9,
32, 34, 39, 43, 49, 103. 31,
100, 112, 122, 179. 32, 36,
116, 126, 136, 136, 182, 208.
33, 17, 19, 24, 32, 34, 71,
117, 124, 159. 34, 18, 31, 72,
159. 35, 2, 58, 68, 69. 36, 63.
37, 77. 38, 12, 46, 171, 176,
303, 344, 354.

ἡδονικός 3, 18.
ἡδύνω 3, 75. 6, 29. 8, 105.
13, 219. 35, 50, 53.

ἡδύς 1, 156. 3, 7. 4, 84, 173, 174,
220, 250. 5, 99. 6, 23, 35, 44,
79. 7, 34, 53, 99. 8, 157. 9, 39.
10, 115. 11, 48, 91, 156. 12,
38, 166. 13, 95, 112, 216. 17,
274. 18, 157, 163, 166. 20,
254. 21, 49, 58, 125. 22, 9,
59, 204. 23, 23, 65, 87. 24,
62, 206. 25, 208, 209. 26,
162, 256. 28, 321. 29, 55, 159,
180. 31, 101, 103, 141. 32, 99.
33, 7, 8, 33, 71, 139. 37, 177,

178. 38, 82, 89, 165, 362. 39
(VIII 11, 7).
ἥδυσμα 1, 158. 8, 156. 16, 36.
17, 196. 22, 49, 155, 249,
301. 24, 152. 28, 174, 175,
220. 32, 143. 34, 31. 35, 53,
73, 81.
ἡδυσμός 17, 196, 197, 198.
ἡδύτης 1, 165.
ἠθικός 2, 39, 39, 57. 3, 12, 16.
11, 14, 15. 12, 120. 13, 91,
202. 20, 74, 75, 76, 220, 220.
26, 36. 28, 336. 32, 8.
34, 74, 80.
ἠθοποιέω 12, 170.
ἠθοποιία 11, 16. 13, 92. 17,
81. 21, 58. 28, 23.
ἠθοποιός 13, 48.
ἦθος 1, 128, 156. 2, 16, 85.
4, 195. 6, 26. 7, 38. 11, 13.
13, 6, 91, 223. 17, 81, 183.
18, 53. 19, 47, 209. 20, 70,
75. 21, 178, 226. 22, 98,
165. 23, 104, 117, 124, 125,
168, 210, 264. 24, 6, 36,
64, 168, 206, 220. 25, 47, 242.
26, 59, 177, 215, 256, 269.
27, 132. 28, 70, 105, 110, 260.
29, 16, 39, 104, 180, 209.
30, 79, 101, 208. 31, 16, 32,
50, 88, 114, 120, 152, 183, 203,
218. 32, 27, 39, 40, 54, 66,
115, 117, 119, 167, 179, 225.
33, 77, 87, 119. 34, 23, 57,
90, 95, 98, 144, 149, 155. 35,
20, 57. 38, 34, 59, 63, 332,
346. 39 (VIII 11, 3), (VIII
11, 14).
ἠϊών 25, 169, 180. 26, 249.
ἥκιστος 1, 65. 4, 200. 9, 48.
11, 2, 39. 13, 35, 77, 181.
15, 22. 16, 203, 210. 17,
44, 241. 19, 126. 20, 128,
233. 22, 47, 144, 157. 23,
140, 204, 204. 24, 26, 60,
94, 204, 248. 25, 111. 29, 66.
31, 94, 120, 179. 32, 13. 34,
15, 62, 101, 144.
ἥκω 4, 214, 215. 7, 111, 154.
9, 21. 11, 126. 12, 71. 13, 9.
16, 75, 126. 17, 12, 229.
18, 66. 20, 163, 170, 173.
21, 9. 22, 267. 23, 132, 136,
142, 216, 260. 24, 8, 47, 109,
109, 167, 225, 250. 25, 36, 55,
59, 237, 258, 266, 267, 275,
312, 313. 26, 33. 28, 43, 251.
29, 249. 30, 39, 149. 31,
52, 115. 32, 107, 132, 203.

ἥρως 12, 14. 18, 15. 34, 105, 106.
Ἡρώων πόλις 24, 256.
Ἡσαῦ 3, 59. 4, 2, 2, 88, 88. 6, 17, 81, 120, 135. 7, 45. 13, 9, 9. 14, 26, 26. 16, 153. 17, 252. 18, 54, 61, 175. 19, 4, 23, 39, 39, 42, 43. 20, 230.
Ἡσίοδος 36, 17, 18.
ἡσυχάζω 2, 60. 3, 63. 4, 145, 181. 5, 121. 6, 30, 31, 34. 7, 102. 8, 147, 150. 10, 38. 11, 162. 14, 6, 32, 43, 50, 50. 15, 40, 117. 16, 10, 31, 108, 118. 17, 5, 13, 249, 266. 18, 46, 66. 19, 120, 135. 20, 195, 195, 242. 21, 153. 22, 92, 263, 266, 274. 23, 27, 154, 174, 216, 255. 24, 21, 30, 47, 94, 165, 170, 265. 25, 177, 315. 26, 207, 214, 219, 245, 282. 27, 5, 44. 28, 97, 153. 29, 11, 14, 129. 30, 168. 31, 140, 148, 230. 33, 128, 128. 34, 108. 35, 1. 36, 89, 134. 37, 2, 48, 51, 183. 38, 99, 101, 227, 323, 350.
ἡσυχαστέος 1, 5, 90. 23, 29, 167. 29, 50. 31, 90. 37, 51.
ἡσυχῇ 1, 81, 85. 23, 210, 257. 24, 129, 175. 25, 26, 200. 32, 89. 34, 90. 38, 43.
ἡσυχία 1, 86. 7, 42, 102. 8, 108. 11, 132. 13, 71, 71, 97, 104. 14, 35, 37, 41, 49. 15, 37. 17, 10, 14, 257. 18, 45. 19, 136. 20, 195, 217, 242, 251. 21, 193. 22, 37, 125, 262, 263, 268, 274. 23, 20, 73. 25, 3, 41, 49, 66, 67, 125, 285. 27, 63. 29, 62, 102, 250. 30, 17. 33, 18, 93, 157. 34, 74. 35, 31, ‹75›, 80. 36, 125. 38, 197, 337, 360.
ἥσυχος 21, 111. 32, 136.
ἦτα 4, 121.
ἤτοι 1, 37. 4, 154. 9, 48. 10, 4. 12, 97. 13, 139. 28, 208, 283. 29, 158, 206. 31, 121. 35, 2. 36, 17, 21, 39, 106. 37, 130. 38, 70.
ἦτρον 2, 12, 70, 71, 71. 4, 115.
ἧττα 4, 15. 7, 37. 10, 16. 13, 35, 121. 22, 43. 23, 214. 25, 251, 295, 327. 30, 35. 32, 38. 33, 6, 96. 34, 111. 37, 132, 147.
ἡττάομαι 5, 75. 6, 116, 120.

10, 15, 170. 11, 79, 83, 110, 111, 112, 112, 112. 16, 74, 85, 95. 21, 131, 184. 22, 12, 24, 161. 23, 106, 188, 216. 24, 20, 59, 138. 27, 115. 28, 114, 186, 313. 30, 156, 173. 31, 64, 64. 32, 53, 186. 33, 78. 34, 131, 131. 37, 12, 60, 60, 134, 134. 38, 36, 42, 268.
ἥττων 1, 28, 39, 141, 148, 158. 2, 42. 4, 34, 56. 5, 94. 6, 138. 7, 75, 163. 8, 14, 40. 10, 52, 127, 162. 11, 35, 40, 141. 13, 16, 42, 64, 195, 222. 14, 35. 15, 10, 11, 76, 140, 160, 186. 16, 24, 40, 76. 17, 48. 20, 83. 21, 99. 22, 58, 104. 23, 63, 123, 128. 24, 4, 48, 53, 54, 101, 150, 179, 217, 236. 25, 95, 128. 26, 6, 8, 198, 273. 27, 66, 125. 28, 103, 303. 29, 72, 87, 105, 135, 138. 30, 159. 31, 17, 42, 82, 154. 32, 26, 193. 33, 35, 127, 135, 149, 172. 34, 27, 156. 35, 77. 36, 33, 75. 37, 29, 71, 76. 38, 10, 58, 109, 116, 168, 211, 264, 285. 39 (VIII 6, 1), (VIII 7, 9), (VIII 11, 6).
Ἥφαιστος 27, 54. 35, 3. 36, 68.
ἠχεῖον 16, 52. 17, 259. 20, 69.
ἠχέω 5, 7. 20, 247.
ἠχή 4, 183. 7, 126, 127. 21, 36. 27, 44.
ἦχος, ὁ 3, 56. 4, 21, 44. 6, 69. 7, 157. 8, 88. 21, 29. 22, 259. 26, 35. 27, 33, 148. 35, 88.
ἠχώ 5, 7. 9, 64. 20, 66, 69, 69, 71. 23, 82, 83.

θαλαμαῖος 29, 207.
Θαλαμεῖν 8, 60, 61.
θαλαμεύω 11, 153. 37, 89.
θάλαμος 4, 40.
θάλασσα, θάλαττα 1, 39, 58, 63, 69, 72, 78, 113, 114, 114, 131, 136. 2, 34. 3, 102, 104. 4, 171, 172, 203, 223. 5, 37, 38. 7, 87, 89, 151. 8, 84, 116, 144, 163. 9, 3, 7, 51. 10, 177. 11, 23, 24, 24, 82. 12, 144. 13, 111, 113, 133, 158, 172, 182. 14, 42. 15, 10, 26, 70, 154. 16, 185, 218. 17, 7, 20,

136. 18, 117, 133. 20, 179, 237. 21, 3, 17, 19, 135, 175, 175. 22, 86, 118, 118, 121, 166, 180, 246, 269, 280, 281. 23, 29, 42. 24, 56, 136. 25, 41, 99, 115, 118, 122, 155, 165, 169, 177, 181, 209. 26, 1, 35, 63, 247, 249, 249, 251, 252, 253, 254. 27, 5, 42, 54, 116, 152. 28, 69, 91, 262, 300, 335, 339. 29, 45, 208. 30, 8, 114, 188. 31, 66, 85, 128, 154, 177. 32, 183. 33, 80. 34, 66, 72. 35, 23, 54, 85. 36, 117, 120, 120, 123, 138, 140, 141, 142, 148. 37, 104, 123, 125, 154, 155, 186. 38, 8, 44, 47, 49, 81, 141, 144, 146, 185, 190, 252, 294, 305, 309.
θαλασσεύω, θαλαττεύω 5, 13. 6, 116. 7, 141. 8, 22, 100. 10, 175. 11, 175. 23, 47. 28, 301. 31, 154. 34, 68. 37, 27, 110. 38, 15.
θαλάττιος 1, 131. 12, 151.
θαλαττόω 36, 138.
θαλάττωσις 26, 254. 36, 122.
θαλία 13, 95. 18, 161. 38, 83.
θαλλός 22, 62.
θάλλω 6, 80. 22, 159, 199, 200. 24, 91, 102. 29, 151. 33, 68, 146.
θάλπος 18, 165. 20, 246. 21, 102, 124. 22, 52. 27, 77. 29, 207. 33, 99. 35, 38. 36, 67, 67. 37, 36. 39 (VIII 11, 6).
Θάμαρ 4, 74, 74. 10, 136, 137. 18, 124. 19, 149. 20, 134. 22, 44, 44. 32, 221.
θαμινός 6, 28.
Θαμνά 18, 54, 60.
θάμνος 21, 125.
θανάσιμος 12, 147. 30, 95, 98. 31, 86.
θανατάω 30, 102. 32, 34. 33, 159. 34, 7. 35, 43. 36, 89. 38, 265.
θάνατος 1, 104, 125, 164. 2, 76, 76, 90, 105, 105, 105, 106, 106, 106, 107, 107, 108. 3, 77, 77, 78, 87. 4, 52, 74, 107. 5, 75, 114. 6, 38, 125. 7, 70, 76, 99, 178. 8, 39, 39, 41, 44, 44, 45, 61, 73, 73, 73, 74. 10, 16, 50, 89, 123. 11, 75, 98, 100, 163. 12, 37, 45, 147, 147. 13, 71, 71, 135, 140. 14, 4, 8. 15, 36, 37. 16, 7, 68,

189, 206. 17, 52, 209, 276, 290, 290. 18, 87, 93. 19, 53, 54, 55, 58, 58, 64, 74, 78, 84, 87, 93, 97, 106, 113, 116. 20, 62, 95, 96. 21, 10. 22, 84, 88. 23, 55, 64, 64, 64, 183, 187. 24, 15, 23, 43, 44, 68, 68, 129, 156, 169, 187, 216, 216, 221, 221. 25, 44, 133, 134, 134, 171, 183, 242, 311. 26, 171, 204, 206, 217, 227, 281. 27, 114. 28, 295, 338. 29, 28, 28, 28, 95, 232, 243, 249, 252. 30, 11, 31, 54, 58, 64, 70, 83, 90, 96, 97, 98, 102, 107, 117, 136, 143, 150, 151, 153, 154, 159, 202, 205. 31, 19, 23, 35, 36, 82, 91. 32, 32, 111, 132, 139, 200, 221. 33, 68, 69, 70, 70, 71, 110, 135. 34, 22, 30, 111, 114, 116, 117, 120, 131, 134, 146. 35, 9. 36, 13, 20, 74, 84, 97, 108, 111, 111, 111, 126, 128. 37, 48, 70, 85, 129, 147, 159, 175, 179, 181. 38, 14, 17, 71, 107, 110, 117, 127, 192, 192, 209, 212, 233, 237, 237, 307, 308, 325, 341, 341, 366, 369. 39 (VIII 7, 1), (VIII 7, 2).

θανατόω 3, 77, 87, 87. 15, 160. 19, 53, 53, 54, 54, 64. 28, 237.

θανατώδης 1, 159. 23, 46.

θάπτω 24, 23. 25, 171. 26, 291. 34, 133.

Θάρρα 21, 47, 48, 52, 58, 58.

θαρραλέος 23, 233. 24, 222. 32, 3. 38, 322.

θαρραλεότης 17, 21. 22, 37. 32, 32, 180.

θαρρέω 8, 38. 10, 148. 11, 127. 13, 84, 179. 17, 19, 20, 22, 24, 28, 28, 29, 71, 155. 18, 133. 19, 6, 31, 82. 20, 265. 21, 24. 22, 78, 95, 100. 23, 105. 25, 87, 251. 26, 169, 252. 28, 42, 270. 30, 33, 54, 86. 37, 32, 126, 166, 182. 38, 133, 272, 287, 303.

θαρσέω 24, 90.

θάρσος 17, 21, 22, 28. 25, 77, 233, 234, 252. 33, 95. 34, 150.

θαρσύνω 19, 5. 23, 206, 256. 24, 177, 267. 25, 173, 177, 306.

θαῦμα 1, 117. 12, 3. 19, 46. 34, 5, 6.

θαυμάζω 1, 7, 45. 2, 60. 3, 14, 40. 4, 5, 208. 5, 10, 53. 6, 99. 8, 133. 9, 28, 37, 51. 11, 54, 116, 129, 143. 12, 58, 80, 80. 13, 2, 46, 54, 120, 130, 169, 198. 14, 3, 4. 15, 41, 43, 49, 108, 164, 167. 16, 4, 21, 26, 75. 17, 52, 201, 203, 252, 256, 295. 18, 130, 179. 19, 34, 63, 132, 162. 20, 46, 105, 139, 145, 167, 214, 256, 258. 21, 73, 120, 205, 238. 22, 140, 183, 228. 23, 74, 89, 103, 107, 183, 199, 223, 253, 260. 24, 4, 8, 19, 203, 249, 258, 266. 25, 78, 177, 264. 26, 25, 167, 197, 236. 27, 16, 20, 24. 28, 73. 29, 3, 23, 41, 52, 160, 167, 173, 199, 240. 31, 177. 32, 180. 33, 24, 42, 152. 34, 47, 93, 157. 35, 14. 36, 107. 37, 146. 38, 8, 46, 86, 86, 98, 189, 297, 310. 39 (VIII 6, 8), (VIII 7, 10).

θαυμάσιος 1, 3, 49, 78, 90, 172. 3, 16. 7, 67. 8, 147. 10, 24, 147, 147. 11, 82, 121, 149. 13, 86, 149, 174, 210. 15, 58, 58. 16, 33, 184, 210. 17, 5, 100. 18, 156. 20, 264. 21, 49, 130, 163. 22, 160. 23, 38, 38, 73, 216. 25, 4, 206, 213. 26, 17, 109, 290, 290. 27, 33. 28, 95, 230, 295, 342. 29, 216. 30, 188. 31, 143. 35, 16. 38, 149.

θαυμαστέος 33, 34.

θαυμαστικός 21, 126, 184, 222. 25, 91.

θαυμαστός 1, 95, 106. 5, 92. 10, 116. 11, 71. 12, 132. 13, 75, 151, 189, 199. 17, 95, 95, 183, 191. 18, 111, 145. 19, 111, 149. 20, 10, 61, 215. 23, 178, 211. 25, 156, 180. 26, 10, 17. 28, 168. 29, 177. 30, 33, 163. 31, 45. 32, 224. 33, 115, 160. 34, 36, 63. 36, 41. 38, 85. 39 (VIII 7, 11), (VIII 7, 17).

θαυματοποιός 12, 3. 23, 73. 35, 58.

θαυματουργέω 20, 162. 22, 119. 23, 118. 25, 71, 79, 203. 26, 179. 27, 33, 44. 29, 218. 35, 85.

θαυματούργημα 25, 82.

θέα 1, 151. 3, 85. 4, 171. 7, 12.

10, 151. 11, 91. 13, 51, 152, 158, 168, 177, 195, 223. 14, 3, 5. 16, 76, 169, 170, 191. 20, 56, 82. 21, 147, 165, [188], 248. 22, 160, 279, 281. 23, 65, 165. 25, 231, 273. 26, 214, 255. 27, 67. 28, 38, 49, 56, 75, 96, 339. 29, 202. 30, 16, 111, 176, 189. 31, 115, 129, 139, 154. 33, 39, 43. 35, 11, 66. 37, 28, 68, 74, 85, 154, 160. 38, 224, 296.

Θεαίτητος 19, 63.

θέαμα 1, 54, 78, 78, 162. 4, 156. 9, 31. 11, 35. 16, 216. 20, 212. 21, 165. 24, 142. 25, 20, 27, 65. 28, 174. 33, 139. 37, 85. 38, 43.

θεάομαι 1, 17, 46, 71, 83, 151, 158. 3, 5, 40, 61. 4, 97, 99, 130. 5, 58. 6, 81, 124. 7, 11, 19, 107. 8, 112, 168, 169. 9, 15. 10, 78, 146. 11, 96. 12, 65, 78. 13, 17, 131. 14, 59. 15, 46, 74, 96, 142, 194. 17, 247. 18, 145, 145. 19, 34, 81, 161, 187. 20, 91, 97. 21, 188, [188], 214, 241. 22, 6, 87, 206. 23, 61, 70, 88, 94, 107, 197, 235. 24, 10, 25, 98, 165, 182, 226, 234, 257. 25, 14, 90, 128, 136, 167, 182, 223, 272, 277, 278, 303, 320. 26, 62, 172, 249, 252, 261. 27, 60, 86. 28, 33, 34, 45, 56. 29, 251. 30, 52, 103, 160. 31, 30, 39, 157. 32, 74. 33, 38, 41, 58, 150, 157. 34, 7, 38, 39, 56, 124, 133. 35, 50, 75, 75, 89. 36, 4, 32, 89, 105. 37, 62, 114, 152, 152, 162. 38, 42, 202, 224, 238, 263, 295, 308, 352, 355.

θεατής 1, 78. 6, 78. 7, 134. 10, 102. 11, 93, 112. 20, 7, 18. 22, 63. 25, 146. 33, 5. 34, 141. 35, 42. 37, 96. 38, 46, 168, 204.

θεατός 21, 157.

θεατρικός 37, 38, 72. 38, 359.

θεατρομανέω 26, 211.

θέατρον 1, 78, 78. 8, 104, 104. 9, 31. 10, 36. 11, 35, 113, 117. 13, 177. 18, 64. 20, 198. 21, 122. 23, 20, 103. 31, 185. 37, 19, 41, 74, 84, 95, 173, 173. 38, 79, 204, 368, 368.

θεήλατος 13, 79. 20, 108.
22, 125. 25, 110, 132, 236.
26, 16. 29, 170, 190. 31,
179. 33, 136. 38, 293.
θεία 29, 127.
θειάζω 17, 46. 20, 128.
θεῖον (Α) 21, 85. 23, 141.
26, 56.
θεῖος (Α) 1, 20, 23, 25, 31, 36,
45, 55, 67, 84, 135, 135, 143,
144, 144, 146, 148, 153, 168,
170. 2, 5, 9, 17, 18, 20, 33,
61, 61. 3, 10, 23, 78, 95. 4,
7, 7, 8, 14, 47, 71, 81, 82, 84,
97, 104, 141, 142, 152, 161, 161,
167, 171, 208, 217, 218, 242.
5, 3, 8, 19, 19, 23, 36, 41,
42, 46, 72, 93, 93. 6, 22, 60,
62, 63, 66, 70, 72, 86, 95,
109, 117, 138. 7, 29, 55, 61,
73, 83, 90, 90, 116, 117, 118,
133, 147, 152, 156, 160. 8, 18,
27, 32, 42, 89, 101, 122, 129,
138, 139, 170, 177, 181, 184.
9, 8, 23, 23, 27, 28, 29, 31,
47, 53, 54, 55. 10, 2, 5, 5, 46,
59, 104, 105, 106, 111, 120,
134, 137, 151, 176, 180, 182.
11, 51, 79, 80, 119, 139. 12,
10, 14, 18, 23, 24, 39, 39,
162, 169, 177. 13, 19, 31, 37,
39, 70, 72, 100, 143, 145. 15,
15, 28, 51, 59, 62, 81, 100,
108, 114, 115, 115, 120, 122,
133, 134, 138, 144, 153, 154,
174. 16, 29, 39, 46, 52, 52,
64, 66, 67, 80, 83, 85, 104,
129, 130, 130, 131, 140, 150,
157, 158, 169, 171, 174, 184.
17, 1, 14, 55, 57, 57, 63, 64,
69, 76, 79, 84, 88, 101, 112,
119, 126, 127, 128, 129, 132,
176, 176, 179, 182, 183, 188,
191, 199, 216, 225, 234, 235,
236, 240, 241, 264, 265, 278,
312. 18, 57, 79, 84, 96, 96,
100, 106, 116, 120, 174. 19,
5, 13, 20, 21, 38, 62, 63, 74,
80, 83, 84, 85, 94, 97, 99,
101, 108, 137, 139, 162, 163,
168, 186, 195, 208. 20, 3, 3,
7, 13, 25, 54, 70, 104, 105,
114, 116, 126, 134, 136, 142,
169, 184, 185, 202, 209, 219,
219, 223, 223, 226, 254, 255.
21, 1, 33, 62, 64, 65, 66,
68, 71, 84, 85, 91, 113, 118,
118, 119, 127, 128, 129, 140,
147, 148, 165, 175, 186, 190,

190, 215, 227, 233, 256. 22,
25, 74, 119, 173, 190, 222, 223,
232, 233, 242, 245, 247, 248,
277, 291. 23, 18, 26, 70,
101, 107, 115, 128, 141, 144,
159, 162, 170, 235, 244, 275,
275. 24, 37, 95, 95, 110, 174.
25, 27, 83, 84, 85, 94, 99,
119, 132, 162, 190, 211, 266,
268, 272, 279, 281, 282. 26,
5, 5, 6, 12, 32, 51, 58, 60,
70, 13, 124, 147, 154, 158,
187, 188, 189, 208, 216, 244,
245, 245, 253, 254, 255, 261,
265, 278. 27, 2, 6, 7, 13, 36,
63, 104, 104, 111, 121. 28, 23,
32, 116, 171, 209, 266, 269, 272.
29, 2, 129, 158, 163, 224, 225,
225, 231, 249, 262. 30, 1, 121,
137, 178, 207, 209. 31, 32,
34, 40, 49, 50, 123, 132, 163,
238. 32, 50, 52, 54, 54, 55,
66, 73, 74, 79, 95, 108, 171,
177, 203, 217. 33, 9, 26, 40,
69, 79, 83, 121, 160, 165. 34,
13, 13, 24, 43, 44, 74, 84.
35, 6, 9, 26, 39, 67. 36, 47,
69, 112. 37, 125. 38, 3, 5,
76, 99, 322, 368.
θεῖος (Β) 29, 127, 127, 132.
30, 26. 33, 109. 37, 25.
38, 54.
θειότης 7, 86.
θειόω 13, 110.
θέλημα 4, 197.
θέλω 1, 104. 5, 91, 118. 10, 4,
173. 11, 72, 112, 152. 12, 81,
130. 15, 5. 16, 219. 17, 115,
266. 19, 28. 20, 241, 265.
22, 49. 23, 115. 25, 201.
28, 127. 29, 236. 30, 82.
31, 32. 32, 136. 33, 44, 117.
34, 101. 36, 13. 38, 160, 229.
θέμα 28, 172.
θεμέλιος 1, 41. 3, 6, 41, 96.
4, 113, 145. 5, 101. 6, 25,
81. 9, 30. 15, 5, 87. 17, 116,
134. 18, 33, 146. 20, 211.
22, 8. 26, 157. 29, 110. 32,
158. 33, 120, 150. 35, 34.
36, 115. 38, 132.
θεμελιόω 1, 102. 13, 31.
θέμις 1, 11, 80, 144. 3, 3. 5,
43, 77, 88, 124. 6, 27, 57,
92, 110. 7, 55, 163. 8, 158.
10, 165. 11, 34. 12, 23, 27,
51, 164, 169. 13, 131. 15,
126, 136, 170, 174. 16, 170,
182. 17, 177, 259, 265. 19,

59, 76, 76, 85, 203. 20, 181.
21, 94, 191. 22, 2, 136. 23,
44, 121, 243, 258. 24, 47, 219.
25, 56, 166, 277, 298. 26,
114, 135, 135, 144, 196, 201, 201.
27, 41. 28, 53, 74, 83, 122,
156, 221, 254, 329. 29, 6,
175, 198, 219, 243, 256. 30,
12, 134, 175, 189. 31, 3, 201,
32, 61, 62, 79, 100, 108, 202.
33, 40, 152. 34, 3, 137. 36,
43, 84. 38, 56, 224, 348.
θεμιτός 1, 17. 27, 58. 28, 89.
30, 135. 31, 76. 37, 42.
38, 194, 353.
θεογαμία 27, 156.
θεογονία 27, 156. 28, 344.
θεόδμητος 36, 121.
Θεόδοτος 34, 1.
Θεόδωρος 34, 127.
θεοειδής 1, 16, 53, 69, 137.
7, 84. 8, 93. 13, 70, 137.
17, 38, 65. 21, 113. 22, 186,
223. 25, 66, 158. 30, 83,
207. 34, 150.
θεοληπτέομαι 5, 27.
θεόληπτος 36, 76.
θεολογέω 1, 12.
θεολόγος 26, 115. 33, 53.
θεομισής 21, 211. 38, 353.
θεομίσητος 27, 131.
θεόπεμπτος 21, 1, 133, 190.
22, 1, 113.
θεοπλαστέω 8, 165. 13, 95,
95, 109. 16, 179. 17, 169.
19, 8, 11, 90. 24, 254. 26,
195. 28, 21, 22, 344. 29, 1,
258. 33, 25. 34, 66. 38, 118,
139.
θεοπλάστης 36, 15.
θεοπρεπής 1, 116. 4, 26, 203.
5, 84. 10, 69. 18, 113. 20,
208. 26, 15. 27, 48. 33, 1.
36, 13.
θεοπρόπιον 17, 287. 21, 148.
22, 227.
θεοπρόπος 7, 40. 13, 85. 15,
29. 19, 138.
θεόπτης 20, [7].
θεός 1, 7, 13, 16, 16, 19, 23, 23,
24, 25, 25, 26, 27, 30, 30,
33, 38, 42, 44, 45, 46, 61,
69, 69, 69, 72, 74, 75, 75,
77, 81, 82, 100, 104, 129, 134,
134, 137, 139, 140, 144, 148,
149, 149, 151, 153, 168, 169,
171, 171, 171, 172. 2, 2, 5, 5,
6, 16, 17, 17, 18, 18, 19, 21,
21, 21, 25, 25, 26, 26, 29,

31, 31, 31, 32, 33, 33, 34,
36, 36, 37, 37, 38, 38, 38,
39, 40, 40, 40, 40, 41, 41,
41, 41, 41, 41, 43, 43, 43,
44, 44, 45, 47, 48, 48, 48, 48,
49, 49, 49, 50, 50, 50, 51, 51,
51, 51, 51, 51, 53, 54, 56, 64,
64, 65, 65, 67, 77, 77, 78, 79, 80,
80, 82, 82, 82, 84, 88, 88,
89, 89, 90, 91, 91, 95, 95, 95,
96, 96. **3**, 1, 1, 1, 2, 2, 2, 2,
3, 3, 3, 3, 3, 3, 4, [6], 9, 17, 19,
31, 31, 32, 33, 34, 40, 46,
46, 47, 47, 49, 49, 51, 52,
53, 55, 56, 57, 57, 58, 60, 67,
67, 68, 71, 73, 78, 79, 79, 80,
81, 82, 83, 85, 85, 86, 86, 86,
86, 87, 88, 89, 89, 91, 92,
93, 95, 96, 101, 101, 102, 106.
4, 1, 1, 1, 3, 3, 4, 4, 4, 4, 4,
6, 6, 7, 7, 7, 8, 10, 10, 11, 11,
12, 12, 13, 19, 22, 23, 23,
24, 26, 27, 27, 28, 28, 29,
29, 29, 31, 32, 32, 33, 33,
35, 35, 36, 38, 38, 39, 39, 42,
42, 42, 42, 43, 43, 44, 46, 46,
47, 47, 48, 49, 51, 51, 51, 52,
54, 54, 57, 59, 59, 65, 68,
69, 71, 71, 73, 73, 73, 74,
75, 77, 77, 77, 78, 78, 78, 78,
79, 81, 82, 82, 83, 83, 85,
88, 88, 89, 91, 95, 95, 96,
96, 96, 96, 96, 96, 99, 99,
101, 101, 102, 102, 103, 104,
104, 105, 105, 105, 106, 106,
107, 107, 126, 126, 131, 135,
135, 136, 137, 141, 142, 146,
147, 161, 162, 163, 163, 164,
164, 164, 166, 166, 169, 170,
171, 172, 173, 174, 174, 175,
176, 176, 177, 177, 177, 177, 177,
178, 179, 180, 180, 181, 181,
181, 181, 186, 187, 195, 196,
197, 197, 199, 203, 203, 204,
204, 204, 204, 204, 205, 205,
205, 206, 207, 207, 207, 208,
209, 209, 212, 213, 213, 214,
215, 215, 217, 222, 228, 228,
229, 237, 239, 242, 243, 245.
5, 2, 9, 10, 12, 13, 16, 16,
17, 17, 19, 20, 24, 24, 27,
27, 29, 29, 29, 31, 31, 35, 40,
44, 44, 45, 46, 46, 47, 49, 49,
50, 50, 51, 52, 52, 60, 65, 71,
72, 77, 77, 83, 85, 86, 86, 87,
87, 90, 90, 94, 96, 97, 98,
99, 101, 106, 107, 108, 109,
118, 120, 121, 121, 121, 123,
124, 124, 127, 127, 127, 128,

130. **6**, 2, 2, 4, 5, 5, 5, 7,
8, 9, 9, 9, 10, 10, 12, 12,
13, 35, 37, 37, 40, 40, 42,
42, 51, 51, 53, 53, 54, 55, 55, 55,
56, 57, 57, 59, 59, 60, 63, 64, 64,
65, 68, 70, 71, 71, 72, 72, 72,
76, 76, 79, 79, 87, 87, 89,
90, 91, 91, 91, 92, 93, 93, 93,
94, 97, 101, 101, 103, 106, 109,
119, 120, 124, 127, 129, 130,
130, 131, 132, 133, 134, 136,
137, 139. **7**, 4, 4, 4, 13, 29,
30, 32, 39, 44, 46, 48, 54,
55, 56, 56, 56, 57, 61, 68,
69, 70, 71, 78, 82, 83, 85,
86, 86, 89, 91, 91, 93, 114,
115, 121, 122, 122, 124, 124,
124, 125, 125, 138, 138, 138,
139, 139, 139, 142, 146, 147,
147, 153, 155, 158, 159, 160,
160, 160, 161, 161, 161, 162,
162, 162, 162, 163, 163, 177. **8**,
1, 3, 5, 6, 7, 8, 10, 10, 12, 12, 14,
15, 16, 17, 19, 19, 22, 23, 23,
26, 26, 26, 27, 27, 29, 30,
32, 37, 43, 53, 63, 64, 64, 64,
65, 67, 69, 69, 69, 69, 73,
78, 80, 80, 89, 90, 91, 91,
92, 101, 102, 102, 115, 120,
121, 121, 121, 123, 124, 127,
135, 136, 143, 143, 143, 143,
145, 151, 151, 154, 165, 166,
167, 168, 169, 169, 170, 171,
175, 175, 179, 179, 183, 185.
9, 6, 16, 16, 19, 19, 22, 22,
23, 40, 42, 43, 47, 49, 53, 54,
60, 61, 63, 63, 64, 64, 64,
64, 64. **10**, 1, 3, 3, 4, 4, 5,
5, 5, 7, 8, 11, 12, 17, 18,
20, 20, 20, 23, 28, 29, 29,
31, 31, 31, 32, 33, 48, 49,
52, 53, 56, 58, 62, 69, 70,
72, 73, 75, 77, 78, 79, 83,
86, 87, 87, 88, 92, 104, 106,
107, 107, 109, 109, 110, 117,
118, 122, 138, 138, 139, 142,
143, 155, 157, 158, 161, 181.
11, 44, 49, 50, 51, 52, 53,
54, 78, 78, 79, 123, 128, 128,
130, 168, 169, 171, 172, 173,
180. **12**, 5, 8, 18, 19, 19, 26,
28, 32, 33, 35, 37, 39, 41,
42, 44, 46, 48, 50, 50, 52,
54, 58, 59, 60, 61, 62, 63,
64, 65, 68, 70, 71, 73, 74, 74,
77, 82, 82, 84, 85, 86, 86,
89, 90, 93, 93, 95, 96, 108,
108, 119, 126, 128, 130, 131,
135, 137, 137. **13**, 8, 30, 30,

31, 32, 37, 37, 41, 42, 43, 43,
44, 45, 45, 62, 72, 73, 74,
77, 82, 82, 82, 83, 94, 94,
105, 106, 107, 110, 111, 117, 118,
119, 120, 120, 125, 126, 139,
144, 144, 149, 150, 152, 199,
213, 223, 224. **14**, 13, 18, 51,
53, 53, 55, 56, 57, 58, 58,
59, 62, 63, 64, 66, 66. **15**,
24, 30, 41, 52, 56, 58, 59,
61, 64, 65, 74, 81, 92, 93,
96, 98, 98, 98, 104, 106, 108,
116, 118, 119, 123, 124, 127,
129, 135, 136, 137, 139, 142,
145, 145, 145, 146, 146, 147,
147, 149, 159, 161, 161, 166,
168, 169, 169, 170, 170, 171,
173, 173, 175, 179, 179, 180,
181, 181, 188, 196, ‹197›, 198.
16, 2, 3, 4, 5, 5, 15, 18, 19,
21, 22, 22, 25, 30, 31, 33,
40, 40, 40, 42, 43, 44, 45,
47, 48, 49, 53, 56, 56, 56,
57, 58, 59, 59, 61, 62, 73,
76, 76, 81, 81, 81, 81, 84,
84, 84, 85, 85, 88, 92, 101,
103, 113, 113, 114, 115, 120,
121, 122, 123, 124, 126, 127, 128,
129, 130, 131, 131, 131, 132,
132, 134, 135, 139, 139, 142,
143, 146, 146, 160, 166, 169,
171, 172, 173, 175, 179, 179,
181, 181, 182, 185, 191, 192,
192, 194, 194, 195, 196, 201,
202, 215, 215. **17**, 4, 7, 7,
15, 17, 17, 19, 19, 20, 21, 22,
38, 45, 45, 47, 50, 56, 58,
58, 58, 59, 60, 62, 66, 66,
67, 73, 76, 78, [78], 84, 90,
90, 92, 93, 94, 96, 97, 97,
99, 103, 108, 110, 110, 111,
114, 114, 117, 118, 120, 120,
122, 122, 124, 127, 130, 140,
143, 156, 159, 159, 160, 162,
163, 163, 163, 164, 164, 166,
167, 167, 168, 169, 169, 172,
174, 179, 183, 186, 187, 200,
206, 206, 206, 228, 231, 231,
231, 234, 251, 257, 259, 259,
267, 271, 272, 273, 278, 311,
314, 315. **18**, 7, 8, 36, 38,
49, 49, 49, 51, 56, 56, 58,
80, 86, 86, 86, 87, 93, 94,
98, 98, 101, 103, 105, 107,
113, 114, 125, 133, 152, 153,
159, 160, 170, 170, 171, 177,
177. **19**, 15, 18, 38, 40, 42,
50, 51, 51, 52, 53, 56, 56,
58, 58, 59, 60, 61, 63, 65, 65,

66, 67, 67, 67, 68, 68, 71,
71, 72, 75, 76, 76, 77, 79, 79,
80, 81, 82, 84, 88, 93, 97,
99, 101, 102, 109, 114, 132,
135, 135, 136, 137, 138, 140,
141, 141, 142, 157, 160, 162,
164, 164, 165, 168, 169, 169,
170, 172, 174, 175, 196, 198,
198, 198, 199, 208, 208, 211,
212, 212. 20, 1, 6, 6, 12, 13,
18, 18, 18, 19, 19, 19, 19, 23,
23, 23, 23, 23, 23, 24, 24,
24, 25, 26, 26, 26, 26, 27,
29, 29, 30, 31, 34, 34, 38,
39, 40, 41, 42, 42, 44, 44, 45,
45, 46, 47, 51, 52, 53, 54,
59, 63, 64, 79, 81, 81, 87, 87,
104, 105, 108, 114, 125, 125,
128, 128, 129, 131, 132, 134,
136, 137, 138, 140, 141, 152,
153, 155, 156, 169, 175, 177,
181, 182, 183, 184, 184, 186,
192, 194, 195, 201, 202, 202,
203, 205, 207, 213, 216, 217,
218, 218, 221, 222, 253, 253,
256, 258, 259, 265, 266, 268,
270. 21, 3, 3, 3, 38, 62, 62,
62, 63, 64, 65, 66, 66, 67, 68,
69, 70, 70, 70, 71, 72, 73,
74, 74, 74, 75, 75, 76, 76, 76,
79, 86, 87, 91, 94, 103, 112,
114, 115, 116, 117, 133, 142,
143, 147, 147, 148, 149, 152,
158, 158, 159, 159, 159, 160,
160, 163, 163, 166, 166, 171,
172, 173, 173, 179, 181, 183,
185, 189, 189, 189, 195, 196,
206, 207, 214, 215, 227, 227,
228, 228, 228, 228, 229, 229,
229, 229, 230, 231, 236, 236,
237, 237, 238, 238, 238,
239, 240, 241, 243, 244, 249,
250, 251, 252, 254, 256. 22, 2,
3, 24, 25, 28, 34, ‹45›, 62,
67, 76, 99, 100, 100, 107, 136,
141, 149, 173, 173, 174, 175, 176,
177, 179, 179, 179, 183, 183,
186, 188, 189, 189, 190, 193,
194, 213, 219, 221, 222, 224,
224, 226, 228, 228, 229, 230,
231, 231, 234, 242, 242, 244,
245, 246, 248, 248, 248, 249, 250,
251, 253, 253, 253, 254, 265,
266, 272, 272, 273, 289, 290,
297. 23, 6, 17, 17, 18, 18,
31, 35, 35, 39, 41, 46, 50,
51, 51, 51, 51, 54, 57, 58, 59,
60, 68, 69, 75, 75, 77, 80,
80, 87, 88, 90, 95, 98, 104,

112, 112, 115, 119, 120, 121,
124, 127, 137, 150, 156, 158,
164, 175, 175, 176, 177, 181,
192, 196, 202, 202, 202, 203,
206, 208, 232, 235, 235, 244,
254, 258, 261, 261, 262, 268,
269, 269, 269, 271, 272, 273,
275. 24, 48, 90, 99, 107, 116,
117, 124, 149, 165, 174, 195,
198, 236, 241, 244, 246, 253,
254, 266. 25, 6, 12, 17, 19,
23, 36, 47, 47, 67, 71, 76, 76,
76, 76, 77, 83, 85, 86, 88, 90,
95, 96, 101, 105, 107, 108,
110, 111, 112, 112, 120, 125,
127, 134, 148, 155, 156, 157,
157, 158, 158, 163, 173, 174,
174, 180, 184, 198, 201, 204,
205, 209, 212, 212, 216, 217,
219, 225, 252, 255, 259, 277,
278, 279, 283, 284, 287, 289,
290, 304, 318. 26, 3, 5, 6,
11, 36, 41, 53, 61, 63, 65,
67, 96, 99, 108, 131, 132,
135, 149, 161, 163, 165, 165,
166, 168, 171, 173, 177, 177,
177, 186, 188, 190, 190, 194,
198, 199, 199, 201, 203, 205,
205, 206, 213, 228, 237, 238,
240, 241, 252, 259, 270, 273,
279, 284. 27, 8, 15, 16, 18,
18, 32, 35, 37, 38, 38, 41, 41,
44, 47, 47, 48, 51, 51, 52, 58,
58, 59, 59, 65, 66, 67, 70,
73, 75, 76, 78, 81, 82, 86, 86,
90, 91, 91, 94, 96, 97, 98, 99,
100, 101, 105, 107, 108, 110,
111, 119, 120, 120, 133, 160,
175, 176, 178, 178. 28, 10, 13,
15, 16, 19, 20, 20, 21, 22, 24,
25, 28, 28, 30, 31, 32, 35,
36, 40, 41, 52, 53, 57, 57,
63, 65, 65, 66, 67, 70, 81,
100, 114, 116, 131, 131, 133,
152, 167, 169, 176, 183, 187,
188, 195, 196, 197, 201, 205,
207, 209, 210, 211, 215, 224,
229, 242, 252, 263, 265, 265,
271, 272, 275, 277, 277, 279,
279, 279, 282, 285, 287, 293,
295, 297, 298, 299, ‹300›, 302,
307, 307, 307, 307, 309, 310,
311, 312, 313, 315, 317, 317,
318, 318, 329, 330, ‹331›, 332,
332, 344, 344, 345, 345. 29, 1,
2, 3, 10, 10, 10, 11, 13, 15,
17, 23, 27, 27, 34, 35, 38, 51,
53, 54, 55, 55, 63, 108, 113,
113, 134, 134, 146, 152, 156,

164, 164, 165, 167, 171, 173,
174, 176, 180, 187, 189, 192,
196, 198, 204, 209, 215, 217,
224, 225, 235, 252, 253, 254,
256, 258, 258, 260. 30, 6, 7,
29, 36, 52, 88, 99, 120, 121,
122, 125, 127, 178, 180, 189,
191, 194. 31, 14, 31, 39, 40,
48, 52, 71, 73, 73, 98, 123,
127, 131, 147, 157, 159, 164,
176, 177, 187, 188, 191, 199,
200, 217. 32, 8, 9, 26, 26, 35,
40, 41, 45, 46, 47, 49, 54,
57, 58, 61, 62, 63, 64, 65, 65,
67, 68, 72, 75, 77, 79, 85, 95,
98, 102, 102, 103, 120, 133,
135, 159, 163, 164, 165, 165,
168, 168, 171, 172, 174, 177,
179, 179, 181, 184, 184, 184,
185, 188, 195, 200, 203, 204,
208, 209, 212, 216, 218, 218.
33, 9, 13, 14, 16, 25, 27, 27,
27, 28, 30, 32, 36, 40, 44, 44,
45, 46, 46, 51, 54, 54, 55,
55, 72, 81, 84, 84, 90, 95,
98, 101, 104, 108, 110, 115,
117, 120, 121, 122, 123, 123,
123, 123, 124, 126, 142, 149,
152, 152, 162, 163, 167, 168,
169. 34, 19, 20, 42, 42, 43, 43,
43, 43, 44, 44, 62, 75, 80, 106,
116, 130, 130, 149. 35, 8, 26,
29, 66, 80, 84, 86, 87, ‹90›.
36, 1, 1, 8, 8, 10, 13, 13, 13,
19, ‹20›, 26, 39, 40, 41, 41,
43, 46, 46, 46, 46, 47, 47,
‹73›, 78, 83, 84, 84, 85, 106, 106,
108, 112, 131. 37, 46, 102,
121, 170, 191. 38, 4, 6, 75,
91, 99, 110, 114, 115, 118, 118,
138, 154, 157, 162, 163, 163,
164, 164, 196, 198, 213, 218,
220, 236, 240, 245, 265, 278,
278, 278, 290, 290, 317, 318,
336, 347, 353, 354, 366, 367,
372. 39 (VIII 6, 1), (VIII 6, 4),
(VIII 6, 9), (VIII 7, 2), (VIII 7, 2),
(VIII 7, 3), (VIII 7, 3), (VIII 7, 4),
(VIII 7, 5), (VIII 7, 5), (VIII
7, 6), (VIII 7, 7), (VIII 7, 8),
(VIII 7, 9), (VIII 7, 18), (VIII
7, 19).
θεοσέβεια 1, 154. 17, 60. 18,
130. 19, 150. 23, 114. 25,
303. 31, 134, 170. 32, 186.
θεοσεβής 20, 197.
θεοφιλής 1, 5, 114. 2, 76. 3,
79, 81, 88, 90. 4, 130. 5, 49.
6, 77. 7, 13, 50. 8, 179. 10,

18, 59, 151. 19, 37. 20, 4, 82, 217. 21, 6, 66. 22, 26, 258, 302. 23, 161, 162, 208, 236, 243, 271. 25, 121. 26,74. 27, 97. 32, 57. 33, 26, 40, 45, 45, 45, 46. 35, 29, 30, 68, 78, 78. 36, 14, 100, 142.
θεώρημα 1, 82. 2, 94. 4, 84, 92, 93. 5, 71. 6, 80. 7, 38, 65, 66, 118. 8, 130, 137, 147, 149, 149. 10, 92. 11, 132, 158. 12, 31, 52, 81. 13, 132. 15, 102. 16, 13, 55, 150, 191. 17, 116, 286. 18, 19, 35, 47, 142, 143, 146. 19, 172, 200. 20, 5, 100, 122, 220. 21, 6, 11, 50, 59, 107. 22, 71. 23, 207, 220, 243, 269. 24, 2. 29, 40, 200. 31, 75, 107, 141. 32, 8. 33, 64.
θεωρητικός 2, 57, 57, 57, 58. 16, 47, 70, 165, 165. 17, 279. 19, 36, 176. 22, 173, 250. 25, 48. 27, 101. 29, 64, 64. 30, 117. 33, 11, 51. 35, 58, 67.
θεωρητός 8, 164. 16, 95, 214. 17, 131. 20, 118.
θεωρία 1, 77, 78, 96. 2, 57, 58, 58. 4, 141. 6, 44, 120. 11, 12. 12, 71. 13, 94. 16, 53, 77, 150. 17, 246, 274. 18, 11, 16, 17, 20, 23, 46, 49. 19, 37, 141. 20, 76. 23, 131, 164. 25, 23. 26, 66, 69, 216. 27, 98. 28, 176, 269, 288, 327. 29, 29, 52. 30, 1, 2. 31, 105. 33, 51. 34, 63. 35, 1, 64, 90. 36, 48.
θεωρός 22, 81. 29, 45. 30, 202.
Θῆβαι 30, 15.
θήκη 39 (VIII 7, 7).
θηλάζω 7, 115. 16, 140, 140. 17, 20. 32, 128.
θηλυγονέω 9, 4.
θηλυδρίας 5, 82. 6, 32. 8, 165. 9, 4.
θηλυκός 4, 8. 10, 141.
θηλυμανέω 23, 135.
θηλύμορφος 28, 325.
θηλύνω 5, 50. 10, 3.
θῆλυς 1, 13, 13, 14, 76, 134, 161. 3, 13, 97, 97. 4, 11, 243. 5, 43, 111, 111. 6, 103, 103, 112. 7, 28, 170, 172, 172. 8, 177. 11, 73, 73, 139. 12, 15. 13, 55, 61, 212. 16, 95. 17, 139, 164. 19, 51, 51, 51, 128. 20, 233, 261. 22, 184. 23, 101, 101,

102, 136, 150, 150. 25, 8. 26, 60, 210. 27, 54. 28, 200, 200, 212, 228, 233, 325, 331. 29, 33, 33, 34, 58, 164. 30, 37, 37, 43, 47, 169, 178, 178. 32, 18. 34, 124. 35, 60. 36, 66. 39 (VIII 7, 1).
θηλυτοκέω 16, 206.
θηλυτόκος 9, 5.
θημών 25, 105. 39 (VIII 7, 6).
θήρ 11, 154. 12, 41, 151. 22, 67. 24, 25. 27, 89. 30, 115. 31, 120, 121. 33, 85, 149. 34, 147.
θήρα 6, 29. 8, 18, 116. 10, 101. 12, 101. 17, 251, 310. 21, 8, 251. 22, 206. 23, 126. 24, 213. 25, 43, 60, 61, 284, 298. 30, 34, 51. 31, 43, 67. 32, 39, 195.
θηρατικός 21, 49.
θηράω 5, 122. 8, 141, 179. 10, 19. 12, 145. 13, 198. 15, 118. 23, 190. 24, 44. 26, 234. 29, 261. 30, 44, 113, 157.
θήρειος 30, 99.
θηρευτικός 9, 60. 23, 266.
θηρεύω 5, 57, 58, 64, 65. 17, 251, 252, 252, 252.
θηριάλωτος 24, 36. 31, 119, 120.
θηρίκλειος 35, 49.
θηριομαχία 20, 160.
θηρίον 1, 64, 153. 3, 9, 9, 9, 9, 11, 11, 11, 12, 53, 71, 106. 4, 65, 107, 113. 8, 160. 11, 91. 12, 43. 13, 174. 15, 24. 17, 137. 21, 49. 22, 54, 65, 66. 23, 8, 33, 149. 24, 14, 22, 36. 25, 43, 109. 27, 80, 110, 113, 114, 115. 28, 301. 30, 45, 57, 99, 103, 115. 31, 103, 119. 32, 87. 33, 85, 87, 88, 88, 91. 34, 89. 35, 8. 37, 66, 188. 38, 131, 139, 163.
θηριόω 24, 81. 29, 94. 31, 103. 34, 64.
θηριώδης 6, 32. 11, 46. 22, 54. 23, 32. 24, 171. 27, 78. 30, 158. 32, 2. 37, 36, 177. 38, 10, 20, 121, 147.
θής 29, 81. 32, 122.
θησαυρίζω 4, 36. 6, 31, 33, 62. 7, 35, 43. 8, 57. 10, 156. 13, 73, 200. 14, 41, 68. 15, 50, 69, 92. 17, 200. 20, 90. 24, 258. 25, 152. 29, 199. 31, 158. 37, 179. 38, 108.

θησαυριστέον 24, 111.
θησαυρός 4, 104, 105, 105, 105, 105, 105, 106, 106. 5, 48. 6, 22, 22, 25. 10, 91, 92, 96, 150, 156, 156. 12, 57. 16, 121. 17, 76, 76. 18, 127. 19, 79. 24, 198. 38, 9.
θησαυροφυλακέω 8, 62. 12, 57. 16, 160, 204. 22, 46. 28, 23. 29, 92. 31, 74. 32, 90, 140. 34, 76.
θητεύω 24, 26. 29, 39.
θίασος 8, 101. 12, 14, 58. 13, 70, 94. 16, 90. 19, 10, 28, 89, 126. 20, 32, 198, 205. 21, 196. 22, 10, 127, 139, 277. 23, 20. 26, 185. 28, 323. 29, 44, 193. 30, 169. 31, 47. 33, 20. 34, 2, 85. 37, 136, 137. 38, 97, 166. 39 (VIII 11, 5].
θιασώτης 5, 85. 6, 7. 7, 45, 140. 10, 120. 12, 39. 15, 44, 83. 16, 149. 19, 145. 21, 225. 22, 78, 209, 254. 28, 344.
θιγγάνω 39 (VIII 7, 3).
θλαδίας 4, 8. 13, 213. 16, 69. 22, 184. 28, 325, 328, 344.
θλάσμα 36, 6.
θλάω 20, 205. 28, 328.
θλίβω 16, 157. 24, 22, 179. 25, 271. 27, 145. 32, 146. 33, 145. 36, 129. 37, 160.
θλῖψις 9, 17.
θνησιμαῖος 31, 119, 120.
θνήσκω 2, 7, 107, 108, 108. 6, 115, 125. 7, 33, 48, 49, 49, 70, 70, 74, 152, 178. 8, 44, 45. 13, 95. 15, 36, 122. 16, 122, 162. 17, 53, 201, 201. 19, 55, 55. 21, 150. 22, 70, 84, 234, 234, 235, 235, 260, 269, 280, 280. 23, 45, 230. 24, 17, 22, 25, 77, 156, 167, 184, 185, 189, 216, 255, 264. 25, 45, 73, 183. 26, 203, 218, 227, 252, 291. 28, 160, 266, 345. 29, 64, 95, 247, 248. 30, 38, 49, 106, 108, 129, 141, 145, 146, 150. 32, 111. 33, 70. 34, 22, 23, 116, 116. 36, 5, 30, 109, 144. 38, 63, 85, 192, 325.
θνητός 1, 4, 61, 62, 77, 84, 117, 119, 134, 135, 135, 135, 135, 142, 149, 151, 151, 152, 156, 165. 2, 4, 4, 5, 9, 16, 16, 18, 20, 45, 86. 3, 16, 17, 23, 33, 47, 57, 57, 80, 96, 96, 96. 4, 31, 35, 42, 84, 99, 186. 5, 31, 43,

47, 49, 51, 66, 82, 83, 85, 106, 107. 6, 5, 35, 40, 58, 63, 64, 65, 70, 76, 79, 95, 95, 101, 109, 127, 129, 132. 7, 30, 87, 87, 95, 114, 139, 159, 163. 8, 8, 63, 134, 135, 171, 173. 9, 12, 17, 17, 56. 10, 4, 12, 75, 77, 79, 120, 123, 137, 152, 152, 172, 180. 11, 8, 51, 139, 139. 12, 14, 31. 13, 70, 72, 76, 86, 100, 101, 110, 145, 152. 14, 12, 53. 15, 41, 57, 78, 79, 122. 16, 13, 18, 18, 23, 24, 47, 53, 74, 141, 168, 171, 185, 192. 17, 14, 33, 52, 77, 92, 127, 137, 139, 172, 172, 205, 209, 226, 227, 240, 265, 272, 316. 18, 8, 30, 84, 85, 94, 97. 19, 39, 45, 59, 61, 62, 63, 64, 69, 84, 88, 129, 158, 159. 20, 8, 13, 36, 38, 48, 49, 54, 80, 104, 122, 122, 133, 134, 136, 142, 144, 155, 166, 181, 184, 185, 186, 187, 219. 21, 24, 36, 68, 82, 118, 138, 139, 147, 218, 243. 22, 70, 72, 178, 228, 230, 231. 23, 30, 32, 55, 66, 76, 165. 24, 71, 254. 25, 158, 184, 201. 26, 6, 68, 121, 194, 207, 288, 291. 27, 41, 99, 101, 107, 107. 28, 21, 81, 196, 252, 298. 29, 124, 173, 230, 255, 261. 30, 2. 31, 14, 188. 32, 9, 9, 10, 53, 73, 76, [78], 203, 203, 204, 205. 33, 1, 1, 13, 36, 39, 44, 87, 119, 119. 34, 19, 20, 24, 46, 105, 105, 137. 35, 6, 6, 13, 37, 68. 36, 44, 46, 59. 37, 123. 38, 84, 85, 91.

Θοβέλ 8, 114, 119, 120.

θοίνη 6, 33. 11, 66. 22, 87. 24, 25. 25, 187. 30, 115. 32, 136. 38, 356.

θολερός 11, 144. 22, 150.

θόρυβος 11, 45. 20, 144. 23, 27. 25, 178. 27, 86. 28, 298. 30, 5. 33, 157. 35, 19. 37, 41, 120, 135, 142. 38, 90, 175.

θράσος 1, 45. 6, 21. 10, 163, 164. 13, 116. 15, 29, 117. 118. 16, 170, 224. 23, 213. 25, 302. 26, 197. 28, 270. 30, 64, 66, 88. 31, 2, 127. 32, 2. 34, 109. 38, 56, 262. 39 (VIII 11, 16).

θρασύνω 7, 44. 11, 157. 25, 95, 120. 30, 173. 31, 222. 33, 94. 38, 77.

θρασύς 3, 67. 4, 15. 6, 32. 7, 18.

8, 82. 15, 29. 17, 10. 25, 130, 130. 27, 115. 28, 279. 33, 86. 38, 132.

θρασύτης 7, 24. 8, 52, 82. 13, 115. 16, 136. 17, 21. 23, 153. 30, 173, 175. 31, 146. 32, 4. 33, 52.

θραῦσις 17, 201. 22, 235, 236.

θραύω 19, 201.

θρέμμα 1, 84. 5, 96. 6, 11, 104. 7, 13, 25. 8, 68, 98. 10, 181. 11, 29, 31, 34, 39, 48, 48, 66, 68, 83. 16, 212. 18, 94. 20, 105, 105, 115. 21, 197, 209. 22, 83, 152, 153, 267. 23, 135, 149, 160, 209, 213, 221. 24, 11, 113, 257. 25, 51, 53, 63, 133, 145, 152, 243, 320, 330, 333. 27, 114. 28, 141, 148, 148, 158, 275. 29, 109, 142, 213. 30, 50, [146], 148. 31, 24, 36, 94, 98, 158. 32, 82, 95, 141, 144, 146, 163, 173. 33, 107, 139, 141. 34, 30. 35, 14, 36, 74. 37, 178. 38, 124. 39 (VIII 11, 8).

θρεπτικός 1, 67. 8, 96. 10, 37.

θρηνέω 4, 231. 24, 21. 38, 190.

θρῆνος 13, 95, 121. 16, 157. 22, 66. 23, 260. 25, 136. 26, 162. 30, 125. 35, 73.

θρηνώδης 38, 228.

θρησκεία 7, 21. 19, 41. 28, 315. 38, 232, 298.

θρίξ 3, 22. 6, 21, 83. 10, 88. 13, 174. 16, 97. 17, 131. 21, 253. 24, 16. 26, 111. 28, 5, 165, 250, 254. 30, 37. 32, 111. 35, 50. 38, 223.

θρόνος 18, 118.

θρόος, θροῦς 17, 12. 26, 164. 27, 148.

θρυλέω 36, 107. 38, 73.

θρύπτω 1, 131. 6, 21. 7, 34. 12, 159. 13, 22, 219. 16, 111. 20, 84. 22, 202. 27, 122. 36, 125.

θρύψις 1, 164. 5, 12, 92. 8, 182. 12, 39. 13, 21. 17, 77. 22, 47. 23, 136. 24, 61. 26, 184. 31, 102.

θυγάτηρ 4, 21, 225, 232. 5, 67, 67, 67, 68, 68. 7, 106. 8, 34, 76, 76, 77, 98, 175, 177. 9, 1, 5, 6, 17, 18. 10, 1, 2, 3. 13, 164, 165, 165, 203. 16, 31, 205, 206, 206, 224. 17, 43. 18, 131. 19, 29, 48, 50, 50,

51, 52. 20, 110, 116. 21, 78, 88, 89, 89. 23, 98, 181, 187. 24, 121. 25, 13, 59, 330. 26, 234, 239, 243, 244. 28, 111, 112, 129, 130, 130, 312, 316. 29, 124, 127, 129, 130, 227. 30, 26, 29, 81. 33, 134, 158, 166. 34, 122. 35, 13. 36, 121, 121. 38, 62, 63, 71.

θυγατριδῆ 30, 26.

θυγατριδοῦς 25, 13, 32, 45, 149. 33, 109. 37, 158.

θυγατροποιός 13, 164.

Θυέστειος 33, 134.

θυΐσκη 18, 114.

θῦμα 16, 202. 18, 106. 26, 231. 28, 180, 228. 38, 234.

θυμαρής, θυμήρης 23, 245. 35, 66.

θυμηδία 38, 18.

θυμήρης → θυμαρής

θυμίαμα 17, 196, 197, 199. 18, 114. 28, 72, 171, 171, 274, 276.

θυμιατήριον 17, 226, 226, 227, 227. 26, 94, 101, 105, 146. 28, 231.

θυμιάω 3, 56. 6, 43.

θυμικός 1, 86. 2, 70, 70, 70, 71, 72, 72. 4, 115, 115, 124, 130.

θυμός 2, 71, 73. 4, 114, 116, 118, 118, 123, 123, 123, 124, 124, 127, 128, 128, 129, 130, 131, 131, 131, 132, 136, 137, 140, 147. 9, 17, 17. 10, 52, 60, 70, 71, 72. 11, 17, 73, 78, 112. 13, 222, 222, 223. 15, 21, 21. 16, 66, 66, 67, 67, 67, 68, 208, 210. 17, 64. 21, 235. 22, 165, 191, 191. 24, 10, 21, 173, 222. 25, 292. 28, 145, 146. 30, 92, 193. 31, 10, 92, 92. 32, 13. 33, 59. 38, 166, 367.

θυμόω 10, 51, 70, 72, 72.

θύρα 11, 148. 13, 49. 19, 144. 23, 15, 191. 28, 156. 32, 109.

θύραζε 12, 35. 25, 115.

θύραθεν 1, 67. 27, 142. 38, 126.

θυραυλέω 11, 37.

θυραυλία 5, 92.

θυρίς 12, 169. 38, 364.

θύρσος 38, 79.

θυρών 19, 187.

θυσία 4, 133, 137. 5, 94. 6, 52, 76, 87, 88, 88, 110, 136. 7, 21. 11, 127. 12, 107, 108, 108, 126, 162, 162, 165. 13, 66, 79,

129, 131. 16, 67, 202. 17, 174, 183. 18, 102, 103. 21, 62, 172, 212, 215. 22, 67, 71, 72, 73, 299. 23, 171. 25, 87, 88, 89, 277, 287, 298. 26, 73, 94, 106, 107, 108, 133, 141, 146, 147, 153, 158, 159, 162, 174, 224, 226, 228, 270, 279. 27, 78, 158, 159. 28, 21, 56, 67, 70, 83, 97, 98, 113, 125, 135, 145, 151, 151, 161, 166, 168, 170, 171, 179, 184, 185, 188, 189, 190, 193, 193, 194, 195, 196, 196, 197, 201, 212, 215, 220, 221, 221, 222, 223, 224, 224, 225, 229, 239, 240, 242, 247, 251, 252, 253, 253, 253, 254, 254, 256, 256, 256, 257, 258, 269, 270, 272, 276, 283, 286, 290, 290, 291, 297, 297, 297, 316. 29, 17, 35, 145, 188. 30, 55, 56, 56, 91, 125, 131, 171, 183. 31, 98. 32, 40, 126, 135, 135, 135, 136, 146. 37, 4. 38, 12, 156, 157, 208, 232, 280, 291, 296, 312, 317, 355.

θυσιαστήριον 2, 48, 50. 13, 127, 132, 138. 15, 160. 17, 182, 251. 19, 53, 80. 20, 234. 22, 71. 26, 106. 28, 83, 285, 287, 290, 291, 293.

θυτέον 32, 134.

θύτης 28, 60. 31, 48.

θυτικός 28, 64.

θύω (Α) 4, 94, 94, 94, 125, 165. 6, 51, 71. 10, 8. 12, 108, 161, 162, 163, 163. 13, 126, 140. 16, 25. 18, 5. 19, 19. 20, 248. 21, 62, 172. 23, 235. 25, 73, 219, 302. 26, 147, 152, 165, 224, 231, 233. 27, 72, 74, 159. 28, 68, 100, 147, 177, 181, 188, 191, 195, 203, 221, 221, 223, 223, 242, 256, 260, 260, 277, 283. 29, 145, 146. 30, 80. 31, 191. 35, 74. 38, 355, 356, 356, 357, 357.

θωπεία 34, 99.

θωπεύω 25, 46.

θωράκιον 30, 149. 35, 33.

θωρακοειδής 28, 86.

θώραξ 4, 115. 26, 143. 28, 146. 31, 93. 34, 78. 37, 90. 38, 97.

θώψ 4, 202. 24, 73, 78. 34, 25, 99. 37, 102, 108. 38, 162. 39 (VIII 11, 15).

Ἰακώβ 2, 61. 3, 59, 59, 89, 94, 94, 94, 103. 4, 2, 2, 15, 16, 18, 18, 18, 22, 23, 23, 23, 26, 26, 88, 90, 93, 177, 181, 190, 191. 5, 40, 46, 67. 6, 5, 17, 18, 42, 64, 81, 119, 120, 120, 135. 7, 3, 45, 46, 67. 8, 59, 62, 75, 76, 89. 10, 119. 11, 42. 12, 44, 90, 110. 13, 9, 9, 82, 82, 82. 14, 26, 65. 15, 72, 72, 80. 16, 39, 125, 153, 199, 200. 17, 180, 251, 252, 256, 261. 18, 35, 62, 70, 70. 19, 4, 7, 10, 23, 43, 52. 20, 12, 13, 81, 81, 83, 83, 87, 88, 97, 210, 215. 21, 4, 45, 168, 170, 171, 172, 183, 189, 196. 22, 15, 19, 66, 135. 23, 51, 52. 25, 76.

Ἰάμνεια 38, 200, 203.

ἰάομαι 2, 70, 76. 4, 118, 124, 129, 178, 178, 215, 226, 226. 7, 146. 10, 135. 15, 22. 22, 297. 24, 193, 197. 25, 198. 26, 139. 29, 17, 136. 32, 26. 34, 58. 36, 63. 38, 106, 145, 241.

ἰάσιμος 11, 40. 22, 196. 25, 58. 30, 122. 31, 181.

ἴασις 3, 79. 4, 106. 6, 4, 4, 127. 7, 43. 8, 10.

Ἰάσων 34, 143.

ἰατρεῖον 30, 106.

ἰατρεύω 21, 69.

ἰατρικός 2, 59. 4, 178. 7, 43. 10, 87. 11, 40. 13, 184. 15, 187. 16, 219. 17, 297. 20, 122. 21, 251. 24, 75. 27, 12. 35, 2. 38, 106.

ἰατρολογία 11, 13.

ἰατρός 1, 105. 3, 6. 4, 177, 226, 226. 5, 15. 6, 70, 70, 121, 123. 7, 44. 8, 141, 142. 10, 63, 65, 67. 11, 142. 12, 173. 15, 22, 151. 18, 53, 138. 20, 122, 170, 221. 21, 51. 24, 10, 33, 62, 63, 160. 25, 42. 27, 150. 28, 252. 29, 31. 30, 117. 31, 83, 153, 186. 33, 33, 33. 34, 12, 58. 35, 16, 44. 36, 79. 38, 17, 109, 273. 39 (VIII 7, 16), (VIII 7, 20).

Ἰάφεθ 3, 62. 14, 59, 59, 67.

Ἴβηρος 37, 2.

ἶβις 27, 79. 35, 8. 38, 163.

ἴδε → εἴδω

ἰδέα 1, 14, 16, 17, 18, 20, 22, [25], [25], 29, 34, 40, 41, 43, 55, 63, 71, 74, 102, 111, 129, 134, 145. 2, 1, 19, 19, 21, 21,

22, 22, 22, ‹22›, 26, 26, 26, 27, 27, 27, 27, 27, 33, 42, 53, 54, 92. 3, 12, 75, [80]. 4, 101. 5, 49, 51, 52, 64. 6, 83, 97. 7, 39, 41, 75, 76, 78, 177. 8, 110. 9, 61. 10, 55, 121. 11, 26, 103, 138. 12, 15, 31, 43, 81, 131. 13, 36, 90, 91, 99, 133, 134, 137, 173. 14, 36. 15, 9, 69, 73, 172. 16, 103, 103, 185. 17, 135, 144, 145, 146, 156, 280. 18, 25, 133, 136, 150. 19, 101. 20, 8, 123, 135, 146, 180, 200. 21, 18, 25, 45, 67, 79, 167, 186, [188], 208. 22, 45. 23, 113, 118, 122, 127, 159, 218. 24, 1, 151. 25, 126, 128, 133, 212. 26, 22, 34, 74, 110, 121, 127, 127, 180, 221, 289. 27, 1, 7, 24, 102, 134, 169. 28, 29, 38, 48, 90, 137, 171, 205, 247, 253, 266, 281, 322, 325, 327, 328, 329, 330, 342, 344. 29, 50, 56, 63, 151, 172, 205, 233. 30, 83, 159, 207. 31, 113, 116, 129, 161, 234. 32, 5, 6, 81, 87, 92, 113, 134, 160, 195. 33, 1, 11, 22, 56, 90, 142. 34, 3, 66, 160. 35, 4, 29, 39. 36, 6, 62. 37, 66, 79, 171. 38, 131, 133, 269.

ἰδιάζω 4, 43. 7, 29. 25, 294. 26, 161, 163. 28, 298.

ἰδιολογέω 7, 29.

ἴδιος, ἰδίᾳ 1, 52, 57, 57, 62, 97, 126, 138. 2, 5, 28, 91, 92, 104, 105, 106, 108. 3, 23, 23, 33, 34, 47, 58, 65, 78, 94. 4, 29, 29, 30, 32, 43, 48, 50, 61, 86, 86, 105, 123, 124, 172, 186, 200, 228, 231, 234, 238, 242. 5, 44, 46, 73, 77, 77, 77, 86, 88, 99, 113, 117, 119, 124. 6, 12, 31, 51, 55, 95, 97, 101, 125, 136. 7, 8, 9, 22, 86, 109, 124, 125, 129, 129, 138, 143, 155, 174. 8, 29, 30, 50, 58, 73, 110, 117, 136, 163, 179, 181, 183. 9, 26, 29, 43, 64. 10, 5, 17, 19, 38, 52, 125, 161, 170. 11, 5, 33, 35, 38, 47, 65, 75, 106, 117, 137, 151, 169. 12, 1, 13, 39, 57, 113, 130, 146. 13, 40, 55, 79, 79, 79, 109, 129, 143, 175, 192, 209. 14, 9, 40, 53. 15, 14, 19, 21, 46, 67, 87, 95, 154, 189. 16, 10, 11, 22, 32, 46, 50, 78, 83, 185, 189, 195, 211.

ἱεροπομπός 28, 78. 38, 216,
312.
ἱεροπρεπής 1, 99. 4, 204. 6,
45. 10, 102. 12, 25, 90, 162.
16, 98, 113. 17, 110. 18, 114.
19, 149. 20, 25. 21, 82, 256.
22, 269. 23, 101. 26, 25, 85.
27, 33, 51, 60, 175. 28, 185,
186, 317. 29, 70, 251. 30,
83, 187. 33, 84, 101. 34, 75,
150. 37, 83. 38, 202.
ἱερός 1, 17, 27, 77, 78, 97, 128,
128, 137. 2, 62, 76. 3, 105.
4, 11, 36, 106, 110, 118, 126,
129, 152, 162, 185, 219. 5, 42,
45, 48, 73, 124. 6, 55, 60, 76,
88, 128, 129, 130. 7, 62, 63,
133, 135, 142, 161, 170. 8,
110, 153, 158, 179. 9, 16, 54,
67. 10, 6, 17, 105, 111, 140.
11, 51, 85, 91, 113, 113, 116,
118, 119, 127. 12, 26, 42, 61,
86, 94, 118, 126, 139, 161, 162,
168. 13, 37, 85, 95, 104, 131,
143, 208, 213. 14, 17, 40, 66.
15, 3, 27, 28, 35, 59, 97, 143,
147, 156, 174. 16, 14, 17, 23,
28, 69, 76, 85, 90, 97, 102,
131, 139, 200. 17, 21, 95, 105,
106, 108, 112, 129, 159, 171,
175, 182, 184, 185, 195, 201,
207, 216, 221, 225, 251, 258,
259, 286, 293, 309. 18, 34,
40, 78, 85, 89, 90, 101, 108,
120, 134, 157, 168, 171, 175.
19, 4, 19, 81, 83, 114, 117, 137,
144, 185, 196. 20, 30, 43,
60, 81, 104, 106, 114, 126,
138, 152, 187, 189, 190, 191,
192, 204, 210, 215, 228, 245,
248, 260. 21, 33, 48, 49, 51,
53, 69, 70, 77, 79, 81, 96, 114,
121, 124, 127, 141, 164, 164,
172, 191, 202, 206, 208, 214,
220, 225, 226, 229, 241, 245.
22, 23, 63, 67, 71, 75, 119,
127, 173, 184, 185, 187, 220,
232, 243, 246, 249, 249, 265,
272, 272, 290, 292, 300, 301.
23, 1, 4, 20, 47, 48, 52, 61,
71, 115, 121, 156, 177, 181, 206,
244, 258. 24, 120, 229. 25,
1, 4, 23, 34, 210, 217, 277.
26, 5, 11, 21, 36, 45, 59, 67,
70, 74, 84, 94, 95, 109, 131,
141, 143, 144, 145, 146, 158,
159, 162, 185, 188, 194, 209,
211, 213, 231, 263, 266, 290,
292. 27, 1, 8, 10, 37, 40, 41,

51, 65, 81, 93, 96, 99, 106,
133, 138, 154, 161, 173. 28,
15, 59, 78, 82, 95, 97, 98, 103,
105, 114, 118, 123, 126, 150,
172, 182, 189, 199, 207, 214,
215, 220, 229, 231, 232, 234,
234, 241, 244, 245, 254, 254,
256, 261, 262, 269, 280, 285,
288, 296, 297, 298, 319, 325,
328, 344. 29, 6, 13, 23, 39,
41, 56, 64, 80, 84, 86, 104,
108, 110, 134, 150, 156, 159,
161, 176, 183, 214, 215, 224,
238, 249, 254, 256, 260. 30,
6, 14, 24, 29, 40, 46, 59, 119,
120, 125, 183. 31, 30, 33, 55,
61, 69, 84, 95, 100, 105, 120,
125, 156, 161, 165, 173, 175,
205, 215, 238. 32, 34, 79, 80, 87,
94, 95, 102, 119, 127, 135, 175,
182, 201. 33, 4, 51, 52, 52,
79, 90, 111, 119, 122, 138, 157,
162. 34, 2, 13, 81, 81, 112,
143, 158. 35, 2, 25, 26, 28,
64, 71, 75, 78, 81, 83. 36, 19,
139. 37, 48, 93, 121. 38, 22,
108, 115, 156, 156, 158, 195,
202, 205, 296, 296, 311, 318,
330, 356. 39 (VIII 6, 5), (VIII
7, 2), (VIII 7, 5), (VIII 7, 13),
(VIII 7, 13).
Ἱεροσόλυμα 38, 156, 278, 288,
312, 313, 315.
→ auch Ἱερουσαλήμ
ἱεροσυλέω 4, 241. 15, 163.
ἱεροσυλία 27, 133. 29, 13. 30,
83, 83. 31, 87.
ἱερόσυλος 24, 84.
ἱερουργέω 4, 130. 5, 96. 12,
164. 13, 138. 15, 124. 16,
67, 98, 140, 202. 17, 174.
18, 106. 21, 62, 194, 212.
22, 72. 23, 198, 202. 25, 87.
26, 106, 141, 228, 229. 28,
168, 177, 180, 254, 275. 29,
36, 145. 32, 146. 38, 296.
ἱερουργία 10, 132. 12, 107.
13, 18, 130. 23, 170, 198.
26, 73, 107, 108, 133, 174, 225,
228, 231, 279. 28, 21, 68, 74,
96, 100, 125, 162, 181, 229,
261. 31, 98.
Ἱερουσαλήμ 22, 250.
→ auch Ἱεροσόλυμα
ἱεροφαντέω 5, 42. 7, 13. 10,
62. 15, 149. 21, 207. 26,
37, 149, 153. 27, 41. 28, 323.
32, 108, 163. 34, 14, 74, 74.
38, 56.

ἱεροφάντης 4, 151, 173. 5, 49.
6, 94. 8, 16, 164, 173. 9, 54.
10, 156. 14, 20. 16, 14. 19,
85. 21, 164. 22, 3, 29, 109.
26, 40. 27, 18. 28, 41. 29,
201. 30, 135. 31, 177. 32,
75, 174.
ἱερόω 6, 128. 26, 134.
ἱερωσύνη 4, 79, 242. 6, 132.
8, 183. 12, 63. 13, 65, 74, 75,
126. 14, 40. 18, 99. 19, 107,
145. 23, 98. 25, 304. 26, 5,
66, 67, 71, 173, 177, 187, 187,
225, 274, 278. 27, 159. 28,
57, 57, 102, 103, 108, 115, 159.
29, 145, 164. 30, 127. 32,
53, 54. 33, 75, 78. 38, 278.
ἴημι 22, 275. 23, 183. 24, 237.
25, 50, 102, 245, 287, 309.
26, 197. 27, 148. 28, 38, 58.
30, 129, 204. 31, 129.
Ἰησοῦς 13, 96. 20, 121, 121.
25, 216. 32, 55, 66, 69.
Ἰθάμαρ 22, 186.
ἱκανός 1, 20, 90. 2, 10, 44.
4, 13, 31, 126, 134, 143, 147,
164, 165, 171, 205, 208, 234.
5, 16, 39, 46, 49, 59, 65, 123.
6, 10, 36, 115. 7, 28, 30, 32,
43, 57, 61, 66, 86, 106, 115,
124, 130. 8, 16, 21, 22, 42,
124, 142, 146. 9, 35, 57. 10,
33, 40, 87, 157. 11, 22, 93.
12, 31, 42, 85, 144. 13, 32,
32, 166, 166, 169, 188, 206,
212, 224. 14, 51. 15, 17, 112,
147. 16, 21, 92, 140, 201.
17, 15, 23, 39, 125, 125, 144,
193. 18, 9. 19, 40, ‹96›, 97,
128, 163, 172, 202, 213. 20,
15, 27, 46, 91, 91, 108, 165,
168, 174, 233, 250. 21, 2, 66,
240. 22, 25, 61, 73, 153, 185,
187. 23, 53, 199, 209. 24,
10, 91, 114, 142, 147, 178, 251,
262, 270. 25, 40, 63, 120, 225,
304. 26, 94. 27, 100. 28, 21,
128, 175, 252, 334. 29, 17, 39.
31, 101, 146, 148, 175, 188, 218.
33, 13, 51, 93. 34, 47. 35,
79. 37, 130. 38, 3, 37, 38,
257, 272. 39 (VIII 6, 1), (VIII
7, 11), (VIII 7, 14).
ἱκεσία 4, 215. 15, 186. 18,
109. 23, 6, 51. 25, 128, 273.
26, 166, 166. 28, 42, 45, 97,
312. 29, 196, 203, 209, 218.
31, 57. 32, 64, 221. 33, 56.
39 (VIII 7, 9).

ἱκέσιος 25, 36.
ἱκετεία 5, 47. 18, 107. 25, 72.
33, 166. 38, 179, 248.
ἱκετεύω 4, 213. 5, 47, 47. 6,
4, 70. 7, 146. 8, 13, 16. 15,
39. 16, 122. 17, 186. 18,
107, 109. 20, 228. 22, 149.
23, 107, 131. 24, 173, 219.
25, 101, 125, 184, 216, 320.
26, 177, 228, 279. 28, 41, 45.
32, 63, 79. 34, 39. 38, 265,
366.
ἱκετηρία 38, 228, 276.
ἱκέτης 4, 214. 6, 119. 7, 62,
63, 70, 93, 160. 8, 138. 13, 94.
15, 160. 16, 122, 124. 17,
37, 124, 205. 18, 105. 19,
56, 80. 20, 222. 22, 99, 273.
24, 229, 229. 25, 34, 35, 35,
36, 72, 142, 185. 28, 42, 159,
309. 29, 118, 217. 32, 79, 79,
124, 124, 185, 185. 33, 44.
34, 64, 148.
ἱκετικός 38, 3.
ἱκέτις 7, 95. 8, 31. 10, 116,
160. 12, 53, 63. 17, 273.
22, 299.
ἱκμάς 1, 38. 30, 10.
ἱκνέομαι 1, 104. 13, 150.
ἵκτερος 33, 143.
ἵκτινος 35, 8.
ἱλαδόν 13, 150.
ἱλαρός 12, 167. 18, 161. 22,
144. 24, 245. 25, 187. 26,
211. 28, 69, 134. 29, 43, 48,
214. 31, 74. 32, 67. 33, 89.
35, 40, 58. 37, 118. 38, 12,
83, 180.
ἱλαρότης 12, 166. 22, 167.
24, 204. 35, 77.
ἱλάσκομαι 4, 174. 12, 162. 20,
235. 23, 129. 26, 24, 201.
28, 116, 234, 237. 33, 56.
ἱλασμός 4, 174. 8, 48. 12, 61.
17, 179. 18, 89, 107.
ἱλαστήριον 5, 25. 17, 166.
19, 100, 101. 26, 95, 97.
ἵλεως 1, 169. 2, 66. 4, 128,
140, 174. 6, 33, 39, 39. 7, 93,
146. 12, 46, 90, 171. 13, 224.
15, 103, 166, 182. 16, 15,
122, 124. 17, 206. 18, 107,
107. 19, 95, 98, 100, 104, 105,
141, 154. 20, 129. 21, 90, 90.
22, 165, 265, 292. 23, 96.
24, 104, 198. 25, 72, 101, 160,
185, 331. 26, 5, 61, 96, 96,
132, 189, 238. 28, 97, 145,
187, 229, 242, 265, 294, 310.

29, 15, 23, 27, 55, 196, 253.
30, 121, 193. 32, 41, 160.
33, 115, 116, 163. 34, 39. 39
(VIII 7, 2), (VIII 7, 5).
Ἰλιάς 35, 17.
ἴλιγγος 24, 142.
ἱλυσπάομαι 8, 74. 11, 97. 17,
238. 22, 105. 25, 78. 27, 149.
30, 1. 31, 91, 113. 36, 129.
ἱμάς 37, 74. 38, 131.
ἱμάτιον 4, 239, 240. 19, 110,
111. 21, 92, 92, 93, 98, 100,
100, 101, 101, 102, 102, 107,
109, 113, 126. 24, 49. 28, 115.
31, 203.
ἱματισμός 16, 105, 105.
ἱμερόεις 36, 121.
ἵμερος 1, 71. 8, 116. 9, 44.
12, 22. 16, 157. 17, 274, 310.
20, 174, 260. 21, 10, 36, 50.
22, 150, 176, 233. 23, 65, 66.
24, 70. 25, 58. 27, 109, 149.
28, 51, 322, 339. 30, 4. 31,
20. 33, 26, 39. 34, 22, 71.
35, 13, 14, 75. 38, 47, 372.
39 (VIII 11, 2).
ἱμονιά 25, 52.
ἵνα 1, 15, 16, 33, 45, 58, 66, 75,
78, 83, 86, 88, 100, 100, 126,
131, 133, 135, 146, 149, 168,
169. 2, 20, 29, 47, 59, 60, 76,
89, 95, 96, 98. 3, 15, 20, 34, 45,
49, 55, 57, 79, 85, 88, 93, 101.
4, 17, 24, 36, 62, 72, 73, 82,
104, 109, 120, 122, 128, 130,
131, 134, 157, 165, 166, 172,
174, 199, 225, 238, 239, 242,
244. 5, 2, 15, 17, 20, 26, 29,
29, 31, 32, 42, 72, 82, 101, 109,
112, 121, 126. 6, 1, 8, 23, 28,
31, 40, 41, 45, 57, 60, 69, 72,
72, 76, 80, 84, 90, 90, 94, 94,
108, 129, 129, 134. 7, 6, 11, 18,
46, 46, 52, 58, 71, 85, 86, 114,
154, 160. 8, 13, 31, 74, 78, 103,
151. 9, 9, 14, 47. 10, 38, 49,
67, 74, 76, 85, 113, 138, 138,
142, 156, 164, 176, 178, 182.
11, 11, 24, 36, 56, 77, 86, 105,
122, 123, 130, 133. 12, 10, 15,
15, 17, 20, 33, 45, 49, 49, 110,
111, 131, 145, 160, 162, 175,
176. 13, 14, 48, 50, 50, 52,
70, 71, 82, 157, 157, 158, 224.
14, 40, 48, 68, 69. 15, 1, 4,
22, 25, 27, 31, 56, 59, 72, 74,
87, 93, 94, 98, 103, 110, 136,
140, 163, 175, 179, 181, 188,
189, 195, 196. 16, 12, 24, 25,

27, 36, 67, 98, 104, 105, 155,
158, 160, 174, 223. 17, 20,
21, 26, 26, 35, 37, 44, 61, 67,
70, 105, 110, 110, 112, 113,
121, 130, 162, 166, 169, 170,
174, 177, 186, 193, 199, 201,
205, 218, 226, 244, 261, 276,
291, 293, 309, 312. 18, 1, 7,
12, 13, 14, 33, 38, 57, 70, 76,
94, 101, 106, 109, 110, 114,
122, 124, 170, 178. 19, 18, 22,
38, 47, 59, 81, 85, 92, 97. 20,
13, 14, 21, 24, 31, 47, 47, 62,
63, 72, 85, 87, 108, 112, 119,
186, 188, 188, 204, 209, 228,
230, 263, 268, 270. 21, 37,
52, 57, 58, 60, 71, 101, 113, 147,
149, 159, 162, 163, 165, 173,
193, 215, 231, 241, 256. 22,
1, 77, 86, 126, 142, 146, 169,
195, 204, 233, 242, 243, 249,
280. 23, 51, 54, 105, 143, 173,
176, 190, 215. 24, 4, 13, 17,
45, 94, 110, 113, 116, 195, 238,
244, 248, 251. 25, 3, 8, 11,
19, 29, 47, 55, 73, 75, 84, 106,
168, 171, 173, 221, 223, 224,
245, 256, 257, 273, 278, 279,
313, 330. 26, 5, 6, 36, 48, 73,
75, 78, 83, 84, 85, 86, 87, 90,
113, 130, 133, 139, 147, 187,
200, 205, 214, 214, 231, 245,
245, 248, 249, 253, 256, 267,
286, 291. 27, 13, 16, 40, 74,
81, 96, 138, 161, 177. 28, 29,
53, 55, 81, 96, 105, 110, 115,
116, 124, 127, 131, 134, 182,
193, [219], 219, 225, 242, 242,
247, 254, 260, 260, 293, 296,
320, 325, 325, 331. 29, 3, 15,
17, 36, 55, 60, 64, 66, 67, 71,
73, 78, 80, 85, 86, 87, 103, 105,
111, 119, 139, 141, 142, 149,
156, 157, 170, 182, 189, 199,
201, 210, 229, 247, 256, 261,
261. 30, 33, 47, 48, 49, 56,
70, 70, 97, 114, 117, 122, 130,
131, 135, 156, 159, 160, 176,
178. 31, 3, 29, 31, 31, 56, 67,
70, 74, 77, 93, 93, 134, 139, 139,
141, 142, 155, 158, 158, 163,
169, 169, 171, 173, 175, 175,
184, 191, 205, 206, 208, 211,
215. 32, 29, 30, 34, 58, 70,
73, 98, 109, 133, 133, 136,
139, 140, 145, 145, 149, 152,
156, 157, 168, 169, 169, 209.
33, 8, 48, 71, 72, 72, 80, 100,
102, 131, 133, 152, 156. 34,

14, 15. 15, 72, 84, 111, 150, 160, 189, 196. 16, 5, 7, 27, 42, 80, 85, 101, 160, 166, 167. 17, 83, 133, 141, 141, 142, 144, 144, 145, 145, 145, 146, 146, 147, 147, 148, 148, 149, 149, 151, 152, 152, 152, 154, 155, 159, 160, 160, 161, 164, 168, 174, 175, 180, 182, 191, 195, 196, 196, 196, 207, 220, 224. 18, 24, 158, 172. 19, 124, 162, 172, 211. 20, 11, 21, 29, 48, 88, 103, 137, 142, 235, 270. 21, 36, 158. 22, 94, 200, 221, 224, 267. 23, 240, 243, 246. 24, 101, 102. 25, 59, 97, 123, 141, 221, 324, 327. 26, 83, 84, 89, 90, 91, 103, 122, 232, 242. 27, 21, 27, 28, 28, 33, 38, 41, 61, 62, 109. 28, 121, 121, 121, 139, 140, 140, 170, 170, 178, 180, 187. 29, 27, 32, 34, 34, 37, 78, 165. 30, 70, 106, 133, 149, 166. 31, 11, 22, 54, 89, 131, 143, 184, 197. 32, . 137, 137. 34, 42, 126, 149. 36, 43, 46. 37, 24, 106. 38, 67, 183, 289, 297, 297. 39 (VIII 7, 11).

ἰσοστάσιος 8, 9. 15, 11. 16, 166.

ἰσοταχέω 16, 175.

ἰσοταχής 5, 22. 20, 67. 22, 112. 23, 172.

ἰσοτέλεια 5, 120. 28, 53.

ἰσοτελής 34, 148.

ἰσότης 1, 51, 106. 5, 105. 6, 27. 12, 122, 122. 14, 8. 15, 48, 108. 16, 167. 17, 143, 143, 145, 146, 150, 153, 153, 161, 162, 163, 163, 164, 164, 165, 176, 177, 191, 192, 195, 196. 18, 16. 20, 153, 232. 22, 16, 40, 80. 24, 9, 249. 25, 328. 26, 9. 27, 162. 28, 121, 265, 295. 29, 21, 34, 68, 170, 204. 30, 182. 31, 74, 165, 166, 166, 169, 187, 231, 231, 232, 232, 233, 234, 235, 236, 237, 238. 32, 114. 33, 59. 34, 79, 84. 35, 17. 36, 108. 38, 62, 85.

ἰσοτιμία 5, 120. 25, 35. 28, 52, 243.

ἰσότιμος 3, 18. 6, 8, 91, 131. 8, 95. 10, 13, 57. 14, 4, 54, 54. 15, 170. 17, 159, 177. 23, 62. 24, 232. 25, 324. 27, 37. 28, 170, 181, 228, 229,

238. 29, 157. 30, 202, 202. 32, 154, 185, 223. 33, 112. 34, 130, 148. 38, 98, 341.

ἰσοχρόνιος 7, 75. 9, 56. 17, 37.

ἰσόω 1, 13, 101. 17, 154. 18, 23. 27, 28. 29, 40. 34, 3.

Ἰσραήλ 3, 34, 77, 94. 4, 11, 15, 133, 186, 186, 212, 214. 6, 118, 118, 118, 119, 120, 134, 134. 7, 67, 94. 8, 54, 63, 89, 92, 158. 10, 121, 144, 145. 12, 59, 63. 13, 77, 82, 82. 14, 19. 15, 36, 56, 72, 72, 92, 93, 146, 148. 16, 15, 39, 54, 113, 125, 168, 201, 224. 17, 78, 113, 117, 124, 279. 18, 51, 86. 19, 208. 20, 81, 81, 83, 207. 21, 62, 89, 114, 117, 129, 171, 172, 172. 22, 44, 172, 173, 222, 271, 280. 23, 57. 33, 44. 38, 4.

Ἰσραηλιτικός 17, 203.

Ἰσσάχαρ 2, 80, 80, 81, 83. 3, 94. 12, 134, 134, 136. 13, 94. 19, 73. 22, 34.

ἵστημι 1, 50, 85. 2, 6, 80. 3, 83, 95, 95. 4, 4, 9, 9, 32, 38, 65, 85, 110, 126, 146, 160. 5, 14, 17, 18, 19, 26, 63, 130. 6, 8, 22, 26, 28, 57, 63, 67, 68, 68. 7, 89, 114. 8, 19, 19, 23, 23, 24, 27, 27, 27, 27, 28, 28, 28, 29, 30, 30, 30, 30, 70, 84, 89, 89, 89, 91. 9, 48, 49, 49, 52, 66. 10, 23, 149. 11, 70, 79, 85. 12, 11, 59, 76, 125, 134, 135, 144. 13, 95, 111, 124, 170, 174, 179, 183, 183. 15, 19, 29, 30, 31, 31, 31, 31, 35, 38, 38, 38, 99, 100, 100, 114, 124, 138, 190. 16, 7, 22, 75, 85, 125, 147, 192. 17, 82, 166, 177, 201, 205, 206. 19, 163. 20, 12, 54, 54, 57, 87, 91, 175, 178, 179, 263. 21, 38, 62, 157, 158, 241, 244, 245, 245, 246, 250. 22, 129, 129, 139, 170, 216, 219, 221, 221, 222, 223, 224, 226, 226, 227, 229, 233, 235, 237, 238, 261, 269, 277, 298, 300. 23, 26, 119, 121, 160, 195, 200, 214. 24, 79. 25, 54, 78, 158, 180, 203, 244, 255, 269. 26, 162, 252, 270, 291. 27, 25. 28, 150, 219. 29, 46, 216. 30, 55, 60, 139, 160, 189, 208. 31, 83, 149. 32, 86, 147, 195. 33, 17. 34,

13, 92, 146. 35, 66, 75, 89. 36, 33, 128. 37, 35, 37, 38, 75, 87, 122, 175. 38, 96, 117, 189, 235, 313, 350. 39 (VIII 7, 20).

ἰστίον 12, 152, 152. 26, 90. 27, 14. 37, 27.

ἱστορέω 26, 59, 143. 29, 146.

ἱστορία 5, 105. 18, 15, 74. 21, 205. 22, 302. 23, 65. 28, 342. 36, 120, 139, 146, 146. 39 (VIII 6, 5).

ἱστορικός 6, 78. 18, 44. 21, 52. 26, 46, 47. 33, 1, 2.

ἰσχναίνω 17, 270.

ἰσχνόφωνος 17, 4, 16. 25, 83.

ἰσχυρίζομαι 4, 206.

ἰσχυρογνωμοσύνη 21, 218.

ἰσχυρογνώμων 33, 30. 34, 27. 38, 196.

ἰσχυρός 3, 21, 29. 4, 207. 13, 186. 21, 155. 23, 168, 216, 266. 28, 26, 307. 32, 174. 36, 21, 26. 38, 68, 74.

ἰσχυρότης 4, 204.

ἰσχύς 1, 103, 104. 2, 42, 98, 98. 3, 41. 4, 136. 5, 103, 104. 6, 56, 56, 81, 86. 7, 35, 51, 112, 112, 113, 114, 114, 118. 8, 38, 48, 112, 120, 143, 145, 159, 162. 9, 36, 37. 10, 38, 147, 173. 11, 21, 86, 147, 172. 12, 88. 13, 75, 83, 94, 96, 105, 105, 121, 122, 156, 185, 201. 14, 3. 15, 19, 37, 44, 51, 118, 164, 188. 17, 285. 18, 165. 19, 96. 20, 250. 21, 69, 250. 22, 9, 90. 24, 41, 130. 25, 8, 106, 224. 26, 69. 27, 136. 28, 145. 29, 99, 99. 30, 78. 31, 74, 89, 205. 32, 2, 44, 114, 146, 147, 155, 165, 166, 168, 168. 33, 21, 48, 95, 140, 156. 34, 40, 119. 36, 37, 65, 136. 37, 1, 126. 38, 14.

ἰσχύω 3, 81, 82, 95. 4, 6, 13, 27, 70, 147, 186, 189, 206, 242, 242. 5, 82. 6, 49, 64, 95, 135. 7, 71. 8, 72. 10, 153. 11, 162, 178. 12, 8, 49, 144. 13, 51, 73, 82, 112. 14, 3, 38. 15, 12, 120. 16, 167. 17, 13, 143, 224, 239. 18, 66. 19, 14, 22, 165. 20, 44, 178, 224, 233, 250. 21, 19, 24. 22, 93, 94, 95, 116, 253. 23, 79, 105, 164. 25, 49, 112, 217. 26, 197, 271. 27, 60, 87. 28,

45. 31, 112, 155. 32, 69, 222.
33, 41. 34, 91. 36, 58, 69, 76.
38, 319. 39 (VIII 6, 4), (VIII
6, 6), (VIII 7, 11).
ἴσχω 3, 70. 5, 11, 20, 22, 38,
87, 93. 6, 2. 7, 172, 172.
8, 122. 10, 93. 11, 35, 36.
13, 173. 14, 47, 50. 15, 15,
134. 20, 85. 28, 72, 300. 29,
103.
ἴσως 2, 84. 3, 81. 4, 113, 122.
7, 58. 9, 1, 58. 10, 21, 70,
105, 122. 11, 61, 85, 157. 12,
54. 13, 13, 32, 65, 107, 144,
169. 14, 33, 67. 15, 104, 117,
142, 149, 162, 190. 16, 126,
138, 172, 210. 17, 28, 99, 101,
222. 18, 18, 18, 152, 153. 19,
8, 35. 20, 171, 181, 188. 21,
4, 7, 39, 95, 130, 149, 149,
150, 181. 22, 94, 102, 182,
301. 23, 175, 182, 193, 198. 24,
25, 53, 99, 99, 111, 125, 176,
176, 176, 192, 192, 194, 209.
25, 2, 30, 109, 123, 123, 156.
26, 62, 135, 155, 169, 260.
27, 29, 77, 151. 28, 32, 108,
277, 291. 29, 41. 30, 18, 29,
45, 57, 143, 163, 166, 197. 31,
18, 36. 32, 54, 54, 69, 117,
127, 166, 222. 33, 69. 34,
27. 35, 15, 48. 36, 2, 60, 90,
134. 37, 6, 60, 164, 186. 38,
195, 196, 241, 248, 253, 262,
287. 39 (VIII 7, 15), (VIII
7, 20).
Ἰταλία 2, 62. 36, 139. 37,
109, 125, 157, 173. 38, 10, 108,
116, 155, 159, 252.
Ἰταλικός 35, 48.
ἰτέον 12, 36. 31, 78.
ἰχθῦς 1, 63, 65, 65, 66, 66, 68,
147. 7, 151. 11, 24. 12, 102. 13,
182, 219. 17, 79, 8δ. 22, 49, 260.
25, 93, 100. 26, 250. 27, 79.
28, 176. 31, 91, 113, 126.
ἰχνευτικός 23, 266.
ἰχνεύω 17, 256.
ἰχνηλατέω 1, 56. 15, 143. 16,
218. 17, 81. 21, 49. 22, 259.
24, 7, 104. 33, 36. 34, 64,
114. 35, 27. 36, 106, 138.
ἴχνος 1, 144. 8, 24. 9, 39, 58.
10, 178. 11, 17. 15, 69, 71.
16, 128. 19, 130. 20, 181.
25, 102, 186. 26, 157. 32,
18, 64. 38, 347.
ἰχώρ 31, 119.
Ἰώβ 20, 48.

Ἰωβήλ 8, 83, 93, 100.
Ἴων (tragicus) 34, 134.
Ἴων 31, 102.
Ἰνδικός 22, 55.
Ἰωσήφ 4, 26, 90, 90, 179, 180,
237, 238, 242. 5, 128. 7, 5, 6,
13, 17, 28. 8, 80, 96. 10, 119,
120. 11, 56. 13, 210, 210.
14, 12, 27. 15, 71, 72. 16,
17, 21, 159, 159, 203, 205.
17, 251, 256. 19, 73, 127,
127. 20, 89, 89, 90, 91, 97,
170, 171, 215. 21, 78, 219.
22, 5, 6, 10, 15, 17, 47, 65, 66.
24, 28.

καγχάζω 38, 42.
Κάδης 19, 196, 196, 213, 213.
καδίσκος 25, 52.
καθά 5, 106. 6, 8. 7, 28. 8,
89, 179. 10, 160. 13, 67, 150.
15, 39, 145. 16, 67, 129. 17,
213, 243. 20, 195. 21, 70.
22, 30, 217. 25, 111, 330.
28, 238, 291, 345.
καθαγιάζω 4, 141. 5, 106.
21, 243. 22, 232. 29, 215.
καθαγίζω 6, 136.
καθαγνίζω 19, 81.
καθαίρεσις 2, 75. 11, 109.
12, 35. 13, 23, 29, 105, 112.
15, 130, 132, 145, 188. 16,
45. 17, 289. 19, 207. 20,
72. 22, 16, 285. 26, 277.
27, 61. 28, 249. 29, 170.
38, 37, 153, 159.
καθαιρετικός 38, 14, 113.
καθαιρέω 4, 189. 5, 37. 7,
14, 165. 8, 71, 72, 132, 140,
140, 146. 10, 174. 11, 77,
86. 12, 144. 13, 156. 14,
57. 15, 26, 101, 128, 131, 193.
16, 63, 191, 208, 224. 17,
206, 286. 19, 147. 21, 152,
154, 174. 22, 14, 119, 152,
198, 290. 23, 223, 225. 24,
26, 131, 133, 179, 216, 217.
25, 31, 70, 263, 305, 327,
332. 26, 13, 96, 139, 185,
270. 28, 265, 293. 29, 46.
30, 152. 32, 26, 132, 165,
191. 33, 87, 87, 157. 34, 26.
36, 11. 37, 4, 83, 84, 124.
38, 132, 202, 211, 303, 305,
322.
καθαίρω 4, 100, 126, 127, 147,
200. 5, 33, 48, 107. 6, 128,
139. 7, 170, 171. 9, 54, 64.

10, 90, 132. 11, 10, 50, 80.
12, 114, 115, 162. 13, 78.
14, 62. 15, 51. 16, 2, 19.
17, 113, 239, 276. 18, 110.
19, 41, 80, 112. 20, 235, 245,
249. 21, 91, 148, 177, 198, 217,
226. 22, 25, 64, 138. 23,
122, 223. 24, 112. 25, 313.
26, 114, 225. 27, 45, 77.
28, 5, 188, 191, 201, 228, 229,
261, 262. 29, 148, 262. 30,
33, 89, 101, 130, 150, 205.
31, 59, 59. 32, 189. 33, 120,
163. 36, 2, 62. 38, 81.
καθάλλομαι 11, 110. 26, 249.
καθαμαξεύω 15, 143. 17, 279.
καθάπαξ 21, 94. 23, 36, 51.
καθάπερ 1, 3, 20, 41, 42, 52,
64, 66, 66, 69, 72, 78, 85, 85,
96, 117, 127, 128, 132, 133,
142, 148, 152, 155, 163, 166.
2, 3, 47, 66, 72. 3, 30, 45.
4, 7, 24, 76, 96, 185, 204, 224,
230. 5, 2, 24, 32, 35, 57, 61,
82, 102, 104. 6, 6, 16, 17, 18,
22, 36, 40, 41, 42, 44, 44, 45,
49, 49, 51, 64, 66, 67, 74, 80,
83, 95, 103, 109, 120, 121.
7, 8, 12, 40, 43, 50, 59, 84,
105, 117, 123, 125, 128, 142,
164. 8, 11, 34, 41, 51, 52, 56,
61, 88, 100, 104, 107, 113, 116,
125, 126, 127, 129, 137, 141,
151, 156. 9, 30. 10, 38, 45,
74, 116. 11, 15, 24, 51, 58,
142, 158, 168. 12, 2, 10, 15,
24, 27, 37, 40, 55, 63, 65, 106,
110, 147, 167, 171. 13, 11, 59,
90, 94, 101, 116, 121, 133, 140,
167, 184, 207, 215. 14, 15,
20, 23, 41, 43, 46. 15, 67, 69,
94, 114, 144, 150, 192. 16,
3, 6, 72, 100, 101, 127, 148,
164, 171, 180, 214. 17, 55,
‹87›, 133, 214, 219, 238, 250, 279,
282, 307. 18, 23, 47, 50, 55,
59, 129, 135, 142, 144, 158.
19, 2, 19, 115, 151, 153, 183,
213. 20, 73, 84, 149, 163, 169,
191, 193, 211, 246, 262. 21,
40, 49, 51, 77, 91, 105, 116,
150, 165, 178, 181, 239. 22,
64, 78, 186, 198, 275. 23, 10,
19, 27, 31, 50, 62, 73, 116,
119, 168, 193, 196, 220, 257,
259, 269. 24, 3, 16, 17, 35,
39, 48, 58, 61, 82, 115, 160,
232, 259. 25, 16, 22, 29, 33,
60, 65, 93, 99, 103, 107, 111,

11*

83, 83, 92, 106, 109, 110, 122.
12, 37, 43, 171. 13, 6, 8, 25,
78, 187. 14, 30, 38, 42, 43,
44, 45, 45, 47, 49, 50. 15, 11,
23, 24, 26, 52, 57, 60, 67, 67,
68, 70, 83, 85, 90, 90, 91,
101, 104, 113, 115, 161, 167,
177, 179, 188, 189, 193, 195,
196, 198, 198. 16, 26, 61, 61,
124, 208, 219. 17, 109, 209,
241, 241, 243. 18, 53, 59, 59,
71, 82, 82, 83, 84, 85, 87, 129,
171, 172, 178, 178, 179. 19,
43, 58, 61, 64, 82, 113. 20,
30, 50, 143, 167, 269. 21,
174. 22, 14, 163, 256. 23,
1, 19, 22, 32, 40, 41, 41, 47,
105, 106, 204. 24, 18, 70, 83,
213. 25, 106, 186. 26, 16, 53,
138, 196, 200. 28, 32, 214,
221, 257, 278, 281, 295, 330,
330, 343. 29, 11, 42, 77, 92,
‹170›, 228. 30, 54, 103, 125,
151, 167, 191, 209. 31, 55,
108, 182, 206, 237. 32, 147,
147, 164, 172, 181, 195, 211,
227. 33, 12, 32, 34, 52, 62,
115, 124, 159. 34, 17, 45, 55,
55, 60, 61, 63, 63, 78, 90.
35, 2. 36, 2, 112, 112. 38,
91, 118.

κακίζω 11, 33. 13, 121. 15,
46. 16, 34. 18, 179. 22, 292,
299. 24, 87, 170. 25, 287.
26, 269. 27, 89, 118. 28, 227,
235. 29, 101. 33, 116, 163.
34, 14.

κακόβουλος 29, 49.

κακοδαιμονέω 4, 17. 7, 25.
10, 17. 20, 94, 242. 26, 186.
38, 105.

κακοδαιμονία 1, 156. 4, 52.
7, 103. 15, 16, 162, 165.
17, 179. 20, 237. 21, 121.
23, 268. 32, 61, 202. 33,
171. 38, 31, 69.

κακοδαιμονίζω 7, 143. 8, 81.

κακοδαίμων 1, 152. 4, 211.
5, 39. 7, 78, 119. 11, 36.
16, 83. 23, 35. 25, 193.
27, 130. 28, 193, 278, 304,
304. 31, 81. 32, 50, 205.
37, 14, 157, 159. 38, 59.

κακόδουλος 35, 19.

κακοήθης 18, 71. 22, 192.
25, 244. 37, 12.

κακοικονόμος 6, 32.

κακομανέω 36, 46.

κακομήχανος 6, 32.

κακονοέω 16, 116.

κακόνοια 25, 249. 37, 78.
38, 355.

κακόνομος 6, 32.

κακόνους 6, 32. 22, 108. 37, 9.
38, 33.

κακοπάθεια 4, 135. 5, 87. 24,
26, 223. 25, 154. 27, 117.
33, 128.

κακοπαθέω 5, 88. 6, 38. 22,
105, 181. 29, 60. 32, 88, 130.

κακοποιέω 22, 296.

κακοπολιτεία 1, 171. 11, 45.
20, 150. 32, 180.

κακοπραγέω 32, 122.

κακοπραγία 1, 151. 5, 34, 35.
6, 28, 116. 7, 142. 8, 67.
10, 48. 11, 75, 151. 15, 6.
16, 194. 18, 15. 21, 96.
23, 64, 246. 24, 137, 187, 217.
26, 163. 27, 43. 29, 131.
30, 161, 166. 31, 200. 33,
150, 169. 37, 29, 118, 148,
153, 167, 174, 186. 38, 124,
137, 187.

κακός 1, 73, 73, 75, 75, 79, 156,
169. 2, 45, 76, 102, 108. 3,
17, 53, 53, 62, 62, 65. 4, 19,
46, 52, 53, 72, 104, 105, 105,
105, 105, 105, 106, 106, 110,
174, 177, 177, 177, 178, 186,
199. 5, 34, 36, 37, 42, 57,
‹75›, 86. 6, 4, 4, 16, 28, 30,
70, 122, 125, 135. 7, 48, 57,
58, 74, 93, 119, 122, 123, 140,
141, 148, 174, 178. 8, 9, 26,
32, 37, 54, 75, 83, 94, 94, 176,
181. 9, 16, 37. 10, 9, 49, 50,
115, 170. 11, 31, 47, 100, 105,
111, 118, 122, 133. 12, 53,
87, 98, 107, 171, 171. 13, ‹20›,
26, 79, 125, 163, 187. 14, 2, 4,
42, 52, 67, 68. 15, 10, 12, 13,
15, 15, 21, 21, 22, 42, 48, 50,
75, 91, 92, 105, 154, 161, 164,
178, 180, 181, 181, 182, ‹196›.
16, 59, 72, 86, 114, 114, 147,
148, 161, 172, 195, 211. 17,
15, 77, 97, 163, 178, 184, 186,
204, 240, 274, 284, 287, 294,
295, 295, 299, 314. 18, 32,
45, 81, 84, 84, 130, 160. 19,
42, 42, 43, 58, 58, 61, 61,
62, 62, 63, 67, 70, 70, 74,
74, 79, 80, 94, 99, 114, 131,
152, 153, 190, 193, 213. 20,
37, 108, 138, 144, 163, 168,
189, 195, 196, 197, 227. 21,
57, 91, 107, 110, 149, 151, 211.

22, 125, 130, 140, 140, 150,
151, 163, ‹179›, 200, 204, 205,
230, 265, 279, 282, 289, 291,
294. 23, 14, 14, 21, 46, 86,
96, 134, 136, 143, 145, 202,
228, 230, 246, 261, 261, 263,
268. 24, 12, 13, 15, 25, 36,
57, 57, 68, 84, 86, 94, 100,
137, 137, 143, 156, 166, 170,
187, 212, 214, 214, 227. 25,
3, 11, 26, 42, 69, 106, 110,
120, 122, 123, 137, 146, 146,
149, 168, 170, 171, 172, 191,
197, 216, 236, 247, 284, 286,
295, 295, 305, 305, 323.
26, 5, 16, 59, 162, 174, 200,
240, 248. 27, 2, 5, 123, 144,
145, 151, 155, 176. 28, 56,
62, 121, 192, 195, 196, 206,
224, 283, 284, 305, 314, 333.
29, 13, 15, 37, 46, 52, 52,
53, 76, 83, 95, 131, 137, 170,
187, 201, 203, 209. 30, 3, 4,
15, 17, 23, 28, 28, 37, 39, 39,
103, 162, 171, 183. 31, 3, 24,
42, 47, 64, 84, 84, 89, 91, 100,
109, 113, 121, 130, 170. 32,
24, 26, 100, 106, 107, 116,
124, 131, 150, 161, 162, 200,
205, 205. 33, 62, 63, 68, 70,
71, 71, 72, 73, 93, 127, 127,
132, 134, 135, 136, 138. 34,
23, 23, 56, 57, 64, 83, 84, 90,
115, 139. 35, 39, 43, 62.
36, 13, 148. 37, 1, 20, 44,
57, 66, 91, 105, 124, 128, 147,
‹153›, 162, 179, 187. 38, 2, 17,
82, 97, 99, 101, 101, 108, 119,
127, 133, 149, 184, 190, 198,
200, 223, 224, 233, 267, 293,
299, 327, 328, 348. 39
(VIII 6, 4), (VIII 7, 7).

κακοτεχνέω 11, 157. 15, 14,
75. 20, 199. 30, 53. 31,
194.

κακοτεχνία 18, 141. 20, 150.
21, 107. 30, 101. 31, 48.

κακότεχνος 6, 32. 7, 18.
35, 42.

κακότης 13, 150.

κακοῦργος 10, 112. 17, 109.
28, 75. 37, 75.

κακόω 4, 174, 174. 8, 54. 9, 10.
10, 115. 15, 51. 17, 20, 20,
79, 271, 271. 18, 107, 158, 170,
170, 172, 178, 178, 178, 180.
19, 1, 2, . 20, 196. 25, 69, 72.
26, 184. 29, 135, 136, 217.
30, 99, 161, 197. 33, 117,

119. **37**, 97. **38**, 125. **39**
(VIII 6, 6).
κάκωσις 4, 174. **7**, 19. **11**, 152.
16, 9. **17**, 268. **18**, 157, 160,
161, 161, 167, 167, 173, 175,
178, 178, 179. **19**, 2. **25**, 129,
191. **30**, 62, 99. **33**, 143, 146,
151, 157. **37**, 121.
κακωτής 18, 171. **38**, 92.
κακωτικός 38, 81.
καλαμίσκος 17, 216, 218, 220.
18, 8.
καλαμοσφάκτης 37, 132.
Κάλανος 34, 93, 94, 96.
καλέω 1, 15, 31, 35, 36, 39,
57, 64, 78, 78, 101, 105, 111,
127, 133. **2**, 1, 10, 21, 23, 31,
43, 45, 55, 59, 69, 72, 90. **3**,
9, 9, 10, 16, 16, 18, 18, 18, 18,
44, 54, 55, 55, 67, 84, 86, 89.
4, 43, 44, 46, 49, 49, 49, 49,
50, 52, 79, 81, 85, 96, 104,
136, 151, 154, 162, 172, 191,
200, 214, 215, 217, 220, 233,
236, 247, 248, 251. **5**, 5, 10,
41, 49, 55, 57, 60, 84, 87, 124.
6, 2, 20, 33, 51, 79, 120, 126.
7, 3, 4, 15, 39, 65, 76, 83, 83,
84, 118, 160, 160, 172. **8**, 12, 22,
30, 34, 57, 59, 63, 68, 84, 91, 93,
94, 101, 101, 102, 103, 131. **9**, 62,
64, 66. **10**, 5, 44, 86, 89, 103,
121, 139, 144, 150. **11**, 29, 41,
56, 95, 147. **12**, 14, 23, 38,
56, 78, 78, 82, 86, 123, 129,
134, 134, 134, 136, 148, 151,
154, 169. **13**, 47, 82, 99, 101,
139, 155, 155, 164, 165, 174,
174. **14**, 9, 10, 16, 22, 28, 28,
35, 45, 52. **15**, 1, 9, 28, 57,
68, 89, 111, 122, 130, 137, 148,
173, 174. **16**, 4, 13, 32, 38,
46, 84, 94, 152, 157, 165, 203,
205, 221, 224. **17**, 47, 127,
163, 179, 191, 223, 230, 231,
263, 273, 274, 280. **18**, 20,
25, 30, 37, 42, 57, 60, 76, 142,
148, 163, 166, 168, 177. **19**,
1, 29, 75, 100, 100, 188, 196,
204, 212. **20**, 29, 40, 60, 63,
63, 71, 81, 83, 90, 94, 99, 103,
117, 120, 126, 128, 130, 144,
160, 164, 193, 260, 261. **21**,
42, 63, 69, 85, 89, 90, 93, 115,
125, 129, 129, 130, 139, 141,
145, 172, 194, 195, 200, 206,
214, 230, 254. **22**, 1, 33, 234,
237, 242, 248, 250, 286. **23**,
1, 8, 17, 27, 28, 32, 54, 56,

81, 103, 121, 124, 176, 201.
24, 28, 61, 220, 234, 250, 256,
265. **25**, 58, 66, 98, 130. **26**,
29, 33, 80, 101, 106, 149, 174,
199, 243, 244, 245. **27**, 16, 54,
56, 81, 86, 90, 132, 143, 160.
28, 4, 49, 51, 88, 94, 147, 181,
190, 193, 194, 208, 226, 242,
247, 248, 290, 297, 303, 344.
29, 41, 41, 58, 73, 86, 101,
108, 113, 131, 132, 132, 145,
173, 211, 215, 252, 259. **30**,
23, 155, 170. **31**, 21, 31, 36,
69, 93, 114, 130, 187, 188, 235.
32, 23, 24, 27, 40, 91, 108,
169. **33**, 4, 26, 123. **34**, 6,
31, 69, 81. **35**, 2, 3. **36**, 1, 15,
48, 54, 54, 97. **37**, 112, 151.
38, 4, 38, 70, 138, 144, 186,
211, 294, 372. **39** (VIII 11, 1).
καλινδέομαι 20, 173.
Καλλίας 35, 57.
καλλιερέω 11, 127. **21**, 243.
καλλίνικος 11, 79.
καλλιστεύω 5, 48. **23**, 27, 57.
25, 59. **29**, 178, 259. **31**, 11,
14. **33**, 53.
κάλλος 1, 4, 6, 71, 97, 128, 139,
139, 139, 145. **3**, 81. **4**, 16, 63,
220. **6**, 21, 29, 45. **7**, 79, 99,
133. **8**, 92, 93, 112, 119, 159.
9, 17, 44. **10**, 150. **12**, 65.
13, 52, 75, 137. **14**, 12, 12,
38, 68. **15**, 49. **16**, 12, 12,
86. **17**, 4. **18**, 75, 124. **19**,
26. **20**, 267. **21**, 164, [188].
22, 228. **23**, 154, 159, 227,
261, 263, 267. **24**, 130, 144,
269. **25**, 64, 190, 212, 235,
299. **26**, 26, 51, 137, 139, 209.
27, 26. **28**, 73, 139. **29**, 32,
40, 51, 141, 176. **30**, 25, 51.
31, 51, 89. **32**, 36, 39, 217.
33, 42, 64, 84, 115, 160.
34, 4, 38, 137. **35**, 26, 78.
36, 41, 76. **38**, 105, 150.
καλοκἀγαθία 11, 135. **12**, 42.
13, 49, 95, 112. **14**, 65. **15**,
71, 149, 196. **16**, 24, 120, 219.
18, 31. **19**, 19, 45, 139. **21**,
49, 125, 148, 209. **22**, 171,
176, 178. **23**, 27, 35, 56, 98,
220, 254, 271. **24**, 19, 37, 85,
124, 230. **25**, 59. **26**, 57, 189,
215. **28**, 101, 215, 246, 272,
304. **29**, 46, 236. **30**, 51.
31, 75, 169, 182, 196, 237.
32, 10, 52, 56, 60, 79, 117,
197, 201, 206, 226. **33**, 59,

112. **34**, 41, 62, 71, 75, 91.
35, 72, 90. **37**, 2. **38**, 5,
143.
καλός 1, 8, 16, 16, 21, 28, 28,
30, 69, 73, 76, 82, 107, 136,
138, 150, 153, 154, 170, 171.
2, 49, 55, [55], 55, 56, 56,
57, 58, 60, 60, 61, 61, 63, 64,
66, 67, 78, 78, 78, 78, 80, 80,
90, 97, 99, 100, 100, 101. **3**,
1, 1, 1, 1, 1, 1, 4, 4, 4, 55, 73,
87, 90, 100, 108, 108. **4**, 18, 27,
38, 47, 48, 58, 72, 77, 83, 85,
88, 104, 110, 129, 136, 141,
144, 150, 156, 158, 166, 167,
167, 180, 181, 215, 218, 236,
249. **5**, 9, 13, 30, 41, 44, 46,
85, 86, 86, 86, 87, 92, 96, 98,
101, 103. **6**, 5, 17, 19, 30, 35,
37, 41, 48, 51, 53, 53, 54, 55,
60, 63, 68, 68, 69, 71, 78, 115,
120, 138. **7**, 9, 30, 35, 37, 43,
51, 65, 69, 74, 74, 95, 111, 120,
120, 134, 149. **8**, 12, 21, 38,
42, 62, 80, 80, 84, 88, 94, 95,
95, 99, 101, 127, 132, 133, 133,
133, 135, 135, 159, 164, 170,
174, 182. **9**, 2, 4, 6, 15, 20,
21, 43. **10**, 24, 25, 49, 89,
94, 111, 123, 129, 137, 154.
11, 5, 9, 50, 82, 91, 99, 104,
110, 123, 128, 153, 168. **12**,
36, 50, 50, 77, 107, 158, 160,
161, 170, 171. **13**, 16, 21, 29,
33, 84, 112, 139, 146, 187, 194,
197, 200, 223, 223, 224. **14**,
15, 26, 53, 60, 62, 67, 68, 68.
15, 59, 72, 103, 118, 145, 169,
173. **16**, 16, 31, 36, 46, 56,
59, 70, 86, 88, 114, 125, 132,
135, 144, 144, 145, 146, 149,
153, 161, 164, 181, 205, 218,
218. **17**, 36, 50, 52, 53, 77, 99,
159, 267, 275, 290, 291, 299,
312. **18**, 7, 36, 69, 89, 99,
107, 108, 109, 113, 137, 166,
177. **19**, 8, 34, 35, 36, 52, 58,
65, 75, 128, 129, 145, 150, 151,
153, 153, 167, 175, 200, 206,
207. **20**, 30, 31, 31, 47, 76,
82, 108, 119, 138, 141, 145,
173, 189, 193, 197, 198, 255.
21, 13, 45, 56, 103, 106, 126,
131, 135, 149, 162, 168, 180,
207, 244, 251, 251. **22**, 9,
20, 24, 34, 74, 77, 92, 109,
180, 192, 216, 217, 218, 218,
235, 268, 270, 272, 281, 282,
282, 296, 296. **23**, 4, 7, 18,

20, 22, 26, 37, 38, 47, 52, 54, 57, 74, 102, 102, 156, 156, 168. 24, 2, 18, 46, 59, 79, 101, 143, 207, 213. 25, 3, 3, 59, 146, 153, 168, 189, 189, 249, 289, 295, 301, 306. 26, 7, 9, 11, 12, 27, 34, 70, 93, 126, 128, 130, 136, 199. 27, 37, 50, 58, 63, 67, 71, 77, 84, 97, 113, 132, 162. 28, 10, 12, 15, 33, 55, 56, 120, 174, 195, 197, 204, 248, 250, 265, 269, 280, 301, 303, 314, 318, 320, 323, 332, 337, 339. 29, 7, 12, 18, 29, 31, 48, 48, 66, 72, 73, 88, 110, 142, 154, 166, 193, 256. 30, 1, 41, 64, 77, 108, 115, 125. 31, 15, 46, 64, 68, 69, 69, 131, 138, 146, 161, 171, 173, 178, 182. 32, 51, 53, 54, 67, 69, 84, 99, 102, 113, 118, 127, 142, 152, 174, 197, 198, 205, 205, 210, 219, 221, 221. 33, 16, 18, 27, 32, 32, 51, 104, 112, 112, 114, 126, 152, 172. 34, 2, 15, 62, 63, 66, 74, 108, 136, 136, 139. 35, 1, 1, 8, 16, 67, 89. 36, 13, 37, 76. 37, 34, 74, 85, 142, 157. 38, 5, 5, 5, 89, 103, 147, 198, 206, 206, 234, 265, 277, 329, 338, 348. 39 (VIII 6, 2).

κάλπις 28, 262.

κάλυμμα 3, 53. 20, 43. 26, 87, 101.

καλύπτω 3, 27. 4, 158, 158. 26, 87.

κάλως 5, 38. 11, 174. 15, 35. 20, 215. 22, 132. 38, 177.

καματηρός 8, 94. 23, 59. 26, 211. 29, 100. 33, 80. 37, 26.

κάματος 1, 80, 86, 158, 167. 5, 46, 88, 88, 90. 6, 37, 113, 114. 7, 122. 10, 92. 16, 144. 22, 58. 25, 237. 28, 125. 29, 69, 89, 207. 33, 156. 34, 2. 36, 62, 63.

καμηλοπάρδαλις 31, 105.

κάμηλος 8, 132, 132, 148, 153. 11, 131, 145. 18, 111. 28, 135.

κάμινος 13, 73. 17, 251. 25, 127.

καμμύω 21, 164.

κάμνω 1, 84. 4, 70, 226. 5, 15, 88. 6, 123. 7, 43. 8, 31, 141. 10, 65, 160. 11, 13, 40. 15, 22. 16, 124, 133, 144, 220. 18, 53. 19, 27. 20, 84, 85, 221. 21, 51, 243. 24, 33, 77.

25, 128, 215. 27, 12. 29, 98, 233. 31, 153. 34, 12. 38, 241.

καμπτήρ 1, 47. 12, 76, 125. 19, 98.

κάμπτω 1, 79. 7, 99. 8, 74. 12, 17. 13, 185. 15, 51. 29, 46.

κἄν 2, 34, 52. 3, 60, 103. 4, 47, 47, 56, 56, 89, 89, 95, 155, 245. 5, 6, 37, 66, 66. 6, 23, 23, 34, 48, 66, 70, 70, 87, 115, 123. 8, 21, 21, 38, 128, 138. 9, 25, 26, 53. 10, 40, 66, 66, 73, 76, 120, 128, 128. 11, 11, 17, 36, 56, 61, 78, 98, 116, 121, 142, 147, 167. 12, 108, 108, 132, 160, 164. 13, 19, 53, 64, 65, 116, 156, 158, 167, 182, 195, 206, 207. 14, 13, 15, 22, 22, 24, 35. 15, 6, 13, 14, 29, 74, 76, 117, 146, 191. 16, 10, 26, 108, 112, 122, 137, 144, 182, 191, 222, 225. 17, 78, 83, 83, 84, 90, 104, 141, 270. 18, 51, 52. 19, 16, 31, 51, 55, 62, 99, 153. 20, 22, 48, 50, 85, 124, 128, 129, 169, 231, 262. 21, 16, 24, 27, 112, 164, 245. 22, 48, 58, 116, 127. 23, 174, 192, 197, 197, 199, 264. 24, 39, 47, 48, 62, 68, 71, 73, 76, 122, 147, 166, 252. 25, 30, 49, 130, 213, 213, 247, 329. 26, 27, 61, 108, 145, 147, 214, 214. 27, 42, 43, 87, 127, 137. 28, 17, 36, 102, 107, 113, 119, 124, 127, 127, 153, 154, 155, 155, 160, 211, 211, 220, 246, 271, 272, 286, 293, 315, 316, 338. 29, 2, 11, 18, 81, 122, 198, 207, 248, 253. 30, 8, 9, 27, 54, 70, 75, 78, 86, 86, 87, 87, 88, 98, 99, 106, 107, 122, 141, 141, [146], 149, 182, 198. 31, 46, 52, 140, 145, 147, 169, 170, 181, 221, 230. 32, 27, 48, 96, 108, 109, 114, 114, 116, 117, 124, 160, 160, 185, 188, 189, 190, 226. 33, 20, 32, 84, 94, 105, 148, 149, 164. 34, 19, 25, 131, 136, 136, 141, 149. 36, 2, 33, 33, 36, 46, 134, 135. 37, 50, 58, 111, 129, 159. 38, 3, 107, 154, 218, 220, 307, 307, 323, 357. 39 (VIII 6, 9), (VIII 7, 1), (VIII 7, 8), (VIII 7, 17), (VIII 11, 13).

κάνεον, κανοῦν 22, 158, 207, 208, 210. 24, 93, 96.

κανηφορέω 22, 158, 208, 212. 24, 93.

κανονικός 1, 96.

κανών 4, 233. 6, 59. 7, 125. 8, 28, 104. 9, 49. 11, 130. 13, 185. 15, 2. 17, 154, 160, 173. 19, 152. 21, 73. 24, 145. 25, 76. 27, 14, 140. 28, 287. 30, 137, 164. 31, 115. 32, 70, 219. 34, 83. 36, 108, 116.

καπηλεία 34, 78.

καπηλεύω 32, 112. 38, 203.

κάπηλος 16, 217. 31, 193, 194.

Καπίτων 38, 199, 199, 202.

καπνίζω 17, 251, 308.

καπνός 17, 251, 310. 22, 70. 23, 141. 24, 53. 26, 56. 27, 44, 74. 37, 68. 38, 130.

καπνώδης 38, 130.

κάπτω 2, 98.

κάρα (Α) 36, 37.

Καραβᾶς 37, 36.

καραδοκέω 4, 189. 24, 9, 97. 25, 12. 26, 178. 31, 220. 37, 180. 38, 128.

καρδία 1, 118. 2, 12, 59, 68. 3, 6. 6, 55, 57, 136. 7, 90. 8, 85, 137. 10, 20. 15, 24. 17, 113. 18, 170. 19, 123, 142. 20, 123, 237, 238. 21, 32. 22, 180. 25, 189. 28, 6, 213, 214, 215, 216, 218, 304. 31, 137. 32, 183, 183. 33, 80. 34, 68.

καρηβαρέω 25, 270. 35, 89.

καρκίνος 27, 72.

κάρος 38, 267, 269.

καρπόβρωτος 11, 12.

καρπός 1, 39, 40, 41, 41, 41, 42, 43, 43, 44, 44, 46, 58, 59, 80, 113, 116, 140, 153, 153, 156, 156. 2, 22. 3, 46. 4, ‹93›, 99, 227, 227. 5, 102. 6, 25, 25, 52, 52, 52, 72, 72, 80, 125. 7, 111. 8, 125, 163, 171. 9, 4. 10, 39, 39, 154, 166. 11, 5, 9, 10, 11, 14, 18, 19, 25, 157. 12, 33, 74, 74, 77, 85, 85, 93, 95, 95, 95, 98, 100, 106, 112, 112, 113, 113, 113, 114, 114, 115, 116, 117, 119, 125, 126, 132, 132, 133, 135, 137, 137, 138, 138. 13, 106, 223, 224. 14, 28, 65. 15, 124. 16, 125, 140, 202, 205. 17, 121, 137, 137, 314.

καταφαίνω 5, 55. 25, 169, 301. 28, 278. 30, 195. 38, 34, 228.
καταφανής 24, 175, 200. 26, 213.
καταφάσκω 4, 85.
καταφέρω 4, 223. 6, 61, 66. 11, 169. 25, 99. 30, 114, 148. 36, 33, 33. 37, 189.
καταφεύγω 4, 28, 29, 39, 41, 48, 71. 6, 70, 70, 71, 93, 119. 7, 163. 15, 39, 160, 161. 16, 52. 19, 53, 77, 80, 94, 97. 20, 8. 23, 95. 24, 132. 25, 34, 105. 27, 140. 28, 42, 324. 29, 217. 30, 88, 130, 130, 132. 31, 40. 32, 124, 124. 33, 147. 34, 148, 151.
καταφθείρω 10, 140, 140, 141, 142.
καταφιλέω 17, 41, 42, 43, 43, 44, 44, 44.
καταφλέγω 4, 248, 249. 5, 31. 8, 159, 164. 9, 34. 15, 157. 23, 226. 26, 53, 157, 286. 27, 122. 28, 313. 31, 28.
καταφρονέω 9, 32. 13, 57, 131. 19, 33, 33, 35. 21, 218. 22, 141. 23, 48. 25, 102, 153, 213, 324. 26, 69, 277. 27, 40, 85. 30, 130. 31, 150. 32, 15, 17. 33, 17, 24. 34, 30, 30. 35, 63. 37, 178. 38, 236, 249.
καταφρόνησις 34, 103.
καταφρονητής 38, 322.
καταφρονητικός 4, 141, 147. 10, 153, 167. 18, 15, 27. 23, 183, 229. 25, 291. 28, 150. 30, 126. 31, 80. 32, 25, 43. 34, 106, 110, 149, 153. 38, 361.
καταφυγή 6, 129. 10, 156, 160. 19, 75, 76, 78, 80, 86, 96, 99, 102, 103. 21, 44, 63, 86. 23, 51. 25, 219. 26, 251. 28, 52, 129, 158, 159, 192, 309, 310. 31, 8. 37, 159.
καταφυτεύω 12, 47, 52, 95. 18, 56, 57. 19, 175. 28, 335. 33, 139.
καταφωράω 11, 21. 24, 12, 213.
καταχαρίζομαι 29, 115.
καταχέω 5, 59. 8, 59, 165. 10, 46. 13, 44, 157, 167. 15, 144. 19, 136. 23, 79. 24, 140. 38, 228.

καταχράομαι 1, 171. 7, 101. 8, 141. 17, 105, 156, 266. 18, 119, 161. 19, 30, 70. 20, 12, 266. 21, 230. 25, 3. 26, 84. 27, 94, 99. 28, 55, 65, 120, 329. 29, 7, 50, 109. 31, 26. 32, 89, 143, 169. 37, 56. 38, 171.
κατάχρησις 5, 121. 6, 101. 8, 168. 20, 13, 13. 21, 229. 229. 23, 120.
καταχρηστικός 3, 10. 4, 86. 17, 124. 20, 27.
καταχρίω 15, 105. 26, 146, 152, 152.
καταχώννυμι 19, 148. 30, 152.
καταψεύδομαι 1, 2, 7. 5, 94. 8, 122. 11, 164. 18, 61. 19, 160. 22, 64, 97. 23, 104. 24, 7. 25, 90. 26, 177, 271. 27, 3. 29, 227. 30, 68, 156. 31, 52.
καταψηφίζομαι 4, 74. 13, 71. 16, 134. 25, 134.
καταψήχω 11, 70.
κατάψυξις 36, 67.
καταψύχω 16, 210. 17, 147, 309. 31, 56.
κατεῖδον 1, 45, 54. 2, 45. 3, 81. 5, 16. 8, 118. 11, 95. 12, 22. 13, 44, 47, 83. 14, 6. 15, 78, 173. 16, 115, 135, 136, 144. 17, 155. 21, 75. 22, 244. 23, 70, 104, 242. 24, 16. 25, 33, 180, 230. 26, 167, 210, 241. 28, 259. 29, 216. 30, 185, 187. 32, 129. 35, 78. 36, 63.
κάτειμι 8, 30, 30, 136. 13, 10. 15, 134, 135. 17, 240, 242. 19, 194. 21, 115, 138, 142, 236. 22, 242. 25, 115. 26, 144. 28, 161. 36, 58. 37, 166.
κατεῖπον 24, 48.
κατειρωνεύομαι 38, 30.
κατεμβλέπω 19, 141.
κατέναντι 2, 63, 69, 85, 86. 5, 12. 8, 1.
κατεξανίσταμαι 4, 147. 13, 56, 63, 126. 18, 165. 24, 34, 34. 32, 178.
κατεπαγγέλλομαι 30, 101.
κατεπάδω 13, 40. 18, 16. 21, 220. 22, 88. 25, 42. 28, 343. 30, 29. 31, 93. 36, 68. 38, 52.
κατεπείγω 24, 200. 25, 124. 26, 267. 37, 82. 38, 246.

κατεργάζομαι 6, 62. 12, 47, 50, 53. 13, 109, 113. 26, 146. 28, 249. 29, 225. 33, 143. 37, 66. 38, 32, 74, 121.
κατέρχομαι 5, 2, 10, 99. 7, 117. 8, 136. 15, 33, 140. 19, 87, 117, 194. 21, 147. 26, 281. 36, 58. 38, 185. 39 (VIII 6, 1).
κατερῶ 24, 48.
κατεσθίω 2, 76, 76. 4, 230, 230. 17, 44.
κατευθύνω 2, 69. 27, 60.
κατευνάζω 26, 255.
κατεύχομαι 24, 200.
κατευωχέομαι 11, 90. 33, 171.
κατέχω 1, 5, 71. 2, 43, 92. 3, 102. 4, 13, 21, 197. 5, 42. 6, 113. 8, 5, 118, 163. 10, 138. 12, 70, 78. 13, 5, 166. 14, 195, 200. 20, 108, 113, 191. 17, 69, 260, 260, 264. 18, 41, 138. 19, 58, 132, 135, 151, 195, 200. 20, 108, 113, 136, 153, 199. 21, 2, 95, 254. 22, 56, 162, 196, 232. 23, 152. 24, 52, 147, 159, 163, 185, 200, 201, 209, 233. 25, 12, 124, 136, 139, 255, 286. 26, 164, 188, 225, 270, 275, 288. 27, 52, 63, 123. 28, 41, 65, 72, 118, 315. 29, 67, 124, 136. 30, 44, 91. 31, 15. 32, 217. 33, 15, 26. 34, 43. 38, 16, 155, 216, 267, 338, 357.
κατηγορέω 3, 67. 12, 80. 13, 41, 93. 16, 115. 19, 206. 20, 206, 206. 24, 88, 167, 197. 25, 11, 141, 294. 27, 86, 87. 29, 167. 30, 64, 80, 112. 31, 6, 48, 54, 127. 34, 101. 36, 85, 108, 117. 37, 6, 127, 139, 144, 147. 38, 160, 193, 248.
κατηγόρημα 11, 141. 18, 149.
κατηγορία 10, 48. 13, 15, 15, 32. 15, 2. 16, 93. 19, 27, 36. 21, 244. 22, 98. 24, 19, 227. 25, 286. 27, 30. 28, 202, 204. 29, 95, 234. 30, 119. 31, 15. 37, 125, 126, 128, 146. 38, 38, 136, 176, 176, 199, 350.
κατήγορος 2, 87. 7, 23, 58. 10, 128. 13, 14, 29, 68. 24, 215. 27, 87, 87. 28, 55, 153, 235, 235. 31, 43. 32, 172. 37, 54, 106, 135. 38, 171, 349, 359, 359.
κατήφεια 5, 37. 12, 167. 22,

κόλαξ 3, 10. 4, 182. 6, 32.
11, 164. 12, 105, 106. 16,
111. 17, 77, 302. 31, 89.
32, 173.
κολάπτω 17, 167. 36, 119.
κόλασις 1, 156. 6, 131, 133.
7, 144. 10, 76. 11, 40, 40.
15, 171, 180. 18, 119. 19, 65.
23, 129. 24, 150, 154, 155,
170, 263. 25, 26, 96, 96, 97,
102, 147, 154. 26, 47, 169,
197, 202, 285. 27, 69, 141,
174, .177. 28, 55, 284. 29,
163, 196. 30, 85, 122, 183.
31, 6, 6, 150. 32, 41. 33, 7,
67. 37, 96. 38, 7, 7, 95.
κολαστέος 25, 245. 28, 316.
30, 11.
κολαστήριος 6, 132. 8, 20.
9, 47. 11, 71. 13, 32. 15,
171. 17, 166, 203. 23, 145,
145. 28, 307. 38, 6, 7.
κολαστής 9, 46. 21, 91. 25,
107. 28, 160. 32, 172, 174,
194. 34, 7. 37, 54.
κολαστικός 17, 166.
κόλλα 1, 38, 131. 16, 132.
17, 188. 21, 111. 31, 107.
κολλάω 3, 50. 16, 132, 132.
κολοσσαῖος 1, 6. 24, 39.
38, 188, 203, 306, 337.
κολούω 8, 150.
κόλπος 1, 113. 12, 10, 24.
17, 20. 22, 118. 25, 79, 79.
26, 144. 28, 7. 31, 129.
32, 145. 35, 51. 36, 122.
37, 154. 38, 185.
κολωάω 22, 260.
κολωνός 23, 169. 25, 216.
κομάω 10, 88.
κόμη 6, 25. 10, 88. 21, 253.
κομιδῇ 4, 210. 5, 73. 8, 152.
14, 9. 18, 74. 24, 223. 25,
20, 179, 311, 330. 28, 163.
30, 119. 34, 160. 35, [67].
36, 42, 71, 145. 38, 1, 26. 39
(VIII 11, 3).
κομίζω 1, 166. 3, 57. 4, 70.
5, 118. 8. 5, 11, 69. 12, 101,
130. 13, 25. 16, 11, 204.
19, 149, 151. 21, 100. 22,
90. 23, 171. 24, 15, 22, 93,
190, 194, 210, 213, 215, 227,
231. 25, 18, 141, 231, 317.
28, 152, 188, 272, 278, 279,
280. 29, 73, 78, 121, 122,
182, 216, 219, 220. 30, 55,
60, 115. 31, 31, 196. 32, 84,
86, 88, 88, 95, 96, 123. 33, 40,

171. 34, 32. 37, 56, 96. 38,
129, ‹135›, 216, 231, 267, 337,
356.
κόμμα 21, 123, 208.
κομπαστής 29, 18.
κόμπος 18, 61.
κομψεύω 16, 75. 27, 55. 29,
244. 32, 196. 35, 59. 37,
102.
κονίαμα 5, 104.11,152,160.
κονίζω → κονίω
κονιορτός 25, 127, 129. 33,
133.
κόνις 15, 79. 23, 139. 24, 25.
25, 39. 29, 95. 36, 125.
38, 228.
κονίω 7, 29, 32. 11, 119. 13,
57. 16, 75, 200. 18, 92. 19,
24. 22, 146, 154. 23, 256.
26, 252. 30, 115. 37, 104.
38, 32.
κοντός (A) 37, 90. 38, 129.
κοπάζω 17, 201, 201. 22, 235,
236.
κοπετός 23, 260.
κοπή 13, 24.
κοπιάω 5, 41. 16, 145. 20,
254.
κόπος 29, 39.
κοπρία 37, 56.
κόπριον 19, 61.
κόπτω 13, 24. 16, 144. 20,
173. 26, 77. 38, 188, 243.
κοπώδης 16, 145. 20, 254.
Κορέ 19, 145.
κορέννυμι 4, 111, 155, 183.
8, 145. 15, 7, 154. 22, 149.
23, 228. 25, 130, 284. 30, 43.
κόρη 4, 171. 17, 79. 20, 56.
25, 52, 54, 108. 26, 234, 238.
28, 109. 29, 125. 30, 35,
66, 70, 80, 194. 34, 134, 140.
38, 234.
Κόρη 27, 54.
κορικός 25, 54.
Κορινθιακός 22, 55.
Κορίνθιος 37, 155.
Κόρινθος 24, 132, 132. 37,
154, 173. 38, 281.
κόριον (B) 4, 169, 170, 170.
κορμός 11, 6.
κόρος (A) 1, 158, 169. 3, 29,
69, 70. 4, 7. 6, 23, 85. 7, 157.
8, 98. 11, 32, 48. 17, 240.
23, 135, 228. 26, 13, 164,
164. 28, 208. 30, 43. 32,
162. 37, 77, 91, 91.
κόρος (B) 38, 234.
κορυβαντιάω 1, 71. 16, 35.

17, 69. 22, 1. 35, 12. 37,
169.
κορυφαῖος 22, 133.
κορυφή 13, 8. 17, 218. 21,
134. 22, 107. 23, 43. 25,
228. 36, 135.
κορυφόω 36, 135.
κοσμέω 1, 139. 7, 5, 20, 42.
10, 11, 150. 11, 91. 13, 86.
15, 146. 18, 70. 19, 187.
20, 13, 217. 22, 55. 26, 140.
30, 135. 33, 110. 38, 157,
297, 371.
κοσμικός 36, 53.
κόσμιος 4, 158. 20, 226. 24,
50. 28, 102, 153. 30, 89.
κοσμιότης 6, 27. 19, 33, 50,
154. 21, 124. 24, 40. 30, 51.
37, 99.
κοσμοπλαστέω 16, 6. 17,
166.
κοσμοπλάστης 12, 3. 18, 48.
κοσμοποιέω 1, 24. 4, 96. 27,
105. 36, 39, 40.
κοσμοποιητικός 1, 21. 38, 6.
κοσμοποιΐα 1, 3, 4, 6, 129, 170.
8, 64. 9, 22. 12, 86. 19, 68,
178. 23, 2, 258. 26, 37. 27, 97.
31, 123. 33, 1, 1.
κοσμοποιός 1, 7. 12, 50, 131.
19, 164. 25, 272. 26, 135.
29, 260. 33, 42.
κοσμοπολίτης 1, 3, 142, 143.
9, 61. 15, 106. 16, 59. 25,
157. 29, 45.
κοσμοπολῖτις 21, 243.
κόσμος 1, 3, 3, 7, 9, 11, 12, 13, 14,
15, 16, 17, 19, 20, 24, 25, 25,
26, 26, 26, 26, 33, 35, 36,
52, 53, 55, 62, 69, 77, 77, 78,
89, 89, 111, 131, 139, 142, 143,
146, 151, 171, 171, 171, 171,
172. 2, 1, 1, 2, 2, 2, 2, 44.
3, 2, 3, 3. 4, 5, 5, 6, 6, 7, 7,
30, 78, 78, 84, 97, 99, 100,
175. 5, 23, 26, 26, 86, 88,
99, 104, 110, 112, 119, 119, 119,
120, 127. 6, 8, 8, 21, 25, 26,
34, 40, 40, 65, 97. 7, 8, 54,
62, 75, 89, 90, 90, 116, 154,
154. 8, 5, 6, 7, 14, 59, 144,
166, 167. 9, 7, 61, 61, 64.
10, 19, 30, 31, 57, 62, 79,
97, 106, 107, 108. 11, 51, 52,
152. 12, 2, 4, 6, 8, 8, 22,
28, 28, 33, 45, 48, 50, 69, 120,
126, 127, 128, 131, 139, 162.
13, 30, 32, 62, 75, 108, 118,
187, 199. 14, 53, 54, 55. 15,

138, 142. 34, 116, 118. 37, 144, 185, 189. 38, 23, 30, 30, 61, 233.
κτῆμα 2, 67, 67, 77. 3, 79, 95. 4, 33, 56, 78, 78, 195, 209. 5, 48, 57, 64, 65, 66, 69, 71, 73, 83, 116, 117, 118, 118, 119, 123, 124, 124. 6, 29, 43, 54, 71, 97, 97. 7, 120, 136. 10, 57, 120. 11, 156. 12, 41, 41, 48, 54, 56, 56, 63, 68, 68, 71, 71, 72, 74, 130. 13, 20, 70, 107, 112. 16, 217. 17, 14, 103, 107, 118, 127, 258. 19, 18, 26, 150. 20, 26, 76, 89, 119, 191. 21, 113, 252. 22, 35, 42, 90, 128, 223. 23, 204, 264. 25, 152, 254. 26, 11, 243. 27, 133, 138. 28, 157, 248, 271. 29, 107, 113, 113, 113, 116, 123, 180. 30, 83. 31, 15, 22, 72, 217. 32, 90, 91, 91, 100, 154, 163. 34, 9, 12, 35, 158. 35, 16. 36, 56. 37, 158. 38, 232. 39 (VIII 7, 3).
κτῆνος 1, 40, 64. 4, 65, 107, 111. 5, 67, 67, 70, 70. 6, 89, 104, 104. 7, 170. 8, 98. 10, 51, 145, 169. 11, 30, 31. 16, 152. 17, 117, 118. 20, 250. 22, 267. 25, 319. 29, 35, 35, 36, 69. 30, 46, 145, 146. 31, 203. 34, 32. 38, 252.
κτηνοτροφέω 25, 51. 28, 136. 29, 109. 32, 144.
κτηνοτροφία 11, 27, 55, 59.
κτηνοτρόφος 8, 98, 98. 11, 27, 29, 29, 39, 48, 57, 66, 67, 124. 16, 212. 24, 257. 25, 320.
κτηνώδης 4, 111. 5, 70. 16, 152. 22, 267.
κτῆσις 2, 104. 3, 17. 5, 52, 52, 65, 108, 109. 6, 2, 40, 41, 57, 78. 7, 27, 32, 60, 138, 157. 8, 42, 94, 117. 9, 28. 10, 13. 11, 47, 119, 121, 121, 142, 149, 157, 172, 172. 12, 88. 13, 6, 84, 94. 15, 161. 16, 11, 200. 17, 95. 18, 24, 56, 79. 19, 97, 176. 20, 14, 32, 50, 73, 75, 236. 21, 124. 23, 24, 261. 24, 57. 25, 155, 156. 26, 24, 212. 27, 118. 28, 134, 137, 142, 145, 248, 283. 29, 85, 91, 105, 111, 118, 216, 222, 233. 30, 186. 31, 26, 124, 158. 32, 30, 84, 95, 198. 33, 105. 34, 80, 138, 156. 35, 14, 70. 38, 11.

κτητός 5, 52. 16, 46. 20, 95.
κτήτωρ 29, 108. 32, 98.
κτίζω 1, 17, 19, 24. 8, 49. 13, 105. 15, 122. 23, 122. 26, 49, 49, 64. 27, 97. 33, 66. 36, 139. 37, 46.
κτίσις 26, 51.
κτίστης 13, 42. 21, 76, 93. 28, 30, 294. 32, 179. 37, 46.
κτύπος 19, 22. 23, 160. 27, 44. 33, 148.
κύαθος 13, 221. 27, 249.
κυάνεος, κυανοῦς 13, 173. 36, 121.
κυβερνάω 1, 88, 119. 4, 80. 6, 105. 7, 53. 11, 69. 13, 199. 20, 16. 23, 84. 24, 149. 27, 14, 155. 31, 154. 33, 34. 38, 49.
κυβερνήτης 1, 46, 88, 88, 88, 114. 3, 104. 4, 80, 118, 223, 224. 5, 36. 6, 45, 51. 7, 141. 8, 142. 10, 129. 11, 69. 13, 86. 15, 22, 98, 115. 16, 6, 67. 17, 228, 301. 20, 149, 221. 21, 157. 22, 86, 201. 23, 70, 116, 272. 24, 33. 27, 53. 28, 121, 224. 29, 181. 31, 58, 95, 186. 32, 61, 186. 33, 33, 33, 51. 36, 83. 37, 26, 27, 110. 38, 149.
κυβερνητικός 19, 27. 31, 154.
κύβος 1, 92, 92, 93, 93, 94, 94, 106, 106, 106, 106, 106, 106. 27, 28. 29, 40, 212.
κυέω 3, 95. 5, 43. 25, 16. 30, 117. 34, 130. 36, 98.
κύησις 5, 42. 26, 210. 32, 128.
Κύθνος 37, 156.
κυΐσκομαι 25, 13. 30, 117.
κυκάω 15, 23, 69, 70. 20, 239. 22, 129, 225, 230. 38, 120.
κύκλος 1, 112, 122, 158. 2, 12, 66, 75, 86. 4, 25, 99, 169, 169. 5, 23, 24. 8, 5, 50, 103, 103, 103, 173. 9, 8. 10, 176. 11, 11, 24. 12, 3, 40. 15, 27, 100. 16, 217. 17, 55, 147, 233. 18, 146. 19, 144, 176, 184. 20, 74, 263. 21, 19, 20, 49, 134, 183, 233. 22, 6, 14, 44, 112, 113, 141, 170. 23, 119, 141. 24, 120, 150, 150, 159. 25, 91, 93, 114, 189, 200, 255. 26, 36, 51, 89, 124, 150, 224, 241, 260. 27, 44, 57, 127, 150. 28, 72, 156, 177, 199, 205, 205, 205, 219. 29, 48, 97, 120, 142, 150, 177. 30, 4. 31, 85,

128, 220. 33, 18, 26, 38, 65, 102, 114, 157. 35, 23, 53. 36, 109. 37, 39, 62, 114, 162. 38, 48, 128, 151, 181, 217, 250, 269, 282, 364.
κυκλοτερής 17, 229. 35, 51.
κυκλοφορητικός 17, 283.
κυκλοφορικός 21, 21.
κυκλόω 2, 63, 63, 66, 68, 85, 86. 25, 172. 36, 21. 37, 113.
Κύκλωψ 35, 40.
κύκνος 8, 105.
κύλιξ 22, 61. 29, 20. 35, 45, 49.
κυλίω 22, 161.
κῦμα 4, 172, 172. 11, 89. 12, 152. 22, 70. 26, 35, 253.
κυμαίνω 5, 38. 8, 22, 178. 9, 51. 10, 26. 15, 32. 22, 239.
κυματόω 22, 85, 121, 166.
κυμάτωσις 1, 63. 26, 255.
κύμβαλον 29, 193.
κυνάμυια 25, 130, 131, 133, 145.
κυνηγέσιον 24, 3. 25, 60. 31, 120.
κυνηγετικός 23, 266.
κυνηγέω 4, 2. 17, 252.
κυνηγός 31, 120.
κυνίδιον 31, 91. 33, 89.
κυνικός 12, 151. 34, 121.
κυνόμυια → κυνάμυια
κυνώδης 22, 267.
κυοφορέω 1, 43. 4, 217. 6, 102. 7, 127. 8, 74, 134, 176. 10, 137. 16, 140. 17, 51. 18, 66, 129, 138. 19, 204, 211. 20, 151, 252. 32, 137. 33, 63.
Κύπρος 38, 282.
κύπτω 17, 41. 25, 302.
κυρεία 24, 71.
κυριεύω 4, 187, 220. 5, 74. 22, 7, 7, 95, 100, 100. 39 (VIII 7, 5).
κυριολογέω 6, 101. 7, 58. 8, 7, 168. 10, 71. 22, 245. 23, 120. 25, 75.
κύριος 1, 37, 89, 90, 102, 135, 143, 147, 154. 2, 48, 53, 75, 88, 90, 95, 95, 96, 96. 3, 1, 10, 47, 51, 52, 53, 71, 77, 78, 78, 88, 88, 94, 101, 106. 4, 1, 9, 11, 12, 42, 46, 49, 65, 71, 71, 73, 74, 77, 81, 86, 103, 107, 118, 126, 129, 169, 169, 180, 194, 194, 198, 198, 198, 203, 218, 219, 219. 5, 1, 14, 16, 18, 72, 73, 83, 83, 109, 119, 121, 122, 130. 6, 30, 52,

Λάϊος 30, 15.
Λακεδαιμόνιος 26, 19, 19.
30, 22. 31, 102.
Λακεδαίμων 34, 47.
λάκκος 10, 94, 96, 145, 155,
157, 158. 19, 175, 176, 197,
200, 201.
Λακωνικός 34, 114. 35, 69.
λαλέω 4, 101, 103, 232, 232.
7, 126, 126, 127. 8, 143, 143.
10, 65, 82, 83. 13, 67, 127.
15, 81. 16, 47, 78, 78, 78,
127, 129, 129. 17, 17, 17, 17,
19, 19, 20, 25, 30, 66, 67,
113, 125, 166, 237, 302. 18, 86.
19, 53, 101, 101, 119, 143,
188, 211. 20, 20, 20, 20, 193,
194, 194, 201, 270. 21, 3, 70,
79, 143, 143. 26, 239.
λάλος 17, 10, 16. 20, 251.
38, 190.
λαμβάνω 1, 54, 67, 76, 88, 101,
109, 134, 135, 137, 140, 141,
146, 150, 169. 2, 1, 31, 37, 50,
53, 55, 55, 62, 64, 65, 73, 88,
89, 89, 96. 3, 19, ‹20›, 32, 35,
35, 35, 35, 44, 44, 45, 55,
65, 67, 91, 92, 92, 93, 95.
4, 23, 23, 24, 24, 26, 27, 27,
42, 46, 50, 74, 81, 96, 98, 100,
102, 129, 130, 133, 134, 135,
135, 137, 163, 165, 166, 180,
183, 191, 191, 192, 192, 192,
192, 213, 223, 234, 239, 242,
242, 249, 252, 252. 5, 14, 31,
44, 47, 121, 122, 122, 122.
6, 28, 31, 39, 59, 64, 76, 76,
85, 87, 87, 98, 118, 119, 137.
7, 10, 12, 14, 19, 21, 23, 30,
86, 86, 90, 91, 95, 107, 127,
160, 168, 170. 8, 10, 75, 75, 75,
76, 76, 76, 77, 77, 77, 78, 108,
110, 116, 145, 156, 157, 158,
163, 173, 178, 182. 9, 6, 11,
18, 20, 35. 10, 5, 12, 48, 49,
57, 57, 81, 158, 179. 11, 24, 70,
121, 126, 148, 148, 157, 158, 158,
160, 181. 12, 28, 42, 42, 63, 93,
101, 101, 136. 13, 15, 15, 29,
39, 73, 75, 89, 100, 105, 106,
106, 107, 112, 114, 115, 119,
160, 167, 176, 179, 187, 198,
204, 212. 14, 8, 15, 36, 37,
57. 15, 30, 50, 55, 55, 57, 74,
75, 98, 100, 114, 120, 148, 160.
16, 3, 5, 6, 101, 150, 164,
173, 185, 197, 219, 222. 17, 20,
20, 34, 39, 39, 99, 102, 103,
104, 104, 105, 108, 110, 112,

113, 113, 114, 123, 123, 123,
124, 124, 124, 125, 125, 126,
129, 129, 134, 138, 170, 177,
182, 195, 198, 213, 274, 299,
302. 18, 38, 71, 72, 106, 111,
112, 113, 129, 130, 130, 131,
131, 132, 135, 138, 138, 156. 19,
21, 37, 48, 53, 70, 88, 99, 155.
20, 2, 16, 51, 59, 65, 108,
126, 133, 142, 191, 215, 218,
224, 241, 258. 21, 4, 12, 68,
89, 95, 98, 100, 113, 120, 128,
143, 181, 187, 195, 205, 211.
22, 6, 50, 159, 172, 177, 183,
224, 258. 23, 1, 46, 60, 69, 73,
79, 91, 96, 113, 137, 162, 162,
164, 203, 215, 251. 24, 6, 13,
25, 35, 41, 156, 157, 159, 164,
178, 179, 193, 194, 227, 227,
228, 229, 231, 236, 242, 255,
260. 25, 18, 22, 31, 36, 46,
64, 72, 81, 86, 91, 101, 125,
127, 137, 139, 142, 144, 148,
157, 163, 187, 196, 210, 226,
236, 250, 291, 294, 316, 317,
320, 321, 328, 329. 26, 10,
31, 36, 88, 136, 138, 146, 150,
152, 178, 233, 236, 242, 249,
252. 27, 14, 16, 51, 60, 74,
82, 98, 117, 123, 123, 134, 142,
146, 161. 28, 19, 21, 33, 34,
35, 43, 43, 61, 68, 79, 104,
105, 106, 120, 123, 127, 144,
145, 151, 152, 152, 152, 157,
191, 199, 204, 217, 222, 227,
240, 254, 268, 277, 277, 293,
295, 308, 329, 340. 29, 2, 16,
55, 83, 84, 97, 106, 114, 119,
121, 136, 138, 151, 170, 180,
182, 182, 183, 198, 203, 209,
213, 219, 231, 242. 30, 4, 14,
29, 56, 58, 59, 81, 85, 107,
116, 124, 139, 146, 148, 150,
161, 189. 31, 18, 25, 26, 30,
31, 33, 34, 36, 37, 37, 62, 67, 67,
71, 71, 86, 98, 130, 138, 151,
177, 180, 197, 209, 212, 218,
223. 32, 29, 41, 56, 63, 67,
83, 84, 84, 89, 114, 122, 126,
128, 157, 162, 165, 166, 168,
169, 183, 214, 215, 218. 33, 1,
7, 13, 14, 22, 36, 47, 55, 65,
76, 105, 152. 34, 57, 82,
86, 103, 122. 35, 13. 36,
1, 14, 20, 25, 27, 28, 53, 58,
69, 72, 92, 93, 96, 100, 102,
110, 118, 135. 37, 8, 34, 35,
41, 45, 47, 55, 102, 103, 121,
133, 171. 38, 29, 31, 45,

46, 47, 64, 100, 132, 138, 143,
158, 158, 222, 232, 262, 276,
287, 331, 343, 367, 369. 39
(VIII 6, 6), (VIII 7, 15), (VIII
7, 17), (VIII 11, 10) (VIII 11, 10),
(VIII 11, 12).
Λάμεχ 7, 50. 8, 40, 41, 46,
48, 74, 74, 75, 75, 79, 112, 124.
Λαμία 38, 351.
λαμπαδεύω 17, 37.
λαμπάδιον 1, 148. 13, 212.
17, 218, 218, 219, 220. 26,
103.
λαμπάς (A) 17, 311, 312.
λαμπρός 1, 17, 30. 2, 18. 3,
10. 4, 35, 40, 171. 5, 99.
6, 50. 7, 20. 9, 38. 10, 36,
78, 174. 12, 40. 13, 44, 75,
209. 15, 116. 17, 222, 311.
18, 8, 54, 108, 159. 19, 47,
136. 20, 215. 21, 217, 226.
22, 42, 138, 174, 282. 23, 35,
234, 235, 252. 24, 21, 105.
25, 32, 123. 26, 44. 28, 140.
29, 68. 30, 25. 32, 191, 197,
202. 33, 150. 34, 101, 126.
37, 4, 165. 38, 62, 137, 327.
λαμπρότης 7, 136. 14, 15.
17, 157. 19, 44. 20, 93, 93.
21, 82. 24, 76. 33, 170.
λάμπω 22, 93. 25, 3. 38, 191.
Λάμπων 37, 20, 125, 128, 135.
λάμψις 3, 30. 27, 44.
λανθάνω 1, 9, 59. 4, 6, 16,
211. 5, 19, 75, 98. 6, 26, 28,
40, 135. 10, 9. 11, 165. 13,
58, 174, 195. 15, 54, 120. 16,
224. 18, 174. 19, 20. 21, 91.
22, 163. 23, 22, 93, 107, 118.
24, 9, 47, 47, 166, 166, 213.
25, 9, 49, 280, 302. 26, 213.
27, 128. 28, 160, 278, 279,
325. 30, 33, 149, 162. 31, 2,
5, 31, 36, 64, 79, 103, 188, 200,
200. 36, 47. 37, 13, 28, 49,
109. 38, 40, 62, 128, 180, 337.
39 (VIII 7, 4), (VIII 11, 17).
λαός 3, 77, 77, 77, 88, 88, 88,
90, 94. 4, 162, 163, 186, 225,
231, 231. 5, 32. 6, 4, 5, 6, 6,
7, 87, 87. 8, 89. 11, 41, 44,
78, 84, 88. 12, 59. 13, 37, 67,
96, 98. 14, 10, 10. 15, 27, 28,
58, 94. 16, 14, 47, 56, 58, 59,
62, 68, 81, 143. 17, 20, 20,
20, 20, 20, 251, 251. 18, 55,
83, 163. 20, 125. 21, 71, 89,
89. 22, 270, 279. 24, 2. 25,
61, 87, 139, 278, 284, 290.

26, 165, 225, 271. 27, 45, 47.
28, 230. 29, 145. 32, 184,
185. 33, 123, 125. 34, 31. 35,
86. 39 (VIII 6, 1), (VIII 6, 2),
(VIII 6, 3).
λάρναξ 16, 16.
λάσιος 23, 138. 25, 228. 26,
58. 28, 75. 29, 207. 35, 38.
λατομέω 10, 94, 94. 13, 113.
19, 175, 175.
λατρεία 6, 84. 13, 144. 27,
158. 29, 67, 167. 30, 201.
λατρεύω 16, 132. 28, 300.
Λατώ 36, 121.
λάφυρα, τά 18, 32.
λαφυραγωγέω 5, 75.
λαφύσσω, λαφύττω 19, 28.
λάχανον 22, 49. 29, 20. 34,
156.
λαχνόομαι 1, 104.
λάχνωσις 1, 105.
λαώδης 3, 77, 78.
λεαίνω 1, 159. 2, 98, 98. 8,
158. 10, 43. 11, 16, 142. 20,
212. 22, 58. 28, 106, 217.
30, 198. 35, 50. 36, 118.
λέγω 1, 5, 15, 17, 20, 34, 35, 40,
47, 49, 49, 50, 53, 55, 57, 59,
62, 66, 66, 69, 69, 72, 73, 77,
78, 79, 80, 82, 82, 83, 87, 90,
91, 93, 98, 100, 101, 102, 105,
106, 108, 118, 123, 126, 127,
128, 131, 131, 132, 132, 133,
138, 142, 143, 144, 147, 147,
147, 150, 156, 158, 160, 163,
170, 170, 171. 2, 2, 3, 7, 22,
33, 42, 49, 50, 51, 56, 57, 59,
59, 59, 60, 62, 73, 77, 85, 90,
96, 105, 107. 3, 9, 10, 16, 21,
36, 48, 51, 64, 66, 69, 78, 88,
100. 4, 4, 4, 12, 21, 23, 23, 30,
37, 40, 42, 52, 53, 54, 59, 61,
74, 80, 85, 86, 91, 93, 93, 101,
113, 121, 121, 129, 143, 144,
147, 160, 167, 167, 172, 174,
175, 177, 179, 179, 180, 181,
187, 188, 188, 188, 192, 195,
195, 198, 198, 198, 203, 204, 204,
210, 211, 215, 217, 218, 219,
225, 234, 237, 239, 243, 243,
244, 248, 252. 5, 9, 9, 11,
16, 16, 16, 16, 18, 22, 25, 27,
32, 33, 35, 45, 46, 49, 52, 56,
58, 67, 67, 68, 70, 79, 83, 83,
94, 101, 108, 121, 122. 6, 5,
10, 25, 27, 34, 35, 38, 38, 44,
47, 57, 63, 65, 67, 69, 69, 74,
79, 82, 86, 91, 92, 93, 97, 97,
111, 115, 128, 136. 7, 5, 5, 9,

10, 28, 34, 44, 51, 56, 58, 58,
59, 59, 66, 73, 78, 80, 81, 84,
86, 94, 100, 101, 102, 121, 124,
129, 130, 131, 135, 138, 141, 150,
158, 159, 161, 162, 163, 163,
166, 166, 167, 174, 177. 8, 20,
27, 34, 36, 37, 41, 41, 41, 42,
51, 54, 61, 66, 69, 69, 76, 77,
80, 80, 81, 84, 86, 88, 96, 98,
100, 106, 113, 117, 121, 122,
123, ‹124›, 127, 143, 147, 150,
151, 158, 163, 167, 175, 177,
179. 9, 5, 15, 16, 22, 23, 24,
35, 39, 39, 48, 55, 57, 66, 67.
10, 4, 6, 10, 38, 38, 52, 54,
54, 59, 82, 99, 109, 131, 138,
145, 145, 147, 148, 154, 169,
171, 179. 11, 12, 19, 20, 21, 26,
43, 50, 52, 53, 54, 59, 67, 68,
84, 95, 96, 100, 107, 119, 121,
125, 129, 141, 143, 145, 149,
153, 161, 166, 175, 181, 181.
12, 8, 13, 19, 23, 26, 29, 32,
36, 39, 40, 44, 47, 48, 50, 52,
55, 57, 58, 59, 61, 70, 71, 71,
72, 73, 83, 86, 94, 125, 129,
130, 131, 135, 137, 140, 150,
152, 154, 156, 160, 163, 173,
174, 177. 13, 3, 4, 6, 11, 24,
28, 31, 40, 41, 43, 61, 67, 72,
77, 80, 96, 96, 98, 101, 103,
104, 106, 114, 118, 121, 127,
131, 132, 138, 140, 146, 158,
166, 198, 199, 201, 203, 208,
210, 211, 213. 14, 1, 12, 18,
19, 32, 35, 48, 49, 50, 63, 68,
68. 15, 1, 3, 6, 9, 21, 23, 24,
26, 32, 36, 37, 41, 42, 49, 52,
58, 58, 62, 64, 65, 67, 70, 72,
76, 80, 93, 105, 115, 117, 121,
123, 124, 129, 130, 139, 140,
141, 142, 151, 152, 154, 155,
158, 159, 167, 170, 179, 180,
182, 196. 16, 8, 13, 15, 17,
19, 35, 36, 40, 40, 42, 44, 47,
48, 53, 56, 65, 68, 69, 70, 72,
99, 106, 108, 110, 110, 111,
112, 114, 117, 118, 122, 126,
127, 132, 145, 152, 155, 160,
164, 169, 171, 172, 172, 173,
182, 182, 183, 184, 197, 199,
201, 206, 208, 214, 216, 217,
221. 17, 6, 10, 10, 12, 12, 13,
14, 14, 14, 16, 19, 19, 20, 22,
28, 28, 50, 55, 58, 66, 71, 73,
76, 83, 90, 107, 113, 117, 124,
131, 144, 144, 152, 159, 162,
174, 186, 191, 192, 195, 215,
217, 224, 233, 233, 243, 246,

246, 251, 251, 262, 266, 271,
272, 277, 293, 298, 300, 307,
311, 312, 313. 18, 43, 53, 61,
65, 67, 68, 69, 69, 70, 70, 72,
80, 80, 80, 86, 94, 98, 99, 100,
101, 106, 111, 115, 123, 133,
134, 139, 142, 143, 144, 146,
147, 150, 163, 166, 167, 172,
173, 178. 19, 18, 19, 23, 23,
26, 31, 33, 35, 48, 51, 51, 52,
53, 55, 59, 64, 65, 70, 71, 71,
72, 79, 80, 89, 95, 98, 101, 108,
110, 115, 116, 119, 127, 131,
132, 137, 149, 149, 153, 158,
159, 167, 168, 170, 174, 177,
181, 186, 187, 192, 195, 202,
205, 205, 209. 20, 8, 9, 11,
14, 15, 17, 18, 19, 19, 20, 20,
21, 27, 28, 31, 36, 37, 38, 38,
39, 42, 44, 54, 56, 60, 61, 62,
79, 97, 99, 106, 111, 123, 134,
136, 141, 142, 144, 145, 151,
152, 158, 164, 166, 166, 167,
173, 177, 182, 189, 189, 192,
194, 195, 196, 197, 202, 206,
208, 209, 210, 210, 215, 227,
230, 238, 238, 241, 242, 243,
243, 247, 259, 259, 266, 269,
21, 1, 5, 34, 38, 47, 52, 61,
70, 77, 81, 85, 85, 87, 92, 93,
98, 102, 108, 121, 125, 130,
134, 135, 143, 145, 146, 148,
151, 159, 159, 160, 166, 166,
170, 172, 174, 175, 181, 181, 184,
193, 193, 194, 195, 212, 220,
223, 226, 227, 228, 229, 229,
230, 236, 237, 249, 252, 256.
22, 4, 18, 23, 24, 29, 30, 32,
36, 38, 77, 78, 83, 85, 93, 94,
96, 115, 119, 129, 130, 134,
144, 177, 178, 180, 181, 191,
221, 223, 226, 227, 235, 243,
244, 248, 253, 257, 257, 260,
263, 263, 264, 269, 271, 272,
274, 275, 277, 280, 284, 288,
291, 296, 297. 23, 6, 10, 13,
17, 29, 46, 54, 67, 72, 72, 77,
80, 101, 101, 107, 110, 110,
114, 119, 126, 131, 147, 166,
174, 176, 184, 188, 200, 202,
203, 208, 217, 239, 240, 243,
255, 261, 262, 271, 274. 24,
10, 17, 22, 32, 37, 37, 42, 48,
51, 58, 59, 60, 76, 81, 95, 107,
114, 126, 148, 151, 152, 157,
160, 170, 172, 179, 183, 189,
189, 199, 205, 217, 252, 253.
25, 4, 22, 23, 29, 29, 46, 51,
57, 58, 68, 74, 75, 82, 83, 88,

89, 90, 122, 125, 133, 139, 158, 173, 183, 206, 207, 240, 251, 266, 268, 281, 286, 294, 298, 300. 26, 3, 7, 10, 11, 23, 25, 45, 46, 50, 70, 70, 84, 87, 90, 95, 103, 114, 119, 121, 135, 152, 152, 168, 169, 170, 182, 186, 188, 188, 191, 191, 206, 215, 224, 242, 257, 260, 265, 266. 27, 4, 18, 20, 30, 32, 35, 46, 47, 57, 58, 88, 91, 95, 100, 101, 101, 114, 143, 159, 162, 164, 173, 173, 175, 176. 28, 7, 14, 15, 22, 25, 30, 31, 41, 46, 65, 65, 91, 93, 107, 116, 138, 178, 186, 192, 193, 200, 210, 212, 212, 214, 218, 224, 244, 256, 263, 301, 308, 317, 317, 318, 330, 335, 336, 336, 342. 29, 6, 9, 11, 19, 43, 52, 57, 82, 90, 132, 150, 153, 158, 159, 161, 177, 178, 181, 186, 210, 228, 256, 256, 262. 30, 18, 37, 37, 51, 55, 60, 74, 78, 104, 117, 124, 126, 129, 133, 134, 149, 158, 178, 180, 197. 31, 1, 13, 35, 39, 40, 43, 54, 72, 78, 83, 85, 87, 90, 104, 145, 148, 152, 174, 194, 202, 203, 238. 32, 8, 17, 22, 22, 34, 34, 42, 50, 66, 69, 138, 148, 170, 189, 216. 33, 2, 9, 23, 41, 47, 52, 61, 67, 79, 81, 82, 90, 97, 100, 117, 117, 157, 167. 34, 4, 8, 17, 27, 54, 58, 59, 75, 79, 91, 104, 115, 124, 135, 145, 153, 157, 158. 35, 1, 10, 30, 54, 76, 77, 81. 36, 3, 4, 5, 5, [5], 9, 11, 12, 13, 14, 17, 32, 34, 51, 51, 57, 73, 77, 78, 84, 99, 102, 105, 106, 121, 121, 134, 137, 138, 145, 149. 37, 2, 24, 24, 51, 55, 76, 81, 121, 131, 137, 137, 144, 169, 182. 38, 6, 22, 30, 37, 59, 61, 78, 83, 109, 124, 125, 142, 149, 151, 154, 162, 189, 208, 218, 239, 243, 258, 278, 280, 286, 306, 307, 326, 332, 340, 355, 358, 361, 364, 365. 39 (VIII 6, 8), (VIII 6, 9), (VIII 7, 1), (VIII 7, 2), (VIII 7, 4), (VIII 7, 15).
λεηλατέω 3, 91. 12, 107. 15, 47. 37, 171.
Λεία 2, 80. 3, 47, 47, 59, 94. 4, 20, 146, 180, 180, 181, 181. 5, 41, 46. 7, 3. 8, 62, 135, 135, 135. 12, 134. 14, 12. 16,

95, 99, 145. 17, 51, 175. 18, 25, 26, 31, 32, 123. 19, 73. 20, 132, 254. 21, 37.
λεία 5, 75. 11, 168. 23, 229, 234. 25, 141, 243, 253, 259, 312, 313, 315, 316, 317. 31, 223. 37, 56. 38, 122, 232.
λείβω 26, 264.
λειμών 23, 138.
λεῖος 3, 59. 8, 79. 11, 142. 16, 50, 153, 153. 17, 294. 18, 28, 31, 159. 21, 17. 22, 86. 23, 148, 239. 25, 84. 28, 219. 29, 202.
λειότης 1, 62. 3, 59. 12, 133. 13, 185. 28, 219.
λείπω 5, 23. 9, 65. 10, 34. 13, 143. 15, 7. 21, 113. 24, 103. 25, 322. 26, 260. 27, 104, 178. 28, 54, 296. 29, 137, 230. 35, 11. 37, 124. 38, 32, 280.
λειτουργέω 7, 66, 66. 13, 2. 17, 84. 19, 93. 26, 152. 28, 82, 113, 242.
λειτουργία 6, 132. 7, 63, 63. 8, 185. 17, 8. 18, 98. 19, 93. 21, 214. 22, 34, 71. 26, 67, 75, 138, 145, 153. 28, 82, 98, 117, 123, 255. 29, 222. 32, 54. 34, 6. 35, 82. 38, 296.
λειτουργός 4, 135. 8, 184. 22, 186, 231. 26, 94, 149, 276. 28, 152, 249. 31, 191. 32, 73.
λειχήν 28, 80.
λείψανον 11, 10, 36. 16, 122. 18, 102. 22, 212. 24, 27, 109. 25, 175. 28, 127. 30, 115. 36, 91. 38, 63, 131.
λεκτέος 1, 132. 2, 34, 35, 48, 86, 91, 102, 105. 3, 12, 21, 22, 103. 4, 49, 67, 95, 188, 205. 5, 4, 91. 6, 128. 7, 82, 95. 10, 123, 133. 11, 39, 64, 94. 12, 113, 147, 167. 13, 17, 68, 154. 15, 37, 170, 176. 16, 178. 17, 25, 101, 302. 18, 73. 19, 88, 94, 181, 197. 20, 83, 143, 211. 21, 12, 30. 22, 8. 23, 48, 60, 61, 83, 156, 168, 271. 24, 125. 25, 274, 277, 334. 26, 47, 221. 27, 2, 37. 28, 168, 198, 248, 299. 30, 66, 155, 185, 187. 31, 90, 110, 135, 142, 204. 32, 80, 81, 148. 33, 55, 85, 118. 34, 144. 36, 54, 75, 146, 146. 37, 51. 38, 281, 373.

λέξις 2, 65. 3, 31. 7, 95. 10, 141, 142. 11, 16, 136. 12, 113. 17, 102. 19, 38. 23, 217. 26, 38. 29, 51. 35, 78, 88, 88.
λεοντέη, λεοντῆ 38, 79.
Λέπιδος 37, 151, 181.
λεπίζω 12, 110.
λεπίς 31, 110.
λέπισμα 12, 110.
λέπρα, ἡ 2, 49. 7, 16. 8, 47, 47. 10, 123, 127, 127, 129, 131, 131, 131. 12, 111. 14, 49, 49. 21, 202. 28, 80, 118, 118.
λεπρός 4, 7, 8. 10, 123, 127.
λεπτόγεως 2, 34. 21, 17. 25, 224.
λεπτολογία 4, 147.
λεπτομερής 5, 115. 17, 134, 134.
λεπτός 4, 57, ‹169›, 170. 6, 83. 8, 158, 164. 11, 134, 142. 17, 217. 22, 53, 216, 217, 218. 23, 139. 24, 102, 108. 26, 90, 111. 28, 211. 29, 20. 33, 131, 146. 35, 23. 36, 102, 125.
λεπτότης 16, 52.
λεπτουργία 4, 181.
λεπτύνω 21, 144. 36, 110.
Λευί 2, 81. 3, 51, 52. 6, 119, 120, 120. 7, 67. 12, 63. 13, 67. 16, 224. 18, 131, 131. 19, 73, 74. 20, 200, 200. 22, 34.
Λευίτης 6, 118, 118, 118, 119, 127, 128, 128, 129, 129, 130, 132, 133. 7, 62, 63, 126, 132, 132, 135. 12, 64. 13, 94. 17, 124, 124. 19, 37, 88, 88. 20, 191. 22, 273. 25, 316.
Λευιτικός 3, 105. 12, 26. 17, 251. 18, 98, 132. 19, 87, 90, 93. 20, 2. 26, 170.
λευκαίνω 3, 43.
λευκασμός 11, 42.
λευκόπυρος 20, 235. 22, 74.
λευκός 3, 7, 39, 43. 4, 57, 58, 61, 169, 171. 10, 130. 12, 110, 110, 172, 172. 13, 186. 17, 209. 19, 44, 138. 23, 10. 25, 79, 200. 36, 104. 38, 364.
λευκόω 12, 111.
λευχειμονέω 5, 95. 35, 66. 38, 12.
λευχείμων 27, 45.
Λέχαιον 37, 155.

λέων 10, 117, 117. 21, 108. 22, 87. 23, 266. 25, 109, 284, 291, 291. 27, 78, 78, 113. 33, 89. 34, 40, 40, 40, 101. 35, 8. 38, 139.
λεώς → λαός
λεωφόρος 1, 69, 144. 4, 253. 7, 2, 2. 8, 31, 102, 154. 10, 61, 143, 165, 182. 11, 101. 15, 19. 17, 70. 18, 28. 19, 203. 23, 7, 269. 24, 142. 25, 177. 26, 138. 27, 50. 28, 335. 29, 202. 30, 185. 31, 62, 155, 167. 32, 51. 34, 2. 35, 86. 36, 119. 38, 216.
λήγω 1, 67, 68. 5, 30, 90. 6, 40. 8, 151. 12, 93. 17, 130, 189, 190, 235. 18, 109. 22, 198. 25, 115, 115, 134. 29, 220. 31, 208. 33, 1. 34, 69. 36, 9, 109. 37, 156.
λήθη 4, 91, 92, 93, 93, 94. 5, 69. 6, 54, 55, 58. 7, 65. 10, 43. 11, 132. 13, 137. 14, 5, 28, 28, 29. 16, 16, 205, 206, 206. 18, 39, 40, 41, 42. 20, 99, 100, 100, 102, 174. 25, 197. 27, 62. 28, 28, 98, 99, 215, 223. 31, 70, 82. 32, 176. 33, 162. 37, 134. 38, 82.
λῆμα 13, 94.
λῆμμα 9, 39. 10, 170. 12, 105. 20, 126. 28, 280. 32, 10. 35, 66.
ληνός 28, 134. 39 (VIII 7, 6).
λῆξις 6, 66. 7, 63. 8, 92. 12, 63. 18, 89. 25, 155, 328, 331. 26, 234. 29, 111, 113, 126. 36, 31. 37, 25.
ληπτός 6, 37. 10, 52. 16, 220. 21, 8.
ληραίνω 3, 60. 4, 155.
ληρέω 3, 29. 12, 142, 143, 144, 174. 13, 4, 5, 6, 11, 126, 154.
λῆρος (A) 8, 165. 11, 152. 18, 62.
ληρώδης 38, 168.
ληστεία 27, 136. 34, 37. 37, 5.
ληστής 28, 301, 323. 34, 121. 35, 24. 38, 122, 146.
λίαν 2, 34. 7, 143. 10, 167. 11, 3, 28, 47. 13, 89, 193. 14, 25. 15, 17, 43, 142. 16, 58, 135. 17, 22, 81, 159. 19, 156, 209. 20, 214. 21, 13, 28, 60, 60, 98, 102, 222. 22, 3, 138. 23, 134. 24, 66, 213, 213. 25, 67, 83, 161. 26, 13, 222. 28, 139, 270. 29, 8, 240.

30, 157. 31, 16. 33, 135. 34, 63, 150. 38, 224.
λίβανος 17, 196, 198. 20, 234. 22, 71.
λιβανωτός 13, 87. 17, 197, 197, 226. 22, 74. 28, 175, 275. 30, 56.
λιβάς 10, 155, 178. 16, 157. 17, 226. 18, 150. 22, 204. 25, 99. 33, 131.
Λιβύη 10, 174. 22, 54. 36, 141. 37, 43, 45, 152.
Λιβυκός 38, 283.
λιγαίνω 6, 29.
λίθινος 26, 202.
λιθοβολέω 13, 14.
λιθοκόλλητος 22, 57. 35, 49.
λίθος 1, 18, 141, 142. 2, 63, 66, 67, 79, 79, 81, 81, 81, 82, 82, 83, 84. 3, 22, 22, 71. 4, 160. 5, 80, 100, 104, 126, 126. 6, 21. 7, 16, 33. 9, 44. 10, 8, 35. 13, 157. 15, 1, 102, 107. 17, 176. 19, 122, 144, 185. 20, 211. 21, 4, 120, 125, 126, 250. 22, 54, 56, 250. 23, 139, 173. 26, 72, 112, 112, 122, 122, 123, 124, 126, 133, 202, 218. 27, 66, 133. 28, 71, 86, 87, 94, 274, 275. 29, 255. 30, 92, 105. 32, 219. 33, 58. 34, 66. 35, 7. 36, 75, 125. 38, 178, 237, 364.
λιθοτομέω 8, 50.
λιθοτόμος 35, 7.
λιθόω 4, 213. 13, 164.
λιθώδης 13, 211. 21, 17. 25, 192. 26, 254. 29, 169. 30, 34. 35, 62. 36, 119, 129.
λικμάω 24, 112.
λιμαγχονέω 4, 174. 18, 170.
λιμήν 1, 17, 63, 131. 5, 38. 6, 90. 11, 69, 174. 17, 305. 18, 113. 19, 50. 21, 42. 22, 143, 225. 23, 47. 24, 139. 25, 194. 27, 14, 67. 28, 335. 30, 87. 31, 154, 201. 37, 27, 92, 92, 110, 160, 166, 185. 38, 15, 129, 151, 297.
λιμηρός 17, 297. 22, 129.
λιμνάζω 1, 113. 10, 177. 19, 179. 23, 92. 24, 109. 25, 6, 116. 26, 195. 37, 63.
λίμνη 12, 24. 25, 99, 103. 30, 32. 33, 41. 35, 22, 23, 23. 36, 147, 147, 148.
λιμνώδης 17, 32.
λιμοδοξέω 29, 18. 37, 116.
λιμοδοξία 10, 115.

λιμός 1, 167. 4, 175, 179. 7, 19, 34, 113, 116. 11, 38. 13, 79, 148. 16, 204. 17, 287, 288, 289. 18, 171, 172, 173. 21, 124. 22, 125, 150. 23, 1, 91, 245. 24, 108, 110, 114, 115, 156, 159, 186, 190, 205, 250, 259, 261, 267, 270. 25, 5, 34, 110, 125, 195, 216, 240, 265. 26, 16. 27, 16. 29, 187, 201, 247. 30, 203. 31, 211. 32, 86. 33, 127, 138. 34, 8, 62. 38, 17, 124, 128, 274. 39 (VIII 6, 2), (VIII 6, 3).
λιμώττω 7, 106. 13, 222. 24, 249. 25, 191.
λίνεος, λινοῦς 13, 86. 20, 43. 21, 216. 26, 143. 28, 83.
λίνον 8, 116. 11, 24. 28, 160. 31, 207.
λίπα 30, 37.
λιπαίνω 8, 121. 18, 160. 24, 109. 25, 118. 31, 74. 33, 161. 35, 36.
λιπαρέω 25, 58. 29, 209.
λιπαρής 5, 48. 6, 28. 8, 156. 22, 149. 23, 107. 24, 261. 25, 49. 30, 68.
λιπαροπλόκαμος 36, 121.
λιπαρός 16, 101. 39 (VIII 11, 13).
λιπάω 18, 159. 22, 74.
λιποθυμία 21, 51.
λίπος 26, 146.
λιποστράτιον 25, 327.
λιποτακτέω 9, 43. 13, 145. 36, 37, 65.
λιποτάκτης 5, 32. 7, 142. 10, 34. 27, 178.
λιποτάξιον 15, 174. 25, 327.
λιτή 22, 299. 23, 6, 51. 25, 72, 105, 273. 26, 166. 28, 97, 195. 29, 196, 203. 37, 124.
λιφαιμία 36, 128.
λίχνος 4, 109, 143, 221. 6, 32. 12, 127. 13, 159. 16, 143, 216. 21, 49. 22, 50. 31, 91.
λίψ (A) 21, 3, 175.
λοβός 6, 136. 28, 212, 213, 216, 232, 233, 239.
λογάς (A) 22, 56. 28, 274.
λογεῖον 26, 112, 113, 125, 127, 128, 130, 133. 28, 88, 88.
λογιατρεία 18, 53.
λογίζομαι 2, 32. 3, 26, 61. 4, 18, 82, 99, 227. 5, 73. 6,

2, 49. 7, 84, 86, 127. 8, 7.
9, 65. 10, 56, 130, 163. 11,
156, 168. 13, 128. 15, 180.
16, 72, 186. 17, 44, 94. 18,
42. 19, 15. 20, 177. 21, 158.
22, 30, 116, 169, 218. 23,
152. 24, 139, 191, 210. 26,
34, 266. 28, 3, 128, 138, 279,
311, 334. 29, 52, 54, 139, 189.
30, 92, 128, 194. 31, 103,
182, 194. 32, 83, 137. 34, 23.
38, 85, 184, 318, 348. 39
(VIII 6, 9).
λογικός 1, 77, 119, 137, 144,
149, 150, 153. 2, 10, 10, 41,
57, 70, 70, 70, 71, 71, 72, 72.
3, 2, 22, 23, 23, 45. 58, 75, 97.
4, 24, 89, 108, 210, 210, 210.
5, 39, 111. 6, 46, 47, 75. 7,
22, 38, 82, 82, 82, 83, 83, 91,
138, 139. 8, 31, 66, 68, 160.
9, 41. 10, 16, 35. 11, 14, 15,
56, 63, 63, 139. 12, 18, 37,
41, 41, 46, 135. 13, 69, 100,
202. 14, 18. 15, 9, 111, 176,
176, 179. 16, 3, 47, 47, 67, 68,
78, 118, 169, 185, 213. 17,
132, 132, 138, 138, 155, 167,
185, 209, 232, 233, 248. 18,
11, 17, 26, 26, 29, 33, 88, 121.
19, 69, 72, 90, 177, 198. 20,
74, 75, 119, 213. 21, 106, 115,
161, 176, 179, 215, 255. 22,
15, 271. 23, 5, 9, 32, 54. 25,
84, 162. 27, 33, 84. 28, 66,
171, 201, 201, 277, 333, 333,
336. 29, 202. 30, 83, 103.
31, 114, 123. 32, 8, 13, 144,
148, 160, 168. 33, 2, 10, 59.
34, 80. 35, 9, 78. 36, 68, 72,
73, 94, 130.
λόγιον 4, 118, 119, 119, 126,
132. 7, 48, 67. 8, 28, 28. 9,
49, 63. 10, 50. 11, 127, 127.
14, 50. 15, 62, 81, 166. 16,
27, 85, 166, 168, 196. 17, 2, 8,
113, 117, 203. 18, 134. 19,
60, 144, 157, 185. 20, 13, 34,
37, 173, 202. 21, 64, 164, 166,
231. 22, 231. 23, 62, 85, 88,
142, 169, 170, 189. 24, 95.
25, 57, 85, 236, 294, 294.
26, 56, 74, 97, 143, 176, 179,
188, 229, 230, 246, 253, 262,
263, 263, 275, 281, 289. 27,
16, 36, 41, 48, 50, 52, 175.
28, 315. 29, 146, 188, 251.
30, 7. 31, 50, 78, 132, 133.
32, 53, 63, 68, 80, 153, 184,

215. 33, 1, 78, 101, 158. 35,
25. 38, 110, 210, 347.
Vgl. auch λογεῖον
λόγιος 5, 116. 8, 53, 162. 20,
220. 25, 2, 23. 32, 174. 38,
142, 237, 310.
λογιότης 25, 83.
λογισμός 1, 24, 67, 139, 165.
2, 42, 43, 70, 73, 79, 103, 104.
3, 57, 63, 98. 4, 9, 11, 13, 16,
17, 89, 110, 117, 125, 202, 226,
226, 228, 228, 229, 229, 229,
230, 232, 239. 5, 69, ‹69›, 71,
73. 6, 1, 43, 71, 105. 7, 85,
121, 141, 141, 170. 8, 34, 137,
168, 175, 184. 9, 64. 10, 3, 50,
72, 85, 179. 11, 29, 67, 67, 78,
108. 12, 166. 13, 28, 55, 73,
87, 94, 128, 139, 151, 166.
14, 48. 15, 25, 45, 55, 86,
95, 177, 188. 16, 100, 144, 206.
17, 57, 68, 118, 191, 201, 234,
263, 265. 18, 59, 63, 81, 84,
98, 107, 109, 155. 19, 32, 72,
92, 121, 190. 20, 21, 81, 111,
144, 157, 185, 223, 223. 21,
122, 180, 192, 205. 22, 9, 90,
151, 184, 239, 249, 272, 276.
23, 88, 100, 102, 175, 256.
24, 53, 60, 75, 140, 142, 201,
236. 25, 26, 48, 150, 283,
299. 26, 6, 13, 40, 185, 187,
214. 27, 40, 177. 28, 20, 37,
66, 160, 173, 201, 249, 259,
283, 288, 293, 344. 29, 9, 42,
89, 142, 202, 228, 231. 30,
69, 91, 92, 99, 156, 179, 189,
194. 31, 10, 49, 94, 95, 163,
220. 32, 3, 24, 32, 69, 113,
113, 151, 188, 213. 33, 26, 28,
29, 30, 40, 43, 43, 59, 69.
34, 27, 55, 140, 143. 35, 31,
40, 89. 36, 26. 37, 4, 18,
101, 133, 166. 38, 2, 45, 76,
94, 171, 182, 196, 211, 213,
217, 221, 261, 262, 277, 320,
372. 39 (VIII 6, 5).
λογιστέον 11, 5.
λογιστής 30, 141.
λογιστικός 4, 115, 115, 116.
λογογράφος 1, 4. 12, 159. 31,
230. 35, 1.
λογοθήρας 18, 53. 26, 212.
34, 80.
λογοποιέω 25, 193.
λογοπώλης 18, 53.
λόγος 1, 4, 10, 15, 20, 24, 25,
31, 36, 43, 48, 48, 52, 56, 67,
69, 73, 73, 84, 90, 93, 93, 94,

95, 96, 96, 96, 99, 100, 100,
103, 106, 107, 108, 108, 109,
117, 119, 139, 139, 143, 146,
153, 158, 165. 2, 15, 16, 19,
19, 21, 35, 39, 46, 65, 74, 74,
74, 76, 83, 85, 93, 103, 104.
3, 16, 22, 24, 24, 27, 29, 46,
63, 63, 64, 65, 79, 81, 86, 86,
93, 98, 99, 105. 4, 1, 8, 11,
14, 17, 18, 18, 26, 32, 36, 41,
41, 43, 44, 45, 45, 45, 45, 54,
76, 80, 82, 96, 100, 103, 104,
106, 106, 110, 116, 116, 116,
118, 118, 119, 119, 120, 120,
122, 122, 123, 123, 124, 124,
124, 127, 128, 128, 128, 129,
132, 134, 136, 137, 139, 140,
140, 144, 148, 150, 150, 153,
154, 155, 155, 156, 156, 157,
158, 158, 158, 159, 162, 162,
168, 169, 170, 170, 171, 171,
172, 173, 173, 175, 175, 175,
176, 176, 176, 177, 177, 177,
177, 177, 178, 179, 188, 188,
199, 202, 204, 204, 207, 208,
214, 217, 218, 222, 232, 232,
236, 242, 251, 252. 5, 3, 7, 9,
17, 27, 27, 27, 28, 28, 30, 32,
35, 36, 39, 41, 53, 76, 113,
116, 120, 124, 127, 128. 6, 8
23, 26, 28, 34, 46, 46, 47, 47,
51, 51, 55, 59, 60, 62, 65, 65,
66, 66, 66, 66, 67, 73, 74, 76,
78, 80, 80, 80, 81, 82, 82, 83,
83, 85, 86, 87, 90, 93, 95, 97,
98, 112, 119, 122, 126, 129,
130, 131. 7, 4, 5, 8, 11, 13, 13,
16, 25, 28, 33, 35, 35, 35, 37,
38, 39, 40, 40, 40, 41, 42,
43, 43, 43, 43, 51, 52, 52, 54,
64, 66, 66, 68, 72, 72, 74, 74,
79, 82, 83, 88, 92, 93, 102,
103, 104, 109, 110, 118, 125,
126, 127, 129, 129, 130, 131,
132, 132, 133, 133, 146, 149,
155, 159, 167, 168, 171, 175. 8, 7,
14, 18, 24, 32, 32, 36, 52, 53,
53, 55, 55, 55, 57, 68, 69, 71,
78, 85, 86, 87, 87, 87, 88, 89,
91, 91, 100, 100, 101, 102, 103,
107, 108, 108, 110, 111, 111,
119, 122, 127, 129, 129, 136,
142, 143, 153, 159, 163, 164,
167, 181, 182. 9, 5, 7, 17, 17,
25, 34, 39, 48, 52, 52, 57, 67.
10, 1, 7, 11, 20, 50, 57, 59,
71, 77, 83, 90, 90, 105, 111,
120, 126, 129, 134, 138, 141,
142, 146, 147, 152, 153, 154,

167, 168, 176, 179, 180, 182. 11, 12, 14, 16, 18, 22, 40, 51, 61, 88, 107, 125, 128, 130, 131, 133, 136, 157, 179. 12, 8, 10, 12, 14, 17, 18, 20, 29, 52, 54, 55, 60, 61, 62, 65, 70, 75, 78, 80, 83, 94, 100, 112, 114, 115, 117, 120, 121, 121, 125, 127, 128, 131, 149, 156, 157, 158, 162, 165, 172, 173, 175, 176, 177, 177, 177. 13, 8, 29, 33, 33, 34, 48, 54, 59, 65, 68, 70, 71, 71, 77, 80, 80, 81, 82, 95, 95, 104, 115, 142, 143, 156, 157, 174, 206, 213, 224. 14, 1, 9, 9, 22, 24, 33, 38, 46, 47, 51, 58, 62, 65, 68. 15, 9, 11, 14, 21, 27, 28, 29, 33, 34, 35, 36, 37, 39, 40, 41, 43, 44, 52, 53, 57, 59, 59, 59, 81, 97, 98, 101, 102, 102, 114, 115, 121, 129, 131, 132, 141, 146, 146, 147, 147, 159, 162, 168, 174, 181, 184, 190, 191, 194, 198. 16, 2, 2, 3, 3, 3, 4, 4, 4, 6, 7, 12, 17, 23, 24, 28, 40, 47, 48, 49, 52, 52, 54, 60, 67, 70, 71, 71, 72, 73, 74, 75, 76, 77, 78, 78, 79, 79, 80, 81, 81, 81, 81, 81, 82, 83, 84, 85, 85, 90, 95, 102, 102, 105, 122, 128, 128, 129, 130, 130, 130, 130, 130, 137, 143, 148, 151, 169, 171, 173, 174, 176, 189, 192, 195, 199, 201, 202, 202, 214, 219. 17, 4, 14, 16, 26, 56, 69, 71, 73, 77, 79, 85, 95, 106, 107, 108, 108, 109, 110, 118, 119, 119, 125, 129, 130, 131, 132, 133, 140, 141, 143, 154, 160, 168, 179, 185, 188, 191, 199, 201, 205, 207, 214, 215, 219, 221, 225, 230, 233, 234, 234, 235, 259, 280, 282, 283, 297, 302, 302, 303, 304, 308. 18, 4, 12, 15, 17, 18, 22, 23, 23, 40, 53, 61, 63, 64, 67, 70, 70, 70, 78, 85, 89, 99, 100, 100, 108, 109, 113, 120, 140, 141, 148, 150, 157, 170, 174, 178, 178, 180. 19, 5, 7, 12, 12, 13, 25, 56, 67, 76, 90, 92, 92, 94, 95, 97, 101, 101, 103, 108, 110, 112, 117, 135, 137, 144, 147, 150, 150, 152, 154, 154, 158, 166, 168, 183, 191, 196, 200, 209, 211. 20, 2, 13, 15, 18, 23, 53, 56, 56, 57, 60, 69, 69, 74, 76,

89, 94, 101, 101, 108, 113, 114, 116, 118, 124, 138, 141, 169, 172, 184, 190, 191, 191, 195, 199, 206, 208, 208, 210, 215, 215, 220, 228, 229, 236, 237, 240, 243, 244, 245, 245, 247, 247, 248, 248, 250, 251, 270. 21, 10, 23, 25, 25, 29, 33, 36, 40, 49, 53, 58, 59, 62, 65, 65, 66, 68, 69, 70, 70, 71, 72, 75, 75, 77, 77, 79, 81, 85, 86, 102, 103, 103, 104, 105, 107, 108, 108, 109, 109, 110, 110, 110, 112, 113, 115, 116, 117, 117, 118, 118, 119, 119, 124, 127, 127, 128, 128, 141, 142, 147, 147, 148, 157, 164, 172, 175, 181, 182, 185, 190, 191, 197, 198, 198, 199, 200, 206, 208, 210, 214, 215, 226, 226, 229, 230, 233, 234, 235, 239, 241, 245, 251, 254. 22, 23, 39, 45, 56, 63, 67, 70, 90, 95, 121, 124, 134, 135, 137, 138, 139, 154, 170, 180, 185, 186, 198, 223, 237, 238, 240, 242, 243, 245, 245, 247, 249, 259, 259, 259, 260, 260, 262, 272, 275, 278, 278, 280, 281, 283, 290, 302, 302. 23, 5, 29, 37, 41, 47, 52, 54, 61, 71, 83, 94, 97, 101, 102, 103, 158, 159, 160, 196, 199, 206, 214, 223, 243, 244, 256, 264, 273, 276. 24, 5, 25, 29, 31, 40, 64, 73, 78, 85, 86, 86, 132, 174, 198, 214, 230, 230, 259, 266, 267, 268, 269. 25, 18, 23, 26, 26, 29, 29, 29, 40, 48, 84, 95, 95, 114, 151, 173, 189, 195, 233, 242, 256, 274, 274, 280, 283, 285, 317. 26, 1, 16, 17, 33, 48, 48, 49, 52, 59, 66, 88, 105, 115, 117, 122, 124, 125, 127, 128, 128, 129, 130, 130, 140, 140, 150, 150, 177, 184, 192, 193, 195, 208, 212, 212, 255, 280. 27, 13, 20, 21, 22, 23, 32, 47, 56, 64, 77, 84, 86, 92, 97, 98, 132, 134, 140, 150, 154, 176. 28, 1, 37, 39, 72, 81, 88, 90, 121, 137, 138, 144, 146, 147, 172, 178, 180, 182, 187, 189, 191, 200, 205, 209, 209, 211, 211, 215, 216, 219, 224, 257, 258, 260, 265, 273, 291, 321, 331, 335, 337, 342, 343, 343. 29, 2, 6, 7, 13, 23, 29, 30, 30, 31, 31, 52, 52, 57, 61.

62, 63, 80, 150, 163, 163, 173, 188, 200, 200, 209, 214, 223, 224, 226, 227, 243, 256. 30, 1, 13, 111, 121, 121, 132, 134, 140, 169, 207. 31, 14, 32, 59, 60, 68, 69, 75, 81, 92, 92, 116, 130, 134, 134, 140, 148, 156, 179. 32, 13, 40, 56, 85, 108, 127, 152, 162, 183, 183, 184, 190, 193, 196, 196, 206, 217. 33, 52, 55, 62, 77, 80, 81, 83, 107, 111, 119, 122, 155, 163. 34, 1, 2, 2, 3, 13, 16, 20, 25, 38, 43, 46, 47, 48, 54, 57, 62, 62, 68, 74, 84, 91, 93, 95, 96, 96, 96, 97, 99, 99, 111, 127, 132, 155, 155. 35, 31, 39, 57, 74, 75, 87, 91. 36, 20, 39, 44, 47, 49, 68, 70, 75, 83, 85, 86, 93, 102, 103, 113, 124, 130, 140, 142, 143, 145. 37, 11, 19, 40, 54, 102, 105, 108, 185. 38, 6, 8, 28, 34, 39, 44, 55, 63, 67, 84, 112, 162, 250, 295, 323, 327. 39 (VIII 6, 2), (VIII 6, 4), (VIII 7, 3), (VIII 7, 5), (VIII 7, 20), (VIII 11, 15).
λογοφίλης 2, 74.
λογχοφόρος 37, 38.
λοιδορέω 30, 172, 174. 32, 136. 39 (VIII 6, 2).
λοιδορία 11, 110. 22, 168. 27, 75. 37, 33.
λοιμικός 9, 10. 23, 179. 25, 133, 265.
λοιμός 13, 79. 22, 125. 25, 110. 26, 16. 36, 126.
λοιμώδης 15, 22. 22, 129. 23, 136. 25, 39, 133, 236.
λοιπός 1, 110, 110. 2, 85. 4, 130, 163. 8, 7. 13, 192. 16, 67. 17, 33, 47, 121. 19, 106. 21, 135. 22, 23, 29. 24, 41, 167. 25, 130, 298. 26, 78, 85, 86, 101, 178. 30, 7, 162. 31, 116, 238. 33, 33. 36, 46, 130. 37, 16, 87, 156. 38, 242, 346.
λοξός 34, 155.
λουτήρ 16, 98, 98. 26, 136, 138, 146.
λουτρόν 5, 95. 7, 19. 12, 116, 162. 19, 153. 20, 124. 25, 14. 26, 148. 27, 45. 28, 191, 258, 261. 30, 63. 38, 235.
λουτροφόρος 35, 7.
λούω 3, 16. 4, 143. 10, 8. 21, 81. 26, 143. 28, 119, 261. 35, 50. 38, 235.
λόφος 25, 169, 282.

Μαικήνας 38, 351.
μαιμάζω 13, 222.
μαιμάω 11, 36.
μαινάς 12, 148.
μαινόλης 12, 148.
μαίνομαι 4, 210. 5, 32, 69.
7, 12. 11, 84. 12, 101. 13, 13.
20, 39. 22, 83. 25, 26, 161.
30, 69, 126. 33, 94. 37, 6, 6,
36, 40, 162. 38, 233.
μαίομαι 15, 4.
μάκαρ 36, 121.
μακαρίζω 16, 95. 33, 152.
μακάριος 1, 135, 146, 172. 2, 4.
5, 86. 6, 40, 95, 101. 10, 26,
108. 15, 164. 16, 95. 17, 111,
285. 21, 50. 22, 35, 130, 230.
23, 87, 115. 27, 4, 104. 28,
329. 29, 53, 141, 230. 30, 1,
178. 31, 48, 115, 123. 33,
35, 63, 122. 34, 157. 35, 6, 13.
38, 5, 5.
μακαριότης 4, 205. 6, 27. 7,
86. 10, 55, 161. 12, 35. 21,
94. 23, 115, 202. 26, 184.
28, 209. 32, 205. 34, 96.
38, 5.
μακαρισμός 22, 35.
Μακεδονία 9, 7. 10, 173. 12,
12. 38, 281.
Μακεδών 5, 63. 10, 173, 174.
24, 135. 34, 94, 115.
μακραίων 1, 156. 8, 12, 185.
18, 57. 21, 34. 28, 31, 345.
29, 262. 31, 169. 36, 75.
μακράν 1, 131, 141, 168. 2, 82.
3, 54, 55. 7, 160. 8, 17, 18,
20, 38, 68, 98, 109, 152, 162.
9, 38, 56. 10, 134. 11, 155,
161, 174. 12, 22, 99, 129. 13,
100, 104, 176, 208. 15, 140,
157. 16, 138. 17, 179, 270.
18, 153, 157. 19, 74, 98, 103,
160. 20, 62, 265. 21, 66, 67,
119. 22, 13, 51, 198, 246. 23,
37, 67, 190, 197, 213, 224, 253,
266. 24, 94, 117, 236, 256.
25, 47, 71, 79, 99, 209, 216,
250, 278. 26, 263. 27, 34,
147. 28, 59. 29, 256. 30, 10,
91. 31, 82, 130. 32, 96, 183.
33, 80, 84. 34, 68. 37, 27,
102. 38, 22, 172, 255, 257.
39 (VIII 6, 6).
μακρηγορέω 5, 89. 8, 162.
12, 176. 13, 180, 195. 19,
181. 22, 63, 169. 26, 33. 27,
151. 29, 40, 144. 31, 78. 33,
52. 34, 33. 36, 127.

μακρηγορία 22, 127.
μακρήγορος 6, 32.
μακρόβιος 14, 17. 17, 292.
19, 106. 24, 24. 25, 213.
31. 238. 33, 135. 36, 71.
μακρόθεν 8, 17. 21, 64, 65, 66.
22, 142. 24, 12, 111. 30, 48.
31, 104, 218. 32, 129, 137, 151.
μακρολογέω 12, 153.
μακρολογία 18, 73.
μακρός 1, 85, 103, 121, 136,
141, 148. 2, 14. 4, 54. 5, 116.
6, 64, 76. 7, 106, 130. 8, 53,
71, 116, 141, 141. 10, 30. 11,
27, 67, 103, 123. 12, 81. 13,
150, 155, 195. 15, 16, 141.
16, 102, 111. 19, 30, 107, 169.
20, 116. 21, 10, 46, 131, 184,
256. 22, 143, 180. 23, 70,
111, 171, 182, 195, 208, 254.
24, 87, 89, 118, 137, 169, 238,
261. 25, 21, 115, 123, 164,
194, 237, 255. 26, 35, 63, 223,
232, 247, 275. 27, 11, 14, 148.
28, 121, 224. 29, 38, 40, 109,
119, 207. 30, 35, 35, 92, 98,
185. 31, 59, 81. 32, 3, 56,
193. 33, 11, 21. 34, 68. 35,
16. 36, 8, 19, 89, 123, 133,
133, 146. 37, 6, 26, 108, 114,
139, 159. 38, 120, 179, 251,
342.
μακρότης 19, 58.
μακροχρόνιος 17, 34. 29,
261. 31, 161, 169.
Μάκρων 37, 11, 12, 13, 14, 22.
38, 30, 32, 35. 38, 39. 39. 57,
58, 60, 62, 69, 69, 75.
μάλα, μᾶλλον, μάλιστα 1, 7,
12, 18, 45, 62, 63, 73, 77, 86,
122, 125, 125, 127, 131, 137,
138, 141, 149, 150, 154, 162,
163, 167, 172. 2, 5, 8, 14, 39,
51, 59, 100. 3, 3, 4, 6, 70, 92.
4, 74, 80, 84, 94, 100, 182,
185, 189. 5, 9, 11, 24, 28, 41,
54, 55, 65, 66, 66, 82, 86, 96,
107, 115, 115, 119, 121, 122.
6, 35, 47, 67, 72, 74, 82, 99,
125, 125. 7, 7, 10, 14, 28, 34,
35, 54, 69, 73, 93, 97, 101,
109, 114, 143, 143, 144, 145,
146, 155, 175, 175. 8, 9, 13, 38,
62, 144, 160, 167. 9, 3, 7, 10,
25, 32, 47, 51. 10, 48, 95, 113,
114, 115, 127, 166. 11, 61, 85,
85, 88, 90, 95, 100, 111, 141,
149, 151. 12, 24, 57, 62, 117,
128, 152, 157, 161, 163, 171,

175. 13, 2, 13, 25, 36, 37, 54,
73, 79, 90, 94, 95, 121, 132,
138, 164, 174, 184, 193, 200,
204, 211, 220. 14, 3, 3, 13, 55.
15, 5, 12, 12, 15, 32, 59, 83,
126, 170, 178. 16, 12, 25, 46,
47, 74, 75, 112, 112, 117, 120,
169, 185, 189, 195, 210. 17,
5, 21, 21, 22, 31, 84, 88, 111,
148, 151, 191, 203, 238, 261,
274, 291, 292, 294. 18, 48, 49,
62, 66, 127, 135, 136, 145, 167,
179. 19, 22, 25, 81, 87, 96,
122, 128, 160, 167, 171, 203,
205. 20, 18, 25, 47, 60, 68,
70, 88, 140, 145, 160, 173, 188,
189, 199, 215, 243, 260. 21,
34, 54, 60, 60, 66, 72, 75, 95,
99, 100, 101, 111, 132, 136, 169,
170, 203, 246, 254. 22, 4, 22,
48, 60, 60, 71, 112, 154, 154,
154, 160, 174, 176, 188, 202,
‹245›, 255, 262, 283, 301.
23, 13, 54, 63, 69, 71, 107,
110, 116, 123, 130, 133, 137,
149, 170, 172, 187, 192, 209,
213, 229, 230, 233, 236, 253,
256, 267, 273. 24, 4, 7, 20,
31, 39, 53, 66, 77, 89, 99, 101,
102, 113, 119, 127, 145, 149,
186, 193, 220, 223, 233, 236,
254, 262, 267, 269. 25, 4, 5,
7, 13, 14, 19, 22, 24, 30, 41,
44, 46, 52, 69, 69, 69, 78, 83,
91, 108, 110, 112, 120, 128, 131,
139, 159, 160, 176, 183, 184,
187, 198, 213, 215, 226, 231,
239, 251, 264, 291, 296, 297,
307, 310, 334. 26, 8, 10, 17,
21, 38, 39, 40, 51, 66, 96, 108,
138, 144, 182, 189, 191, 213,
219, 222, 264, 270, 273, 274,
282, 289. 27, 37, 40, 45, 46,
52, 92, 105, 118, 147, 149.
28, 2, 21, 23, 25, 34, 73, 79,
136, 140, 146, 151, 165, 173,
178, 200, 214, 227, 229, 259,
281, 303, 324, 337, 341. 29,
3, 9, 13, 19, 53, 65, 83, 89,
96, 105, 112, 126, 136, 140,
161, 164, 175, 185, 195, 202,
227, 229, 235, 244, 256, 258.
30, 10, 21, 30, 37, 68, 70, 98,
100, 111, 113, 119, 126, 128,
136, 147, 164, 177, 180. 31,
24, 27, 28, 29, 42, 54, 55, 67,
68, 82, 84, 95, 109, 112, 112,
120, 123, 126, 129, 139, 154,
188, 192, 197, 205, 207, 215.

32, 20, 24, 26, 34, 36, 38, 44, 59, [78], 83, 105, 115, 117, 119, 124, 126, 128, 138, 155, 161, 165, 167, 187, 197, 213. 33, 9, 40, 49, 110, 114, 120, 127, 129, 132, 146, 149, 158, 163, 167. 34, 3, 15, 22, 27, 40. 54, 75, 80, 86, 95, 96, 101, 102, 106, 106, 113, 122, 138, 153, 160. 35, 7, 21, 48, 50, 56, 61, 68, 75, 88, 89. 36, 16, 23, 26, 38, 48, 65, 77, 88, 99, 103, 105, 107, 119, 129, 130, 130, 137, 144. 37, 11, 12, 17, 18, 31, 32, 40, 58, 82, 86, 105, 110, 118, 119, 128, 131, 148, 162, 175, 182, 186. 38, 3, 15, 21, 22, 35, 39, 48, 58, 62, 64, 72, 80, 84, 108, ‹111›, 127, 132, 140, 142, 150, 156, 158, 160, 163, 168, 175, 192, 199, 200, 209, 251, 252, 257, 259, 264, 268, 272, 277, 280, 285. 299, 302, 307, 320, 325, 330, 335, 349, 355, 360, 367. 39 (VIII 6, 1), (VIII 6, 2), (VIII 6, 4), (VIII 6, 4), (VIII 6, 5), (VIII 7, 5), (VIII 7, 10), (VIII 7, 14), (VIII 7, 16), (VIII 7, 17), (VIII 11, 14), (VIII 11, 18).

μαλάκεια, τά 17, 211.

μαλακία 30, 31, 39, 40, 156. 32, 23. 33, 5.

μαλακίζομαι 16, 222. 32, 5, 6. 37, 179.

μαλακιστέον 26, 183.

μαλακός 1, 41, 104. 3, 8, 39. 4, 58. 6, 23. 16, 50. 21, 17, 123, 125. 22, 9, 56. 23, 148, 239. 28, 343. 29, 28, 143, 163, 169. 32, 15, 93, 130. 33, 4. 35, 69. 37, 36. 38, 111, 241, 367.

μαλακότης 1, 62. 12, 133. 23, 136. 28, 216.

μαλάσσω, μαλάττω 31, 218.

μαλθακός 13, 122. 19, 39. 21, 123.

μαλθάσσω 10, 24. 38, 174.

μᾶλλον → μάλα

μαλλός 1, 85.

Μαμβρῆ 16, 164, 165.

μάμμη 30, 14.

Μανασσῆς 4, 90, 90, 93, 93, 94. 14, 28, 28. 16, 205. 18, 40, 43. 20, 97, 97, 99, 101.

μανδραγόρας 35, 45.

μανθάνω 2, 94. 3, 39, 89. 4,

51, 122, 135, 194. 5, 36, 56. 6, 7, 8, 43, 64. 7, 6, 10, 10, 12, 37, 65, 86, 102. 8, 100, 131, 137, 138, 140, 147, 150, 152, 179. 9, 37. 10, 4, 64, 108. 11, 59, 165. 12, 48, 52, 131. 13, 40. 15, 55. 16, 140, 192, 195. 17, 5, 18, 28, 29, 33, 73, 81, 102, 121, 191, 252, 292. 18, 41, 63, 69, 70. 103. 111, 122, 126, 126. 19, 8, 8, 137, 138, 146, 164, 172, 200, 207. 20, 84, 99, 100, 102, 104, 186, 217, 255, 256, 257, 270, 270. 21, 52, 151, 171, 235, 249, 255, 255. 22, 1, 98, 99, 107, 108, 179. 23, 21, 53. 24, 55, 67, 79, 167, 183. 25, 4, 75, 110, 122, 190, 308. 26, 280. 27, 59, 115. 28, 36, 42, 319. 29, 100, 195. 31, 29, 96, 99, 140. 33, 44, 49, 61, 152. 34, 22, 41. 35, 63, 75. 37, 34, 103. 38, 53, 53, 114, 255, 363.

μανία 10, 138. 11, 37. 12, 147, 147, 148. 13, 123. 16, 84. 17, 249, 264, 265. 19, 168. 20, 39. 21, 56, 254. 22, 2. 27, 88. 28, 58. 29, 15, 136. 30, 99. 31, 82. 34, 8. 36, 72. 37, 36, 140. 38, 93, 132, 183, 192.

μανιώδης 5, 74. 17, 249. 21, 36. 24, 73. 35, 14, 40.

μάννα 3, 84, 86, 86. 4, 166, 174, 175. 6, 86. 7, 118. 17, 79, 80, 191. 18, 170, 173. 27, 16.

μανός 15, 102. 36, 105.

μανότης 13, 185. 21, 20.

μαντεία 10, 181. 15, 159. 16, 190. 25, 263, 264. 28, 63. 38, 124.

μαντεύομαι 4, 227. 5, 27. 15, 118. 24, 106, 182. 30, 18.

μαντικός 20, 203. 25, 264, 277, 284, 285. 28, 60, 64. 31, 48, 50, 52. 37, 186.

μάντις 5, 34. 16, 114. 25, 276, 282, 282, 285, 305. 38, 109.

μαραίνω 10, 38. 16, 141. 21, 11. 22, 109, 199. 24, 130. 26, 140. 28, 311, 325.

Μάρεια 35, 22. 37, 45.

Μαριάμ 2, 76. 3, 66. 4, 103. 11, 80, 81. 35, 87.

Μάρις 37, 39.

Μάρκος Ἀγρίππας 38, 294.

Μάρκος Σιλανός 38, 62.

μαρμαρυγή 1, 6, 71. 10, 78. 28, 37. 33, 38. 34, 5.

μάρσιππος 17, 41, 162. 22, 193.

μαρτυρέω 1, 100. 3, 47, 55, 55. 4, 2, 4, 19, 32, 37, 46, 129, 142, 162, 196, 205, 205, 205, 208, 214, 217, 218, 228. 5, 40, 124. 6, 67, 92, 92, 133. 7, 48, 52, 121. 8, 78, 80, 83, 83, 119, 122. 9, 17. 11, 60, 116. 12, 29, 173. 13, 150, 188. 15, 9, 44, 94, 141, 181. 16, 115, 130. 17, 76, 91, 121, 191, 259, 291. 18, 62, 68, 160, 173. 19, 56, 67. 20, 90. 21, 64, 231. 22, 47, 172, 222. 23, 81, 262, 270. 24, 269. 25, 59. 26, 171, 240, 263, 281. 27, 88, 91. 28, 273, 273, 343. 31, 42, 43, 44, 60, 61. 34, 137. 36, 16, 16, 95. 37, 99. 38, 150.

μαρτυρία 4, 19, 205, 205, 208. 5, 124. 6, 91. 7, 124. 8, 79, 83. 12, 82, 115, 173, 173. 16, 43. 17, 4. 20, 258. 23, 258. 24, 235. 27, 86. 29, 10. 31, 53. 33, 77. 36, 102.

μαρτύριον 3, 54, 55. 4, 46. 5, 88. 7, 63, 160. 13, 127, 138, 139. 20, 134. 31, 136. 36, 25, 27.

μάρτυς 1, 88. 4, 43. 5, 17, 108. 6, 17, 91. 7, 23, 34, 50, 99, 138, 138. 8, 57, 59, 59, 96, 121. 12, 82. 13, 98, 139. 15, 57, 140, 157. 16, 3, 115, 138. 17, 120. 18, 74. 19, 13, 184, 184. 20, 39. 22, 220, 297. 23, 29, 64, 190. 24, 134, 208, 265. 26, 120, 284. 27, 86, 90, 140. 28, 37, 55, 341. 29, 10, 252, 259. 31, 30, 31, 32, 37, 54, 54. 34, 73, 92, 98. 36, 120. 37, 54, 161. 38, 187, 294. 39 (VIII 11, 4).

Μασέκ 17, 2, 39, 40, 40, 52, 61.

μαστεύω 8, 182. 13, 73. 20, 108.

μαστιγίας 34, 156.

μαστιγόω 18, 177. 22, 84. 37, 72, 85.

μαστίζω 37, 78.

109, 159. 12, 131, 135, 168.
13, 24, 197, 212, 217. 15, 2,
43, 136. 17, 89, 126, 170, 192,
234, 267. 22, 274, 283. 29,
46. 32, 196. 34, 96. 37, 135.
38, 57. 39 (VIII 11, 13).
μελέτη 4, 18, 22. 5, 9, 92, 104.
6, 35, 85, 87, 113. 7, 64.
8, 101. 9, 26. 11, 18, 91,
145, 147, 160. 12, 31. 13, 21,
212, 219. 15, 39, 110. 16, 31,
105. 18, 24. 19, 166. 20, 166,
219, 270. 21, 120, 168, 170,
249. 22, 283. 24, 3, 40, 81.
25, 60, 310. 26, 27. 31, 24,
107, 121. 32, 2. 38, 30, 320.
μέλι 7, 115, 117, 118. 18, 169.
19, 138. 28, 291, 291.
μελίζω (Α) 23, 198.
μελίπηκτον 13, 217. 22, 48.
25, 208. 28, 174. 29, 20.
μέλισσα, μέλιττα 10, 99. 28,
291. 39 (VIII 11, 8).
Μελιταῖος 33, 89.
μέλλησις 4, 215. 6, 53, 63.
20, 142. 24, 118. 29, 38.
μελλητής 6, 32. 15, 48. 17,
254. 21, 165. 22, 67. 27, 85.
μέλλω 1, 14, 17, 27, 28, 29,
33, 34, 38, 38, 40, 58, 78,
83, 115, 133, 137, 156, 169.
2, 54. 3, 5, 6, 15, 42, 43, 43.
4, 16, 17, 41, 87, 146, 155,
159, 218, 240. 5, 20, 33, 34,
99, 102, 110. 6, 4, 8, 10, 29,
47, 85. 7, 11, 45, 57, 58, 58,
61, 62, 75, 119, 119. 8, 103,
144. 9, 26, 63. 10, 8, 18,
29, 29, 29, 30, 32, 32, 66,
74, 138. 11, 69, 85, 95, 111,
123, 158, 174. 12, 2, 15, 103,
114. 13, 60, 82, 84, 131. 14, 6,
46. 15, 12, 20, 41, 76, 89,
155. 16, 25, 43, 43, 82, 98,
154, 159, 172, 190, 197, 223.
17, 25, 49, 201, 202, 261, 278.
18, 73, 80, 82, 109, 113, 125.
19, 49, 70, 105, 107, 159, 159,
162, 186, 205, 213. 20, 30,
44, 54, 73, 87, 87, 124, 129,
158, 161, 162, 162, 163, 164,
165, 188, 217, 228. 21, 2, 36,
71, 212, 214. 22, 1, 72, 143,
204, 209, 210, 264, 269. 23,
62, 86, 98, 105, 145, 174, 188,
190, 193, 201, 202, 214, 218,
225, 233, 250, 253. 24, 3, 38,
100, 107, 112, 116, 133, 162,
175, 191, 197, 210, 215, 225,

231, 235, 236, 238, 244, 259,
266. 25, 12, 14, 20, 48, 60,
66, 71, 81, 102, 108, 133, 137,
149, 162, 169, 178, 185, 192,
197, 199, 213, 217, 248, 255,
268, 294, 321, 329. 26, 8, 25,
37, 39, 74, 91, 109, 138, 139,
145, 149, 152, 162, 190, 200,
202, 214, 224, 252, 261, 266,
279, 288, 288, 288. 27, 10,
14, 17, 41, 86, 92, 93, 98,
140, 145, 149. 28, 64, 64,
68, 77, 82, 110, 159, 219, 243,
269, 283, 283, 284, 330, 334.
29, 4, 80, 84, 135, 157, 157,
‹157›, 158, 187, 202. 30, 56,
95, 126, 139, 199. 31, 39,
56, 71, 129, 131, 140, 156, 165,
213, 222. 32, 23, 37, 41, 53,
64, 67, 67, 75, 84, 112, 114, 151,
152, 156, 156, 159, 221. 33,
71, 72, 91, 103, 108, 161. 34,
121, 122, 143. 35, 46. 36, 37,
65, 89, 94, 99, 102, 140. 37,
26, 48, 74, 76, 78, 83, 114,
126, 129, 141, 151, 167. 38, 2,
2, 51, 68, 99, 109, 109, 124,
128, 139, 175, 179, 186, 208,
258, 259, 266, 306, 322, 324,
335, 336, 338, 351, 369. 39
(VIII 6, 3), (VIII 6, 4), (VIII 6,
4), (VIII 7, 1), (VIII 7, 15),
(VIII 11, 14).
μέλος, τό 1, 67, 103. 2, 12.
4, 221. 5, 105. 6, 84. 7, 125. 8,
106, 108. 10, 52. 11, 137, 137,
12, 131, 167. 13, 95, 116,
177. 14, 36. 16, 104. 17, 15,
133. 18, 16, 76. 20, 87, 173.
21, 205. 22, ‹168›. 23, 198.
24, 27, 187. 25, 128. 26, 106,
239, 256, 256. 28, 28, 99,
145, 147, 199, 208, 210, 342,
343. 30, 108, 182. 32, 32,
136. 33, 125, 143, 145. 34,
89. 35, 29, 80, 84, 88. 36,
143. 37, 176. 38, 131, 243,
267.
Μελχά 18, 43, 45, 50.
Μελχισεδέκ 4, 79, 82. 18, 99.
μέλω 16, 191. 20, 45. 24, 9,
63. 26, 207. 28, 277. 29, 11.
30, 50, 89. 32, 155. 37, 102.
38, 256.
μελωδέω 2, 14. 8, 105. 15, 56.
21, 35.

μελωδία 7, 157. 8, 103, 104.
11, 137. 22, 27, 28, 270.
μεμπτός 20, 105. 28, 237.
Μέμφις 25, 118.
μέμφομαι 5, 36. 11, 5. 16,
89. 19, 33. 22, 104. 23, 209.
30, 156, 181. 31, 120, 126.
38, 236, 331.
μεμψιμοιρέω 25, 181.
μέμψις 16, 93. 20, 47. 24, 205.
25, 31. 30, 9, 10. 32, 127.
33, 33. 38, 336.
μέν passim.
μένος 34, 112.
μέντοι 1, 32, 34, 40, 59, 62,
83, 87, 121. 2, 3, 6, 24, 50,
57, 70, 84. 3, 8, 105. 4, 14,
34, 44, 47, 56, 94, 108, 126,
160, 163, 197, 208, 210, 225,
230, 234. 5, 74, 100, 121.
6, 49, 84, 87, 123. 7, 12, 40,
46, 49, 51, 87, 112, 122, 123,
171, 178. 8, 31, 36, 74, 82,
111, 127, 134, 139, 140, 166,
178. 9, 2. 10, 10, 57, 153,
163. 11, 5, 11, 13, 19, 32,
50, 51, 64, 93, 109, 127, 127,
139, ‹145›, 169, 169, 172. 12,
30, 40, 56, 59, 61, 62, 63,
104, 122, 133, 146, 148, 167.
13, 6, 22, 88, 111, 132, 150,
169, 174, 179, 179, 182, 187,
187, 195, 202, 222. 14, 2, 7,
10, 12, 12, 21, 31, 49, 61, 65,
67, 69. 15, 8, 13, 19, 33, 35,
52, 55, 62, 63, 76, 87, 100,
110, 115, 123, 141, 145, 146,
148, 154, 155, 160, 167, 180,
182, 191. 16, 45, 98, 102, 120,
133, 162, 180, 189, 192, 219,
220, 220. 17, 11, 23, 84, 112,
122, 139, 151, 153, 182, 247,
287, 290, 302. 18, 43, 52,
54, 94. 19, 30, 31, 56, 186.
20, 7, 14, 32, 162, 165, 167,
‹177›. 21, 27, 33, 37, 52, 67,
92, 103, 117, 171, 191, 193,
205, 209, 234, 235, 236, 243.
22, 44, 155, 174, 220, 227,
239, 255, 259, 259. 23, 11, 12,
32, 36, 39, 56, 99, 116, 120,
133, 229. 24, 2, 28, 32, 35, 37,
58, 61, 107, 129, 148, 151, 157,
176, 193, 195, 204, 250, 255.
25, 26, 129, 166, 207, 262,
315. 26, 135, 139, 186. 27, 21,
24, 48, 79, 102, 133, 141. 28,
24, 26, 72, 118, 119, 123, 137,
151, 272, 283, 286, 315, 336.

100, 100, 110. 13, 33, 64, 127, 127, 164. 15, 38, 66, 70. 16, 37, 37, 121, 133, 146, 160. 17, 71, 113, 130, 132, 133, 141, 141, 143, 146, 148, 148, 163, 163, 166, 166, 201, 202, 203, 206, 206, 215, 216, 219, 220, 220, 222, 223, 223, 224, 231, 311, 312, 312. 18, 8, 12, 14, 14, 20, 22, 33, 127, 128, 140, 142, 143, 145, 153. 19, 29, 49, 101, 128, 132, 188, 193, 213. 20, 2, 30, 43, 52, 52, 53, 88, 192, 203, 214, 227, 228, 229, 230, 238, 255. 21, 19, 68, 76, 76, 91, 168, 219. 22, 6, 62, 229, 232, 235. 23, 50, 52, 121, 122, 124, 257. 24, 87. 25, 49, 66, 135, 158, 177, 189, 212, 231, 257, 265, 313. 26, 9, 78, 78, 78, 80, 91, 92, 101, 101, 102, 103, 167, 172, 213, 249. 27, 21, 46, 63. 28, 72, 116, 221, 268, 279, 301, 320, 321. 29, 141. 30, 77, 160. 31, 28, 74, 102, 167, 168, 168, 208. 32, 73, 140, 169. 33, 87. 34, 6, 34, 60, 86. 35, 43, 83. 36, 33, 33, 86, 115. 37, 56, 68, 74, 84, 85, 95, 114, 162, 169, 174. 38, 49, 122, 130, 131, 147, 190, 217, 235. 39 (VIII 11, 4).

μεσότης 10, 81. 16, 147. 17, 126.

μεσόω 28, 183.

μεστός 1, 2, 22, 156. 3, 97. 4, 2, 253. 5, 65, 86. 7, 113, 174, 174. 8, 2. 12, 40, 167. 15, 166. 16, 19. 17, 48, 60, 248. 20, 169, 193, 196, 201. 21, 8, 244. 23, 192. 25, 204. 26, 166, 172, 205, 226. 27, 2, 86, 164. 28, 129, 206. 29, 42, 48, 52, 79. 31, 156. 32, 3, 32, 109. 34, 72. 35, 9, 64. 37, 63, 92, 152. 38, 15, 62, 90, 90, 186, 254, 282.

μετά passim.

μεταβαίνω 7, 153. 11, 72. 16, 139, 194. 20, 105. 33, 130.

μεταβάλλω 1, 9, 113, 126, 156. 2, 89. 4, 246. 5, 5, 36, 52, 71, 90, 100. 7, 152, 177. 8, 134, 154, 155. 10, 130. 11, 56. 12, 91. 13, 36, 174, 178. 15, 102, 104. 16, 36, 225. 18, 44. 20, 46, 76, 105, 123, 124, 171, 230. 21, 20, 129,

154, 232, 238. 22, 105, 108, 222, 259. 23, 17, 113, 170. 24, 131, 245, 250, 263. 25, 41, 56, 76, 84, 90, 93, 100, 101, 129, 144, 147, 161, 186, 204, 207, 211, 298. 26, 26, 44, 218, 260, 264, 267, 280. 27, 33, 80, 87, 110. 28, 51, 80, 118, 220, 237, 282, 300, 306. 29, 19, 50, 71. 30, 37, 99, 103. 31, 144, 235. 32, 67, 76, 87, 177, 205, 217. 33, 77, 89, 91, 92, 152, 163, 168. 34, 70, 103. 36, 40, 42, 43, 76, 90, 92, 113, 125, 144. 37, 144. 38, 20, 22, 80, 89, 91, 118, 126, 238, 238, 368.

μετάβασις 8, 29, 30. 12, 11, 111. 21, 186. 27, 60. 29, 212.

μεταβατέον 1, 95.

μεταβατικός 6, 68. 8, 29, 30. 12, 11, 12, 13. 14, 34. 15, 139. 17, 81, 137.

μεταβιβάζω 8, 43.

μεταβλητικός 10, 37.

μεταβλητός 5, 19. 6, 101. 9, 48. 22, 218.

μεταβολή 1, 12, 22, 31, 41, 113, 121, 151. 2, 8. 5, 62, 88. 8, 73, 106, 108, 111, 113. 9, 28, 48, 66. 10, 26, 38, 48, 88, 119, 173. 11, 126. 13, 91, 111, 170. 17, 247, 309. 18, 104, 133. 20, 55, 57, 243. 21, 20. 22, 136. 23, 18, 18, 26, 69, 81. 24, 32, 33, 33, 134, 144, 215, 254. 25, 78, 200, 282, 298. 26, 15, 121, 125, 154, 262. 27, 43, 104. 28, 26, 62, 188, 210, 311, 342. 29, 67, 143, 209, 249. 30, 41, 97, 178. 31, 86, 235. 32, 110, 122, 151, 153, 165, 183. 33, 41, 115, 159, 164, 169. 36, 5, 6, 14, 32, 54, 59, 60, 72, 82, 103, 109, 110, 110, 111, 116. 37, 18, 153, 154, 159. 38, 67, 73, 80, 197.

μεταγιγνώσκω 10, 21. 20, 233. 28, 103. 39 (VIII 7, 4).

μεταγράφω 20, 126. 31, 61, 163.

μεταδιδάσκω 6, 57. 7, 5, 9. 13, 38.

μεταδίδωμι 1, 44, 77, 156. 2, 40. 5, 86. 7, 101, 124, 156. 8, 28, 99. 9, 27, 43. 13, 110. 17, 5, 26, 159. 19, 30. 20, 57. 22, 223. 24, 52, 85, 144.

25, 37, 315. 26, 190, 192, 236. 28, 49, 97, 126, 294. 29, 15, 71, 107, 115, 119, 141. 30, 112, 116, 138, 196. 31, 74, 74. 32, 94, 108, 121, 125, 141, 168. 34, 49, 51. 35, 20. 37, 54. 38, 163.

μεταδιώκω 1, 162. 4, 2. 5, 8, 105. 6, 12, 21, 78. 7, 2. 8, 120. 10, 163. 13, 34. 16, 65. 17, 303. 19, 128, 153. 21, 248. 22, 39, 65. 23, 135. 28, 176, 176, 312, 319. 31, 66. 32, 136. 33, 154, 162. 35, 24.

μετάδοσις 28, 225. 31, 74.

μεταδοτέον 18, 84. 28, 120. 29, 89. 32, 226.

μετάθεσις 9, 66, 66. 20, 60, 130. 23, 18, 81. 24, 136. 33, 17. 36, 113, 113.

μεταιτέω 32, 86.

μεταίτης 17, 103. 29, 106. 37, 64.

μετακαλέω 7, 10. 13, 37. 16, 184. 21, [188]. 22, 99. 24, 168. 25, 77, 280, 292. 26, 288. 33, 44.

μετακινέω 8, 89. 31, 149.

μετακλαίω 7, 95.

μετακλίνω 8, 100, 100, 111. 9, 44. 10, 180. 15, 129. 16, 184.

μετακομίζω 24, 111. 38, 220, 305.

μετακόσμιος 15, 134. 21, 184. 22, 130.

μεταλαγχάνω 3, 57. 9, 14. 17, 143. 18, 7. 23, 129. 24, 27, 210. 25, 11, 157. 26, 152. 28, 109, 243, 269, 309. 30, 111. 33, 111. 36, 46. 38, 91.

μεταλαμβάνω 1, 158. 4, 93. 8, 13, 69. 9, 24. 12, 134. 13, 145. 14, 28. 16, 165, 205, 221. 17, 54, 97. 18, 2, 30, 55, 60. 19, 44, 45, 50, 208. 20, 92, 97, 103, 106, 126, 193, 268. 21, 131, 254. 22, 36, 192, 250. 23, 201. 27, 38. 28, 124, 129, 240. 31, 99, 149. 32, 30. 33, 6, 14. 36, [110]. 38, 283.

μετάληψις 12, 74.

μεταλλάσσω 32, 108.

μεταλλεύω 11, 25. 23, 141. 34, 65, 65.

μεταλλοιόω 8, 83, 93, 98. 9, 65.

μεταμέλεια 24, 173. 28, 242.
μεταμορφόω 25, 57. 31, 147.
38, 95.
μετανάστασις 4, 19. 6, 10.
7, 154. 16, 2, 189. 17, 265,
287, 289. 21, 45. 22, 270.
23, 77. 25, 86, 237. 29, 250.
32, 53, 76. 33, 17.
μετανάστατος 17, 280.
μετανάστης 12, 46. 13, 100.
15, 68. 16, 28. 17, 26. 20,
16, 152. 21, 52, 160. 22, 184,
273. 29, 118. 32, 105, 218.
37, 94.
μετανάστις 5, 103. 34, 107.
μετανίστημι 4, 20. 5, 98, 115.
6, 7, 8, 77. 7, 163. 8, 2, 7, 8,
173. 9, 21, 47, 56, 61. 10,
180. 12, 34, 96, 147. 13, 10,
39, 94. 15, 76. 16, 12, 20,
177, 187, 197. 17, 71, 71, 74,
98, 99, 179, 240, 274, 287, 288.
18, 49, 58. 19, 59, 117. 20,
38, 76. 21, 52. 23, 47, 62, 66,
67, 71, 165, 212. 24, 251.
25, 5, 34, 147, 193, 240, 254,
283. 26, 72, 184. 29, 25, 217.
30, 99, 162, 207. 31, 49, 158,
178. 32, 214, 214. 33, 20, 87.
34, 128. 36, 30, 31.
μετανοέω 3, 60. 4, 211. 5, 2.
10, 8, 72. 19, 99, 157, 160.
20, 235. 21, 91, 91, 182. 23,
27. 24, 87. 25, 167, 283. 26,
167. 28, 103, 239, 241, 253,
253. 31, 18, 221. 32, 152,
175, 176, 180, 208. 33, 169.
38, 303, 337, 339.
μετάνοια 3, 78. 4, 106, 213.
6, 132. 7, 96. 8, 178. 10, 33.
19, 158, 159, 159. 20, 124,
235. 22, 108, 109, 292. 23,
17, 26. 28, 58, 102, 187, 236.
32, 180, 183. 33, 15, 22.
36, 40. 37, 181.
μεταξύ 1, 35. 4, 253. 5, 111.
6, 65. 7, 80. 8, 18. 10, 158.
16, 147. 17, 110. 20, 264.
22, 228, 234. 24, 175. 26,
228. 28, 295. 29, 225. 35,
30, 33. 37, 92. 39 (VIII 6, 2).
μεταπείθω 26, 177.
μεταπέμπω 13, 208. 15, 65.
19, 23, 47. 23, 94, 215. 24,
92, 103, 207, 260. 25, 21, 266,
278. 31, 36. 32, 35. 37, 76,
86, 141. 38, 222, 222, 349,
351.

μεταπλάσσω, μεταπλάττω
7, 152.
μεταποιέω 1, 17. 5, 74. 6, 100.
7, 68. 8, 93, 99, 100. 10, 12.
11, 114. 13, 35. 14, 26, 69.
15, 73. 16, 11, 21, 96, 147.
17, 62, 63, 150, 299. 18, 88.
19, 38. 20, 263. 21, 219.
22, 107, 163. 23, 53, 160.
24, 92. 25, 242. 26, 139.
27, 58. 28, 38, 57, 265. 30,
137. 31, 187. 32, 85. 33, 22,
111. 37, 131. 38, 80.
μεταποίησις 33, 66.
μετάρσιος 2, 43. 4, 104, 162,
252. 5, 4, 31, 47, 89. 7, 87,
154. 9, 62. 12, 3, 24, 25, 68,
127. 20, 67. 23, 43. 30, 1.
31, 236. 36, 63.
μετασκευάζω 16, 211. 38, 95.
μετάστασις 23, 245. 25, 183.
μεταστένω 7, 95.
μεταστοιχειόω 16, 83. 22,
118. 25, 78.
μετασχηματίζω 36, 79. 38,
80, 346.
μετατάσσω, μετατάττω 15,
154.
μετατίθημι 4, 107, 107, 107.
6, 11. 8, 43, 83, 84, 88. 10,
26. 20, 13, 38. 23, 17, 19,
19, 24, 47. 26, 34. 33, 16, 58.
36, 54, 115. 37, 131, 184.
38, 1, 69, 104.
μετατρέπω 6, 114, 116. 10,
181, 183. 15, 129, 139. 16,
83. 23, 86.
μετατρέχω 13, 59. 15, 114.
19, 205. 23, 20. 26, 185.
33, 116.
μετατυπόω 21, 171. 31, 146.
μεταφέρω 34, 96.
μεταφορά 6, 126.
μεταφράζω 26, 38.
μεταχαράσσω, μεταχαράττω
5, 4. 7, 152. 8, 93, 99. 15,
159. 16, 39, 119. 20, 71, 121,
123. 21, 129. 28, 325. 34,
4, 98. 38, 70, 80, 106.
μεταχωρέω 21, 79. 23, 78.
28, 309.
μέτειμι (sum) 14, 68. 23,
206. 26, 148. 34, 48, 48.
μέτειμι (ibo) 1, 147. 4, 26,
164, 251. 5, 4, 129. 7, 66, 104,
114, 120. 8, 44, 101, 130. 9,
5, 39. 11, 90. 12, 73, 77. 13,
86. 16, 147. 17, 78. 18, 35, 50.
19, 166, 177. 22, 93. 23, 27,

217, 274. 26, 233. 27, 115.
29, 224. 30, 101. 31, 160.
32, 1, 148, 180. 33, 3, 26,
46, 61. 34, 35, 76. 37, 35.
38, 23.
μετέπειτα 12, 127.
μετέρχομαι 1, 96. 4, 52, 188.
5, 127. 7, 18, 24, 102. 9, 17.
10, 34. 13, 14, 103. 15, 37,
190.
μετέχω 1, 66, 73, 120, 134, 135,
145. 2, 40. 3, 22, 23, 63, 64.
4, 1, 1, 196. 5, 86, 89, 120.
6, 95. 7, 82, 82, 84. 8, 159,
160. 9, 22. 10, 41, 80, 144.
11, 145. 12, 168, 172. 15,
83. 17, 229. 18, 48, 84. 20,
213, 266. 21, 21, 68. 23,
101, 107, 123, 123, 155, 202,
246. 24, 20, 196, 266. 25,
58, 156, 168, 298, 313. 26,
226. 27, 31, 31, 99, 104. 29,
57, 68, 71, 175, 225, 256.
30, 99. 31, 14, 94, 105, 159.
32, 87, 91, 113, 166. 34, 50,
150, 160. 35, 21.
μετεωρέω 4, 214.
μετεωρίζω 4, 186. 7, 152. 8,
115. 11, 169. 13, 93. 17, 34,
71, 241, 269. 18, 127. 24, 6.
25, 115, 195. 26, 54, 139.
28, 44. 30, 152. 33, 73. 35,
3. 36, 83. 38, 202, 272.
μετεωροθήρας 22, 115.
μετεωρολεσχέω 20, 16. 21,
54.
μετεωρολέσχης 20, 70. 21,
161. 34, 80.
μετεωρολογία 13, 92. 17, 97.
μετεωρολογικός 13, 91, 94.
20, 67, 68. 22, 112. 23, 82,
84.
μετεωροπολέω 4, 71, 84. 7,
27. 12, 145. 17, 128, 230,
237, 239. 21, 139. 25, 190.
28, 207.
μετεωροπόλος 20, 67.
μετέωρος 1, 86, 147, 163. 4,
18, 18, 18, 83, 244. 5, 4, 4.
7, 152. 9, 62, 62. 10, 167.
13, 128. 15, 90. 16, 168,
172, 178. 18, 41. 19, 44, 45.
20, 66, 67, 154. 21, 54, 134,
211. 22, 16, 78. 23, 42, 82.
24, 149. 25, 31, 169, 177, 179,
218. 26, 90. 27, 4, 143. 28,
37, 219. 29, 230. 31, 236.
32, 14, 173. 33, 8, 47, 80, 152.

35, 86. 36, 136. 37, 37, 142. 38, 18, 151.

μετοικέω 23, 229.

μετοικία 4, 19, 84. 18, 88. 20, 38.

μετοικίζω 1, 171. 4, 19. 8, 32. 16, 187. 17, 71, 280. 19, 131. 23, 47, 224. 28, 103. 29, 168. 30, 99, 207. 33, 20. 35, 19. 39 (VIII 6, 1).

μέτοικος 13, 100. 15, 82. 23, 209, 231, 252. 25, 35, 36. 26, 58, 58. 29, 170. 32, 105, 109. 38, 200.

μετονομάζω 4, 15, 244. 5, 4, 7. 9, 62, 63. 16, 201. 20, 65, 76, 77, 81, 83, 87, 88, 121. 24, 121.

μετοπωρίζω 1, 58.

μετοπωρινός 1, 116. 17, 147, 149. 21, 20. 27, 161, 161. 28, 172, 172, 186. 29, 153, 204, 213. 31, 233. 37, 116.

μετόπωρον 1, 45, 52, 58, 116, 116. 5, 112. 12, 120. 17, 146, 208. 22, 131. 26, 124. 28, 210. 29, 205, 220. 31, 235. 32, 93. 33, 130. 38, 15.

μετουσία 1, 167. 2, 22, 34. 4, 46, 47, 52, 171. 5, 36. 6, 33. 7, 140. 13, 20, 116. 17, 15. 19, 29, 99. 20, 71. 22, 48, 210, 268. 23, 6, 7, 129. 24, 220. 25, 149, 183. 26, 5, 243. 28, 165, 193, 195, 196, 242, 269. 29, 118, 132, 138, 165, 173, 183, 262. 30, 171, 208. 31, 75, 100, 143, 167. 32, 91, 156. 33, 87, 127, 135. 34, 47. 37, 53, 118. 38, 8, 16, 318.

μετοχετεύω 21, 107.

μετοχή 2, 22.

μετρέω 1, 38, 91, 102, 102, 105, 130. 4, 149, 163, 166. 5, 31. 6, 59, 59. 8, 136. 11, 115. 13, 185. 17, 29, 32, 227, 229. 22, 192, 194. 24, 145. 25, 206. 27, 27, 28. 29, 60, 83. 31, 232, 234. 32, 195. 38, 248, 350.

μέτρησις 36, 19.

μετριάζω 1, 169. 19, 35. 20, 227. 23, 191, 211. 25, 40. 30, 175.

μετρικός 25, 23.

μετριοπάθεια 4, 129, 132, 144. 32, 195.

μετριοπαθέω 4, 134. 23, 257. 24, 26.

μετριοπαθής 30, 96.

μέτριος 1, 7, 128, 155. 4, 87, 155. 6, 26. 7, 41, 51. 8, 23, 141. 9, 35, 37. 11, 40, 70. 12, 142, 145. 13, 16, 32, 116. 14, 46. 15, 150, 152. 16, 20. 17, 58, 181, 239. 18, 89, 128. 19, 32, 154. 20, 129, 160, 212, 229, 244. 23, 257, 259, 260. 24, 93. 25, 84. 28, 2, 23, 60, 194. 29, 19, 23, 91, 252, 253. 30, 44, 158, 172. 32, 105, 179, 187. 34, 109, 125, 145. 35, 45, 56. 36, 63, 69, 104. 37, 117. 38, 69, 116, 126, 336, 361, 365. 39 (VIII 11, 14).

μέτρον 1, 34, 35, 37, 51, 55, 60, 104, 130. 4, 25, 165. 5, 33, 105. 6, 59, 59, 60. 7, 125. 8, 35, 36. 11, 137. 14, 36. 16, 125. 17, 142, 151, 162, 162, 162, 162, 191, 227, 227, 229, 246. 18, 100, 100, 101, 101, 102. 19, 57. 20, 232, 245. 21, 205. 22, 192, 193, ‹193, 193›, 194. 23, 108. 25, 207. 26, 83, 115. 28, 28, 179, 256, 342, 343. 31, 79, 129, 193, 194, 217. 35, 29, 80, 84. 36, 56, 58.

μετωπηδόν 31, 111.

μέτωπον 36, 37.

μέχρι(ς) 1, 50, 151. 3, 37, 39, 78, 78, 86, 91. 4, 14, 70, 179, 215, 252, 252. 5, 2, 4, 38, 48, 71, 94, 99, 120. 6, 43, 122. 7, 44, 45, 127, 128, 149. 8, 53, 72, 116, 127, 165, 173. 9, 62. 10, 2, 43, 52, 79, 116. 11, 37, 134. 12, 30, 67. 13, 10, 23, 49, 221. 14, 67. 15, 12, 37, 85, 104, 128, 157. 16, 16, 18, 24, 26. 17, 131, 149, 247, 309. 18, 106. 19, 21, 186. 20, 36, 95, 113, 178. 21, 47, 129, 152, 181. 22, 56, 64, 109, 198, 212, 283, 293, 295. 23, 88, 140, 181, 240. 24, 93, 136, 217. 25, 28, 30, 33, 58, 122, 125, 136, 137, 145, 181, 218, 222, 226. 26, 14, 26, 29, 41, 56, 157, 163, 264. 27, 35, 87. 28, 118, 211. 29, 16, 20, 54, 117, 220, 230, 232, 233. 30, 54, 101, 162, 204, 205, 206. 31, 75, 80, 83, 112, 234.

32, 139. 33, 79, 94, 151. 34, 10, 26. 35, 7, 12, 28. 36, 62, 71, 128, 135. 37, 10, 26, 43, 110, 156, 173, 179. 38, 13, 18, 54, 145, 157, 174, 297, 317, 322, 357. 39 (VIII 6, 1), (VIII 7, 13).

μέχριπερ 15, 7.

μή passim.

μηδαμῆ 7, 72. 13, 166. 19, 13. 30, 50.

μηδαμόθι 18, 58.

μηδαμῶς 7, 72. 13, 162, 166.

μηδέ 1, 85, 87, 90, 138, 155, 170. 2, 35, 43, 97. 3, 63, 88. 4, 6, 16, 17, 31, 91, 101, 213. 5, 36, 65, 65, 74, 78. 6, 10, 78, 95, 101, 113, 121. 7, 20, 20, 23, 29, 33, 61, 86, 100, 101, 102, 102, 133, 154. 8, 4, 6, 20, 42, 66, 74, 78. 9, 25. 10, 22, 91, 157, 157, 178. 11, 10, 17, 39, 84, 111, 112, 112, 134, 150, 173. 12, 6, 33, 33, 53, 65, 68, 101, 101, 162. 13, 66, 70, 75, 88, 101. 15, 71, 116, 120, 150. 16, 26, 48, 92, 92, 156, 181, 193. 17, 18, 29, 43, 44, 82, 83, 143, 226, 238. 18, 3, 152, 167. 19, 81, 105. 20, 11, 62, 107, 107, 152, 165, 226, 226, ‹226›, 230, 240, 242. 21, 48, 91, 99, 124, 131, 195, 204. 22, 62, 70, 76, 105, 105, 126, 128, 144, 196, 212, 251, 282. 23, 19, 19, 56, 105, 140, 224, 240, 249. 24, 9, 22, 27, 40, 68, 80, 101, 113, 140, 149, 158, 167, 188, 213, 214, 219, 222, 224, 236, 238. 25, 14, 30, 45, 49, 74, 112, 118, 175, 179, 186, 186, 232, 249, 300, 303, 311. 26, 24, 70, 128, 157, 168, 227, 272. 27, 1, 32, 62, 64, 65, 67, 74, 74, 90, 92, 101, 112, 154. 28, 44, 104, 123, 176, 187, 209, 249, 249, 252, 294, 306, 313. 29, 23, 52, 83, 83, 83, 93, 94, 95, 164, 248, 258, 258. 30, 22, 26, 26, 27, 27, 29, 38, 46, 78, 92, 94, 104, 153, 166, 171. 31, 3, 17, 31, 79, 146, 196, 201, 202, 223. 32, 3, 39, 63, 133, 135, 137, 142, 187. 33, 26, 35, 40, 71, 77, 95, 115. 34, 108, 142. 35, 9, 25, 75. 36, 42, 53, 60, 79, 84, 88, 97, 107, 138. 37, 53, 54, 89, 166. 38, 23, 114, 131,

131, 141, 189, 227, 238, 268, 323, 326, 347. 39 (VIII 6, 9), (VIII 7, 1), (VIII 7, 3), (VIII 7, 4), (VIII 7, 5), (VIII 7, 6), (VIII 7, 6), (VIII 7, 6), (VIII 7, 6), (VIII 7, 6), (VIII 7, 8), (VIII 11, 3).

μηδείς 1, 21, 45, 46, 51, 63, 69, 77, 87, 142, 150, 158, 165. 2, 27, 35, 47. 3, 8, 70, 70, 93. 4, 7, 7, 24, 29, 35, 37, 38, 77, 86, 95, 126, 141, 169, 186, 194, 241, 247. 5, 31, 38, 48, 56, 64, 64, 76, 81, 99, 115. 6, 13, 28, 48, 60, 65, 71, 76, 77, 77, 79, 79, 93, 95, 110, 114, 116, 122, 139. 7, 30, 76, 100, 119, 153, 155, 175. 8, 6, 7, 13, 24, 25, 64, 72, 79, 128, 162, 163, 170, 181, 182, 182. 9, 7, 31, 37, 39. 10, 5, 9, 11, 12, 40, 57, 75, 87, 103, 130, 130, 147, 150, 153, 158, 167, 172, 183. 11, 5, 17, 23, 47, 101, 110, 113, 149, 151, 156, 157, 167, 178. 12, 6, 7, 7, 36, 51, 58, 64, 66, 69, 82, 89, 93, 103, 108, 130, 172. 13, 25, 66, 75, 78, 111, 111, 116, 119, 135, 151, 160, 169, 177, 195. 14, 3, 4, 5, 35, 42, 48, 63. 15, 13, 19, 22, 25, 27, 37, 54, 69, 72, 84, 84, 116, 140, 144, 150, 161, 162, 163, 181. 16, 7, 9, 11, 20, 55, 67, 67, 88, 90, 95, 117, 118, 134, 144, 155, 166, 175, 182, 183, 211, 211, 216. 17, 6, 9, 11, 13, 14, 18, 42, 58, 67, 105, 110, 123, 123, 143, 153, 200, 226, 246, 250, 274. 18, 17, 44, 65, 125, 130, 167, 167, 180. 19, 11, 14, 52, 101, 101, 120, 148, 157, 160, 165, 172, 191. 20, 13, 28, 36, 87, 88, 108, 141, 142, 146, 182, 215, 222, 222, 258. 21, 13, 21, 58, 63, 84, 91, 137, 140, 154, 158, 195, 212, 218, 243, 253. 22, 15, 82, 88, 91, 95, 98, 101, 134, 141, 147, 152, 176, 178, 179, 196, 214, 245, 254, 263, 282. 23, 5, 38, 40, 45, 61, 97, 99, 107, 125, 127, 143, 170, 173, 190, 192, 193, 196, 205, 206, 222, 224, 231, 233, 238, 257. 24, 11, 48, 48, 52, 65, 68, 70, 88, 90, 93, 95, 101, 104, 114, 140, 147, 149, 165, 183, 193, 197, 206, 208, 210, 225, 235, 237, 239, 248,

254, 255, 260. 25, 20, 24, 24, 27, 43, 44, 47, 50, 54, 63, 64, 68, 73, 73, 84, 84, 88, 99, 121, 124, 146, 151, 165, 181, 196, 221, 241, 249, 266, 283, 303, 304, 325, 327, 330. 26, 12, 17, 22, 24, 37, 59, 61, 68, 73, 78, 87, 90, 108, 126, 126, 128, 129, 129, 137, 138, 144, 168, 177, 205, 259, 259, 283, 291, 291. 27, 40, 44, 52, 58, 59, 76, 98, 104, 122, 129, 130, 137, 138, 140, 176. 28, 47, 47, 55, 75, 76, 80, 81, 84, 102, 105, 107, 113, 119, 123, 152, 152, 155, 164, 166, 167, 175, 192, 196, 202, 205, 216, 219, 220, 224, 253, 256, 256, 260, 260, 272, 277, 293, 294, 297, 301, 319, 321, 323. 29, 1, 4, 9, 13, 17, 19, 23, 36, 37, 48, 55, 73, 83, 83, 84, 89, 105, 106, 111, 115, 117, 128, 130, 149, 155, 156, 165, 168, 172, 186, 192, 196, 198, 201, 224, 240, 240, 247. 30, 9, 15, 17, 37, 38, 46, 49, 63, 70, 76, 78, 80, 80, 89, 90, 94, 94, 103, 112, 115, 117, 122, 128, 135, 138, 139, 141, 142, 149, 156, 157, 158, 162, 166, 171, 182, 183, 194, 205, 206. 31, 4, 22, 34, 43, 44, 52, 54, 59, 77, 104, 122, 131, 136, 143, 153, 172, 182, 188, 191, 194, 197, 202, 206, 215, 220, 223, 225, 229. 32, 11, 18, 20, 43, 46, 46, 67, 70, 83, 98, 105, 105, 122, 124, 127, 133, 147, 150, 151, 152, 154, 156, 168, 174, 177, 197, 203, 206, 207, 208, 208, 209, 210, 218. 33, 14, 36, 43, 45, 54, 64, 95, 98, 109, 112, 121, 133, 134, 137, 140, 157. 34, 15, 24, 26, 55, 84, 103, 105, 140, 142. 35, 1, 1, 25, 26, 33, 43, 45, 54, 62, 72. 36, 16, 21, 22, 24, 36, 42, 51, 74, 74, 75, 75, 87, 88, 93, 94. 37, 5, 27, 56, 57, 73, 81, 82, 96, 96, 105, 106, 112, 112, 118, 144, 149, 162, 162, 167, 182. 38, 28, 32, 34, 39, 46, 50, 63, 102, 109, 110, 112, 117, 119, 123, 125, 141, 148, 152, 161, 175, 178, 192, 213, 224, 229, 230, 232, 248, 260, 262, 268, 313, 318, 319, 319, 322, 332, 333, 342, 347, 351, 366. 39 (VIII

7, 6), (VIII 7, 7), (VIII 7, 10), (VIII 7, 12), (VIII 11, 9).

μηδέποτε 2, 89. 3, 101. 4, 17, 242. 5, 52. 6, 41. 7, 113, 156, 178. 8, 21, 151, 165, 184. 9, 20. 11, 34, 40, 95, 111. 12, 93, 131. 13, 5, 27, 53, 70, 73, 125, 125, 133, 161. 15, 122. 16, 8, 26, 61, 222. 17, 36, 109, 246. 19, 61, 118. 21, 68, 113. 22, 25, 98, 199. 23, 154, 271. 24, 160, 220, 229. 27, 67. 28, 288. 29, 52, 141. 31, 108, 159. 32, 163. 35, 11. 36, 94. 38, 154, 211.

μηδέπω 3, 65. 14, 7. 15, 146. 16, 21, 199. 30, 111. 37, 41.

μηδέτερος 9, 64, 66. 12, 175. 16, 146. 25, 239. 27, 130. 28, 215, 291. 30, 55. 31, 106, 110. 33, 62, 131. 34, 160.

μηκέτι 1, 128, 140, 141. 4, 16, 183, 213. 6, 4, 80. 7, 48, 64, 86. 8, 8, 95. 10, 40. 11, 56, 76, 134, 146. 12, 67, 88, 111. 13, 10, 51, 71, 103, 175. 15, 8, 9. 16, 80, 149, 157. 17, 101. 18, 121. 20, 70, 83, 270. 21, 36, 37, 70, 79, 163. 22, 105, 226. 23, 19, 195, 240, 240, 243. 24, 122, 245, 246, 264. 25, 18, 94, 181, 268, 286. 27, 16. 28, 207, 243, 248. 29, 206, 209, 213. 30, 33, 43, 142. 31, 7, 140. 32, 115. 33, 19, 89, 144. 34, 150. 36, 8, 39, 89, 113, 128, 129. 37, 64. 38, 13, 53, 53, 127, 327, 333, 337. 39 (VIII 11, 3).

μήκιστος 5, 89. 8, 161. 9, 18. 10, 174. 11, 24, 115, 158, 169, 171, 178. 12, 24. 14, 7, 24. 19, 115. 21, 107, 178. 26, 186, 281. 27, 34, 44, 135, 146. 29, 91, 221. 36, 88, 135, 147. 37, 129. 38, 298.

μῆκος 1, 13, 49, 102. 5, 22. 8, 62, 113. 10, 120. 11, 56. 12, 75. 16, 154. 17, 131, 144, 148, 154, 229. 18, 147, 147, 147. 21, 11, 26. 23, 271. 25, 59, 78, 175, 184, 206. 26, 60, 78, 83, 84, 86, 89, 89, 90, 91, 92, 96, 140. 27, 25, 99. 28, 71, 220. 29, 177, 177. 30, 98. 31, 148. 33, 85. 34, 73. 36, 61, 71, 96. 38, 1, 246, 246.

63, 106, 106, 155, 155. 34, 2, 2, 60, 60, 61, 61, 103, 103, 136, 136, 158, 158, 160, 160. 35, 45, 45. 36, 42, 42, 43, 43, 116, 116. 37, 24, 24, 111, 111, 139, 139. 38, 29, 29, 29, 34, 34, 41, 41, 92, 92, 102, 102, 114, 114, 141, 141, 178, 178, 247, 247, 299, 299, 303, 303, 328, 328, 348, 348, 368. 368.

μήτηρ 1, 38, 133, 133, 133, 133. 2, 76. 3, 49, 49, 51, 51. 4, 81, 131, 180. 5, 10. 7, 52, 52, 54, 106, 106, 116. 8, 76, 76, 77, 162, 177. 10, 10, 19, 39, 150. 12, 14, 15. 13, 14, 14, 14, 29, 30, 30, 31, 33, 35, 35, 61, 61, 61, 64, 68, 72, 77, 80, 81, 84, 84, 95, 145, 223. 15, 44, 49, 49. 16, 25, 78. 17, 53, 53, 61, 62, 171. 18, 70, 132. 19, 44, 48, 48, 83, 83, 89, 109, 109, 193. 20, 92, 130, 137, 142, 143, 144, 217, 226. 21, 46. 22, 7, 111, 139, 178. 23, 67. 24, 9, 9. 25, 7, 17, 18, 135. 26, 193, 207, 210, 210, 245. 27, 8, 41, 94, 120. 28, 112, 130, 130, 326, 332. 29, 2, 101, 130, 133, 138, 139, 214, 226, 232, 235, 237, 239, 240, 243, 253, 261. 30, 13, 14, 14, 14, 14, 19, 20, 21, 21, 26, 65, 115. 31, 68, 178, 231. 32, 111, 126, 128, 129, 134, 136, 138, 138, 142, 142, 225. 33, 109, 109, 134, 155, 158. 34, 36, 79. 35, 3, 72. 36, 57, 67. 37, 9. 38, 289, 294, 313, 313, 313. 39 (VIII 7, 2).

μήτι 38, 271.

μήτρα 1, 67, 161. 2, 76. 3, 47, 47. 4, 180, 180, 181, 181, 181, 242. 5, 46, 46. 6, 89, ‹89›, 89, 89, 102, 102, 104, 112, 118. 8, 183. 13, 73. 16, 34. 17, 50, 51, 117, 118, 119, 124. 18, 7. 20, 108, 132, 255. 30, 33, 33, 62, 117. 36, 66, 66, 69, 98.

μητρόπολις 15, 78. 19, 94. 21, 41, 181. 37, 46. 38, 203, 281, 294, 305, 334.

μητρυιά 8, 162. 24, 232. 29, 135. 30, ‹12›, 20, 20, 21. 32, 224, 225.

μητρῷος 13, 65. 17, 61. 22, 16. 24, 236. 25, 15. 26, 289.

28, 326. 32, 144. 37, 171. 38, 33, 54, 181.

μηχανάομαι 22, 79. 24, 170. 25, 8. 29, 43. 30, 39, 86. 31, 204. 32, 42.

μηχανή 1, 10. 7, 110. 16, 150. 28, 28, 149. 29, 9, 114, 165. 30, 93. 32, 34, 218. 39 (VIII 7, 7).

μηχάνημα 4, 110. 8, 185. 15, 45, 101. 23, 220. 25, 148, 224, 225. 31, 28. 34, 38.

μηχανοποιός 4, 130.

μιαίνω 2, 17. 4, 148, 150, 150. 5, 51, 52. 7, 169. 8, 75, 134. 10, 89, 123, 124, 133, 135. 11, 175, 175. 14, 49. 16, 224. 19, 109, 115, 115. 20, 136. 26, 158, 196. 28, 112, 254, 257. 29, 50. 30, 152, 207, 208. 31, 40. 32, 135, 199. 35, 66.

μιαρός 4, 68. 10, 128. 13, 71. 19, 81. 20, 62, 177. 27, 95. 29, 253.

μίασμα 5, 16. 7, 133, 170. 10, 125, 126. 23, 181. 24, 13, 45. 25, 303, 304. 26, 214, 231. 27, 93. 28, 102, 206, 281. 30, 42, 49, 51, 89, 92, 121, 127, 135. 32, 138. 33, 68.

μιγάς 2, 49. 4, 187. 13, 36, 113, 198. 16, 152, 153, 154, 158, 207. 19, 85. 20, 144. 24, 59. 25, 147. 27, 10. 30, 79. 37, 4, 135. 38, 120, 200.

μῦγμα 13, 191. 34, 105.

Μίδας 34, 136.

μικρολογία 21, 94.

μικροπολίτης 21, 39.

μικρός 1, 65, 113, 131, 160. 2, 55. 3, 69. 4, 89, 164. 5, 53, 116. 6, 43, 43, 62, 123. 7, 10, 43, 74, 107. 8, 24, 25, 49, 109, 110, 114, 132, 139, 147. 9, 36, 39. 10, 98, 160, 174. 11, 21, 62. 12, 102. 13, 90, 95, 135, 155, 165, 186, 198, 216. 14, 31, 42. 15, 80, 162. 16, 71, 94, 94, 122, 217. 17, 72, 152, 157, 162, 162, 282. 18, 52, 52, 89, 144. 19, 48. 20, 45, 62, 79, 104, 104, 107, 154, 187, 215, 231, 235, 235. 21, 125, 126, 166, 181, 182. 22, 30, 83, 104, 107, 138, 193, 193, 293. 23, 75, 147, 166, 166, 166, 196,

242. 24, 13, 16, 46, 48, 60, 92, 149, 187, 234. 25, 12, 46, 51, 51, 62, 79, 102, 111, 133, 150, 175, 191, 205, 213, 235, 242, 255, 258, 259, 270. 26, 15, 172, 237, 248, 271, 283. 27, 11, 52, 85, 137, 151, 173. 28, 45, 111, 253, 258, 319. 29, 158, 191, 199, 209, 215, 236. 30, 29, 101. 31, 52, 105, 147, 152, 171, 175, 191, 191, 200. 32, 9, 39, 175. 33, 124, 146, 165, 168, 170, 171. 34, 141. 35, 7, 44, 44, 51, 52, 69, 78, 81. 36, 36, 100, 128. 37, 3, 11, 17, 18, 50, 62, 78, 78, 88, 112, 126, 147, 163. 38, 14, 15, 41, 56, 67, 96, 118, 144, 186, 197, 206, 244, 259, 261, 267, 268, 269, 285, 327, 337. 39 (VIII 7, 6), (VIII 7, 9).

μικροψυχία 32, 92.

μικτός 1, 14, 73, 74. 13, 192. 17, 45, 46, 183, 183, 184. 23, 9. 25, 27. 26, 192, 196, 233, 246. 29, 55. 30, 47. 33, 13. 34, 105. 36, 7.

Μιλτιάδης 34, 132.

μιμεία 38, 359.

μιμέομαι 1, 79, 133. 2, 48. 6, 30, 65, 68, 82, 86, 123. 7, 45. 8, 104, 135. 10, 136. 12, 177. 13, 95, 122. 15, 63. 16, 133, 149. 17, 172. 18, 69. 19, 69. 23, 144, 153. 25, 158, 303. 26, 7, 128. 27, 51, 111, 120. 28, 14. 29, 141, 225. 31, 73, 83, ‹121›, 173, 182, 188. 32, 53, 168, 168. 33, 115. 35, 29, 62. 36, 135. 37, 38. 38, 87, 88, 110.

μιμηλάζω 19, 74. 20, 208.

μίμημα 1, 16, 25, 139, 139, 141, 141. 2, 43, 45, 45. 3, 4, 4. 4, 102. 5, 31. 6, 25. 7, 83, 160. 8, 105. 12, 50, 73. 13, 90, 133. 15, 108. 16, 12, 12, 40. 17, 112, 126, 165, 221, 225, 230. 18, 8. 19, 100. 21, 206, 214, 215, 232. 26, 11, 74, 117, 127, 133, 135, 143, 162, 270. 27, 134. 28, 84, 94, 95. 29, 2, 151, 224. 30, 125, 194. 32, 12. 33, 65. 34, 94. 35, 85. 36, 2, 15. 38, 290, 306, 310.

μίμησις 8, 185. 16, 164. 22, 53. 23, 38. 24, 112. 28, 245. 31, 55. 33, 89. 37, 93, 165.

123, 126, 129, 130, 168. 31, 89, 203, 203.
μόλις 1, 41, 80, 158. 6, 16, 71. 7, 106. 9, 52. 10, 106, 126. 13, 51. 15, 165. 16, 220. 17, 275. 18, 68, 158. 19, 22. 20, 34, 116, 179. 21, 6, 7, 68. 23, 23, 79. 24, 13, 224, 225, 256. 25, 122, 124, 207, 230, 238, 273, 287, 326. 26, 18, 30, 191. 28, 103, 143. 29, 77, 241. 31, 79. 33, 6, 25, 37, 69, 80, 167. 34, 8, 58, 121, 135. 35, 35. 36, 71, 133, 136, 145. 37, 3, 113, 125, 143, 155. 38, 56, 188, 228, 269, 369. 39 (VIII 11, 6).
μόλυβδος 26, 252.
μοναγρία 23, 23. 35, 20.
μοναδικός 1, 35. 23, 125.
μοναρχέω 17, 169. 27, 51. 29, 224. 32, 220.
μοναρχία 19, 11, 154. 25, 10. 27, 51, 155. 28, 12. 29, 224, 256. 32, 179, 220.
μονάς 1, 13, 13, 15, 91, 91, 91, 91, 91, 92, 93, 93, 94, 95, 98, 101, 106, 106. 2, 15. 3, 3, 3. 8, 64, 65. 9, 52. 10, 11, 11, 13, 82, 82, 83, 83. 12, 76, 76, 76, 76, 125. 17, 183, 187, 187, 189, 190, 190. 18, 90, 91, 113. 22, 70. 23, 122. 26, 79, 115, 288. 27, 27, 28, 102, 102, 102, 103, 159, 159. 28, 180, 188, 188. 29, 40, 176. 30, 180, 180. 31, 105. 33, 40, 46, 46. 35, 2. 36, 113, 113.
μοναστήριος 35, 25, 30.
μοναυλία (Β) 30, 171.
μονή 15, 82. 20, 84. 22, 237. 23, 58, 65. 25, 64, 316, 330. 26, 125. 28, 58, 286. 30, 36, 169. 36, 116, 127.
μονήρης 1, 153.
μόνιμος 1, 100. 4, 101. 28, 290. 38, 1.
μονοειδής 39 (VIII 7, 16).
μονονού 13, 56. 17, 200, 305. 18, 72, 154. 19, 29, 84, 119, 179, 196, 211. 20, 56, ‹162›, 194. 22, 132.
μονονουχί 4, 63. 36, 103. 38, 322.
μόνος, μόνον 1, 13, 23, 33, 38, 43, 51, 57, 57, 58, 66, 72, 72, 73, 74, 75, 79, 83, 84, 84, 89, 99, 100, 100, 107, 126, 128, 139, 139, 142, 142, 144, 153,

162, 170. 2, 8, 18, 36, 39, 53, 54, 54, 55, 55, 64, 77, 98, 98, 99, 100, 102, 103, 103, 104, 106, 107. 3, 1, 1, 1, 1, 1, 1, 1, 1, 1, 2, 2, 4, 4, 4, 9, 16, 17, 17, 18, 20, 27, 33, 42, 43, 57, 61, 63, 68, 68, 70, 71, 71, 73, 75, 79, 81, 84, 85, 86, 87, 89. 4, 1, 9, 10, 22, 30, 32, 35, 47, 49, 49, 50, 58, 68, 71, 72, 78, 78, 86, 86, 87, 87, 89, 106, 108, 108, 115, 122, 123, 126, 134, 138, 142, 151, 154, 157, 164, 167, 174, 176, 178, 180, 195, 195, 199, 201, 204, 206, 206, 207, 209, 227, 236, 246, 246. 5, 16, 17, 26, 43, 46, 49, 60, 79, 83, 84, 84, 86, 86, 86, 86, 86, 90, 90, 96, 97, 104, 104, 107, 108, 119, 121, 121. 6, 12, 18, 18, 20, 30, 40, 42, 43, 43, 48, 64, 69, 70, 71, 80, 97, 100, 101, 107, 111, 118, 120, 134, 136. 7, 9, 9, 15, 21, 29, 29, 30, 31, 33, 35, 37, 38, 38, 46, 46, 51, 57, 60, 62, 65, 70, 78, 85, 89, 89, 89, 90, 91, 95, 97, 101, 107, 108, 132, 137, 138, 138, 139, 149, 160, 160, 160, 160, 161, 166. 8, 19, 21, 27, 49, 50, 53, 54, 80, 81, 85, 101, 106, 113, 118, 133, 133, 137, 138, 147, 148, 165, 166, 167, 169, 179, 182, 183, 184. 9, 11, 17, 33, [37], 45, 50, 51, 52, 53, 54, 64, 64, 64. 10, 4, 11, 11, 16, 19, 19, 32, 46, 47, 48, 55, 56, 62, 68, 69, 76, 81, 100, 102, 102, 104, 109, 110, 134, 137, 142, 148, 159, 159, 160, 168, 176, 182. 11, 3, 24, 39, 41, 42, 46, 47, 49, 50, 54, 60, 62, 67, 80, 91, 97, 101, ‹103›, 104, 115, 119, 125, 129, 129, 133, 150, 152, 156, 157, 178, 179. 12, 1, 21, 22, 31, 38, 39, 41, 44, 46, 53, 56, 62, 64, 64, 64, 66, 68, 69, 73, 80, 80, 87, 126, 128, 131, 137, 138, 145, 154, 157, 165, 168, 172, 173, 173, 174. 13, 14, 16, 25, 30, 54, 58, 61, 69, 73, 75, 76, 86, 87, 89, 106, 106, 108, 112, 113, 116, 126, 134, 135, 136, 144, 147, 154, 155, 162, 163, 165, 176, 196, 200, 211, 214, 217, 217, 220. 14, 2, 3, 12, 15, 15, 20, 37, 49, 52, 55, 56, 56, 56, 57, 57, 58, 60, 62, 66, 67, 68,

68, 68. 15, 3, 9, 15, 17, 22, 25, 39, 40, 46, 46, 48, 55, 57, 72, 74, 75, 82, 91, 92, 92, 93, 94, 98, 105, 106, 107, 110, 114, 116, 117, 118, 124, 136, 137, 140, 141, 145, 150, 152, 153, 155, 157, 160, 161, 170, 173, 175, 178, 179, 180, 181, 182, 188, 190, 191, 191. 16, 5, 17, 37, 40, 40, 40, 41, 46, 50, 51, 60, 66, 77, 81, 82, 90, 92, 94, 95, 96, 97, 106, 107, 108, 110, 111, 115, 121, 134, 134, 136, 145, 146, 153, 155, 158, 167, 173, 179, 185, 186, 192, 201, 216, 218, 225. 17, 11, 11, 14, 14, 15, 16, 19, 23, 32, 60, 62, 62, 64, 64, 69, 78, 78, 81, 82, 83, 86, 92, 93, 93, 94, 95, 95, 96, 101, 105, 107, 110, 114, 121, 127, 129, 133, 141, 143, 143, 167, 169, 186, 187, 216, 216, 221, 223, 226, 234, 241, 242, 258, 258, 259, 259, 267, 270, 273, 277, 292, 293, 302. 18, 2, 2, 7, 7, 22, 34, 34, 36, 50, 53, 65, 66, 69, 81, 95, 97, 103, 105, 106, 112, 113, 114, 116, 119, 127, 127, 133, 134, 147, 152, 170, 178. 19, 6, 8, 37, 40, 41, 42, 47, 54, 56, 68, 70, 70, 70, 71, 79, 80, 87, 88, 90, 91, 92, 92, 94, 94, 101, 102, 104, 107, 108, 129, 136, 140, 145, 148, 160, 163, 168, 172, 174, 186, 192, 198. 20, 3, 6, 7, 9, 22, 30, 31, 31, 32, 39, 42, 59, 64, 72, 79, 82, 85, 104, 114, 117, 117, 118, 118, 136, 138, 143, 145, 146, 148, 152, 155, 156, 166, 168, 168, 175, 176, 180, 203, 204, 205, 209, 213, 217, 221, 224, 231, 232, 237, 255, 258, 259, 264, 265. 21, 6, 8, 19, 21, 22, 29, 29, 43, 44, 45, 48, 49, 53, 62, 63, 66, 73, 75, 76, 76, 90, 90, 91, 92, 97, 98, 101, 101, 107, 107, 109, 110, 111, 120, 124, 135, 137, 147, 148, 160, 162, 164, 176, 179, [188], 190, 194, 203, 207, 219, 229, 230, 237, 241, 246, 246, 250, 252, 256. 22, 8, 9, 24, 24, 50, 60, 62, 72, 76, 81, 83, 100, 114, 115, 120, 130, 136, 154, 179, 185, 187, 194, 196, 201, 203, 211, 218, 224, 227, 228, 232, 233, 236, 237, 243, 244, 253, 254, 261,

277, 283, 288, 297, 299, 300.
23, 4, 8, 31, 33, 41, 43, 46,
56, 57, 58, 60, 66, 86, 87, 89,
97, 102, 103, 104, 115, 119,
120, 122, 122, 127, 131, 132,
135, 136, 142, 143, 143, 152,
154, 156, 164, 165, 168, 168,
170, 177, 180, 189, 194, 196,
197, 202, 202, 203, 206, 211,
214, 216, 225, 226, 253, 265,
268, 270, 273. 24, 4, 13, 30,
44, 45, 46, 50, 51, 62, 62, 63,
65, 76, 85, 124, 125, 126, 133,
134, 150, 153, 157, 172, 176,
177, 181, 185, 186, 188, 189,
193, 198, 204, 220, 223, 225,
226, 238, 238, 242, 243, 254,
255, 255, 258, 259, 265. 25, 13,
26, 29, 30, 36, 38, 39, 48, 51,
51, 59, 62, 68, 69, 71, 75, 76,
80, 80, 82, 97, 103, 108, 114,
118, 119, 126, 132, 134, 134,
137, 139, 141, 144, 146, 152,
174, 174, 183, 192, 194, 207,
207, 211, 216, 225, 236, 243,
243, 245, 256, 258, 261, 272,
278, 294, 294, 307, 313, 315,
318, 322, 333. 26, 1, 2, 2, 5,
10, 14, 17, 21, 25, 27, 29, 36,
36, 39, 41, 44, 58, 58, 60, 65,
78, 87, 100, 114, 131, 152, 155,
156, 163, 163, 171, 171, 177,
177, 187, 194, 196, 202, 204,
210, 210, 211, 219, 229, 231,
237, 255, 261, 263, 266, 269,
273, 274, 280. 27, 18, 18, 19,
24, 28, 30, 41, 41, 43, 45, 52,
53, 57, 59, 61, 62, 63, 67, 68,
71, 74, 76, 109, 111, 113, 118,
120, 123, 123, 124, 135, 142,
152, 176. 28, 16, 20, 20, 22,
25, 28, 30, 32, 41, 42, 42, 50,
52, 57, 62, 66, 67, 76, 83, 97, 97,
98, 103, 107, 108, 110, 112,
125, 131, 134, 137, 138, 153,
162, 163, 166, 186, 195, 196,
197, 211, 214, 220, 223, 225,
230, 252, 265, 266, 267, 272,
272, 276, 282, 298, 302, 307,
307, 311, 320, 326, 332, 338,
341. 29, 4, 4, 11, 21, 21, 32,
32, 48, 50, 53, 53, 54, 56, 60,
66, 66, 69, 73, 78, 78, 88, 89,
94, 98, 104, 121, 122, 129, 146,
165, 166, 173, 189, 198, 205,
210, 211, 218, 226, 228, 229,
·232, 232, 233, 233, 237, 238,
246, 255. 30, 5, 5, 6, 8, 12,
16, 19, 23, 24, 33, 34, 36,

37, 45, 52, 81, 81, 87, 87, 91,
96, 100, 103, 115, 121, 128,
128, 133, 134, 153, 155, 163,
165, 174, 178, 184, 189, 197,
208. 31, 2, 5, 11, 16, 20, 23,
26, 31, 31, 35, 48, 50, 66, 75,
76, 94, 106, 119, 120, 122,
126, 138, 141, 149, 152, 161,
170, 173, 178, 178, 186, 187,
197, 199, 199, 201, 207, 219,
228. 32, 6, 18, 32, 38, 42,
54, 55, 57, 62, 64, 65, 67,
[78], 79, 79, 81, 82, 84, 86,
88, 91, 98, 103, 105, 116, 146,
147, 149, 151, 155, 156, 171,
180, 187, 188, 189, 195, 198,
201, 206, 207, 214, 220, 224.
33, 6, 13, 13, 26, 30, 40,
44, 45, 54, 57, 60, 71, 82, 83,
87, 93, 97, 132, 134, 136, 138,
146, 153, 156, 160, 162, 165.
34, 6, 7, 9, 10, 12, 19, 20, 20,
23, 32, 36, 39, 40, 42, 43,
44, 55, 55, 59, 62, 62, 69,
77, 79, 92, 93, 100, 104, 110,
113, 114, 124, 128, 141, 146,
147, 149, 151, 157. 35, 2, 8,
9, 10, 10, 29, 31, 38, 43, 45, 51,
53, 59, 59, 61, 65, 68, 90.
36, 4, 12, 15, 54, 56, 63, 66,
72, 73, 85, 94, 98, 98, 98, 99,
107, 107, 112, 125, 130, 138,
138, 147, 148. 37, 3, 12, 19,
20, 24, 40, 41, 48, 48, 53, 72,
89, 95, 97, 97, 101, 123, 123,
124, 126, 133, 139, 141, 147,
150, 176, 187. 38, 7, 16, 24,
29, 32, 33, 36, 39, 46, 60,
63, 68, 99, 109, 115, 115, 117,
119, 132, 146, 149, 157, 160,
161, 162, 169, 172, 174, 175, 176,
182, 187, 197, 198, 201, 209,
213, 214, 216, 232, 249, 252,
253, 262, 264, 265, 280, 282,
306, 310, 311, 330, 332, 352,
355, 366, 368. 39 (VIII 6, 2),
(VIII 6, 9), (VIII 7, 2), (VIII 7, 2),
(VIII 7, 3), (VIII 7, 11), (VIII
7, 11), (VIII 7, 16), (VIII 7, 17),
(VIII 11, 3), (VIII 11, 12), (VIII
11, 13), (VIII 11, 14), (VIII 11,
18).
μονότροπος 5, 58. 19, 35.
33, 89.
μονόω 5, 45. 22, 188. 25, 283.
28, 105. 35, 25, 30. 37,
168.
μονώνυχος 31, 109.
μόνωσις 1, 35, 151, 171, 172.

17, 127, 183. 19, 92. 23, 22,
30, 87. 29, 176. 32, 55. 33,
16, 17, 20. 37, 177.
μονωτικός 5, 58. 17, 211,
234. 19, 25, 35. 28, 162.
33, 89.
μόριον 1, 110, 110. 6, 1. 9, 12.
17, 282. 27, 21.
μορμολύττομαι 34, 146.
μορφή 1, 76, 135, 140, 151. 2, 7.
16, 3. 23, 147. 25, 43, 66.
28, 47, 325, 329. 36, 5, 6,
30, 79, 144. 38, 55, 80, 110,
211, 290, 299, 346.
μορφόω 10, 55. 12, 3. 15, 63,
87. 19, 12, 69. 21, 173, 210.
22, 45. 23, 118. 27, 7, 66, 72.
28, 21, 171. 29, 255. 30, 108,
117. 36, 41.
μόσχευμα 11, 18. 12, 4, 30.
14, 36. 20, 162. 25, 231.
31, 75. 34, 69.
μόσχος 4, 130. 8, 158, 158, 162,
163, 166. 13, 96, 124. 16, 202.
19, 90, 186. 23, 108. 25,
277, 287. 26, 147. 28, 135,
177, 178, 180, 184, 188, 189,
198, 226, 228, 231, 232. 31,
105, 205.
Μοῦσα 34, 62. 36, 55.
μουσικός, μουσική 1, 48, 54,
70, 78, 95, 126, 126. 2, 14,
94. 4, 21, 121. 5, 93, 105.
6, 18, 18, 74. 7, 18, 75, 75, 75,
125. 8, 103, 103, 104, 104,
105, 105, 107, 111, 142. 10, 24.
11, 9, 18, 35, 137. 12, 159.
13, 49, 116. 14, 35, 36, 36.
15, 55, 56. 16, 39, 39, 72,
120, 120, 178. 17, 15, 210,
274. 18, 9, 11, 16, 23, 76,
79, 89, 142, 142, 144, 156.
19, 22. 20, 56, 80, 87, 122,
122, 146, 146, 184, 229. 21,
36, 37, 202, 205, 256. 22, 27,
270. 25, 23, 29. 26, 103, 115.
28, 336, 342, 343. 29, 157,
193, 200, 230, 246. 31, 102.
34, 49, 49, 51, 157. 35, 88.
38, 12.
μουσόω 3, 75. 32, 74. 34, 51.
μοχθέω 16, 223.
μοχθηρία 15, 122. 24, 84.
25, 248. 26, 198, 285. 28,
103. 29, 232. 30, 155, 209.
31, 16, 48, 48, 185. 32, 86,
192. 37, 7, 42, 135.
μοχθηρός 3, 61. 4, 67, 68, 243.
7, 77. 8, 101, 160. 10, 171.

13, 16, 28. 15, 75, 90. 17,
178, 259. 18, 57. 19, 18, 30,
131. 20, 169. 23, 37. 25, 245.
26, 248. 27, 69, 91. 28, 277,
325. 30, 166. 31, 32, 45, 77.
32, 94. 37, 154.
μόχθος 25, 284.
μυδάω 36, 125.
μύδρος 21, 22. 36, 47.
μυελός 20, 174. 25, 291.
μυέω 4, 71, 100. 5, 49. 6, 62.
9, 57. 10, 61. 25, 264. 28,
323.
μύησις 5, 94.
μυθεύω 2, 15. 7, 178. 9, 58.
10, 155. 17, 228. 18, 57.
29, 164. 30, 45. 33, 136.
38, 112.
μυθικός 1, 1, 170. 5, 91. 8, 2,
165. 16, 76. 18, 62. 19, 42.
27, 76. 28, 51, 56. 31, 178.
32, 102, 178. 38, 77.
μυθογράφος 27, 55. 28, 28.
31, 59.
μυθολόγος 6, 28.
μυθοπλαστέω 8, 52. 9, 58.
19, 121. 28, 79.
μυθοπλάστης 15, 6. 36, 56,
68.
μυθοποιία 2, 43. 6, 13, 76.
10, 59.
μῦθος 1, 2, 157. 7, 125. 9, 7,
60. 12, 130. 15, 3. 18, 61,
62. 20, 152. 21, 172. 23,
243. 26, 253, 271. 27, 156.
33, 8, 162. 35, 40, 63. 36,
58, 131. 38, 13, 237.
μυθώδης 3, 19. 6, 76. 11, 97.
15, 9.
μυῖα 25, 130.
μυκάομαι 21, 108.
μυκτήρ 1, 119, 123. 2, 12, 36.
4, 156. 5, 57. 6, 24. 7, 157.
8, 126, 126, 161. 12, 29, 83,
133. 13, 106, 190. 15, 123.
17, 185. 18, 115, 143. 19,
182. 20, 157, 256. 23, 266.
25, 108. 27, 74. 28, 338.
35, 53. 38, 125.
μύλη 30, 198.
μύλος 30, 204.
μυλών 21, 22.
μύξα (Α) 2, 13.
μυρεψικός 12, 159. 17, 199.
26, 146.
μυρεψός 17, 196. 22, 59. 26,
152.
μυριάγωγος 12, 24.
μυρίανδρος 3, 85.

μυριάκις 16, 34. 29, 81. 38,
41. 39 (VIII 6, 9).
μυριάς 11, 35, 113. 12, 76, 76.
16, 152. 25, 147, 211, 223,
284. 26, 202, 246, 257. 27,
27, 36. 28, 3. 29, 145, 146,
199, 250. 32, 43, 43, 46, 48.
33, 23. 34, 132. 37, 43, 163.
38, 124, 215, 242, 350. 39
(VIII 6, 1).
μυρίος 1, 59, 84, 113, 114, 154,
160. 2, 102. 3, 4, 10, 22, 97.
4, 234. 5, 68, 97, 116. 6, 77,
83, 86, 91, 98. 7, 76, 88, 101,
108, 166. 8, 34, 36, 138, 169.
9, 2, 3, 18, 25, 29. 10, 14,
19, 93. 11, 7, 31, 143, 154,
167, 168, 177. 12, 33, 38, 65,
75, 164, 174. 13, 2, 5, 11, 53,
74, 87, 92, 103, 109, 173, 178,
183, 184, 202, 219. 14, 38, 42,
60. 15, 5, 9, 12, 117, 126,
144, 163. 16, 55, 61, 86, 92,
113, 171, 172. 17, 12, 12, 41,
86, 89, 105, 234, 240, 290,
295, 302. 18, 76, 77, 89. 19,
20, 153, 153, 156, 191. 20, 10,
106, 209, 223. 21, 17, 19, 28,
166, 179. 22, 32, 32, 48, 133,
144, 155, 178, 275. 23, 1, 10,
29, 45, 64, 133, 218, 218, 230,
245, 263, 263. 24, 26, 32,
35, 44, 47, 66, 130, 131, 158,
216, 225, 225, 257. 25, 25,
46, 69, 196, 212, 232, 265,
305, 324. 26, 6, 13, 88, 155,
159, 171, 174, 235. 27, 7, 8, 99.
28, 16, 47, 57, 69, 69, 92,
136, 162, 192, 275, 281, 286.
29, 39, 40, 52, 52, 62, 123,
172, 174, 213, 217, 221, 253.
30, 84, 90, 95, 119, 151, 188.
31, 41, 53, 53, 90, 113, 116,
163, 188, 189. 32, 2, 6, 11, 34,
61, 101, 136, 144, 178, 200,
211, 213. 33, 29, 53, 90, 94,
124, 142, 157. 34, 7, 18, 19,
84, 87, 136, 151, 159. 36, 36,
39, 63, 80, 140, 149. 37, 2,
43, 48, 60, 66, 81, 115, 125,
132, 150, 155, 163. 38, 54,
209, 283, 284, 297, 299, 305.
39 (VIII 7, 6), (VIII 11, 1).
μυριοφόρος 1, 113. 36, 138.
μυρμηκία 28, 80.
μύρμηξ 17, 154.
μύρον 6, 21. 17, 196. 30, 37.
μυσάττομαι 30, 13, 50. 31, 95.
33, 116.

Μυσός 35, 17.
μυσταγωγέω 21, 164. 26, 71.
32, 178.
μυσταγωγός 22, 78.
μυστήριον 2, 104. 4, 3, 27,
71, 100. 5, 48, 49. 6, 33, 60,
62. 10, 61. 28, 319. 30, 40.
35, 25.
μύστης 4, 219. 5, 42, 48, 49.
6, 60. 8, 173. 9, 54. 19, 85.
22, 78. 28, 320. 33, 121.
38, 56.
μυστικός 28, 319.
μύστις 6, 60.
μυχός 1, 114. 10, 9, 29. 11, 23.
14, 41. 15, 157. 16, 218.
17, 45. 20, 199. 21, 90, 91,
151. 24, 200, 265. 25, 10,
104. 28, 85, 321. 31, 201.
32, 85. 34, 65. 37, 88. 38,
49, 281.
μύω 6, 78. 10, 39, 181. 12, 58.
16, 123, 222. 21, 199. 24,
108. 32, 49.
μύωψ 11, 71.
Μωάβ 4, 225, 225, 225, 225,
230, 231. 16, 99. 21, 89, 89.
Μωαβῖται 4, 81, 81. 8, 177.
μώλωψ 7, 50.
μωμάομαι 4, 180.
μωμητός 14, 10.
μῶμος 2, 50. 4, 141. 14, 11.
19, 80. 20, 60. 28, 117, 166,
166, 242, 259.
μωμοσκόπος 11, 130.
μωραίνω 5, 116.
μωρία 3, 70. 10, 164. 14, 11.
μωρός 5, 75. 14, 10.
μῶυ 25, 17.
Μωυσῆς 1, 2, 8, 12, 25, 128,
131. 2, 40, 74, 76, 80, 108.
3, 15, 27, 34, 54, 66, 67, 78,
79, 79, 80, 80, 81, 87, 88, 88,
88, 88, 90, 90, 91, 102, 103.
4, 12, 12, 14, 15, 22, 32, 37,
43, 45, 81, 94, 101, 101, 102,
102, 102, 102, 103, 104, 106,
107, 128, 129, 129, 129, 134,
135, 135, 140, 141, 145, 147,
169, 173, 185, 186, 194, 197,
204, 208, 225, 228. 5, 15, 16,
32, 40, 41, 45, 47, 49, .56, 65,
87, 124, 130. 6, 6, 8, 12, 50,
51, 69, 77, 97, 118, 130, 133.
7, 38, 39, 67, 83, 86, 93, 103,
122, 126, 132, 135, 135, 138,
139, 160, 160, 161, 177. 8, 1,
10, 12, 28, 67, 69, 77, 77, 84,
101, 122, 123, 136, 142, 143,

158, 169, 173, 174, 177. 9, 6,
24, 26, 47, 48, 54, 56, 67.
10, 6, 60, 88, 108, 109, 110,
120, 136, 140, 148, 156. 11, 2,
20, 43, 43, 78, 80, 81, 85, 94,
95, 97, 99. 12, 14, 18, 26, 26,
27, 27, 39, 46, 52, 62, 69, 86,
108, 125, 134, 137, 168. 13, 4,
37, 67, 73, 79, 85, 94, 96, 100,
111, 210, 213, 222. 14, 49.
15, 29, 39, 50, 57, 62, 77, 82,
88, 95, 106, 141, 145, 173. 16,
3, 8, 23, 44, 67, 76, 85, 97,
122, 131, 135, 151, 169, 171,
180, 201, 203, 207. 17, 4,
13, 14, 17, 21, 30, 44, 47, 49,
59, 81, 83, 113, 117, 120, 128,
131, 157, 161, 169, 182, 189,
191, 201, 214, 228, 231, 239,
255, 262, 262, 262, 291, 296,
300, 303. 18, 3, 7, 57, 62,
86, 89, 110, 112, 115, 120, 160,
163, 163, 170, 177. 19, 93, 97,
109, 113, 123, 128, 137, 141,
143, 147, 158, 159, 168, 180,
185, 193. 20, 7, 19, 20, 20,
25, 25, 30, 42, 61, 113, 117,
121, 125, 126, 132, 134, 152,
168, 182, 187, 190, 195, 200,
204, 207, 208, 209, 220, 223,
236, 243, 258, 265. 21, 34,
36, 71, 76, 194, 194, 194, 206, 221.
22, 1, 10, 24, 67, 75, 109, 142,
174, 180, 189, 193, 222, 227,
234, 241, 245, 263. 23, 13,
181, 262. 24, 1. 25, 1, 5,
17, 48, 54, 71, 90, 90, 91, 97,
97, 99, 101, 103, 113, 113, 113,
120, 122, 125, 126, 127, 129,
139, 148, 177, 177, 180, 184,
210, 216, 219, 243, 257, 303,
304, 313, 317, 320. 26, 1, 10,
40, 66, 74, 153, 161, 163, 169,
171, 173, 176, 187, 188, 192,
205, 211, 217, 222, 258, 259,
261, 264, 271, 292. 27, 1, 18,
45. 28, 8, 13, 41, 59, 262,
319, 345. 29, 51, 58, 64, 88,
194, 256. 30, 6, 24, 47, 51.
31, 55, 61, 66, 95, 103, 105,
123, 131, 132, 157, 168, 173,
175, 176, 178. 32, 52, 70, 79,
163, 175. 33, 1, 53. 34, 69.
35, 63, 64, 87. 36, 19.

Νααςςών 8, 76.
Ναδάβ 3, 57, 58. 16, 168, 169.
17, 309. 19, 59. 22, 67.

ναί 4, 85. 17, 81. 20, 253, 253.
Ναΐδ 5, 12, 12. 8, 1, 32, 32.
νᾶμα 3, 32, 86. 6, 61. 7, 40,
92. 8, 125, 138, 153, 155. 10,
96. 13, 12, 112. 16, 81. 19,
97. 20, 69. 22, 150, 221, 245,
262. 23, 159. 25, 84. 28,
147. 29, 202. 31, 56, 59, 75,
140. 34, 13. 39 (VIII 7, 6).
ναματιαῖος 22, 48. 24, 155.
33, 99. 35, 37.
ναός, νεώς 1, 137. 5, 100.
7, 20. 13, 85. 22, 246. 26,
72, 89, 138, 178, 276. 27, 7.
28, 21, 66, 72, 123, 268, 270,
274. 30, 89. 32, 188. 37, 46.
38, 139, 150, 151, 191, 278,
292, 295, 319, 346. 39 (VIII
6, 6).
νάπη 21, 22. 25, 289.
νάπος 25, 65.
ναρκάω 20, 187. 21, 130, 131.
33, 48.
νάρκη 20, 187. 21, 130. 33,
47, 47.
ναστός 12, 7, 157. 34, 26.
ναυαγέω 20, 215. 22, 143,
147. 24, 139. 38, 371.
ναυάγιον 5, 37. 31, 154.
ναυαρχέω 34, 143.
ναύαρχος 28, 121. 31, 186.
ναυβαρέω 34, 128.
ναυκληρία 34, 78.
ναύκληρος 1, 147. 6, 116. 22,
86. 31, 186. 33, 11. 34, 67.
37, 57.
ναύλοχος 6, 90. 12, 152. 17,
305. 22, 225.
ναυμαχέω 30, 87.
ναυμαχία 27, 152. 38, ‹144›.
ναύμαχος 31, 28.
ναυπηγέω 28, 335. 34, 33.
ναυπηγός 28, 33.
ναῦς 1, 88, 88, 113. 3, 6, 104.
4, 98, 223. 5, 13, 38. 7, 141,
141. 8, 22. 10, 98, 175. 11,
69, 89. 12, 152. 15, 22. 19,
27. 21, 150, 157, 247. 22, 86.
23, 116, 272. 27, 14. 28, 33,
335. 29, 181, 181. 31, 28,
85. 32, 176, 186. 36, 138.
37, 27, 92, 111, 154, 160.
38, 129, 251, 252, 337.
ναύτης 15, 22. 20, 221. 28,
121. 32, 186.
ναυτικός 8, 119. 11, 85. 23,
220, 261. 25, 148. 31, 85.
33, 54. 37, 163. 38, 9.
ναυτιλία 10, 129.

ναυτίλλομαι 12, 144.
Ναχώρ 8, 76. 18, 43, 45, 48.
νεάζω 23, 56, 253. 26, 41, 140.
29, [228]. 32, 3. 33, 158.
34, 73. 36, 61, 64.
νεαλής 29, 102.
νεανίας 5, 114. 14, 9. 24, 37,
80, 85, 99, 105, 106, 119, 127,
128, 128, 129, 258. 25, 46, 54.
37, 38.
νεανιεία 8, 170. 25, 301. 30,
41.
νεανιεύομαι 4, 202. 11, 18.
25, 50, 54, 301. 34, 25.
νεανικός 13, 198. 34, 43, 53.
νεᾶνις 30, 77.
νεανίσκος 1, 105, 105, 105.
7, 50. 15, 27. 24, 40, 50,
52, 85, 161. 38, 39.
νεβρίς 38, 79.
Νεβρώδ 9, 65, 66, 66.
Νεῖλος 19, 180. 25, 115. 26,
195.
νείφω 13, 223. 20, 259. 23,
138. 25, 118, 204, 208. 26,
195.
νεκρός 2, 108. 4, 35, 69, 69,
70, 72, 72, 74. 9, 15, 10, 124.
15, 55, 79. 17, 58, 79, 309.
19, 55, 56, 59, 59, 61, 198.
20, 173. 22, 66, 213. 23,
258. 24, 17, 17, 23, 25. 25,
105. 26, 252, 255. 28, 62,
113, 291. 29, 16, 94. 30, 148,
152, 205. 31, 202, 202. 37,
61, 71, 83, 190. 38, 124, 131,
222. 39 (VIII 7, 7).
νεκροφορέω 4, 69, 74. 11, 25.
16, 21. 22, 237. 37, 159.
νεκροφύλαξ 15, 79.
νεκρόω 36, 125.
νέκταρ 10, 155. 28, 303.
νέμω 4, 115, 126, 131. 5, 94,
113. 8, 127. 12, 63. 22, 93,
216. 23, 140. 24, 101. 25, 51,
214. 26, 142, 244. 27, 62,
173. 28, 87. 29, 168. 31, 26.
33, 110. 34, 75. 35, 34.
νεογνός 20, 159.
νεόκτιστος 1, 136.
νεόπλουτος 29, 23.
νέος 1, 16, 26, 113. 2, 2. 3, 3,
5, 5, 5, 6, 6, 97. 4, 90, 90, 90,
92, 242. 6, 11, 11, 14, 17, 21,
25, 42, 76, 76, 76, 76, [76],
79, 79, 80, 80, 87, 88, 125, 131.
7, 145. 8, 63, 109, 110, 145,
151, 165. 10, 31, 32, 119, 120.
11, 10, 56. 12, 161. 13, 31,

47, 48, 48, 48, 49, 50, 51, 52, 95, 165, 165. 14, 1, 6, 6, 7, 12, 12, 12, 12, 12, 14, 15, 16, 22, 26, 27, 28, 29, 30. 15, 28, 72. 16, 198, 199, 205. 17, 49, 49, 98, 104, 125, 278, 279, 279. 18, 6, 74, 154. 19, 40, 67, 107. 20, 172, 217. 21, 11, 91, 163, 199. 22, 36, 36, 118, 141. 23, 46, 218, 218, 219, 274. 24, 63, 89, 163, 166, 167, 168, 169, 176, 185, 185, 187, 190, 193, 195, 201, 203, 207, 209, 210, 217, 223, 225, 233, 235, 235, 242. 25, 3, 32, 51, 164, 188, 204, 231, 292, 311. 26, 24, 64, 179. 27, 165, 166, 167. 28, 20, 286, 331. 29, 41, 136, 145, 166, 179, 226, 227, 238, 251. 30, 21, 23, 39, 51, 134. 31, 75, 140, 141. 32, 39, 67, 107, 157, 199, 208. 33, 25, 91, 103, 172. 34, 15, 81, 127, 135. 35, [67], 72, 77, 81. 36, 13, 57, 77, 89, 134, 145. 37, 35, 110, 120, 153. 38, 22, 33, 89, [97], 142, 150, 168, 183, 190, 218, 227, 232, 333, 346.

Νέος 38, 346.

νεοσσιά, νεοττιά 27, 116. 39 (VIII 7, 9).

νεοσσός, νεοττός 20, 158, 233, 234.

νεοσσοτροφέω, νεοττοτροφέω 27, 117.

νεότης 4, 177, 179. 10, 157. 11, 147. 15, 7, 181. 16, 217. 17, 212, 296. 19, 67. 24, 44, 56, 254. 25, 215, 250, 257, 296, 311. 27, 167. 29, 24. 31, 220. 32, 23, 36, 40, 43. 33, 51. 34, 15. 36, 58, 77. 37, 68. 38, 190. 39 (VIII 6, 1).

νεόφυτος 32, 28, 156, 156.

Νέρων 37, 22.

νεῦμα 15, 11. 30, 8. 35, 31, 77.

νευρά 12, 152.

νεῦρον 24, 61. 28, 146. 33, 64, 144. 37, 190.

νευροσπαστέω 1, 117. 19, 46.

νευρόω 24, 41, 82. 25, 309. 30, 47. 32, 17. 34, 26, 97, 146.

νευστικός (B) 36, 136.

νεύω 4, 34, 62, 67. 5, 25, 25. 12, 17. 16, 146. 26, 81. 37, 160. 38, 352.

νεφέλη 13, 106. 17, 203, 203.

21, 54: 25, 166, 166, 178. 26, 254. 27, 44.

Νεφθαλείμ 22, 35.

νεφόομαι 23, 138.

νέφος 6, 66. 10, 174. 11, 85. 17, 244. 23, 43. 25, 107, 118, 123, 176, 200, 209. 31, 128. 33, 128. 38, 226.

νεφρός 1, 118. 2, 12. 6, 136. 28, 212, 213, 216, 232, 233, 239.

νέφωσις 1, 58, 113. 17, 208. 25, 41, 114. 29, 143.

νέω (C) 23, 182. 34, 119.

νεωκορία 22, 272.

νεωκόρος 19, 90, 93, 94. 25, 316, 318, 318. 26, 72, 159, 174, 174, 276, 276. 28, 156, 156. 29, 120. 33, 74.

νεώνητος 24, 228.

νεώς → ναός

νεώσοικος 1, 17. 8, 50.

νεωστί 32, 28.

νέωτα 23, 110, 132. 39 (VIII 7, 15).

νεωτερίζω 1, 80. 11, 40. 13, 146. 14, 10, 15. 21, 103, 124. 22, 91. 25, 118, 119. 26, 175. 30, 63. 31, 47, 90, 127, 221, 223. 32, 160. 33, 77. 37, 47. 38, 152, 157, 292, 300.

νεωτέρισμα 39 (VIII 11, 6).

νεωτερισμός 12, 144. 25, 216. 26, 13, 65. 37, 93. 38, 208.

νεωτεροποιία 6, 77. 14, 6, 16. 26, 203. 28, 184. 33, 16. 38, 165, 259.

νεωτεροποιός 6, 15. 13, 149. 14, 20, 30. 23, 274. 27, 142. 37, 24. 38, 190, 194.

νή 16, 162. 29, 4.

νηδύς 36, 128.

νηκτός 1, 63.

νῆμα 6, 83. 16, 97. 26, 111.

νηνεμία 1, 58, 113. 6, 16. 8, 22. 12, 152. 17, 208. 28, 92.

νήνεμος 10, 26. 22, 166, 229. 25, 41.

νήπιος 2, 94. 3, 53, 64. 4, 210. 5, 63, 73. 8, 152. 11, 9. 12, 168. 13, 193. 14, 9, 10. 16, 29, 46. 17, 73. 18, 154, 154. 22, 10. 24, 167, 225. 25, 20, 102, 179, 182, 330. 27, 69. 28, 163. 29, 32. 30, 119. 34, 160. 36, 42, 71. 37, 36, 62, 68. 38, 1, 26. 39 (VIII 11, 3).

νηπιότης 15, 21.

νηπονεῖ 30, 38.

νησιάζω 21, 17.

νησίς 37, 159.

νησιώτης 1, 114. 24, 134. 26, 20. 28, 335.

νῆσος 1, 63, 114. 17, 136. 20, 35. 22, 54. 24, 30. 25, 212. 26, 35, 41. 28, 211. 29, 168. 30, 25. 31, 85, 154. 33, 165. 36, 120, 138, 139, 141. 37, 46, 110, 151, 156, 157, 161, 173, 186. 38, 18, 90, 144, 144, 214, 282, 283, 342, 347.

νηστεία 13, 148. 16, 98, 204. 26, 23. 27, 159. 28, 168, 186. 29, 41, 193, 194, 197, 200. 38, 306.

νηστεύω 29, 197.

νηφαλέος 4, 82.

νηφάλιος 1, 71. 3, 29. 4, 210. 13, 123, 126, 140. 14, 2, 4. 19, 32. 23, 260. 25, 187. 28, 100, 173. 31, 191. 34, 13. 35, 14, 74.

νήφω 2, 84. 4, 210. 8, 175, 176. 12, 101, 166, 172, 172. 13, 5, 130, 131, 147, 148, 151, 153, 166. 14, 2, 3, 6, 30, 30. 15, 159. 19, 166. 22, 101, 292. 24, 73. 27, 89. 28, 99. 29, 9. 35, 42. 38, 273.

νήχω 1, 147. 7, 152.

νῆψις 4, 82. 13, 129, 152.

νικάω 2, 87. 3, 108. 4, 15, 18, 48, 116, 156, 186, 190, 242. 7, 35. 8, 38. 10, 147. 11, 110, 112, 112, 112, 112, 147, 152, 162. 12, 24, 145. 13, 63, 104. 16, 40, 85, 200. 19, 159. 22, 12, 104. 23, 44, 106, 135, 170, 216, 231, 244, 267. 24, 175, 200, 237. 25, 250, 295. 27, 140. 28, 27, 160, 250, 250, 313. 29, 232, 246. 31, 28, 47, 63, 63, 64, 228. 32, 44. 33, 6, 25, 94. 34, 26, 110. 36, 76. 37, 130, 132, 134, 134. 38, 44, 181. 39 (VIII 6, 6).

Νίκη 1, 100.

νίκη 4, 74, 156, 186. 5, 80. 7, 35. 10, 137. 11, 83, 110, 120. 18, 93. 20, 81. 22, 24, 279. 23, 48, 214, 234. 24, 138. 25, 180, 216, 218, 309, 317. 27, 114. 30, 172. 32, 2, 38, 109. 33, 15, 77, 97, 118. 34, 26, 111. 35, 42. 38, 356.

νικητήριος 4, 74. 13, 35. 16,

27, 199. 20, 44, 109. 21, 130.
28, 9, 330.
νικηφορέω 4, 13. 6, 116. 11,
91, 119. 21, 131. 33, 31.
νικηφόρος 10, 137. 11, 79.
18, 93. 20, 44, 82. 22, 213.
32, 175.
Νιόβη 34, 122.
νίφω → νείφω
Νοεμάν 8, 120.
νοερός 1, 73. 2, 32. 4, 40.
12, 12. 17, 233, 283. 21, 22,
55. 28, 66. 31, 123. 33, 21.
36, 94.
νοέω 1, 49, 97, 150. 2, 22, 38,
38, 42, 74, 91. 3, 3, 25, 32,
42, 64, 64, 68, 69, 69, 69, 70,
73. 4, 69, 82, 97, 170, 170, 198.
5, 28, 73. 7, 4, 60, 161, 162.
8, 36, 42. 10, 109. 13, 186.
16, 73, 95. 17, 74, 74, 85.
19, 134. 20, 4, 6, 6, 208,
241, 257. 21, 187, 188, 238.
23, 44. 28, 95. 29, 165. 32,
17, 47. 37, 2. 38, 224.
νόημα 1, 1, 4. 7, 79, 79, 127,
127, 128, 129, 130, 131. 8, 53,
106, 119. 11, 126. 16, 80,
81, 104. 17, 4. 19, 42, 167.
20, 179, 179, 243. 22, 260.
28, 6, 219. 31, 107, 108, 160.
35, 31, 76, 78, 88, 88. 38,
331.
νόησις 10, 34, 34. 12, 31, 50.
16, 55. 18, 15. 20, 12. 21,
43, 45. 28, 95.
νοητέον 2, 3, 70. 3, 99.
νοητός 1, 12, 15, 16, 16, 16,
18, 19, 24, 24, [24], 25, 29,
30, 31, 31, 33, 34, 35, 36, 49,
53, 55, 70, 71, 101, 111, 129,
134, 144. 2, 1, 1, 19, 22, 22,
23, 23, 23, 23, 23, 24, 82.
3, 26, 28, 31, 69, 70, 71. 4,
117, 186, 198, 234. 5, 97, 97,
97. 6, 75. 7, 91. 8, 99. 9,
60, 61. 10, 31, 55. 11, 80.
13, 70, 71, 132. 14, 3, 55.
15, 81, 133, 172. 16, 13, 20,
77, 89, 101, 101, 102, 103, 104,
104, 105, 105, 141, 191, 191,
195, 198, 199, 207, 209. 17,
15, 15, 65, 66, 71, 75, 75, 76,
88, 89, 111, 111, 119, 209, 235,
242, 263, 280, 289. 18, 25,
52, 100, 106, 117. 19, 101,
134, 176. 20, 6, 65, 118, 180,
267, 267. 21, 44, 46, 119, 186,
188, [188]. 22, 13. 23, 13,

69, 77, 84, 88, 119, 162, 200,
217. 25, 88. 26, 74, 82, 127,
271. 27, 59. 28, 6, 17, 20,
46, 46, 46, 219, 272, 279,
[287], 288, 302. 29, 56, 212,
212. 30, 191. 31, 192, 231.
32, 164, 214. 33, 26, 28, 29,
37. 34, 5. 35, 68. 36, 1, 1,
15, 15. 38, 319, 320.
νουθεσία 11, 159.
νουθεύω 10, 103. 17, 71. 24,
45. 27, 128. 28, 124. 30,
46, 61.
νόθος 4, 182. 5, 94. 6, 21, 29,
43. 7, 21, 21. 9, 17. 10, 102,
121, 151. 12, 71. 14, 8, 12, 14.
15, 48. 16, 94, 95. 17, 175,
268. 18, 6, 35, 36. 19, 73,
152, 152. 20, 5, 132, 147, 199.
21, 23, 53. 22, 22, 47. 23,
221, 221. 24, 59, 258. 25,
32, 147. 26, 193. 27, 3. 30,
29. 31, 32, 51. 32, 12, 224.
36, 56.
νοθόω 14, 57.
νομάς 30, 171. 38, 20.
νομεύς 6, 104. 11, 48. 25, 64.
26, 61. 31, 24. 34, 30. 38,
20, 76.
νομή 28, 163.
νομίζω 1, 1, 12, 62, 97, 131.
2, 36, 74, 90. 3, 15, 46, 46.
4, 37, 78, 81, 98, 180, 207,
209, 228. 5, 24, 64, 65, 73,
75, 78, 96, 117, 118. 6, 20,
21, 42, 47, 54, 54, 56, 99, 124.
7, 9, 12, 32, 57, 62, 70, 89,
134, 160, 167. 8, 19, 61, 88,
112, 121, 144, 154, 165, 165,
166, 179. 9, 25. 10, 11, 19,
69, 78, 87, 104, 108, 114, 124,
134, 149, 157, 172. 11, 22, 35,
41, 42, 61, 65, 78, 85, 93, 110,
113, 157, 167, 169. 12, 22, 33,
56, 66, 68, 69, 69, 107, 126,
161, 165. 13, 4, 64, 69, 69,
74, 81, 101, 104, 108, 144, 150,
177, 194, 200, 216. 14, 15, 20,
22, 29, 62, 67. 15, 43, 62,
76, 78, 82, 118, 119, ‹143›, 145,
147, 161, 182, 190. 16, 19, 44,
45, 86, 93, 108, 113, 138, 145,
155, 161, 163, 192. 17, 11, 36,
42, 50, 95, 103, 104, 112, 145,
160, 178, 280. 18, 19, 25, 42,
49, 54, 130, 139, 156, 156, 167,
174, 175, 177. 19, 4, 11, 16,
47, 84, 110, 129, 148, 163, 212.
20, 3, 7, 8, 26, 36, 104, 141,

155, 171, 172, 177, 183, 207,
217, 254. 21, 9, 32, 73, 118,
124, 132, 160, 203, 212, 250.
22, 20, 25, 35, 69, 104, 116,
122, 123, 147, 177, 184, 194,
264, 291. 23, 43, 62, 87, 101,
120, 129, 143, 146, 179, 192,
219, 224, 258. 24, 7, 9, 23,
44, 52, 76, 102, 142, 187, 218,
241, 255. 25, 11, 15, 19, 32,
54, 69, 83, 88, 90, 94, 98,
123, 138, 146, 165, 167, 169,
190, 198, 250, 250, 254, 258,
263, 282, 300, 303, 314, 321,
333. 26, 17, 32, 42, 49, 51,
60, 161, 168, 191, 225, 227,
249, 271. 27, 6, 59, 63, 65,
70, 75, 75, 84, 89, 143. 28,
23, 25, 26, 28, 45, 53, 55, 66,
97, 135, 144, 189, 214, 221,
223, 245, 249, 255, 275, 279,
315, 345. 29, 1, 8, 11, 16, 18,
36, 45, 74, 95, 122, 157, 164,
164, 236, 244, 258. 30, 13, 50,
67, 73, 87, 96, 102, 109, 116,
126, 154, 161, 172. 31, 6, 46,
57, 58, 72, 182, 200. 32, 1,
2, 30, 56, 69, 95, 109, 138,
195, 197, 209, 212, 216, 218,
225, 226. 33, 14, 52, 69, 78,
138, 147, 162, 168. 34, 5, 23,
24, 44, 58, 77, 81, 84, 93, 125,
140, 141, 154, 156. 35, 13, 28,
36, 67, 72. 36, 17, 18, 46,
47, 47, 57, 60, 72, 98. 37, 14,
46, 61, 78, 82, 83, 94, 101, 117,
119, 145, 149. 38, 1, 5, 11,
13, 18, 22, 25, 36, 40, 61, 62,
67, 73, 75, 91, 115, 138, 164,
165, 198, 201, 202, 216, 232,
238, 265, 278, 290, 293, 295,
315, 320, 327, 338, 341, 353,
354, 372. 39 (VIII 7, 13).
νομικός 31, 64.
νόμιμος 1, 3. 4, 126, 148, 150,
220, 221. 6, 15. 7, 16, 149. 8,
123. 11, 43. 13, 84, 95, 127, 141,
142, 194. 14, 38. 16, 88, 94,
143, 160. 17, 8. 18, 85, 86,
88, 163. 19, 10, 14. 20, 114,
221. 22, 152. 23, 276. 24,
29, 42, 43, 230. 25, 154, 314.
26, 18, 19, 19, 235, 280. 27,
37, 140. 28, 78, 100, 132, 145,
154, 204. 29, 1, 12, 88, 189.
30, 70, 85. 31, 1, 46, 143,
169, 169, 212. 32, 30, 141.
33, 2. 34, 84. 36, 142. 37,
50. 38, 152, 153, 159, 161,

ὀγδοήκοντα 24, 270. 29, 33.
ὄγδοος 1, 103, 110. 7, 168. 17,
251. 26, 153. 28, 189. 29,
41, 211. 30, 123. 31, 1. 36, 97.
38, 14.
ὄγκος 1, 1, 41. 3, 77. 4, 47,
58, 69, 146, 149. 6, 63. 7, 27,
90, 113. 8, 26, 137. 11, 61.
12, 157. 13, 88, 128, 221.
15, 55. 16, 157, 191. 17, 58,
142. 18, 96, 97, 128. 21, 22,
43, 77. 22, 70, 72. 24, 65,
101, 118. 25, 19, 153, 233,
275. 27, 43. 30, 62. 33, 129.
34, 130. 36, 100, 101. 37, 30,
152. 38, 14.
ὀδαξάω → ὀδάξω
ὀδαξησμός 30, 10.
ὀδάξω 30, 199.
ὅδε, ἥδε, τόδε, τῇδε 1, 9, 12,
21, 47, 52, 67, 72, 79, 82, 97,
104, 107, 112, 132, 136. 2, 34,
67, 102. 3, 2, 74, 80. 4, 20,
86, 99, 99, 100, 136, 179, 186,
195. 5, 51, 55, 63, 63, 98,
112, 120, 127, 127. 6, 4, 22,
48, 76, 97. 7, 159. 8, 5, 7,
16, 174, 184, 185. 10, 49.
12, 2, 6, 48, 101, 138. 13, 3,
30, 30, 73, 117. 14, 1. 15, 37,
61, 87, 97, 98, 172, 181. 16, 16,
170, 181, 220. 17, 295, 296.
18, 51, 143, 144, 149. 19, 18,
24, 63, 72, 100, 137, 194, 195,
198. 20, 18, 20, 34, 177. 21, 2,
15, 39, 64, 116, 132, 156, 207,
215. 22, 30, 189, 220, 294.
23, 71, [118], 127, 128, 131,
132, 147, 247. 24, 29, 69, 268.
25, 137, 175, 201, 207, 222,
277, 283, 288, 290, 325. 26, 12,
40, 99, 139, 165, 182, 203, 250,
280. 27, 14, 18, 31, 102, 107.
28, 26, 31, 33, 34, 35, 41,
69, 80, 95, 214, 249, 263, 286,
298, 309. 29, 35, 111, 120,
146, 151, 151, 177, 212. 30, 23,
23, 30, 48, 60, 78, 80, 124,
129, 134, 178, 188. 32, 55.
33, 41, 65, 66, 120. 34, 139,
139. 36, 25, 25, 26, 28. 38,
315. 39 (VIII 7, 13).
ὀδεύω 3, 98. 8, 155.
ὁδηγός 25, 178.
ὀδμή (= ὀσμή) 6, 44.
ὁδοιπορέω 23, 107. 24, 15,
179. 25, 165, 181, 206, 220,
250. 29, 250.
ὁδοιπορία 1, 84. 20, 165. 25,

215, 216. 26, 1, 73, 254. 29,
207. 34, 68. 38, 254.
ὁδοίπορος 23, 131. 28, 165.
Ὀδολλαμίτης 19, 149.
ὀδοντοφυέω 28, 164.
ὁδός 1, 69, 101, 114, 144. 2, 57.
3, 94, 97, 97, 97, 98. 4, 108,
253. 5, 1, 3. 6, 47. 7, 10,
19, 21, 22, 24, 29. 8, 7, 31,
101, 101, 102, 102, 102, 154.
9, 55, 64. 10, 61, 119, 140,
141, 142, 142, 142, 143, 144,
144, 145, 159, 159, 160, 162,
164, 165, 180, 180, 182. 11, 51,
88, 94, 100, 101, 102, 103,
104, 177. 12, 37, 97, 98. 13,
125, 150. 15, 4, 19, 63, 95, 179.
16, 133, 143, 146, 170, 171,
174, 174, 175, 195, 209. 17, 70,
149, 287. 18, 10, 28, 124, 125,
170. 19, 1, 21, 25, 131, 144,
149, 203, 203. 21, 3, 156, 168,
179, 209, 237, 246. 22, 103,
161, 170, 180. 23, 7, 59, 169,
172, 204, 269, 269. 24, 12,
25, 142, 178, 181, 183, 187,
189, 212, 218, 249, 255, 256.
25, 73, 85, 86, 163, 164, 166,
177, 194, 195, 228, 232, 237,
243, 246, 269, 274, 290, 295.
26, 138, 189, 247, 253, 255.
27, 50, 81. 28, 17, 91, 132,
192, 215, 243, 300, 301, 335.
29, 23. 30, 29, 116, 148, 171,
185. 31, 69, 108, 109, 109,
111, 141, 154, 155, 168, 198.
32, 7, 51, 100. 33, 40, 62,
94, 117, 148, 167. 34, 2, 115.
35, 86. 36, 58, 109, 110.
37, 28, 36, 37, 111, 152, 160,
186. 38, 174, 216. 39 (VIII
6, 2).
ὀδούς 1, 103, 104, 105, 157,
158. 28, 164, 164, 217. 30,
198, 198, 198, 199, 200, 201,
202, 202, 202, 202. 34, 108.
ὀδυνάω 7, 114. 15, 92. 24, 94.
37, 119.
ὀδύνη 1, 161. 4, 216. 20, 92,
94. 22, 165. 23, 207. 33, 158.
36, 63. 37, 180.
ὀδυνηρός 4, 202, 251. 7, 119,
140. 20, 167. 23, 257. 29, 89.
30, 56. 32, 200. 33, 73.
37, 66, 68, 119, 129.
ὀδύρομαι 16, 156.
Ὀδυσσεύς 35, 40.
ὅθεν 1, 12, 49, 77, 158. 4, 95.
7, 15. 9, 13. 12, 46, 91.

13, 51. 15, 78. 19, 180.
20, 265. 23, 9, 17, 27, 213,
227, 258. 24, 2, 5, 60. 25,
303. 26, 102, 118, 125, 130,
219, 222, 237, 286. 27, 69,
112, 117. 28, 7, 43, 100, 243,
276. 29, 53, 106, 209, 238,
253. 30, 59, 94. 31, 8, 71,
102, 123. 32, 47, 57, 178, 184,
195. 33, 88, 112, 115. 34, 25,
48, 143, 155. 35, 34. 36, 147.
37, 186. 38, 292. 39 (VIII
6, 1).
ὀθνεῖος 11, 65. 12, 15. 15, 76.
16, 11. 17, 12. 18, 23. 19,
76. 20, 147, [147]. 22, 280.
24, 254. 27, 94. 29, 11, 168.
30, 25, 155. 33, 134. 38, 72.
ὄθομαι 34, 125.
ὀθόνη 21, 217. 26, 90. 28, 84.
29, 20. 35, 38.
οἰακονομέω 15, 98. 20, 149.
38, 149.
οἰακονόμος 20, [149].
οἴαξ 1, 46. 4, 223. 5, 38. 16, 6.
22, 201. 27, 14. 28, 224.
33, 51. 38, 50, 129, 177.
οἶδα → εἴδω
οἰδέω 8, 46, 122. 12, 157.
18, 128, 162. 26, 166. 30, 62,
193. 37, 32. 38, 331.
Οἰδίπους 30, 15.
οἴησις 2, 52, 52. 4, 33, 33,
47, 137. 5, 57, 71. 6, 54, 58.
8, 46, 136. 16, 34. 18, 107,
138. 20, 175. 21, 131, 211.
25, 286. 26, 96. 27, 40.
28, 10, 265, 293. 33, 47.
οἰησίσοφος 4, 192.
οἰητικός 5, 116.
οἴκαδε 12, 162. 21, 45, 122.
22, 76. 23, 86. 24, 178, 224.
25, 58, 59, 286. 29, 102.
30, 171. 31, 196. 32, 90.
37, 28. 38, 267, 356.
οἰκεῖος 1, 12, 13, 64, 74, 74, 74,
77, 147, 149, 163. 2, 4, 16, 25,
27, 45, 47, 49, 61, 70, 84.
3, 8, 26, 38, 40, 84. 4, 1, 64,
68, 78, 93, 123, 138, 160, 204,
205. 5, 19, 20, 20, 22, 24,
54, 54, 74, 78, 84, 90, 129.
6, 20, 29, 46, 74, 75, 82, 82, 83,
85, 102, 129. 7, 22, 96, 127, 133,
135, 138, 146, 151, 152, 165.
8, 4, 30, 45, 53, 57, 75, 99,
109, 139, 142. 9, 7, 32, 32,
34, 35, 37, 62, 65. 10, 4, 29,
43, 44, 46, 47, 52, 62, 63,

128, 141. 8, 22, 71, 104, 113, 141, 169, 173. 9, 25, 34. 10, 4, 27, 38, 39, 48, 56, 89, 130. 11, 24, 26, 51, 84, 86, 111, 124, 176. 12, 1, 29, 50, 52, 90, 127, 139, 145, 152, 172. 13, 1, 7, 19, 29, 32, 95, 96, 172, 186, 211. 14, 3. 15, 22, 72, 74, 159. 16, 14, 35, 81, 105, 125, 192, 219. 17, 68, 243, 264, 274, 297. 18, 36, 63, 106. 19, 26, 39, 47, 82, 91, 124, 133, 141, 164, 172, 182, 191, 201. 20, 17, 42, 112, 140, 199, 199, 200. 21, 1, 29, 31, 32, 58, 103, 137, 168, 187, 197, 202, 206, 232. 22, 145, 160, 170, 226, 263, 284. 23, 2, 7, 15, 76, 79, 115, 117, 153, 170, 210, 221, 228, 256. 24, 87, 88, 106, 142, 151, 247. 25, 9, 10, 20, 29, 29, 29, 40, 60, 65, 70, 113, 124, 130, 150, 157, 170, 189, 208, 218, 220, 275, 279, 294, 302. 26, 32, 38, 48, 61, 63, 64, 78, 127, 132, 139, 153, 166, 179, 277. 27, 20, 21, 21, 31, 60, 82, 129, 139, 148, 173. 28, 39, 43, 44, 46, 47, 66, 69, 95, 119, 127, 210, 219, 256, 264. 29, 16, 19, 45, 45, 48, 52, 101, 135, 160, 215, 225. 30, 7, 33, 42, 49, 73, 142, 151, 171, 180, 189. 31, 45, 70, 79, 86, 107, 152, 155, 180, 186, 198, 211. 32, 35, 51, 57, 58, 103, 115, 143, 154, 162, 168, 169, 184, 184, 188, 205. 33, 39, 43, 44, 51, 60, 81, 81, 93, 123, 125, 148, 158, 159. 34, 26, 40, 87, 98, 118, 140. 35, 43, 63, 68, 86. 36, 22, 35, 47, 83, 125, 135. 37, 4, 16, 28, 97. 38, 31, 75, 77, 124, 127, 151, 151, 166, 190, 207, 227, 232, 246, 303, 304, 304, 340. 39 (VIII 7, 9), (VIII 11, 15).
οἰστέος 29, 253.
οἰστικός 4, 113. 11, 11, 100. 12, 98. 13, 223. 17, 137. 20, 73. 28, 74.
ὀϊστός 8, 131. 12, 152. 26, 157. 31, 28.
οἰστός (φέρω) 6, 113. 30, [175]. 37, 58.
οἰστράω 11, 76, 84.
οἶστρος 1, 158. 7, 99, 174. 8, 116. 10, 138. 11, 37. 12, 39,

144. 21, 36, 122. 27, 123. 29, 45, 136. 30, 34, 69. 31, 82.
οἴσω → φέρω
οἰφεί, οἶφι 18, 103. 20, 234.
οἴχομαι 6, 115. 8, 8, 68, 173. 9, 21, 47. 11, 83, 97. 13, 177. 14, 13. 16, 24, 148, 149, 150. 21, 122. 27, 129. 28, 160. 37, 165. 38, 188, 193, 195.
οἰωνόμαντις 15, 159. 21, 220.
οἰωνός 10, 181. 25, 263, 282, 284, 287. 30, 115.
οἰωνοσκοπία 25, 264.
οἰωνοσκόπος 20, 202. 28, 60. 31, 48.
Ὀκέλλος 36, 12.
ὀκλάζω 3, 99. 7, 41. 8, 148. 11, 109, 180. 12, 145. 16, 133, 222. 20, 231.
ὀκνέω 2, 40. 5, 49. 8, 151. 15, 119. 24, 94. 25, 54. 29, 241. 31, 202. 36, 84.
ὀκνηρός 17, 254. 25, 8. 28, 99. 32, 83.
ὄκνος 6, 86. 7, 37, 37, 120. 10, 152. 11, 149. 13, 17. 14, 5. 19, 36. 21, 8, 165. 22, 67. 28, 98. 34, 71.
ὀκτάκις 1, 93.
ὀκτώ 1, 93, 99, 99, 101, 104, 105, 106, 107, 107, 108, 108, 109, 109, 109, 110. 2, 9. 18, 104. 25, 238. 26, 77, 78, 84, 84, 85. 27, 22, 28. 28, 158. 29, 40, 120. 37, 74.
ὀκτωμηνιαῖος 1, 124.
ὀλάργυρος 29, 33.
ὄλεθρος 3, 34. 4, 13. 6, 57. 7, 46, 103, 136. 10, 166. 13, 24, 70, 79. 15, 86, 118. 16, 83. 18, 171. 19, 39. 20, 22, 240. 21, 86. 22, 179, 274. 23, 142. 25, 44, 192. 26, 249, 254. 28, 160. 30, 147, 158. 31, 127. 33, 96, 133, 163. 37, 68. 38, 91, 104, 130, 293. 39 (VIII 6, 4).
ὀλιγάκις 15, 115.
ὀλιγανδρέω 22, 170.
ὀλιγανδρία 22, 170.
ὀλιγαρχέω 34, 45.
ὀλιγαρχία 27, 155.
ὀλιγαρχικός 27, 136.
ὀλιγοδεής 4, 147. 13, 215. 32, 9.
ὀλιγοδεία 1, 164. 6, 27. 9, 35. 13, 58. 17, 48. 21, 124. 22,

40. 23, 104. 25, 29. 26, 185. 28, 173, 175. 29, 18, 160. 31, 101. 32, 8. 33, 100. 34, 77, 84. 39 (VIII 11, 11).
ὀλιγοδρανέω 16, 155. 34, 134. 38, 189.
ὀλίγος 1, 5, 41, 130. 3, 98. 4, 55. 5, 91. 6, 7, 92, 121. 8, 110, 130, 147. 9, 2, 53. 11, 44, 104, 175. 12, 83, 101, 103, 158. 13, 26, 186, 207, 218. 15, 76, 147. 16, 61, 155. 17, 102, 108, 145, 193. 19, 185. 20, 138, 151, 201, 213. 21, 40, 45, 46. 22, 169, 188, 198, 299. 23, 19, 66, 71, 98, 136, 147, 167, 180, 198, 255. 24, 8, 34, 34, 37, 39, 71, 85, 144, 175, 196, 211, 258. 25, 2, 32, 35, 59, 106, 119, 160, 164, 169, 234, 258, 315, 316. 26, 27, 59, 67, 257. 27, 34, 116, 135, 168. 28, 147, 155, 176, 214, 316, 325. 29, 19, 20, 47, 48, 91, 172, 217, 250. 30, 95, 122, 142. 31, 5, 40, 43, 51, 66, 67, 81, 107, 186. 32, 5, 10, 43, 46, 76, 93, 145, 221, 223. 33, 26, 75, 89, 107, 107. 34, 65, 72, 72, 75, 118. 35, 53. 36, 100, 101, 120, 123. 37, 3, 27, 44, 54, 55, 67, 71, 84, 93, 110, 142, 150, 152, 168. 38, 57, 77, 116, 124, 128, 135, 161, 179, 214. 39 (VIII 6, 3), (VIII 6, 6).
ὀλιγοστός 16, 60.
ὀλιγότης 26, 277. 37, 113.
ὀλιγοτόκος 17, 211.
ὀλιγόφρων 24, 206, 254. 28, 74. 29, 74. 31, 114, 165. 32, 5, 40, 182. 34, 117. 38, 163.
ὀλιγοχρήματος 10, 101. 12, 103. 31, 67.
ὀλιγοχρόνιος 10, 103, 103. 14, 17, 17, 34, 291, 292. 19, 106. 24, 24. 30, 51. 36, 30. 38, 91.
ὀλιγωρέω 1, 155. 3, 8. 5, 99. 6, 41. 13, 81. 16, 89. 17, 9. 18, 77, 177. 19, 122. 20, 32, 226. 24, 154. 25, 168. 27, 108, 112, 118. 28, 128, 314, 319. 30, 21, 61. 31, 3, 18, 32, 38, 182. 32, 147, 226. 34, 105. 37, 50. 38, 311.
ὀλιγωρία 6, 123. 11, 47, 47. 18, 151. 25, 184. 27, 7. 28,

154, 314. 29, 38. 34, 14, 73.
35, 16.
ὀλίγωρος 6, 32, 113. 12, 79.
20, 22. 25, 183. 27, 95.
ὀλισθάνω, ὀλισθαίνω 1, 128.
11, 171, 180. 16, 80. 22, 102.
27, 147. 28, 230. 29, 166.
ὀλίσθημα 10, 75.
ὀλισθηρός 11, 101. 23, 269,
269. 25, 230.
ὄλισθος 5, 66. 10, 130. 13,
193. 16, 149. 18, 28. 19, 118.
20, 55. 29, 231. 31, 153, 198,
200. 34, 36.
ὀλκάς 1, 113. 28, 121. 31,
186. 32, 49. 37, 26, 155. 38,
47, 251.
ὀλκή 1, 141. 4, 17. 12, 21.
16, 202. 18, 113. 23, 59.
24, 239. 28, 68. 29, 232.
30, 199. 31, 114, 115. 33, 63.
ὀλκός, -ή, -όν 1, 136, 141.
7, 90. 8, 72. 12, 45. 16, 202.
17, 185, 270, 304. 18, 78, 113.
19, 151. 22, 157. 23, 65, 67.
25, 93. 28, 105. 29, 240.
32, 27, 105. 33, 18. 34, 61.
35, 18. 36, 56. 38, 268.
ὄλλυμι 34, 122.
ὀλοάργυρος 22, 57.
ὀλοθρεύω 3, 34, 34.
ὀλόκαρπος 22, 67.
ὀλοκάρπωμα 34, 69.
ὀλοκάρπωσις 19, 132, 132.
ὀλόκαυστος 16, 202.
ὀλόκαυτος 16, 67. 22, 67. 28,
177, 181, 184, 189, 190, 190,
194, 196, 197, 198, 200, 212,
247, 252, 253, 256, 276. 38,
157, 317, 356.
ὁλοκαυτόω 6, 139, 139. 8, 122.
17, 199. 28, 188, 191, 245.
31, 125.
ὁλοκαύτωμα 4, 141. 6, 84, 110,
132, 139. 17, 251. 20, 233,
248. 21, 62. 23, 198. 26,
148. 28, 151.
ὁλοκαύτωσις 21, 194. 28,
251.
ὁλόκληρος 1, 126. 3, 97, 97.
5, 96. 6, 57, 57, 74, 111, 139.
8, 159. 9, 26. 10, 4. 11, 130.
12, 125. 13, 116, 135, 156,
201. 16, 33. 17, 86, 114, 213,
233, 242, 286. 19, 81, 112,
148. 20, 64, 68, 258. 21, 112.
22, 144, 163, 185. 23, 6, 44,
47, 146, 177. 25, 318. 26, 8.
27, 71, 110. 28, 80, 166, 196,

196, 199, 242, 253, 259, 283.
29, 184, 220. 30, 21. 31, 143.
32, 32, 44. 33, 119. 36, 21,
48, 48, 78. 38, 107.
ὀλολυγή 38, 228.
ὅλος 1, 8, 25, 30, 34, 37, 42,
43, 46, 61, 69, 72, 73, 73, 78,
105, 123, 138, 158, 171, 171.
2, 13, 33, 57, 91, 91. 3, 6, 6,
24, 38, 49, 56, 67, 102. 4,
10, 28, 29, 31, 38, 40, 89, 103,
128, 128, 129, 130, 134, 134,
140, 141, 141, 142, 143, 144,
145, 147, 159, 170, 170, 171,
176, 186, 205, 224, 228, 247.
5, 60, 84, 84, 84, 87, 109, 112.
6, 59, 84, 84, 92, 98, 107,
110, 110. 7, 7, 12, 12, 16, 17,
84, 99, 106, 147, 154, 154, 155.
8, 3, 41, 65, 101, 101, 111,
127, 135, 137, 147, 150. 9, 7,
7, 8, 8, 27, 40, 56. 10, 34, 49,
108, 127, 127, 129, 130, 130,
148, 173, 179. 11, 30, 30, 70.
12, 2, 5, 8, 10, 12, 39, 40, 40,
63, 69, 91, 111, 111, 145, 153,
174. 13, 27, 27, 31, 58, 81, 131,
152, 152, 193, 196, 199, 221.
14, 2, 3, 3, 13, 45, 45, 52.
15, 38, 57, 63, 67, 74, 98,
137, 144, 150, 166, 173, 185.
16, 4, 6, 14, 46, 65, 65, 66,
67, 104, 112, 135, 155, 155,
179, 182, 192, 193, 195, 204.
17, 15, 23, 45, 46, 55, 55, 56,
82, 110, 140, 171, 184, 196,
200, 205, 217, 217, 218, 236,
251, 301, 307. 18, 21, 59, 92,
105, 106, 106, 116, 118, 145,
156. 19, 9, 10, 51, 69, 75, 84,
105, 110, 118, 136, 142, 142,
143, 148, 158, 177, 194, 196,
197. 20, 2, 10, 13, 34, 34, 61,
123, 124, 124, 129, 135, 200,
215, 224, 230, 248, 248, 260,
260, 264. 21, 2, 43, 62, 62,
63, 70, 77, 87, 90, 91, 91, 93,
99, 104, 105, 124, 135, 135,
148, 159, 184, 204, 247. 22,
2, 45, 71, 74, 74, 83, 116, 116, 123,
171, 173, 178, 183, ‹188›, 188,
188, 193, 194, 216, 245, 245,
248, 267, 290. 23, 2, 9, 98,
119, 119, 121, 133, 149, 183,
196, 198, 198, 204. 24, 27,
27, 40, 56, 77, 96, 142, 160,
160. 25, 11, 65, 96, 98, 113,
120, 125, 149, 157, 158, 158,
228, 253, 254, 323, 323. 26,

48, 51, 58, 80, 86, 88, 90, 110,
113, 117, 118, 148, 157, 168,
189, 189, 191, 205, 209, 238,
239, 287, 288, 288, 290, 291.
27, 32, 37, 41, 63, 64, 64,
79, 94, 105, 105, 107, 108, 136,
154, 155, 174. 28, 5, 22, 30,
66, 66, 85, 85, 94, 94, 96,
110, 166, 166, 167, 167, 201,
201, 201, 205, 205, 209, 210,
216, 229, 268, 294, 300, 307,
333. 29, 6, 10, 56, 77, 110,
135, 246, 256. 30, 11, 115,
122, 127, 178, 189. 31, 34, 60,
60, 83, 134, 134, 141, 141, 144,
144, 153, 176, 178. 32, 11, 12,
12, 32, 32, 34, 64, 88, 113,
159, 162, 172, 185, 186, 213,
214. 33, 6, 9, 23, 24, 32, 32,
32, 34, 40, 46, 57, 62, 107,
143, 143, 154, 156, 156, 163.
34, 12, 26, 70, 70, 74, 84, 94,
94, 118. 35, 59, 65, 89, 90.
36, 1, 21, 21, 22, 25, 26, 26,
29, 37, 45, 50, 59, 61, 66, 74,
83, 86, 92, 92, 97, 114, 114,
117. 37, 19, 68, 95, 174. 38,
3, 48, 48, 104, 169, 193, 202,
204, 238, 285, 293, 308, 320,
324, 324, 343, 344, 368. 39
(VIII 7, 7), (VIII 7, 10), (VIII
7, 17).
ὁλοστός 31, [52].
ὁλοσχερής 6, 85. 12, 12, 28.
13, 91. 17, 137, 219. 21, 37.
25, 213. 27, 66. 28, 210.
ὀλοφύρομαι 6, 125. 15, 80.
21, 256. 24, 187. 38, 197,
225.
ὀλόφυρσις 7, 95. 22, 66. 23,
260. 25, 184. 33, 171.
ὀλόχρυσος 22, 57.
Ὀλυμπιακός 10, 147. 11, 119.
Ὀλυμπιονίκης 32, 193. 35,
[42].
ὀλύμπιος 7, 85. 8, 31. 10, 138,
151, 156. 11, 119. 12, 63, 71.
15, 114, 152. 17, 93, 241.
19, 180, 199. 21, 84, 151.
22, 242. 34, 42, 105.
Ὄλυμπος 15, 4, 5. 36, 121.
ὄμαδος 13, 103.
ὄμαιμος 3, 8.
ὀμαιχμία 15, 26. 23, 240.
ὀμαλός 8, 47. 17, 97, 160.
ὀμαλότης 6, 69. 17, 97. 24,
269.
ὀμβρέω 4, 162, 164. 12, 93.
14, 64. 16, 30, 121, 156.

ὀμβρηρός

17, 279. 18, 36. 19, 166,
198. 20, 141, 258. 21, 162.
22, 204, 221. 23, 46. 24,
198. 26, 158, 258, 286. 28,
303. 29, 53. 30, 185. 32, 129,
143. 33, 101. 36, 66. 38,
101.
ὀμβρηρός 4, 211.
ὄμβριος 24, 12. 30, 147.
ὄμβρος 1, 80. 23, 43, 138.
25, 116. 26, 54, 63. 29, 172.
33, 131. 36, 62, 118.
ὁμηρεία 24, 188, 201.
ὁμηρεύω 17, 206. 24, 169,
209.
Ὅμηρος 15, 4. 23, 10. 34, 31.
35, 17. 38, 80.
ὁμιλέω 5, 50. 15, 6, 175. 18,
74. 21, 44, 88. 24, 34. 26,
36. 28, 107, 326, 332. 30, 9,
61. 35, 6.
ὁμιλητέον 8, 109.
ὁμιλητής 24, 83. 29, 45, 88.
32, 65. 34, 12.
ὁμιλία 3, 74. 4, 131. 5, 43.
8, 176. 9, 26, 32. 10, 137.
11, 152, 167. 16, 105, 105.
18, 12, 14, 152. 20, 144. 21,
200. 22, 106, 185. 23, 30,
117, 136. 24, 43, 157, 269.
25, 298, 300. 26, 68, 163.
27, 45, 109, 168. 28, 9, 11,
342. 29, 44. 30, 12, 19, 26,
32, 44, 46, 48, 63, 72, 77, 79,
80, 113. 31, 204. 32, 115,
199, 217. 33, 20.
ὅμιλος 5, 56. 8, 101. 11, 23,
136. 14, 23. 16, 59, 68, 124.
24, 30, 63. 25, 147, 257, 317.
26, 156, 163. 27, 54. 28,
321. 29, 164. 30, 74, 101,
169. 31, 47, 50, 68, 179. 32,
43. 34, 9, 63, 91, 158. 36, 8.
39 (VIII 11, 1).
Ὅμιλος 38, 181.
ὄμμα 1, 71, 131. 2, 83. 6, 36,
36, 69, 78. 7, 12, 22. 8, 8,
18, 118, 167. 10, 93, 181. 12,
21, 22, 29, 58, 169. 13, 44.
14, 3. 16, 39, 165, 191. 17,
89. 18, 47, 135. 19, 182.
20, 3, 5, 203. 21, 117, 129,
164, 199. 22, 160. 23, 58,
70, 84, 156. 24, 47, 106. 25,
185, 289. 26, 209. 27, 68.
28, 37, 49, 330, 341. 29, 194.
30, 2, 4. 31, 140, 201. 33, 37.
34, 5, 101. 38, 2, 261, 264.
ὄμνυμι, ὀμνύω 4, 203, 203,

204, 205, 206, 207, 207, 207,
208. 6, 57, 89, 90, 91, 94.
12, 82. 15, 130. 16, 162.
19, 175. 21, 13, 24. 23, 273.
27, 84, 86, 91, 92, 93, 157.
28, 235. 29, 2, 3, 4, 9, 13,
15, 19, 24, 24, 25, 224, 253,
255. 31, 34, 36, 39.
ὁμογάστριος 16, 203. 20, 92.
22, 33, 41. 30, 22. 32, 224.
ὁμογενής 20, 192. 28, 209.
31, 204. 32, ‹140›.
ὁμόγλωσσος, ὁμόγλωττος
15, 6, 12, 13, 83.
ὁμόγνιος 21, 52.
ὁμογνωμονέω 17, 246. 24,
44, 176. 26, 257. 31, 157.
38, 213.
ὁμογνώμων 24, 30. 25, 248.
31, 224. 38, 152.
ὁμοδίαιτος 5, 106, 114. 15, 11,
52. 23, 224. 25, 136. 32, 55.
34, 86. 38, 20. 39 (VIII 11,
11).
ὁμόδουλος 23, 116. 24, 37,
51. 34, 35.
ὁμοεθνής 29, 73, 73, 122. 32,
101, 102. 38, 212.
ὁμόζηλος 5, 40. 10, 180. 34,
85.
ὁμοθυμαδόν 15, 58. 25, 72,
136. 37, 122, 132, 144. 38,
356.
ὁμοιοπαθής 15, 7.
ὅμοιος 1, 43, 97, 100, 117, 128,
140, 141, 141, 152, 153, 166,
169. 2, 10, 10, 12. 3, 1, 74,
75. 4, 76, 102. 5, 22, 37.
6, 85, 98, 130. 7, 141, 164,
164, 164. 8, 108, 109, 144.
9, 9, 9, 16, 25, 42, 56. 10, 28,
40, 60, 82, 117, 131. 11, 99,
167. 12, 74, 91, 145, 160.
13, 5, 78, 175, 204, 220. 15,
184. 16, 7, 44, 52, 69. 17,
160, 160, 164, 172, 178, 178,
220. 18, 137. 19, 48, 82, 83,
160. 20, 27, 42, 87, 161, 235.
21, 64, 73, 75, 99, 154, 192.
22, 25, 39, 164, 221, 227.
23, 4, 113, 237, 240, 240.
24, 134, 145, 156. 25, 27,
30, 64, 92, 118, 141, 161, 173,
325. 26, 26, 64, 78, 88, 93,
124, 126, 233, 264, 267. 27, 27,
38, 41, 41, 75, 104, 147. 28,
47, 59, 112, 121, 123, 134, 233,
235, 300, 316. 29, 34, 34,
122, 261. 30, 28, 32, 42, 65,

142, 146, [146], 165, 175, 182,
183. 31, 7, 22, 45, 75, 96,
143, 198, 200, 229. 32, 21, 31,
74, 104, 151, 155, 193, 199, 208.
33, 20, 46, 90, 92, 109, 144.
34, 27, 79, 144, 152, 156, 157.
35, 38, 41, 75, 82. 36, 8, 21,
41, 42, 42, 43, 61, 62, 97,
115, 115. 37, 16, 138. 38, 43,
78, 141, 241, 327. 39 (VIII 7, 1),
(VIII 7, 2).
ὁμοιότης 1, 22. 8, 23. 9, 41.
13, 90, 174. 15, 183. 17,
232. 19, 51, 89. 20, 208.
24, 59. 26, 61. 27, 113.
28, 6, 296. 31, 187. 32, 195.
33, 29, 126. 38, 55.
ὁμοιότροπος 1, 153. 9, 62.
12, 71, 103, 156. 13, 52, 201.
4, 67. 15, 7, 163, 192. 16, 23.
17, 154, 249, 284. 19, 151.
20, 61. 22, 49. 24, 30. 25,
64. 28, 47, 51, 176, 317. 29, 13,
32, 172. 30, 37, 45, 66, 92, 95,
158. 31, 87, 117, 196, 203.
32, 19. 34, 21, 55, 84. 36, 20,
104, 122. 38, 44, 293, 301.
ὁμοιόω 1, 151. 4, 171. 10, 48.
11, 95, 166. 12, 18. 13, 172.
17, 236. 26, 88, 96. 27, 159.
28, 66.
ὁμοίωμα 16, 48, 49.
ὁμοίωσις 1, 69, 71, 72. 15,
169. 19, 63, 63.
ὁμολογέω 1, 25. 2, 61, 82.
3, 78, 93. 4, 21, 29, 66, 77,
136, 187, 190, 198. 5, 107.
6, 18, 42, 48, 70, 72, 87, 99,
118. 7, 10, 60, 61, 81. 8, 72,
162, 175. 9, 29. 11, 57, 61,
129, 152. 12, 150. 13, 53,
56, 101, 107, 117, 188, 192,
193, 200. 15, 22, 62, 116,
124, 127, 145, 181. 16, 5, 19,
22, 85, 211. 17, 4, 26, 28,
108, 120, 122, 123, 246, 261.
18, 3, 154, 178. 19, 205.
20, 51, 57, 87, 140, 143, 253,
265. 21, 119, 174, 184. 22, 24,
29, 202, 261. 23, 86, 203,
215, 275. 24, 67, 139, 166,
191, 225, 227, 230, 233, 251,
263. 25, 71, 86, 95, 122, 247,
266, 295, 309. 28, 58, 235.
29, 55, 88, 165. 30, 65, 70.
31, 40, 188. 32, 5, 38, 124.
33, 163. 34, 42. 36, 47.
37, 101, 140, 146. 38, 64,
121, 171, 171, 218, 237, 247.

ὁπλολογέω 37, 92.
ὁπλομαχία 38, 30.
ὅπλον 3, 8. 4, 155. 6, 130.
8, 119, 184, 185. 9, 66. 10,
60, 68. 11, 151. 13, 113.
15, 45. 17, 203. 20, 159.
21, 103, 173, 174, 235, 255.
22, 122, 280. 23, 220. 25,
142, 148, 169, 225, 263, 333.
30, 95. 31, 7, 28, 213. 32,
3, 48, 218. 33, 54, 132. 34,
34, 133. 36, 68. 37, 30, 67,
86, 88, 90, 92, 92, 93, 94, 94.
39 (VIII 6, 6).
ὁπλοποιός 34, 78.
ὁπλοσκοπία 25, 310.
ὁπλοφορέω 1, 84. 18, 176.
30, 17.
ὁποῖος 1, 144. 2, 42. 4, 64,
64. 6, 37. 7, 56, 113. 9, 10.
10, 49. 12, 160. 13, 104.
14, 59. 17, 246. 19, 34.
23, 47, 119. 25, 24, 68, 140.
26, 24. 30, 79. 32, 18, 44.
34, 62. 37, 62. 39 (VIII 7, 3).
ὁπόσος 17, 260. 29, 71, 176.
32, 44. 39 (VIII 6, 9).
ὁπόταν 22, 1. 26, 249. 30,
35. 31, 51.
ὁπότε 1, 148, 158. 2, 57, 62, 62.
3, 32, 32. 4, 10, 93, 106, 156,
156. 5, 10, 92. 6, 3, 49, 92,
100. 7, 36, 49, 59, 66, 80,
153, 155, 161, 170. 8, 5, 91,
134, 156, 176. 9, 10, 47. 11,
62, 73, 95, 110. 12, 22, 152.
13, 9, 28, 86, 86, 182, 204,
205, 223. 14, 3, 10. 16, 26,
155. 17, 71, 82, 82, 251, 266,
299. 18, 80, 126. 19, 3, 74.
20, 10, 15, 63, 125, 125, 159,
161, 165. 21, 11, 11, 123, 147,
147, 194, 214, 238, 252. 22,
131, 174, 204, 220. 23, 5, 76,
154, 211. 24, 12. 25, 42, 96,
124, 145, 217, 217, 271. 26,
107. 27, 149, 157. 28, 163,
167. 29, 125, 190, 190. 30,
32, 162. 31, 121, 179, 224,
229. 32, 55, 217. 33, 145.
34, 50, 121. 35, 80. 36, 31,
31, 110. 37, 15, 24, 68, 105,
131, 154, 167. 38, 37, 42, 79,
95, 132, 296.
ὁπότερος 8, 172. 36, 18.
ὅπου 2, 60, 67, 68, 79, 107.
4, 28, 49, 54, 54, 54, 54, 54,
54, 114, 115, 116, 116. 7, 102.
8, 14. 10, 26. 11, 34. 12, 5.

16, 48, 116, 209. 17, 18. 18,
138, 138. 20, 64. 22, 300.
24, 34, 34. 27, 157. 29, 44,
75. 32, 124. 38, 42.
ὀπτάω 15, 1, 84. 22, 50. 26,
156. 32, 136. 34, 25.
ὀπτήρ 22, 101. 24, 260. 25,
228.
ὀπτικός 30, 100.
ὀπώρα 11, 15, 152. 12, 151.
24, 91. 29, 205. 31, 217.
32, 6, 91, 95.
ὀπωρινός 12, 151.
ὅπως 1, 38, 58, 149. 2, 37, 43. 4,
162, 167. 6, 85. 8, 138. 10,
79, 135. 11, 157. 12, 51, 159.
13, 25. 14, 27, 61, 67. 15,
14, 59, 89. 16, 16, 18, 174,
204, 204. 17, 182. 18, 170.
20, 24, 43, 120, 208, 230.
21, 131. 22, 54, 87, 115.
23, 71. 24, 88. 25, 178, 199.
26, 24, 138, 144, 144, 155.
27, 100. 28, 96, 105, 113,
216. 29, 45, 122, 130, 241,
241. 30, 152, 179. 31, 163,
163, 197, 212, 220. 32, 25,
31, [78], 95, 200. 36, 68.
38, 284. 39 (VIII 6, 5).
ὁπωσοῦν 13, 166, 198. 28, 112,
159. 38, 28.
ὅραμα 4, 103. 17, 262.
ὅρασις 1, 53, 54, 62, 62. 2, 25,
43, 56, 58. 3, 7, 74, 75, 75.
4, 44, 50, 56, 57, 216, 220,
220. 6, 73. 7, 168, 171. 10,
42, 79. 13, 82. 15, 72, 72, 72,
90, 110, 148. 16, 38, 48, 49,
103, 119, 137, 165, 188. 17,
185, 232. 18, 25. 19, 134,
135, 191, 208, 208, 208. 20,
102, 102, 111. 21, 20, 27, 55,
80. 22, 250, 254, 254. 23,
57, 150, 150, 153, 156, 164,
165, 166, 236. 26, 211. 28,
337, 339, 340. 30, 189, 194,
195. 31, 139. 33, 27, 36, 51.
ὁρατικός 3, 67. 6, 59. 10,
144. 12, 36, 46, 60. 13, 107,
111. 15, 91. 16, 14, 18, 54,
163. 18, 56. 19, 139, 140,
182. 20, 97, 109, 189, 209,
258. 21, 39. 22, 33, 276,
279. 23, 122. 26, 196. 27,
26.
ὁρατός 1, 12, 12, 16, 30, 37,
41, 54, 111, 129, 135, 146. 3,
39. 4, 44, 57, 220, 235. 7,
87. 8, 168. 9, 8. 11, 34. 12,

83. 15, 138, 172. 16, 46, 48,
50, 50, 50, 51, 52, 183. 17,
111. 18, 25, 144. 19, 101, 191.
21, 73, 73, 185, 188. 23, 69,
74, 88, 88, 150, 153, 157. 24,
106. 25, 66, 88. 26, 127, 148,
213. 27, 47, 102, 147. 28, 6,
20, 274, 279, 302, 302. 30,
190, 202. 32, 12. 33, 26, 28.
36, 10, 20, 73, 86. 38, 310,
318.
ὁράω 1, 69, 120, 138, 156.
2, 52, 57, 86, 91, 91. 3, 5, 9,
34, 46, 51, 52, 69, 69, 69, 79,
82, 84, 88. 4, 9, 11, 15, 18,
24, 27, 31, 38, 38, 38, 43, 46,
56, 57, 63, 66, 73, 75, 76, 85,
105, 111, 131, 134, 151, 162,
169, 170, 171, 172, 181, 183,
183, 186, 203, 212, 215, 216,
216, 231, 249. 5, 3, 31, 36,
62, 67, 67, 73, 96, 130. 6, 30,
40, 60, 66, 123, 134, 136. 7,
2, 4, 11, 15, 17, 22, 30, 38, 62,
101, 101, 159, 159, 173, 175.
8, 13, 13, 63, 92, 92, 118,
126, 143, 169. 9, 3, 44, 52.
10, 3, 9, 58, 69, 72, 80, 97,
113, 130, 131, 139. 11, 34,
91, 131. 12, 58, 145, 168.
13, 72, 86, 92, 96, 106, 124,
124, 132, 182, 182. 14, 13,
54. 15, 27, 56, 105, 146, 148,
159, 175, 194. 16, 21, 38, 39,
39, 40, 40, 47, 47, 47, 48, 52,
74, 83, 94, 111, 113, 125, 137,
160, 165, 192, 201, 205, 210,
223. 17, 59, 78, 78, 78, [78],
87, 174, 175, 176, 237, 280.
18, 19, 25, 45, 51, 51, 51,
52, 54, 96, 96, 96, 135, 139,
140, 140, 143, 159. 19, 14, 31,
89, 122, 132, 134, 135, 135,
136, 164, 165, 176, 208. 20,
1, 2, 3, 4, 4, 6, 9, 9, 9, 11, 13,
15, 17, 81, 81, 97, 127, 158,
198, 202, 203, 217, 256, 267.
21, 55, 55, 66, 66, 83, 96,
126, 129, 147, 171, 186, 189,
189, 190, 227, 227, 228, 229,
238, 239, 240. 22, 17, 23, 33,
44, 70, 85, 93, 124, 160, 162,
173, 183, 192, 218, 226, 226,
226, 227, 227, 241, 251, 283.
23, 57, 58, 65, 77, 80, 113,
141, 148, 158, 173, 175, 200.
24, 81, 87, 89, 101, 106, 142,
157, 165, 167, 180, 235, 236,
238, 242, 255. 25, 15, 18,

31, 56, 64, 65, 119, 124, 166,
172, 175, 175, 178, 182, 189,
192, 229, 272, 284, 288, 289.
26, 70, 201, 228, 250, 252,
257, 264, 281. 27, 7, 46, 47,
90. 28, 29, 40, 73, 95, 193,
250, 279, 307, 321, 322, 339,
339. 29, 4, 23, 141, 165.
30, 16, 73, 88, 121, 177, 189.
31, 71. 32, 19, 35, 38, 85,
94, 133, 160, 173, 191. 33,
24, 27, 44, 114, 139, 139, 139,
146, 152. 34, 96, 100, 100,
146. 35, 9. 36, 54, 75, 96,
118. 37, 14, 27, 30, 40, 40,
40, 62, 126. 38, 4, 5, 26, 42,
52, 80, 98, 111, 132, 132, 187,
224, 229, 243, 243, 244, 259,
295, 303, 335. 39 (VIII 7, 8).
ὀργανικός 1, 102, 103. 2, 4,
4, 12. 6, 98. 10, 57. 13,
111. 17, 315. 18, 115.
ὄργανον 1, 4, 53, 117. 2, 11,
14, 36, 104. 3, 75. 4, 41, 96,
119, 130, 183. 5, 35, 57, 58,
59, 66, 105, 116, 125, 126, 126,
127, 128. 6, 18, 37, 74, 133.
7, 38, 68, 102, 126, 127, 173.
8, 71, 103, 103, 104, 107, 108,
127, 142, 143. 10, 25, 42, 59,
165. 11, 30, 38, 80. 12, 35,
83, 159. 13, 107, 116, 116.
14, 36, 36. 15, 36, 38, 55,
56, 123, 150. 16, 6, 40, 47,
52, 72, 120, 195. 17, 4, 14,
15, 111, 171, 259, 266. 18,
29, 33, 155. 19, 22, 45, 85,
[182]. 20, 7, 56, 69, 87, 139,
157. 21, 20, 27, 37, 42, 42,
55, 236. 22, 278, 280. 23,
104, 147. 25, 23, 29, 80, 111,
274. 26, 103, 148. 27, 33, 34.
28, 6, 18, 65, 272. 29, 7, 157,
190, 192. 30, 122, 198, 200,
203, 204. 31, 102, 134. 32,
74. 38, 126.
ὀργανοποιία 1, 126. 25, 84.
26, 127, 196, 239. 28, 147.
31, 49.
ὀργάω 23, 137, 213. 26, 273.
ὀργή 1, 156. 3, 8. 4, 147. 6, 96.
9, 17, 17. 10, 52, 60, 68, 71.
11, 17. 13, 223. 15, 48. 16,
208, 210. 19, 23, 90. 21, 89,
91, 235, 236. 22, 7, 165, 179,
179. 23, 152. 24, 12, 15, 21,
154, 156, 170. 25, 6, 49, 89,
302, 321. 26, 172, 196, 214,
279. 29, 9, 16, 28, 247. 30,

104, 126, 193. 31, 14, 77, 103,
182, 220. 32, 1, 150. 33, 77.
34, 45, 159. 37, 182. 38,
121, 219, 237, 241, 244, 254,
261, 304, 366.
ὄργια, τά 6, 60. 7, 143. 9, 54.
12, 26. 19, 85. 34, 14. 38,
78.
ὀργιάζω 23, 122. 26, 153.
28, 319. 30, 40.
ὀργίζω 4, 114, 123, 131. 13,
210. 22, 137. 26, 192. 34,
144. 38, 304.
ὀρέγω 1, 158, 158. 4, 211. 5,
[57]. 6, 10, 36. 7, 114. 8, 13,
99, 99, 116, 120, 138, 146. 10,
73. 11, 39. 14, 15. 16, 58,
155. 17, 73. 18, 36, 121.
19, 145. 20, 52, 61. 21, 141.
22, 157. 23, 39, 187, 220, 261.
25, 160. 27, 146, 149. 28,
43, 116. 29, 76. 30, 41. 31,
5, 24, 43, 127. 32, 218. 34,
12, 60, 60. 35, 68, 75. 38,
95.
ὀρεινός 11, 22. 13, 128. 23,
138. 25, 228, 235. 26, 54.
27, 163. 28, 34, 335. 29,
39, 151, 154. 33, 41, 101, 141.
34, 65. 36, 63. 38, 47, 249.
ὄρεξις 1, 80. 4, 115, 138. 7,
113. 8, 26, 71, 116. 9, 35.
13, 214, 222. 23, 96. 27,
123, 149. 32, 136.
ὀρεύς 27, 4. 30, 47.
ὄρθιος 13, 150.
ὀρθογνωμονέω 19, 11.
ὀρθογνώμων 19, 24.
ὀρθογώνιος 1, 97, 97. 26, 80.
29, 177. 35, 65.
ὀρθός 1, 97, 97, 97, 97, 97, 143.
2, 2, 18, 46, 93. 3, 31. 4, 1,
32, 58, 78, 80, 93, 106, 120,
148, 150, 168, 188, 222, 251,
252. 5, 9, 39, 119, 128. 6,
47, 51, 62, 75, 109. 7, 16, 22,
27, 74, 103, 124, 134, 149. 8,
24, 28, 30, 32, 68, 91, 102,
139, 142, 185. 9, 5, 17, 48, 55.
10, 16, 48, 50, 90, 126, 129,
152, 179, 183. 11, 51, 87, 101,
127, 128, 128, 130. 12, 60,
121, 121, 162. 13, 33, 34, 65,
68, 77, 80, 80, 81, 95, 142,
224. 14, 11, 22, 33. 15, 43,
52. 16, 60, 71, 128, 134, 175.
17, 67, 85. 18, 111. 19, 101,
131, 150, 152, 183, 190, 191.
20, 37, 141, 206, 208. 21,

119, 200. 22, 95, 97, 134, 135,
139, 170, 198. 24, 31, 47. 25,
48. 26, 184, 239. 27, 80.
28, 191. 29, 21, 29, 31. 31,
92, 115, 167. 32, 39, 127. 34,
46, 47, 59, 59, 62, 97. 35, 74.
36, 83, 113, 113. 37, 81. 38,
51, 68, 68.
ὀρθότης 10, 71, 153. 12, 121.
19, 166. 22, 160.
ὀρθόω 3, 104. 15, 18. 22, 78,
79. 24, 6, 122, 142. 29, 240.
33, 6. 36, 127.
ὄρθρος 20, 162. 25, 179. 28,
276. 33, 151. 37, 167.
ὁρίζω 1, 61, 156. 2, 20. 4, 171.
5, 68. 6, 97, 102, 122. 7, 148,
148, 148, 148, 171. 8, 69. 10,
34, 44. 11, 117, 118. 12, 14.
13, 197. 14, 46. 15, 162,
182. 16, 90. 17, 229, 282.
18, 138, 147. 19, 87. 21, 138.
23, 41, 64, 94, 237. 24, 43,
97, 221, 221. 26, 49, 51, 120,
204. 27, 171, 176. 28, 12, 16,
78, 143, 156, ‹179›, 196, 222.
29, 32, 113, 139, 196, 242,
244, 252. 30, 111, 117, 123,
131, 151, 176. 31, 11, 23, 79,
143, 196, 208. 32, 200. 33,
2, 74, 74, 85, 110, 126. 34,
130. 35, 17. 36, 52, 58. 37,
105, 115, 126. 38, 10, 212.
ὁρίζων, ὁ 1, 112.
ὁρικός 9, 23. 10, 167, 180.
ὅριον 4, 107. 8, 84, 89, 89.
10, 145. 12, 59. 20, 43.
24, 256. 25, 39. 31, 149.
37, 43.
ὁρισμός 3, 63.
ὀρχικός 11, 140.
ὄρχιον 15, 43.
ὅρκος 4, 203, 203, 204, 204,
204, 204, 205. 6, 91, 93, 93,
93, 93, 93, 96. 12, 73, 74,
78, 78, 82. 15, 26. 16, 18,
162, 162. 21, 4, 5, 12, 12, 13,
14, 24, 40, 42, 61, 68, 172.
23, 273, 273. 27, 84, 85, 86,
91, 92, 94, 141. 28, 235, 238.
29, 2, 2, 4, 4, 8, 9, 9, 10, 12,
13, 13, 14, 14, 16, 19, 24, 24,
25, 38. 31, 32, 40.
ὁρμάω 3, 100. 4, 16, 17, 18, 19,
94, 94, 134, 149, 244. 5, 114.
6, 130. 9, 13. 10, 35. 11,
36. 12, 45, 151. 13, 51. 15,
78. 17, 116. 18, 99, 161. 19,
180. 20, 43, 159. 21, 107,

167, 179, 251. 22, 50. 23,
149, 182, 190, 213, 241. 25,
22, 77, 244, 304. 26, 161, 269.
30, 44. 32, 139. 33, 62, 140.
34, 117, 133. 38, 132.
ὁρμέω 6, 42. 8, 22. 11, 151.
17, 95. 22, 291. 29, 71.
ὁρμή 1, 79, 81. 2, 29, 30, 30,
73. 3, 11, 23. 4, 47, 118, 128,
185, 229, 248, 249. 6, 80.
7, 10, 100, 127, 171. 8, 22, 74.
10, 41, 44, 93, 149. 11, 58,
70, 94. 13, 97, 98, 111. 15,
19, 90. 16, 67, 191. 17, 245.
18, 55, 60. 19, 158. 20, 160,
160, 173, 200, 223, 257. 21,
136. 22, 12, 232, 247, 276.
23, 38, 67, 130, 275. 24, 44.
25, 26, 50, 160, 297. 26, 139,
170. 28, 44, 67, 101, 193, 305,
343. 29, 142, 163. 30, 79.
31, 79, 79, 99, 104. 32, 31.
33, 48, 104, 154, 165. 35,
16. 37, 14, 52. 38, 190.
ὅρμημα 22, 246.
ὁρμητήριον 23, 244. 28, 192.
31, 65. 32, 10. 34, 38.
37, 49.
ὁρμητικός 3, 99. 4, 130, 131.
ὁρμίσκος 19, 150. 20, 135.
22, 44.
ὅρμος 32, 39.
ὄρνεον 17, 230, 230, 233, 237,
237, 237, 240, 243. 24, 96.
ὀρνίθιον 5, 41. 17, 128.
ὄρνις 13, 219. 17, 128. 24,
93. 28, 62, 176. 34, 132, 134,
135. 37, 177.
ὄροβος 15, 185. 31, 29.
ὄρος 4, 16, 19, 102, 142. 10,
99, 99, 145, 145, 167, 179. 12,
47, 48, 54. 15, 4, 5, 65. 17,
177, 251. 21, 17. 22, 118. 23,
41, 43. 25, 192, 228, 228,
278, 287. 26, 70, 161. 28, 73,
300. 30, 125. 32, 201. 36,
118, 119, 132, 132, 133, 137,
148.
ὅρος 1, 33, 33, 35, 37, 47, 102,
155, 168. 2, 65, 65. 4, 107,
107, 107, 232. 5, 86. 7, 86, 88,
89, 95, 139. 8, 9, 83, 88, 89,
91, 91, 99, 180. 10, 118, 179.
11, 161, 181. 12, 3, 22, 66,
76, 135. 13, 15, 52, [118], 185.
14, 6, 56. 16, 59. 17, 31,
202, 228. 18, 134, 141, 147,
171. 19, 58, 98, 168, 169, 170.
20, 19, 180. 21, 9, 11, 131.

22, 180, 194, 243. 23, 195.
25, 25, 32, 73, 87, 163, 194,
214, 243, 255. 26, 74, 92, 124.
27, 27, 27, 27, 43, 119. 28,
150, 160, 241, 300. 30, 49,
151, 164, 169. 31, 110, 149,
209. 32, 106, 172, 206. 33,
77. 34, 7, 83. 36, 58, 59, 64,
108. 37, 174. 38, 75.
ὄρουσις 20, 160.
ὄροφος 26, 85, 87.
ὀρρωδέω 25, 181, 236.
ὀρτυγομήτρα 25, 209. 27, 16.
31, 128.
ὄρυγμα 11, 97. 24, 12, 13.
30, 147, 148, 149.
ὀρυκτή 21, 41, 55.
ὀρυκτήρ 31, 7. 36, 119.
ὄρυξ 31, 105.
ὀρύττω 3, 27. 4, 153. 7, 106.
12, 78, 79. 13, 113. 19, 197,
199, 200. 21, 8, 10, 14. 37,
188, 190.
ὀρφανία 6, 45. 7, 145. 31,
180.
ὀρφανός 18, 178. 21, 107.
22, 273. 24, 74. 26, 235,
238, 240, 243. 27, 42. 28,
308, 310. 29, 108. 30, 71.
31, 176, 177, 179. 34, 35.
ὄρχησις 1, 122. 38, 43.
ὀρχηστής 11, 35. 26, 211.
35, 58. 37, 85. 38, 42.
ὀρχήστρα 37, 85.
ὅς, ἥ, ὅ passim.
ὁσία 39 (VIII 7, 5), (VIII 7, 7).
ὅσιος 2, 48. 4, 126. 5, 42.
6, 34, 130, 137. 8, 97, 170.
12, 70. 13, 194. 14, 10.
15, 27, 161. 17, 201. 19, 63.
20, 153, 197, 208, 208, 223.
22, 296. 23, 52, 76, 181. 24,
74, 95, 143, 167, 171. 25, 254.
26, 108, 154, 192. 27, 58,
93, 96. 28, 114, 275, 277, 314.
29, 42, 113, 115, 168, 175, 180.
30, 27, 89, 144. 32, 50, 112,
124, 201. 33, 24, 43, 95, 96.
34, 91. 36, 10, 76. 37, 134.
38, 194, 279, 290.
ὁσιότης 1, 155, 172. 5, 94. 6,
10, 27, 37, 57. 7, 21. 8, 37.
10, 103. 11, 54. 12, 35, 77.
13, 91, 92, 109. 15, 131.
16, 194. 17, 123. 18, 98.
22, 186. 23, 172, 198, 208.
25, 190, 198, 307. 26, 136,
142, 161, 167, 171, 216, 270,
274. 27, 110, 119. 28, 30,

52, 54, 55, 70, 154, 186, 248,
271, 304. 29, 12, 63, 224,
259. 30, 127. 31, 127, 135.
32, 34, 42, 47, 51, 76. 33,
66, 104, 160, 166. 34, 75, 83.
37, 49. 38, 30, 242. 39
(VIII 6, 8), (VIII 11, 1).
ὁσιόω 26, 17. 28, 203. 38,
157, 308.
ὀσμή 4, 235. 5, 117. 6, 23, 44.
8, 161, 161. 12, 133. 13, 106,
190, 191. 15, 52. 16, 188.
18, 115. 19, 191. 21, 47, 48,
49, 51. 25, 105. 34, 15. 35,
53.
ὅσος 1, 10, 22, 29, 31, 32, 38,
40, 62, 78, 80, 83, 84, 87, 113,
116, 116, 128, 135, 140, 142,
147, 151, 154, 159, 162, 164.
2, 1, 5, 6, 6, 16, 57. 3, 2, 10,
33, 63, 69, 75, 75, 76, 104,
107. 4, 46, 77, 78, 118, 156,
171, 175, 177, 178, 211, 215,
221, 234, 245, 245, 251. 5,
57, 66, 67, 75, 78, 80, 81, 91,
96, 104, 107, 113, 117. 6, 6,
7, 21, 22, 29, 30, 31, 38, 47,
49, 55, 70, 72, 84, 89, 104,
104, 106, 106, 109, 109, 111,
113, 115, 116, 123, 124, 132,
135, 139. 7, 2, 5, 15, 21, 33,
64, 76, 85, 87, 88, 91, 100,
102, 102, 103, 105, 105, 107,
109, 114, 116, 122, 147, 148,
152, 157, 165. 8, 4, 9, 9, 19,
32, 42, 42, 50, 50, 61, 81, 91,
105, 105, 108, 112, 112, 117,
118, 141, 141, 141, 142, 142,
142, 148, 151, 152, 152, 157,
163, 165, 168, 169, 181. 9, 2, 10,
15, 15, 18, 31, 38, 58, 60. 10,
15, 19, 42, 59, 60, 71, 71, 72,
102, 104, 131, 146, 150, 157,
163, 167, 169. 11, 6, 6, 8, 10,
13, 25, 39, 51, 60, 71, 87, 101,
103, 119, 123, 123, 130, 136,140,
141, 141, 145, 146, 156, 171.
12, 1, 30, 56, 57, 65, 66, 68,
74, 80, 83, 127, 127, 141, 159,
159, 159. 13, 9, 18, 18, 23, 31,
33, 36, 62, 69, 69, 75, 87, 91,
99, 124, 131, 144, 155, 158,
187, 187, 190, 194, 201, 202,
218, 219. 14, 1, 2, 3, 5, 12, 30,
30, 36, 38, 43, 61, 62, 67.
15, 1, 6, 15, 15, 21, 21, 47,
52, 58, 68, 69, 86, 90, 95, 126,
141, 157, 162, 165, 167. 16,
4, 16, 18, 33, 42, 55, 88, 91,

97, 110, 115, 119, 119, 121, 121, 123, 135, 138, 141, 160, 172, 190, 190, 191, 211, 219. 17, 21, 29, 33, 51, 89, 109, 110, 136, 146, 152, 154, 158, 159, 207, 239, 239, 240, 245, 290, 294, 295, 296. 18, 15, 64, 74, 95, 98, 129, 129, 156, 165, 172. 19, 65, 67, 85, 86, 146, 152, 161, 165, 195. 20, 4, 4, 9, 18, 20, 60, 61, 78, 107, 174, 187, 199, 221, 243. 21, 3, 6, 27, 27, 55, 68, 90, 124, 124, 132, 138, 149, 165, 165, 176, 178, 179, 188, 189, 205, 218, 227, 236, 238, 243, 248. 22, 55, 77, 78, 79, 81, 81, 83, 84, 86, 88, 97, 97, 100, 122, 125, 132, 155, 176, 178, 192, 196, 196, 215, 266. 23, 1, 13, 31, 43, 45, 57, 58, 67, 79, 98, 103, 115, 115, 131, 133, 133, 139, 147, 163, 167, 167, 170, 173, 175, 194, 199, 203, 219, 220, 221,, 221, 224, 224, 236, 263, 267. 24, 5, 9, 10, 22, 30, 32, 43, 58, 64, 70, 81, 81, 104, 107, 116, 119, 130, 142, 142, 147, 158, 170, 173, 180, 185, 194, 206, 207, 234, 242, 257, 258, 258. 25, 9, 30, 32, 38, 41, 51, 63, 81, 92, 102, 118, 121, 122, 133, 147, 155, 157, 159, 168, 168, 196, 216, 225, 228, 248, 263, 275, 291, 305, 309, 317, 334. 26, 6, 12, 22, 23, 30, 34, 53, 60, 73, 88, 94, 136, 140, 146, 165, 167, 167, 168, 185, 187, 188, 194, 196, 211, 218, 221, 223, 235, 238. 27, 7, 8, 36, 47, 49, 57, 60, 66, 80, 82, 100, 110, 118, 128, 133, 136, 156, 156, 157, 162. 28, 11, 13, 21, 24, 36, 38, 43, 43, 47, 52, 69, 76, 83, 92, 100, 125, 135, 139, 141, 145, 150, 150, 153, 162, 164, 166, 166, 174, 181, 189, 218, 249, 259, 262, 275, 275, 286, 300, 304, 323, 327, 340, 342. 29, 12, 44, 48, 57, 88, 102, 105, 108, 109, 117, 121, 122, 151, 153, 160, 166, 169, 170, 174, 177, 181, 183, 187, 193, 197, 205, 211, 213, 218, 225, 242, 250, 255. 30, 3, 6, 7, 19, 35, 36, 41, 74, 95, 103, 111, 111, 115, 118, 124, 130, 142, 149, 155, 168, 175, 183, 186,

198, 206, 208. 31, 1, 13, 26, 48, 49, 75, 80, 82, 84, 85, 86, 88, 100, 103, 109, 111, 113, 113, 116, 152, 170, 173, 186, 193, 196, 204, 209, 223, 229, 234, 237, 237. 32, 1, 2, 5, 5, 15, 16, 17, 19, 30, 37, 43, 61, 61, 91, 99, 104, 130, 130, 132, 137, 141, 147, 148, 149, 156, 160, 168, 169, 179, 180, 191, 203, 203, 205. 33, 3, 6, 9, 26, 28, 39, 44, 70, 89, 109, 116, 129, 129, 131, 141, 141, 144, 148, 150, 163. 34, 3, 4, 5, 22, 23, 31, 32, 33, 38, 45, 50, 55, 56, 76, 76, 78, 80, 82, 84, 86, 96, 98, 118, 150, 156, 160. 35, 25, 54. 36, 3, 3, 15, 26, 28, 36, 37, 50, 58, 63, 64, 77, 83, 91, 96, 96, 99, 100, 104, 122, 126, 129, 130, 135, 138, 138. 37, 1, 2, 4, 56, 63, 72, 76, 76, 79, 85, 90, 94, 96, 97, 99, 100, 123, 130, 148, 156, 160, 163, 170, 170, 171, 171. 38, 6, 10, 14, 17, 19, 33, 38, 43, 43, 49, 51, 71, 73, 89, 118, 125, 134, 150, 153, 164, 167, 173, 175, 180, 181, 190, 193, 201, 204, 213, 214, 233, 246, 249, 259, 259, 269, 278, 296, 333. 39 (VIII 6, 3), (VIII 7, 6), (VIII 7, 7), (VIII 11, 4), (VIII 11, 6), (VIII 11, 16).

ὅσοσπερ 1, 16, 30. 11, 72. 21, 157. 25, 209. 28, 318. 29, 228.

ὅσπερ 1, 6, 21, 41, 53, 58, 75, 96, 97, 97, 132, 139, 141, 154, 167. 2, 58, 58, 74, 80. 3, 3, 4, 86. 4, 3, 24, 37, 81, 100, 119, 128, 130, 148, 185, 186, 197, 204, 205, 207, 230, 247, 253. 5, 4, 7, 13. 6, 33, 74, 78, 104, 106, 109, 114, 136. 7, 74, 78, 155, 156, 169, 170, 171. 8, 18, 25, 45, 48, 53, 94, 95, 137. 9, 27. 10, 16, 25, 72, 88, 90, 118, 127, 144. 11, 4, 133, 134. 12, 10, 13, 22, 24, 43, 97, 108, 155. 13, 19, 80, 153, 176, 191. 15, 6, 23, 30, 49, 75, 143, 145, 173, 175, 189. 16, 12, 39, 55, 108, 108, 124, 125, 130, 160, 187. 17, 64, 72, 74, 92, 132, 136, 189, 222, 263, 273, 274. 18, 153, 162. 19, 47, 76, 155, 189, 204. 20, 5, 42, 49, 223, 261, 267, 270.

21, 45, 80, 98, 110, 153. 22, 25, 40, 43, 112, 168, 190, 233, 252, 258, 278. 23, 6, 9, 44, 46, 57, 78, 103, 104, 104, 205, 228, 235, 261, 262, 266. 24, 4, 49, 52, 91, 124, 142, 150, 227. 25, 5, 119, 138, 149, 178, 189, 191, 218, 236, 281, 298. 26, 38, 39, 50, 63, 70, 80, 82, 82, 96, 101, 106, 136, 141, 152, 177, 212, 212, 233, 261, 263, 275. 27, 17, 18, 47, 52, 80, 175. 28, 4, 41, 97, 111, 127, 138, 159, 171, 191, 193, 201, 201, 208, 253, 254, 288, 332, 333. 29, 11, 35, 73, 104, 144, 189, 219, 224, 225, 228, 235, 238, 255. 30, 7, 19, 24, 29, 58, 102, 172, 189. 31, 16, 65, 67, 68, 68, 186, 188. 32, 32, 54, 65, 147, 154, 178, 197, 209, 217, 223. 33, 2, 43, 53, 70, 97, 111, 158. 34, 30, 77, 140, 140. 35, 22, 43, 53, 65. 36, 22, 43, 69, 73, 78, 78, 86. 37, 41, 82, 96, 139. 38, 10, 69, 69, 113, 118, 120, 160, 187, 200, 201, 202, 214, 245, 262, 303, 332. 39 (VIII 6, 4), (VIII 11, 14).

Ὄσσα 15, 4, 4, 5.

ὀστέον 3, 22, 40, 40, 41, 41, 41, 42, 42. 4, 115. 16, 17. 22, 109. 28, 146. 35, 55.

ὅστις 1, 46, 77, 91, 96, 111, 130, 152. 2, 64, 99. 3, 36, 69. 4, 49, 73, 74, 100, 103, 198, 200. 5, 9, 65. 7, 38, 45, 76, 147. 8, 44, 66, 67, 67, 67, 67, 68, 75, 79, 90. 9, 61. 10, 25, 108, 112, 134. 11, 12, 39, 54, 105. 13, 46, 104, 119, 146, 188, 223. 14, 64. 15, 32, 64, 72, 102. 16, 42, 95, 120, 137, 138, 145, 171, 194, 195. 17, 97, 103, 116, 240, 295. 18, 13, 24, 137. 19, 45, 114, 191, 194. 20, 69, 116, 134, 185. 21, 44, 106. 23, 58, 219. 24, 104, 172, 197. 25, 2, 162, 289. 26, 9, 200, 246. 27, 28, 95, 103. 28, 119, 148, 224, 270, 277, 281, 327. 29, 16, 21, 21, 41, 100, [123], 149, 162, 176, 177, 197, 259. 30, 64, 121, 130, 145, 148, 156, 187, 209. 31, 1, 14, 44, 71, 100, 140, 154, 177, 237. 32, 198.

33, 20, 30, 105, 117, 142, 169.
34, 23, 138, 146. 35, 31, 90.
37, 35, 95. 38, 85, 135, 218,
220. 39 (VIII 6, 8), (VIII 6, 8),
(VIII 7, 14), (VIII 7, 20).
ὁστισοῦν 1, 20, 72. 4, 17. 8,
152. 9, 25. 10, 150, 167.
12, 81. 13, ‹188›, 192. 15,
156. 16, 217. 20, 131. 21,
[188]. 23, 127, 216. 26, 22,
128. 29, 9. 31, 147. 34, 97.
36, 33, 89. 37, 155. 38, 44,
341.
ὀστρακόδερμος 17, 211.
ὄστρακον 22, 57.
ὄστρεον 1, 147. 24, 71. 32, 76.
34, 66.
ὀσφραίνομαι 4, 56, 111, 173,
216. 5, 57, 62, 73. 6, 24.
8, 126. 12, 83. 15, 123, 194.
18, 96, 115, 115, 143. 20, 157,
256. 21, 48, 49, 55. 23, 238.
27, 74.
ὄσφρησις 1, 62, 62, 165. 3, 7,
39, 74. 4, 44, 56, 58. 6, 44,
73. 7, 168, 173. 12, 29. 15, 19,
90. 16, 137. 17, 48, 185, 232.
19, 182. 20, 111, 164. 21, 27,
55, 80. 23, 148, 149, 236, 241,
266. 28, 337.
ὀσφῦς 4, 154. 6, 63.
ὅταν 1, 31, 46, 67, 96, 109,
110, 125. 2, 3, 16, 16, 18,
26, 33, 34, 49, 61, 61, 72, 72,
73, 81, 82, 90, 99, 99, 107.
3, 16, 25, 25, 25, 26, 26, 26,
27, 28, 29, 31, 37, 47, 50, 50,
59, 60, 60, 63, 66, 78, 79, 99.
4, 43, 43, 44, 44, 45, 45, 49,
54, 60, 66, 71, 71, 74, 74, 74,
84, 86, 86, 89, 105, 106, 110,
111, 112, 114, 114, 117, 118,
122, 125, 125, 125, 137, 159,
169, 172, 174, 183, 184, 186,
186, 186, 193, 195, 196, 211,
212, 224, 225, 238, 245, 249.
5, 7, 9, 13, 14, 15, 38, 38, 50,
57, 58, 115, 118. 6, 3, 12, 14,
14, 16, 55, 66, 71, 78, 79, 81,
83, 87, 90, 91, 105, 105, 107,
124, 125, 134. 7, 3, 10, 12,
16, 16, 32, 56, 73, 90, 93,
94, 95, 95, 97, 110, 110, 117,
117, 123, 129, 131, 131, 141,
143, 143, 143, 143, 159, 162,
162. 8, 15, 18, 22, 30, 30,
47, 53, 68, 74, 120, 124, 148,
149, 176, 180. 9, 35, 43, 43,
46, 57, 63. 10, 14, 39, 92,

119, 120, 126, 135, 136, 137,
170, 182. 11, 16, 33, 37, 59,
66, 69, 70, 70, 76, 89, 99,
147, 148, 164. 12, 95, 96, 98,
157. 13, 41, 43, 44, 90, 99,
116, 116, 116, 137, 138, 162.
14, 6, 12, 12, 13, 18, 30.
15, 3, 15, 16, 17, 33, 35, 38,
46, 60, 60, 90, 131, 188. 16, 3,
67, 77, 77, 79, 84, 118, 118,
123, 123, 128, 139, 150, 156,
160, 160, 172, 172, 191, 201,
202, 209. 17, 6, 7, 46, 51,
84, 150, 162, 184, 192, 238,
264, 264, 269, 285, 310. 18,
56, 82, 113, 180. 19, 26, 142,
175, 181, 189, 191, 207. 20, 6,
6, 21, 34, 103, 218. 21, 5,
42, 68, 72, 72, 79, 84, 84, 86,
115, 115, 116, 122, 129, 203,
216, 238. 22, 21, 23, 62, 70,
75, 76, 91, 104, 133, 150, 154,
177, 188, 189, 231, 232, 257,
257, 265, 267, 272. 23, 30, 59,
105, 122, 122, 160, 232, 240,
240. 24, 59, 70, 82, 82, 124,
149, 227. 25, 26, 26, 69, 202,
327, 332. 26, 133, 198, 256.
27, 14, 31, 37, 77, 95, 95, 114,
129, 140, 145, 150. 28, 47,
147, 178, 186, 189, 210, 231,
237, 248, 266. 29, 76, 84,
98, 122, 122, 190, 207. 30, 9,
63, 72, 99, 114, 115, 133. 31,
24, 31, 81, 107, 120, 161, 172,
172, 190, 207. 32, 23, 30, 30,
158, 161, 164, 184, 184, 192.
33, 26, 29, 63, 87, 115, 129,
129, 136, 147, 157, 159, 165,
171, 172. 34, 14, 140, 148.
35, 18, 40, 53, 55, 81, 85.
36, 20, 20, 113, 135, 147, 147.
37, 17, 58, 79, 137. 38, 45,
72, 114, 126, 126, 221, 355,
360. 39 (VIII 11, 15).
ὅτε 1, 17, 46, 63, 80, 84, 85,
104, 113, 129, 168. 2, 10, 19,
20, 75, 75, 75, 75, 96, 101,
101, 108. 3, 10, 31, 37, 45,
54, 66, 69, 70, 70, 77, 84, 85,
95. 4, 2, 12, 18, 18, 70, 87,
103, 142, 183, 186, 189, 210,
223, 223, 223, 227, 244. 5, 14,
36, 45, 58, 70, 115. 6, 5, 9,
65, 68, 81, 130. 7, 23, 66,
76, 96, 96. 8, 25, 65, 77, 89,
148, 155. 9, 20, 39. 10, 4,
28, 74, 89, 101, 134, 140, 178,
181. 11, 24, 47, 151. 12, 59,

93, 105. 13, 2, 183, 190.
14, 45, 45, 54. 15, 115, 150.
16, 6, 34, 35, 154, 176. 17, 30,
77, 84, 84, 186. 18, 78, 124.
19, 156. 20, 185, 193, 241.
21, 10, 47, 60, 84, 107, 192,
214. 22, 12, 25, 83, 148, 154,
226, 239. 23, 77, 212. 24,
74, 248, 248. 25, 50, 178, 197.
26, 64, 70, 275, 275. 27, 39,
58, 125. 28, 26, 26, 103, 123,
252, 266, 300, 323. 29, 16,
20, 20, 25, 97, 107, 119, 207,
220. 30, 1, 4, 11, 105, 158,
162, ‹200›. 31, 5, 16, 80, 152,
184. 32, 10, 64, 152, 157, 162.
33, 33, 68, 91, 103. 34, 6,
35. 35, 41, 73, 89. 36, 13,
103, 103. 37, 15, 130, 131,
167. 38, 14, 18, 42, 52, 79,
130, 143, 156, 158, 180, 262,
299, 356. 39 (VIII 7, 9).
ὅτι passim.
ὅτιπερ 1, 36. 2, 3. 8, 30.
9, 8, 42. 15, 156.
οὐ passim.
οὗ 1, 163. 2, 66, 67, 77, 77, 77.
3, 84, 84, 86. 7, 3. 19, 53, 75.
21, 62, 189. 38, 315.
οὐαί 4, 225, 231.
οὐδαμά 36, 5.
οὐδαμῆ 8, 87. 12, 14, 116.
13, 40, 108. 19, 82. 36, 97.
οὐδαμοῦ 4, 53. 6, 136. 15, 136,
136, 138. 16, 183. 19, 60.
21, 192. 24, 134. 26, 114.
36, 66.
οὐδαμῶς 3, 26. 4, 6. 6, 59.
8, 87. 12, 14, 116. 13, 40,
108, 178. 18, 4. 19, 82. 24,
47. 36, 97. 39 (VIII 7, 17).
οὐδέ 1, 15, 16, 20, 24, 51, 77,
80, 97. 2, 25, 26, 44. 3, 2, 3,
15, 20, 36, 43, 88. 4, 4, 5,
10, 45, 49, 78, 106, 113, 120,
125, 126, 131, 134, 136, 141,
182. 5, 58, 91, 100, 100, 117,
117. 6, 9, 10, 25, 34, 57, 65,
69, 70, 88, 91, 92, 92, 92,
100, 101, 111, 111. 7, 13, 18,
18, 18, 18, 18, 35, 39,
43, 63, 71, 125, 134, 134, 136,
136, 153, 153, 156, 162, 164.
8, 4, 14, 16, 22, 24, 49, 50,
84, 94, 101, 102, 109, 126,
126, 134, 144, 164, 169, 185.
9, 21, 24, 27, 27, 28, 36, 42,
52. 10, 7, 29, 62, 62, 62,
79, 107, 132, 134, 145, 159,

178, 181. 11, 43, 60, 84, 86, 90, 130, 134, 152. 12, 10, 10, 10, 63, 83, 83, 83, 83, 83, 110, 126, 127, 145, 147, 164, 166. 13, 7, 13, 32, 32, 32, 42, 57, 69, 85, 85, 93, 96, 103, 114, 131, 140, 165, 168, 173, 179, 186, 195, 195. 14, 17, 46. 15, 25, 44, 44, 50, 51, 55, 56, 71, 72, 72, 98, 139, 149, 156, 160, 166, 175, 177, 181, 194, 194. 16, 55, 65, 87, 145, 148, [196], 225. 17, 14, 15, 41, 41, 41, 45, 45, 45, 66, 121, 170, 190, 228. 18, 33, 70, 97, 112, 115, 137, 137, 142, 146. 19, 16, 19, 78, 111, 113, 114, 124, 144, 149, 170, 171, 204. 20, 8, 14, 27, 64, 73, 143, 143, 147, 147, 147, 157, 157, 170, 188, 200, 218, 219, 234, 237. 21, 6, 6, 8, 19, 66, 67, 143, 187. 22, 12, 103, 114, 136, 141, 147, 231, 264, 267, 276, 288, 298, 302. 23, 37, 37, 43, 74, 76, 95, 111, 115, 189, 189, 189, 248, 259, 266. 24, 12, 27, 33, 43, 81, 86, 125, 141, 179, 248, 248, 263. 25, 11, 28, 39, 39, 68, 81, 85, 89, 92, 112, 145, 145, 157, 160, 161, 192, 193, 195, 283, 307, 309, 323. 26, 15, 19, 22, 28, 196, 207, 225, 242, 257, 266, 268, 291. 27, 33, 41, 62, 69, 94, 112, 124, 156. 28, 22, 44, 58, 58, 65, 102, 105, 122, 124, 139, 156, 163, 223, 277. 29, 16, 23, 49, 70, 77, 119, 121, 222, 246, 251, 252. 30, 1, 3, 17, 20, 46, 46, 61, 74, 89, 116, 119, 121, 123, 166, 172, 176, 183, 183, 183, 205. 31, 11, 83, 85, 100, 157, 177, 205, 218, 226. 32, 6, 27, 56, 85, 107, 150, 187, 187, 194, 217. 33, 80, 80, 105, 107, 108, 110. 34, 7, 8, 18, 25, 51, 51, 51, 56, 61, 61, 61, 76, 78, 78, 78, 79, 96, 100, 101, 125, 134, 136, 143, 146, 157, 157. 35, 8, 30, 71, 72. 36, 5, 13, 13, 22, 24, 25, 38, 41, 43, 51, 53, 78, 88, 88, 90, 115, 129, 131, 131. 37, 6, 40, 59, 90, 155, 160, 170. 38, 6, 30, 30, 43, 48, 71, 99, 114, 149, 184, 195, 227, 236, 255, 274, 275, 305, 336, 337, 353. 39 (VIII 6, 3), (VIII 6, 4), (VIII 7, 2), (VIII 7, 2),

(VIII 7, 10), (VIII 7, 14), (VIII 7, 19), (VIII 11, 3). οὐδείς 1, 4, 5, 10, 23, 23, 24, 28, 28, 31, 34, 39, 40, 62, 62, 72, 99, 99, 99, 120, 130, 130, 132, 135, 135, 139, 148, 149, 151, 152, 153, 158, 160, 161, 163, 168, 171. 2, 7, 26, 27, 34, 42, 44, 51, 52, 76, 85, 87, 94, 94. 3, 1, 2, 3, 4, 17, 24, 26, 36, 43, 46, 68, 70, 77, 85, 108. 4, 4, 10, 23, 27, 29, 45, 53, 53, 56, 58, 77, 78, 79, 124, 134, 145, 146, 147, 149, 157, 180, 181, 200, 203, 206, 206, 207, 234, 239, 246. 5, 16, 24, 34, 42, 44, 44, 47, 53, 59, 79, 83, 83, 86, 90, 97, 97, 107, 109, 109, 109, 113, 121. 6, 18, 20, 22, 24, 29, 35, 35, 40, 43, 57, 63, 65, 67, 91. 7, 11, 13, 14, 27, 29, 36, 43, 43, 44, 54, 55, 56, 56, 70, 70, 75, 86, 90, 119, 125, 163. 8, 4, 7, 14, 14, 30, 33, 40, 58, 71, 90, 90, 100, 105, 112, 119, 119, 126, 134, 137, 139, 143, 152, 157, 159, 159, 164, 166, 171, 179. 9, 4, 4, 5, 12, 15, 17, 25, 28, 30, 39, 60. 10, 3, 4, 7, 26, 27, 29, 29, 29, [31], 32, 32, 52, 52, 55, 56, 57, 57, 61, 62, 66, 83, 107, 108, 121, 133, 143, 143, 145, 149, 167, 171, 177, 177, 179. 11, 5, 8, 13, 22, 40, 48, 50, 52, 71, 75, 85, 86, 103, 116, 118, 119, 126, 130, 130, 135, 142, 143, 144, 149, 150, 154. 12, 5, 8, 18, 27, 31, 31, 34, 34, 42, 43, 43, 44, 51, 65, 72, 80, 82, 91, 112, 116, 128, 144, 154, 155, 156, 157, 174, 175. 13, 12, 12, 13, 32, 43, 43, 44, 57, 63, 64, 86, 86, 106, 107, 113, 128, 155, 158, 170, 170, 186, 189, 193, 195, 202, 211, 213, 220, 223. 14, 3, 31, 35, 41, 46, 46, 53, 67, 68. 15, 10, 12, 25, 50, 55, 97, 98, 129, 136, 136, 139, 139, 140, 144, 153, 154, 160, 170, 173, 175, 180, 186, 194, 194, 194. 16, 20, 22, 24, 61, 65, 73, 76, 77, 98, 116, 116, 130, 135, 140, 177, 179, 179, 225. 17, 42, 56, 80, 81, 93, 94, 103, 121, 121, 124, 142, 142, 143, 159, 227, 228, 240, 259, 259, 270, 312. 18, 37, 41, 46, 58, 58, 58, 61, 61, 66, 66,

75, 76, 113, 133, 147. 19, 6, 16, 19, 54, 79, 82, 84, 112, 118, 123, 124, 131, 163, 170, 196, 200, 203. 20, 7, 8, 22, 28, 73, 83, 97, 109, 115, 136, 163, 169, 170, 178, 181, 196, 199, 211, 211, 213, 214. 21, 7, 12, 21, 24, 24, 37, 38, 40, 45, 64, 73, 75, 79, 81, 82, 97, 124, 145, 184, 185, 187, 191, 212, 217, 218, 230, 234, 245. 22, 41, 58, 64, 88, 100, 104, 104, 107, 116, 160, 178, 260, 301. 23, 6, 14, 27, 31, 33, 58, 59, 67, 77, 84, 93, 109, 122, 123, 128, 135, 164, 171, 175, 185, 186, 196, 199, 206, 209, 211, 235, 240, 246, 252, 259, 260, 261, 269, 270. 24, 4, 8, 12, 17, 23, 24, 26, 46, 48, 61, 68, 76, 81, 81, 107, 115, 118, 126, 126, 129, 134, 142, 144, 147, 150, 153, 158, 166, 166, 171, 185, 198, 199, 208, 215, 219, 237, 244, 247, 258, 264, 267, 269. 25, 22, 28, 29, 31, 31, 31, 37, 38, 46, 65, 66, 72, 75, 95, 111, 125, 135, 135, 139, 143, 145, 145, 152, 153, 156, 157, 157, 157, 168, 174, 176, 178, 183, 192, 192, 192, 197, 200, 204, 205, 205, 225, 233, 246, 253, 259, 274, 281, 283, 286, 291, 293, 296, 299, 303, 305, 309, 329, 330. 26, 6, 15, 18, 58, 70, 96, 100, 114, 130, 154, 162, 174, 179, 180, 194, 227, 234, 235, 243, 251, 264, 268. 27, 3, 5, 31, 31, 41, 57, 62, 70, 87, 92, 105, 109, 119, 128, 141, 149, 150, 150, 158, 173, 176. 28, 22, 26, 35, 36, 40, 41 43, 44, 56, 60, 63, 65, 73, 74, 74, 88, 95, 100, 103, 113, 129, 160, 174, 186, 204, 223, 242, 244, 246, 255, 264, 266, 271, 274, 282, 287, 299, 310, 322, 324, 328. 29, 10, 11, 18, 22, 26, 38, 46, 49, 64, 65, 69, 76, 80, 87, 91, 93, 109, 124, 129, 138, 139, 140, 147, 169, 180, 185, 198, 206, 217, 227, 234, 235, 236, 237, 251. 30, 1, 8, 21, 39, 46, 50, 57, 68, 70, 78, 83, 84, 89, 100, 109, 118, 155, 158, 163. 31, 8, 18, 45, 49, 67, 73, 80, 83, 99, 105, 108, 133, 143, 192. 32, 6, 7, 9, 25, 31, 31, 34, 44, 45,

οὐρανός 1, 26, 27, 29, 29, 36,
37, 37, 45, 45, 46, 47, 52, 53,
55, 59, 61, 62, 70, 72, 77, 82,
82, 82, 84, 111, 112, 114,
129, 129, 168, 171. 2, 1, 1, 1,
2, 2, 9, 19, 21, 21, 21, 62.
3, 9, 10, 10. 4, 4, 5, 39, 40,
42, 82, 99, 101,104, 162, 162,
171, 187, 203. 5, 4, 21, 21,
23, 25, 41, 62, 88, 88, 99, 106,
111, 111. 6, 22, 40, 97. 7, 60,
62, 80, 84, 85, 88, 88, 89, 90,
156. 8, 19, 19, 31, 53, 53,
65, 65, 84. 9, 7, 60, 60, 60,
62. 10, 19, 30, 51, 62, 78, 79,
79, 107, 155, 156, 157, 181. 11,
17, 51, 65. 12, 3, 12, 17, 20,
22, 40, 127, 145. 13, 70, 75,
91, 105, 106, 128, 223. 14, 64.
15, 1, 4, 4, 5, 23, 77, 96, 100,
100, 107, 113, 128, 133, 133,
136, 154, 156, 173, 176, 197,
197. 16, 47, 64, 101, 138, 171,
181, 182, 185, 187. 17, 34, 35,
76, 76, 79, 84, 86, 87, 88, 88,
97, 99, 99, 110, 112, 122, 136,
146, 147, 163, 184, 208, 221,
224, 225, 226, 226, 227, 227,
232, 233, 239, 247, 247, 251,
274, 276, 283, 301. 18, 36, 50,
51, 104, 133, 173. 19, 62, 103,
137, 166, 179, 180, 180, 184,
192, 192. 20, 59, 71, 140, 237,
256, 258, 259, 259, ‹259, 264.
21, 2, 3, 16, 21, 23, 24, 33,
34, 35, 35, 37, 39, 40, 54, 57,
57, 83, 85, 133, 134, 134, 135,
144, 145, 157, 159, 186, 195,
203, 208, 214, 215, 243. 22,
3, 6, 19, 67, 81, 112, 116, 119,
142, 283, 285. 23, 43, 46, 57,
71, 157, 158, 159, 159, 161, 162,
166, 205, 205, 235, 272, 272.
24, 145, 146. 25, 113, 117,
129, 176, 212, 217. 26, 14, 36,
37, 53, 56, 69, 98, 104, 105,
105, 122, 123, 133, 158, 191,
194, 194, 195, 196, 209, 210,
238, 239, 258, 263, 285, 288,
291. 27, 16, 46, 53, 56, 57,
66, 102, 103, 104, 134, 155.
28, 13, 15, 19, 34, 37, 44, 66,
86, 88, 89, 89, 92, 94, 94, 94,
185, 207, 210, 300, 302, 302,
302, 302, 322, 336, 339. 29,
5, 45, 53, 140, 141, 142, 151,
178, 189, 199, 230, 255. 30,
1, 111, 152, 185, 187, 202. 31,
34, 48, 112, 115, 232, 235. 32,

57, 73, 74, 85, 145, 212. 33,
1, 26, 36, 41, 44, 80, 101, 104,
[121], 130, 131, 133, 152. 34,
25. 35, 5, 66, 89, 90. 36,
4, 4, 4, 19, 19, 29, 46, 47, 52.
37, 121, 123, 169. 38, 6, 347,
353.
οὐριοδρομέω 38, 177.
οὔριος 5, 38. 22, 86, 143.
οὖς, τό 1, 162. 2, 12. 3, 25.
4, 23, 199, 219. 5, 48, 57, 72.
6, 24, 29, 34, 40, 78, 131.
7, 33, 72, 101, 131, 173. 8,
36, 86, 104, 126, 126, 137, 155,
167. 9, 54. 10, 15. 11, 35,
35, 136. 12, 29, 29, 83, 133,
160. 13, 82, 106, 155, 156,
158, 177. 15, 123, 194. 16,
10, 38, 39, 52, 111, 188, 191.
17, 11, 12, 48, 185. 18, 20,
143, 143. 19, 22, 85, 123, 182,
182. 20, 138, 157, 197, 247.
21, 27, 36, 55, 129, 193. 22,
168. 23, 20, 123, 150, 240,
241. 24, 22, 77, 94. 25, 46,
108, 195, 223, 274, 283. 26,
114, 150, 163, 199, 200, 213.
27, 35, 45, 47, 63, 65, 74,
148, 169. 28, 191, 272. 29,
62, 193. 30, 174. 31, 43, 59,
60, 75, 88, 107, 137, 198, 200,
202. 32, 42, 116, 147.‑33,
143. 35, 31, 40, 63, ‹77›.
36, 56, 43. 38, 135, 169, 197.
οὐσία 1, 18, 21, 27, 29, 43, 49,
54, 55, 66, 67, 69, 70, 78, 92,
97, 97, 98, 111, 114, 132, 132,
132, 135. 2, 31, 60, 61, 62, 62,
62, 66, 91, 91, 100. 3, 81.
4, 206. 5, 48, 65, 89, 114.
6, 108. 7, 76, 76, 80, 80, 81,
83, 91. 8, 15, 163, 168, 169.
10, 46. 11, 156, 156. 12, 3,
22. 13, 73, 88, 191. 15, 81,
85, 89, 108, 184, 186. 16, 7,
180. 17, 55, 56, 133, 140, 145,
158, 188, 247, 282, 283. 18,
144. 19, 8, 26, 148, 165, 165.
20, 7, 10, 91, 200. 21, 30,
145. 22, 28, 45, 253, 253.
23, 13, 69, 77, 88, 113, 162,
163, 252. 24, 257. 25, 65,
70, 99, 113, 118, 141, 158. 26,
76, 84, 88, 119, 155, 158, 171,
245, 254. 27, 30, 31, 64, 107,
122, 134, 155. 28, 20, 32, 36,
39, 41, 47, 49, 66, 179, 263,
264, 266, 300, 327, 327, 328,
333. 29, 32, 56, 87, 94, 124,

127, 129, 131, 177, 212. 30,
163, 182, 182, 190. 31, 23,
122, 123, 123, 150, 159, 187,
207, 215, 235, 237. 32, 85,
162, 215. 33, 54. 34, 35.
35, 7, 13, 14, 16, 18, 61, 61.
36, 4, 20, 21, 29, 48, 49, 51,
81, 85, 86, 90, 102, 103, 123,
135. 37, 94, 130, 130, 132,
148, 150, 151, 171. 38, 80, 105,
114, 343, 344.
οὐσιώδης 7, 92. 16, 192.
οὔτε 1, 4, 4, 40, 40, 69, 69,
73, 73, 84, 84, 84, 100, 100,
100, 100, 134, 134, 154, 154.
2, 1, 15, 15, 15, 15, 29, 29,
54, 54, 55, 55, 60, 60, 62, 62,
87, 87, 87, 87, 87, 87, 93, 93.
3, 2, 2, 3, 3, 4, 4, 29, 29, 43,
43, 64, 64, 65, 65, 71, 71. 4,
50, 50, 50, 67, 67, 111, 111,
111, 111, 137, 137, 155, 155,
238, 238, 246, 246, 247, 247.
5, 37, 37, 95, 95, 117, 117,
117, 123, 123. 7, 18, 18, 43,
43, 46, 46, 49, 49, 54, 54, 77,
77, 77, 88, 88, 91, 91, 136, 136,
167, 167, 167. 8, 22, 22, 101,
101, 118, 118. 9, 46, 46, 48,
48. 10, 29, 29, 32, 32, 48, 48,
52, 52, 80, 80, 120, 120. 11,
85, 85, 93, 93. 12, 70, 70,
162, 162, 177, 177, 177, 177,
177, 177. 13, 76, 76, ‹155›,
155, 158, 158, 185, 185, 191,
191, 191, 204, 204, 211, 211,
212, 212. 15, 26, 26, 50, 50,
51, 55, 55, 98, 98, 98. 16, 52,
52, 87, 87, 110, 110. 17, 133,
133, 149, 149, 156, 156, 187,
187, 206, 206, 228, 228, 299,
299. 18, 5, 5, 34, 34, 53, 53,
119, 119. 19, 5, 5, 8, 8, 63,
63, 87, 87, 96, 96, 109, 109, 153,
153, 171, 171. 20, 7, 7, 157,
157, 157, 157, 235, 235, 236,
236. 21, 68, 68, 147, 147, 220,
220. 22, 3, 3, 32, 32, 95, 95,
95, 95, 160, 160, 184, 184,
184, 184, 189, 234, 234, 235,
235, 264, 264, 267, 267, 267,
283, 283. 23, 6, 6, 53, 53, 53,
170, 170, 175, 175. 24, 48, 48,
67, 67, 74, 74, 76, 76, 126, 126,
148, 148, 154, 154, 215, 247,
247, 247. 25, 36, 36, 68, 72,
72, 76, 76, 118, 118, 125, 125,
125, 134, 134, 212, 212. 26,
119, 119, 200, 200, 200, 200,

210, 210, 210, 210, 242, 242,
247, 247, 271, 271. 27, 78,
78, 94, 94. 28, 39, 39, 67,
67, 105, 105, 204, 204, 204,
213, 213, 252, 252, 254, 254,
279, 279, 332, 332. 29, 25,
25, 31, 31, 169, 175, 175, 215,
215, 215. 30, 27, 27, 83, 83,
85, 85, 130, 130, 135, 135.
31, 102, 102, 197, 197. 32,
62, 62, 63, 63, 84, 84, 100,
100, 147, 147, 172, 172, 183,
‹183›, 194, 194, 194. 33, 13,
13, 33, 33, 111, 111. 34, 18,
18, 18, 18, 44, 44, 60, 60, 60,
60, 70, 70, 91, 91, 121, 121.
35, 12, 12, 24, 24. 36, 1, 1,
80, 80, 80, 115, 115, 115, 134,
134. 37, 36, 36, 106, 106,
115, 115, 166, 166. 38, 43,
43, 43, 76, 76, 76, 152, 157,
157, 157, 157, 157, 158, 158,
162, 162, 171, 171, 184, 184,
209, 209, 220, 220, 224, 224,
261, 261, 280, 280, 317, 317.
οὖτις 36, 13, 97.
οὕτος, οὕτως passim.
ὀφείλω 3, 15, 67. 9, 11. 10,
50. 11, 164. 13, 211. 14, 6.
15, 44, 44, 50, 50, 116. 16,
155. 17, 125, 238. 18, 123.
23, 187. 24, 44, 77, 215. 25,
26, 58, 115, 196. 26, 5, 128,
135, 218, 236. 27, 99. 28,
5, 40, 54, 101, 114, 209, 224,
283. 29, 69, 113, 167. 30,
26, 59, 115, 159. 31, 56, 68,
150, 186, 193. 32, 7, 20, 127.
33, 56. 34, 44. 36, 27, 61.
37, 24, 35, 81, 134. 38, 53,
133, 140, 152.
ὄφελος 2, 79. 3, 36. 4, 41, 121.
5, 9. 7, 58. 8, 86, 87. 10,
152. 11, 134, 169. 13, 213.
15, 50, 153. 16, 55, 87. 17,
279. 18, 46, 65. 20, 73, 148,
199. 23, 59, 73, 135. 24, 115.
25, 178, 295. 26, 53, 130.
28, 74. 29, 209. 30, 78, 78,
203. 31, 108. 32, 31, 152,
193, 194. 33, 108, 142. 36,
89. 37, 186. 38, 192, 337,
357.
ὀφθαλμός 1, 30, 53, 53, 66,
66, 66, 119, 123, 162. 2, 12, 91.
3, 43, 67. 4, 57, 171. 5, 57,
96, 97. 6, 21, 24, 29, 34, 36.
7, 33, 61, 173. 8, 24, 36, 118,
126, 126, 137, 155, 161. 9, 59.

10, 15, 38, 39, 58. 11, 34,
35, 35. 12, 22, 29, 83, 133.
13, 82, 106, 131, 135, 155,
156, 158. 14, 4, 5. 15, 52,
92, 100, 100, 123, 194. 16,
10, 35, 38, 44, 51, 77, 165,
188. 17, 48, 55, 78, 80, 89,
185. 18, 20, 135, 143, 143,
143, 143, 145. 19, 123, 182.
20, 3, 4, 40, 157, 256. 21,
27, 55, 64, 67, 189, 197, 211.
22, 19, 282. 23, 57, 76, 150,
151, 153, 154, 154, 158, 158,
161, 241. 24, 22, 23, 47, 58,
58, 226. 25, 55, 108, 166,
223, 274, 278. 26, 70, 213.
27, 47, 60, 68, 74, 89, 143,
147. 28, 40, 49, 117, 214, 259,
288, 340. 29, 209. 30, 6,
161, 177, 184, 184, 185, 193,
194, 195, 196, 202, 202, 202.
31, 60, 60, 62, 137, 139, 139,
163, 191, 200, 202. 32, 11,
12. 33, 143, 143. 34, 140.
35, 53, ‹77›. 36, 56, 86. 37,
62. 38, 2, 109, 222, 224, 238,
269.
ὀφθαλμοφανής 20, 237.
ὀφιομάχος, ὀφιομάχης 1,
163, 164. 3, 105, 108. 31,
114.
ὄφις 1, [156], 157, 158, 160,
163. 3, 53, 71, 72, 74, 74, 76,
77, 78, 79, 79, 79, 79, 80, 81,
81, 81, 84, 84, 87, 87, 88, 90,
92, 93, 94, 94, 97, 98, 106.
4, 59, 61, 65, 65, 66, 66, 68,
75, 76, 76, 76, 107, 188, 246.
7, 177. 11, 94, 95, 97, 97,
99, 100, 107. 15, 7. 16, 66.
25, 192. 33, 90.
ὀφιώδης 3, 84, 88, 105. 4, 61,
66.
ὄφλημα 24, 24. 25, 333.
27, 117.
ὀφλισκάνω 10, 100. 11, 93.
13, 65, 131. 17, 226. 19,
146.
ὀφρῦς 6, 21. 18, 127. 21, 102.
26, 240. 27, 40. 38, 350.
ὀχεία 21, 197. 23, 135, 149.
30, 57. 31, 94, 203.
ὀχετός, ὁ 2, 13. 8, 50, 126.
ὄχευμα 36, 96.
ὀχεύω 21, 200. 30, 36, 46, 47,
47, 49, 49. 31, 203.
ὀχέω 12, 3.
ὄχημα 3, 85. 4, 193. 5, 24.

11, 76, 77. 16, 131. 26, 121.
27, 4. 36, 115.
ὄχθη 24, 101. 25, 10, 99, 115.
36, 147.
ὀχληρός 4, 44. 35, 24.
ὀχλικός 6, 50. 37, 135.
ὀχλοκρατία 1, 171. 11, 45, 46.
15, 108. 19, 10. 22, 287. 27,
155. 32, 180. 37, 65. 38,
132.
ὄχλος 3, 77, 85. 4, 235. 7, 71.
9, 35. 10, 2. 11, 44. 13, 113,
198. 16, 60, 154, 163, 200.
17, 56, 234, 303. 18, 27.
20, 93, 144. 21, 43. 22, 188.
23, 22, 229. 24, 36, 58, 59,
60, 61, 64, 64, 66, 149, 150.
25, 100, 147, 197. 27, 10, 39.
28, 298. 29, 163, 231. 30,
174. 31, 46, 47, 188. 32, 25.
33, 20. 35, 27. 37, 3, 4,
33, 35, 41, 82, 95, 135. 38,
67, 120, 226, 252.
ὀχυρός 7, 105. 11, 15. 12, 8.
15, 31, 91, 113. 20, 81. 22,
170, 262. 28, 146.
ὀχυρότης 21, 158.
ὀχυρόω 4, 115. 5, 78. 7, 35.
8, 151. 12, 3. 15, 111, 193.
17, 42. 21, 77, 103. 26, 180.
28, 71.
ὀχύρωμα 15, 129, 130.
ὀψαρτυτής 1, 158. 4, 143, 221.
11, 66. 12, 159. 13, 214,
219. 22, 50. 24, 63. 28, 174.
31, 113. 34, 156. 35, 53.
37, 90.
ὀψέ 6, 16, 71. 8, 34. 13, 51.
14, 29. 26, 233. 28, 103.
29, 135. 31, 18. 35, 67. 36,
71, 77. 37, 103. 38, 363.
ὀψίγονος 4, 92. 14, 26. 17,
307. 23, 195. 24, 4, 223.
26, 222. 33, 9. 36, 130.
ὀψιμαθής 20, 17.
ὄψιος 39 (VIII 7, 13).
ὄψις 1, 120, 147, 153, 165. 3,
25, 26, 39. 4, 58, 62. 5, 17,
58. 6, 21, 26, 26, 36, 78. 7,
101, 157, 158. 8, 8, 47, 132,
161, 166. 9, 9, 18, 44. 10,
45, 46, 78, 79, 93, 150. 12,
17, 20, 29. 13, 44, 82, 156,
168, 183, 190, 217. 14, 4.
15, 19, 57, 99, 140, 141.
16, 35, 38, 42, 145, 191. 17,
79. 18, 8. 19, 59. 20, 198.
21, 45, 140, 176, [188], 224.
22, 3, 110, 217, 227. 23, 57,

15*

29, 233. 32, 178. 37, 15.
38, 26, 27, 53, 115.
παιδάριον 13, 146, 150. 21,
195.
παιδεία 1, 17. 3, 89, 89, 90,
90, 92. 4, 167, 244. 5, 3, 6.
6, 43, 63, 122. 7, 10, 66, 77.
8, 71, 96, 97, 118, 130. 10, 54,
122. 11, 18, 44, 158, 171, 171.
12, 114, 116, 126, 127, 137,
144, 162. 13, 6, 23, 33, 34,
48, 51, 64, 77, 80, 80, 81, 95,
113, 137, 140, 141, 143, 153,
168, 224. 15, 166. 16, 71,
223. 17, 25, 77, 125, 180, 210,
254, 274, 315. 18, 12, 14, 20,
22, 22, 23, 72, 73, 88, 94,
111, 121, 127, 145, 154, 156,
167, 177. 19, 14, 45, 52, 137,
150, 152, 154, 177, 183, 188,
203, 213. 20, 33, 135, 173,
206, 211, 228, 255. 21, 10,
49, 107, 109, 173, 175, 208,
240. 22, 71, 73, 90, 134, 134,
139, 198. 23, 24, 65. 25, 3,
23, 32. 26, 1. 27, 80. 28,
336. 29, 21, 29, 125, 229.
30, 4, 163. 31, 115, 145.
32, 39. 33, 111. 34, 4, 15,
107, 125, 136. 36, 16. 38, 142,
182, 245, 310, 320.
παιδεραστέω 29, 50. 30, 37.
39 (VIII 7, 1).
παιδεραστής 27, 168. 30, 39.
31, 89.35, 52, 61.
παίδευμα 4, 245. 7, 43. 8, 137,
138. 17, 268. 18, 122.
παίδευσις 5, 93. 7, 16. 33, 64.
παιδευτής 34, 143. 38, 53.
παιδευτικός 6, 42. 9, 40. 11,
122. 16, 14, 197. 31, 39, 66.
32, 165.
παιδεύω 2, 99. 4, 128, 140,
159, 210. 6, 48. 8, 38, 68,
97, 174. 10, 54. 13, 14, 211.
15, 135. 16, 8, 116, 192.
17, 42, 43, 79, 167. 18, 172,
179. 19, 86. 20, 203, 208,
229. 21, 234, 237, 237. 22, 99,
147. 23, 16, 20, 102, 271.
24, 26, 66. 25, 62, 80, 95,
199, 325. 26, 32, 32, 71, 280.
27, 114. 28, 176, 314, 343.
29, 46, 239. 31, 96, 107.
32, 220. 33, 4, 49, 162. 34,
83. 35, 2, 66. 37, 34, 158.
38, 5, 156, 168, 196, 210, 230.
παιδιά 1, 50. 5, 8. 6, 23.
12, 167, 168, 169. 14, 8.

17, 48. 22, 167. 23, 201.
24, 204. 25, 20, 190. 26, 211.
28, 314. 29, 193. 33, 134.
38, 168.
παιδικός 11, 9, 18. 15, 102.
17, 294, 295. 18, 19, 82, 85.
19, 146. 21, 205. 22, 10.
23, 26, 48. 25, 25. 28, 3.
35, 61, 61.
παιδίον 1, 105, 105, 105. 4, 177,
198. 5, 72, 73. 8, 130, 130,
131. 14, 8, 8, 8, 8, 9, 9.
16, 140. 17, 38, 43, 186.
18, 137. 19, 204. 24, 228.
παιδισκάριον 34, 38.
παιδίσκη 3, 94. 4, 146, 244.
5, 9. 18, 1, 1, 12, 14, 71,
153, 154, 154. 19, 1.
παιδοκτονία 23, 181, 188.
παιδοποιέω 2, 105. 4, 244.
8, 175. 18, 12, 72. 20, 132.
23, 253. 27, 42. 32, 207.
παιδοποιία 29, 135. 33, 108.
παιδοσπορέω 23, 135.
παιδοτριβέω 28, 63, 282.
παιδοτροφία 9, 29. 38, 230.
παιδοφόντης 38, 234.
παίζω 12, 167, 169, 169, 170.
παῖς 1, 104, 104, 105, 105. 3, 53.
4, 27, 121, 194, 210. 5, 8,
43, 72, 73, 114. 6, 51, 68.
7, 13, 30, 31. 8, 91, 131,
132, 150, 152, 153, 173, 181.
9, 65. 10, 17, 63, 87. 11, 6.
12, 52, 60, 78, 173. 13, 35,
93, 114, 193, 193, 197. 14, 11,
15, 23, 24, 31, 32, 51. 15, 55,
128, 142, 147, 151. 16, 159.
17, 38, 49, 73. 18, 6, 14,
23, 36, 89, 111. 19, 3, 3, 39,
40, 146. 20, 95, 95, 97, 206,
229. 21, 38, 51, 107, 194.
22, 116, 147. 23, 111, 131,
132, 137, 170, 170, 171, 176,
179, 184, 189, 195, 198, 271.
24, 4, 9, 9, 27, 27, 43, 50,
74, 127, 128, 128, 129, 160,
163, 167, 185, 225. 25, 9, 10,
10, 12, 14, 15, 16, 17, 28, 102,
134, 147, 179, 182, 257, 311,
330, 331. 26, 142, 240, 245.
27, 69, 112, 116, 117, 118,
126, 130, 166. 28, 53, 112,
129, 137, 140, 163. 29, 108,
129, 130, 131, 133, 135, 137,
139, 140, 228, 228, 229, 232,
232, 233, 233, 236, 236, 239,
240, 241, 241, 259. 30, 14,
15, 16, 67, 68, 70, 74, 76, 112,

154, 164. 31, 150, 184. 32, 53,
59, 91, 108, 202, 224. 33, 58,
59, 134, 139, 169. 34, 35, 36,
36, 87, 114, 115, 122, 143.
35, 50, [67]. 36, 42, 57, 60,
121. 37, 22, 68. 38, 1, 14,
23, 30, 53, 227, 289. 39 (VIII
7, 1), (VIII 7, 3), (VIII 7, 8),
(VIII 7, 14), (VIII 11, 16).
παίω 7, 49, 49. 25, 107, 177, 210.
30, 105, 106, 106. 37, 162.
παιώνιος 6, 71.
πάλαι 2, 1. 3, 13. 4, 211. 5, 53.
6, 34, 40, 128, 134. 7, 17, 64.
8, 117, 162. 10, 49, 86. 11, 110.
12, 14, 14, 160. 14, 52. 15,
197. 16, 167. 17, 97. 19, 82.
20, 74, 143. 22, 172, 271.
23, 79. 24, 87, 193. 25, 165.
26, 29, 152, 157, 273, 275.
29, 54, 116. 31, 20. 32, 157.
33, 67, 103. 34, 62. 35, 80,
85. 36, 11, 46, 119, 121, 138,
140. 37, 104. 38, 245, 326.
39 (VIII 6, 1).
παλαιένδοξος 32, 187.
παλαιόδουλος 34, 10, 148.
παλαιόπλουτος 32, 187.
παλαιός 1, 113, 156. 5, 26,
105. 6, 76, 76, 76, 78, 79, 79,
79, 79. 7, 95. 8, 35, 145, ‹151›,
151. 9, 33. 10, 9, 21, 103,
138, 146. 11, 14, 125. 12, 17,
65, 80, 127, 130, 154. 13, 8,
95, 150, 193. 15, 6, 184. 17,
78, 96, 214, 244, 278, 279,
279. 21, 11, 233. 22, 56, 118,
148, 287. 23, 5, 141, 240.
24, 109, 164, 202. 25, 242,
280. 26, 24, 26, 41, 48. 28, 3,
188, 193, 286. 29, 46, 109,
146, 160, 160, 208, 250. 30, 15,
30, 43. 31, 18, 79, 149. 32, 34,
75, 107, 115, 123, 152, 162.
33, 8, 103, 133. 34, 73, 137.
35, 29. 36, 16, 65, 120, 122,
134, 139. 37, 29, 146. 38, 135,
136, 150, 237. 39 (VIII 6, 1).
παλαιόω 14, 56.
παλαιπλούσιος 8, 42.
πάλαισμα 7, 41, 166. 11, 163.
16, 26, 75, 82. 19, 26. 21,
255. 22, 134.
παλαιστής 17, 144, 144. 20,
44. 34, 110.
Παλαιστίνη 23, 133. 25, 163.
32, 221. 34, 75.
παλαίω 4, 190. 16, 74, 200.

πανοπλία 21, 103, 108. 32,
109. 34, 32. 37, 86, 92.
πανούργημα 27, 141.
πανουργία 1, 155, 156. 2, 102.
3, 107, 107. 6, 22, 48. 7, 24,
71. 8, 82, 101. 10, 164. 11, 73,
83. 13, 223. 15, 117. 20,
150. 22, 66. 26, 53. 30, 186.
33, 52. 37, 1. 39 (VIII 6, 2).
πανοῦργος 3, 106. 6, 32, 47.
7, 18, 165. 8, 43, 82. 10, 163.
12, 111. 22, 148. 27, 125.
38, 171.
πάνσοφος 5, 18, 47, 121. 6, 43,
48. 7, 126. 8, 28, 169. 9, 24,
56. 11, 20, 43. 12, 27, 28.
16, 45, 76. 19, 58. 21, 207.
23, 13. 26, 204. 29, 100,
194. 31, 69, 157, 175. 32, 60,
61.
πανστρατιᾷ 5, 130.
παντάπασιν 1, 38. 8, 160. 12,
158. 20, 12. 21, 27. 25, 102.
29, 139, 154. 30, 65, 142.
31, 51. 37, 3. 38, 244.
πάνταρχος 8, 92.
πανταχῇ 11, 91. 16, 216. 21,
235.
πανταχόθεν 8, 116. 11, 24.
18, 78. 19, 49. 22, 46. 25,
38. 26, 251. 27, 116. 28, 23.
31, 128. 35, 22. 38, 15, 212,
291.
πανταχόθι 37, 49. 38, 145.
πανταχόσε 13, 159. 15, 21,
116. 16, 216. 24, 19, 161,
245. 25, 265. 26, 27, 232.
31, 26. 38, 161, 191.
πανταχοῦ 1, 63. 2, 72. 4, 4,
68, 170. 6, 38, 67. 7, 154.
8, 116. 10, 152. 11, 23, 35,
78, 136. 12, 110, 131. 13, 53.
15, 136, 136, 138. 16, 128,
183. 17, 161, 262. 18, 119.
20, 102, 150. 21, 96, 122.
22, 221. 23, 16, 246. 24,
19, 44. 26, 12, 65, 241. 27,
178. 29, 19, 48, 83, 167, 195.
30, 8, 76, 172. 31, 66, 85,
139, 193. 32, 6, 140, 144, 175,
226. 33, 98, 99. 34, 15.
35, 48, 69. 36, 68. 37, 1,
47. 38, 16, 44, 48, 89, 110,
152, 159, 171, 198, 204, 330,
370.
παντέλεια 1, 47, 156. 23, 244.
26, 79, 84, 149. 27, 20. 28,
82. 25, 58. 29, 200, 200.
31, 95.

παντελής 3, 33. 4, 15, 99, 112,
215. 5, 3, 92, 96, 112. 6, 57,
122. 7, 32, 38, 46, 51, 54,
63, 65, 143, 168, 178. 8, 42,
72, 82, 95, 156, 164, 178, 185.
10, 16, 43, 173, 182. 11, 94,
96, 101, 125, 130, 157, 160.
13, 4, 5, 21, 23, 29, 72, 84,
111, 116, 118, 135, 154, 162,
166, 223. 15, 67, 195. 16, 2,
124. 17, 86, 271, 278, 284,
299. 18, 108, 119, 150. 19, 39,
80, 81, 153, 187. 20, 36, 49,
50, 84, 228, 229, 258. 21, 8,
31, 86, 148. 22, 18, 144, 163,
292. 23, 44, 140, 146, 177,
202, 223, 247. 25, 81. 26, 8,
107, 264. 27, 68, 92. 28, 80,
111, 164, 178, 196, 196, 215,
237, 242, 253, 259, 283, 344.
29, 47, 55, 67, 123, 197. 30, 21,
98. 31, 14, 143, 145, 181, 211,
213. 32, 38. 33, 95, 119, 127.
34, 26. 35, 27. 36, 1, 5,
6, 23, 37, 62, 71, 81, 100, 145.
37, 10, 16, 84. 38, 18, 28,
104, 134, 144, 257, 293, 322,
330. 39 (VIII 6, 2), (VIII 6, 6).
παντευχία 23, 243. 25, 330.
29, 245. 32, 2, 31. 36, 68.
37, 90.
πάντη, πάντι 1, 36, 61. 4, 23.
5, 94. 6, 61. 7, 148, 153.
9, 27, 62. 10, 23. 12, 22.
13, 106. 17, 217. 18, 58. 19,
123. 20, 232, 247. 21, 24,
134, 142, 175, 179, 227, 244.
26, 118, 128. 27, 35. 28, 75,
192, 330. 31, 83. 33, 117,
124. 38, 6, 101, 261, 309.
παντοδαπός 7, 157. 12, 133.
13, 36, 173, 214. 23, 218.
26, 34. 28, 136, 184, 343.
33, 101. 38, 266. 39 (VIII
11, 8).
πάντοθεν 29, 240.
παντοῖος 1, 40, 41, 46, 46, 63,
78, 153. 12, 44, 81. 18, 104.
20, 57, 165. 21, 20, 154.
23, 96, 134. 24, 93. 25, 6,
212, 224. 28, 26. 29, 143,
151. 31, 113, 118. 32, 6, 49.
33, 41. 35, 9, 29, 49. 37, 92.
38, 12, 80.
παντοκράτωρ 6, 63. 9, 64.
22, 172.
πάντοτε 16, 27. 29, 107.
παντρόφος 18, 174.
πάντως 1, 61, 91, 94. 4, 56, 91,

93, 120. 5, 109, 121, 125. 6,
48, 138. 7, 49, 140, 148, 154,
158, 164. 8, 44, 75, 95, 145.
9, 5, 56. 11, 68, 99, 104, 118,
149, 154. 12, 145, 151, 161.
13, 71, 157. 15, 75, 134. 16,
49, 68, 70, 75, 130. 17, 18, 41,
101, 142, 159, 243. 18, 82, 140,
154, 157, 179. 19, 12, 62, 78,
117, 136, 151. 20, 18, 22, 24,
28, 31, 40, 131, 255, 261. 21,
18, 181, 233, 253. 22, 14, 61.
23, 18, 35, 104, 250. 24, 125,
168. 25, 42. 26, 198. 27, 31.
28, 35, 46, 89, 114, 127, 254.
29, 126, 178. 30, 53, 121.
31, 6, 31, 61, 196. 33, 9, 70.
34, 44, 45. 36, 21, 22, 24,
41, 55, 71, 84, 124. 37, 12,
139. 38, 7, 91, 91, 218.
πάνυ 1, 37, 50, 63, 69, 76, 80,
165. 2, 2, 78. 3, 73, 81, 107.
4, 58, 58, 120, 129, 141, 158,
211, 215, 233. 5, 84, 116.
6, 19, 98, 137. 7, 6, 11, 25, 62,
79, 130. 8, 12, 38, 107, 133,
152, 156. 11, 6, 16. 12, 112,
147. 13, 54. 18, 24, 137, 165.
19, 65, 75, 86, 88, 128, 132,
202. 20, 97, 124, 173, 177,
266. 21, 6, 167, 236. 22, 3.
23, 179, 227. 24, 50, 75, 87,
155, 196, 252. 25, 207, 208,
250, 282, 302, 321. 26, 35,
126, 128, 180, 244. 27, 76,
102, 147, 162. 28, 15, 21, 84,
206, 280, 299. 29, 243. 30,
22, 44, 126, 153. 31, 102.
32, 113, 143, 152, 166. 33,
114, 145. 34, 91, 95. 35, 64,
69. 36, 39, 89, 146. 37, 69,
130. 38, 274, 361.
πανύστατος 14, 23. 15, 72.
21, 10. 30, 128. 32, 26, 124.
34, 115. 37, 35.
πανωλεθρία 30, 16, 97. 32,
201. 33, 140. 34, 118. 35,
86. 38, 230.
πανώλεθρος 5, 52.
πάππος 6, 43. 7, 14. 21, 47,
70, 159, 166, 166. 23, 9, 31.
24, 172. 25, 46. 28, 101.
31, 178. 32, 190, 193, 226.
33, 57, 109. 34, 10. 37, 46.
38, 29, 54, 232, 240, 278,
291, 294, 294, 298, 322.
παππῷος 25, 32. 37, 25. 38,
24.
πάπυρος 35, 69. 37, 37.

παραγωγή 32, 196. 37, 101.
παράδειγμα 1, 16, 16, 18, 19, [25], 29, 36, 71, 71, 130, 139, 139. 2, 22. 3, 66. 4, 96, 96, 96, 102. 5, 14. 6, 110. 7, 87. 8, 70, 103, 104, 104, 105. 10, 32, 87. 12, 134. 13, 94, 95, 133. 14, 35. 15, 61, 63. 16, 125. 17, 231, 234, 280. 18, 8. 20, 267. 21, 75, 75, 85, 126, 206. 22, 241. 23, 73. 25, 158, 303, 325. 26, 11, 74, 76, 135, 141. 27, 28, 100, 100, 102. 28, 21, 87, 279, 302, 327. 29, 177, 178. 30, 83, 191. 31, 173, 176, 182. 32, 51, 70, ‹197›. 33, 114, 152. 34, 131. 35, 57. 36, 15, 75. 38, 321, 338.
παραδειγματίζω 21, 89.
παραδειγματικός 1, 78. 25, 158. 26, 127. 31, 96.
παράδεισος 1, 153, 153, 154, 155. 2, 41, 43, 43, 43, 45, 45, 46, 48, 53, 53, 53, 55, 55, 55, 56, 56, 59, 60, 60, 61, 61, 62, 63, 65, 65, 88, 90, 96, 96, 97, 100, 100, 100, 101. 4, 1, 28, 28, 51, 54. 5, 1, 11, 12, 20. 8, 128. 12, 32, 32, 34, 34, 36, 37, 38, 40, 43, 43, 44, 44, 45, 46. 15, 61. 16, 37. 18, 171. 22, 241, 242. 25, 289.
παραδέχομαι 3, 19. 4, 4, 181, 199, 219. 5, 48. 6, 116. 7, 13, 13, 147, 147, 155. 8, 135, 166. 10, 5, 111, 137, 147. 11, 34. 12, 35, 43. 13, 30, 211. 15, 141, 141. 17, 217. 18, 6, 177. 19, 19, 118. 20, 144, 212, 255. 21, 202. 23, 188. 24, 47, 204. 25, 24, 114, 126. 26, 129, 279. 27, 10, 87. 28, 106, 106, 279. 29, 256. 30, 51, 121. 31, 59, 60. 32, 127. 33, 160. 36, 78, 82. 38, 290.
παραδηλόω 1, 6. 35, 31.
παραδίδωμι 1, 78, 139, 159. 4, 194. 6, 64, 64, 64, 64, 76, 78, 133. 7, 65. 8, 107. 10, 47, 92, 92. 11, 132. 12, 127. 13, 120, 198. 15, 144. 16, 16, 18. 19, 45, 53, 65, 93, 168, 169, 200. 20, 95, 113, 173. 23, 108. 25, 3, 23. 26, 11. 27, 55. 28, 21, 28, 199, 254. 29, 215. 30, 6, 120. 31, 231. 32, 171. 37, 96.

38, 149, 233, 237, 298, 356. 39 (VIII 7, 14).
παραδιηγέομαι 19, 15.
παραδιήγημα 18, 100.
παραδιήγησις 5, 55.
παραδοξολογέω 12, 69. 36, 48.
παράδοξος 1, 124. 6, 100. 7, 44, 48, 94, 153. 8, 19, 50. 10, 127. 12, 62. 13, 66, 178. 15, 31, 59, 132. 17, 81, 95. 18, 3. 19, 180. 22, 23, 136, 185. 23, 196. 25, 143, 203, 203, 212. 26, 125, 213. 34, 58, 105. 36, 109. 38, 80.
παράδοσις 13, 120. 31, 150.
παραδύομαι 1, 131. 33, 145.
παραζήλωσις 33, 89.
παραθεάομαι 38, 269.
παράθεσις 13, 186, 187. 15, 185, 185. 20, 208.
παραθέω 6, 66. 15, 99.
παραθήγω 9, 60. 11, 13, 106, 142. 13, 159. 15, 110. 18, 25. 19, 125. 29, 251. 37, 182. 38, 199.
παραίνεσις 2, 93, 93, 93, 94, 95, 95. 11, 54, 84. 13, 26. 15, 59. 16, 210. 17, 114, 20, 256. 21, 69, 101. 23, 16, 252. 24, 206. 25, 71, 295, 309. 26, 172, 260, 270. 27, 39, 82, 100. 28, 299, 316. 29, 19. 31, 131. 32, 69, 70, 71, 75. 33, 83, 156. 35, 12. 38, 70.
παραινέω 2, 94, 95, 97, 101. 3, 98, 105. 4, 244, 245. 7, 170. 8, 13, 38. 11, 172. 15, 46. 16, 132, 208. 17, 11. 19, 5, 171. 20, 42. 21, 101. 23, 256. 24, 13, 46, 117. 25, 40. 27, 87. 28, 52. 29, 17, 241. 31, 44, 219. 32, 69, 122, 163, 178. 38, 228.
παραιρέω 1, 103.
παραιτέομαι 4, 140, 144, 145, 147, 240, 245. 6, 63. 7, 19, 37, 38, 130, 156. 8, 2, 83. 16, 76. 23, 215. 25, 83. 30, 70. 31, 110, 131, 190. 32, 23, 33. 61. 37, 26, 31. 38, 327. 39 (VIII 11, 14).
παραίτησις 8, 48. 28, 67. 29, 196. 37, 182.
παραιτητέος 5, 124. 10, 19.
παραιτητής 20, 129. 26, 166. 28, 244. 29, 25.
παραιτητός 30, 121.

παραίτιος 13, 27. 25, 71, 307, 311. 28, 159. 30, 205. 37, 181.
παρακαλέω 1, 157. 8, 138. 13, 193. 14, 40. 15, 83, 110, 190. 22, 106. 24, 173. 25, 83, 139, 233, 266, 268, 285. 26, 9. 29, 19, 252. 30, 67. 32, 70. 33, 166. 34, 64, 94. 37, 123, 138. 38, 30, 52, 187, 300.
παρακάλυμμα 27, 39.
παρακαλύπτω 24, 72. 25, 300. 27, 53, 91. 28, 10, 330. 30, 156. 31, 71. 33, 154. 38, 148.
παρακαταθήκη 5, 14. 6, 60. 7, 65. 10, 101. 12, 101, 101, 103, 103. 13, 213. 16, 91. 17, 104, 105, 129. 23, 259. 24, 195, 227. 27, 171. 28, 235, 236. 31, 30, 31, 32, 32, 33, 34, 35, 36, 37, 67, 71, 87. 32, 96. 37, 134. 38, 161.
παρακατατίθημι 6, 131. 12, 176, ‹176›, 177. 17, 104, 105, 106. 19, 89. 25, 48. 31, 137.
παρακατέχω 37, 101.
παράκειμαι 3, 68. 27, 59. 28, 217, 218. 36, 122, 147.
παρακελεύομαι 6, 59. 22, 269.
παρακέλευσις 10, 69. 34, 132, 139.
παρακινδυνεύω 17, 21. 22, 37.
παρακινέω 11, 76. 12, 39. 25, 291. 26, 214. 34, 90. 38, 159, 298, 335, 336.
παρακινηματικός 35, 40.
παρακλέπτω 39 (VIII 7, 2).
παράκλησις 24, 70. 25, 44. 35, 12.
παρακλητεύω 37, 23. 38, 322.
παράκλητος 1, 23, 165. 24, 239. 26, 134. 28, 237. 33, 166. 37, 13, 22, 23, 151, 181.
παρακμάζω 8, 123.
παρακολουθέω 1, 17. 6, 70. 7, 134, 171. 8, 90. 14, 37. 16, 149, 175. 19, 12. 24, 269. 27, 88. 29, 206. 30, 76. 33, 99. 37, 166. 38, 359.
παράκομμα 11, 45. 12, 160. 17, 44. 22, 184. 30, 101. 31, 48. 38, 110.
παράκοπος 8, 182. 38, 93.
παρακόπτω 6, 32, 137. 15, 108. 20, 171, 208. 28, 250,

325. 29, 50, 249. 30, 38,
176. 31, 47. 33, 152. 35, 41.
παρακούω 2, 96. 5, 65, 70. 7,
101. 12, 84. 13, 158. 17, 109.
31, 53. 32, 173. 38, 370.
παρακρούω 4, 61, 110. 17,
302. 31, 77.
παρακύπτω 38, 56.
παραλαμβάνω 1, 26, 27. 2, 3,
96, 107. 3, 41. 4, 55, 204.
5, 68. 6, 25, 133. 8, 94, 95,
142. 10, 169. 11, 66. 12, 114.
13, 82, 90, 144. 15, 85, 128.
16, 30, 53, 55, 110. 17, 22,
158, 235, 257. 19, 27. 20, 61,
173, 228. 21, 67, 92. 22, 258.
23, 170, 201, 261, 270. 24,
37, 77, 117, 205, 208, 248.
25, 20, 60, 150, 168, 228,
276, 283. 26, 29, 66, 72, 248.
30, 122. 31, 75. 32, 88.
33, 53. 35, 59. 36, 145, 150.
37, 20, 69, 86. 38, 8, 19,
231, 232.
παραλείπω 11, 119. 12, 89.
18, 125. 21, 205. 23, 40.
24, 23, 219, 267. 25, 47, 151.
26, 12. 28, 297. 29, 93. 31,
136, 143, 230. 32, 107, 117,
168. 33, 67, 69, 133. 34, 26,
31, 89. 38, 152.
παραληπτέον 23, 154.
παραληρέω 31, 191.
παράληρος 13, 123, 197. 22,
205.
παράληψις 30, 18.
παράλιος 11, 81. 24, 30. 36,
138.
παραλλάττω 4, 31. 8, 9. 14,
53. 23, 137, 193. 25, 96, 200.
26, 53, 281. 29, 94. 30, 49.
32, 126, 136. 37, 73.
παράλληλος 17, 147. 36, 113.
παράλογος 8, 50. 10, 90. 13,
122. 24, 60. 25, 10, 170, 196,
212. 28, 21. 34, 8. 37, 139.
38, 98, 171.
πάραλος 37, 154. 38, 252, 283.
παραλύω 7, 167, 168. 19, 144.
23, 226. 29, 193. 38, 39, 146,
200, 298.
παραμείβω 5, 28. 6, 65, 66.
7, 89. 8, 19. 12, 22. 25,
250. 29, 246. 37, 156.
παραμείγνυμι 23, 207. 37, 79.
παραμένω 3, 91. 4, 20, 20.
6, 124. 13, 145. 18, 102.
21, 113. 23, 264. 25, 327.

27, 43, 114. 28, 106. 34,
131.
παραμετρέω 2, 4. 4, 25. 5, 42.
παραμυθία 25, 137. 26, 50.
παραμύθιον 23, 196. 33, 72.
παραναβλαστάνω 16, 16. 19,
183. 22, 64. 32, 156.
παραναγιγνώσκω 37, 100.
παρανάλωμα 37, 12. 38, 369.
παραναφύω 12, 107.
παρανοέω 3, 60. 5, 116. 12, 84.
15, 126.
παράνοια 5, 69. 17, 249.
παρανομέω 15, 154. 22, 124.
24, 44, 52. 25, 301, 308.
27, 89, 129. 28, 155, 155.
30, 76, 90. 32, 194. 34, 56.
37, 50, 82, 107.
παρανόμημα 1, 152. 24, 177.
26, 58, 172, 214, 218, 220,
277. 27, 11, 140. 28, 215.
30, 165. 31, 65. 37, 41.
παρανομία 11, 66. 15, 117,
193. 17, 60. 21, 233. 23,
97, 242. 25, 102, 295. 26,
166. 27, 93. 28, 56, 153.
29, 250. 30, 90. 31, 2, 45.
33, 142. 38, 190, 220.
παράνομος 11, 46. 13, 142,
194. 24, 216. 27, 140, 173.
28, 100. 29, 14. 30, 85, 90.
31, 3, 46. 34, 22. 38, 119.
παραπαίω 7, 131. 13, 4. 19,
160. 21, 155. 22, 83, 162.
31, 191. 35, 43. 37, 6.
παράπαν 1, 99, 135, 160, 165.
2, 24, 26, 35. 3, 2. 4, 53,
68, 113, 241. 5, 33, 34, 36,
47, 53, 64. 7, 33. 8, 4, 137,
168. 9, 4, 28, 60. 10, 11, 52,
83. 11, 17, 130. 12, 34, 42,
108, 177. 13, 12, 57, 186. 15,
27, 69, 98, 154, 162, 180. 16,
23, 155, 179, 219. 17, 188,
216. 19, 19, 124, 170. 20, 28,
181. 21, 36, 40, 140, 236,
244. 22, 10, 107, 141, 178,
187. 23, 84, 122, 127, 140.
24, 27, 46, 126, 134, 165.
25, 68, 73, 75, 88, 118, 139,
205, 266, 283. 26, 108, 114.
27, 42, 92. 28, 22, 88, 89,
204, 224, 293. 29, 89, 198,
247. 30, 39, 156. 31, 49, 52,
99. 32, 6. 33, 14, 93, 103.
34, 7, 21, 140. 35, 51. 36, 40,
83, 106, 114. 37, 149, 167.
38, 280. 39 (VIII 11, 4).
παραπάσσω 28, 175.

παραπείθω 16, 194.
παραπέμπω 1, 54, 71. 11, 69.
12, 174. 13, 168. 16, 170,
173, 173. 21, 181. 22, 67,
143. 23, 71, 241. 24, 13, 139,
178. 25, 222, 286. 28, 78,
338. 29, 230. 30, 100, 184.
31, 110, 154. 32, 223. 33, 51,
124. 35, 86. 37, 31, 161, 163.
38, 50, 58, 207, 238, 250, 297.
παράπηγμα 6, 59.
παραπικραίνω 4, 114. 22, 177.
παραπίπτω 25, 142. 38, 120,
201.
παραπληξία 17, 250. 33, 135.
38, 76.
παραπλήσιος 1, 19, 139. 5, 81.
7, 164. 8, 105. 10, 97. 11, 17,
83, 99. 12, 32, 79, 83. 13,
157, 187, 219. 14, 36, 50.
15, 2, 117, 151. 16, 83. 17,
151, 151, 192, 216. 18, 18.
20, 187, 206, 230, 252. 21,
103, 164. 22, 231. 23, 162.
26, 231, 258. 27, 21, 66, 78,
82. 28, 65, 84, 135, 161, 299,
311. 29, 22, 98, 144. 30, 17,
126, 191. 31, 73, 103, 148,
159. 32, 121, 168. 33, 114.
35, 75. 36, 23, 90, 128. 38,
7, 86, 237, 364.
παράπλοος, παράπλους 38,
338.
παραπολαύω 23, 97, 249. 24,
21.
παραπόλλυμι 1, 167. 6, 45.
7, 141. 11, 76. 13, 14. 25,
10, 183, 236. 37, 62. 38,
33, 128, 192.
παραπομπή 20, 93. 30, 109.
39 (VIII 6, 2).
παραπτύω 17, 109.
παράπτωμα 16, 170.
παραριθμέω 14, 14. 16, 107.
20, 228. 27, 159.
παραρρήγνυμι 22, 125. 31,
222. 36, 147.
παραρρίπτω, παρραριπτέω
28, 281. 30, 51. 31, 38.
παράρτυμα 16, 36. 22, 155.
παράρτυσις 13, 211. 20, 173.
24, 154. 32, 143. 35, 54.
παραρτύω 22, 48, 301. 28,
220. 33, 139. 35, 37, 73.
παρασεσυρμένως 38, 363.
παρασημαίνομαι 29, 149.
παράσημος 8, 182. 15, 108.
18, 118. 28, 104, 115. 31,

50, 77, 164. 32, 4. 37, 38. 38, 81, 98.
παρασιωπάω 1, 155. 3, 55. 5, 121. 23, 49. 29, 129.
παρασιωπητέον 26, 117.
παρασκευάζω 1, 77, 81, 113. 4, 146, 155, 156, 206. 5, 61, 98. 6, 8, 25, 29, 58, 113, 125. 7, 36, 157. 8, 57, 98. 17, 73. 18, 93, 125. 20, 149. 23, 65. 24, 71, 115, 162. 25, 250, 252, 268. 28, 6, 57. 29, 197. 30, 87, 104. 31, 7, 103, 122, 194, 227. 32, 107, 133. 33, 131. 34, 86. 37, 93. 38, 82, 107, 162.
παρασκευή 1, 43, 79, 85. 4, 62, 147, 221. 6, 48. 10, 144. 12, 65. 20, 89. 21, 126. 23, 220, 233, 238. 24, 115, 118, 206, 234, 253. 25, 25, 142, 174, 225, 260. 27, 14. 28, 7, 62, 159, 221. 29, 19, 20, 187, 193. 30, 138. 31, 28, 28, 126, 220. 32, 48, 48, 216. 35, 48, 53, 54. 37, 86. 38, 108, 257, 344. 39 (VIII 6, 6), (VIII 11, 4).
παρασπάω 18, 144, 148. 26, 174. 27, 128. 31, 211.
παρασπείρω 1, 66.
παρασπόνδειος 35, 80.
παρασπονδέω 16, 225. 18, 151. 27, 126. 30, 118. 33, 76. 38, 160.
παραστάται 2, 11. 28, 216, 216. 31, 171.
παραστατέον 23, 123.
παραστάτις 37, 104. 38, 112.
παράστημα 26, 172, 197, 273. 28, 57.
παρασυκοφαντέω 12, 70.
παρασυνάπτομαι 11, 141.
παραύρω 7, 170. 28, 30. 31, 160. 38, 142, 168.
παρασφάλλω 32, 202.
παράταξις 25, 310, 313.
παράτασις 17, 17.
παρατάττω 25, 313.
παρατείνω 2, 13. 19, 55. 24, 156. 25, 125, 195. 26, 223.
παρατετηρημένως 4, 144. 7, 160. 8, 137. 12, 44. 16, 43. 30, 77.
παρατηρέω 2, 107. 3, 50. 4, 61, 147. 6, 98. 14, 22. 15, 75. 17, 67. 28, 92. 30, 81. 31, 155.

παρατηρητέον 10, 109. 28, 239.
παρατίθημι 9, 49. 31, 50.
παρατρέπω 10, 178. 12, 129. 15, 65. 18, 148. 24, 165. 31, 64.
παρατρέφω 34, 34.
παρατρέχω 10, 149, 150, 177. 11, 115, 155. 14, 68. 16, 207. 20, 178. 24, 141.
παρατυγχάνω 11, 136. 13, 177. 16, 136. 20, 197, 217. 23, 197. 25, 92, 146. 26, 213. 30, 78, 176, 176. 35, 57. 37, 112, 144. 38, 45.
παραύξησις 8, 173. 13, 15. 16, 54. 18, 106. 19, 13. 20, 111. 21, 9. 25, 18. 29, 212. 32, 162.
παραύξω 1, 91, 93, 93, 94, 94. 4, 203. 12, 76. 17, 149. 32, 138. 38, 147.
παραυτίκα 20, 142. 28, 155, 314. 33, 103. 37, 114.
παραφαίνω 1, 60. 23, 80. 24, 192. 25, 20. 27, 26. 28, 47. 29, 179, 180. 32, 30.
παραφέρω 37, 79.
παραφθείρω 24, 108.
παράφορος 8, 22, 175. 14, 5. 15, 21. 24, 73. 38, 93.
παραφράζω 26, 38.
παραφροσύνη 3, 69, 70. 12, 148. 13, 15. 30, 99.
παραφυάς 12, 4.
παραφυλάττω 22, 263. 24, 10, 260. 38, 51, 207.
παραφυτεύω 11, 7.
παραφύω 35, 62.
παραχαράττω 20, 203. 29, 249. 38, 116, 155.
παραχράομαι 24, 144.
παραχρῆμα 10, 89. 11, 175, 176. 19, 115, 115. 20, 142. 27, 95. 30, 102, 106, 142. 32, 126, 128. 38, 334.
παραχωρέω 2, 82. 3, 95. 4, 209. 6, 11. 11, 113. 22, 25. 23, 216. 24, 85, 129. 25, 303. 28, 248, 252. 31, 49. 32, 100. 34, 131. 35, 13. 37, 12. 38, 232.
παραχώρησις 4, 137.
παραχωρητέον 6, 136.
παραψύχω 12, 160.
πάρδαλις 25, 109. 27, 113. 33, 89.
παρεγγράφω 10, 103.

πάρεδρος 20, 194. 24, 48. 26, 53. 27, 177. 31, 201.
παρειά 24, 23. 37, 157.
παρεῖδον 13, 93. 24, 202. 26, 285. 31, 53.
παρεικάζω 25, 189.
παρείκω 26, 215. 38, 35.
πάρειμι (sum) 3, 42, 43, 43, 43, 43. 4, 15, 86, 86, 87, 87. 6, 68, 70, 79, 124, 135. 7, 10, 57, 108, 119, 119. 8, 141. 9, 46, 56, 67. 10, 63. 13, 58, 202. 14, 31. 15, 7, 92, 140. 16, 31, 35, 44, 44, 102, 154. 17, 12. 18, 12, 65. 19, 39, 42, 159. 20, 36, 115, 157, 192, 213, 217, 217. 21, 111, 172, 229. 22, 90, 138, 302. 23, 86, 132, 143, 184, 190, 202, 214, 243, 246. 24, 16, 42, 55, 63, 162, 170, 229, 236, 237, 259. 25, 18, 21, 31, 40, 52, 138, 150, 181, 192, 198, 307. 26, 37, 139, 235, 252, 291. 27, 63, 143, 146. 28, 26, 45, 56, 283, 283, 284, 302, 304, 320, 330, 334. 29, 12, 19, 74, 175, 178, 189, 197, 197, 209, 239. 30, 7, 55, 56, 104. 31, 38, 82. 32, 16, 30, 31, 50, 75, 120, 151, 223. 33, 19, 71. 34, 24, 114, 121, 122, 138. 35, 55. 36, 3. 37, 113, 162. 38, 2, 3, 28, 43, 53, 109, 173, 175, 189, 208, 227, 227, 255, 256, 261, 262, 271, 272, 272, 351, 355. 39 (VIII 6, 1), (VIII 6, 4), (VIII 7, 13).
πάρειμι (ibo) 15, 86. 16, 136. 24, 25. 26, 240. 29, 127, 238. 30, 60, 80, 116, 148, 160. 36, ‹41›. 37, 131.
παρεισάγω 6, 94.
παρεισδύω 30, 88.
παρεισέρχομαι 1, 150. 13, 157. 23, 96.
παρεισρέω 21, 27. 28, 325.
παρεισφθείρομαι 11, 15. 31, 33. 38, 166, 200.
παρεκλέγω 38, 199.
παρέλκω 8, 4.
παρεμβάλλω 19, 183.
παρεμβολή 3, 54, 54. 4, 46, 151, 151, 169. 7, 160. 9, 54. 13, 96, 96, 98, 100, 100, 124.
παρεμφαίνω 13, 142. 17, 86, 112. 20, 207. 22, 195, 224. 23, 200.
παρενθυμέομαι 3, 69. 31, 53.

59, 135, 158, 207, 324, 325, 328. 26, 24, 48, 88, 134, 192, 193, 207, 210, 234, 234, 235, 235, 238, 244, 244, 244, 244, 244, 245, 256, 262, 288. 27, 8, 32, 51, 64, 69, 90, 94, 105, 120, 128, 134. 28, 14, 22, 32, 34, 41, 57, 96, 111, 112, 129, 318, 326, 332. 29, 2, 3, 6, 11, 24, 25, 29, 29, 30, 31, 56, 59, 127, 130, 132, 132, 132, 132, 132, 133, 135, 137, 139, 165, 198, 226, 232, 232, 235, 236, 237, 239, 240, 243, 247, 253, 256, 261. 30, 14, 14, 14, 16, 20, 20, 21, 26, 26, 70, 71, 71, 115, 127, 153, 178, 183, 189, 189, 199. 31, 18, 178, 180, 184. 32, 34, 53, 57, 64, 77, 91, 111, 179, 192, 202, 204, 211, 212, 214, 218, 224. 33, 24, 24, 32, 39, 57, 109, 109, 134, 166, 166, 167, 168. 34, 36, 37, 37, 43, 57. 35, 68, 72, 90. 36, 13, 15, 17, 83. 37, 25, 46, 105. 38, 3, 27, 28, 29, 54, 62, 65, 71, 71, 115, 289, 293. 39 (VIII 7, 2), (VIII 7, 5), (VIII 7, 14).

πατρικός 16, 159, 160, 160, 162. 25, 242. 29, 19.

πάτριος 11, 95. 13, 193. 15, 2. 16, 88. 18, 177. 21, 215. 22, 78, 123, 123, 127. 24, 202, 230, 254. 25, 31, 73, 87, 241, 278, 298. 26, 32, 44, 97, 133, 193, 216, 270. 27, 159. 28, 56, 309. 29, 13, 41, 145, 148, 194, 253. 30, 62. 31, 150. 33, 106, 162, 170. 34, 80. 35, 28. 37, 43, 47, 52, 53. 38, 153, 155, 156, 200, 208, 215, 232, 240, 249, 277, 300, 306, 313, 327, 335, 371. 39 (VIII 6, 1), (VIII 7, 11), (VIII 7, 14).

πατρίς 1, 142. 3, 85. 4, 83. 5, 2, 13, 15. 6, 129. 10, 17, 19. 11, 65. 12, 146, 147. 13, 17. 15, 76, 78, 78, 81, 106. 16, 217. 17, 26, 27, 82, 274. 18, 85, 85. 19, 29, 76, 76, 107. 20, 40. 21, 39, 45, 52. 22, 124. 23, 31, 62, 63, 67, 179, 197, 212. 24, 24. 25, 36. 26, 198. 28, 52, 68, 97. 30, 16, 38, 41, 42, 139, 172. 31, 17, 89. 32, 3, 102, 190, 190, 214. 33, 17. 34, 129,

129, 130, 133, 145. 35, 18, 22, 47. 36, 32. 37, 46, 159, 162. 38, 74, 108, 117, 158, 277, 277, 278, 279, 281, 283, 285, 287, 287, 290, 328, 342.

πατροκτόνος 24, 226.

πατροτύπτης 4, 241. 29, 244, 247.

πατρῷος 6, 42. 13, 65. 16, 28, 160. 17, 26, 27, 82, 287. 20, 173. 21, 45, 52, 256. 22, 107. 23, 62, 65. 24, 254, 270. 25, 13, 147. 26, 234, 243. 27, 128. 28, 53, 129. 29, 139. 32, 202, 207, 214. 34, 7. 37, 171. 38, 54.

πατρωός 29, 135. 30, 26.

παῦλα 5, 87.

παύω 2, 5, 6, 6, 16, 18, 18, 18. 4, 14, 44, 44, 77, 131, 148, 206. 5, 36, 67. 6, 38, 90. 7, 20, 32, 40, 73, 106, 109. 8, 132, 134, 147. 10, 16, 39, 59, 101, 126. 11, 76, 13, 101. 14, 8. 15, 1, 89, 158, 196. 20, 21. 21, 70, 256. 22, 236, 236, 279. 24, 256. 25, 54, 280. 27, 97. 28, 50. 29, 90, 92. 30, 3. 31, 127. 34, 54, 89, 122. 38, 110, 227, 227, 255, 258, 258, 263, 301.

παφλάζω 22, 299.

παχυμερής 17, 134, 134. 25, 97.

παχύνω 8, 121. 18, 160. 36, 103.

παχύς 35, 23, 38. 36, 103.

πεδάω 32, 113. 36, 129.

πεδιάς 1, 80. 11, 22. 19, 179. 21, 17. 23, 41, 43, 138. 24, 159, 250. 25, 5, 192, 201, 228, 235, 319. 26, 54. 27, 160, 163. 28, 34, 183, 246, 300, 335. 29, 39, 151, 154. 31, 29. 32, 145, 149. 33, 41, 101, 128, 141. 34, 65. 35, 62. 36, 63, 118, 147. 37, 63. 38, 47, 249.

πέδιλον 38, 94, 99, 101.

πεδίον 1, 40, 113. 4, 43, 248, 249. 7, 1, 1, 1, 2, 2, 3, 3, 3, 5, 5, 6, 17, 22, 28, 29, 32, 37. 15, 1, 60, 75, 76. 17, 32, 296. 19, 127. 22, 6. 23, 92. 24, 6, 109. 25, 22. 29, 109, 158, 191, 207. 30, 32. 38, 181.

πεδότριψ 34, 10.

πεζεύω 13, 158. 25, 194. 26, 254. 28, 301. 29, 19.

πεζικός 23, 220. 25, 148. 33, 54.

πεζομαχέω 30, 87.

πεζομαχία 7, 2. 38, 144.

πεζός 8, 119. 11, 85. 23, 261. 26, 248. 27, 152. 31, 28. 32, 48. 37, 5, 163. 38, 9, 233, 252.

πειθαρχέω 1, 167. 13, 16, 35. 18, 2, 63, 64, 68, 176. 19, 99. 20, 104, 115, 206. 22, 68, 152. 23, 74, 116, 226. 24, 12, 64, 169. 25, 26, 329. 26, 61. 28, 153, 306. 29, 234. 30, 38, 163, 177. 31, 95, 96, 150. 32, 63, 94. 34, 47, 54. 37, 26. 38, 53, 69.

πειθαρχία 10, 34. 19, 207. 25, 85, 164. 27, 167.

πειθαρχικός 37, 14. 38, 36.

πειθήνιος 6, 105. 15, 54. 17, 181.

πείθω 2, 95. 4, 80, 144, 244. 5, 9. 6, 60. 7, 131. 8, 55. 10, 50, 183. 11, 40, 56, 63, 192. 13, 33, 55. 14, 33, 15, 59. 18, 107. 21, 77. 22, 24, 108. 23, 85, 88, 192, 232, 252, 256. 24, 13, 189, 225, 269. 25, 85. 26, 257. 27, 87, 171. 28, 45, 60, 79. 29, 197, 230. 31, 1, 174. 32, 120. 34, 95, 96. 37, 174. 38, 3, 37, 198, 233, 240, 242. 39 (VIII 6, 9).

πειθώ 1, 165. 11, 13, 47. 12, 10, 17, 244. 19, 139. 21, 191. 24, 36. 32, 217. 38, 314.

Πειθώ 8, 54, 55. 21, 77.

πεῖνα 11, 36. 18, 165. 21, 124. 25, 191, 191. 31, 82, 82. 32, 130. 35, 37, 56.

πεινάω 8, 142. 16, 143. 19, 139. 20, 165. 24, 156. 32, 30. 35, 37.

πεῖρα 7, 131. 19, 149. 21, 112. 23, 209, 251. 24, 37. 25, 306. 28, 106. 29, 203. 31, 153. 32, 34, 114. 34, 103. 37, 43, 53. 38, 216, 255.

πειράζω 4, 162, 167. 18, 163. 21, 195.

Πειραιεύς 37, 155.

πειρατήριον 15, 130.

πειρατής 15, 130.

πειρατικός 22, 35, 40. 38, 146.

πειράω 4, 129. 6, 1, 79, 82, 123. 10, 159, 183. 11, 86, 16,

122. 17, 105. 19, 63. 21, 197.
23, 210, 257. 24, 51, 167,
215. 25, 49, 139, 196, 302.
26, 51, 135, 191, 252, 253,
259. 28, 109, 167. 29, 38,
187, 209, 235. 30, 7. 31, 70,
101, 121, 161, 167. 32, 16. 33,
77. 38, 42.
πεῖσμα 18, 30. 19, 42, 114.
28, 62. 33, 58. 37, 53.
πειστέον 4, 244. 24, 186.
πέλαγος 1, 63, 63, 113, 113,
131. 8, 22, 178. 10, 177. 11, 23,
25. 12, 24, 67. 13, 133. 16,
217. 18, 113. 20, 35. 21, 19,
19. 22, 85, 118, 118, 121, 143,
166, 180, 279. 23, 42, 159.
25, 170, 172, 176, 179, 194,
212. 26, 54, 251, 254, 255,
255. 28, 34, 91, 210, 224,
300, 301, 322. 29, 52, 143.
30, 3. 31, 85, 154. 33, 11,
41, 90. 34, 67. 35, 23, 23,
86. 36, 122, 139, 139, 140,
147. 37, 186, 187. 38, 145,
250, 251.
πελαργός 27, 116.
πέλας 28, 184. 31, 69, 72.
32, 116.
πελιδνός 38, 266.
Πελοπόννησος 36, 140, 154.
37, 173. 38, 281.
πέλω 13, 150. 36, 37.
πέμμα 11, 9. 13, 217. 18, 168.
22, 48, 210. 24, 93. 29, 20.
31, 113. 32, 182. 34, 31,
140, 156. 35, 53.
πέμπτος 1, 62, 103, 104, 121,
141, 171. 3, 94, 94. 12, 95,
132, 132, 133, 134, 134, 136,
136, 136. 16, 106, 207. 17,
171, 283. 19, 177. 21, 21.
24, 111, 158. 25, 234. 26,
245. 27, 106, 165, 173. 28,
234, 333. 29, 36, 37, 41, 224.
πέμπω 7, 6, 9, 14. 10, 145.
18, 70. 25, 74, 221, 281.
31, 221. 34, 96, 102. 37, 32,
98, 100, 103, 109. 38, 156,
192, 199, 239, 291, 315, 330,
369.
πένης 8, 109. 11, 54. 18, 127.
19, 16, 29. 20, 40. 21, 95,
155, 155. 24, 72, 144. 28, 139.
29, 20, 71, 75, 85, 85, 105,
107. 31, 72, 195. 32, 84, 88,
90, 97, 174. 34, 9. 37, 143.
38, 13, 123, 199.
πενθερός 19, 4. 20, 103. 21,

78. 28, 111, 111. 31, 173.
38, 62, 62, 65, 71, 71.
πενθέω 16, 74, 202. 22, 66,
67, 124. 23, 230, 258, 260.
26, 225, 291. 28, 113. 29,
131. 32, 111.
πένθος 7, 46. 16, 202. 22, 66.
24, 10, 27. 25, 12, 136, 137.
26, 225, 226, 230, 232, 245,
291. 27, 63. 28, 113, 115.
29, 134. 30, 90, 129. 33, 68,
171. 37, 9, 56. 38, 85, 342.
πενία 4, 24. 14, 38. 15, 16,
18, 112. 16, 101. 17, 212,
284. 21, 96. 25, 153. 28, 154.
29, 208. 30, 159. 31, 158.
32, 5, 5, 6, 10, 100, 166.
33, 127. 34, 34. 35, 15.
37, 57, 58, 77, 132. 38, 110.
πενιχρός 21, 98. 22, 213. 29,
75.
πένομαι 17, 189. 34, 23.
πενταετία 29, 33, 33.
πένταθλος 11, 115.
πεντάκις 29, 177.
πεντακοσιοστός 25, 316.
πενταπλάσιος 25, 234. 31, 13.
πεντάπολις 23, 147, 165, 229.
πεντάς 1, 62, 95. 12, 124, 133.
16, 201. 17, 168, 172, 173.
26, 81. 27, 50, 50, 51, 51,
106, 121, 135, 168, 175. 33, 94.
πενταχῆ, πενταχῇ 1, 62. 3, 74.
19, 91. 21, 27.
πέντε 1, 48, 48, 96, 97, 107,
107, 117, 170. 2, 11. 4, 179.
7, 63, 64. 11, 30, 137. 13, 105.
16, 176, 176, 198, 199, 199,
203, 203, 204, 205. 18, 76,
92. 19, 95, 100. 20, 110.
21, 28, 47. 23, 1, 29, 145,
147, 149, 165, 227, 236, 237,
241, 242, 244. 26, 78, 79, 80,
81, 82, 87, 89, 90, 101, 115,
234. 27, 20, 22, 28. 29, 177,
177, 200, 242, 257. 30, 7, 164.
31, 12, 12. 36, 19. 37, 8, 55.
38, 370.
πεντεκαίδεκα 37, 113.
πεντεκαιδέκατος 28, 189. 29,
155, 210.
Πεντεφρῆ 4, 236, 238. 20,
173.
πεντήκοντα 1, 105, 105. 7, 63.
26, 60, 79, 81, 89, 91, 91,
283.
πεντηκονταετία 18, 89. 19,
37. 29, 113, 114.
πεντηκόνταρχος 18, 110.

πεντηκοντάς 18, 109. 20, 228.
26, 80, 92. 29, 176, 177, 178.
35, 65.
πεντηκοστός 6, 122. 7, 63, 64.
20, 228. 25, 316. 27, 160,
164. 29, 39, 110, 116, 117,
122, 176, 177, 179. 32, 99.
πεπαίνω 6, 25, 62, 125. 7, 110.
10, 40. 12, 151. 28, 179.
29, 143, 221.
πέπανσις 6, 62.
πέπειρος 22, 159, 199.
πεποίθησις 32, 226.
πέπων 17, 80.
περ 13, 150. 30, 79. 34, 122.
πέρα (Α) 20, 12. 28, 150.
36, 104.
περαίνω 12, 149. 13, 199.
23, 162. 30, 189.
περαιόω 11, 23. 16, 144, 218.
22, 180. 25, 178, 179. 26,
247. 28, 301. 31, 154, 155.
33, 11. 34, 115. 37, 154, 156.
38, 216, 250.
περαίτερος 8, 168. 9, 62. 10,
19. 13, 185. 27, 37.
περαίωσις 25, 172.
πέραν 4, 155. 7, 95. 8, 84.
11, 70. 13, 128. 14, 56. 19,
87, 103. 32, 183. 33, 80.
34, 7. 38, 155, 216, 282.
πέρας 1, 36, 102, 102, 111, 150.
2, 1, 6, 10. 5, 99. 6, 115.
7, 87, 89, 90, 153, 174, 174.
8, 14, 116, 152, 174. 10, 32,
35. 11, 23, 53, 161, 173, 181.
12, 9, 22, 67, 77. 13, 52,
152, 156, 158. 14, 64. 15, 33,
133. 16, 102, 134, 134, 181.
17, 21, 121. 18, 90, 90. 20,
22, 22, 179, 237, 251. 21, 9,
30, 96, 175, 187. 22, 194, 235.
23, 53, 64, 64, 161. 24, 136,
159. 25, 112, 112, 136, 136.
26, 20, 20, 118. 28, 68. 29,
189. 33, 69, 102, 117, 167.
34, 26. 36, 86, 119, 119.
37, 180, 186. 38, 18, 49, 108,
173, 309.
περάτης 16, 20.
περατόω 2, 6, 65. 12, 118.
17, 227. 19, 184. 21, 20.
27, 20, 25, 50, 168. 28, 48,
177. 32, 53.
περί passim.
περιαγγέλλω 33, 124.
περιάγω 1, 158. 5, 81. 7, 12.
12, 17, 157. 16, 123, 154.

19, 122. 21, 49. 26, 242.
34, 38. 35, 53. 38, 228.
περιαγωγή 35, 77.
περιαθρέω 4, 39. 5, 63, 63.
22, 141, 170, 282. 29, 45.
30, 188. 31, 175, 201. 32, 12.
34, 5. 35, 15. 36, 64. 37,
112.
περιάθρησις 5, 20. 10, 139.
περιαιρέω 3, 63. 4, 21, 127.
12, 99, 103, 109, 109. 13,
146. 21, 100. 30, 56. 32, 76,
111. 33, 172.
περιαλγέω 26, 279. 33, 170.
περιαμπίσχω 13, 85. 27, 139.
περιανίστημι 3, 26. 5, 62. 10,
39. 21, 189. 22, 106. 24, 102.
37, 165. 38, 42, 271.
περιανοίγω 38, 351.
περίαπτος 6, 26. 10, 103.
20, 114, 199, 199. 36, 56.
38, 98.
περιάπτω 4, 164. 5, 76. 6, 29,
50. 11, 42, 114. 13, 73, 152.
15, 166, 179. 22, 290. 28,
142.
περιαυγάζω 13, 44. 14, 15.
περιαύγεια 38, 103.
περιαυγής 12, 40. 16, 47.
19, 165. 21, 72, 218.
περιαυχένιος 6, 21. 11, 69.
24, 150, 150.
περιβάλλω 7, [157], 157. 8, 50.
11, 24, 61. 12, 65, 144. 15,
188. 16, 11, 186. 18, 128.
26, 6, 77, 84, 89, 252. 27, 31.
28, 146. 29, 148. 31, 184.
37, 30, 37. 38, 131, 151, 324.
περίβλεπτος 12, 69. 18, 27.
21, 165. 28, 73. 33, 152.
περιβλέπω 4, 38. 5, 63. 11, 36.
13, 158, 164. 17, 29. 20,
217. 21, 248. 22, 50. 24, 200.
25, 169. 28, 219. 30, 4. 31,
31. 33, 157. 38, 174.
περίβλημα 10, 56. 21, 104,
108. 26, 86.
περιβόητος 16, 83. 24, 19.
25, 3, 264. 26, 284. 28, 25.
35, 57. 38, 66, 300.
περιβόλαιον 21, 92, 101, 107.
περίβολος 1, 143. 11, 14. 20,
43, 74. 23, 128. 25, 229.
26, 92, 231, 241. 28, 71, 74,
261. 35, 32. 36, 73. 37, 48,
123. 38, 212, 214, 347, 347.
περιβραχιόνιος 6, 21.
περίγειος 1, 88, 142. 6, 8, 9.
7, 27, 86. 8, 170. 10, 151.

15, 77, 78. 16, 121. 19, 62.
21, 83, 137, 140. 22, 119, 289.
23, 160. 26, 65, 105. 28, 13,
89. 34, 20. 38, 318.
περιγίνομαι 1, 155. 5, 103.
6, 37. 7, 33, 35. 8, 15, 137,
149, 157. 10, 96. 11, 157.
13, 84, 105. 16, 74, 76, 88,
219. 18, 24, 33, 162. 19, 38,
67, 97, 125. 21, 160, 167, 169.
22, 76. 23, 220. 24, 79.
28, 339. 30, 53, 82. 31, 43,
64. 32, 65, 117. 38, 74, 320.
περιγραφή 1, 113. 2, 20. 10,
95. 15, 87. 29, 128. 30, 189.
31, 19.
περιγράφω 6, 79. 11, 128.
17, 316. 21, 9. 22, 194.
περιδεής 21, 182. 23, 202.
24, 210. 29, 52. 37, 177.
38, 217.
περιδέξιον 16, 97.
περιδέραιος 24, 120.
περιδινέω 5, 26. 15, 100.
περιδράσσομαι,
περιδράττομαι 7, 129. 13,
172. 15, 38. 26, 10. 31, 107,
160.
περιδρύπτω 11, 75.
περιδύω 37, 75.
περιειδον 17, 36, 206. 29, 247.
30, 166. 32, 124. 34, 139.
37, 171. 38, 117, 209.
περίειμι (ibo) 2, 66. 16, 217.
28, 199.
περίειμι (sum) 7, 70, 74. 8,
44, 72, 161. 11, 71, 112, 120.
13, 131. 14, 1, 15, 149. 16,
75, 82. 19, 117. 23, 183, 229.
24, 233. 25, 93, 169, 217,
225, 233, 234, 258, 259. 26,
75. 29, 8. 32, 33, 34, 38.
33, 119. 34, 149. 35, 63.
36, 97. 37, 126. 38, 13, 137.
39 (VIII 6, 6), (VIII 7, 19).
περιεκτικός 18, 149.
περιέλκω 31, 60.
περιέπω 2, 47, 66. 10, 48.
11, 35. 12, 105. 20, 16. 22,
288. 24, 4. 26, 194. 27, 111.
29, 132, 195, 240. 30, 8.
38, 62, 171.
περιεργάζομαι 13, 217. 20, 72.
37, 5, 145.
περιεργία 1, 164. 4, 143. 11,
34. 12, 159. 13, 135, 167.
14, 32. 16, 187. 18, 53.
19, 162. 20, 72. 23, 20.
24, 93, 158. 25, 208. 28, 174.

29, 20. 31, 113. 34, 88, 156.
38, 262.
περίεργος 4, 140. 6, 21. 13,
211, 215. 16, 216. 17, 306.
18, 124. 20, 173. 22, 155.
33, 99. 35, 52. 37, 148.
περιέρχομαι 24, 120, 187. 38,
364.
περιεσκεμμένως 22, 103. 38,
207.
περιέχω 1, 3, 14, 15, 16, 43,
44, 48, 92, 95, 95, 102, 107.
2, 44, 44, 100. 4, 5, 6, 6,
40, 51, 51, 51, 51, 51, 177,
178. 5, 23, 48, 52. 6, 13.
7, 95, 126. 8, 7, 7, 14, 185.
9, 7, 12, 45. 10, 10, 79. 11, 56.
12, 2, 33, 82, 105, 123. 13, 4,
53, 65, 101, 141, 202. 14, 50,
63, 63. 15, 2, 3, 136, 136,
136. 16, 7, 12, 14, 162, 179,
182, 182, 192, 192, 193, 193.
17, 168, 172, 227, 227, 228. 18,
120, 134. 19, 75, 75, 207.
20, 2, 42, 84, 87, 119, 144.
21, 1, 31, 63, 63, 64, 64, 64,
183, 185, 185. 23, 1, 61, 69,
131, 236. 24, 65, 76. 25, 65.
26, 18, 45, 59, 221. 27, 20,
22, 24, 51, 97, 106, 110, 121.
28, 51, 138, 200, 300, 312,
314. 29, 29, 200, 258. 31,
105, 160, 175, 235. 32, 34,
50, 161, 167, 178. 33, 98.
34, 107. 35, 1. 36, 10, 15,
73, 106, 106, 106, 114. 38, 178,
178, 217, 318.
περίζωμα 4, 55. 28, 83. 29,
20.
περιζώννυμι 4, 154. 6, 63.
περιήκω 29, 23, 191. 32, 91.
περιήχησις 26, 163.
περιθέω 15, 27. 19, 144. 31, 83.
περιθραύω 11, 75. 19, 125. 22,
236.
περιθρύπτω 17, 201. 37, 71.
περίθυμος 22, 192.
περιίστημι 13, 205. 36, 26.
37, 39.
περικαθαίρω 12, 112, 112, 113.
περικαθαρίζω 2, 52. 12, 95.
περικάθημαι 2, 68. 37, 62.
38, 128.
περικαθίεμαι 6, 21.
περικαλλής 1, 55. 5, 101.
6, 33. 8, 118. 13, 157. 16, 33.
23, 93. 25, 66, 296. 28, 50.
32, 35. 35, 50.
περικάλυμμα 20, 199.

102, 103, 104, 104. 25, 38.
38, 201.
πημαίνω 15, 54.
πῆξις 1, 124. 3, 55. 4, 22, 172.
11, 158, 160. 26, 253.
πηρός 4, 91, 109, 109, 110, 231.
13, 6. 19, 123, 165. 21, 27.
25, 124. 29, 77. 39 (VIII 7,6).
πηρόω 4, 112, 112. 5, 58, 116.
6, 69. 7, 22, 49, 49, 175.
8, 8, 21, 112. 10, 93. 13,
167, 223. 17, 76, 77. 19, 121.
21, 117. 22, 276. 27, 68.
28, 117, 341. 30, 6, 196.
31, 62. 32, 7, 193. 35, 10.
πήρωσις 13, 155, 156, 160.
14, 4. 15, 16, 20. 17, 284.
27, 170. 28, 204. 30, 168,
181. 31, 200. 32, 5, 11.
33, 33, 143. 34, 55. 38, 107.
πήττω, πήσσω 6, 80. 7, 160.
15, 102, 103.
πῆχυς 12, 75, 75. 17, 144, 144.
20, 190. 25, 54. 26, 60, 83,
84, 84, 85, 85, 89, 89, 90, 91, 91,
91. 28, 158. 29, 120. 35, 33.
πιαίνω 1, 63. 2, 98. 6, 33.
7, 98, 106. 8, 120, 122. 18,
159. 21, 250. 23, 160. 28,
216. 29, 91. 34, 121.
πιέζω 4, 152. 5, 2, 78. 6, 69.
7, 16. 8, 9, 74. 9, 31. 10, 14.
11, 37. 13, 104, 122, 214.
14, 5. 15, 22, 106. 16, 14,
157. 17, 272, 288. 21, 110.
22, 204, 204. 23, 91. 24, 179,
186, 190, 191, 259. 25, 5,
39, 88, 128, 210, 231, 233,
271, 286. 27, 4. 28, 69, 100.
29, 83, 89. 30, 114, 193, 195.
31, 114, 173, 212, 216. 32,
116, 128, 156. 33, 156. 35, 15,
45. 36, 65, 129, 129. 37, 62,
119, 153, 160. 38, 125, 146,
269, 324.
πιθανός 1, 45, 72. 4, 229, 233.
5, 9. 6, 12, 12, 13. 7, 1, 38.
8, 52. 15, 39. 16, 76, 171.
17, 248, 302, 306. 21, 107,
220. 25, 174, 196. 26, 261.
27, 3. 28, 38, 61, 63, 214.
33, 29. 36, 78. 38, 57, 260.
πιθανότης 4, 36, 41. 11, 16,
96. 12, 165. 13, 29, 70.
15, 129. 16, 76. 17, 304,
305, 308. 18, 18, 29. 22, 278.
24, 143.
πικραίνω 18, 164. 19, 149.
25, 302. 26, 261. 38, 262.

πικρία 13, 222, 223. 16, 36,
36. 18, 163, 163. 22, 191.
23, 184. 25, 172. 34, 90, 120.
38, 89, 169.
πικρίς 18, 162.
πικρός 5, 70. 8, 154, 155, 156,
158. 13, 122, 190. 15, 26.
17, 186, 208. 18, 71, 162, 163.
20, 173. 22, 192, 281. 24, 23.
25, 182, 186, 211, 247. 26,
182, 183. 27, 16. 28, 292.
32, 130. 33, 139, 139, 145,
145. 34, 106. 36, 104. 37, 157.
38, 355.
Πιλᾶτος 38, 299, 304.
πιλέω 11, 6. 15, 102. 34, 26.
πίλημα 5, 26. 10, 78. 21, 22,
145.
πίλησις 13, 185. 25, 123.
πῖλος 38, 79.
πίμπλημι, πλήθω 6, 33. 8,
132, 136. 10, 122. 19, 195.
22, 62, 167. 26, 34. 39
(VIII 6, 1).
πίμπρημι 4, 202. 24, 78. 30,
62. 34, 99.
πινάκιον 5, 104. 19, 153.
πίναξ 14, 36.
Πίνδαρος 32, 172. 36, 121.
πίνω 3, 29, 60. 4, 142, 157,
202. 6, 24. 7, 113, 157. 8, 132,
132, 132, 139, 147. 10, 145,
145, 155, 158, 169, 171. 11, 1,
12, 140, 160. 13, 127, 138,
138, 138, 143, 149, 221. 17, 41,
269. 18, 163, 163. 19, 31.
20, 165. 22, 60, 150, 157,
163. 23, 118, 118. 24, 78, 207.
28, 98, 249. 30, 62. 34, 25,
99, 103. 35, 37, 40, 43, 45.
36, 63.
πιότης 8, 120, 120, 122, 123.
10, 178. 16, 101. 25, 64.
29, 35, 169. 31, 125.
πιπράσκω → πέρνημι
πίπτω 1, 157. 3, 94, 99, 100,
100, 101, 103, 103. 4, 217.
7, 42. 8, 170, 175. 11, 74, 75,
76, 77, 94, 109, 122, 122, 170.
170. 13, 67, 156. 14, 2. 15,
17, 17, 38, 38. 16, 5, 65, 80,
85, 122, 225. 17, 84, 251.
19, 31. 20, 54, 54, 55, 56,
56, 56, 56, 57, 154, 155, 156,
175, 175, 175. 23, 269, 269.
24, 122. 25, 124, 175, 233.
32, 3, 7. 33, 6, 95, 148.
36, 128. 37, 61.
πίσσα, πίττα 15, 187.

πιστευτέον 7, 37. 16, 138.
23, 263. 32, 77.
πιστεύω 1, 45. 3, 88, 88, 89.
4, 164, 218, 228, 228, 229,
229, 229. 5, 24, 65. 6, 70, 93.
7, 9, 25. 10, 4. 11, 50, 164.
12, 62, 92. 13, 169, 198, 205.
15, 57. 16, 18, 43, 44, 68,
122, 132. 17, 14, 90, 90, 92,
92, 93, 99, 101, 101, 101, 101,
129, 251, 287. 20, 166, 177,
177, 178, 181, 186, 186, 218.
22, 24. 23, 262, 269, 269,
275. 24, 149, 179. 25, 83,
196, 225, 284. 26, 166, 259.
28, 242, 343. 29, 45. 31,
28, 36. 32, 68, 216, 218.
33, 27, 28, 49. 37, 86.
38, 367.
πίστις 1, 57, 84, 93, 109, 116,
147. 4, 204, 208. 5, 14, 85.
6, 34. 8, 13, 97. 10, 101.
12, 70, 82, 101, 101, 150.
13, 40, 93, 175, 188, 213.
15, 31, 156, 198. 16, 43, 44,
132, 171. 17, 19, 91, 94, 94,
108, 206, 305. 18, 78, 178.
19, 136, 150, 152, 154, 178.
20, 106, 135, 155, 182, 201.
21, 12, 68. 22, 44, 220.
23, 39, 141, 226, 247, 268,
270, 271, 273, 273. 24, 51,
52, 100, 107, 127, 148, 149,
158, 168, 185, 188, 242, 258.
25, 34, 63, 90, 247, 261, 274,
280, 298. 26, 12, 40, 142, 177,
288. 27, 15, 59, 172. 28, 69,
70, 85, 273, 290, 338. 29, 8, 43,
143, 227. 30, 114. 31, 30,
32, 33, 34, 40, 40, 43, 50, 54,
67, 67, 137, 156, 176. 32, 34,
46, 55, 66, 216. 33, 27, 30,
31, 49. 34, 32, 35, 48, 58,
92, 105, 118. 36, 52, 55, 62,
95, 102, 104, 137. 37, 35, 96,
116, 140, 150, 170, 191. 38,
‹37›, 37, 138, 154, 316.
πιστός 3, 67. 4, 103, 204, 204,
228. 6, 93. 10, 113. 13, 80, 82.
8, 173. 10, 113. 13, 80, 82.
17, 93. 20, 182. 25, 82.
31, 61. 36, 16.
πιστόω 4, 206, 206, 207, 208.
6, 93. 10, 54. 11, 4. 12,
112, 115. 16, 110. 19, 56, 58.
29, 16, 161. 30, 52. 34, 1.
36, 121. 38, 311.
πίων 2, 26. 6, 88, 136. 7, 34.
16, 101. 17, 270. 22, 74.

16, 10, 32, 54, 163, 219. 21,
175. 22, 124. 23, 234. 24,
158. 25, 103, 166, 167, 195,
234, 246, 290, 301. 26, 172,
214, 262. 28, 79. 29, 250.
31, 157. 32, 35, 35, 42, 58.
33, 76. 38, 223, 226.
πλήθω → πίμπλημι
πλημμέλεια 26, 230. 28, 181,
234, 244.
πλημμελέω 1, 155, 169. 3, 68.
4, 72, 152. 7, 146. 10, 63.
11, 77. 15, 11, 153, 175. 22,
152. 28, 188, 197, 227, 233,
236, 238. 29, 11. 30, 151,
155. 31, 8, 63, 63, 199, 237.
34, 57. 37, 50, 139.
πλημμελής 4, 31, 35, 131, 223.
5, 24. 6, 32, 45. 7, 141.
8, 98. 11, 34, 74. 12, 141.
15, 114. 17, 160. 31, 187.
33, 20. 36, 59, 85.
πλήμμυρα 1, 58. 2, 34. 6, 66.
22, 109, 125, 238. 23, 92.
24, 109. 25, 265. 26, 195,
255. 32, 201. 37, 63.
πλημμυρέω, πλημμύρω 1,
38, 113. 7, 100. 8, 113. 14, 53.
15, 29.16, 121, 156. 17, 32,
315. 21, 97. 22, 221. 23, 42.
25, 6, 114, 202. 34, 63. 36,
147.
πλήν 1, 36, 59, 63, 141. 3, 86.
4, 4, 82, 137, 239, 248. 5, 44,
126, 126, 126, 126. 8, 5, 136.
10, 7. 11, 9. 13, 99, 135.
14, 62. 16, 6. 17, 80. 19,
170. 20, 34. 21, 108, 110.
22, 75. 23, 204, 204. 26, 108.
28, 72. 30, 171. 32, 55. 33,
25, 58, 61. 34, 80. 35, 80.
36, 8, 115, 126. 37, 50. 38, 3,
51. 39 (VIII 7, 13).
πλῆξις 4, 183. 5, 128. 10, 83.
13, 116. 16, 47.
πλήρης 1, 78. 2, 23, 44. 4, 7,
46, 81, 226. 6, 9. 7, 7, 54.
8, 32, 43. 10, 77, 94, 126,
150, 179. 11, 53. 12, 7, 125,
128, 157. 13, 94, 135. 16, 35,
73. 17, 187, 188, 217, 305, 306.
18, 114, 149. 19, 143, 175.
20, 27, 182, 234, 249, 269.
21, 22, 75, 94, 127, 198. 22,
71, 74, 183, 218, 218, 223, 245.
23, 2. 24, 93, 93, 182, 215.
25, 262, 262. 26, 157. 28,
72, 183, 268. 29, 48, 53, 173,
‹174›, 201, 203. 30, 160. 31,

144. 32, 95, 98. 33, 142, 157,
161. 34, 97. 35, 54. 37, 50.
38, 14, 58, 195.
πληρόω 2, 44. 4, 4, 60, 60,
138, 149. 6, 67. 7, 92, 153.
8, 14, 30, 130, 136, 137, 147,
148. 9, 8, 47, 55. 10, 57,
59, 137. 11, 34, 35, 101.
13, 5, 67, 146, 149. 15,
10, 136. 18, 64. 19, 194.
20, 111, 192, 270. 21, 62.
22, 118, 150, 190, 221, 245,
289. 23, 108, 154, 174. 24, 90,
178, 255. 25, 52, 103, 121,
144, 177, 178, 187, 195, 211,
302, 333. 26, 238, 260. 27,
149, 152. 28, 300. 29, 92,
216. 31, 72, 129, 141. 32, 49,
164. 33, 83, 104, 112. 35, 55.
37, 44, 139. 38, 146.
πλήρωμα 23, 116, 268. 26, 62.
28, 272. 29, 200, 213. 31,
186. 33, 65, 109. 34, 41, 128,
142. 38, 11.
πλήρωσις 7, 113. 17, 297.
20, 88. 24, 33. 27, 160.
33, 112. 36, 74.
πλησιάζω 5, 57, 109. 8, 23.
17, 310. 21, 178. 26, 21.
28, 342. 32, 167. 34, 62,
76. 35, 10. 37, 36. 38, 7.
πλησίος 4, 107, 108, 120, 120.
6, 8. 8, 20, 38, 84, 84, 84, 89.
9, 47. 11, 7. 12, 106. 13, 67,
70, 100, 124. 15, 1, 1, 38,
160, 189, 195. 16, 78. 17, 193.
19, 31, 53, 77, 90, 90, 91,
202. 21, 92, 128. 22, 79.
23, 40. 24, 102. 25, 52, 54,
137, 216, 228, 247, 271. 26,
161. 28, 24, 216, 216, 236.
30, 11, 93, 182, 186. 31, 21,
39, 75, 93, 149. 32, 24, 40, 116.
33, 73, 80, 100. 34, 68, 122.
35, 43. 37, 122. 38, 42, 52,
132, 134, 186, 351.
πλησιόχωρος 25, 5, 21, 23.
30, 17. 38, 200, 257.
πλησίστιος 5, 38. 11, 174. 20,
215. 38, 177.
πλησιφαής 1, 101, 101. 18,
106. 26, 224. 28, 178, 178,
189. 29, 155. 31, 234.
πλησμονή 5, 75. 11, 38. 14, 2.
17, 297. 21, 122. 26, 24,
156. 31, 129. 32, 163. 35,
37. 38, 2.
πλήττω 1, 161. 3, 34. 4, 32,
33, 33, 34, 57, 183. 6, 134.

8, 108, 108. 10, 84. 13, 137.
17, 259. 20, 56, 247. 21, 29,
107, 114. 22, 137. 23, 62.
24, 22, 102, 179, 261. 25, 78,
268. 26, 163, 179. 27, 35.
28, 147, 266. 34, 58. 35, 14.
37, 10, 157. 38, 223.
πλινθεύω 15, 1, 84.
πλίνθινος 38, 203.
πλινθίον, τό 1, 107, 111.
πλίνθος 15, 1, 1, 84, 87, 88,
92, 95, 96, 99, 101, 102. 25, 38,
38. 34, 96. 38, 201.
πλινθουργέω 15, 91.
πλόϊμος → πλώϊμος
πλοῖον 7, 144. 15, 114. 26,
251.
πλοκή 22, 53. 26, 109.
πλουθυγεία 8, 114.
πλοῦς 7, 141. 8, 22. 11, 64.
12, 152. 15, 115. 18, 65.
20, 149. 21, 44, 180. 22, 143,
201. 23, 123. 26, 148. 27, 14,
14, 84. 32, 176. 37, 26, 28,
31. 38, 15, 251.
πλούσιος 1, 23. 2, 45. 3, 12.
4, 24, 24, 211. 7, 34. 8, 109.
11, 31. 12, 69. 14, 56. 18,
76. 19, 16, 102. 21, 155.
23, 209. 24, 72, 133, 258.
27, 178. 28, 139. 29, 71, 87,
107. 31, 74, 172, 172. 32, 81,
94, 97, 148, 170, 174. 33, 36.
34, 8, 72, 77. 35, 35. 37, 63,
130. 38, 13, 51, 108, 123, 141,
203.
πλούταρχος 22, 76.
πλουτέω 4, 87. 7, 131. 17, 189.
22, 40. 23, 220. 26, 38.
28, 277. 29, 108. 32, 166.
πλουτιστήριος 22, 76.
πλουτοδότης 8, 32.
πλοῦτος 2, 34, 34. 4, 39, 86,
163. 5, 107, 117. 6, 124. 7, 33,
122. 8, 112, 139, 144, 151, 174.
10, 147, 150. 11, 54. 12, 65,
66. 13, 52, 57, 75. 14, 3, 40,
61. 15, 18, 48, 112. 16, 71,
95, 101, 172. 17, 27, 48, 76,
212, 286. 18, 5, 27. 19, 15,
16, 16, 17, 19, 25, 151. 20,
214. 21, 126, 179, 179, 248.
22, 12, 35, 35, 40. 23, 24,
25, 219, 252, 263, 265. 24,
131, 144, 198, 254. 25, 153,
155, 155, 312. 26, 53, 234.
27, 71. 28, 24, 25, 25, 25,
27, 28, 311. 29, 19, 19, 20,
23, 208. 30, 1. 31, 75, 75,

158, 194. 32, 5, 6, 7, 8, 8, 10, 85, 85, 161, 162. 33, 24, 54, 98, 99, 100, 100, 104, 118, 168. 34, 9. 35, 13, 17. 37, 77, 148. 38, 199. 39 (VIII 11, 4).
πλουτοφόρος 18, 171.
Πλούτων 27, 54.
πλύνω 4, 141, 144, 144, 144, 147, 147.
πλώϊμος 38, 15.
πλωτήρ 1, 114. 10, 98. 22, 86. 28, 91. 31, 186.
πλωτός 1, 131. 12, 12. 25, 172. 28, 335. 31, 155. 36, 141.
πνεῦμα 1, 29, 30, 30, 41, 58, 80, 113, 131, 135, 135, 144. 2, 33, 33, 33, 33, 37, 37, 42, 42, 42, 91. 4, 14, 53, 161, 223. 5, 13, 37, 38, 111. 6, 97. 7, 17, 80, 80, 81, 83, 84. 8, 22, 67. 9, 10, 10, 19, 19, 22, 22, 23, 23, 24, 24, 24, 26, 27, 28, 29, 47, 53, 55. 10, 2, 2, 26, 35, 60, 84, 98, 175. 11, 44, 174. 12, 18, 24, 44. 13, 106, 106. 16, 148, 217. 17, 55, 57, 208, 265. 18, 133. 19, 133, 182, 186. 20, 123. 21, 30. 22, 13, 67, 85, 86, 143, 166, 252. 23, 43, 92, 160. 24, 33, 116. 25, 41, 93, 175, 179, 277. 26, 40, 104, 265. 27, 33, 175. 28, 6, 26, 92, 171, 277, 301, 322, 338. 29, 71, 153, 191. 31, 27, 49, 123, 123, 123, 217. 32, 58, 135, 217. 33, 41, 144. 34, 26, 97. 36, 11, 111, 128, 139. 37, 155. 38, 63, 125, 177, 188, 243.
πνευματικός 1, 67. 17, 242. 23, 113. 33, 48. 36, 86, 125.
πνεύμων 1, 118. 2, 12. 33, 143.
πνέω 10, 174. 18, 108, 159. 20, 215. 21, 107, 147. 22, 81. 24, 21. 25, 30, 155. 26, 240. 30, 8. 32, 171. 33, 28. 37, 124, 152. 38, 48.
πνιγή 36, 129.
πνῖγος 33, 133. 38, 125.
πνοή 1, 134. 2, 31, 33, 42, 42. 12, 19. 17, 56. 21, 34. 31, 123.
πόα 21, 125. 25, 65, 320. 36, 63.
ποδαγρικός 18, 46. 33, 145.
ποδαπός 5, 99.
ποδηγετέω 1, 70. 8, 31. 10,

143, 182. 16, 23. 19, 21. 22, 102. 26, 265. 28, 269. 31, 70. 32, 215. 33, 84.
ποδηγέω 4, 109.
ποδηγός 4, 109.
ποδήρης 2, 81. 3, 56. 17, 176. 19, 185. 20, 43. 21, 214. 26, 117, 118, 120, 121, 133, 143. 28, 85, 85, 93, 94.
ποδιαῖος 21, 53.
ποδόνιπτρον 35, 7.
ποδώκεια 8, 161. 20, 178. 26, 170.
ποδώκης 38, 99.
ποηφάγος 31, 104.
ποθεινός 7, 129. 23, 65. 33, 135.
πόθεν 3, 69. 5, 114. 8, 5. 11, 5, 35. 15, 14, 121. 16, 213. 17, 20. 18, 147. 19, 1, 52, 203, 205. 25, 141. 31, 77, 84, 163. 32, 92. 36, 38. 37, 143.
ποθέω 3, 4. 4, 12, 27, 249. 7, 25, 176. 8, 157. 9, 44. 12, 127. 15, 78. 16, 218. 17, 270, 310. 18, 105. 19, 18, 130. 21, 49, 71, 139. 22, 163, 163, 288. 23, 73. 24, 90, 233. 25, 29, 224. 27, 146. 28, 41, 59. 29, 123, 171. 31, 43, 112. 32, 76, 215. 35, 12, 75. 36, 129. 38, 175, 338.
πόθος 1, 5, 71, 77, 111, 152, 152. 5, 20. 7, 129. 8, 13, 23. 11, 91, 152. 12, 79. 13, 21, 50, 84. 16, 132. 17, 69, 102. 18, 74, 112, 166. 19, 164. 22, 106, 150, 235. 23, 29, 63, 65, 170. 24, 157. 25, 159. 26, 31. 27, 108, 148. 28, 45, 50, 160. 29, 139, 230. 30, 128, 173. 31, 161. 32, 30, 120, 215. 33, 39. 34, 22, 71, 113. 35, 35, 48, 68. 36, 1, 30. 39 (VIII 6, 1).
ποῖ 5, 114, 114. 7, 152. 10, 57. 19, 205. 24, 17. 26, 251, 251. 39 (VIII 7, 8).
ποιδέω → προσδέω (A)
ποιέω 1, 2, 10, 13, 23, 26, 27, 27, 28, 28, 29, 35, 36, 44, 62, 62, 65, 72, 72, 74, 75, 82, 94, 96, 104, 129, 140, 150, 158, 171, 172, 172. 2, 2, 5, 5, 6, 6, 16, 16, 16, 18, 18, 20, 21, 21, 24, 48, 49, 51, 51, 51, 51, 53, 55, 65, 70, 81, 82, 88, 88, 88.

3, 1, 5, 9, 19, 36, 53, 71, 79, 79, 106. 4, 3, 14, 15, 24, 24, 27, 50, 55, 59, 65, 66, 69, 73, 75, 79, 86, 96, 97, 102, 111, 120, 121, 122, 140, 164, 180, 194, 203, 205, 209, 210, 216, 219, 219, 238, 243. 5, 19, 32, 43, 45, 76, 77, 79, 87, 88, 90, 116, 130. 6, 4, 17, 24, 53, 56, 56, 58, 59, 60, 63, 65, 77, 82, 85, 85, 86, 86, 88. 7, 2, 6, 32, 49, 49, 50, 56, 57, 58, 69, 69, 70, 70, 74, 78, 81, 86, 108, 122, 123, 126, 133, 148, 154. 8, 7, 19, 31, 64, 64, 65, 81, 121, 130, 141, 169, 173, 179, 179, 179, 184, 185. 9, 42. 10, 8, 20, 20, 32, 33, 41, 41, 49, 51, 51, 70, 72, 72, 96, 99, 116, 126, 132, 134, 182. 11, 12, 12, 64, 74, 80, 147, 158, 170, 170, 172. 12, 9, 14, 14, 21, 27, 31, 31, 48, 68, 79, 79, 86, 87, 89, 102, 130, 141, 150, 153. 13, 13, 16, 30, 39, 41, 67, 87, 133, 133, 199. 14, 1, 20, 30, 36, 37, 58, 63, 67. 15, 1, 1, 1, 27, 37, 58, 98, 115, 116, 136, 152, 154, 159, 162, 169, 169, 179, 185, 196. 16, 1, 18, 20, 25, 42, 42, 53, 68, 68, 79, 91, 97, 123, 130, 130, 130, 135, 135, 150, 157, 157, 162, 167, 177, 193, 197, 203, 208, 209, 214, 215, 215, 215, 219. 17, 30, 44, 79, 92, 122, 134, 156, 159, 162, 162, 162, 164, 164, 164, 196, 199, 205, 231, 231, 246, 247, 260, 277, 289, 314. 18, 5, 49, 82, 86, 86, 86, 86, 86, 86, 99, 114, 160. 19, 12, 23, 51, 68, 68, 71, 71, 72, 72, 95, 95, 97, 148, 155, 202. 20, 31, 42, 46, 65, 76, 137, 153, 178, 206, 220, 249, 269. 21, 3, 40, 68, 74, 74, 74, 76, 95, 128, 136, 165, 189, 195, 216, 226, 227, 243. 22, 26, 56, 69, 70, 73, 83, 88, 108, 117, 123, 165, 180, 186, 213, 296, 297. 23, 4, 23, 31, 69, 70, 72, 78, 88, 108, 117, 121, 130, 163, 194, 275. 24, 53, 60, 88, 107, 114, 125, 195, 198, 217, 245, 264. 25, 19, 128, 149, 185, 185, 209, 230, 280, 285, 292, 300, 310, 328. 26, 49, 51, 55, 75, 78, 99, 100, 101, 102, 130, 133, 153, 166, 176,

178, 183, 186, 208, 248. 27, 29, 30, 31, 39, 52, 58, 61, 72, 101, 112, 172. 28, 22, 25, 70, 77, 97, 99, 111, 144, 153, 198, 200, 210, 220, 220, 225, 229, 233, 249, 272, 293, 294, 295, 300, 325. 29, 5, 9, 11, 13, 20, 23, 32, 36, 40, 44, 46, 115, 119, 137, 168, 184, 185, 202, 203, 207, 228, 255. 30, 20, 54, 78, 103, 121, 132, 143, 148, 167, 169, 171, 205. 31, 2, 2, 7, 15, 22, 28, 131, 136, 157, 177, 190, 205, 225. 32, 22, 23, 61, 73, 81, 95, 105, 106, 163, 165, 166, 183. 33, 29, 42, 56, 106, 166. 34, 22, 59, 59, 59, 59, 59, 59, 60, 68, 74, 86, 95, 96, 96, 157. 35, 20, 29, 48, 80, 80, 84, 84. 36, 18, 19, 26, 27, 100, 129. 37, 3, 12, 18, 24, 42, 43, 55, 96, 115, 161. 38, 69, 83, 134, 138, 153, 221, 239, 253, 275, 315, 316, 323, 356. 39 (VIII 7, 6), (VIII 7, 12), (VIII 7, 17), (VIII 11, 5).

ποίημα 7, 125. 12, 131. 18, 61, 61, 62, 77. 19, 42. 23, 23. 25, 3.

ποίησις 12, 154.

ποιητέος 2, 65. 19, 104, 104. 24, 29. 29, 2.

ποιητής 1, 4, 7, 10, 21, 53, 77, 88. 7, 86, 99, 124, 155. 8, 175. 9, 58. 10, 34, 60, 169. 11, 18, 24. 12, 51, 53, 68, 127, 151, 159. 13, 61, 103. 15, 4, 144, 170. 17, 56, 56, 98, 200, 236. 18, 15, 74, 148. 19, 31, 84, 177, 211. 20, 29, 31, 179. 21, 123, 135, 205. 22, 52, 275. 23, 9, 10, 10, 58, 88. 25, 158. 26, 48, 100, 238, 256. 27, 41, 51, 64, 105. 28, 20, 30, 34, 74, 209, 294, 343. 29, 6, 166, 256. 30, 178, 189, 199. 31, 180, 230. 32, 34, 64, 77, 180, 213. 33, 1, 10, 23, 24, 32, 41. 34, 42, 98, 141, 143. 35, 1, 40, 58, 80, 90. 36, 15, 17, 63, 127. 37, 34. 38, 13, 115, 165, 293.

ποιητικός 1, 133, 157. 3, 107. 4, 109, 114, 142, 184, 240, 240, 240, 250, 251. 5, 66, 105. 6, 78. 7, 124, 125, 157. 8, 20. 11, 41. 12, 143. 15, 144. 16, 156, 195. 17, 189. 19,

26, 61, 95, 97, 100, 103. 20, 29, 89. 21, 57. 22, 249. 23, 121, 121. 24, 2. 26, 99, 99. 28, 29. 29, 164. 36, 132.

ποικιλία 1, 165. 6, 21, 23. 7, 157, 173. 8, 104. 12, 110, 111. 13, 175. 16, 85. 23, 148. 26, 39. 28, 95. 32, 149. 35, 53.

ποικίλλω 1, 41, 45. 5, 104. 12, 110. 13, 46. 16, 102. 24, 33. 26, 110. 31, 76. 36, 64.

ποίκιλμα 6, 83. 21, 207, 225.

ποικίλος 3, 74, 75, 75, 76, 76, 79, 79, 84, 107. 4, 2, 61, 66. 6, 26. 7, 6, 6, 28. 9, 18. 10, 113. 11, 95. 12, 111. 13, 86, 86, 215, 217, 219. 15, 71. 19, 10, 10. 20, 43. 21, 8, 189, 189, 200, 202, 208, 208, 209, 213, 214, 216, 216, 219, 219, 220, 255. 22, 19, 53, 57, 155. 24, 32, 32, 93. 26, 84, 93. 28, 84, 299, 343. 34, 58, 58, 66, 155. 36, 6. 37, 3. 38, 36, 59, 199.

ποικιλτής 21, 207.

ποικιλτικός 21, 203, 204, 207, 207.

ποιμαίνω 6, 46, 50. 7, 3, 5, 9, 25, 25. 10, 119, 121. 11, 41, 42, 43, 50, 50, 52, 54. 14, 14. 20, 110, 115. 24, 10. 25, 60. 34, 31, 31.

ποιμασία 20, 105, 114.

ποιμενικός 11, 27, 42, 55, 59, 60, 64. 23, 213. 24, 2, 2, 3, 54. 25, 60, 62.

ποιμήν 1, 85, 85. 6, 11, 45, 48, 49, 51, 51. 8, 67, 67, 98. 11, 27, 29, 29, 39, 41, 41, 43, 44, 44, 48, 49, 51, 59, 66, 67, 124. 16, 213. 19, 149. 20, 116, 117. 22, 152. 23, 221. 24, 2. 25, 53, 61. 30, 46. 31, 22. 32, 58. 34, 30, 31. 38, 44.

ποίμνη 8, 67. 11, 41, 44, 51, 52, 64. 14, 12. 15, 124. 19, 9. 20, 111, 113, 115. 21, 198. 23, 220. 24, 257. 25, 52, 53, 57, 64, 65. 27, 114. 28, 136, 141. 32, 58, 126.

ποίμνιον 7, 3. 8, 66, 66, 68, 69. 11,·45. 22, 152. 25, 133. 28, 163.

ποινή 37, 175.

Ποινή 34, 7.

ποῖος 2, 90. 4, 4. 5, 53. 8, 130. 15, 117. 16, 56. 17, 277, 288, 314. 18, 22. 19, 163. 20, 35, 91, 196, 264. 22, 246. 26, 239, 239, 239. 32, 135. 33, 84. 36, 80, 125. 38, 142, 371.

ποιός 2, 67, 79, 79. 3, 18. 4, 36, 206. 5, 51, 114, 114. 8, 17. 10, 62. 18, 175, 178. 19, 13. 20, 121, 121, 122, 122, 122. 27, 30. 36, 48, 49, 51.

ποιότης 1, 22, 41, 41, 57, 63, 78, 97, 97, 97, 131, 134, 141. 2, 51. 3, 19, 80. 4, 206. 5, 62, 67. 6, 31. 7, 15, 16. 8, 168. 10, 55. 11, 13. 12, 133. 15, 85, 185, 186, 187. 16, 28, 28, 103, 213, 213. 17, 247. 19, 13. 21, 27. 23, 163. 24, 142. 25, 97. 27, 31. 28, 29, 47, 90, 327, 328, 329, 329. 30, 108. 31, 187. 33, 112. 35, 4. 36, 79, 79, 81, 81.

πολεμαρχέω 24, 3.

πολεμέω 2, 87. 4, 14. 6, 130. 7, 3. 8, 122. 9, 66. 11, 162. 16, 61. 17, 14, 275. 20, 60. 21, 221, 221. 22, 90, 265. 23, 223, 225. 25, 111, 172, 306, 318, 331, 333. 27, 87. 32, 25. 33, 94, 95. 34, 138.

πολεμητέον 31, 121.

πολεμικός 4, 130. 13, 115. 15, 43, 49, 57. 16, 67. 23, 225. 25, 60. 29, 192.

πολέμιος 2, 68. 3, 10, 79. 4, 111, 111, 185. 5, 77. 6, 3. 7, 72. 8, 172. 13, 10, 111. 15, 18, 48, 159. 16, 114, 150. 17, 242, 243. 18, 91. 21, 105, 126. 22, 121, 125, 281. 23, 233. 24, 14, 188. 25, 180, 280. 26, 249, 255. 27, 129. 28, 301, 313. 30, 87, 152. 31, 2, 23, 85, 89, 184, 227. 32, 33, 109, 109, 131, 150, 153, 154, 165, 191. 33, 12, 85, 127, 149. 35, 15, 47, 86. 37, 24, 116, 143. 38, 64, 174, 211, 215, 229.

πολεμητήριος 4, 130. 8, 119. 33, 132.

πολεμιστής 13, 114. 15, 55.

πολεμοποιέω 38, 132, 208, 301.

πόλεμος 1, 33, 81, 81, 164. 3, 91. 4, 14, 46, 46, 81, 117,

134, 184, 186, 187. 5, 15, 32,
37, 86. 6, 4, 17, 20, 25, 35,
130. 7, 2, 2, 174. 8, 117, 117,
118, 184, 185. 9, 51. 10, 145,
166, 166. 11, 12, 25, 35, 78,
147, 148, 148, 148, 148, 149,
150, 150, 151, 153, 159. 13,
62, 75, 76, 96, 97, 98, 99, 99,
100, 104, 104. 15, 41, 42, 46,
47, 57, 132. 16, 56, 62, 63.
17, 162, 206, 212, 244, 284,
284, 284, 286, 287, 287, 288.
18, 32, 32, 176. 19, 114, 174.
20, 60, 109, 150, 221, 265.
21, 106, 174, 174. 22, 14, 36,
129, 144, 147, 147, 166, 229,
253, 253, 265. 23, 1, 27, 29,
105, 179, 215, 240, 242, 245,
261, 272. 24, 34, 56, 57, 115,
115, 204. 25, 8, 36, 60, 142,
164, 170, 216, 239, 243, 258,
259, 263, 263, 306, 307, 310,
319, 321, 322, 323, 327. 26,
13, 16, 173, 236. 27, 5, 153,
178, 178. 28, 159, 313. 29,
101, 170, 190, 190, 191, 208,
245. 30, 16, 69, 169, 172.
31, 28, 85, 121, 166, 202,
220, 221, 225. 32, 2, 22, 22,
24, 25, 29, 38, 44, 47, 61,
153, 153. 33, 3, 87, 91, 93,
97, 118, 132, 137, 148, 157.
34, 9, 32, 34, 37, 64, 78, 133.
35, 60. 36, 68. 37, 44, 56,
59, 61, 62. 38, 17, 30, 68,
100, 102, 113, 113, 119, 121,
141, 144, 146, 218, 220, 226,
292, 335. 39 (VIII 6, 6).
πολεμόω 13, 77, 196. 32, 154.
πολιά 23, 271. 29, 238.
πολίζω 33, 168.
πολιορκέω 2, 87.
πολιορκία 2, 75.
πολιός 4, 175. 6, 77, 77, 79.
8, 152. 10, 120. 12, 168.
17, 49. 21, 10. 35, 67.
38, 1.
πόλις 1, 11, 17, 17, 18, 20, 24,
24, 85, 89, 142, 143, 143. 3,
10. 4, 1, 1, 2, 3, 43, 43, 44,
83, 98, 99, 115, 191, 224, 225,
225, 228, 229, 244. 5, 20,
120, 121, 126, 127. 6, 49, 106,
124, 124, 126, 126, 127, 128,
130. 7, 99, 134, 141, 141, 174.
8, 7, 33, 49, 49, 49, 50, 50, 50,
51, 52, 53, 53, 54, 54, 54, 57,
59, 65, 104, 117, 181, 184, 185.
9, 51. 10, 94, 95, 95, 103,

176, 176. 11, 11, 12, 43, 46,
113, 143. 12, 67. 13, 14, 14,
14, 28, 34, 36, 64, 79, 91, 101,
101, 101, 103, 105, 193, 195,
215. 15, 1, 1, 1, 15, 15, 46,
83, 91, 107, 107, 108, 111, 122,
128, 134, 142, 142, 144, 155,
158, 170, 196. 16, 18, 90, 120.
17, 145, 286, 295. 18, 10,
50, 58, 92. 19, 3, 86, 87, 87,
88, 94, 94, 96, 100, 103, 174,
175, 176, 190. 20, 21, 149,
152, 196. 21, 7, 46, 77, 77,
137, 177, 177, 188, 222, 233.
22, 12, 78, 82, 147, 166, 170,
246, 246, 246, 248, 248, 250,
250, 253, 257, 257, 287. 23,
23, 40, 65, 71, 85, 85, 86, 91,
136, 139, 141, 141, 145, 166,
169, 184, 227, 267, 272. 24,
2, 3, 29, 31, 38, 38, 55, 56, 67,
77, 110, 111, 120, 134, 136,
157, 159, 218, 221, 225, 230,
268. 25, 2, 8, 38, 143, 157,
194, 215, 224, 225, 229, 233,
233, 237, 250, 251, 252, 253,
254, 254, 262, 288, 311. 26,
2, 18, 19, 29, 34, 35, 49, 51,
54, 56, 73, 157, 205, 216, 246.
27, 2, 2, 4, 8, 9, 10, 13, 14,
15, 96, 127, 135, 136, 151. 28,
13, 33, 33, 52, 69, 78, 121, 142,
158, 158, 159, 160, 165, 268,
268, 315, 323, 335. 29, 19, 22,
42, 45, 47, 48, 62, 92, 116, 119,
119, 119, 120, 163, 164, 168,
170, 181, 181, 192, 208, 231.
30, 16, 16, 17, 31, 37, 39, 74,
77, 77, 78, 78, 123, 124, 128,
130, 132, 139, 162, 170, 189.
31, 9, 20, 21, 27, 126, 153,
156, 184, 186, 212, 213, 223,
223, 223, 226. 32, 61, 105,
107, 119, 132, 153, 162, 201,
221. 33, 7, 25, 34, 41, 66, 85,
107, 107, 114, 114, 114, 133,
141, 147, 150, 153, 172. 34,
6, 9, 45, 63, 76, 90, 137, 143.
35, 2, 19, 19, 62. 36, 20, 56,
139, 140. 37, 5, 23, 28, 33,
43, 51, 52, 55, 62, 65, 68, 71,
76, 78, 94, 105, 108, 120, 123,
123, 136, 139, 141, 141, 144,
145, 152, 154, 173, 177. 38,
8, 12, 15, 18, 20, 48, 51, 83,
90, 102, 104, 107, 116, 124,
127, 130, 132, 147, 150, 161,
170, 173, 173, 179, 200, 225,
231, 231, 232, 245, 252, 265,

283, 284, 289, 296, 297, 305,
338, 338, 346, 347, 351, 371,
371. 39 (VIII 11, 1).
πολιτεία 1, 143, 143, 143. 6,
50, 78. 7, 7, 28. 9, 59, 61, 61.
10, 176. 12, 56. 13, 36, 86,
92, 109. 15, 2, 108, 196.
16, 88. 17, 169. 18, 65. 19,
35. 21, 78, 219, 220, 224.
23, 61, 242. 24, 28 29, 29,
31, 32, 38, 54, 150. 25, 241.
26, 49, 51, 211. 27, 14, 98,
155. 28, 33, 51, 60, 63, 314,
319. 29, 73, 123. 30, 3, 5,
24, 51, 167, 170, 181. 31, 10,
47, 55, 100, 105, 120, 149, 156,
159, 237. 32, 87, 108, 127,
175, 180, 219. 33, 11. 34, 83,
158. 37, 53, 141. 38, 157, 193,
194, 285, 287, 349, 363.
πολίτευμα 1, 143. 11, 81. 15,
109. 24, 69. 29, 45.
πολιτεύω 13, 68. 15, 78, 141.
16, 159, 159. 20, 240. 21,
221. 24, 36. 27, 14. 31, 226.
32, 161. 33, 4. 34, 47, 76,
128. 37, 81.
πολίτης 1, 143, 165. 4, 2. 5,
121, 121, 121. 8, 109, 185.
17, 145. 21, 48, 53, 137. 25,
35, 252. 28, 97. 29, 45. 31,
70. 34, 7. 35, 90. 37, 47.
38, 211, 265, 371.
πολιτικός 4, 30, 179. 7, 135.
13, 91. 16, 75, 160, 217.
19, 33, 36, 36, 47, 82, 126,
204, 209. 20, 149, 221. 24,
1, 31, 34, 38, 39, 54, 58, 61,
64, 67, 75, 79, 125, 143, 148,
149, 149. 32, 19. 33, 113,
113. 37, 53, 80. 38, 8.
πολῖτις 15, 150. 18, 22.
πολλάκις 1, 147. 2, 62. 3, 16,
32, 69, 69, 70, 85. 4, ‹16›,
63, 92, 92, 125, 126, 156, 173,
173, 211, 223, 226, 234. 5,
53, 53, 81. 6, 37, 38. 7, 43,
76, 99, 136. 9, 20, 25, 35, 36,
56. 10, 27, 88, 91, 93, 98,
131. 11, 75, 125, 169, 179.
12, 56, 80, 162, 167. 13, 90,
139, 177, 198, 206. 14, 22.
15, 7, 10, 11, 20, 115, 119,
126, 135, 178, 183. 16, 80,
111, 148, 172. 17, 46, 46, 202,
245. 18, 73, 122, 127, 135,
135. 19, 14, 27, 156. 20, 98,
100, 105, 254. 21, 43, 43, 71,
107, 110, 110, 152, 201. 22,

πολλαπλασιάζω 69, 143, 145, 164. 23, 65, 71, 119, 185, 210, 243, 243. 24, 124, 131, 138, 144, 210. 25, 31, 202, 251, 264, 270. 26, 13, 219, 252. 27, 71, 113, 147. 28, 119, 174, 192, 213, 282, 323. 29, 24, 112, 197, 256. 30, 5, 9, 23, 98, 104, 107, 154, 166, 177. 31, 15, 27, 82, 85, 151, 154, 201. 32, 3, 14, 49, 63, 149. 33, 55. 34, 18, 34, 37, 38, 110, 148. 35, 9. 36, 42, 65, 100. 37, 12, 12, 50, 93, 98, 108, 132, 162, 162, 176, 181. 38, 7, 33, 43, 97, 122, 196, 262. 39 (VIII 7, 20).
πολλαπλασιάζω 18, 91.
πολλαπλάσιος 21, 53. 23, 270. 26, 174.
πολλαχῇ 8, 127. 28, 226. 36, 147.
πολλαχόθεν 30, 17.
πολλαχόθι 15, 3. 21, 19. 28, 67.
πολλαχοῦ 5, 87. 7, 80. 11, 2, 85. 12, 117, 154. 13, 2. 14, 7, 16. 15, 148. 16, 8. 17, 251. 19, 2. 20, 19, 32. 26, 174. 31, 44. 32, 15, 22. 35, 21.
πολλαχῶς 4, 51. 19, 177. 21, 77. 26, 38. 36, 3.
πολλοστός 21, 204. 23, 232. 33, 128.
πόλος 17, 147. 36, 30.
πολυανδρία 39 (VIII 6, 1).
πολύανδρος 19, 114, 153.
πολυανθρωπία 9, 1. 25, 8. 26, 55. 28, 141. 33, 66, 172. 37, 45. 38, 214, 226.
πολυάνθρωπος 10, 148, 178. 16, 104. 18, 3. 22, 83, 121. 23, 141, 170, 180. 24, 63, 251. 25, 149, 222, 233, 240, 263. 26, 156, 159, 163, 232, 281. 27, 37, 127, 152. 28, 2, 7, 78, 133, 321. 29, 170. 30, 11, 96, 101, 169. 31, 28, 47, 50, 156. 32, 34, 64. 33, 57, 95, 109, 133. 34, 74, 75. 35, 18. 37, 136. 38, 83, 132, 200. 39 (VIII 11, 1).
πολυάργυρος 19, 25. 23, 209.
πολυαρχία 28, 331. 31, 178. 32, 179. 38, 149.
πολύβυθος 1, 29.
πολυγαμία 19, 153.
πολυγονία 28, 7.
πολύγονος 18, 3. 22, 14. 28, 7. 32, 142.

πολυγώνιος 13, 183. 18, 146.
πολύγωνον 27, 22.
πολυδεής 32, 9, 9.
πολυειδής 24, 34. 25, 299. 27, 83. 35, 49. 38, 111.
πολύεργος 22, 48.
πολυετής 22, 144. 29, 207. 31, 169. 35, 67.
πολυετία 14, 7, 24. 17, 290. 23, 182. 24, 255. 26, 223.
πολύζωος 1, 85. 23, 209.
πολυήμερος 17, 34, 162. 24, 181. 27, 161.
πολύηχος 13, 98, 102.
πολυθεΐα 20, 205.
πολύθεος 1, 171. 13, 110. 15, 42, 144. 16, 69, 69, 69. 17, 169. 19, 114. 20, 205. 27, 65. 32, 214, 221. 33, 162.
πολυκέφαλος 22, 14.
πολυκληματέω 11, 6.
πολύκλινος 35, 49.
πολυκοιρανία 15, 170. 38, 149.
πολυμάθεια 18, 15, 20. 21, 205.
πολυμαθής 10, 107. 12, 80.
πολυμέρεια 17, 236.
πολυμήχανος 7, 65. 22, 134.
πολυμιγής 12, 44. 19, 114, 129. 22, 15. 24, 84.
πολυμιγία 15, 144. 16, 24.
πολύμορφος 1, 41. 8, 47. 10, 2. 13, 170. 19, 129. 21, 202. 22, 14. 24, 34. 28, 90.
Πολυξένη 34, 116.
πολυοινία 12, 146. 13, 22.
πολυορκία 27, 92. 29, 8.
πολυπαιδία 23, 196. 25, 240.
πολύπαις 24, 187. 32, 207. 33, 60, 61, 110, 158. 39 (VIII 11, 13).
πολυπλασιάζω 1, 51, 93, 93. 12, 75. 19, 186.
πολυπλάσιος 27, 20, 21. 29, 97, 233.
πολυπληθέω 4, 139. 16, 60, 64.
πολύπλοκος 3, 74, 75. 7, 6. 11, 97, 103. 12, 24. 13, 189. 22, 66.
πολύπολις 37, 163.
πολυποσία 22, 181.
πολύπους 13, 172. 16, 65, 69. 31, 113, 113, 113.
πολυπραγμονέω 19, 162, 162. 20, 86. 21, 54. 30, 171. 36, 138.
πολυπραγμονητέον 30, 77.

πολυπράγμων 23, 20. 28, 69.
πολύς, πλείων, πλεῖστος passim.
πολυσαρκία 26, 185. 29, 35, 91.
πολύστροφος 35, 80.
πολυσχιδής 1, 69, 131. 3, 75. 10, 2. 25, 117. 28, 335. 29, 63.
πολυτέλεια 1, 164. 25, 152, 153, 256. 27, 71. 28, 71, 73, 95, 276. 29, 19, 20. 31, 101. 32, 8. 33, 99. 35, 48, 53. 37, 91. 38, 14, 157, 344. 39 (VIII 11, 11).
πολυτελής 1, 158. 4, 156. 5, 104. 6, 21, 21, 23. 7, 20. 8, 142. 10, 146. 12, 65. 13, 211. 17, 158, 158. 18, 19. 19, 31. 21, 123, 124, 125, 224. 22, 53, 54, 57. 24, 23, 196, 205, 234. 25, 275, 317. 26, 23, 42, 72, 95, 111, 112. 27, 133. 28, 87, 176, 271. 29, 193. 32, 39. 34, 66. 35, 37, 69, 74. 37, 69. 38, 151, 185, 319, 358.
πολυτόκος 17, 211.
πολύτροπος 8, 47. 12, 31, 44. 13, 36, 86, 113, 170. 16, 152, 154. 17, 288. 19, 183. 21, 202. 22, 14, 134. 24, 32. 25, 117. 26, 289. 27, 83, 169. 30, 93, 121. 32, 5, 134. 33, 11, 142. 35, 39. 36, 129. 37, 3, 66. 38, 80, 127, 149.
πολυφαγία 22, 205.
πολύφημος 13, 92.
πολυφόρος 13, 26.
πολύφωνος 13, 98.
πολυχειρία 37, 111.
πολύχηλος 31, 109.
πολύχους 2, 102. 8, 137. 13, 26. 23, 19. 27, 169. 32, 10. 33, 61.
πολυχρηματία 14, 67. 20, 227. 25, 155. 29, 23.
πολυχρήματος 19, 28. 20, 91. 21, 155. 24, 76. 28, 151. 32, 170. 37, 130, 148.
πολυχρόνιος 6, 124. 14, 22. 17, 290. 20, 178. 23, 271. 24, 256. 25, 5. 29, 262. 33, 80, 117. 34, 137. 39 (VIII 11, 7).
πολύχρυσος 19, 16, 25. 23, 209. 32, 85.
πολυχρώματος 13, 172.
πολυψηφία 38, 149.

109, 109. 25, 6, 10, 14, 99,
101, 105, 114, 116, 117, 144,
154, 192, 202, 212, 228, 265,
289, 319, 321. 26, 54, 63,
195. 28, 34, 158, 210, 262,
300, 322. 29, 143, 147, 172.
30, 114. 32, 6. 33, 41, 90.
34, 115. 35, 54. 36, 62, 66,
147, 148. 37, 63, 92. 38,
10, 129, 155.

ποταπός 2, 91. 38, 370.

πότε, ποτέ 1, 16, 156. 2, 20,
43, 72, 99. 3, 27. 4, 74, 116,
128. 5, 27, 58, 82, 114, 130.
6, 26, 49, 55, 69, 79, 89, 128.
7, 76, 133, 143, 143, 143,
143, 143. 8, 13, 82, 163, 164,
178. 9, 12, 13, 13, 21, 33.
10, 134, 173, 174, 177, 177.
11, 27, 27, 88, 90, 110, 147,
176. 12, 5, 89, 89, 146, 177.
13, 101, 146. 14, 15. 15,
50, 92, 101, 106, 114, 114,
136, 174, 196. 16, 24, 26,
138, 139, 156, 210, 214, 214,
222, 224. 17, 6, 7, 19, 78,
142, 206, 249, 285, 291. 18,
42, 167. 19, 57, 57, 62, 113,
149, 151, 152, 155, 161, 181,
191. 20, 103, 103, 118, 139.
21, 124, 140, 143, 143, 164.
22, 15, 86, 99, 116, 140, 182,
187, 207, 226, 282, 283, 300.
23, 140, 159, 206, 207. 24,
9, 15, 33, 33, 67, 87, 124, 127,
215, 244, 255, 263. 25, 146,
161, 164, 186, 212, 290, 320.
26, 60, 61, 203, 229. 27,
2, 32, 40, 58, 75. 28, 30, 30,
30, 30, 49, 68, 154, 211, 215,
230, 246, 335. 29, 4, 68, 87,
198, 252. 30, 1, 21, 29, 90,
121, 166. 31, 173, 223. 32,
56, 153. 33, 63, 71, 88, 88,
153. 34, 26, 36, 125. 35, 75.
36, 53, 53, 66, 71, 72, 95,
115. 37, 80, 94, 94, 127, 138,
165, 169, 172, 183. 38, 29,
48, 61, 102, 111, 154, 292,
329, 363. 39 (VIII 6, 5),
(VIII 6, 6), (VIII 6, 8).

πότερος, πότερον 1, 155.
3, 16, 16, 19. 4, 13, 168.
8, 40. 11, 118, 155. 15, 67.
19, 151. 21, 22, 23. 23,
160, 160, 160, 160. 25, 27,
78. 27, 90. 30, 141, 190.
32, 113. 34, 104. 36, 48.

37, 159. 39 (VIII 6, 6),
(VIII 6, 8).

ποτήριον 10, 77. 22, 159, 159,
159, 200, 203.

ποτίζω 1, 131. 2, 28, 63, 65,
65. 3, 86, 86, 86, 87. 4, 82.
8, 125, 126, 126, 126, 127,
127, 128, 130, 132, 132, 132,
139, 139, 147, 148, 151, 153,
158, 164, 176, 176. 10, 37.
13, 166. 15, 38. 19, 178,
181, 182, 187, 195. 20, 111.
22, 241, 242.

πότιμος 1, 131. 3, 32. 4, 12,
184. 8, 125, 129, 147, 155.
10, 96. 13, 12. 17, 136.
19, 200. 20, 113. 21, 18, 18.
22, 259. 25, 101, 144, 186.
27, 15, 16. 28, 300, 321.
29, 29, 62. 31, 56. 34, 13.

ποτισμός 8, 10, 124, 126, 170.

ποτιστήριον 8, 132, 150.

ποτνιάομαι 13, 224. 17, 37.
20, 228. 22, 140, 149, 299.
23, 6. 24, 171. 25, 47.
26, 201. 28, 42, 97. 29, 15.
32, 57, 63.

ποτόν 1, 119, 133. 2, 83, 86.
3, 87. 4, 141, 147, 161, 239.
6, 23, 85. 7, 19, 116. 10,
156. 11, 36. 12, 79. 13, 73,
106, 112, 131, 211, 214, 218.
18, 172. 19, 199, 202. 21,
36, 124. 22, 48, 60, 157. 24,
152, 155. 25, 53, 55, 99, 181,
182, 211, 215, 243, 255, 255,
284. 26, 24, 68, 69, 148.
27, 12, 17, 159. 28, 126, 127,
148, 303. 29, 195, 198, 199,
201, 203. 30, 61. 31, 81, 82.
32, 6, 30, 86, 104, 130, 130.
35, 3, 25, 34, 37, 56. 37,
178. 38, 82.

πότος 12, 160. 28, 304.
35, 46.

ποῦ, πού 1, 6. 3, 69. 4, 49,
51, 51, 51, 52, 53, 54, 122.
5, 51, 114, 114, 114, 114, 114,
114, 114, 117. 6, 35, 121.
7, 5, 25, 25, 57, 59, 61, 153.
9, 35. 10, 42, 74, 103. 11,
24, 28, 36, 51, 111, 176. 12,
54, 90, 108. 13, 61, 99, 172.
14, 8. 15, 6, 52. 16, 16,
182, 195, 218. 17, 161, 163,
188, 279. 18, 123, 176. 19,
1, 32, 115, 127, 132, 133, 134,
134, 135, 149, 197, 203, 206.
20, 35, 119. 21, 6, 32, 184,

192. 22, 52. 23, 173, 230,
263. 24, 87, 128, 136, 136,
136. 25, 6, 26, 111, 141.
26, 115, 263. 28, 166, 265.
29, 49, 132. 31, 83, 136.
32, 30. 33, 111, 132. 34,
66, 143. 35, 3, 69. 36, 65,
78. 37, 88, 92, 167. 38, 56,
112, 138, 140, 194, 240, 271,
307. 39 (VIII 7, 9).

πούς 1, 86, 163. 2, 12. 3, 105.
4, 105, 139, 141, 142, 143,
144, 144. 5, 81, 100. 6, 25,
38, 63, 96. 8, 24, 80, 151.
10, 75, 127, 182. 11, 22, 75,
101, 115. 12, 16, 111. 13,
101, 106, 167. 15, 3, 38, 38,
38, 96, 98, 113. 16, 64, 98,
103. 17, 70, 151, 151, 239.
18, 28, 55. 20, 256. 21,
131. 22, 229, 278. 25, 15,
128, 270, 271. 26, 118, 138,
150, 150. 27, 74. 28, 166,
199, 206, 207, 232, 341. 30,
106, 184. 31, 83, 114, 198,
200. 32, 43. 34, 2, 26, 141.
36, 48, 48, 49, 49, 50, 51.
37, 70. 38, 267.

πρᾶγμα 1, 66, 114, 127, 129,
150. 2, 87. 3, 15, 15, 27, 98,
102, 105. 4, 3, 12, 15, 33, 45,
50, 90, 91, 108, 109, 120,
205, 230, 251. 5, 1, 30, 35,
36, 56, 56, 56, 56, 69, 129.
6, 15, 63, 64, 69, 85, 87, 91,
102, 115. 7, 11, 12, 22, 68,
87, 129, 165. 8, 13, 18, 25,
34, 57, 83, 93, 96, 100, 108,
110, 111, 142, 151, 175, 178.
9, 15, 28, 51. 10, 22, 29,
45, 46, 71, 90, 93, 139, 145,
171, 172, 177, 179. 11, 1, 2,
13, 26, 28, 46, 47, 118, 134,
136, 142, 152, 179. 12, 27,
71, 144, 146, 150. 13, 6, 62,
98, 160, 167, 189, 199, 204,
205, 220. 14, 6, 40. 15,
21, 74, 140, 144, 175, 183,
184, 190. 16, 12, 12, 19, 35,
76, 77, 88, 89, 110, 171, 205,
214, 216. 17, 1, 13, 63, 66,
72, 114, 130, 143, 161, 180,
213, 235, 240, 242, 246, 279,
307, 312. 18, 44, 125, 129,
135, 138. 19, 35, 36, 49, 62,
121, 122, 122, 143, 153, 161.
20, 8, 9, 13, 37, 56, 60, 80,
148, 150, 151, 173, 179, 201,
205, 210, 249, 252, 266. 21,

πρέσβυς, πρεσβύτερος, –τατος 1, 16, 26, 100, 130, 133. 3, 3, 6, 73, 97, 97. 4, 90, 90, 92, 175, 191, 191, 218. 6, 11, 11, 14, 17, 42, 77, 77, 77, 77, 88, 131, 134. 7, 82, 118. 8, 62, 62, 63, 64, 89, 89, 90, 91, 99, 138, 181. 9, 24, 24, 24. 10, 31, 76, 108, 120, 145. 12, 59, 121, 139, 161. 13, 42, 47, 48, 48, 49, 50, 51, 75, 165, 165. 14, 7, 13, 13, 15, 16, 17, 17, 18, 18, 18, 19, 19, 19, 20, 20, 22, 22, 26, 27, 28, 47. 15, 27, 55, 63, 124, 124, 146, 147, 180. 16, 6, 116, 159, 159, 181, 198, 199, 201, 205. 17, 48, 49, 104, 115, 116, 166, 199, 205, 301. 18, 32, 38, 110. 19, 51, 67, 94, 101, 110, 186, 198. 20, 15, 94, 97, 166, 172, 217. 21, 75, 163, 168, 190, 230, 240. 22, 135, 141, 221, 223. 23, 6, 121, 123, 170, 218, 218, 219, 270, 271, 271, 274. 24, 1, 13, 16, 127, 173, 176, 176, 188, 203, 217, 223, 242. 25, 4, 134, 258, 268, 281. 26, 31, 59, 99, 175, 219. 27, 53, 69, 166. 28, 31, 331. 29, 5, 5, 65, 133, 133, 137, 166, 177, 226, 227, 228, 234. 30, 23, 134. 31, 96, 230. 32, 34, 62, 65, 199, 212, 213. 33, 40, 75, 91. 34, 81, 87. 35, 31, 67, 67, 73. 36, 13, 57. 38, 5, 172, 289, 301, 354, 369.

πρεσβύτης 1, 105, 105, 105. 5, 68. 8, 71, 109. 11, 56. 15, 28. 19, 107. 24, 223, 227, 253. 25, 147. 27, 42, 94, 165, 167. 29, 19, 33, 145, 237, 238. 37, 74. 38, 142, 227. 39 (VIII 11, 13).

πρεσβυτικός 20, 48.

πρεσβῦτις 29, 33, 237. 38, 227.

πρήϑω 4, 148, 150.

πρηνής → πρανής

πρίαμαι 24, 38, 45, 58. 25, 36. 29, 114, 117, 121. 31, 18. 34, 37, 38, 40, 100, 101, 102, 124. 37, 64, 168.

Πριηνεύς 34, 153.

πρίν 1, 78, 114, 129, 159. 2, 22, 22, 23, 26. 4, 14, 67, 87, 88, 190, 202, 242, 244, 244. 5, 50. 6, 31, 58, 135. 7, 12, 32, 39, 42. 8, 16, 145, 163, 176, 185.

9, 29, 62. 10, 132, 177. 11, 59, 76, 91, 163. 12, 96, 107, 161, 176. 13, 3, 47, 49, 167. 15, 38, 118, 121, 140. 16, 138, 138, 142. 18, 19, 41. 19, 165, 168. 20, 158. 21, 11, 56, 112. 22, 146, 182, 221. 23, 5, 182, 226. 24, 78, 126, 130, 200. 25, 68, 232, 254, 263, 298. 26, 217. 27, 12, 80. 28, 276, 311. 29, 98, 179, 180. 30, 17, 103. 31, 7, 99, 160. 32, 142, 157, 165. 33, 5, 62. 34, 25, 99, 115. 35, 46. 36, 142. 37, 114, 130. 38, 25, 364. 39 (VIII 11, 6).

πρῖνος 38, 127.

πρό 1, 26, 33, 45, 46, 49, 129, 140, 143. 2, 21, 21 24, 24. 3, 2, 11, 13, 46, 56. 4, 4, 4, 77, 85, 86, 146, 236. 5, 6, 28, 67, 96, 114, 114, 120. 6, 12, 44, 44, 62, 67, 67, 78, 136. 7, 37. 8, 32, 38, 59, 60, 67, 89. 9, 35. 10, 50, 50, 58, 76, 102, 131, 174, 174, 182. 11, 43, 43, 48, 167, 168, 171. 12, 123, 163. 13, 1, 31, 34, 42, 167. 14, 8, 14, 68. 15, 1, 57, 109, 109, 138, 138, 140, 159. 16, 45, 61, 61, 76, 174, 183, 183, 200. 17, 1, 165, 165, 251, 254, 291, 310. 18, 49, 49, 138. 19, 3, 31, 58. 20, 12, 27, 46, 97, 160, 161, 161, 163, 163, 165, 177, 227. 21, 1, 65, 70, 77, 81, 92, 95, 101, 112, 117, 117, 166, 211. 22, 8, 9, 70, 70, 84, 106, 106, 106, 106, 221. 23, 46, 60, 66, 178, 200, 221, 234, 242, 257, 270. 24, 16, 43, 59, 79, 162, 187, 187, 191, 221, 222, 258, 258, 262. 25, 16, 46, 62, 191, 205, 207, 259, 321, 328. 26, 154, 172, 194, 214, 227, 258, 263, 271. 27, 1, 4, 47, 66, 118, 124, 141. 28, 31, 54, 127, 171, 180, 269, 271. 29, 1, 21, 122, 133, 166, 166, 166, 196, 209, 239, 245, 255. 30, 29, 30, 115, 152, 180. 31, 10, 70, 137, 142, 220. 32, 7, 17, 145, 147, 149, 157, 180, 218. 33, 8, 8, 12, 33, 54, 124, 146, 161, 165, 166, 168, 170, 171. 34, 118, 120. 35, 7, 34, 44, 52, 66, 81. 36, 31, 68, 145. 37, 2, 8, 9, 18, 62, 79, 92, 126, 126, 147,

152, 163, 173. 38, 2, 14, 15, 56, 56, 63, 67, 96, 107, 141, 179, 222, 244, 285, 300, 327, 336, 337.

προαγορεύω 22, 2. 28, 22.

προάγω 4, 19, 77. 6, 8. 7, 85, 127. 12, 167. 13, 152. 15, 147. 17, 87. 19, 161. 20, 199. 21, 101. 22, 292. 24, 12, 46. 25, 150, 158. 30, 109. 35, 78.

προαγωγεία 30, 31.

προάγων 6, 4. 19, 36. 24, 3. 25, 133. 31, 121.

προαγωνίζομαι 10, 38. 11, 78. 25, 333. 26, 252, 273. 27, 114. 28, 55. 30, 85. 32, 27, 45. 33, 157.

προαγωνιστής 1, 160. 21, 103. 23, 232. 30, 75, 132. 33, 59. 37, 170. 38, 144.

προαδικέω 25, 303.

προαίρεσις 5, 32. 6, 11. 7, 60. 9, 50. 10, 102, 114. 11, 60. 13, 46. 19, 204. 22, 47. 23, 251. 24, 150. 25, 161, 287. 26, 106, 177. 28, 59, 102, 243. 30, 86. 31, 194, 224. 33, 4. 34, 89. 35, 2, 17, 29, 32, 67, 79. 37, 144. 38, 114, 230, 316, 321. 39 (VIII 11, 2).

προαιρετικός 10, 47, 49. 12, 88. 21, 22.

προαιρέω 2, 87. 3, 32, 85. 4, 3, 85. 6, 39. 12, 92. 16, 60. 19, 151. 20, 34. 23, 127. 24, 148, 193. 25, 134, 325. 29, 37, 132, 137. 30, 85. 31, 32. 34, 96. 38, 98, 115, 298.

προαισθάνομαι 30, 95, 115, [146], 148. 37, 110. 38, 258.

προακούω 13, 160. 17, 63.

προαλγέω 30, 160.

προαλίσκομαι 37, 7.

προαναιρέω 38, 107.

προανακρούομαι 27, 150.

προαναλίσκω 25, 114.

προαναπίπτω 5, 82. 10, 66. 24, 113. 25, 38.

προαναφθέγγομαι 22, 160.

προανείργω 28, 325.

προανθέω 20, 161. 31, 209.

προανίστημι 38, 258.

προαπαντάω 4, 215, 215. 10, 93. 15, 162. 18, 35, 123. 19, 166. 25, 22. 32, 98, 185. 33, 167.

προαποθνήσκω 4, 227. 23,

πρόσπολος 28, 242.
προσπορεύομαι 13, 127, 138.
προσπταίω 11, 101. 13, 167.
15, 14. 22, 102. 24, 179.
29. 2³
προσπυνθάνομαι 16, 213.
πρόσραξις 36, 8.
πρόσρησις 1, 15, 149. 7, 22.
9, 16, 16, 62. 11, 1, 28. 12,
86, 155. 14, 20, 28. 15, 62.
17, 22, 261. 18, 112. 19, 51.
20, 12, 15, 59, 83, 88, 254.
23, 1, 10, 27, 50, 270. 25,
76, 158. 26, 171, 205. 27,
51, 53. 28, 248, 341. 29, 80,
179, 254. 35, 2. 37, 59. 38,
180, 353, 355.
προσριζόω 7, 85. 9, 31. 12,
31. 17, 239, 268. 18, 21, 84.
21, 54.
προσσαίνω 9, 35. 22, 51.
23, 212. 33, 89. 34, 90.
προσσυναποβάλλω 29, 76.
πρόσταγμα 1, 168. 3, 59. 6,
72. 13, 37. 17, 8. 18, 86, 86.
20, 104. 23, 275. 25, 15.
27, 132. 33, 79, 98. 34, 3.
προστακτικός 19, 104. 24, 29.
πρόσταξις 1, 46. 2, 93, 93, 93,
94, 94. 4, 144, 144, 243. 6,
53, 107. 10, 53. 11, 148.
12, 139. 13, 18, 37, 91, 95,
130, 135. 14, 22. 15, 17.
16, 7, 128, 143. 18, 87, 94,
120. 19, 100, 105. 22, 71.
23, 45, 60. 25, 99, 156.
26, 4, 46, 47, 51, 60, 70, 224.
27, 176. 28, 74, 200, 299.
29, 2, 9, 145, 200, 240, 257.
30, 8, 47, 110, 166. 31, 175,
219. 32, 146. 33, 80. 34, 7.
35, 71, 86. 38, 70, 218, 256.
προστασία 1, 160. 8, 181.
11, 47, 54, 64. 13, 33. 14,
40. 16, 212. 17, 137. 20, 90,
221. 21, 222. 22, 123. 23,
70. 24, 67, 157, 248. 25, 61,
63. 28, 16. 29, 30. 30, 170.
31, 178, 183. 32, 58, 63, 64.
34, 57. 37, 105.
προστατέω 4, 37. 29, 130.
προστάτης 8, 68. 20, 89.
22, 93. 23, 221. 28, 334,
337. 32, 155. 33, 77. 34, 45.
προστάττω 1, 13, 38, 43, 64,
85. 2, 94. 3, 79, 80, 92. 4,
11, 56, 144, 154. 5, 17. 6, 53,
63, 84, 103, 107, 110, 136.
8, 48. 10, 131, 137. 11, 147.

12, 99. 13, 2, 16, 18, 102.
15, 91. 16, 14, 130. 17, 9,
113, 120, 194, 225. 18, 168.
19, 83, 98, 99. 21, 100, 100,
214. 22, 74. 23, 60, 62, 171,
172, 176, 192. 23, 232. 24,
98, 105, 153, 186, 203, 208,
211. 25, 44, 77, 79, 95, 107,
177, 185, 299, 303, 313, 316.
26, 4, 50, 63, 137, 178, 187,
202, 220. 27, 39, 106, 167.
28, 53, 77, 80, 84, 100, 110,
134, 137, 139, 145, 147, 151,
153, 181, 184, 188, 189, 223,
225, 228, 273, 296. 29, 59,
61, 66, 91, 115, 175, 182, 201,
206, 236, 240. 30, 26, 73,
152, 198, 206. 31, 13, 66, 138,
191, 194. 32, 55, 63, 91, 116.
33, 55, 55, 155. 34, 25, 47.
37, 75, 84, 87, 92, 96, 114,
173, 185. 38, 69, 157, 158,
188, 208, 220, 221, 222, 265,
337, 364, 365, 367. 39 (VIII
7, 10), (VIII 7, 16).
προστερατεύομαι 27, 56.
προστήκομαι 32, 92.
προστίθημι 1, 49, 52, 98, 127.
3, 42, 62. 4, 58, 150, 160,
194, 238. 5, 40, 67, 78. 6, 1,
1, 5, 5, 5, 6, 8, 10, 114. 7,
105, 112, 112, 114, 119, 123,
132. 8, 179. 9, 27, 10, 153.
11, 21. 15, 75. 16, 79. 17,
130, 144, 157, 189, 197. 18,
13, 141. 19, 48, 56, 128. 20,
41, 64, 90, 138, 216. 21, 89,
166. 22, 47, 60, 80, 96. 24,
29, 45, 72. 25, 37, 233. 26,
34. 28, 170, 230. 29, 14, 166.
30, 90, 125. 31, 143, 146,
147. 32, 23. 35, 1, 90. 36,
42, 114. 37, 49, 54, 79, 99.
προστρέπω 21, 256.
προστρέχω 8, 132. 23, 107.
25, 16.
προστρίβω 27, 10. 32, 107.
38, 198.
προσυπακούω 16, 49.
προσυπερβάλλω 8, 95. 10,
24. 15, 91. 16, 66. 17, 88.
24, 18. 27, 62, 78. 28, 5,
137, 330. 30, 151. 32, 106,
140, 150. 34, 38, 43. 36, 16,
147.
προσυπογράφω 7, 100. 19,
211. 20, 80.
προσυποδείκνυμι 1, 52.
προσυπομένω 37, 96.

προσυφαίνω 17, 266. 18,
122.
προσφέρω 1, 163, 165, 165.
3, 58, 69. 4, 81, 82, 173. 5,
84. 6, 26, 35, 41, 76, 98, 111,
123. 10, 6, 7. 11, 66, 127.
12, 160, 162. 13, 2, 69, 118,
123, 151, 161, 221. 15, 124.
16, 142. 17, 174, 302. 18,
113, 169. 21, 51. 22, 50, 71,
77, 114, 295. 24, 33, 40, 47,
51, 91, 199. 25, 10, 14, 65,
125, 204, 208. 26, 24, 106.
27, 13, 160. 28, 47, 119, 179,
185, 215, 215, 220, 249, 289.
29, 83, 122, 135, 179, 182,
182, 215. 30, 9, 80, 98, 139.
31, 64, 123. 32, 105. 34,
91, 96. 35, 34. 36, 98. 37,
4. 38, 62, 125, 275, 362. 39
(VIII 7, 7).
προσφεύγω 7, 62. 23, 116.
38, 328. 39 (VIII 7, 9).
προσφιλοκαλέω 17, 158.
προσφιλοτεχνέω 36, 113.
προσφιλοτιμέομαι 16, 98.
προσφορά 32, 130.
πρόσφορος 2, 28. 9, 7. 19,
160. 20, 230. 21, 68. 24,
206. 26, 76.
προσφυής 4, 111, 132, 161,
233. 8, 103. 11, 101. 12, 82.
17, 47. 18, 57. 19, 168, 196.
20, 101. 21, 103, 141. 24,
61. 28, 195, 297. 33, 84, 111.
36, 54.
πρόσφυξ 6, 120. 12, 63. 13,
94. 17, 124. 19, 56. 22, 273.
29, 118.
πρόσφυσις 28, 150. 36, 133.
προσφύω 26, 8. 28, 80. 31,
132. 32, 26. 34, 66. 35, 63.
36, 132.
προσχάσκω 32, 90. 38, 105.
προσχέω 17, 182. 28, 205,
231. 31, 125.
πρόσχημα 24, 85. 37, 20.
προσχράομαι 4, 96. 6, 36,
100. 17, 216. 23, 159. 27,
18. 28, 21. 31, 163. 33, 26.
προσχωρέω 4, 148. 9, 66.
17, 310.
πρόσω 1, 122. 2, 4. 7, 89.
10, 149. 11, 122. 12, 80.
13, 189. 15, 139. 19, 122.
21, 26, 248. 25, 25, 177, 257.
28, 72. 37, 186.
προσωπεῖον 20, 198. 37, 20.
38, 111.

205, 210, 222, 228, 243, 245, 258, 260, 266, 271. 27, 2, 9, 21, 23, 28, 52, 59, 65, 80, 81, 95, 103, 122, 131, 137, 138, 155, 168. 28, 6, 12, 38, 69, 74, 85, 96, 105, 126, 132, 138, 178, 178, 181, 181, 183, 193, 195, 198, 203, 210, 242, 249, 277, 307, 311, 314, 326. 29, 2, 21, 40, 40, 41, 41, 86, 88, 111, 123, 133, ‹133›, 137, 140, 142, 150, 150, 152, 152, [153], 153, 154, 154, 157, 157, ‹157›, 162, 166, 168, 171, 176, 179, 179, 181, 181, 195, 199, 212, 224, 228, 233, 239, 251. 30, 4, 8, 18, 29, 43, 70, 79, 80, 114, 162, 180, 185, 192, 199. 31, 5, 16, 28, 29, 53, 59, 68, 123, 154, 175, 186, 189, 203, 208. 32, 6, 26, 38, 52, 55, 59, 66, 113, 120, 129, 141, 160, 169, 172, 176, 178, 180, 187, 199, 199, 199, 203, 207, 216, 216, 223. 33, 9, 11, 20, 21, 25, 27, 58, 61, 68, 68, 68, 68, 74, 77, 79, 98, 111, 125, 127, 146, 149, 153, 162, 163. 34, 15, 15, 15, 63, 76, 85, 94, 118, 160. 35, 63, 65, 67, 75, 83. 36, 3, [4], 4, 19, 22, 26, 58, 66, 68, 94, 114, 118, 125, 147, 148, 149. 37, 3, 8, 15, 24, 55, 79, 85, 87, 89, 104, 149, 158, 187. 38, 5, 13, 20, 30, 31, 32, 54, 60, 66, 78, 87, 94, 138, 143, 149, 167, 176, 181, 198, 203, 208, 210, 213, 219, 223, 227, 231, 232, 232, 258, 269, 286, 288, 289, 289, 307, 309, 311, 350, 354, 356.

πρωτοστατέω 25, 178. 29, 124, 134.

πρωτοστάτης 25, 257.

πρωτοτοκεύω 3, 48. 6, 19. 14, 21.

πρωτοτόκια, τά 3, 47. 4, 190, 191, 192, 195. 6, 18, 19, 120. 14, 21, 25, 26.

πρωτότοκος 3, 48, 48. 4, 74. 5, 54. 6, 19, 19, 19, 88, 89, 118, 118, 118, 118, 118, 119, 126, 134, 134, 134, 134, 136. 14, 21, 21, 21, 22. 15, 124. 17, 117, 124. 18, 98. 21, 202. 22, 266. 25, 134, 145. 28, 135, 138, 139, 248. 29, 134. 32, 95.

πταῖσμα 18, 28. 24, 150. 29, 71. 30, 27.
πταίω 4, 16, 66, 149. 10, 134. 24, 144. 25, 306. 31, 18, 70.
πτέρνα 3, 94, 99. 4, 65, 188, 188, 190. 11, 94, 106, 107, 107.
πτερνίζω 3, 99, 99. 4, 190, 190, 190, 191. 6, 42, 135. 16, 200. 17, 252. 21, 171.
πτερνιστής 2, 61. 3, 89, 99. 4, 15, 93, 180. 20, 81, 81.
πτερόν 5, 25. 20, 179, 179. 21, 139. 28, 62. 36, 49. 38, 99.
πτερόω 7, 152. 12, 22. 17, 237. 28, 207. 36, 63.
πτέρυξ 13, 182. 31, 110.
πτερύσσομαι, πτερύττομαι 20, 158. 23, 223. 25, 26. 33, 62.
πτέρωσις 17, 238.
πτηνός 1, 63, 66, 68, 70, 147. 3, 11, 11. 5, 20, 47, 111. 6, 66. 7, 152. 12, 12, 14, 145. 13, 136. 15, 6, 24. 17, 126, 132, 139, 230, 238, 240, 301. 20, 120, 178, 235, 245, 247, 247, 248, 250. 22, 212, 213, 288, 294. 23, 264. 25, 130, 192, 218. 26, 60, 97, 98. 27, 79, 115. 28, 162. 30, 8. 31, 100, 116, 118. 33, 8, 62, 80. 38, 99, 139.
πτῆσις 25, 209. 31, 128.
πτίσσω 34, 109.
πτοέω 6, 32. 22, 165. 23, 149. 24, 51. 38, 187, 263.
πτόη → πτοία
πτόησις 17, 251.
πτοία 7, 110. 18, 81. 27, 145. 29, 189. 33, 148.
Πτολεμαῖος 24, 136. 26, 29, 30, 30. 34, 125. 38, 140.
πτύω 3, 66.
πτῶμα 3, 101, 101. 10, 130. 11, 110, 171. 13, 156. 16, 80. 20, 55, 57. 21, 49. 22, 281. 23, 266. 24, 17. 38, 308.
πτῶσις 10, 141.
πτωχός 39 (VIII 7, 6).
πύγαργος 31, 105.
πυγμή 5, 80. 29, 246.
Πυθαγόρειος 1, 100. 2, 15. 34, 2. 36, 12.
πυθμήν 22, 159, 195, 195, 197, 199, 218. 24, 91, 102, 102.
πυθόχρηστος 24, 19. 34, 160.
πυκνός 21, 22. 25, 176. 28,

50. 32, 43. 36, 103, 105. 37, 2.
πυκνότης 4, 115. 13, 185. 21, 20. 22, 58. 25, 123. 29, 8. 31, 212. 34, 26.
πυκνόω 15, 102. 17, 188. 36, 110.
πυκτεύω 11, 113. 18, 46.
πύκτης 30, 174. 34, 146.
πύλη 13, 14. 21, 186, 188, 188, [188]. 26, 214. 31, 142, 142. 37, 122.
πυλών 4, 40. 19, 183, 183.
πυλωρός 19, 145. 23, 15. 28, 31, 156. 33, 74.
πυνθάνομαι 3, 89. 4, 53, 59, 59, 66, 66, 88, 173. 6, 4, 64. 7, 24, 25, 30, 57, 57, 58, 58. 8, 90. 9, 33. 10, 60, 92. 11, 57, 59, 179. 12, 127. 13, 120. 16, 196, 213. 17, 2, 15, 15, 18, 28, 33, 65, 100. 19, 133, 135, 138, 203. 20, 91, 116, 119. 21, 192, 231. 23, 92, 206, 230. 24, 89, 199, 221, 223, 233, 257. 25, 16, 74, 200, 274, 274, 277. 26, 190, 192, 217. 30, 145, 173. 33, 84. 34, 101, 123. 36, 4, 39. 37, 112, 140. 38, 31, 217, 225, 233, 271, 310, 311.
πύξ 30, 105.
πῦρ 1, 146. 2, 8, 91. 4, 225, 225, 225, 229, 234, 248, 248, 248, 249. 5, 31. 6, 80, 80. 7, 8, 154. 8, 158. 9, 7, 25. 10, 60, 79, 107, 153. 11, 36, 51. 12, 3, 3, 4, 6, 10, 10, 12, 108, 120. 13, 133, 134, 190. 14, 43. 15, 1, 84, 156. 16, 91, 99, 99, 120, 165. 17, 134, 135, 136, 146, 146, 197, 198, 226, 251, 251, 281, 282, 308, 308, 309, 310, 311, 312. 18, 55, 117. 19, 110, 132, 133. 21, 21, 22, 23, 85. 22, 50, 125, 212. 23, 1, 138, 140, 157, 171, 173. 24, 78, 160. 25, 65, 65, 65, 66, 67, 68, 70, 70, 96, 97, 119, 124, 143. 26, 53, 55, 56, 58, 88, 88, 106, 133, 148, 154, 155, 158, 158, 219, 219, 219, 220, 220, 254, 263, 286, 287. 27, 31, 33, 44, 46, 48, 48, 49, 53, 54, 122. 28, 97, 199, 223, 245, 254, 262, 267, 285, 286, 290. 29, 65, 65, 183, 215, 251, 251, 255. 31, 26, 26, 27, 28, 29, 29, 56, 83,

118, 125, 223. 32, 9, 135, 162.
33, 38, 153. 34, 96, 101, 108,
119. 35, 3, 3. 36, 8, 20, 25,
29, 33, 33, 33, 33, 45, 54,
61, 85, 85, 85, 86, 86, 87, 87,
89, 89, 90, 93, 94, 99, 102,
103, 105, 105, 107, 107, 110,
110, 115, 115, 115, 123, 127,
135, 135, 136, 136, 136, 137,
146, 147, 148, 148. 37, 67, 67,
68, 84. 38, 125, 125, 126,
126, 130, 130, 132, 132. 39
(VIII 7, 6).
πυρά, ή 15, 157. 16, 123. 23,
182, 182.
πυραμίς 1, 50.
πυραμοειδής 1, 50.
πύργος 8, 53. 15, 1, 1, 1, 5,
83, 107, 113, 115, 128, 130,
133, 134, 142, 142, 155, 155,
158, 196. 22, 284. 31, 229.
πυρεῖον 22, 186. 28, 72.
πυρετός 1, 125. 14, 45, 45.
33, 143. 38, 125.
πυρίγονος 9, 7. 12, 12. 36, 45.
πυρκαϊά 4, 234.
πυρόεις 17, 224.
πυροπωλέω 24, 178.
πυρός 6, 109. 11, 9. 15, 185.
22, 23. 24, 102, 260. 26, 223.
28, 248. 29, 179, 186. 30, 32.
31, 29, 214. 36, 63, 98.
πυροφόρος 25, 228. 37, 63.
πυρόω 2, 67, 77, 84. 3, 67.
6, 87. 8, 158, 159. 13, 147.
15, 101. 16, 210. 17, 64.
19, 133. 21, 31. 26, 280.
28, 58. 30, 126. 36, 102.
πυρπολέω 13, 27. 27, 63.
38, 197.
πυρρίζω 7, 16.
πυρρός 28, 268.
πυρφόρος 25, 179. 26, 157.
31, 28.
πυρώδης 1, 161. 5, 30. 25, 114.
36, 135.
πυρωπός 13, 173. 30, 193.
πύσμα 4, 60. 7, 58. 11, 140.
18, 149. 19, 206.
πύστις 37, 120, 154.
πω 3, 64. 4, 15. 18, 6, 9.
20, 252. 24, 158, 165, 193.
25, 165, 200. 32, 137. 33, 62.
34, 160. 38, 30.
πωλέω 5, 122. 9, 39. 24, 162.
29, 199. 34, 100. 39 (VIII 7,
2).
πωλητήρ 5, 123.
πωλοδάμνης 11, 71.

πῶλος 30, 47.
πῶμα 26, 95.
πώποτε 6, 25. 8, 118. 18, 152.
21, 24. 23, 192. 25, 152.
26, 29, 192. 30, 124. 33,
150. 34, 117. 38, 11, 224,
309.
πῶς, πως 1, 68, 125. 2, 14,
28, 38, 61, 83, 83, 83, 91, 103,
104, 104. 3, 5, 7, 7, 7, 7, 7,
8, 17, 19, 25, 26, 69, 69, 79,
89. 4, 3, 4, 10, 97, 112, 131,
151, 153, 198, 221, 236. 5, 33,
65, 70. 6, 89. 7, 13, 48, 86,
87, 88, 90, 135, 148, 149, 155,
167. 8, 8, 17, 93, 95, 132, 164.
9, 3, 32, 39, 56. 10, 11.
11, 22, 64, 90, 117, 176. 12, 4,
7, 84. 13, 32, 130, 190, 199.
14, 6. 15, 5, 40, 41, 53, 65,
183. 16, 46, 75, 80, 84, 137,
137, 137, 140. 17, 71, 77, 88, 121,
146, 222, 278, 278. 18, 150.
19, 22, 46, 51, 141. 20, 67,
157, 192, 243. 21, 55, 55, 55,
55, 173, 199, 207. 22, 220,
268. 23, 116, 116, 150, 152,
195. 24, 11, 63, 111, 171, 199,
215, 226, 227, 232. 25, 164.
26, 5, 16, 239, 261. 27, 35,
60, 66, 85, 101, 112, 157, 177.
28, 33, 90, 90, 252, 263, 273,
281. 29, 89, 167, 237. 30, 35,
85, 97, 106, 111, 208, 209.
31, 6, 162, 204. 32, 24, 32,
56, 64, 138. 33, 21, 36, 45,
71, 146, 146. 34, 6, 8, 36, 63.
35, 6, 50. 36, 49, 67, 73,
105, 107. 37, 20, 28, 80.
38, 98, 103, 106, 122, 155,
174, 196, 199, 240, 246, 319,
330, 360. 39 (VIII 6, 8).

ῥάβδος 3, 88, 88, 89, 89, 90, 90,
92. 6, 63. 7, 177. 8, 95, 96, 97.
12, 110, 153. 16, 85. 18, 94,
95. 19, 150. 20, 135. 25, 77,
103, 120. 26, 178, 179. 37, 38.
Ῥαγουήλ 20, 103, 105, 114.
ῥάδιος 1, 66, 86, 166. 3, 39.
4, 105, 131. 5, 36, 78. 7, 14,
49, 95, 110, 144, 151. 8, 2.
9, 47. 10, 93. 11, 76, 86.
12, 123. 13, 134, 150, 165,
173, 192. 15, 14, 89, 183.
16, 220. 17, 92. 18, 152.
19, 50. 20, 119, 212, 218,
241, 251. 21, 6, 75, 223.

22, 131, 197. 23, 5, 59, 73,
185, 240. 24, 252. 25, 128,
147, 230, 250. 26, 249. 27, 77,
125. 28, 28, 43, 105, 230,
299, 325. 29, 3, 25, 87. 30, 94,
107, 130. 31, 50, 52, 88, 109,
112, 124, 185, 215. 32, 34,
47, 54, 80, 193, 196, 196, 205.
33, 6, 91, 117. 34, 8. 36, 58,
97, 102. 38, 250, 368. 39 (VIII
7, 14), (VIII 7, 15).
ῥᾳδιουργέω 39 (VIII 7, 14).
ῥᾳδιουργία 5, 80.
ῥᾳδιουργός 6, 32. 7, 165.
8, 43. 15, 152. 22, 148.
ῥᾳθυμέω 16, 133. 28, 128.
29, 240.
ῥᾳθυμία 10, 152, 164. 11, 39,
149. 13, 21. 19, 122. 21, 8.
29, 6, 60, 99. 30, 147, 167.
33, 12. 34, 71, 103. 36, 11,
16.
ῥᾴθυμος 6, 113. 11, 34, 66.
16, 89. 22, 114. 36, 146.
ῥάκιον 21, 96.
Ῥαμεσσή 8, 54, 56. 21, 77.
ῥαντός 21, 189, 200, 208, 213,
216, 219. 22, 19.
ῥαστώνη 6, 29, 35, 37. 11, 103.
16, 211. 20, 170, 170. 26, 21.
29, 67. 39 (VIII 7, 17).
Ῥαχήλ 3, 46, 47, 94. 4, 20,
146, 180, 180. 7, 3. 8, 135,
179, 179. 13, 54. 14, 12. 17, 51,
175. 18, 25, 26, 31, 32. 20, 96.
22, 16.
ῥαψῳδέω 16, 111.
ῥαψῳδία 35, 17.
Ῥεβέκκα 4, 88. 5, 41, 47.
6, 4. 7, 30, 45. 8, 62, 132,
133, 136, 137, 146. 12, 169,
169. 16, 208. 18, 37, 129.
19, 23, 24, 44, 45, 49, 51,
194. 21, 46.
ῥεῖα 36, 37.
ῥεῖθρον 1, 80, 133. 6, 66.
23, 43. 25, 101, 115, 212.
26, 63. 32, 6.
ῥέπω 1, 155. 16, 13. 26, 248.
33, 63.
ῥεῦμα 2, 28, 64. 6, 66. 7, 117,
174. 8, 112, 163, 164. 10, 178,
181. 12, 24, 162. 14, 3. 15,
23, 33. 17, 32. 20, 107. 22,
13, 275, 302. 24, 130, 141.
25, 121. 33, 73, 145. 36,
147.
ῥέω 1, 52, 144. 6, 61, 82.
7, 92. 8, 163. 9, 22. 10, 176.

23, 264. 27, 67. 38, 193, 370.
Σαλήμ 4, 79, 81.
Σαλομών 18, 177.
σάλος 3, 90. 5, 12, ‹13›, 38. 6, 13, 90, 90. 8, 22, 22, 32. 10, 26. 14, 44, 45, 48. 15, 32. 18, 60. 22, 225. 31, 139. 34, 24.
Σαλπαάδ 16, 205. 26, 234, 239.
σάλπιγξ 27, 33, 44, 159. 28, 186. 29, 188, 189, 190, 192, 193.
σαλπίζω 29, 188.
Σαμουήλ 10, 5, 10, 11. 13, 143, 144. 16, 196. 21, 254, 254.
σανίς 38, 129.
Σαούλ 16, 196.
σαπρός 11, 153.
σάπφειρος 2, 81, 81, 81. 15, 96.
Σάρα 4, 217, 217. 5, 5, 7. 18, 1, 1, 2, 6, 9, 11, 12. 19, 1, 1, 1. 20, 61, 77, 78, 130.
Σαρδαναπάλλοι 31, 122.
σάρδιον 2, 81.
σαρκάζω 38, 353.
σάρκινος 3, 20. 6, 63.
σαρκοβόρος 22, 49. 24, 25. 25, 43. 28, 164. 30, 115. 31, 104, 116.
σαρκοφαγία 31, 119.
Σαρμάτης 38, 10.
σάρξ 1, 124. 2, 76, 76. 3, 20, 20, 37, 38, 38, 40, 40, 41, 41, 49, 49, 50, 50. 4, 152, 158, 202. 7, 80, 84, 84. 8, 67. 9, 19, 29, 29, 29, 30, 31, 32, 32, 32, 34, 35, 40, 40, 45, 65, 65. 10, 2, 56, 140, 141, 141, 142, 142, 142, 143, 143. 11, 25, 44, 97. 13, 69, 87. 16, 14, 29. 17, 56, 56, 57, 71, 243, 268. 20, 32, 174. 22, 67, 216, 216, 232. 23, 155, 164, 164. 24, 78, 96. 25, 54, 109, 130. 28, 118, 176. 30, 115. 31, 103, 114, 122. 32, 58, [78], 136. 33, 134. 34, 25, 26, 99. 37, 71.
Σάρρα 3, 82. 4, 85, 85, 217, 217, 218, 218, 244, 245. 5, 3, 7, 9, 10, 41, 45, 50. 6, 59. 7, 28, 59, 123, 124. 8, 62, 76, 130, 134. 13, 59. 16, 126, 126, 140, 140. 17, 62, 258. 18, 23, 23, 63, 68, 69, 71, 73, 78, 139, 180. 19, 128.

20, 61, 77, 78, 130, 143, 166, 176, 253, 255. 23, 99, 132, 206.
σατραπεία 25, 34. 38, 216, 282.
σατράπης 27, 61. 31, 177. 38, 292.
Σαττίν 21, 89.
σαφήνεια 4, 120, 122, 123, 123, 123, 124, 124, 127, 128, 128, 140. 5, 128. 8, 105. 27, 33.
σαφηνίζω 4, 230.
σαφής 1, 93, 96, 147. 4, 120, 120, 121, 121, 122, 133. 5, 48, 56. 6, 112. 7, 52, 155. 8, 38, 90. 10, 23. 12, 48, 115, 118, 121, 134, 153, 174. 13, 117, 166, 198, 204. 14, 56, 62. 15, 57, 140, 141. 16, 19, 35, 51, 136, 137, 166, 185, 190. 17, 92, 216, 286. 18, 85, 90. 19, 54, 193, 204. 20, 66, 153. 21, 13, 21, 26, 39, 60, 71, 82, 116, 156, 230. 22, 3, 97, 171, 220, 228. 23, 39, 75, 114, 141, 204, 226, 247, 253. 24, 145, 158, 188, 235. 25, 31, 207, 223, 247, 261, 329. 26, 11, 40, 142, 154. 27, 15, 59, 91. 28, 39, 64, 69, 85, 164, 202, 290, 338. 29, 112, 161. 30, 140. 31, 173. 32, 34, 55, 210. 33, 79. 34, 21, 54, 91, 92. 36, 49. 37, 76, 96, 170, 174. 38, 317, 317.
σβέννυμι 2, 46. 3, 25. 6, 15. 10, 78. 12, 10. 13, 27, 73, 168, 168, 212. 14, 43. 17, 89. 19, 61. 21, 19, 31. 23, 137, 140. 24, 10. 25, 118, 124. 26, 271. 28, 288. 29, 47. 32, 135, 191. 33, 171. 36, 86, 89, 89, 91, 102, 127. 37, 165. 38, 130.
σβέσις 23, 157, 258. 30, 36. 31, 118. 36, 91, 92, 103, 110.
σβεστήριος 8, 71. 12, 144. 31, 26.
σεαυτοῦ, σαυτοῦ 2, 48, 48, 51, 51, 51. 3, 79, 79. 4, 17, 27, 36, 47, 74, 101, 193, 194. 5, 68, 69, 70, 71, 71. 6, 55, 97, 113. 7, 10, 10, 12, 78, 152, 152. 8, 16, 76, 181. 9, 44. 10, 115. 11, 72, 84. 16, 8, 8, 9, 10, 11, 210, 222. 17, 44, 69, 69, 74, 74, 104, 196, 198. 19, 25, 31, 46, 46, 47, 48.

20, 8, 226. 21, 54, 54, 56, 57, 58, 245. 22, 68, 76, 179. 23, 73, 73. 25, 293. 27, 88, 89. 28, 41, 42, 44, 294. 29, 256. 30, 67. 31, 157. 32, 96, 117. 38, 69, 89, 90, 168, 272, 272. 39 (VIII 7, 1), (VIII 7, 2).
σεβασμός 1, 127, 127. 26, 207, 218. 29, 71, 86, 234. 32, 102. 38, 86, 93, 143, 152, 338.
Σεβαστεῖον 38, 151, 305.
Σεβαστή 38, 305.
Σεβαστός 37, 23, 49, 50, 74, 81, 104, 158. 38, 48, 143, 144, 149, 291, 309, 311, 317, 322, 322, 352.
σέβομαι 21, 204. 26, 198, 198. 27, 78. 29, 255. 31, 33. 32, 34, 179.
σειρά 16, 168.
σειραῖος 35, 51.
σειρομάστης 4, 242. 8, 182. 13, 73. 20, 108.
σεισμός 1, 59. 6, 16. 21, 77. 22, 125, 129. 26, 282. 36, 141. 38, 267.
σείω 8, 56. 22, 11, 230. 27, 142. 28, 147, 292. 31, 137.
σελήνη 1, 31, 32, 45, 46, 56, 57, 60, 84, 101, 101, 147, 168. 2, 8. 5, 88. 6, 34. 8, 19. 11, 51. 12, 118. 13, 106, 110. 15, 100, 173. 16, 138, 179, 184. 17, 224, 247, 280. 18, 106, 133. 20, 59, 67. 21, 23, 53, 116, 145, 239. 22, 6, 111, 112, 131, 134. 23, 44, 57, 69, 158, 205. 24, 8, 9, 145. 25, 212. 26, 14, 64, 102, 108, 118, 121, 122, 122. 27, 53, 54, 66. 28, 13, 13, 15, 16, 34, 37, 85, 90, 177, 178, 179, 189, 207, 210, 210, 300, 339. 29, 41, 45, 57, 140, 140, 141, 142, 142, 143, 143, 144, 151, 155, 155, 210, 255. 30, 1, 187, 188. 31, 234. 32, 74, 33, 41. 35, 5, 8. 36, 10, 19, 46, 83.
σεληνιακός 20, 267. 21, 134. 22, 133. 26, 224.
σέλινον 34, 113.
Σελλά 8, 75, 112, 112, 119.
Σεμέλης 34, 130.
σεμίδαλις 6, 59. 17, 174. 18, 102, 103. 20, 234, 245, 245, 249. 22, 71, 71, 73. 28, 179, 256.
Σεμναὶ Θεαί 34, 140.

58, 59, 94, 109, 109, 113, 122, 129, 130, 134, 140, 168, 197, 201. 17, 2, 19, 19, 21, 83, 88, 91, 258, 259, 280, 313. 18, 44, 48, 92, 109, 111, 114, 119. 19, 47, 55, 82, 110, 112, 128, 157, 165, 166, 200. 20, 19, 32, 36, 37, 51, 64, 69, 70, 71, 104, 128, 139, 140, 152, 155, 168, 262, 270. 21, 148, 151, 167, 176, 178, 207, 214. 22, 4, 8, 66, 89, 90, 226, 229, 237, 243, 244, 248, 255, 278. 23, 27, 31, 37, 68, 77, 80, 80, 82, 84, 109, 115, 118, 131, 142, 168, 199, 202, 207, 213, 229, 255, 261, 272, 275. 24, 1, 143, 191. 25, 130. 26, 67, 128. 27, 1, 23. 28, 92, 204, 287. 29, 55, 200. 31, 47, 72, 131, 143. 32, 186, 190, 223, 223. 33, 58, 83, 112, 123. 34, 12, 20, 29, 40, 41, 47, 52, 54, 60, 62, 68, 73, 113, 131, 135, 144, 154. 36, 134. 38, 99, 203.
σπάδων 13, 210. 20, 173.
σπαθάω 19, 28.
σπάθη 37, 78.
σπαθηφόρος 37, 78.
σπάνιος 2, 102. 6, 111. 9, 1, 39. 11, 180. 13, 26, 174. 16, 59, 61, 63, 123. 20, 34, 256. 23, 19. 34, 63, 72, 93.
σπάνις 7, 13. 8, 144. 10, 111. 20, 173. 24, 109, 156. 25, 170, 192, 210, 243, 251. 27, 16, 140. 28, 42. 29, 85, 128. 30, 80. 31, 127, 211. 32, 127, 128, 162. 33, 127, 134, 138. 34, 34. 35, 1, 15, 62. 37, 51, 62. 38, 124, 128, 130.
σπαράσσω, σπαράττω 8, 56. 15, 69. 17, 245. 35, 55. 38, 366.
σπάργανον 6, 15. 13, 51, 198. 14, 24. 21, 151. 22, 9. 23, 112. 25, 88. 28, 313, 332. 29, 239. 31, 68, 150. 34, 98. 38, 54, 115, 170.
σπαργάω 11, 36.
σπαρτίον 4, 24. 13, 105.
σπαρτός 1, 38, 43, 116. 13, 106. 15, 185. 23, 45, 138. 25, 192, 224. 26, 222. 28, 172. 29, 105, 143, 172, 181, 184, 186, 205. 31, 208, 208, 209, 209, 209. 32, 160. 33, 41, 101, 129. 36, 63, 68, 75. 38, 249.
σπασμός 5, 69.

σπασμώδης 4, 160.
σπάω 2, 9. 4, 202. 7, 17. 9, 10. 12, 39, 174. 13, 95, 101, 221. 18, 150. 19, 11, 166. 21, 178. 22, 204. 23, 176. 24, 84. 25, 19, 251, 255. 27, 74. 29, 180. 30, 4. 33, 122. 34, 117. 35, 85. 38, 127.
σπείρω 1, 14, 41, 80. 2, 45, 49, 79, 80. 4, 170, 180, 181, 181, 219, 245. 5, 44, 44, 44, 52, 106. 7, 102. 8, 90, 91, 158, 158, 162, 163, 164, 171, 181. 9, 4. 10, 40, 166. 11, 8, 9, 9, 25. 12, 60, 84. 13, 30, 211, 224. 15, 3, 21, 152, 196, 196. 16, 3, 35, 142. 17, 172, 309. 18, 58, 138. 19, 52, 153, 170, 170, 171, 171. 20, 134, 137, 138, 166, 173, 268, 269, 269. 21, 200. 22, 69, 76, 170, 185. 23, 101, 101, 135. 25, 201, 226. 26, 210. 27, 112, 129, 161, 162. 28, 294, 305. 29, 30, 56, 133, 181. 30, 32. 31, 212. 33, 128. 35, 62, 68. 36, 69, 122. 38, 249, 293, 321.
σπένδω 3, 56. 13, 152. 17, 183. 26, 150. 37, 18.
σπέρμα 1, 44, 67, 67, 68, 103, 123, 132. 2, 13. 3, 37. 4, 40, 65, 65, 68, 150, 170, 185, 185, 185, 186, 188, 203, 225, 227, 233, 242, 249. 5, 46, 49. 6, 123. 7, 60. 8, 10, 124, 125, 135, 163, 164, 170, 170, 171, 172, 173, 180. 9, 11. 10, 16, 87, 130, 137. 12, 48. 13, 30, 211, 212. 14, 36. 16, 24. 17, 2, 8, 8, 34, 37, 65, 86, 121, 267, 313. 18, 7, 16, 95, 123, 130, 131, 146. 20, 134, 150. 21, 3, 3, 3. 22, 16. 24, 260. 25, 279. 26, 60, 104, 180, 180, 180, 181. 28, 7. 29, 65. 30, 36. 32, 134. 33, 12, 141, 172. 34, 71, 105. 35, 62. 36, 69, 94, 94, 94, 95, 95, 96, 97, 97, 98, 98, 98, 99, 100, 101, 101, 103. 38, 54, 108, 141, 166, 293. 39 (VIII 7, 7).
σπερματικός 1, 43. 4, 150. 8, 163, 163. 17, 115, 119. 30, 33. 36, 85, 93, 99. 38, 55.
σπερμολόγος 38, 203.
σπεύδω 1, 162. 4, 179. 6, 59. 7, 129. 8, 132, 132, 140. 17, 164. 20, 2. 22, 156.

23, 43, 47, 86, 87, 108, 233, 269. 24, 137, 182. 25, 10, 35, 55, 71, 168, 274, 326, 326. 26, 151, 165, 181, 184, 248, 254, 256. 27, 146, 148. 28, 42, 253, 330. 29, 102, 146. 31, 31. 32, 185. 33, 15, 24, 46. 34, 71. 36, 30. 37, 82, 178, 186.
σπήλαιον 8, 62. 22, 26, 90.
σπινθήρ 16, 123. 17, 308, 309. 22, 93. 31, 27. 34, 71. 37, 17. 38, 197.
σπλάγχνον 1, 118. 2, 12. 8, 118. 13, 106. 23, 241. 24, 25. 28, 62, 216, 216. 33, 134, 151. 38, 126, 368.
σπλήν 1, 118. 2, 12.
σπογγιά 1, 38. 15, 186.
σπόγγος 15, 186.
σποδοειδής 21, 189, 200, 209, 213, 219. 22, 19.
σποδός 17, 30. 21, 210, 214.
σπονδεῖον 17, 226. 22, 183. 26, 146. 38, 319.
σπονδή 4, 134. 10, 56. 13, 152, 152, 208, 220. 15, 26, 43. 16, 16, 18, 18. 17, 184. 25, 298. 28, 70, 83, 179, 205, 205, 316. 30, 96. 31, 125, 221. 32, 40. 33, 154, 167. 35, 41. 36, 68. 38, 100.
σπονδοφόρος 22, 183.
σπορά 1, 41, 59, 161. 2, 10. 4, 180. 7, 147. 8, 176, 179. 17, 38, 171. 20, 96, 225. 21, 199. 22, 184, 211. 23, 46, 101, 111, 132, 137, 250. 24, 43, 260. 25, 28, 302. 26, 64, 210, 289. 27, 77, 119, 129. 28, 172, 326. 29, 70, 133. 30, 62, 113, 179. 31, 12, 203. 32, 145, 199. 33, 10, 60, 139, 155. 36, 65, 66, 97. 39 (VIII 11, 8).
σποράδην 11, 40. 29, 168. 32, 16.
σποράς 2, 31. 4, 37, 38. 11, 49, 18, 58. 19, 148. 26, 254. 31, 159. 32, 58. 33, 165. 37, 55.
σπόρος 1, 115. 19, 171. 20, 144, 21, 202. 23, 92. 28, 105, 165, 216, 216. 29, 29. 30, 32, 33. 31, 215, 217. 32, 90, 145. 33, 11, 101, 127, 160.
σπουδάζω 1, 86, 144, 158. 3, 108. 4, 45. 5, 6, 95.

στενωπός

7, 119, 119, 130, 140. 11, 33.
15, 92. 20, 24. 23, 22. 25,
10, 14, 137, 182, 248. 26, 225.
29, 87. 30, 4. 33, 72. 37, 88.
38, 116.
στενωπός 1, 17. 8, 50. 25, 104.
37, 71.
στέργω 5, 73. 13, 84. 14, 15,
22, 23. 20, 50. 22, 98. 24, 4,
5, 233. 25, 45. 29, 3, 139.
30, 101. 32, 104, 225. 38,
277.
στερέμνιος 21, 17.
στερεομετρία 1, 98.
στερεός, στερρός 1, 36, 36,
49, 49, 50, 92, 98, 102, 106.
2, 3, 3. 3, 81. 5, 60. 7, 115,
115. 10, 13. 12, 7. 15, 89,
102. 16, 223. 17, 218. 18,
146, 147. 20, 211, 212. 23,
192. 26, 115. 27, 24, 25, 26.
29, 212, 212. 38, 301.
στερέω 3, 46, 63. 4, 38. 5, 59.
19, 17, 18, 18, 19, 80, 107.
26, 225. 29, 55. 32, 123.
36, 29. 38, 152.
στερέωμα 1, 36, 36. 15, 96.
στέρησις 1, 167. 10, 101. 19,
89. 25, 141. 26, 234. 31, 23.
37, 118. 38, 17.
στεριφόομαι 25, 230.
στέριφος 36, 129.
στέρνον 1, 118. 2, 12, 70, 71,
71. 4, 114, 115. 8, 3. 16, 66.
24, 23. 25, 93. 26, 118, 124,
133. 28, 87, 146. 31, 92.
35, 30. 37, 157, 189.
στερνοτυπία 38, 227.
στέρομαι 2, 104. 4, 114. 8, 125.
13, 156. 24, 58. 26, 231, 232.
28, 62. 29, 111, 113, 121.
30, 143, 179, 201, 207. 31, 3,
178. 32, 114. 33, 105, 139.
37, 56, 77, 123, 176. 39 (VIII
7, 4).
στερρότης 10, 22.
στεφάνη 11, 170.
στεφανηφορέω 24, 18, 138.
Στεφανίων 37, 112.
στέφανος 3, 108. 4, 74. 5, 80.
6, 17, 53. 11, 114, 117. 16, 27,
133, 134. 20, 44, 82, 88, 93,
109. 21, 130, 130. 22, 62.
26, 114. 27, 4. 33, 11, 27.
35, 42. 38, 46, 95, 103, 133.
στεφανόω 2, 80. 3, 108. 6, 53.
7, 29. 10, 147. 11, 112, 112,
171. 17, 47. 18, 159. 22, 62.
33, 13, 52. 35, 57. 38, 12.

στῆθος 2, 68, 68. 4, 65, 114,
114, 116, 118, 123, 126, 128,
130, 131, 132, 134, 135, 138,
140, 160. 16, 66. 26, 112.
28, 145, 146.
στηθύνιον 4, 129, 133, 136,
137, 147. 16, 67.
στήλη 1, 128. 4, 225, 230, 230,
230. 13, 164. 17, 167. 19, 121.
21, 13, 172, 189, 241, 242,
244, 245, 247, 247, 248, 249,
249, 252, 256. 25, 276. 27,
50. 28, 31, 280, 328. 30, 36.
31, 1, 41, 61, 149. 34, 46.
38, 133.
στηλιτεύω 7, 75, 125. 13, 141.
15, 74, 106. 16, 85. 17, 176,
258. 18, 58. 19, 122. 23, 4,
158, 177. 26, 108. 27, 65. 28,
92. 31, 69, 142. 32, 15, 51,
95, 210. 34, 95.
στηλογραφέω 17, 30.
στήριγμα 21, 158.
στηρίζω 1, 67, 84. 4, 45, 45.
11, 75, 160. 13, 156. 16, 148.
18, 58. 19, 49. 21, 3, 133,
144, 157, 241. 22, 11, 19.
29, 202. 33, 30.
στιβάς 22, 56. 35, 69.
στιγματίας 34, 10.
στιγμή 5, 36.
στίζω 22, 84.
στίλβων, ὁ 5, 22. 17, 224.
27, 54.
στῖφος 11, 32, 83, 146, 162.
12, 60. 13, 64, 198. 15, 19,
52, 110, 144, 193. 16, 63.
17, 244. 21, 149, 174. 22, 121,
153. 32, 43. 34, 63, 74. 38,
132.
στιφρός 26, 182. 29, 20. 39
(VIII 11, 12).
στίχος 2, 81, 81, 81.
στοά 4, 98. 5, 100. 8, 50.
28, 71, 156. 38, 150, 151.
Στοά 36, 8, 89.
στοιχεῖον 1, 38, 52, 84, 126,
127, 131, 131, 146. 2, 14.
4, 121. 5, 127. 6, 74. 7, 7, 8, 8.
9, 22. 10, 46. 11, 136. 12, 10.
17, 134, 140, 152, 190, 197,
209, 210, 226, 226, 226, 227,
282. 18, 117, 150, 150. 20, 61,
[61], 77. 21, 21, 212. 23, 81,
162. 25, 96, 97, 155, 156, 216.
26, 53, 65, 88, 121, 121, 148,
154, 251, 267, 286. 27, 31.
28, 208, 266, 294, 328. 29,
151, 255. 32, 73. 33, 44.

στοχασμός

35, 3, 4. 36, 6, 29, 61, 74,
78, 82, 90, 103, 107, 109, 111,
113, 116, 123, 144. 37, 55,
125. 38, 80.
στοιχειώδης 9, 7. 10, 104.
11, 181. 16, 179. 17, 102.
29, 177.
στοιχείωσις 11, 140.
στοιχηδόν 24, 160. 31, 203.
37, 92, 156.
στοῖχος 1, 141. 22, 139. 24,
217. 26, 124, 133. 29, 1.
30, 162. 35, 66.
στολή 13, 85, 86. 15, 74.
16, 203. 20, 43. 31, 69.
34, 101. 38, 296.
στόλισις 26, 145.
στόλος 26, 157. 31, 28. 37, 92.
38, 250.
στόμα 1, 119, 123. 2, 12, 36,
74, 74. 4, 103, 103, 174, 176,
176. 5, 116. 6, 61. 7, 23, 39,
92, 100, 102, 134. 8, 55, 85,
182. 10, 84. 11, 21, 53, 133.
12, 133. 13, 103, 191. 15, 33,
36. 16, 47, 71, 80, 81, 81, 81,
84, 114. 17, 14, 25, 25, 110,
266. 18, 30, 170. 19, 31, 86,
182, 197. 20, 56, 91, 107, 107,
139, 177, 178, 237, 238, 240,
243. 21, 29, 235. 22, 60, 132,
165, 180, 275, 278, 280, 302.
23, 29, 42, 191. 24, 214, 246.
25, 84, 84, 93, 115. 26, 127,
198, 239. 27, 32, 74, 91, 93.
28, 241, 272. 30, 78. 32, 183,
183. 33, 80, 118. 34, 68.
38, 66, 125, 162, 191, 280,
360.
στομαργία 28, 53.
στόμαργος 17, 109. 27, 63.
στόμαχος 1, 118. 2, 12. 28,
217, 217. 33, 143.
στόμιον 7, 40, 100, 103. 8, 182.
10, 38, 39. 24, 178, 180, 207.
30, 147, 149.
στομόω 1, 38. 11, 114. 21, 31.
στοργή 30, 91.
στοχάζομαι 1, 10, 58, 132, 150.
4, 72. 5, 55, 73, 91, 99. 8,
141. 11, 40. 16, 95. 17, 224.
20, 153, 231. 24, 89, 116,
162. 25, 16, 26, 151, 164,
245, 264. 28, 140, 194. 29,
106. 31, 39, 213. 32, 22, 146.
33, 33, 43, 52. 36, 126.
38, 42, 236, 246.
στοχασμός 1, 59, 72, 114, 157.
8, 80. 13, 167. 15, 159.

165, 166, 166, 173, 173, 176,
179, 179, 180, 189, 189, 189,
189, 195, 195, 227, 227, 228,
229, 237, 238, 240. **22**, 7, 7,
23, 70, 75, 75, 77, 80, 96, 111,
111, 111, 127, 175, 175, 175, 176,
180, 193, 193, 193, 221, 221,
223, 224, 224, 227, 229, 244,
248, 248, 254, 265, 265. **23**,
74, 74, 131, 131, 131, 132, 132,
206, 224, 261. **24**, 9, 45, 46,
66, 78, 92, 92, 94, 96, 104,
107, 144, 150, 166, 168, 169,
184, 185, 185, 188, 213, 215,
223, 224, 224, 228, 230, 238.
241, 263, 266. **25**, 46, 54,
69, 69, 73, 84, 84, 223, 244,
277, 280, 281, 289, 289, 290,
291, 293, 298, 322, 322, 323,
325, 329, 331, 332. **26**, 235,
239, 252, 252, 273. **27**, 74,
91, 100. **28**, 41, 42, 42, 42, 42,
44, 45, 45, 47, 48, 266, 277, 294,
294, 299, 300, 306, 311, 318.
29, 11, 11, 75, 79, 82, 83, 91,
207, 207, 219, 261. **30**, 53,
61, 155, 166. **31**, 39, 59, 149,
214. **32**, 59, 60, 60, 117, ‹124›,
127, 127, 127, 132, 133, 165,
166, 184, 184, 195, 195, 195,
197. **33**, 111, 128, 128, 131.
34, 25, 48, 68, 68, 68, 96, 99,
101, 101, 112, 115, 124, 124,
125, 144, 144. **37**, 6, 22, 22, 22,
23, 30, 98, 121, 170, 170. **38**,
43, 81, 87, 88, 91, 142, 168,
230, 230, 255, 256, 263, 265,
274, 276, 277, 283, 284, 284,
287, 288, 288, 289, 291, 291,
294, 294, 298, 299, 301, 301,
31], 315, 319, 323, 327, 328,
329, 347, 353, 353, 355. **39**
(VIII 6, 4), (VIII 7, 14), (VIII
7, 20).
Συβαρίτης **30**, 43. **31**, 102.
συβαριτικός **25**, 3.
συγγένεια **1**, 74, 77, 106, 145,
146. **3**, 59. **7**, 88, 159. **9**, 42.
11, 67. **12**, 18. **13**, 61, 224.
15, 150. **16**, 2, 7, 10, 178.
17, 26, 27, 69, 92, 238, 244,
277. **18**, 104, 177. **19**, 88, 112.
20, 114, 127. **22**, 26. **23**, 31,
41, 62, 154, 170. **24**, 45, 172,
185. **25**, 241, 243, 314. **26**,
171, 244, 281. **27**, 41, 107,
127, 152. **28**, 111, 112, 317,
317. **29**, 40, 80, 82, 124, 127,
128, 128, 223, 243. **30**, 16,

25, 28, 126, 155, 158, 178.
31, 122, 159, 159. **32**, 79,
146, 192, 196, 218. **33**, 24,
57, 57, 109, 133, 163. **34**, 79.
35, 9, 18. **38**, 29, 83, 104,
289.
συγγενής **1**, 12, 62, 144, 147,
151, 163. **2**, 4, 17. **3**, 20, 85.
4, 33, 71, 161, 205, 242. **6**, 15,
39. **7**, 18, 82, 109, 164, 165.
8, 30, 45, 52, 136, 153, 172,
180. **9**, 8, 33, 66. **10**, 4, 69,
79, 84. **11**, 26, 45, 141, 154,
155. **12**, 15, 29. **13**, 40, 90.
14, 61. **15**, 6, 30, 76, 90,
183. **16**, 3, 10, 52, 60, 160.
17, 21, 146, 267, 277. **18**, 48,
142. **19**, 17, 39, 191. **20**, 29,
49, 98, 171, 193. **21**, 45, 86,
109, 169, 248. **22**, 82, 83,
205, 266. **23**, 55, 63, 65,
106, 116, 245. **24**, 77, 142.
25, 39, 239, 249, 258, 303,
307, 322. **26**, 8, 9, 171, 220,
225, 226, 243, 265, 273. **27**,
112, 134, 177. **28**, 52, 68, 160,
200, 247, 253, 294, 297. **29**, 19,
126, 127, 129, 204, ‹215›. **30**,
20, 44, 65, 65, 85, 90, 101,
131, 131, 149, 155, 155, 162,
165, 192. **31**, 14, 19, 69, 88,
133, 135, 141, 159, 178, 210.
32, 51, 60, 64, 103, 116, 134,
140, 144, 165, 173, 176, 179,
195, 227. **33**, 17, 36, 92, 162.
34, 1, 9, 21, 35, 71. **35**, 7,
13, 13, 14, 41. **37**, 60, 64,
72, 83. **38**, 110, 138, 321.
συγγενικός **7**, 68. **17**, 12. **18**,
70. **20**, 180. **22**, 107. **23**, 198.
24, 9. **25**, 32. **26**, 230. **28**,
137. **29**, 73. **30**, 27. **32**, 53.
34, 148. **38**, 74, 235.
συγγεννάω **11**, 30. **15**, 136.
31, 68. **33**, 62.
συγγίγνομαι **4**, 42. **23**, 63.
30, 1.
συγγιγνώσκω **25**, 173, 184,
197, 273, 311. **26**, 166. **29**, 15.
33, 137.
συγγνώμη **10**, 134. **19**, 84.
25, 37. **26**, 208. **28**, 42, 67,
235. **29**, 23, 196. **30**, 35,
42, 76, 195. **33**, 166. **37**, 7.
συγγνώμων **30**, 121. **31**, 23.
συγγνωστός **24**, 53, 150. **30**,
121. **32**, 127.
σύγγραμμα **23**, 23. **25**, 3.
35, 29. **36**, 12, 15.

συγγραφεύς **7**, 99. **18**, 15, 148.
21, 52. **26**, 48. **34**, 98.
38, 165.
συγγράφω **26**, 11, 45.
συγγυμνάζω **18**, 141. **38**, 175.
συγκαθαιρέω **38**, 133.
συγκαθαίρω **21**, 177.
συγκαθιερόω **16**, 98. **28**, 179.
συγκαθίζω **17**, 243, 247.
συγκακουργέω **27**, 91.
συγκαλέω **4**, 50. **13**, 98. **25**,
167. **38**, 213.
συγκάμνω **7**, 168. **22**, 154.
25, 40.
συγκαταβαίνω **21**, 147. **23**,
105.
συγκατάθεσις **8**, 175. **26**, 228.
συγκαταθύω **32**, 134.
συγκατακρημνίζω **15**, 20.
συγκαταπίμπρημι **23**, 139.
συγκαταπίνω **11**, 68.
συγκαταπλέκω **26**, 111.
συγκαταριθμέω **1**, 15. **3**, 94.
συγκατατάττω **15**, 86. **22**,
257. **26**, 81.
συγκατατίθημι **4**, 246.
συγκαταφλέγω **23**, 182. **37**, 69.
συγκεράννυμι **1**, 146. **5**, 127.
16, 207. **20**, 184. **28**, 264.
32, 76. **36**, 29.
συγκινέω **3**, 55. **15**, 67. **21**, 2.
22, 2. **27**, 44.
συγκλείω **16**, 34. **18**, 1, 12,
13. **22**, 36. **23**, 23. **24**, 23.
28, 320. **29**, 105, 207. **34**, 13.
37, 56, 166, 172. **38**, 190,
330.
συγκληρονόμος **29**, 73. **38**,
28, 29, 67, 75, 87.
σύγκλητος **22**, 187. **38**, 75.
σύγκλυς **2**, 50. **4**, 187. **13**, 36.
16, 154. **19**, 85. **20**, 144.
24, 59. **25**, 147. **27**, 10.
30, 79. **37**, 4, 135.
συγκολάζω **30**, 165.
συγκομιδή **1**, 115. **26**, 269.
27, 161. **29**, 198. **31**, 208.
33, 128, 129. **37**, 93. **38**,
249, 253, 257.
συγκομίζω **1**, 80. **4**, 249. **16**,
202. **22**, 76, 272. **23**, 173.
24, 112. **25**, 38, 203, 205,
205, 254. **26**, 214, 220, 220,
259, 262. **28**, 183. **29**, 70,
153, 197, 205, 213. **31**, 12, 29.
32, 90. **33**, 102, 103, 129.
38, 260.
συγκόπτω **13**, 23. **38**, 364,
366.

123, 133, 143, 162, 200, 209,
233. 32, 8, 26, 30, 55, 138,
157, 186. 33, 1, 23, 32, 34,
59, 61, 98, 170. 34, 31, 55,
85, 113, 151. 36, 63, 87, 99,
100, 104, 113, 133. 37, 78
120. 38, 158, 215, 245. 39
(VIII 6, 3), (VIII 7, 16).
συμβάλλω 4, 60. 5, 104. 8, 5.
13, 95. 16, 219. 17, 104.
18, 79. 21, 98. 29, 39, 78.
32, 83, 84. 37, 139.
σύμβασις 7, 149. 10, 56.
22, 108. 24, 156, 237, 240.
30, 31. 31, 221. 33, 167.
συμβατήριος 4, 134. 13, 220.
16, 202. 23, 214. 32, 151,
178. 36, 68. 38, 100.
συμβατός 10, 29.
συμβιβάζω 13, 37. 17, 25,
25.
σύμβιος 8, 78. 18, 59.
συμβιόω 18, 36, 41. 19, 213.
22, 234. 23, 1, 50, 163, 248.
26, 162. 29, 30. 30, 167.
31, 150. 33, 23. 35, 68.
συμβίωσις 18, 5, 32. 30, 35.
συμβιωτής 23, 23. 29, 31.
37, 158.
συμβόλαιον 20, 104. 31, 30.
συμβολή 13, 15, 20, 21, 22, 23,
25, 29, 95. 35, 46, 51.
συμβολικός 1, 154, 164. 2, 1,
21, 68, 72. 3, 27, 72. 4, 93,
159. 6, 47, 57. 7, 15, 122, 160.
8, 32, 53, 57, 148. 10, 95.
15, 101, 115, 133. 17, 106,
112, 127, 177, 296. 19, 77.
20, 110, 237, 253. 21, 79,
118, 134, 146. 22, 238, 260.
23, 99, 103, 147. 24, 148.
26, 82. 28, 205, 206, 293,
332. 29, 185. 30, 179. 33,
47.
συμβολοκοπέω 13, 14, 23.
σύμβολον 1, 157. 2, 26, 58, 80,
97. 3, 15, 89. 4, 24, 45, 74,
120, 135, 167, 176, 209, 232,
248. 5, 5, 12, 26, 28. 6, 112,
120. 7, 32. 8, 97, 100, 112,
137, 163. 10, 96, 103, 128,
137, 154. 11, 95, 108, 109. 12,
38, 43, 77, 82, 122. 13, 4, 85,
95, 134. 14, 23, 28. 15, ‹23›,
37, 72. 16, 2, 77, 89, 92, 93,
95, 103, 165, 188, 207, 213,
221. 17, 197, 198, 199, 217,
226, 227, 227, 239, 263. 18,
11, 20, 21, 44, 83, 117, 117,

161. 19, 45, 59, 64, 111, 128,
150, 183. 20, 2, 12, 14, 44,
52, 60, 69, 70, 78, 98, 99, 124,
134, 158, 193, 228, 247, 249,
261. 21, 6, 38, 74, 89, 90,
92, 102, 127, 144, 160, 198,
217, 242. 22, 33, 73, 109, 169.
23, 52, 72, 119, 202. 24, 7,
96, 210. 25, 23, 67, 217. 26,
96, 98, 101, 103, 105, 115, 119,
120, 121, 122, 130, 138, 150,
183, 186. 27, 48. 28, 8, 25,
80, 85, 86, 93, 97, 103, 145,
167, 172, 175, 200, 200, 250,
253, 260, 269, 277, 285, [287],
292, 317. 29, 29, 180, 184.
30, 56, 57, 58, 178, 179. 31,
106, 108, 112, 114, 138. 32,
183, 183. 33, 61. 34, 2, 29,
36, 68, 82, 136. 35, 28, 78.
36, 68. 38, 98.
συμβουλευτέος 11, 165.
συμβουλευτικός 28, 342.
συμβουλεύω 4, 244. 24, 15.
25, 236, 294, 300. 31, 173.
37, 26, 43. 38, 222.
συμβουλή 19, 24.
συμβουλία 24, 116.
σύμβουλος 1, 79. 6, 10. 11, 97.
16, 136. 18, 61. 19, 6. 20,
104. 21, 111, 113, 191. 22,
292. 23, 14, 256. 24, 60, 240.
27, 177. 31, 175. 32, 1, 118.
37, 18. 38, 70, 203, 204,
206.
Συμεών 2, 81. 13, 94. 16, 224.
19, 73. 20, 97, 97, 99, 101,
200, 200. 22, 33.
συμμαχία 4, 14. 7, 166. 13,
58, 79. 15, 39. 16, 56. 21,
147, 227. 22, 265. 23, 95,
180, 232, 235. 25, 50, 111,
216, 260, 328, 333. 27, 42.
30, 16, 172. 31, 121, 178, 219,
222. 32, 46, 109. 33, 93.
συμμαχικός 22, 267. 25, 217.
σύμμαχος 3, 7, 10, 24. 4, 31.
5, 39. 6, 45, 7, 33. 9, 67.
11, 63, 86, 151, 151. 13, 13,
29, 64, 68. 15, 34, 111. 16,
62. 22, 50. 23, 231, 242.
25, 56, 306, 313, 327, 333.
31, 219. 32, 23, 48, 153. 34,
132, 139.
συμμένω 39 (VIII 6, 3).
συμμεταβάλλω 10, 22, 28.
12, 87. 23, 151. 24, 33.
30, 194, 209.
συμμετρέω 38, 253.

συμμετρία 1, 138. 8, 142. 11,
168. 18, 75. 26, 140.
σύμμετρος 26, 256.
συμμορία 37, 135.
συμπάθεια 1, 113, 117. 16, 178,
180. 21, 53. 23, 69. 28, 16,
250.
συμπαθέω 29, 115.
συμπαθής 2, 8. 26, 228.
31, 202. 38, 273.
συμπαραλαμβάνω 11, 179.
38, 355.
συμπαράληψις 1, 75. 4, 235.
συμπαραχωρέω 39 (VIII 7,
17).
συμπάρειμι (sum) 38, 171.
συμπαρέρχομαι 36, 135.
σύμπας 1, 3, 25, 38, 56, 57,
71, 89, 100, 102, 130, 131, 131,
143. 2, 44, 57. 3, 49. 4, 5,
11, 29, 78, 145, 150. 5, 26, 44,
49, 88, 91, 99. 6, 8, 34, 40,
78. 7, 55, 75. 8, 19, 114, 144,
155. 10, 19, 21, 57, 73, 79,
106, 107. 11, 18, 77. 12, 69,
116, 125, 126, 127. 13, 49,
75, 152. 15, 5, 19, 50, 98,
100, 100, 170, 173. 16, 6, 36,
67, 131. 17, 55, 130, 140, 156,
197, 206, 245, 247, 283, 301,
309, 314. 18, 11, 120, 133.
19, 46, 97, 103, 109, 182, 198.
20, 30, 53, 54, 55, 135, 140,
224. 21, 59, 63, 73, 128. 22,
81, 188. 23, 57, 58, 75, 97,
136, 166, 256, 260. 24, 37,
145. 25, 7, 23, 99, 112, 112,
155, 160, 189, 200, 201, 234,
318, 320. 26, 14, 36, 53, 59,
62, 79, 89, 98, 112, 115, 118,
133, 150, 186, 209, 214, 216,
224, 250, 271, 291. 27, 49,
53, 53, 66, 71, 150. 28, 23,
32, 34, 37, 44, 66, 81, 88, 175,
177, 181, 189, 199, 226, 232,
300, 302, 322. 29, 5, 92, 97,
113, 130, 145, 162, 165, 167,
170, 171, 171, 224, 230, 255,
260. 30, 1, 38, 131. 31, 85,
113, 146, 154, 157, 179, 180.
32, 74, 79, 85, 119, 129, 131,
185, 212. 33, 23, 32, 36, 41,
85, 123, 129. 34, 142, 143.
35, 5, 28. 36, 21, 47, 83, 89,
102, 103, 123. 37, 1, 11, 92,
123, 141, 188. 38, 6, 19, 39,
68, 108, 144. 39 (VIII 6, 2),
(VIII 6, 4), (VIII 7, 20).
συμπάσχω 30, 194.

συμπείθω 24, 236. 25, 59. 38, 59.
συμπέμπω 24, 184.
συμπεραιόω 31, 235.
συμπέρασμα 24, 41, 142, 211, 212, 213.
συμπεριάγω 12, 12.
συμπεριπολέω 1, 70. 28, 37. 29, 45. 30, 1. 33, 121.
συμπήγνυμι 6, 85.
συμπίπρημι 38, 133.
συμπίπτω 5, 36. 14, 6. 24, 99. 25, 118. 30, 104. 34, 24. 38, 117.
συμπλεκτικός 17, 198.
συμπλέκω 21, 200. 22, 146, 176. 23, 229. 25, 259, 309. 29, 190. 30, 87, 108, 172.
συμπλέω 34, 128.
συμπληρόω 1, 13, 101, 115. 2, 8. 3, 38. 12, 6. 22, 180. 26, 79, 80. 29, 177, 177. 38, 7.
συμπλήρωμα 22, 116.
συμπλήρωσις 3, 24. 13, 53. 15, 179. 22, 113. 25, 97. 31, 132. 36, 21.
συμπληρωτικός 30, 118.
συμπλοκή 17, 198. 30, 105.
συμπνέω 15, 69. 24, 176. 28, 138.
συμποδίζω 10, 4.
συμπορεύομαι 16, 164, 171, 173.
συμποσίαρχος 22, 249. 37, 137.
συμπόσιον 1, 78. 13, 91. 22, 167. 23, 117. 27, 41. 28, 176, 221. 29, 148, 193. 31, 91. 35, 40, 40, 42, 44, 48, 57, 57, 64, 71, 73, 83, 89. 37, 112, 113, 115. 38, 42.
συμπότης 24, 204. 35, 45, 75.
συμποτικός 13, 91. 24, 203. 30, 186.
σύμπραξις 1, 72, 168. 15, 9, ‹175›. 20, 4, 31, 259. 25, 133.
συμπράττω 6, 117. 25, 239. 27, 139, 172. 28, 60, 216. 31, 42. 32, 2. 38, 372.
συμπρόειμι 38, 97.
συμπροπέμπω 16, 173.
συμφερόντως 6, 19. 18, 137. 21, 233. 22, 153. 27, 132.
συμφέρω 1, 33. 4, 19, 61, 84, 160. 5, 13. 6, 28, 35, 60, 71. 7, 6, 53, 53, 72, 145. 9, 12. 10, 135. 11, 48, [68]. 13,

16, 20, 26, 33, 160, 166, 166, 197. 15, 16, 112. 17, 14, 247. 18, 45, 85. 19, 26. 20, 91, 170, 170, 197. 21, 111, 142, 191. 22, 9, 150. 23, 18, 38, 105, 215, 256. 24, 30, 62, 63, 65, 73, 75, 77, 77, 143. 25, 235, 274. 26, 38, 58, 272. 27, 95. 28, 149, 203, 204, 206, 250, 301, 320, 330. 29, 12, 24, 42, 62, 236. 31, 45, 55, 85, 161, 174. 32, 3, 19, 69, 177, 181. 33, 33, 52, 55, 113. 35, 15. 36, 79. 37, 26. 38, 21, 108, 218, 221, 312.
συμφθείρω 2, 78. 7, 75, 78. 11, 167. 20, 80. 21, 31. 25, 119.
συμφοίτησις 38, 316.
συμφοιτητής 23, 67. 34, 34. 37, 158.
συμφορά 4, 121. 7, 98, 176. 8, 81. 10, 183. 15, 22, 22, 154, 166, 177. 16, 156. 23, 64, 142, 189, 257. 24, 17, 22, 27, 56, 80, 94, 179, 187, 226, 244, 248. 25, 11, 47, 69, 72, 90, 104, 135, 170, 173, 179, 183, 198, 216, 325. 26, 60. 27, 131, 152. 28, 237. 30, 16, 44, 93, 101, 115, 126, 140, 158, 195. 31, 85, 179, 200, 201. 32, 110, 111, 200. 33, 72, 127, 130, 134. 34, 56, 89, 90. 37, 10, 53, 67, 72, 77, 104, 117, 124, 153, 160, 179, 180, 189. 38, 61, 91, 100, 121, 127, 192, 227, 234, 293, 325, 336, 340.
συμφορέω 6, 108. 15, 84, 192. 16, 152. 20, 144. 28, 336. 32, 90. 38, 130.
συμφόρημα 6, 108, 108. 10, 113. 21, 220.
σύμφορος 7, 45. 13, 139. 33, 48.
συμφρονέω 15, 22, 55. 25, 45. 26, 175. 29, 48, 232. 30, 73. 37, 128. 38, 8, 215.
συμφυής 5, 59. 9, 15. 11, 6, 45, 64. 17, 242. 20, 53. 21, 122. 26, 147. 32, 103. 33, 72, 120, 144.
συμφυΐα 4, 38. 10, 35, 40. 30, 118. 32, 138. 35, 7. 36, 114. 37, 71.
συμφύρω 16, 154.
σύμφυτος 1, 18. 17, 272. 21, 246. 23, 160. 25, 198. 31, 16.

συμφύω 22, 180. 23, 63. 26, 254. 27, 87. 32, 197.
συμφωνέω 13, 202. 15, 26, 195. 23, 211. 25, 24.
συμφωνία 1, 48, 51, 78, 95. 2, 72, 72. 5, 110. 6, 36, 74, 75. 10, 25. 13, 116, 117. 15, 15, 15, 21, 41, 43, 58, 67, 150, 150, 188, 198. 16, 178. 17, 15, 28, 266. 18, 76. 21, 28, 202. 22, 27, 28, 284. 23, 136. 24, 145, 269. 25, 117. 26, 48, 115, 119, 140, 256. 27, 22, 23. 28, 93, 102, 342. 29, 130, 157. 31, 102, 134. 32, 35, 73. 33, 145. 35, 88. 36, 75.
σύμφωνος 1, 22. 13, 116. 17, 15. 20, 200. 24, 230. 26, 75. 32, 184. 38, 8.
σύν 1, 26, 26, 41. 3, 2, 37, 44, 45, 45, 80. 4, 124, 132, 134, 135, 155, 156, 158, 158, 192, 217. 5, 24. 6, 24, 49, 74. 7, 104, 109, 113, 120. 8, 30, 87. 10, 152. 11, 41, 70. 13, 111, 190. 14, 8. 15, 85, 102, 117, 117, 117, 163. 16, 88. 17, 14, 42, 219. 18, 104, 143. 19, 27, 72, 78, 90. 22, 38, 71, 74, 96, 154, 188, 257. 23, 18, 64, 170, 245. 24, 107, 169, 259. 25, 10, 18, 125, 154, 168, 329. 26, 91, 96, 99, 121. 27, 159. 28, 55, 56, 209, 268. 29, 62, 193, 231, 231, 235, 128. 30, 31, 53, 74, 86, 125, 128. 31, 47, 48, 120, 156. 32, 32, 84, 95, 144, 158. 33, 57, 151. 34, 57, 124. 35, 42. 37, 112, 159, 184. 38, 59, 119, 165, 173, 241, 246, 336, 344, 361. 39 (VIII 7, 12).
συναγορεύω 13, 14. 24, 215. 25, 24. 38, 350.
συνάγω 1, 78, 152. 2, 37. 3, 72. 4, 105, 162, 163, 164, 165, 166. 5, 81. 6, 36. 7, 103, 162. 8, 96, 104, 110. 10, 95. 12, 9. 13, 19, 191. 14, 19, 60. 15, 136, 197. 16, 202. 17, 20, 40, 103, 244, 261, 270. 18, 162. 20, 32. 21, 12, 70, 205. 22, 60, 119, 126, 262. 23, 232. 24, 38, 158. 25, 86, 258. 30, 65. 31, 74, 158. 32, 73, 146, 178. 33, 117. 34, 132. 36, 102. 37, 27.

συνείρω 7, 7, 130. 12, 89, 176.
16, 111. 18, 64, 178. 20, 61,
198. 24, 49, 205, 214, 246.
27, 94. 28, 344. 31, 83, 134.
32, 16. 34, 141. 35, 76.
37, 6, 34, 108, 139. 38, 177,
365.
συνεισβάλλω 38, 173.
συνεισέρχομαι 4, 126. 12, 98.
26, 133. 29, 207. 38, 307.
συνεισπορεύομαι 4, 125.
συνεισφέρω 29, 233. 38, 313.
συνεκδίδωμι 19, 29.
συνεκπέμπω 24, 225.
συνεκπληρόω 33, 110, 125.
συνεκπολεμέω 25, 239.
συνεκτείνω 23, 152.
συνεκτικός 1, 8, 101, 162. 2,
59. 4, 5, 81, 145, 145. 5, 88,
88. 7, 81. 10, 72. 22, 256,
284. 23, 222. 24, 154. 28,
211. 31, 97. 32, 73.
συνεκφέρω 16, 81. 28, 44.
συνελαύνω 34, 119. 37, 37,
55. 38, 124, 128.
συνεμπίπτω 23, 119.
συνεμφαίνω 36, 53.
συνεννοέω 30, 194.
συνεξαιματόω 25, 99.
συνεξαμαρτάνω 27, 141. 30,
165.
συνεξέρχομαι 24, 254. 25,
147.
συνεξετάζω 27, 98. 36, 95.
συνεπάγω 24, 195.
συνεπαινέω 24, 117.
συνεπελαφρίζω 36, 136.
συνεπηχέω 11, 139.
συνεπιγράφω 13, 183, 205.
16, 180. 17, 303. 21, 13.
25, 325. 29, 26, 252. 30,
19, 70. 32, 43. 36, 77. 37, 24.
συνεπικοσμέω 1, 17. 23, 191.
συνεπικουφίζω 31, 171. 32,
116. 38, 27.
συνεπιμαρτυρέω 26, 123.
συνεπινεύω 15, 54. 23, 110.
26, 5. 37, 98, 124.
συνεπισκεπτέον 31, 1.
συνεπισκέπτομαι →
συνεπισκοπούμαι
συνεπισκοπούμαι,
συνεπισκέπτομαι 5, 91. 6,
24. 8, 32. 10, 86. 12, 99.
26, 5.
συνεπισπάω 16, 168. 17, 46.
25, 145.
συνεπιστρέφω 26, 20.

συνεπιτίθημι 28, 175. 37, 9.
38, 14.
συνεπιτροπεύω 34, 42.
συνεπιψεύδομαι 31, 34.
συνέπομαι 6, 27.
συνεπωθέω 25, 120.
συνερανίζω 13, 192, 192. 15,
188. 18, 33. 24, 84. 36, 21.
συνεργάτις 34, 76.
συνεργέω 1, 61, 72, 75. 2, 103.
4, 112. 5, 96. 6, 65. 7, 28.
10, 87. 11, 13, 174. 16, 142,
219. 20, 259. 21, 158. 29,
11. 31, 60. 33, 45, 45. 36,
98, 99, 142.
συνεργία 15, 22.
συνεργός 6, 36. 15, 110, 168.
17, 302. 19, 21, 68, 168. 20,
4, 84. 25, 110. 28, 29. 33,
43. 36, 86.
συνέρχομαι 3, 72. 5, 43, 125,
126. 8, 34, 75. 10, 3, 102.
15, 186, 187. 16, 149, 170, 172.
17, 196. 18, 75, 76. 20, 37.
23, 212, 248. 24, 59. 26,
64, 282. 28, 105. 29, 119.
30, 12, 24, 34, 80, 96, 113.
32, 33, 40, 111, 199. 33, 95.
35, 24, 30, 32, 63, 66. 36,
28, 31. 37, 137, 138. 38, 202,
311. 39 (VIII 7, 13).
σύνεσις 1, 103, 153, 154. 4,
205. 9, 23, 27. 11, 135. 12,
36. 14, 3, 40. 18, 98, 121.
19, 125. 24, 7, 205, 246, 269.
25, 154, 249. 31, 57. 32, 217.
34, 54. 38, 33. 39 (VIII 6, 4).
συνεστιάω 24, 201. 30, 186.
35, 68. 37, 115.
συνέστιος 28, 120.
συνεταιρίς 7, 15.
συνετός 8, 176. 11, 95. 12,
138. 20, 139, 140, 220. 21,
155. 22, 260. 24, 114, 117.
συνευεργετέω 38, 284.
συνευνάζω 11, 152. 13, 203.
16, 19.
συνευρύνω 7, 90.
συνευφημέω 24, 117.
συνευφραίνομαι 12, 170.
15, 6.
συνευωχέομαι 31, 119.
συνεφάπτομαι 24, 177. 26,
202, 274. 32, 64, 98. 38,
30.
συνεφέλκω 24, 142, 176. 28,
130. 31, 114.
συνέφηβος 34, 34.
συνέχεια 5, 41. 16, 105. 22,

38. 23, 188, 193. 25, 123.
34, 58. 39 (VIII 7, 15).
συνεχής 1, 63, 125, 167. 4, 16,
92, 115, 169, 227. 5, 2, 20,
88. 6, 16, 23, 37, 85, 86, 127.
7, 55, 62, 89, 95, 118, 174.
8, 12, 129, 144, 144, 156, 164,
167, 185. 9, 26, 51. 10, 36,
116, 130, 153, 165, 182. 11,
40, 47, 71, 126, 147, 160, 171.
12, 89, 91. 13, 21, 148, 151,
219. 15, 38, 39, 46, 104. 16,
26, 56, 101, 222. 17, 17, 200.
18, 6, 16, 24, 39. 19, 41, 159.
20, 86, 95. 21, 22, 115, 249.
22, 245, 247, 253. 23, 23,
29, 43, 91, 129, 154, 245. 24,
27, 206. 25, 118, 128, 145,
209. 26, 27, 54, 60, 163, 263.
27, 57, 96. 28, 27, 30, 50,
96, 146, 259, 338. 29, 8, 43,
56, 60, 92, 98, 180, 202, 260.
30, 140. 31, 38, 59, 107, 161,
212. 32, 6, 52, 93. 33, 37,
65, 101, 114, 154. 34, 69, 71,
84, 121. 35, 23, 36. 36, 64,
109, 112, 119, 119. 37, 2, 9,
121, 180. 38, 13. 39 (VIII
7, 16), (VIII 11, 14).
συνέχω 1, 131, 131, 141. 6, 40.
11, 76. 12, 4, 157. 13, 162,
224. 16, 181. 17, 23, 246.
19, 112, 197, 201. 20, 140.
23, 74. 26, 133, 238. 28, 289.
30, 190. 35, 63. 36, 36, 37,
75, 137, 137. 38, 171. 39
(VIII 7, 2).
συνέψω 32, 144, 144.
συνηγορέω 22, 278.
συνηγορία 13, 188. 22, 276.
συνηγορικός 11, 13.
συνήγορος 15, 121. 35, 44.
συνήδομαι 15, 7. 23, 235.
24, 250. 27, 110. 32, 179.
34, 157. 35, 79. 38, 181,
231.
συνήθεια 13, 63,. 68, 164.
15, 13. 16, 217. 21, 110.
27, 13, 30. 35, 31, 161.
33, 18. 38, 61, 305.
συνήθης 1, 50. 2, 10. 5, 53,
55. 6, 22, 28. 10, 124. 12,
65. 16, 34, 63, 75. 19, 122,
167. 20, 219. 21, 111, 139.
22, 126. 23, 28, 65. 24, 171.
25, 106, 139, 213. 27, 46.
28, 10, 68, 282. 29, 102, 104,
150. 32, 178. 34, 123. 35,
18, 41, 89. 37, 18, 57, 57.

38, 268, 361. 39 (VIII 11, 6).
συνημερεύω 17, 83. 30, 5.
συνησυχάζω 26, 219.
συνηχέω 4, 22. 5, 110. 9, 64.
10, 84. 12, 10, 167. 13, 116,
177. 15, 55, 189. 16, 104.
25, 29, 136. 26, 120, 256.
28, 147. 31, 134. 35, 84.
38, 66, 101, 227, 284.
συνήχησις 28, 93.
σύνθεσις 1, 51, 51, 102. 6, 70.
12, 76, 124. 13, 185. 17,
190, 196, 196, 199, 199, 226.
27, 26. 28, 91. 36, 28.
σύνθετος 1, 135. 6, 52. 8, 114.
11, 25. 13, 23, 101, 144.
17, 183. 23, 51. 29, 181.
34, 69.
συνθέω 37, 154.
συνθήκη 18, 78. 38, 37.
σύνθημα 24, 6. 25, 133. 26,
170. 30, 126. 33, 164. 37,
41, 113, 137. 38, 225, 225.
συνθλίβω 36, 110.
συνθνήσκω 16, 21. 37, 11.
38, 71.
σύνθρονος 4, 247.
συνιερουργέω 21, 215. 26,
232.
συνίζω 22, 28. 36, 103, 110,
110, 147.
συνίημι 1, 50. 7, 74. 11, 162.
12, 138. 16, 155. 19, 123.
20, 139. 24, 6. 25, 274, 283.
33, 170. 34, 62. 35, 77.
36, 27. 38, 70, 71, 303, 364.
συνίστημι 1, 17, 17, 19, 26, 29,
49, 54, 60, 63, 67, 67, 91, 95,
95, 97, 97, 103, 106, 107, 114,
132, 134, 161, 171. 2, 2, 3, 4,
30, 45, 53, 79, 86, 87, 107.
3, 2, 5, 74. 4, 10, 92, 113,
113, 145, 161, 175, 245. 5, 41,
91, 102, 113. 6, 35, 47, 126.
7, 2, 43, 68, 122, 160. 8, 5,
10, 48, 52, 117, 140, 167, 173,
185. 9, 10, 51. 11, 161. 12, 6.
13, 61, 69, 91, 144, 184, 191,
191, 198. 15, 33, 42, 62, 108,
124, 172. 16, 106, 135. 17,
58, 75, 152, 152, 280, 281,
282, 311. 19, 38, 168. 20,
28, 88, 111, 184, 237, 256, 257.
21, 15, 158, 186, 205. 22, 1,
72, 209, 288. 23, 105, 125,
159, 218, 238, 240. 24, 56.
25, 113. 26, 125, 132, 256.
27, 27, 33. 28, 6, 16, 87,
201, 203, 211, 333. 29, 23,

64, 149, 177, 214. 30, 189.
31, 127. 32, 43, 176. 33, 94.
35, 65, 85, 90. 36, 4, 8, 14,
25, 25, 48, 52, 60, 101, 107,
149. 38, 68.
συννέμω 24, 101.
συννεωτερίζω 39 (VIII 11, 3).
σύννοια 5, 37. 12, 167. 17,
48. 22, 168. 23, 151. 24, 89,
170. 26, 166, 226. 27, 144.
29, 214. 30, 193. 33, 35.
34, 122, 123. 38, 15.
σύννομος 5, 58. 27, 132.
33, 89. 38, 20.
συννοσέω 38, 16, 356.
σύννους 22, 165.
συνοδοιπορέω 17, 241. 21,
71.
συνοδοιπόρος 7, 29. 10, 61.
16, 173. 21, 179.
σύνοδος 1, 161. 2, 106. 5, 29,
50, 124. 6, 33. 7, 8. 10, 56,
79. 11, 49, 145. 13, 211.
15, 40, 188. 16, 26, 30, 63.
18, 12, 63. 19, 140. 20, 38.
23, 101, 137. 24, 43. 26,
119, 287. 28, 109, 178, 178, 178.
29, 41, 140, 140, 140. 30,
70, 72, 187. 31, 234, 234.
32, 114. 35, 40. 37, 4, 136,
166. 38, 312, 316.
σύνοιδα 1, 128. 7, 23. 8, 58.
10, 100, 128. 13, 125. 15,
121. 17, 6, 7. 19, 159. 24,
47, 48, 68, 197, 215, 262, 265.
26, 11. 27, 91. 28, 203, 235.
30, 54. 31, 6, 40. 32, 206.
33, 84, 163. 34, 99, 124, 149.
37, 7, 99, 145. 38, 39, 165,
341.
συνοιδέω 25, 127.
συνοικέω 5, 41. 6, 3, 20, 22,
128, 133. 13, 155. 16, 13, 28.
17, 265. 18, 34, 52. 23, 215,
243. 24, 60, 64. 27, 87. 30,
27, 71, 78, 82. 34, 85. 37,
52. 38, 201, 371.
συνοικίζω 22, 246. 30, 61.
33, 172.
συνοικισμός 26, 157.
συνοικοδομέω 28, 274. 29,
119. 33, 120, 139. 35, 33.
σύνοικος 6, 130. 15, 52.
34, 107.
σύνολος 1, 91, 92, 166. 2, 1, 31,
3, 19, 46, 71. 4, 15, 44, 88,
129, 206, 216. 5, 90. 6, 46,
49, 73, 76, 106, 121. 7, 18,
75, 87, 136, 142. 8, 14, 80,

85, 96, 109, 117, 134. 9, 2.
10, 52, 157, 171. 11, 78.
12, 43, 71, 83, 112, 116, 146,
177. 14, 2, 38. 15, 106, 123,
134. 16, 5, 48, 64, 90, 105,
217, 219. 17, 118, 210, 246.
18, 34, 46, 65, 172. 19, 57,
134. 20, 45, 50, 63, 91, 104,
219, 240. 21, 27, 30, 55, 184,
187. 22, 13, 62, 131. 23, 102,
141, 267. 24, 112, 115. 25,
26. 26, 30, 205. 27, 21, 51,
156, 171. 28, 48, 55, 90, 100,
115, 121, 124, 224, 236, 339,
342. 29, 44, 46, 73, 180, 224.
30, 103, 135, 183, 194. 31, 22,
113, 116. 32, 96, 125, 149,
167, 170, 177, 194, 206, 219,
221. 33, 45, 59, 87, 129, 142,
171. 34, 51, 78, 158. 35, 39,
70. 37, 117. 38, 38, 38, 103,
107, 136, 158, 262, 341.
συνομαρτέω 6, 22. 10, 179.
16, 166. 20, 163. 35, 76.
συνόμνυμι, συνομνύω 15,
28, 60.
συνομολογέω 18, 130, 154.
συνοράω 6, 76. 21, 94. 32,
166. 33, 67. 34, 47, 55.
36, 112.
συνορθιάζω 11, 122.
συνορχέομαι 38, 42.
συνουσία 3, 29. 4, 155, 156.
5, [57]. 7, 99, 113, 171, 176.
10, 137. 11, 37, 38. 13, 220.
14, 23. 19, 14. 20, 144.
21, 200. 24, 203. 28, 9, 101.
30, 9. 32, 36. 38, 310.
συνουσιαστικός 23, 149.
συνταγματαρχέω 24, 176.
σύνταξις 11, 49. 12, 174.
17, 1. 19, 139. 20, 53. 23,
2, 13. 26, 1. 27, 1. 28, 1.
29, 1. 32, 52, 101. 33, 3.
37, 92.
συνταράττω 20, 189. 38, 120.
συντάσσω, συντάττω 1, 126.
3, 2, 4, 169. 11, 32. 14, 67.
15, 110. 16, 61, 114. 19,
139. 22, 113. 23, 116. 24,
176. 25, 330. 26, 1, 204.
28, 88, 130, 207. 37, 21.
38, 132, 225, 265.
συντείνω 5, 119. 7, 157. 9, 60.
13, 3. 17, 81, 113. 19, 97.
20, 116. 22, 139, 180, 232.
23, 62, 108, 233. 24, 54, 105,
139, 181, 195, 212, 245, 256.
25, 54, 59, 63, 151, 168, 269.

σφεῖς 32, 74. 34, 119.
σφενδόνη 37, 90.
σφενδονήτης 25, 168.
σφετερίζω 8, 42. 23, 206.
25, 313. 28, 236. 29, 54.
32, 94. 33, 74. 38, 80, 89,
198, 346.
σφέτερος 11, 6.
σφηκόω 35, 50.
σφήξ 28, 291. 33, 96.
σφίγγω 1, 141. 8, 104. 10, 38.
12, 9. 13, 152. 15, 136, 166.
17, 23, 188. 19, 112. 22, 58.
26, 113, 144. 28, 146. 36, 30,
137.
σφόδρα 3, 40. 4, 15, 83, 91,
128, 144, 170, 251. 5, 61, 73.
6, 49, 63, 121, 125. 7, 118,
160. 8, 43, 66, 84, 86, 100,
132, 137, 155. 9, 40. 10, 14,
16, 80, 122, 170. 11, 1, 19,
54, 66, 114, 115. 12, 102, 105,
113, 136, 161. 13, 27, 35, 116,
182, 214. 15, 20, 39, 43, 93,
121, 163. 16, 152, 189, 208.
17, 2, 22, 54, 92, 202,
251, 312. 18, 140, 158. 19,
138. 20, 237. 21, 123. 22, 3,
156. 23, 73, 126. 24, 40, 77,
101, 154, 183, 189, 205, 225,
257. 25, 43, 58, 192, 211, 292,
301, 328. 26, 1, 202, 222,
223. 27, 64, 93, 112, 139, 143,
170. 28, 33, 64, 138, 148, 269,
275, 298, 321, 340. 29, 72,
169, 246. 30, 21, 47, 77, 158,
205. 31, 23, 39, 66, 183, 221.
32, 5, 17, 27, 41, 69, 87, 88,
201. 33, 17. 34, 18, 91, 91,
122, 146, 149. 35, 22, 24, 52.
37, 108, 119. 38, 36, 73, 259,
344. 39 (VIII 6, 8), (VIII 11,
13).
σφοδρός 1, 128, 167. 3, 74.
4, 80, 160, 211. 5, 2. 6, 37,
54, 69. 8, 116, 157. 10, 26,
79. 13, 218. 17, 3, 249. 18,
64. 20, 84. 22, 7, 13. 24, 89.
25, 40. 26, 255. 28, 314,
314, 343. 29, 90. 31, 102.
32, 113. 33, 105. 36, 63.
σφοδρότης 5, 38. 19, 146.
σφοδρύνω 12, 171. 25, 120.
σφραγίζω 1, 172. 4, 105, 106,
106. 11, 169. 22, 45. 25, 30.
38, 330.
σφραγίς 1, 6, 25, 34, 129, 134.
2, 22, 100. 7, 76. 8, 94.
10, 43. 11, 166. 12, 18. 13,

133, 133, 137. 16, 97, 103,
103. 17, 181. 19, 12. 20, 80,
135. 21, 202, 219. 22, 45.
24, 120. 26, 14, 76, 112. 28,
47, 106. 29, 152. 31, 137.
σφριγάω 1, 63, 85. 10, 13.
12, 157. 17, 125. 20, 33.
σφῦρα 27, 72.
σφυρηλατέω 8, 116.
σφυροκόπος 8, 116.
σφυρόν 26, 119, 121. 37, 70.
38, 131.
σχέδην 35, 77.
σχεδόν 1, 17, 96, 126. 2, 14,
103, 106. 3, 19, 76, 102. 4,
113, 122, 124, 138, 145, 235.
6, 70. 7, 34, 43, 99, 131. 8,
119. 11, 49, 103, 143. 12, 81,
93, 156, 164. 13, 51, 57, 119,
126, 186, 193, 198, 220. 14,
8, 17, 29, 53, 54. 15, 22, 178.
16, 35, 50, 88. 17, 33, 151,
152, 154, 173, 177, 207, 247,
284, 291. 18, 64. 20, 104,
143, 164, 196, 229, 236. 21,
237. 22, 210. 23, 112, 197.
24, 28, 167, 172. 25, 39, 66,
114. 26, 17, 19, 69, 87, 172,
194, 218. 27, 27, 31. 28, 78,
262, 332. 29, 220. 30, 64.
31, 72, 138, 179, 209. 32,
12, 12, 17, 54, 55, 118, 120.
34, 77, 98, 138. 35, 59. 37,
92, 130. 38, 138, 167, 173,
179, 182, 310. 39 (VIII 7, 13).
σχέσις 1, 117. 4, 34, 34, 206.
5, 62. 6, 26, 73. 9, 48. 11,
35. 13, 204. 14, 34, 34, 47,
47. 15, 11, 134. 17, 110, 119.
20, 257. 24, 126. 27, 57.
29, 230. 31, 141. 32, 32, 40,
173, 217. 33, 113. 35, 77.
38, 55, 112, 270.
σχετικός 4, 210.
σχετλιάζω 9, 50. 25, 274.
32, 136.
σχετλιασμός 15, 152.
σχέτλιος 7, 45, 116. 15, 20,
116.
σχετλιότης 15, 17.
σχῆμα 1, 50, 50, 97, 97, 98,
101, 120, 165. 4, 15, 57, 95.
5, 52, 117. 6, 28, 46. 7, 101,
173. 8, 104, 110. 10, 15.
12, 121, 133, 159. 13, 46,
217. 15, 87, 87, 89. 16, 147.
17, 245. 18, 146. 19, 26.
20, 111. 21, 21, 27, [188].
22, 126. 23, 148, 239. 24,

72, 205. 26, 128. 28, 29, 90,
102, 205, 315, 339. 29, 82,
106, 148, 208. 32, 223. 34,
101. 35, 4, 30, 51, 72. 36,
135. 37, 126. 38, 83, 359.
σχηματίζω 1, 9. 4, 201. 5,
79. 13, 90. 15, 90. 17, 157.
22, 45. 25, 38, 96, 166. 26,
38. 27, 33. 28, 48. 33, 2.
38, 201.
σχηματισμός 2, 8. 20, 67.
28, 178.
σχίζω 1, 117. 5, 23. 8, 127.
11, 30. 19, 91. 21, 27. 22,
243.
σχοίνισμα 8, 89.
σχολάζω 1, 128. 16, 189. 18,
113. 24, 53. 25, 125. 26,
211. 27, 98. 28, 70. 29, 60,
101. 34, 36. 37, 33, 36. 38,
128, 175.
σχολαῖος 35, 76.
σχολή 2, 98. 11, 103. 15, 3.
25, 89, 89, 322. 26, 267. 28,
70, 104. 29, 196. 30, 93. 31,
160. 34, 69. 37, 41.
σῴζω 1, 145. 3, 101. 4, 137,
189, 225. 5, 130. 6, 123, 125.
7, 165. 10, 66, 129. 11, 13.
13, 14, 17, 29, 121, 140. 15,
25. 16, 162. 17, 270. 19,
27, 27, 96. 22, 126. 23, 145,
146. 24, 76. 25, 143, 236.
26, 58. 27, 12, 64, 104. 28,
59, 222, 239, 253, 253. 30,
80, 115, 141. 31, 18, 79, 202.
32, 47. 36, 85. 37, 11.
38, 34, 55, 60, 325.
Σωκράτης 21, 58. 35, 57.
σωληνοειδής 28, 217.
σῶμα 1, 30, 34, 36, 36, 49, 50,
53, 53, 66, 67, 69, 69, 85, 86,
98, 102, 105, 117, 119, 120,
123, 123, 125, 134, 135, 135,
136, 136, 138, 139, 140, 141,
144, 145, 146, 147, 150, 152,
164, 166. 2, 3, 4, 12, 12, 13,
26, 26, 27, 28, 32, 39, 39, 59,
62, 71, 71, 71, 91, [91], 103,
103, 103, 104, 105, 106, 106,
107, 108, 108. 3, 2, 2, 6, 6,
22, 51, 55, 59, 71, 77, 80. 4,
15, 20, 20, 22, 37, 41, 42, 46,
50, 55, 57, 58, 58, 62, 64, 69,
69, 70, 71, 72, 72, 73, 74, 75,
77, 80, 108, 124, 146, 146, 151,
152, 152, 161, 161, 161, 161,
161, 178, 190, 191, 198, 206,
238, 239, 242, 253. 5, 41, 57,

10, 17, 129. 11, 88, 94, 94, 96, 98, 123, 152, 156. 13, 13, 25, 72, 140. 16, 2, 26, 124, 124. 19, 80. 20, 121. 21, 86. 23, 187, 197. 24, 33, 63, 183. 25, 10, 104, 146, 210, 317. 26, 59, 65, 249. 28, 77, 197, 210, 222, 223, 224, 252, 283. 29, 195. 30, 36, 115, 157. 31, 58, 154. 32, 14, 34, 176, 202. 33, 33, 87, 148. 35, 86. 36, 37, 116. 37, 11, 60, 75. 38, 18, 19, 329, 355. 39 (VIII 7, 3).

σωτήριος 2, 9. 3, 105. 4, 76, 129, 133, 137. 6, 132. 7, 45, 72, 110. 8, 178. 10, 73, 74, 124. 11, 99. 12, 90, 144, 146. 13, 12, 23, 111, 141, 172, 199. 14, 50. 15, 98, 171, 181. 16, 36. 17, 37, 136, 203, 297. 21, 51, 58, 62, 112, 147. 22, 149, 154. 23, 70, 102. 24, 13, 55, 73, 110, 149. 25, 96, 101, 178. 27, 14, 53, 60, 155, 177. 28, 184, 185, 194, 196, 197, 212, 220, 222, 224, 225, 232, 239, 247, 251, 252, 254, 343. 30, 97, 99. 31, 181. 32, 49, 133. 33, 22, 34, 117, 144, 145, 170. 36, 69. 38, 50, 106, 151, 190.

σωφρονέω 5, 69. 7, 114. 31, 193, 223.

σωφρονίζω 3, 100. 6, 56. 7, 3, 49. 9, 46. 10, 52, 64, 134. 15, 46. 16, 14. 17, 167. 18, 158, 172, 179. 19, 98, 208. 21, 237. 24, 73, 187. 25, 70, 147. 29, 170. 30, 48. 32, 94, 115. 33, 19, 133, 148, 152. 34, 143. 37, 154. 38, 7.

σωφρονισμός 4, 193. 8, 97. 10, 182. 13, 29. 16, 14. 20, 135. 25, 328. 32, 75.

σωφρονιστήριον 24, 86.

σωφρονιστής 6, 51. 7, 146. 11, 40. 16, 116. 17, 77, 109. 18, 161. 23, 213, 243. 24, 254. 29, 18, 240. 38, 52.

σωφροσύνη 1, 73, 81. 2, 63, 65, 69, 69, 70, 70, 70, 71, 86. 86. 3, 79, 79, 79, 79, 81, 81, 81, 82, 83, 87, 93, 93, 96, 98, 99, 105. 4, 156. 5, 5. 6, 27, 84. 7, 18, 24, 72, 73, 114, 143. 8, 128. 10, 164. 11, 9, 18, 98, 101, 101, 104, 106, 109. 13, 23. 14, 61. 17, 48, 128, 209. 18, 2, 124, 176. 19, 5,

17, 33, 154. 20, 172, 197, 217, 225. 21, 124. 22, 182, 211. 23, 103, 219. 24, 40, 57, 87, 153. 25, 25, 154. 26, 55, 137, 185, 216. 28, 138. 29, 62, 135. 30, 51, 62. 31, 96, 135. 32, 14, 39. 33, 15, 52, 160. 34, 67, 70, 145, 159. 36, 2. 38, 204, 312.

σώφρων 3, 18. 6, 54. 7, 75, 95. 8, ‹175›. 12, 49. 14, 38, 40. 16, 219. 18, 5, 142. 20, 50, 146, 146, 153, 206. 23, 194. 24, 50. 28, 102. 30, 59. 32, 167, 174, 182', 189, 194. 33, 137, 139. 34, 57. 38, 5, 64.

ταγηνίζω 28, 256.
τάγμα 16, 100, 209.
ταγματαρχέω 13, 76.
ταινία 11, 112. 19, 187.
ταινιόω 29, 246.
τακτέον 36, 20. 38, 7.
τακτικός 11, 87.
ταλαιπωρέω 30, 17. 36, 4. 37, 155.
ταλαιπωρία 1, 167. 20, 189, 193. 21, 174. 25, 322.
ταλαίπωρος 18, 174. 20, 189. 38, 274.
ταλαντεύω 3, 83. 8, 22. 9, 28. 10, 85. 12, 7, 25. 15, 141. 18, 164. 19, 151. 20, 185. 22, 226. 23, 196. 24, 140. 26, 228. 31, 156. 33, 62, 63. 34, 24. 36, 136.
τάλαντον 17, 145.
τάλαρος 32, 95.
τάλας, τάλαινα 15, 128. 22, 51, 208. 26, 156. 28, 174. 31, 113. 34, 156. 38, 275.
ταλασία 30, 174.
ταμεῖον → ταμιεῖον
ταμίας 4, 163, 189. 7, 66. 10, 113. 12, 26. 13, 80. 15, 79. 22, 272. 33, 22. 39 (VIII 11, 10).
ταμεία 16, 89.
ταμιεῖον, ταμεῖον 7, 68. 10, 42. 24, 258. 28, 78. 29, 92. 32, 85. 33, 104, 142. 34, 86.
ταμιεύω 2, 89. 4, 36. 5, 48. 6, 23, 60, 94. 7, 128. 8, 145, 150. 10, 79. 11, 19, 168. 15, ‹14›, 37, 71, 124. 16, 78, 115. 17, 13, 74, 106. 19, 200. 21, 46. 22, 272. 24, 5, 8,

113, 161, 166, 243. 25, 203. 28, 325. 29, 175, 187, 198. 30, 200. 31, 38. 32, 5, 145, 152, 152. 33, 169. 36, 91. 37, 88, 150. 38, 158.

Τάνις 8, 60, 62, 62, 62.
ταντάλειος 17, 269. 27, 149. 31, 81.
τανῦν → νῦν
ταξιαρχέω 14, 29. 15, 174. 16, 60. 28, 207. 34, 154.
ταξίαρχος, ταξιάρχης 11, 87. 13, 143. 25, 317, 318. 27, 38. 28, 114, 121. 29, 230. 32, 127. 34, 139.
τάξις 1, 13, 13, 22, 28, 28, 34, 67, 67, 68, 78, 87, 99, 106, 113. 2, 70. 3, 24, 73. 4, 61. 5, 23, 24, 50, 121, 129. 6, 11, 52, 72, 73, 82. 7, 23, 66, 134, 145. 9, 43, 65. 10, 5, 27, 31, 34. 11, 57. 12, 3, 14. 13, 14, 35, 48, 52, 75, 93, 143, 201. 14, 25. 15, 133, 151, 174. 16, 23, 60, 196. 17, 46, 87, 224, 224, 241. 18, 51, 104, 108, 110, 133. 19, 10, 73, 74, 145, 186. 20, 45, 104, 200. 21, 29, 113, 152, 173, 205, 241. 22, 152, 232, 247. 23, 17, 19, 47, 61, 69, 101, 124, 150, 219, 232. 24, 85, 92, 145, 176, 177, 187, 199, 203, 222. 25, 178, 206, 251, 280, 288. 26, 46, 71, 174, 222, 244, 245, 263, 276, 277. 27, 38, 82, 103, 104, 106, 123, 128, 166, 178. 28, 5, 19, 51, 54, 94, 114, 120, 124, 156, 157, 168, 296, 345. 29, 69, 115, 124, 127, 137, 140, 140, 144, 150, 151, 153, 154, 181, 215, 224, 227, 228, 230. 30, 26, 108, 177, 192. 31, 1, 9, 28, 50, 63, 92, 117, 168, 187, 206, 210, 210, 235, 237. 32, 43, 77, 127, 137, 176, 209, 211, 211, 218. 33, 7, 41, 42, 59, 74, 111, 130, 152. 34, 24, 30, 81. 35, 11, 61, 75, 80. 36, 31, 32, 34, 40, 40, 65, 75, 106. 37, 86, 98, 109, 126, 128, 131. 38, 29, 58, 69, 74, 94, 95, 104, 147, 175, 204, 227, 228, 261, 278, 286, 296, 307, 328.

ταπεινός 2, 68. 3, 89. 4, 18, 19, 82, 84, 134. 7, 13, 16, 34. 8, 47, 48, 74, 79, 109, 149.

179. 19, 40, 53, 54, 60, 73, 97, 196. 20, 29, 43, 52, 52, 63, 91, 94, 103, 104, 118, 179, 201, 216, 233, 261. 21, 4, 69, 74, 81, 120, 132, 201, 225. 22, 244, 290. 23, 5, 5, 16, 47, 121, 150, 216. 24, 87, 205, 217. 25, 17, 139, 149, 190, 280, 285. 26, 39, 47, 80, 81, 99, 104, 115, 154, 236, 243. 27, 2, 23, 123, 129, 162, 172. 28, 176, 290, 307, 341, 344, 345. 29, 9, 18, 164, 178, 194, 237, 239, 261. 30, ‹23›, 26, 69, 103, 191. 31, 5, 10, 21, 110, 123, 198, 203. 32, 5, 7, 17, 64, 88, 134, 146, 198, 202, 209. 33, 22, 57, 57, 72, 131, 150, 166. 34, 140. 35, 3. 36, 16, [109]. 37, 54, 150. 38, 78, 278. 39 (VIII 6, 8).
τιϑηνέω 1, 41. 6, 25. 8, 181. 11, 18. 29, 143. 32, 156.
τιϑήνη 13, 31, 61. 15, 49. 17, 38, 52.
τιϑηνοκομέω 14, 13.
τιϑηνοκομητέον 34, 160.
τιϑηνοκόμος 7, 115.
τιϑηνός 16, 24. 17, 20. 32, 93.
τίκτω 1, 43, 132. 2, 76, 80. 3, 48, 82, 95. 4, 85, 85, 131, 146, 180, 181, 181, 216, 216, 216, 217. 5, 40, 40, 43, 45, 46, 46, 53, 54, 57. 6, 1, 3, 19, 25. 7, 101. 8, 33, 74, 97, 124. 10, 10, 11, 13, 15, 15, 40. 11, 46, 101. 12, 77, 122, 134, 134, 135, 135. 13, 214. 14, 8, 21, 22, 24. 15, 21, 44, 49, 164. 16, 4, 114, 141, 142, 142. 17, 20, 49, 51, 137, 162, 175. 18, 1, 1, 5, 6, 6, 7, 7, 7, 9, 9, 12, 13, 13, 43, 54, 59, 129, 131, 135. 19, 1, 167, 167, 167, 168, 204, 210. 20, 96, 108, 137, 143, 143, 143, 143, 144, 176, 188, 225, 253, 255, 261, 264. 21, 11, 37, 38, 200. 30, 14, 49. 31, 100. 32, 133, 142, 143, 157, 157, 162. 33, 158. 35, 68. 36, 65, 96.
τίλλω 24, 16. 38, 223.
Τιμαῖος 36, 13, 25, 141.
τιμαλφής 5, 100. 26, 112. 27, 133. 28, 86. 34, 66. 35, 49.
τιμάω 1, 128. 2, 99, 99, 99. 3, 47, 56. 4, 9, 10, 167.

6, 72, 77. 7, 4, 32, 34, 52, 52. 8, 38, 61, 63, 105, 122, 183, 185. 10, 69, 152, 170. 11, 90, 118, 171. 12, 64. 13, 17, 17, 56, 77, 81, 87, 107, 117. 14, 4, 14, 68. 15, 43, 108, 148. 16, 76, 95, 99, 169, 204. 17, 52, 169. 18, 49, 105, 108. 20, 40. 21, 82, 163, 204. 22, 70, 80, 90, 99, 100, 132, 154. 23, 13, 27, 103, 127, 129, 178, 218, 228. 24, 46, 144, 150, 167, 216, 242, 267. 25, 198, 298, 328. 26, 18, 58, 67, 128, 198, 225. 27, 9, 65, 78, 80, 105. 28, 139, 187, 197, 204, 209, 209, 242, 248, 276, 289, 300, 323. 29, 3, 21, 34, 36, 71, 86, 132, 142, 144, 145, 160, 164, 164, 170, 175, 204, 234, 235, 235, 246, 255, 256, 259, 260, 261. 30, 64, 82, 148, 180. 31, 11, 19, 74, 166, 169, 223, 235. 32, 34, 95. 33, 90. 34, 24. 35, 3. 37, 23, 40, 48, 51, 81, 81. 38, 98, 173, 272, 277, 291.
τιμή 1, 37, 128. 3, 107. 4, 86, 126. 5, 117, 122. 6, 16, 63, 68, 77, 77, 117, 138. 7, 33, 52, 53, 54, 54, 122, 157, 169. 8, 12, 37, 112, 115, 117, 120, 165, 181. 9, 15, 36. 10, 17, 145, 168, 169, 169, 171. 11, 80, 91, 120, 128, 143, 171. 12, [61], 126, 131, 146. 13, 37, 57, 65, 75, 75, 95, 109, 110, 194. 14, 16. 15, 18, 42, 112, 129. 16, 110, 131, 141, 172, 203. 17, 171. 18, 65, 80, 98, 119. 19, 26, 35. 21, 37, 130, 246, 246. 22, 43, 91, 99. 23, 94, 125, 184, 187, 188, 253, 263, 264. 24, 6, 18, 35, 70, 119, 123, 131, 176, 178, 180, 197, 203, 207, 212, 230, 235, 242, 249, 257, 258, 263. 25, 23, 61, 154, 243, 245. 26, 17, 44, 47, 67, 142, 173, 174, 177, 194, 207, 209, 225, 232, 242, 273. 27, 6, 6, 7, 38, 51, 61, 61, 62, 70, 76, 81, 81, 83, 106, 121, 165. 28, 20, 25, 52, 52, 54, 57, 65, 70, 122, 124, 131, 131, 142, 152, 159, 195, 234, 245, 317. 29, 7, 32, 33, 36, 36, 113, 114, 115, 132, 146, 149, 156, 165, 223, 224, 226, 233, 245, 246, 260. 30, 20,

21, 29, 125, 128, 143, 145, 148, 197. 31, 65, 77, 178. 32, 34, 102, 105, 166, 179, 181, 188, 202, 219, 220, 227. 33, 7, 7, 52, 107, 118. 34, 37, 140. 35, 8. 37, 30, 35, 40, 41, 49, 49, 52, 80, 97. 38, 7, 46, 75, 80, 86, 92, 133, 137, 140, 141, 149, 149, 153, 154, 165, 172, 191, 240, 293, 299, 301, 305, 316, 347. 39 (VIII 6, 4), (VIII 6, 8), (VIII 11, 13), (VIII 11, 18).
τίμημα 17, 145.
τίμησις 39 (VIII 7, 1).
τιμητέος 7, 33. 18, 133. 26, 9.
τιμητής 29, 37.
τιμητικός 10, 7. 20, 226. 38, 211.
τίμιος 1, 68. 2, 67, 77. 3, 81. 4, 83, 205. 5, 107. 6, 18, 26, 30, 83, 134. 7, 20, 157. 11, 129. 12, 118. 13, 86. 14, 12, 13. 17, 159. 18, 113. 23, 123. 24, 213. 27, 6. 28, 271, 275, 277. 29, 23, 34, 140. 30, 198, 207. 31, 178, 193. 32, 84, 117, 195. 33, 172. 38, 4, 299.
τιμωρέω 2, 96. 23, 137. 24, 79, 249. 25, 109. 30, 103, 182. 31, 23, 127. 37, 40, 82.
τιμωρητής 17, [109].
τιμωρία 1, 169. 2, 107, 107. 5, 78. 7, 169, 176. 9, 47. 11, 100, 116. 14, 48. 15, 24, 25, 116, 119, 119, 161, 182. 17, 204, 269. 18, 65, 118. 19, 66, 74, 74, 83, 84, 106. 20, 129, 244. 21, 22, 236. 22, 290, 295. 23, 64, 96, 97, 128, 137, 144. 24, 79, 86, 104, 169, 220, 221. 25, 11, 96, 102, 106, 107, 111, 113, 130, 133, 139, 143, 245, 303, 326. 26, 49, 53, 57, 162, 197, 200, 204, 217, 221, 227, 284, 286. 27, 95, 95, 136, 141, 149, 177. 28, 54, 55, 284, 316. 29, 232, 242, 253, 255, 257. 30, 42, 62, 64, 76, 84, 94, 96, 98, 102, 107, 122, 131, 143, 150, 151, 156, 159, 160, 160, 165, 167, 168. 31, 8, 40, 57, 77, 81. 32, 200. 33, 52, 69, 70, 162, 166. 37, 50, 72, 81, 84, 121, 126, 180, 181. 38, 7, 59, 219, 335, 341.
τιμωρός 1, 80. 8, 12. 15, 121.

31, 90. 32, 227. 37, 104.
39 (VIII 7, 9).
τινάσσω, τινάττω 10, 175.
15, 69, 70, 73. 22, 129. 26,
282. 37, 176.
τίνω 10, 48, 74. 15, 24, 118.
25, 47, 245, 278. 26, 248.
30, 31, 136, 175.
τίς, τις passim.
τίσις 26, 169, 203. 38, 133.
τίτϑη 6, 15. 17, 295. 29, 233.
31, 68. 32, 178.
τιτρώσκω 3, 99. 4, 15, 113,
202, 248, 253. 7, 46, 49, 49,
51, 99. 10, 99, 100. 13, 23.
21, 89. 22, 120, 122. 23, 104.
24, 103. 25, 56, 68, 309.
27, 87. 30, 103. 33, 140.
38, 127, 171, 206.
τλάω 5, 78.
τλητικός 6, 112. 7, 9. 10, 66.
18, 165. 20, 86. 22, 38.
25, 199. 26, 184. 29, 60.
34, 24, 109, 120, 133, 146.
τμῆμα 1, 15, 56, 57, 152. 4, 170.
5, 59, 60. 6, 108, 132, 132.
8, 3. 11, 139. 12, 114. 15, 89,
192. 16, 73. 17, 64, 132, 134,
141, 141, 142, 143, 164, 207, 213,
214, 242. 21, 135, 203. 23, 44.
25, 177, 179, 254. 26, 27,
253. 30, 176. 37, 37, 151.
38, 132, 144, 147.
τμητικός 4, 26.
τμητός 1, 62.
τοι 1, 28. 3, 10, 74, 91. 4, 180,
183, 221, 228, 230, 236, 246.
6, 81. 8, 163. 11, 104. 12,
163. 13, 19, 55. 15, 147.
16, 195. 17, 3, 116, 142. 18,
12, 110, 140. 19, 61. 20, 19,
177. 21, 57, 93. 22, 223.
23, 70. 26, 61. 29, 257.
30, 6, 86. 31, 93. 33, 161.
34, 44. 36, 27.
τοιγαροῦν 4, 219. 7, 148, 149.
12, 26, 159. 15, 79, 105. 16,
85, 113. 19, 41. 20, 80, 136,
203. 22, 65, 84, 276, 285.
24, 172, 174. 25, 155, 156,
284, 291. 26, 67. 29, 22.
32, 202, 209. 34, 108, 144.
35, 44. 36, 49. 37, 173.
38, 159, 345. 39 (VIII 7, 14).
τοιγάρτοι 5, 52. 10, 18, 48,
103. 12, 172. 13, 85. 18, 134.
20, 41. 21, 247. 22, 66, 89,
212. 25, 326. 29, 76, 94,
256.

τοίνυν 2, 20. 3, 8, 72. 4, 87,
104. 5, 16, 55, 83, 90, 98,
122, 124. 6, 2, 108. 7, 32,
37, 174. 8, 41, 52, 112, 170.
10, 1, 45, 80. 11, 7, 8, 27,
37, 52, 66, 68, 72, 111, 119,
158, 176. 12, 2, 7, 21, 28, 73,
75, 86, 93, 142, 174. 13, 11,
16, 27, 33, 80, 80, 206. 14, 1,
5, 16, 38, 42. 15, 15, 117.
16, 7, 42, 106, 177. 17, 40,
191. 18, 55, 126, 175. 19, 126.
20, 67, 131, 145, 178, 201,
236. 21, 6, 37, 41, 102, 120,
134, 159, 173, 201. 22, 112,
207, 262, 283. 23, 7, 50, 60,
158, 192, 217, 225. 24, 28.
25, 163. 26, 46, 66, 187, 246.
27, 50, 136. 28, 33. 29, 29,
41, 171, 228. 31, 153. 32, 22,
82, 85, 105, 141, 149, 168, 189,
226. 33, 28, 70. 34, 17, 45,
48, 59, 85. 36, 4, 24, 35, 53,
75, 88, 100, 104, 106. 37, 53.
39 (VIII 11, 14).
τοιόσδε 1, 82. 4, 54. 6, 28,
89, 107. 7, 168. 8, 28. 11, 82,
127. 12, 127. 13, 197. 15, 62,
81, 108, 166. 16, 27, 86, 168.
17, 14. 19, 56, 58, 178. 20,
139. 22, 159, 227. 23, 91,
201. 24, 148, 151. 25, 8, 77,
208, 306, 329. 26, 77, 91, 161,
168. 27, 51. 28, 224. 29, 217.
30, 131, 178. 32, 184, 184.
33, 81. 36, 28, 124, 128. 37,
108. 38, 229.
τοιοῦτος 1, 140. 2, 16, 16, 22,
27, 43, 67, 98, 99. 3, 13, 16,
50, 55, 64, 94, 101. 4, 7, 40,
53, 61, 61, 78, 79, 80, 85, 110,
139, 170, 184, 188, 206, 219,
225, 233, 243, 252. 5, 9, 18,
37, 69, 84, 86, 94, 104, 106.
6, 8, 10, 33, 71, 72, 73, 82,
88, 109, 111, 114, 116, 127,
131. 7, 1, 21, 29, 33, 56, 57,
58, 58, 119, 119, 130, 134, 135,
149, 167. 8, 13, 18, 32, 53,
54, 72, 84, 88, 95, 95, 120,
154, 166. 9, 19, 24, 25, 64.
10, 50, 52, 54, 56, 64, 70, 70,
90, 104, 118, 170. 11, 7, 61,
76, 77, 102, 110, 110, 110, 112,
162, 165. 12, 46, 72, 74, 96,
109, 113, 116, 149, 156, 177,
177. 13, 40, 47, 68, 77, 131,
142, 213, 223. 14, 6. 15, 4,
49, 73, 107, 117, 118, 161, 161,

175, 182. 16, 61, 105, 129,
169, 172. 17, 2, 20, 63, 81,
187, 246, 251, 290, 300, 306.
18, 3, 32, 114, 117, 155, 167,
178. 19, 35, 38, 40, 60, 66,
81, 123, 126, 133, 154, 162,
168, 181, 188, 213. 20, 12, 13,
20, 42, 44, 44, 58, 65, 76, 91,
115, 140, 145, 172, 175, 197,
198, 203, 203, 226, 254. 21,
11, 13, 22, 23, 59, 67, 70, 94,
96, 102, 113, 124, 146, 153,
198, 219, 240. 22, 6, 7, 14,
71, 99, 133, 135, 203, 205, 216,
246, 292, 301, 301. 23, 47,
107, 118, 126, 131, 136, 164,
211, 256, 276. 24, 12, 23,
27, 49, 85, 87, 110, 116, 122,
167, 170, 205, 211, 226, 231,
253, 267. 25, 29, 29, 30, 36,
42, 47, 58, 81, 92, 105, 113,
126, 138, 170, 184, 190, 193,
196, 273, 300. 26, 11, 31, 32,
64, 85, 117, 131, 220, 236,
264, 265, 270, 272, 292, 292.
27, 21, 48, 64, 81, 89, 101,
131. 28, 9, 28, 47, 203, 236,
242, 245, 267, 278, 315, 317,
319, 319, 344. 29, 11, 55, 76,
79, 81, 246. 30, 31, 34, 37, 42,
49, 49, 82, 88, 96, 98, 109,
130, 134, 136, 140, 166. 31,
40, 51, 51, 68, 71, 76, 145,
163, 163, 194, 199, 217, 218.
32, 2, 34, 87, 133, 135, 136,
161, 174, 178. 33, 81, 113, 114,
136. 34, 11, 71, 88, 97, 112,
124, 132, 147. 35, 56, 64, 66,
75. 36, 16, 26, 36, 43, 48,
55, 70, 72, 78, 113. 37, 15,
25, 33, 83, 94, 126, 135, 160,
166, 180, 184, 191. 38, 23,
26, 45, 52, 58, 60, 60, 67, 73,
76, 111, 136, 142, 151, 152,
153, 154, 200, 217, 223, 224,
225, 232, 235, 262, 279, 287,
319, 321, 363, 368, 372. 39
(VIII 6, 4), (VIII 7, 9), (VIII
7, 9), (VIII 7, 18).
τοιουτοσί 7, 35.
τοιουτότροπος 11, 141. 13,
218. 25, 204. 26, 205. 27,
7. 28, 92. 29, 206. 30, 183.
36, 20.
τοῖχος 5, 104. 8, 22, 100.
11, 89, 153. 16, 148. 22, 54.
25, 124. 26, 87. 35, 33.
τοιχωρυχέω 37, 73.

162, 162, 190, 190, 208, 209. 17, 4, 30, 66, 109, 109. 18, 35, 35, 61, 61, 108, 135, 135, 148. 19, 189. 20, 134, 260. 21, 41, 41, 60, 99, 130, 150, 150, 150, 150, 172, 172, 195, 238. 22, 150, 154, 171, 174, 231, 238, 238, 271. 23, 41, 45, 45, 73, 73, 78, 91, 91, 113, 122, 122, 212, 212, 254, 256. 24, 5, 115, 165, 168. 25, 69, 122, 124, 132, 135, 149, 163, 176, 185, 204, 205, 211, 211, 219, 234, 260, 274. 26, 42, 56, 217, 264, 264, 286, 288. 27, 4, 4, 14, 77, 77. 28, 183, 186, 298. 29, 30, 30, 36, 61, 70, 106, 108, 143, 143, 145, 146, 146, 151, 189, 199. 30, 2, 2, 17, 17, 76, 76, 171. 32, 24, 59, 199. 33, 89, 90, 106, 106, 147, 147. 34, 142. 35, 80, 84, 84. 36, 43, 87, 90, 136, 149. 37, 78, 89, 92, 106, 152, 164. 38, 13, 79, 79, 140, 167, 182, 231, 295, 306, 306.

τουτέστι 2, 24, 29, 65, 74, 92, 98. 3, 38, 41, 45, 59, 62, 77, 87, 92, 92, 93, 103. 4, 11, 14, 15, 16, 20, 25, 28, 32, 34, 35, 35, 45, 46, 52, 95, 123, 126, 142, 143, 145, 153, 154, 157, 172, 176, 214, 230, 230, 231, 232, 242, 244. 5, 17. 6, 62, 80, 86, 119. 7, 10, 16, 28, 59, 118, 119. 8, 14, 53, 150, 162, 168, 182. 9, 53, 54. 10, 49, 167, 174, 175, 175. 11, 162. 12, 42, 116. 13, 40, 53, 70, 73, 95, 123, 125, 216. 15, 70. 16, 67, 70. 17, 289, 304. 18, 49. 19, 49, 59, 135, 192, 201. 21, 110, 112. 22, 76. 25, 158. 28, 306. 33, 81.

τραγέλαφος 31, 105.

τραγικός 4, 202. 6, 28. 24, 78. 34, 116, 134, 152. 36, 5, 30, 49, 144. 38, 234, 234.

τράγος 3, 52. 8, 70, 165. 12, 61. 17, 179. 21, 189, 197, 198, 199. 22, 19. 27, 76. 30, 36, 46, 113.

τραγῳδέω 27, 43, 153. 33, 136.

τραγῳδία 3, 75. 8, 165. 18, 61. 20, 114. 34, 141.

τραγῳδός 13, 177. 38, 203.

τρανής, τρανός 1, 66, 71. 4, 16, 121, 121, 122. 17, 72.

18, 135, 136. 20, 108. 22, 3, 18, 127. 23, 60, 118. 25, 66, 95, 199. 28, 273. 29, 89. 30, 100, 161. 31, 86, 203. 32, 215. 34, 47, 74. 37, 124, 162.

τρανότης 24, 145. 27, 33. 28, 106.

τρανόω 1, 122, 127. 26, 10, 39. 27, 46, 148. 29, 4, 7, 132. 31, 233. 37, 165.

τράπεζα 1, 158. 17, 175, 226, 226, 227, 227. 18, 167, 168. 19, 31. 21, 51. 22, 210. 24, 196, 205, 210. 26, 23, 94, 104, 146. 28, 118, 127, 172, 176, 220, 242. 29, 20, 161, 193. 30, 96. 31, 91, 119. 35, 41, 54, 73, 81, 81. 39 (VIII 11, 12).

τραπεζοποιός 22, 50.

τραῦμα 7, 46, 50. 11, 93. 16, 124. 20, 203. 21, 112. 22, 168. 25, 119. 27, 170. 28, 103, 204. 29, 13. 30, 168, 181. 34, 133.

τραυματίας 10, 183. 20, 203. 25, 284.

τραχηλίζω 5, 78. 17, 274, 274. 20, 81. 25, 297, 322. 33, 153. 34, 159.

τράχηλος 2, 12. 4, 193. 24, 150. 28, 306.

τραχύς 2, 34. 3, 8, 39. 4, 58, 253. 8, 104, 154. 10, 84. 13, 150, 150. 15, 26. 16, 50. 18, 28. 21, 17. 22, 124, 259. 23, 152, 239. 24, 21. 25, 167, 192. 26, 138, 202. 28, 106, 301. 31, 14, 112. 33, 148. 37, 186.

τραχύτης 1, 62. 11, 142. 12, 133. 13, 185. 16, 208. 37, 71.

Τραχωνῖτις 38, 326.

τρεῖς 1, 48, 50, 60, 60, 84, 96, 97, 97, 98, 102, 102, 102, 102, 102, 102, 106, 108, 108, 136. 2, 3, 28, 37, 37, 55, 57, 72, 93. 3, 42, 65. 4, 11, 11, 124, 249. 5, 22, 22. 6, 47, 59, 60, 136. 7, 7. 8, 49, 49, 54, 96. 10, 41. 11, 136. 12, 95, 113, 113, 113, 114, 116, 123, 124, 124, 124, 124. 13, 201, 210, 214, 214. 14, 60. 15, 4. 16, 2, 105, 154. 17, 108, 132, 144, 144, 165, 165, 215, 216, 218, 224, 226. 18, 100, 100,

101, 106, 131, 147. 19, 3, 4, 87, 103, 104, 150. 20, 12, 69, 88, 235, 236, 236, 238, 245. 21, 5, 15, 25, 26, 40, 40, 167, 169, 213, 219, 242. 22, 9, 159, 180, 195, 195, 207, 208, 210, 210, 257, 281, 283. 23, 47, 49, 51, 53, 54, 54, 54, 60, 107, 108, 110, 122, 122, 124, 131, 131, 142, 149, 169, 208, 232, 241. 24, 1, 1, 54, 91, 92, 92, 93, 96, 96, 97, 152, 152, 193. 25, 9, 11, 73, 76, 76, 97, 97, 123, 130, 163, 181, 224, 292. 26, 2, 91, 101, 102, 103, 112, 121, 121, 124, 124, 124, 133, 150, 152, 156, 187, 212, 276. 27, 20, 21, 22, 22, 24, 25, 25, 26, 26, 27, 28, 28, 45, 126. 28, 87, 87, 147, 158, 163, 168, ‹188›, 194, 197, 212, 232, 240, 247, 251, 253, 253, 268, 320. 29, 1, 2, 34, 35, 58, 177, 177. 31, 12, 235. 32, 183, 202, 207. 33, 1, 49, 61, 65, 80, 97, 166. 35, 33, 35. 36, 79, 140. 37, 76. 38, 74, 74, 141, 148, 298, 351.

τρέμω 4, 54. 7, 119, 119, 140. 17, 24. 20, 217. 33, 72.

τρεπτέον 17, 257. 26, 45. 27, 50. 28, 12.

τρεπτός 5, 51.

τρέπω 1, 31, 67, 113, 126. 3, 31, 32, 33, 33, 34, 61, 63, 86, 87, 89. 4, 94, 109, 125, 152, 213. 5, 88, 90. 6, 127, 130. 7, 71, 97, 152. 8, 7, 10, 18, 23, 28, 30, 110, 168. 9, 48, 67. 10, 22, 132. 11, 125. 12, 97, 135, 162. 13, 206. 15, 42. 16, 209. 17, 50, 84. 19, 13, 25, 143, 189. 20, 85, 130. 21, 20, 79, 80, 107, 123, 133, 222. 22, 276. 23, 233. 24, 212. 25, 15, 72, 79, 96, 99, 124, 210, 242, 250, 263, 273, 274, 282, 284, 288, 301. 26, 27, 55, 251. 27, 75, 76, 98. 28, 64, 210, 218, 300. 29, 20, 102, 147. 30, 80, 80. 31, 5, 8, 16, 136, 144, 221, 235. 32, 118. 33, 52, 134, 169. 34, 123. 36, 91. 37, 27, 53, 56. 38, 18, 52, 119, 367. 39 (VIII 11, 6).

τρέφω 1, 167. 2, 97, 98, 99. 4, 141, 152, 161, 162, 168,

128, 150, 167, 170. 8, 10, 11, 27, 50, 61, 86, 98, 100, 107, 110, 111, 137, 139, 155, 159, 163, 170. 9, 22, 22, 32, 32, 35, 50. 10, 5, 6, 15, 45, 68, 88, 92, 112, 153. 11, 15, 22, 24, 29, 34, 67, 69, 77, 89, 95, 114, 120, 158. 12, 15, 28, 40, 60, 63, 64, 81, 134, 136, 163, 177. 13, 22, 23, 28, 31, 36, 74, 90, 93, 116, 140, 148, 158, 164, 190, 192, 217. 14, 6, 14, 24. 15, 5, 6, 6, 9, 18, 29, 44, 60, 69, 73, 86, 87, 95, 102, 106, 119, 122, 133, 144, 183, 196. 16, 22, 28, 40, 47, 47, 75, 95, 139, 144, 159, 164, 188, 192, 196, 211, 219, 219, 221. 17, 31, 42, 60, 65, 74, 81, 100, 101, 113, 128, 138, 139, 144, 146, 185, 186, 191, 194, 203, 220, 222, 238, 239, 270, 278, 282, 293, 301, 307, 308, 309. 18, 19, 32, 48, 55, 58, 71, 92, 119, 131, 135, 159. 19, 19, 30, 32, 39, 40, 81, 88, 91, 115, 122, 123, 126, 140, 148, 155, 169, 177, 180, 209. 20, 5, 26, 30, 33, 38, 51, 57, 71, 73, 80, 97, 111, 113, 136, 137, 142, 148, 161, 173, 180, 192, 200, 212, 235, 239. 21, 25, 42, 45, 49, 58, 62, 69, 84, 107, 115, 119, 128, 129, 162, 169, 178, 194, 202, 214, 236, 247, 254. 22, 8, 13, 14, 50, 67, 98, 191, 198, 212, 242, 248, 274, 301. 23, 2, 10, 45, 47, 52, 63, 83, 98, 99, 123, 130, 147, 203, 205, 212, 217, 218, 220, 223, 237, 240, 259. 24, 3, 20, 28, 33, 36, 61, 61, 68, 82, 83, 88, 101, 160, 162, 193, 215, 223, 263. 25, 22, 34, 87, 102, 121, 142, 177, 189, 254, 262, 278. 26, 23, 30, 39, 39, 59, 89, 93, 118, 121, 133, 135, 141, 143, 153, 160, 217, 231, 252, 267, 273. 27, 1, 12, 14, 32, 33, 44, 49, 61, 69, 81, 124, 138. 28, 17, 26, 35, 40, 65, 68, 85, 105, 110, 129, 138, 142, 148, 191, 216, 239, 246, 262, 289, 304, 311, 327, 332, 336. 29, 3, 30, 71, 75, 91, 121, 131, 132, 132, 142, 147, 152, 164, 181, 182, 183, 207, 228, 248. 30, 5, 33, 36, 39, 78, 79, 103, 113, 130, 171, 187, 189, 194,

208. 31, 2, 31, 39, 58, 60, 70, 83, 86, 91, 93, 107, 113, 114, 147, 168, 177, 182, 202, 214, 217, 218, 236. 32, 6, 9, 14, 31, 61, 69, 74, 76, 83, 88, 98, 123, 138, 144, 156, 164, 186, 194, 197, 205. 33, 34, 34, 45, 61, 70, 73, 125, 139, 172. 34, 1, 18, 30, 30, 32, 89. 35, 29, 33, 40, 47, 55, 72, 83. 36, 14, 19, 20, 31, 58, 73, 79, 80, 83, 85, 86, 97, 109, 113, 114, 115, 126, 128, 132, 134, 144, 149. 37, 29, 49, 60, 108, 116, 159, 166, 189. 38, 48, 49, 59, 76, 80, 115, 125, 134, 137, 157, 159, 174, 191, 200, 228, 281, 289, 339, 344. 39 (VIII 7, 18).

τροφεύς 4, 177. 16, 24. 18, 171. 30, 112.

τροφεύω 25, 17.

τροφή 1, 38, 40, 41, 43, 115, 119, 133, 153, 158, 167, 169. 2, 24, 26, 26, 26, 97, 98, 98. 4, 60, 81, 152, 161, 161, 162, 169, 173, 178, 179, 183, 251. 6, 41, 41, 41, 44, 62, 73, 86, 98, 98, 98, 109, 125, 139. 7, 25, 85, 106, 108, 115, 116, 116, 120. 8, 98, 98, 148, 149, 158. 10, 37, 39, 40, 59, 63, 155. 11, 6, 9, 9, 32, 58, 132, 142. 12, 15, 15, 35, 35. 13, 22, 171. 14, 3, 8, 36. 15, 55. 16, 29, 36, 37, 140, 157, 204. 17, 79, 79, 137, 191, 226, 247, 253, 311. 18, 6, 19, 19, 29, 33, 100, 171, 173. 19, 137, 176. 20, 90, 165, 223, 230, 258, 259. 21, 38, 48, 51, 58, 97, 122. 22, 9, 10, 31, 46, 48, 73, 156, 156, 163, 204, 204, 215. 23, 91, 149. 24, 111, 113, 161, 178, 198, 210, 243, 249, 259. 25, 5, 8, 11, 15, 17, 20, 34, 65, 125, 153, 184, 195, 202, 204, 205, 208, 209. 26, 1, 60, 69, 70, 104, 148, 222, 223, 258, 259, 264, 266, 266, 266, 266, 267, 268, 270. 27, 12, 13, 16, 16, 45, 160. 28, 62, 132, 133, 133, 148, 165, 173, 184, 216, 217, 217, 218, 255, 338, 338. 29, 83, 150, 158, 159, 160, 161, 175, 179, 180, 181, 184, 186, 191, 197, 199, 201, 202, 205, 229, 233, 247. 30, 10, 57, 97,

116, 144, 144, 198, 199, 200, 201, 202, 203. 31, 12, 24, 26, 94, 104, 107, 211. 32, 6, 86, 130, 130, 143, 145, 149, 149, 149, 152, 154, 154, 156. 33, 8, 99, 99, 100, 134, 136, 142. 34, 86, 98, 121, 121, 122, 160. 35, 9, 35, 35, 73. 36, 38, 62, 66, 85, 86, 88, 91, 91, 92, 92, 98, 98, 98, 99, 129. 37, 64. 38, 252, 273. 39 (VIII 7, 5), (VIII 7, 5), (VIII 7, 6), (VIII 11, 10).

τρόφιμος 2, 99. 3, 105. 7, 101. 12, 77, 114. 16, 205. 19, 174, 183, 200. 22, 22, 22, 77. 26, 104. 30, 97. 32, 223.

τροφός 6, 25. 7, 115. 12, 14. 13, 61. 17, 38, 52, 163. 22, 139. 25, 18.

Τροφώνιος 38, 78.

τροχάζω 12, 152.

τροχίζω 7, 176. 31, 82. 37, 72, 85. 38, 206.

τροχός 5, 80. 10, 102. 22, 44. 27, 146.

τρυγάω 33, 128.

τρυγητής 32, 90.

τρύγητος 33, 101, 101.

τρυγών 17, 126, 127, 234. 20, 233, 234, 245, 248. 28, 162, 162. 31, 117.

τρυπάω 4, 199. 5, 72.

τρυτάνη 22, 226. 31, 167. 32, 86.

τρυφάω 2, 45, 64. 11, 48, 150. 14, 56. 16, 204. 21, 121, 125. 25, 54. 27, 117. 28, 134. 31, 126. 32, 133. 35, 35, 73. 37, 184.

τρυφερός 22, 9.

τρυφή 2, 45, 96. 4, 167. 5, 1, 12, 12. 6, 21. 8, 32. 12, 38. 13, 21. 21, 123. 22, 242. 24, 44, 243. 25, 89. 26, 13. 29, 99, 240. 33, 146. 35, 48. 38, 168.

τρύφος, τό 1, 131.

Τρύφων 37, 76.

τρύχω 2, 84.

τρώγλη 16, 188, 188. 19, 45. 21, 41, 55. 23, 72.

τρώκτης 6, 32.

τυγχάνω 1, 84, 137, 140, 166. 2, 60, 84, 88. 3, 15, 69. 4, 74, 86, 89, 125, 130, 170, 211. 5, 2, 45, 54, 56, 59, 66, 72, 109. 6, 37, 53, 54, 90, 99, 99. 7, 104, 123, 176. 8, 9, 13,

ὑβριστής 11, 116. 24, 84. 29, 245. 30, 78. 33, 100.
ὑβριστικός 32, 113.
ὑγεῖα → ὑγίεια
ὑγιάζω 7, 44. 33, 21.
ὑγιαίνω 1, 167. 3, 70, 97. 5, 16. 6, 44. 7, 5, 12, 12, 13, 95, 95. 8, 184. 10, 124, 124, 125, 125, 129. 11, 164. 12, 114, 157. 13, 179, 223. 15, 22, 25. 16, 87, 87, 119, 124. 17, 67, 202. 18, 39. 19, 117, 160. 20, 204, 230. 23, 223, 275. 24, 199. 25, 50, 124, 135. 26, 34, 167. 27, 142. 28, 191. 29, 233. 31, 134, 182. 32, 3, 13, 32, 226. 36, 70, 96. 38, 107.
ὑγίεια 3, 86. 4, 86, 86, 178. 6, 39, 123. 8, 159. 10, 57, 87, 150. 11, 98. 13, 140, 140, 201. 14, 61, 67. 15, 19. 16, 87, 162, 162. 17, 92, 209, 285, 299. 18, 31, 93, 96. 19, 151, 160. 20, 221. 22, 299. 23, 26, 263. 24, 130. 26, 185. 28, 222, 237, 252, 283. 29, 2, 197. 31, 237. 32, 13, 14, 176. 33, 33, 64, 119. 34, 12. 36, 37, 116. 38, 14, 106. 39 (VIII 7, 16).
ὑγιεινός 7, 16, 34, 72. 9, 34. 13, 141, 214. 17, 286, 297. 18, 25, 101. 20, 230. 23, 267. 24, 62. 25, 64. 28, 343. 30, 107. 33, 122. 35, 23. 38, 14, 82, 270.
ὑγιής 2, 23. 3, 97. 4, 32, 150, 233. 5, 14, 15, 36, 66, 127. 6, 26. 7, 10, 65, 138. 9, 49. 10, 124. 15, 93, 124. 17, 290. 18, 61, 141. 21, 79. 22, 99, 134. 25, 268. 28, 118, 173, 238, 246. 29, 164. 30, 55. 31, 44, 60. 32, 207. 36, 52, 143. 37, 136, 170.
ὑγρός 1, 67, 132, 132, 132. 3, 2. 6, 108. 13, 186, 190, 191. 15, 89, 184. 17, 135, 135, 146, 151, 153, 282. 28, 216. 29, 19, 240. 31, 91, 193. 35, 47. 36, 98, 100.
ὑγρότης 1, 132. 15, 102. 17, 294. 30, 33.
ὑδατώδης 17, 197. 32, 130.
ὕδρα 22, 14.
ὑδρεία 8, 137. 25, 228. 34, 32.
ὑδρεύω 8, 132, 132, 138, 148.
ὑδηρός 15, 38.

ὑδρία 8, 132, 132, 132, 132, 136, 137, 137, 140, 146, 150. 19, 195. 25, 187.
ὑδρίον 25, 211.
ὑδορρόα 8, 127.
ὑδροφορέω 35, 50.
ὕδωρ 1, 29, 38, 38, 39, 63, 64, 80, 84, 131, 131, 136, 146. 2, 33. 3, 84, 84, 103. 4, 5, 81, 82, 99, 101, 141, 142, 144. 5, 38, 62, 89, 111, 111. 6, 97. 7, 62, 151, 152, 154, 170. 8, 130, 132, 137, 139, 158, 162, 163, 163, 164. 9, 22, 22, 22. 10, 107, 145, 145, 157, 169, 171. 11, 24, 51. 12, 3, 3, 3, 4, 6, 10, 12, 78, 78, 80, 83, 120, 127. 13, 106, 106, 110, 182, 218, 223. 14, 8. 15, 29, 30, 70, 70, 70, 89, 136, 185, 186, 186, 186. 16, 36, 83. 17, 134, 135, 136, 146, 146, 197, 198, 208, 226, 247, 281, 282. 18, 104, 117, 163, 163, 163, 166. 19, 1, 110, 176, 177, 183, 183, 187, 197. 20, 59. 21, 8, 16, 18, 19, 19, 31, 33, 36, 38, 39, 81, 136, 210, 210, 211, 214, 220. 22, 48, 116, 122, 222, 238, 245, 277. 23, 1, 43, 44, 44, 138. 24, 12, 155. 25, 17, 17, 55, 81, 96, 97, 98, 98, 99, 101, 103, 107, 113, 117, 143, 144, 200, 202, 210, 211, 212, 243, 255, 256, 289. 26, 37, 53, 63, 88, 88, 101, 104, 119, 119, 119, 120, 121, 121, 126, 133, 143, 148, 238, 263. 27, 15, 16, 31, 53, 78. 28, 93, 93, 94, 97, 249, 262, 262, 264, 264, 266. 29, 255. 30, 58, 58, 59, 60, 62, 111, 147, 152. 31, 81, 118. 32, 154. 33, 36, 99. 35, 3, 3, 37, 73. 36, 18, 25, ‹29›, 33, 33, 45, 61, 66, 87, 103, 103, 107, 107, 110, 110, 110, 110, 111, 111, 111, 111, 115, 115, 115, 115, 119, 125, 131, 137, 146, 147, 147, 148, 148. 38, 275, 350. 39 (VIII 7, 6).
ὑετός 8, 144. 10, 87, 156, 157. 13, 106. 16, 101. 19, 180. 20, 21. 25, 6, 117, 118, 145, 200, 200, 202, 202. 26, 195, 286. 29, 206. 32, 93, 145. 33, 101, 131, 132. 36, 137, 137.
ὕθλος 8, 166.

ὑϊδῆ, υἱιδῆ 30, 26.
υἱός 3, 48, 48, 48, 51, 77, 94. 4, 15, 85, 90, 133, 133, 181, 203, 212, 214, 225, 232. 5, 8, 9, 54, 67, 67, 69, 69. 6, 19, 19, 19, 19, 19, 20, 47, 48, 118, 118. 7, 13, 14, 49, 94, 138. 8, 33, 63, 66, 69, 73, 74, 89, 91, 119, 124, 158, 179. 9, 1, 3, 5. 10, 31, 32, 54, 119, 119, 121, 145. 11, 51. 12, 59, 60, 63, 134, 136. 13, 14, 14, 30, 67, 67, 72, 84, 93, 127, 131. 14, 1, 6, 12, 21, 21, 21, 21, 21, 22, 27, 30, 31, 32, 44, 47, 48, 48, 56. 15, 1, 41, 63, 93, 122, 142, 145, 145, 146, 147, 148, 149. 16, 15, 21, 54, 126, 140, 141, 193, 193, 205, 206, 224. 17, 2, 8, 39, 40, 49, 52, 59, 113, 117, 124, 195. 18, 42, 43, 54, 58, 86, 175, 177, 177, 178, 178. 19, 1, 89, 208. 20, 92, 92, 93, 94, 97, 97, 98, 131, 189, 206, 206, 207, 217, 226, 227, 227, 253, 255, 261, 261. 21, 37, 52, 117, 173, 195, 237, 254. 22, 33, 33, 36, 89. 23, 50, 98, 110, 132, 168, 169, 173, 176, 181, 187, 188, 192, 194, 198, 198, 254. 24, 4, 11, 22, 163, 167, 182, 188, 195, 217, 231, 255, 256, 257. 25, 19, 135, 150, 283, 301, 304, 328, 330. 26, 64, 134, 142, 234, 243, 243, 244. 28, 41, 96, 111, 112, 130, 130, 139, 312, 316, 318, 318. 29, 124, 127, 129, 130, 136, 138, 227, 247. 30, 14, 19, 26, 29, 153, 153, 154, 168, 168. 31, 184. 32, 53, 59, 66, 192. 33, 24, 59, 61, 63, 65, ‹109›, 134, 158, 166, 167. 34, 37, 37, 122. 35, 13, 72. 38, 27, 28, 29, 38, 62, 71, 71, 300. 39 (VIII 7, 5).
υἱωνός 8, 114. 10, 31. 14, 31, 44, 47. 23, 50. 30, 14. 33, 24, 109. 37, 10, 12, 13, 25. 38, 23, 24, 29, 33, 35.
ὑλακτέω 21, 108. 22, 168, 267.
ὑλακτικός 12, 151.
ὕλη 1, 40, 42, 62, 136, 137, 142, 146, 153, 171. 2, 3, 29, 31, 42, 49, 83, 88. 3, 19, 51, 80, 107. 4, 114, 152, 240, 243, 252. 5, 80, 100, 125, 126, 127. 7, 20, 105, 109, 111, 117. 8, 61, 115, 116, 120, 128, 163, 165.

16, 3, 50. 24, 46, 212. 27,
12, 150. 28, 113, 212, 213.
29, 22. 30, 17, 173. 37, 12.
ὑπεξέρχομαι 7, 159. 16, 190.
17, 73, 74, 74, 76. 24, 9, 128.
37, 28. 38, 128, 265, 372.
ὑπεξίστημι 1, 35. 4, 41. 6,
135. 25, 55. 33, 25. 38, 36,
236.
ὑπέρ 1, 5, 32, 38, 128, 167.
2, 2. 3, 51. 4, 14, 72, 136,
166, 205, 242. 5, 46, 72. 6,
25, 84, 130. 7, 14, 27, 175,
176. 8, 65, 94, 99. 10, 91,
132. 11, 5, 119, 151, 152, 152,
154, 156. 12, 153. 13, 129.
15, 98. 16, 76, 144, 149, 200.
17, 6, 9, 14, 174, 174, 174,
174, 224, 224, 226, 226, 226,
230, 231, 236, 238, 293. 18,
24, 96. 19, 57, 89, 116, 146, 210.
20, 14, 53, 62, 125, 129, 222,
265. 21, 52, 54, 54, 97, 97,
124. 22, 62, 265, 278, 298.
23, 4, 98, 140, 140, 179, 179,
187, 197, 214, 225. 24, 10, 12,
92, 148, 171, 178, 215, 228,
237, 267. 25, 52, 118, 128,
141, 141, 147, 149, 149, 151,
159, 166, 175, 232, 280, 292,
303, 307, 307, 307, 317. 26,
46, 90, 98, 113, 122, 147, 153,
153, 159, 159, 166, 173, 175,
213, 224, 273, 274. 27, 56, 57,
63, 91, 91, 114, 169, 169.
28, 30, 44, 57, 79, 86, 97, 97,
97, 113, 139, 152, 156, 168,
168, 168, 169, 169, 169, 171,
171, 188, 190, 190, 205, 211,
222, 229, 244, 260, 260, 298,
298, 314, 317. 29, 3, 33, 36,
54, 69, 93, 95, 95, 122, 131,
135, 142, 146, 157, 162, 167,
167, 167, 173, 175, 178, 182,
183, 184, 203, 209, 233, 244.
30, 18, 46, 49, 53, 54, 55, 74,
77, 78, 105, 120, 127, 128, 131,
148, 149, 152, 153, 153, 154,
157, 159, 163, 172, 179. 31, 9,
10, 15, 24, 54, 63, 78, 81, 98,
142, 142, 161, 161, 223. 32,
42, 45, 77, 109, 109, 137, 154,
156, 156, 172, 223. 33, 56,
105, 114, 126, 137, 143, 156,
157, 166. 34, 108, 111, 111,
117, 118, 131, 133. 35, 22, 27,
54. 36, 1, 37, 39, 39, 65. 37,
61, 94, 146, 150. 38, 38, 39,
60, 60, 117, 135, 136, 137, 139,

148, 160, 162, 178, 190, 192,
201, 211, 232, 242, 242, 279,
299, 334, 355, 355, 357, 361.
39 (VIII 11, 5), (VIII 11, 9).
ὑπέραντλος 11, 89. 22, 86.
34, 128. 38, 372.
ὑπεράνω 4, 175. 7, 114. 8, 14.
12, 144. 15, 137. 16, 7, 125.
18, 105. 19, 101, 115, 164.
21, 157. 26, 103, 132. 30,
184. 31, 114. 33, 114, 125.
34, 96.
ὑπερασπίζω 11, 78. 15, 48.
17, 58. 20, 40, 113. 22, 267.
25, 216. 38, 208.
ὑπερασπιστής 13, 111. 21, 173.
ὑπεράϋλος 4, 82.
ὑπέραυχος 11, 62, 83. 13, 111.
14, 57. 16, 62, 147. 18, 41.
19, 194. 28, 265, 265, 293.
31, 165. 32, 165. 33, 119.
37, 4.
ὑπερβαίνω 1, 2. 4, 232. 8,
180. 10, 149, 157. 14, 6.
16, 38. 18, 103. 20, 53, 117.
23, 23, 122. 25, 4, 14, 24,
25. 27, 43. 28, 20, 163. 29,
6. 31, 198. 33, 77. 35, 11,
30. 37, 166. 38, 93, 183,
204.
ὑπερβαλλόντως 1, 30. 12, 126.
ὑπερβάλλω 1, 4, 6, 23, 45,
71, 148. 2, 58. 4, 165, 217.
6, 28, 121. 7, 29. 8, 9, 119,
141, 162. 10, 44, 116. 13,
109, 119. 14, 54, 58. 15, 17,
50, 58, 93, 138, 162. 16, 25,
58, 106, 113, 167. 17, 3, 24,
89. 18, 134. 19, 16. 20, 61,
64, 180, 250. 21, 132, 143,
184. 22, 270, 279. 23, 40,
154, 167, 194, 252, 267. 24,
82, 172, 246. 25, 21, 61, 119,
134, 212. 26, 1, 200. 28, 263.
29, 36, 56, 240, 249. 30, 34,
45, 101, 129, 154. 31, 24, 54,
84, 212. 32, 99, 192. 33, 42.
34, 109. 36, 107, 108, 145.
37, 3, 8, 48. 38, 27, 63, 106,
143, 341. 39 (VIII 6, 1),
(VIII 6, 8).
ὑπερβατόν 20, 13.
ὑπερβλύζω 6, 61. 13, 221.
35, 45. 36, 147.
ὑπερβολαία 4, 121.
ὑπερβολή 1, 136. 2, 34. 4,
208. 6, 55. 7, 96. 8, 161.
10, 7, 21, 73, 80, 162. 11,
154. 12, 128, 145. 13, 16, 73.

14, 54. 15, 165. 16, 146.
17, 29, 156. 18, 107. 19,
115. 20, 53, 217. 21, 56.
22, 116, 198, 223. 23, 39, 50,
115, 185. 24, 252, 258. 25,
229. 26, 196, 197, 198. 27,
4, 70, 91, 112. 28, 58, 73,
131, 248, 294. 29, 16, 51, 73,
167. 30, 54, 209. 31, 48, 102,
168, 191, 202. 32, 86, 134,
136, 203. 33, 134, 136. 34,
8, 36, 56, 129. 36, 119. 37,
59, 107, 146, 179.
ὑπεργάζομαι 36, 119.
ὑπέργηρως 21, 10.
ὑπερεγγυάω 30, 72.
ὑπερεῖδον 3, 48. 14, 21. 16,
214. 24, 171. 25, 53. 26, 163.
27, 41. 28, 308. 29, 136, 195.
33, 30, 58, 148.
ὑπερείδω 13, 156. 26, 77. 30,
106. 36, 115.
ὑπερεχχέω 13, 32.
ὑπερέχω 1, 108, 108, 109, 109,
109, 110, 110, 110, 110. 4, 88.
7, 107. 11, 121, 151. 16, 166,
166. 17, 58. 22, 265. 25,
142. 26, 277. 27, 21, 21, 21,
21. 31, 199, 231, 231. 35,
69. 36, 140. 38, 220.
ὑπερῆλιξ 23, 111, 248.
ὑπερήμερος 26, 225.
ὑπερηφανία 32, 171.
ὑπέρθεσις 23, 3. 24, 263.
25, 280. 27, 85. 30, 94, 102,
103. 37, 84, 129. 38, 253.
ὑπερθετέον 16, 102. 17, 221.
26, 191. 27, 29.
ὑπερθετικός 6, 32.
ὑπέρκειμαι 33, 10. 34, 20.
ὑπερκύπτω 1, 70. 4, 100, 177.
6, 60, 94. 7, 100. 9, 61.
10, 150. 13, 62. 16, 90, 106.
18, 105, 134. 19, 164. 22,
115. 25, 27. 29, 166. 33, 30.
34, 3. 38, 5, 75.
ὑπερμαχέω 26, 273.
ὑπέρμαχος 1, 160. 11, 79.
14, 13. 15, 48, 55. 20, 108.
22, 280. 23, 96, 232. 30,
75, 132, 140. 31, 178. 34, 44.
37, 104, 170.
ὑπερμεγέθης 4, 82. 25, 77,
231. 30, 47.
ὑπέρμεστος 37, 108.
ὑπέρογκος 4, 18, 82. 15, 17.
22, 211. 25, 83, 306. 26, 29.
29, 21. 30, 18. 32, 183.
33, 80. 34, 126. 38, 154.

160. 31, 162. 32, 20. 38, 347.
ὑπομνηματίζομαι 37, 131.
ὑπομνηματικός 38, 165.
ὑπόμνησις 4, 16. 8, 153. 11, 142. 18, 40. 21, 214. 24, 27, 112, 189. 26, 107. 28, 215, 222. 29, 146, 158, 188, 203, 207, 256. 31, 136. 32, 89, 163. 35, 78. 37, 153.
ὑπομνηστέον 13, 109. 17, 221. 19, 93.
ὑπομονή 5, 78. 6, 4. 7, 30, 45, 51. 10, 13. 12, 169, 170. 16, 144, 208, 210. 18, 37. 19, 38, 194. 20, 197. 21, 46. 24, 52. 34, 26.
ὑπομονητικός 4, 88.
ὑπονοέω 1, 17, 130. 4, 148. 10, 104. 18, 44, 180. 20, 64. 27, 84. 28, 235. 30, 53. 36, 15,32, 43, 46, 46, 53, 54, 72, 73, 82, 84. 38, 133.
ὑπονοητέον 20, 15. 26, 151.
ὑπόνοια 1, 157. 5, 21. 7, 155, 167. 11, 28, 97, 131. 12, 113. 16, 92. 17, 289. 18, 172. 19, 75, 108, 174, 181. 20, 62. 21, 15, 77, 120. 22, 246. 23, 88, 119. 24, 28, 193, 210, 261, 262. 26, 99. 29, 257. 30, 52, 53, 55, 117. 31, 36. 33, 65. 35, 28, 78. 37, 12. 38, 35, 38, 337.
ὑπόνομος 25, 211. 30, 147.
ὑπονοστέω 6, 79. 26, 63, 63. 31, 112. 36, 118. 38, 6.
ὑποπαραιτέομαι 32, 25.
ὑποπαχύνομαι 32, 130.
ὑποπερκάζω 24, 91. 25, 230.
ὑποπίμπλημι 5, 64. 17, 71. 23, 223. 32, 66, 162. 33, 74. 39 (VIII 11, 16).
ὑποπίπτω 1, 62. 2, 86. 4, 202. 27, 174.
ὑπόπλεως 13, 128. 25, 182. 26, 197. 29, 54. 30, 126. 32, 5, 172.
ὑποπόδιον 15, 98.
ὑπόποκος 1, 85.
ὑπόπτερος 12, 152. 19, 100. 29, 45. 30, 5.
ὑποπτεύω 25, 305. 37, 94, 183.
ὑποπτήσσω 22, 266. 25, 272. 33, 86.
ὕποπτος 6, 32. 25, 94. 26, 34. 30, 102. 37, 93, 108, 177. 38, 117.

ὑπόπτωσις 4, 201. 5, 79.
ὑπόπυος 25, 127. 33, 143.
ὑπόρειος 36, 64.
ὑπορρέω 6, 79. 30, 101. 31, 160, 188. 38, 6.
ὑπορρίπτω 5, 81. 13, 122.
ὑποσημαίνω 15, 11. 24, 9, 100, 150, 211. 27, 159. 29, 101. 35, 66.
ὑποσιωπάω 26, 279.
ὑποσκελίζω 1, 103, 158. 11, 76. 13, 156. 19, 30. 20, 55. 21, 11, 131. 22, 134, 145. 23, 269. 24, 122. 25, 50, 325. 28, 341. 29, 240.
ὑποσπανίζομαι 24, 164, 225. 25, 164. 36, 149.
ὑποσπείρω 23, 82. 29, 80. 38, 172.
ὑπόσπονδος 37, 61.
ὑπόστασις 21, [188]. 36, 88, 92.
ὑποστέλλω 1, 123. 4, 41. 6, 35. 17, 42. 19, 172. 24, 68, 95, 125. 25, 83. 27, 157. 28, 5. 29, 207. 31, 1, 77, 132, 132. 33, 54, 162. 35, 30. 37, 50, 112. 38, 71, 95, 152, 193.
ὑποστρέφω 1, 101. 5, 3, 6. 17, 255. 19, 207. 21, 150, 180. 24, 218. 25, 164, 167, 274, 277. 28, 163. 29, 251.
ὑποστροφή 9, 35.
ὑποσυγχέω 11, 1, 130. 18, 135. 38, 2.
ὑποσύγχυτος 6, 85. 16, 24.
ὑποσυλλέγω 28, 5.
ὑποσύρω 1, 113. 24, 141. 25, 176. 26, 281, 286. 29, 143. 30, 149, 152. 31, 85. 33, 124, 152. 35, 86. 38, 372.
ὑπόσχεσις 1, 99. 4, 85, 203. 6, 26. 9, 39. 10, 149. 11, 2. 16, 43. 17, 96, 96, 101. 18, 44, 134. 20, 54, 154. 21, 175, 181. 24, 267. 25, 193. 26, 192. 28, 236, 267, 318. 29, 150. 37, 100, 140.
ὑποταίνιος 21, 175. 26, 35. 37, 45.
ὑποτάσσω, ὑποτάττω 1, 84. 4, 26, 26. 11, 47. 27, 168, 171. 38, 51, 314.
ὑποτελέω 23, 240. 35, 59.
ὑποτέμνω 1, 9. 11, 10, 86. 21, 105. 25, 46. 32, 8. 33, 156, 172.
ὑποτίθημι 2, 80, 82. 8, 12. 15, 144. 16, 221. 18, 85.

19, 188. 25, 294. 26, 51. 30, 184. 39 (VIII 6, 6).
ὑποτίμησις 30, 157. 39 (VIII 7, 1).
ὑποτοπάζω 13, 147. 17, 281. 35, 57.
ὑποτοπέω 6, 134. 10, 21. 13, 183, 205. 15, 162. 16, 179, 182. 21, 118, 182. 24, 181, 184. 25, 66. 26, 234. 27, 109. 28, 16. 34, 3. 35, 41.
ὑποτοπητέον 5, 25.
ὑποτρέχω 15, 70. 29, 140.
ὑπότρομος 37, 176.
ὑποτροπιάζω 16, 150. 37, 153, 182.
ὑποτυπόω 20, 70. 22, 17.
ὑποτύπωσις 23, 71.
ὑποτυφόομαι 22, 46.
ὑποτύφω 5, 17. 17, 37, 308. 24, 168, 235. 29, 47. 30, 37. 38, 141, 261.
ὕπουλος 19, 79. 31, 43. 34, 91. 39 (VIII 11, 16).
ὑπουργέω 26, 138. 35, 72.
ὑπουργία 26, 144. 34, 33. 35, 72.
ὑπουργός 1, 159. 25, 38.
ὑποφαίνω 24, 106. 26, 139. 27, 1. 37, 4.
ὑποφέρω 7, 107. 26, 282. 31, 112. 38, 270, ‹272›.
ὑποφεύγω 31, 81.
ὑποφήτης 12, 127. 20, 18. 21, 190.
ὑποφυσάω 12, 65.
ὑποχείριος 15, 162. 18, 155.
ὑποχέω 24, 58.
ὕποχος 7, 97. 14, 49. 15, 160.
ὑπόχρυσος 18, 159.
ὑποχωλαίνω 20, 187.
ὑποχωρέω 1, 33. 13, 86. 22, 93. 23, 22.
ὑποψία 24, 17. 32, 53. 38, 24, 32.
ὕπτιος 11, 34, 75, 113.
ὑπώρεια 8, 49. 38, 20.
ὕσσωπος 28, 262, 268. 35, 37, 73, 81.
ὑστεραῖος 24, 207. 25, 30, 200, 204, 268, 276. 26, 179, 260. 28, 222. 35, 46. 37, 141. 38, 158, 269, 305.
ὑστερέω 3, 100. 11, 50, 52, 85. 17, 191. 20, 115. 24, 182. 26, 233.
ὑστερίζω 1, 88. 3, 100, 101. 6, 58, 115. 11, 122, 123, 123. 12, 33, 80. 13, 164, 167.

14, 22. 15, 141, 162. 18, 35.
19, 51. 21, 131, 184. 24, 147,
190. 25, 315, 329. 27, 135.
28, 113. 29, 36. 31, 81.
32, 30, 225. 33, 56, 106.
34, 71. 35, 76. 36, 74.
ὕστερος, ὕστατος 1, 26, 45,
65, 68, 77, 83, 87, 113, 148.
2, 53, 55. 3, 6, 13. 5, 89.
7, 10, 84. 8, 24. 10, 54, 105.
11, 17, 21, 138, 150. 12, 132.
13, 15, 48. 14, 22, 22. 15,
149. 17, 172. 18, 22, 88, 110,
139. 19, 55, 73, 99, 99, 132.
20, 78, 179. 21, 126. 22, 7,
166, 197, 296. 23, 47, 67, 81,
82, 133, 184, 195, 245, 254.
24, 8, 127, 196, 261. 25, 59,
79, 133, 169, 240, 242, 242,
255, 258. 26, 29, 50, 55, 63,
69, 70, 186, 186, 262, 275,
283, 288. 27, 11. 28, 80,
258. 29, 95, 119, 157, 158,
205, 215. 30, 35, 44, 85, 102,
107, 142, 162. 31, 10, 52, 112.
32, 179, 222. 33, 9, 102, 125.
35, 44. 36, 7, 120, 125, 128.
37, 9, 27, 54, 130, 140, 168.
38, 31, 59, 63, 87, 206, 206,
261, 271, 286, 307.
ὑστριχίς 29, 94.
ὕφαιμος 23, 152. 30, 193. 38,
186.
ὑφαίνω 22, 53. 31, 203.
ὑφαίρεσις 18, 32. 19, 186.
31, 38. 38, 117.
ὑφαιρέω 1, 110, 110. 7, 112,
114. 17, 157. 24, 197, 216.
25, 233. 27, 135, 137. 28,
127. 31, 6, 7, 11, 12, 13, 33,
118. 32, 21. 36, 42. 37, 79.
39 (VIII 7, 6).
ὕφαλμος 35, 62.
ὑφάντης 21, 203. 28, 33.
ὕφασμα 13, 101. 21, 203, 220.
26, 84, 85, 88, 93, 101, 109,
143. 28, 86, 88, 94. 30, 174.
ὕφεσις 4, 183. 6, 122.
ὑφή 26, 84.
ὑφηγέομαι 1, 65. 4, 144. 6, 76.
7, 86. 8, 148. 9, 54. 10, 138.
11, 59, 87. 12, 85. 16, 15, 42,
196, 196. 18, 127. 19, 5, 38,
48. 20, 104, 106, 125. 21, 68,
91, 191. 22, 252. 26, 11, 51,
60, 143, 215, 273. 27, 39, 58.
29, 62, 236. 30, 2, 9. 32, 45.
33, 7, 49. 35, 74. 36, 2.
38, 31.

ὑφήγησις 6, 7, 7, 79. 8, 130,
140, 141. 10, 182. 11, 9.
12, 139. 13, 95, 120, 132.
14, 23, 38. 15, 55, 59, 148.
16, 151. 17, 67, 102. 18, 134.
20, 204. 21, 120. 24, 117.
25, 3, 21. 28, 45. 29, 18, 64,
163, 163, 256. 30, 125. 31,
140, 218. 32, 15, 80, 141, 142,
161, 178, 183. 33, 4. 34, 160.
35, 64. 38, 157.
ὑφηγητέον 25, 297.
ὑφηγητής 1, 149. 4, 102. 6, 51.
7, 6, 68. 8, 16, 38, 152.
17, 19. 18, 114. 19, 169,
200. 20, 217, 256. 21, 173.
22, 187. 26, 153. 27, 123.
28, 41, 41. 29, 96, 227, 228,
234. 30, 39, 182. 31, 140.
34, 36. 36, 16. 37, 3, 124.
38, 5, 115, 319.
ὑφίημι 3, 28. 4, 183. 8, 46.
10, 26. 37, 9.
ὑφίστημι 3, 42. 4, 73, 146,
240. 5, 114. 6, 45, 67, 76,
113. 7, 160, 160. 8, 163.
10, 32, 66, 172, 177. 11, 91.
12, 114. 13, 32. 15, 74, 103,
170, 190. 17, 29. 21, 184.
25, 112, 222. 27, 31, 68, 92.
28, 26. 29, 11. 31, 215.
33, 137. 34, 118. 36, 31, 53,
53, 55, 87. 38, 81.
ὑφοράω 25, 46. 37, 18.
ὕφορμος 6, 90. 31, 154. 37,
27.
ὕφος 26, 109.
ὑψαυχενέω 4, 18. 5, 35, 66.
11, 106. 18, 127. 19, 44.
20, 154. 27, 41. 31, 120.
ὑψαύχην 11, 73.
ὑψηγορέω 5, 29. 13, 58.
ὑψηγορία 7, 79.
ὑψήγορος 17, 4.
ὑψηλός 4, 18, 82, 82. 7, 152.
8, 110, 146. 10, 167, 180.
11, 169. 12, 52. 13, 128.
16, 216, 223. 23, 41, 43, 169.
25, 31, 104, 228, 278. 26, 70.
28, 73. 29, 21. 31, 74. 32,
165, 201. 36, 119, 140.
ὑψηλοτάπεινος 24, 142.
ὕψιστος 4, 24, 82, 82. 8, 89.
12, 59. 13, 105. 18, 58.
20, 202. 37, 46. 38, 157,
278, 317.
ὑψόθεν 21, 154.
ὕψος 1, 41. 4, 19. 5, 81. 8, 136.
11, 10. 12, 24, 145, 152.

14, 64. 15, 4, 18, 95, 113.
16, 184. 19, 194. 20, 67.
21, 115, 131, 150. 22, 245,
284. 23, 42, 199. 24, 102,
149. 25, 93, 115, 177, 192,
217, 218, 259, 290. 26, 60,
90, 90, 96, 285. 27, 44. 28,
293, 300. 31, 88, 128. 32, 71.
34, 121, 128. 35, 3. 36, 64,
118, 119, 135, 147.
ὑψόω 4, 90. 6, 55.
ὕψωμα 33, 2.
ὕω 2, 25, 29, 29, 34. 4, 162.
8, 32. 10, 155. 16, 32. 17, 76.
19, 137, 180. 20, 259, 259.
23, 138. 25, 205, 207. 26,
104, 266. 27, 16. 29, 199.

φαγεῖν 2, 90, 90, 90, 97, 98, 98,
100, 100, 101, 101, 101, 101,
105, 105. 4, 56, 59, 59, 60, 60,
65, 142, 157, 161, 169, 173,
222, 222, 222, 246, 247, 251,
‹251›. 6, 24, 55, 79. 7, 157.
12, 95, 132. 16, 64. 17, 239,
251, 252, 253. 19, 138. 20,
120, 165, 174. 22, 157.
φαέθω 17, 224.
φαιδρός 5, 37. 12, 162. 26,
225. 28, 77. 32, 67. 35, 66.
37, 167. 38, 12, 180.
φαιδρύνω 7, 20. 10, 8. 11,
171. 19, 153. 20, 124, 229.
21, 148. 22, 25, 133. 24,
105. 28, 191, 269, 269. 36, 2.
38, 235, 317.
φαίνω 1, 45, 84, 136, 141, 154,
154, 166. 2, 82. 4, 17, 35,
71, 170, 218. 5, 22, 28, 55, 59.
6, 29, 84. 7, 16, 141, 159,
170, 173. 8, 47, 125. 9, 1.
10, 42, 44, 74, 125, 128, 148,
149, 153. 11, 42, 49, 134, 168.
12, 39, 44. 13, 56, 63, 166,
169, 170, 180, 205. 14, 21.
15, 10, 168, 172, 183. 16,
86, 95, 105, 105, 140, 179,
179, 183. 17, 81, 224, 270, 286.
18, 8, 35, 80. 19, 129. 20,
17, 18, 31, 42, 106, 113. 21,
2, 19, 41, 72, 92, 197, 204,
204, 213. 22, 3, 110, 206, 262.
23, 71, 75, 87, 161, 162, 205.
24, 9, 22, 72, 94, 104, 126.
25, 175, 256, 274, 327. 26,
2, 287. 28, 42, 72. 29, 217.
31, 154. 33, 42, 92, 111, 114,

Φεισών 2, 63, 66, 66, 74, 85.
φεναχίζω 1, 165. 11, 164.
15, 48. 17, 302. 20, 108.
27, 141. 30, 81. 33, 147. 39
(VIII 11, 15).
φεναχισμός 6, 22. 22, 40. 37,
102.
φέναξ 6, 26. 22, 140. 38, 59.
φέρω 1, 46, 46, 69, 70, 78, 153,
153, 167, 168. 2, 22, 73. 3,
57, 82, 95, 104. 4, 30, 69, 70,
125, 126, 132, 140, 150, 223,
224, 227. 5, 2, 13, 36, 74, 78,
81, 85, 88, 126. 6, 16, 17, 37,
45, 52, 66, 72, 85, 87, 88, 88,
89, 99, 100, 105, 119, 120.
7, 6, 21, 31, 34, 53, 61, 116,
117, 136, 152. 8, 145, 163.
9, 22. 10, 15, 65, 67, 75, 84,
102, 177. 11, 7, 7, 8, 9, 10, 19,
20, 34, 35, 48, 56, 68, 68, 69,
76, 76, 76, 110, 113, 114, 149.
12, 24, 25, 27, 33, 76, 100,
106, 135, 139, 147, 152. 13,
17, 20, 23, 32, 35, 54. 14, 3, 8.
15, 26, 33, 110, 112, 114. 16,
12, 81, 115, 125, 140, 161, 167,
199, 205. 17, 36, 74, 240,
251, 252. 18, 4, 10, 39, 45,
75, 104. 19, 41, 125, 205, 208.
20, 69, 73, 88, 94, 102, 180,
192, 215, 224, 225, 231, 233,
234, 234, 247, 247, 256, 256,
260. 21, 51, 97, 111, 116.
22, 43, 75, 116, 124, 132, 150,
212, 238, 247, 262, 262, 275,
279. 23, 26, 40, 92, 135, 140,
157, 177, 192, 237, 245. 24,
16, 123, 129, 131, 141, 141,
148, 149, 166, 194, 222. 25,
40, 42, 142, 159, 189, 193, 202,
202, 205, 221, 224, 244, 247,
271, 285, 293, 295, 303, 317,
319, 328. 26, 3, 13, 62, 62, 62,
154, 202, 227, 249, 258, 267,
268. 27, 4, 110, 147, 148, 161.
28, 9, 22, 26, 40, 121, 183,
216, 229, 246, 272. 29, 52,
87, 97, 142, 153, 197, 201, 202,
219. 30, 1, 15, 106, 116, 126,
148, 175. 31, 2, 12, 45, 56, 75,
85, 99, 181, 211, 228. 32, 6,
38, 113, 143, 154, 157, 176.
33, 20, 90, 90, 101, 132, 133,
140, 148, 152. 34, 28, 69, 69,
130, 135. 35, 54. 36, 32, 33,
94, 105, 118, 135. 37, 17, 38,
66, 80, 137, 141, 186. 38, 71,
75, 91, 99, 112, 150, 177, 186,

189, 196, 226, 240, 247, 279,
315, 342, 368.
φερώνυμος 11, 4. 21, 198.
φεύγω 3, 55, 88, 90, 103, 103.
4, 5, 5, 9, 9, 12, 14, 15, 16,
20, 27, 29, 37, 39, 48, 54, 93,
214, 240, 241, 241. 5, 15.
10, 95, 170. 11, 61. 13, 169.
14, 13. 15, 70, 70, 178, 197.
16, 189. 17, 178, 270. 19,
6, 43, 53, 63, 75, 76, 77, 88,
94, 106. 20, 213. 21, 139.
23, 37. 24, 141. 25, 170,
178, 292. 26, 184, 184. 28,
219. 30, 128, 159, 159, 159.
31, 9, 80, 156. 32, 135. 33,
17, 94, 117, 148. 35, 18. 37,
115, 186.
φευκτέον 5, 129. 15, 40.
φευκτός 10, 163, 163. 34, 61.
φήμη 14, 68. 15, 116. 16, 86,
107. 24, 19, 245, 268. 25,
265, 282. 33, 148. 35, 64.
37, 45. 38, 15, 18, 231, 288.
φημί 1, 3, 13, 21, 25, 26, ‹30›,
32, 41, 42, 46, 61, 64, 66, 69,
75, 76, 100, 100, 105, 112,
114, 119, 123, 124, 129, 129,
131, 134, 135, 139, 147, 149,
157, 162, 170. 2, 1, 4, 6, 10,
17, 18, 24, 25, 31, 32, 35, 35,
45, 47, 48, 51, 51, 53, 53, 58,
60, 65, 72, 76, 77, 80, 81, 81,
90, 98, 100, 101, 104, 106, 108.
3, 1, 5, 6, 8, 11, 12, 13, 13,
20, 25, 27, 31, 31, 34, 41, 41, 42,
44, 46, 47, 55, 59, 60, 63, 75,
77, 78, 79, 82, 89, 94, 97, 103.
4, 2, 2, 8, 10, 12, 13, 15, 18,
20, 24, 27, 28, 29, 32, 39, 40,
43, 43, 56, 56, 59, 60, 71, 77,
81, 85, 88, 90, 95, 97, 102, 105,
106, 106, 107, 110, 111, 119,
120, 123, 129, 129, 132, 133,
139, 141, 143, 148, 150, 151,
152, 153, 157, 165, 169, 170,
177, 179, 185, 186, 191, 193,
196, 203, 204, 205, 208, 210,
214, 214, 216, 219, 220, 225,
227, 229, 239, 240, 240, 240,
241, 252. 5, 1, 14, 15, 18, 25,
41, 53, 63, 72, 74, 74, 77, 84,
84, 87, 101, 109, 130. 6, 4, 6,
8, 9, 12, 18, 22, 46, 51, 54, 55,
56, 68, 77, 77, 87, 88, 89, 104,
112, 114, 118, 127, 127, 134.
7, 1, 4, 6, 9, 10, 11, 17, 22,
28, 31, 38, 50, 52, 56, 59, 59,
63, 64, 70, 74, 76, 80, 84, 84,

93, 96, 98, 103, 114, 115, 118,
122, 123, 126, 134, 138, 141,
147, 147, 150, 158, 160, 166,
167, 176. 8, 25, 26, 29, 30, 32,
33, [33], 34, 35, 47, 60, 67,
70, 80, 84, 85, 90, 95, 96,
100, 102, 103, 115, 116, 120,
124, 132, 134, 136, 139, 139,
140, 142, 142, 147, 148, 162,
168, 170, 175, 180, ‹183›. 9,
9, 19, 22, 25, 33, 33, 39, 40,
55, 65. 10, 1, 4, 11, 18, 19,
20, 44, 57, 60, 60, 70, 74, 88,
90, 91, 92, 94, 109, 117, 119,
127, 131, 136, 140, 154, 166,
169. 11, 14, 21, 24, 44, 57,
78, 85, 88, 91, 94, 97, 103,
106, 109, 110, 122, 123, 131,
145, 148, 157, 161, 166, 170,
175, 179. 12, 12, 12, 19, 34,
41, 44, 52, 63, 65, 74, 77, 78,
80, 80, 83, 95, 96, 113, 117,
118, 125, 126, 127, 131, 132,
134, 134, 137, 143, 145, 157,
163, 168, 171, 177. 13, 4, 9, 11,
14, 30, 33, 37, 39, 42, 42, 52,
54, 61, 73, 76, 89, 100, 104,
113, 115, 123, 127, 141, 143,
151, 172, 174, 178, 197, 206,
222. 14, 6, 8, 10, 12, 15, 17,
21, 22, 23, 33, 43, 51, 52, 59,
62, 66. 15, 4, 9, 15, 20, 24,
25, 28, 29, ‹31›, 36, 41, 57,
59, 59, 60, 65, 72, 74, 75, 82,
84, 88, 92, 98, 99, 111, 116,
118, 130, 132, 141, 142, 155,
158, 159, 160, 162, 169, 173,
185, 189, 192. 16, 3, 3, 4,
21, 22, 25, 30, 37, 44, 53, 54,
61, 62, 64, 65, 78, 78, 79, 81,
84, 85, 86, 94, 95, 101, 105,
107, 109, 114, 115, 118, 130,
130, 131, 132, 149, 164, 164,
176, 184, 197, 203, 205, 210,
213, 215, 223. 17, 17, 30, 43,
44, 49, 51, 53, 56, 56, 59, 62,
65, 66, 68, 76, 80, 81, 86, 87,
94, 95, 96, 99, 103, 107, 113,
113, 117, 123, 124, 125, 129,
131, 141, 147, 155, 163, 164,
166, 166, 180, 182, 189, 190,
195, 196, 198, 201, 214, 218,
222, 231, 237, 239, 249, 250,
251, 251, 251, 255, 255, 257,
258, 267, 268, 277, 280, 281,
296, 307, 308, 313. 18, 7, 8,
9, 12, 13, 14, 54, 63, 71, 72,
73, 78, 84, 85, 95, 99, 100,
117, 125, 131, 139, 151, 153,

160, 163, 177, 179. **19**, 5, 7, 10, 16, 20, 21, 23, 25, 39, 46, 61, 67, 68, 76, 76, 77, 79, 83, 91, 109, 113, 121, 123, 124, 127, 137, 139, 142, 143, 144, 145, 154, 158, 159, 163, 165, 167, 168, 177, 183, 189, 196, 203, 203, 204, 207, 211, 212. **20**, 2, 7, 11, 12, 13, 14, 14, 25, 31, 37, 48, 51, 52, 58, 61, 63, 67, 69, 72, 75, 96, 110, 117, 123, 130, 132, 145, 147, 148, 168, 173, 174, 178, 179, 182, 187, 194, 195, 195, 201, 208, 213, 233, 236, 237, 243, 248, 249, 249, 253, 258, 260, 263, 264, 266, 267. **21**, 4, 8, 10, 26, 46, 53, 54, 58, 62, 71, 72, 75, 76, 78, 81, 89, 89, 90, 91, 95, 102, 107, 112, 116, 117, 120, 133, 150, 154, 167, 172, 176, 179, 181, 183, 194, 195, 196, 197, 227, 238, 240, 241, 245, 247, 252, 253, 254. **22**, 14, 17, 31, 33, 52, 75, 111, 112, 129, 130, 139, 142, 163, 174, 175, 176, 180, 189, 191, 192, 199, 200, 207, 207, 209, 216, 219, 223, 229, 231, 234, 238, 238, 241, 248, 252, 255, 257, 257, 267, 271, 275, 296, 300. **23**, 5, 13, 14, 31, 34, 51, 71, 105, 108, 112, 115, 123, 131, 142, 167, 173, 175, 179, 206, 223, 236, 247, 253, 266, 269, 273, 275, 276. **24**, 6, 7, 9, 35, 50, 63, 78, 90, 91, 93, 104, 107, 115, 126, 145, 168, 183, 185, 185, 188, 191, 193, 215, 220, 222, 238, 255, 262. **25**, 6, 9, 13, 17, 34, 72, 74, 75, 81, 124, 126, 135, 142, 165, 222, 234, 277, 289, 304, 321, 328, 331. **26**, 2, 38, 53, 59, 84, 98, 115, 132, 139, 168, 187, 230, 234, 239, 243, 259, 272, 273. **27**, 15, 30, 38, 84, 88, 97, 100, 114, 116, 120. **28**, 25, 26, 27, 43, 45, 46, 52, 64, 74, 81, 117, 126, 129, 131, 140, 177, 188, 223, 230, 235, 237, 253, 259, 262, 266, 285, 289, 299, 304, 306, 311, 318, 327, 334, 337, 341, 345. **29**, 2, 12, 16, 51, 77, 79, 87, 107, 113, 129, 144, 147, 166, 177, 198, 216, 235, 239, 243, 249. **30**, 29, 30, 43, 53, 58, 69, 76, 77, 90, 100, 101, 115, 117, 120,

131, 133, 152, 165, 183, 184, 202, 208. **31**, 10, 39, 59, 60, 60, 62, 64, 66, 73, 105, 113, 123, 131, 137, 139, 157, 169, 176, 180, 186, 199, 213, 220, 227, 237. **32**, 4, 11, 28, 35, 47, 57, 59, 67, 89, 96, 98, 106, 107, 110, 117, 123, 124, 127, 129, 162, 165, 166, 168, 171, 174, 183, 212, 218, 223. **33**, 8, 16, 43, 44, 58, 63, 72, 79, 93, 95, 96, 98, 106, 106, 108, 111, 119, 123, 125, 126, 127, 131, 138, 158. **34**, 8, 12, 15, 42, 47, 48, 53, 68, 95, 98, 103, 105, 112, 116, 118, 121, 122, 124, 127, 144, 144. **35**, 35, 40, 43, 71. **36**, 4, 7, 10, 13, 17, 19, 38, 41, 48, 49, 49, 52, 61, 62, 74, 78, 79, 80, 83, 87, 89, 94, 107, 107, 111, 114, 117, 119, 120, 121, 127, 128, 130, 132, 140, 141, 146. **37**, 20, 39, 44, 52, 60, 71, 95, 98, 159, 170, 178, 183. **38**, 24, 26, 27, 61, 69, 76, 103, 116, 128, 135, 140, 172, 181, 186, 188, 195, 203, 214, 223, 239, 281, 301, 306, 347, 355, 357, 362, 363. **39** (VIII 6, 4), (VIII 7, 4), (VIII 7, 9), (VIII 7, 18).

φημίζω 38, 289.

φθάνω 1, 5, 8, 111, 150. **4**, 105, 215, 215, 215. **5**, 5, 28. **6**, 14, 53, 65, 65, 66, 66, 67, 135. **7**, 89, 153. **8**, 17, 18, 19, 163. **10**, 29. **11**, 23, 85, 93, 123, 163. **13**, 120. **15**, 59, 113, 153, 162. **16**, 52. **17**, 35, 66, 217. **18**, 3. **19**, 98. **20**, 142, 178, 179, 232. **21**, 36, 66, 134, 142, 175, 179. **22**, 146. **23**, 58, 150, 161, 176. **24**, 19, 34, 118, 141, 159, 245, 250. **25**, 2, 11, 21, 32, 145, 185, 265, 304, 315, 326. **26**, 6, 22, 22, 172. **27**, 35, 135, 141. **28**, 144, 272. **29**, 72, 83, 189. **30**, 8, 162. **31**, 90, 175, 186. **32**, 28, 226. **33**, 26, 50, 161, 167. **35**, 71, 90. **36**, 58. **37**, 1, 3, 93. **38**, 2, 6, 25, 99, 107.

φθαρτικός 7, 164. **17**, 136.
φθαρτός 1, 82, 82, 119, 119. **2**, 31, 32, 88, 90. **3**, 3, 89, 95, 99. **4**, 36, 162. **5**, 5, 5, 7, 48. **6**, 97. **7**, 49, 85. **8**, 43, 61, 105, 115, 163, 165. **9**, 45. **10**, 15, 15. **11**, [141]. **12**,

22, 53. **13**, 37, 73, 132, 208, 209. **14**, 3. **15**, 108, 149, 154, 176, 176. **16**, 198. **17**, 160, 246, 311. **18**, 112. **20**, 78, 79, 181. **21**, 172. **22**, 234, 253. **23**, 55, 157, 157, 243, 244. **26**, 121, 171. **27**, 34. **29**, 166, 198. **32**, 67, 74, 204. **33**, 28. **34**, 46. **36**, 7, 9, 9, 44, 73, 78, 124, 124, 124, 131, 143. **38**, 118.

φθέγγομαι 4, 210. **6**, 29. **16**, 81. **17**, 25. **20**, 242. **23**, 61. **24**, 77, 248. **25**, 283. **26**, 200, 206. **27**, 93. **28**, 53. **29**, 198. **30**, 174. **34**, 108. **38**, 264.

φθείρω 1, 66. **2**, 7, 78. **3**, 6, 25. **4**, 253. **6**, 122, 122. **8**, 163, 171. **10**, 73, 122, 123, 136, 140, 142, 142, 142, 143. **11**, 167, 171. **13**, 95, 140, 212. **14**, 42, 47. **15**, 89, 198. **16**, 224, 225. **17**, 234, 242, 246, 246, 312. **19**, 161, 162, 189. **20**, 34. **21**, 105. **22**, 258, 258, 260, 266, 283, 287, 290. **23**, 45, 140, 164, 165. **24**, 56. **25**, 67, 96, 205, 207, 230. **26**, 53, 59, 61, 210. **27**, 138, 173. **28**, 76, 266, 341. **29**, 191, 225. **30**, 69, 70, 70, 77, 81. **31**, 130, 203, 203. **32**, 31. **34**, 69, 113. **35**, 62. **36**, 5, 6, 21, 24, 25, 28, 31, 32, 39, 45, 45, 46, 46, 46, 46, 48, 49, 51, 51, 51, 69, 72, 78, 80, 82, 94, 95, 95, 96, 99, 106, 106, 106, 112, 115, 124, 142, 143, 144, 149. **38**, 91.

φθινάς 32, 193. **33**, 143.
φθίνω 10, 37. **17**, 208. **21**, 26. **34**, 112. **36**, 26, 61, 126.
φθίσις 36, 38.
φθογγάζομαι 34, 134.
φθόγγος 1, 121, 126. **2**, 14. **5**, 110. **6**, 74. **10**, 24, 84. **12**, 167. **13**, 116. **14**, 36. **15**, 55, 150. **16**, 104. **17**, 210. **18**, 144. **20**, 56, 87. **26**, 256.
φθονέω 1, 21, 77. **11**, 112. **23**, 21, 204. **24**, 144. **25**, 64. **29**, 73, 141, 173. **31**, 206. **32**, 70. **33**, 39. **34**, 128. **35**, 75. **39** (VIII 7, 6).
φθονητέον 11, 121.
φθόνος 5, 33. **8**, 140, 150. **11**, 121. **16**, 151, 183. **18**, 13, 122. **19**, 154. **20**, 95, 112,

231. 30, 15, 28, 32, 33, 79,
129, 189. 31, 46, 85, 88, 111,
156, 160, 170, 212. 32, 6, 14,
157, 201. 33, 68, 72, 93, 101,
145, 156. 34, 15, 63. 36, 62,
137, 137, 140, 146. 37, 9, 101,
157, 187. 38, 9, 91, 186, 223,
243, 306.
φοράδην 37, 75. 38, 267.
φορεῖον 27, 4.
φορέω 3, 28, 95. 4, 38, 153.
6, 13, 90. 8, 23, 25. 10, 172.
11, 75. 13, 113, 198. 15, 198.
17, 121, 287. 18, 58. 19, 28.
20, 214, 239. 21, 147, 202.
22, 61, 136, 237. 26, 228.
30, 3. 31, 158. 33, 130.
37, 135, 172. 38, 103, 120.
φορητός 7, 148. 26, 73. 28,
165. 35, 1. 38, 287.
φορμηδόν 37, 92.
φορολογία 30, 163.
φόρος 11, 8, 58. 12, 57. 16,
204. 23, 228, 237, 240. 28,
142. 29, 92, 93, 96, 205.
30, 159. 31, 212, 214, 218.
38, 199, 287. 39 (VIII 7, 18).
φορτηγός 38, 47.
φορτικός 6, 32. 19, 82.
φορτίον 10, 98.
φορτίς 31, 186. 38, 146, 251.
φόρτος 8, 148. 9, 31. 12, 24.
24, 15. 38, 129.
φορυτός 6, 61, 109. 28, 156.
31, 29.
Φουά 17, 128, 128.
φραγμός 7, 105. 11, 11, 14.
15, 33. 22, 262. 25, 271.
φράζω 1, 73, 81, 98. 5, 111.
7, 18. 10, 175. 13, 180.
16, 75. 17, 42. 20, 221.
23, 153. 25, 149, 155. 26, 19,
44. 27, 89, 108. 29, 20.
30, 69. 31, 88. 37, 101.
38, 65, 152. 39 (VIII 6, 9).
φράσις 7, 79. 21, 205. 36, 56.
φράσσω 15, 111. 16, 224. 23,
229. 25, 224, 260. 32, 186.
34, 152.
φραστήρ 24, 256.
φρέαρ 4, 12. 8, 130, 132, 151,
153, 153, 153. 12, 73, 74, 78,
78, 79, 80, 83. 13, 112, 112,
113. 19, 200, 212, 212, 213.
21, 4, 5, 5, 6, 8, 10, 11, 14,
24, 38, 39, 39, 40, 41, 42, 61,
68, 172. 22, 271. 23, 241.
25, 99, 255, 255, 256.
φρενοβλάβεια 13, 123. 15, 5,

22. 19, 14. 20, 62, 203.
22, 85, 120, 290. 24, 51.
26, 197. 29, 15. 30, 32, 43,
147. 33, 170. 38, 94.
φρενοβλαβής 13, 95. 15, 115,
162. 19, 199. 25, 293. 28, 20.
33, 135. 38, 206.
φρήν 4, 20. 5, 69, 71. 16, 138.
19, 200. 22, 46. 25, 325.
28, 311. 31, 129, 200. 32,
179.
φρίκη 37, 176. 38, 267, 357.
φρικώδης 22, 123. 27, 141.
29, 8.
φρίσσω, φρίττω 7, 140. 21,
142. 37, 115, 167. 38, 211.
φρονέω 1, 164. 2, 67, 74, 79,
79, 79, 79. 4, 20, 20, 21, 134.
6, 29. 7, 13, 73, 74, 114, 166.
8, 71, 126. 10, 66. 11, 115.
12, 66. 13, 128, 142, 183.
15, 93, 118. 16, 102, 112,
134. 17, 28, 178. 18, 6, 44.
21, 56, 209. 22, 85, 104, 134,
174, 180, 182. 23, 192, 228,
266. 24, 59, 68, 138, 166, 216.
25, 29, 46, 183. 29, 8, 256.
30, 1. 31, 121. 32, 14. 34, 12.
35, 58, 72. 37, 147. 38, 152,
182, 190, 258.
φρόνημα 1, 17. 5, 64. 8, 165.
9, 4. 13, 128, 198. 14, 20.
17, 269. 19, 207. 20, 176.
21, 39, 140. 22, 9, 79. 23,
26, 223. 24, 4, 79, 144. 25,
40, 51, 149, 259, 266, 309, 325.
28, 293. 31, 45. 32, 3, 71,
165, 172, 216. 33, 74, 119.
34, 24, 62, 111, 119, 121, 130.
37, 64. 38, 62, 215. 39
(VIII 6, 1), (VIII 11, 16).
φρόνησις 1, 73, 154. 2, 63,
65, 66, 66, 67, 67, 70, 70, 71,
74, 74, 75, 77, 78, 78, 78, 79,
79, 79, 80, 86, 92. 4, 14, 150,
151, 152, 247. 5, 5, 96. 6, 4,
26, 27, 37, 84, 126. 7, 18,
24, 73, 75, 114, 143, 157, 165.
8, 86, 93, 128, 135, 136. 10, 3,
79, 90, 164, 166. 11, 9, 18,
61, 73, 77, 104, 158. 12, 40,
98, 137, 144, 168. 13, 10,
20, 23, 86, 140, 148. 14, 3,
23, 24, 61. 15, 40, 81, 91,
163. 16, 126, 134, 164, 166,
169, 201, 223, 224. 17, 49,
209, 258, 290, 298. 18, 2, 5,
24, 35, 72, 73, 98, 114, 129,
129, 154, 155, 156, 179. 19, 17,

45, 52, 63, 125, 194, 198, 207.
20, 79, 79, 79, 81, 124, 137,
149, 197, 260. 21, 48, 49, 59,
80, 82, 177, 179, 199. 22, 43,
65, 96, 134, 198, 234. 23, 24,
57, 163, 219, 271. 24, 268.
25, 25, 249. 26, 185, 216,
236. 28, 191, 191, 277, 339.
29, 12, 18, 31, 48, 62, 173,
259, 259. 31, 93, 134, 135,
170. 32, 5, 11, 32, 129, 180.
33, 51, 52, 66, 81, 81, 160.
34, 14, 28, 67, 70, 107, 150,
159. 35, 14, 31. 36, 2. 38, 33.
φρόνιμος 2, 67, 74, 74, 79, 79,
86. 3, 18, 53, 71, 106. 6, 54.
7, 75. 8, 32. 13, 197. 14, 38,
40. 16, 219. 18, 142. 20, 50,
91, 91, 146, 146, 153, 220.
24, 114, 117, 143. 25, 325.
28, 3. 32, 167, 174, 177. 34,
59, 59, 72. 36, 94. 38, 53,
64, 142, 222.
φροντίζω 1, 130. 10, 57, 167.
11, 35. 13, 35, 77. 15, 118.
16, 86, 90. 17, 191, 302.
19, 52. 21, 99. 23, 67, 86,
94, 152, 180, 198. 24, 63, 71,
76, 153, 203, 260. 25, 24,
111. 27, 118. 28, 316. 29, 118,
199, 236, 250. 31, 40, 43, 142,
175. 32, 221. 33, 103. 34,
116, 35, 53, 75. 38, 28, 157,
186, 191, 260, 330.
φροντίς 5, 68. 6, 38, 39, 104,
113, 114, 121. 10, 93. 11, 5,
105. 12, 56. 14, 63. 17, 48.
18, 6. 19, 199. 21, 8. 22, 12,
165, 206. 23, 30, 70, 96.
24, 103, 179, 229, 234. 25,
14, 22, 168. 26, 211. 28, 62,
69, 125, 219, 260, 298. 29,
101, 213. 30, 3, 62, 171.
31, 124, 188. 32, 155. 33,
161. 34, 87. 36, 67. 39 (VIII
11, 13).
φροντιστέον 28, 176. 34, 144.
38, 274.
φροντιστήριον 34, 13.
φροντιστής 21, 134. 22, 155.
φροῦδος 4, 116.
φρουρά 11, 15, 86. 16, 215.
21, 103. 25, 246, 257. 37,
114.
φρουρέω 25, 235. 27, 74.
φρουρός 7, 62, 165. 12, 41.
15, 27.
φρύαγμα 4, 193.
φρυάσσομαι, φρυάττομαι 5,

252. 5, 9, 19, 36, 38, 39, 41, 43, 50, 51, 54, 61, 67, 76, 86, 87, 90, 92, 97, 111, 115. 6, 4, 21, 28, 30, 33, 36, 40, 44, 66, 68, 69, 73, 75, 82, 86, 98, 99, 100, 101, 101, 102, 114, 114, 116, 117, 125, 125, 127. 7, 7, 28, 29, 33, 52, 62, 68, 75, 76, 77, 83, 84, 87, 88, 88, 89, 101, 106, 108, 125, 138, 151, 152, 154, 177. 8, 4, 5, 13, 16, 20, 26, 28, 31, 32, 52, 62, 66, 71, 81, 83, 93, 99, 100, 103, 104, 106, 109, 109, 115, 118, 127, 130, 133, 134, 150, 150, 154, 160, 162, 173, 182, 185. 9, 4, 25, 30, 43, 59, 62, 65. 10, 13, 24, 25, 32, 34, 37, 38, 41, 45, 45, 46, 55, 56, 61, 63, 72, 77, 93, 104, 108, 112, 151. 11, 1, 7, 8, 24, 30, 30, 31, 37, 38, 43, 46, 51, 56, 59, 62, 66, 133, 134, 142, 164, 168, 171, 180. 12, 3, 9, 13, 18, 24, 25, 27, 41, 44, 49, 49, 68, 75, 79, 91, 110, 110, 114, 118, 127, 130, 132, 135, 135, 157, 159, 171. 13, 8, 13, 13, 14, 24, 25, 34, 37, 47, 48, 55, 55, 68, 70, 90, 90, 105, 115, 121, 131, 133, 135, 141, 164, 166, 167, 169, 172, 180, 180, 182, 189, 190, 190, 190, 201, 211, 212. 14, 14, 25, 36, 38, 46, 53, 68. 15, 32, 42, 46, 49, 52, 68, 73, 75, 77, 87, 90, 102, 106, 110, 121, 126, 133, 133, 141, 154, 154, 154, 157, 159, 173, 176, 180, 181. 16, 12, 26, 31, 33, 46, 68, 75, 78, 83, 85, 94, 95, 105, 108, 118, 128, 132, 138, 139, 145, 150, 156, 167, 167, 167, 185, 189, 192, 197, 198, 202, 206, 207, 210, 212, 216, 224. 17, 33, 36, 49, 53, 66, 71, 75, 76, 88, 95, 110, 115, 115, 116, 116, 116, 121, 121, 130, 135, 137, 142, 146, 152, 154, 164, 172, 176, 180, 182, 184, 204, 213, 217, 232, 233, 234, 235, 237, 238, 238, 246, 246, 252, 258, 274, 279, 302, 312. 18, 2, 4, 17, 25, 25, 36, 37, 52, 59, 61, 61, 71, 85, 88, 108, 113, 117, 122, 129, 133, 143, 144, 144, 146, 165, 169. 19, 11, 14, 22, 34, 50, 51, 63, 66, 72, 74, 99, 112, 118, 122, 141, 141, 146, 148,

154, 155, 162, 163, 164, 167, 168, 169, 170, 171, 172, 172, 172, 172, 179. 20, 2, 7, 12, 12, 14, 46, 60, 71, 84, 86, 88, 89, 90, 101, 105, 108, 112, 117, 133, 140, 151, 158, 159, 162, 167, 173, 178, 184, 186, 197, 199, 211, 211, 219, 225, 231, 246, 247, 257, 260, 264, 266, 270. 21, 6, 11, 18, 18, 20, 21, 27, 31, 33, 34, 49, 53, 53, 59, 94, 97, 102, 103, 106, 109, 111, 114, 123, 126, 129, 131, 136, 137, 138, 145, 150, 157, 157, 160, 162, 167, 168, 169, 171, 172, 176, 206, 210, 232, 236, 241. 22, 8, 40, 44, 54, 60, 79, 90, 115, 117, 118, 122, 136, 147, 174, 186, 188, 194, 213, 223, 228, 234, 240, 243, 262, 271, 283. 23, 5, 6, 6, 11, 14, 15, 16, 19, 21, 27, 35, 37, 38, 43, 46, 52, 52, 53, 53, 54, 55, 58, 60, 61, 75, 77, 79, 83, 84, 87, 88, 102, 105, 105, 107, 115, 135, 135, 137, 144, 153, 157, 159, 162, 165, 185, 193, 195, 199, 200, 202, 207, 208, 218, 237, 248, 249, 256, 257, 259, 275. 24, 1, 4, 10, 24, 25, 28, 29, 30, 31, 31, 31, 38, 40, 81, 82, 83, 118, 129, 142, 167, 170, 189, 192, 248, 254, 264. 25, 3, 5, 8, 21, 22, 26, 28, 32, 39, 48, 59, 60, 68, 70, 72, 76, 83, 93, 101, 103, 113, 117, 124, 130, 143, 149, 153, 158, 160, 165, 185, 190, 197, 211, 218, 226, 241. 26, 5, 7, 9, 14, 22, 27, 37, 48, 52, 58, 61, 63, 65, 66, 68, 81, 84, 88, 100, 118, 127, 128, 128, 135, 139, 154, 161, 180, 181, 191, 207, 209, 211, 211, 216, 222, 222, 236, 240, 245, 249, 251, 263, 281, 288. 27, 3, 6, 8, 24, 25, 30, 41, 43, 51, 59, 64, 75, 76, 81, 84, 87, 98, 99, 100, 101, 102, 103, 104, 107, 110, 111, 112, 115, 117, 132, 132, 136, 137, 142, 150, 163, 175, 177, 177. 28, 13, 19, 31, 39, 44, 47, 61, 62, 66, 81, 85, 89, 91, 96, 97, 97, 116, 137, 146, 155, 162, 162, 172, 176, 180, 191, 202, 216, 217, 219, 220, 246, 266, 269, 273, 294, 295, 300, 305, 306, 306, 310, 311, 313, 318, 322, 325,

335. 29, 3, 6, 13, 16, 21, 23, 23, 29, 39, 40, 42, 45, 45, 48, 50, 51, 52, 55, 58, 69, 69, 73, 84, 100, 103, 109, 122, 124, 129, 130, 137, 141, 150, 158, 159, 159, 161, 165, 166, 170, 172, 173, 177, 178, 190, 191, 196, 198, 205, 210, 212, 225, 230, 231, 232, 233, 235, 239, 241, 253. 30, 9, 21, 23, 28, 28, 32, 33, 33, 36, 37, 38, 39, 45, 46, 47, 48, 51, 52, 97, 99, 100, 103, 108, 109, 111, 112, 118, 121, 125, 129, 136, 137, 137, 151, 156, 158, 163, 173, 176, 176, 178, 180, 184, 189, 198, 205. 31, 14, 18, 24, 24, 29, 40, 46, 46, 48, 51, 55, 64, 68, 68, 71, 77, 79, 89, 92, 104, 109, 114, 116, 119, 123, 131, 140, 155, 175, 178, 204, 208, 210, 212, 215, 225, 227, 231, 233, 236. 32, 2, 6, 7, 8, 9, 12, 18, 19, 19, 36, 39, 59, 76, 79, 80, 81, 87, 93, 94, 97, 105, 117, 125, 127, 129, 132, 133, 133, 135, 140, 143, 152, 154, 160, 168, 172, 173, 192, 203, 217, 225. 33, 9, 11, 13, 15, 23, 26, 27, 31, 34, 36, 36, 39, 42, 46, 50, 50, 59, 62, 63, 64, 65, 77, 83, 85, 89, 91, 92, 99, 100, 108, 128, 130, 149, 153, 155, 160, 162, 165. 34, 19, 30, 31, 37, 38, 40, 43, 46, 50, 62, 63, 70, 74, 79, 80, 89, 91, 102, 105, 106, 108, 114, 117, 123, 125, 129, 130, 143, 158, 160. 35, 2, 9, 9, 17, 28, 33, 37, 54, 59, 64, 70, 90. 36, 12, 19, 21, 28, 28, 29, 30, 31, 31, 32, 33, 34, 34, 35, 35, 37, 37, 44, 47, 53, 57, 58, 59, 59, 63, 66, 68, 68, 69, 75, 75, 75, 75, 79, 103, 105, 112, 115, 115, 119, 130, 130, 132, 133, 136, 144, 147, 148. 37, 1, 4, 25, 29, ‹29›, 59, 66, 79, 106, 154, 176, 180, 187. 38, 1, 1, 1, 23, 30, 34, 50, 56, 57, 68, 70, 75, 81, 91, 106, 112, 114, 118, 126, 143, 159, 161, 162, 168, 190, 190, 193, 213, 229, 230, 243, 244, 245, 301, 310, 320, 339, 355, 359, 367. 39 (VIII 6, 4), (VIII 7, 20), (VIII 11, 13), (VIII 11, 17).
φυτεία 1, 41, 59. 12, 119. 33, 155.

χλοηφάγος 28, 164.
χλοηφορέω 1, 40, 47. 13, 9.
20, 161. 22, 199. 23, 140.
29, 151. 31, 29.
χλοηφόρος 22, 170. 36, 63.
χλωρίζω 7, 16.
χλωρός 1, 129. 2, 21, 23, 23,
24, 24, 24. 12, 110.
Χοδολλαγόμορ 13, 24.
χοῖνιξ 39 (VIII 7, 8).
χοίρειος 37, 96. 38, 361.
χολή 13, 222. 22, 191. 28, 218.
31, 130.
χονδρίτης 22, 207.
χορεία 1, 54, 70, 78, 126. 5, 23.
11, 51. 13, 33. 16, 181, 184.
17, 88, 221. 18, 51. 20, 72.
23, 77. 25, 212. 28, 34.
29, 45, 151. 30, 187. 31, 155.
32, 76. 33, 102, 121. 35, 84.
36, 4.
χορευτής 10, 120. 13, 80, 124.
16, 104, 156. 19, 10. 22, 133.
32, 75. 35, 88, 88.
χορεύω 2, 66. 5, 3, 23. 8, 137.
10, 176. 12, 108. 19, 45,
74, 187. 20, 229. 28, 205.
34, 62. 36, 55.
χορηγέω 1, 124, 168. 3, 108.
23, 238, 239, 243. 24, 186.
25, 6, 25, 28, 117, 189, 209,
255. 26, 266, 286. 27, 71,
178. 28, 116, 169. 29, 199.
30, 111. 32, 8, 48, 145, 149,
161. 33, 19, 73, 100, 130.
34, 9. 35, 35. 38, 9, 257.
χορηγία 1, 77, 113. 7, 20.
15, 25. 21, 186. 23, 134.
24, 253. 25, 164, 206, 225.
26, 13, 58, 134. 27, 16.
28, 71, 153, 189. 29, 19, 20,
29, 139, 187, 193, 203. 31,
126. 32, 133. 38, 107 253. 39
(VIII 11, 14).
χορηγός 8, 180. 12, 105. 17,
76. 19, 28. 20, 168. 29, 180,
199. 31, 166. 32, 6, 162.
χορικός 35, 80.
χορός 1, 115. 2, 61. 4, 7, 242.
6, 22. 7, 33. 11, 79, 80, 82,
139. 12, 118. 13, 31, 70, 95,
96, 121, 124, 153. 15, 35, 44,
55, 174. 16, 104, 104. 17, 241.
19, 62, 74, 124. 20, 263. 22,
‹269›. 23, 27. 25, 180, 180,
255. 26, 162, 239, 256, 257,
270, 271. 28, 269. 29, 249,
259. 30, 125. 31, 134. 32, 74,
145. 33, 53. 34, 13. 35, 83,

85, 85, 87. 36, 79. 38, 42,
75, 96, 166.
χόρτος 1, 129, 129. 2, 21, 24,
24, 24, 24, 24, 24. 4, 251,
251, 251.
χοῦς, ὁ 1, 134, 135, 137. 2, 31,
31. 7, 106. 8, 164. 11, 25.
15, 79, 79. 16, 3. 17, 29,
58, 162. 33, 133.
χράομαι 1, 2, 16, 19, 23, 24,
52, 54, 65, 102, 102, 113, 119,
128, 139, 143, 157, 160, 169,
170. 2, 36, 101, 102, 104.
3, 7, 7, 7, 17, 17, 25, 26, 29,
32, 60, 70, 78, 87. 4, 47, 54,
63, 73, 73, 80, 88, 92, 102,
110, 122, 124, 128, 135, 139,
147, 149, 151, 151, 152, 153,
154, 155, 157, 165, 194, 211,
211, 213, 236, 240, 247. 5, 17,
17, 39, 53, 55, 66, 70, 96, 96,
97, 99, 117, 119. 6, 10, 21,
29, 30, 31, 32, 68, 71, 71, 98,
115, 116, 120, 121, 123, 125,
126. 7, 6, 19, 20, 20, 29, 38,
42, 44, 45, 46, 46, 48, 54, 58,
60, 61, 70, 72, 98, 113, 114,
118, 119, 138, 142, 157, 170.
8, 22, 22, 32, 35, 50, 67, 71,
80, 80, 81, 87, 101, 106, 139,
159, 160, 165, 176. 9, 12, 22,
33, 34, 47, 48, 48, 64. 10, 5,
8, 26, 26, 29, 33, 34, 47, 49,
49, 52, 57, 57, 58, 60, 61, 63,
68, 72, 75, 76, 77, 91, 93, 111,
114, 119, 129, 138, 139, 164,
170, 175, 180, 181. 11, 2, 5,
13, 13, 40, 45, 63, 66, 78, 80,
87, 91, 101, 106, 130, 142, 147,
149. 12, 12, 14, 15, 35, 44,
45, 49, 55, 58, 60, 62, 62, 106,
108, 110, 115, 139, 143, 145,
152, 171. 13, 2, 2, 4, 12, 17,
18, 23, 51, 68, 87, 90, 97, 101,
103, 122, 135, 151, 164, 170,
195, 198, 201, 203, 206, 209,
214, 215, 216, 223. 14, 5, 18,
36, 38, 39, 46, 61, 65, 69.
15, 2, 10, 19, 34, 36, 38, 45,
50, 54, 57, 68, 71, 93, 98, 98,
99, 105, 108, 110, 140, 145,
160, 167, 175, 190, 192, 195,
198. 16, 6, 8, 25, 25, 26,
59, 61, 62, 66, 67, 68, 71, 74,
78, 79, 84, 100, 116, 119, 121,
124, 131, 146, 166, 171, 173,
174, 201, 206, 207, 212, 223.
17, 4, 7, 16, 19, 19, 22, 87,
94, 102, 111, 125, 145, 149,

166, 182, 191, 191, 226, 237,
238, 241, 244, 246, 249, 270,
276, 277, 291, 299, 301. 18, 5,
11, 15, 19, 24, 40, 41, 45, 46,
61, 81, 120, 121, 129, 143, 153,
156, 173. 19, 6, 8, 27, 32,
70, 76, 90, 92, 102, 122, 124,
126, 129, 151, 168, 202, 204.
20, 2, 4, 40, 47, 84, 85, 86,
86, 88, 98, 105, 108, 112, 116,
124, 128, 129, 143, 157, 173,
190, 217, 226, 243, 246, 251,
257, 262, 270. 21, 48, 51, 53,
79, 82, 91, 91, 96, 103, 105,
119, 121, 122, 123, 126, 136, 141,
142, 143, 150, 156, 168, 177, 193,
197, 199, 202, 218, 234, 236.
22, 9, 10, 89, 102, 116, 131,
134, 164, 174, 199, 204, 229,
232, 238, 243, 249, 292. 23,
5, 5, 10, 14, 23, 34, 38, 61,
104, 105, 134, 168, 204, 244,
244, 256, 257, 269. 24, 6,
29, 29, 33, 36, 41, 42, 43, 51,
64, 73, 76, 93, 107, 109, 112,
113, 118, 126, 126, 134, 144, 147,
148, 152, 155, 203, 215, 230,
232, 240, 240, 258. 25, 14,
49, 63, 65, 92, 96, 110, 111,
132, 148, 150, 160, 167, 184,
218, 220, 240, 242, 243, 260,
284, 286, 290, 305, 309. 26, 8,
11, 15, 27, 36, 48, 66, 116,
122, 134, 138, 167, 199, 212,
226, 229, 235, 284. 27, 14,
41, 59, 80, 87, 163, 168, 177,
178. 28, 37, 53, 58, 60, 84,
101, 116, 117, 119, 123, 131,
157, 159, 180, 191, 224, 243,
252, 294, 341. 29, 6, 6, 10,
11, 15, 18, 19, 28, 64, 64, 67,
95, 105, 158, 160, 163, 167,
171, 182, 183, 199, 240, 241,
259. 30, 9, 50, 56, 63, 69,
92, 101, 106, 122, 135, 137,
137, 138, 167, 178, 179, 195.
31, 15, 37, 38, 43, 48, 54, 55,
74, 79, 101, 104, 104, 116, 121,
132, 140, 167, 179, 201, 205,
207, 218. 32, 1, 3, 7, 35, 43,
64, 67, 80, 86, 91, 118, 124,
140, 142, 147, 148, 151, 153,
173, 174, 217. 33, 27, 36, 43,
77, 85, 93, 94, 111, 138, 142,
166. 34, 2, 20, 44, 45, 62, 72,
80, 83, 86, 89, 109, 112, 117,
121, 122. 35, 16, 29, 42, 52,
57, 76. 36, 22, 43, 55, 67,
70, 71, 72, 74, 78, 84, 97, 104,

113, 124, 133. 37, 14, 18, 26, 27, 28, 31, 34, 59, 69, 94, 151, 170, 182. 38, 2, 6, 16, 21, 33, 41, 76, [107], 129, 134, 163, 164, 178, 190, 201, 203, 217, 270, 316, 319, 363, 372. 39 (VIII 7, 19).

χράω (B) 5, 109. 6, 9. 7, 48. 8, 28. 9, 49, 63. 12, 138. 14, 50. 15, 81. 16, 10, 27, 168. 17, 8. 19, 60, 162. 20, 19, 34, 177. 21, 64, 148. 22, 227, 231. 23, 189, 192. 26, 63, 97, 176, 188, 230, 231, 253, 270. 27, 157, 175. 29, 146. 30, 7. 31, 37, 37, 50. 32, 68, 184, 215. 33, 80.

χρεία 1, 56. 2, 93, 94, 104. 4, 151, 160. 8, 4, 142. 10, 49, 56, 146. 11, 133. 12, 65. 15, 162. 17, 40. 18, 36. 19, 47, 66, 105. 21, 141, 205. 22, 155, 156. 23, 45, 129. 24, 155, 158, 243. 25, 84, 185, 201, 266, 267, 269. 26, 136, 158, 267, 282. 27, 99. 28, 165, 273, 274, 274, 337, 340. 29, 2, 6, 65, 69, 101, 112, 187, 206. 30, 117, 185, 199. 31, 11, 21, 229. 32, 22, 61, 88, 104, 122, 188. 34, 23, 36, 68, 76, 114, 124. 35, 7, 9, 25, 71. 36, 102. 38, 101, 234, 277, 336. 39 (VIII 11, 9).

χρεῖος, ον 1, 53, 72. 4, 181. 5, 44, 109, 112. 7, 7, 56. 8, 4, 147. 10, 7, 37. 12, 14, 51, 116. 15, 175. 17, 58, 123, 177, 193. 18, 115, 155. 19, 45, 105, 170. 21, 162, 179. 22, 176. 24, 242. 25, 111, 137, 174. 27, 81. 28, 277. 29, 38, 74, 258. 32, 9. 33, 132. 34, 9.

χρειώδης 3, 17. 17, 136. 23, 157. 25, 124, 156. 26, 148, 155, 158. 35, 38. 37, 149. 39 (VIII 11, 10).

χρεμετίζω 11, 72. 21, 108.

χρεμετιστικός 11, 67.

χρέος 8, 5. 23, 257, 259. 29, 68, 248. 32, 123.

χρεωκοπέω 12, 107.

χρεωκοπία 27, 171. 29, 71. 31, 84, 87, 196.

χρεών 19, 85. 34, 115.

χρεώστης 12, 101. 21, 93, 95, 95, 100, 101. 29, 39, 72, 78, 122. 30, 204. 32, 89, 122. 38, 13.

χρή 1, 2, 87, 111, 151, 163. 2, 60. 3, 28. 4, 36, 41, 91, 110, 188, 206, 246. 5, 30, 54, 71, 99, 128. 6, 65, 79, 80, 85, 108, 131. 7, 37, 76, 101, 142. 8, 1, 34, 41, 87, 113, 150. 10, 38, 134, 150. 11, 48. 12, 22, 109. 13, 66, 79, 79, 88, 101, 121, 155, 202. 16, 12, 34, 61, 93, 105, 130. 17, 88, 167, 295, 297, 301. 18, 11, 83. 19, 5, 32, 63, 84, 95. 20, 153, 158, 195, 238. 21, 191, 199, 227, 229. 22, 8, 69, 103, 144, 149. 23, 6, 25, 49, 56, 145. 24, 26, 119, 125, 248. 25, 88, 144, 329. 26, 4, 4, 12, 49, 73, 128, 153, 165, 201, 215, 217. 27, 93, 101, 115, 154, 157. 28, 65, 66, 82, 128, 138, 323. 29, 3, 7, 53, 59, 129, 143, 215, 242. 30, 14, 32, 64, 67, 87, 145, 148, 155. 31, 35, 64, 108, 121, 122, 137, 176, 184. 32, 18, 44, 56, 100, 153, 157, 165, 167, 179, 189. 33, 55, 55. 34, 12, 23, 71, 83, 92, 105. 35, 60, 72. 36, 2, 67, 69, 108, 127, 132, 142. 37, 31. 38, 31, 46, 81, 192, 211, 261, 268, 350.

χρήζω 3, 2. 6, 34. 8, 142, 144. 13, 188. 17, 286. 18, 20, 33, 33. 19, 200. 20, 28. 24, 144. 29, 24. 38, 26, 249.

χρῆμα 1, 49, 79. 2, 75. 3, 17. 7, 136. 8, 35, 117, 184. 9, 15, 36, 37. 10, 163. 12, 66, 126, 171. 13, 22, 141. 16, 217. 17, 48, 92, 246. 19, 28, 39. 21, 124. 22, 128. 23, 228. 24, 135. 25, 141, 267, 293. 27, 151, 153. 28, 78, 78, 104, 143, 342. 29, 92. 30, 70, 82, 139, 168, 181. 31, 10, 33, 82, 87, 159. 32, 82, 182. 33, 104, 142. 34, 55, 65, 145. 35, 14, 16. 37, 60. 38, 4, 9, 17, 156, 172, 215, 232, 295, 315.

χρηματίζω 5, 115. 7, 143. 10, 121. 16, 25, 192. 24, 71. 26, 184, 238. 32, 192. 33, 61. 38, 346.

χρηματισμός 23, 65. 35, 17.

χρηματιστής 19, 35. 33, 11.

χρήσιμος 1, 60. 3, 17. 4, 157, 227, 245. 7, 28, 41, 102. 10, 170. 11, 19. 14, 41. 16, 209. 17, 315. 19, 35, 120. 24, 154,

155, 266. 25, 116. 26, 146. 28, 83, 323. 29, 70, 91, 172, 239, 247. 30, 50, 202, 202. 32, 145. 33, 120. 35, 37. 36, 3. 37, 69.

χρῆσις 1, 42, 78, 115, 153. 2, 34, 58, 103. 4, 112, 155. 5, 53, 55, 108, 113, 113, 118. 6, 22. 7, 60, 60, 114, 119, 156. 8, 181, 185. 9, 60. 10, 24, 147, 156. 11, 11, 24, 108, 157. 12, 34, 42, 52, 88, 132, 136, 155, 162, 163, 174. 13, 6, 214. 14, 61. 15, 85, 161. 16, 11, 217. 20, 75, 112, 165. 22, 57, 134. 23, 154, 261. 25, 23, 204, 208. 26, 9. 27, 78, 109. 28, 100, 132, 135, 179, 220, 223, 295, 322. 29, 19, 150, 161, 175, 175, 179, 184, 199, 222. 30, 186. 31, 12, 30, 100, 104, 105, 117, 118. 32, 6, 30, 169. 33, 100, 103, 103. 34, 32. 38, 11, 274, 362.

χρησμολογέω 31, 52.

χρησμός 1, 8. 4, 129, 142, 215. 5, 49, 51, 108, 124. 6, 57. 7, 46, 74, 86, 126, 166. 8, 143, 169. 10, 62. 12, 23, 36, 63, 109. 13, 39, 60, 82. 14, 1, 17, 66. 15, 94, 143, 190, 197. 16, 14, 29, 47, 60, 66, 85, 108, 115, 144, 153, 174, 183, 224. 17, 14, 21, 25, 99, 179, 277. 18, 13, 91, 99, 168. 19, 9, 21, 50, 56, 58, 140, 158, 167, 178, 202. 20, 7, 39, 90, 103, 125, 139, 143, 152, 169, 194, 254. 21, 159, 172, 177, 207, 247. 22, 3, 142, 220, 297. 23, 50, 54, 56, 166, 256, 262, 270. 25, 57, 71, 73, 86, 95, 173, 207, 236, 266, 294, 294, 304. 26, 34, 60, 67, 69, 176, 188, 192, 213, 228, 246, 260, 268, 270, 284, 289. 27, 15, 32, 43, 49. 28, 256, 315. 29, 55, 257. 30, 208. 31, 39, 134. 32, 63, 70. 33, 75, 95. 34, 3. 36, 2. 38, 109, 347.

χρησμοσύνη 4, 7. 28, 208.

χρησμωδέω 6, 4. 7, 40. 17, 3. 20, 125. 26, 275. 27, 45, 175. 31, 78, 132. 32, 55. 33, 2.

χρηστέον 7, 157, 157. 12, 173. 31, 102.

χρηστήριον 38, 78.

246, 256, 272, 292, 294. 23, 26, 70, 72, 135, 136, 150, 157, 165, 171, 184, 198, 246, 256, 275. 24, 6, 23, 33, 60, 83, 97, 98, 107, 141, 143, 166, 194, 239. 25, 22, 25, 30, 42, 95, 106, 110, 115, 119, 148, 150, 187, 189, 191, 194, 217, 222, 255, 270, 277, 283, 285. 26, 14, 22, 37, 58, 63, 66, 68, 103, 151, 161, 171, 181, 222, 228, 250, 255, 289. 27, 67, 74, 146, 150, 177. 28, 28, 68, 84, 109, 131, 225, 282, 300, 333. 29, 20, 29, 110, 119, 129, 152, 231, 237, 259. 30, 2, 43, 51, 87, 91, 111, 131, 138, 145, 178, 184, 199. 31, 56, 75, 79, 85, 105, 125, 133, 140, 178, 236. 32, 4, 10, 13, 34, 41, 49, 49, 51, 66, 95, 118, 120, 124, 125, 151, 158, 169, 180. 33, 4, 8, 41, 73, 82, 106, 110, 114, 115, 129, 135, 151, 164. 34, 14, 15, 18, 45, 51, 57, 62, 69, 106, 118, 131, 151, 155. 35, 19, 24, 31, 34, 35, 36, 41, 45, 78. 36, 5, 6, 50, 51, 51, 55, 58, 62, 67, 85, 89, 112. 37, 19, 72, 127, 138, 157, 159, 160, 169, 175, 180. 38, 9, 20, 52, 79, 101, 108, 110, 111, 117, 122, 143, 206, 223, 225, 226. 39 (VIII 6, 2), (VIII 6, 4), (VIII 7, 4), (VIII 7, 15), (VIII 7, 18), (VIII 11, 15).

ὡσπερεί 15, 162. 28, 340.

ὥστε 1, 23, 99. 2, 2, 7, 17, 29, 36, 40, 53, 62, 79, 90. 3, 1, 12, 34, 45, 45, 61, 61, 64, 105. 4, 4, 33, 50, 86, 110, 113, 115, 128, 141, 149, 185, 200, 204, 207, 219. 5, 46, 56, 90. 6, 28, 51, 54, 57, 83, 93, 97, 101, 116, 119, 128, 130, 133. 7, 47, 48, 54, 56, 56, 65, 66, 70, 87, 107, 124, 130, 139, 163, 167. 8, 3, 4, 13, 19, 23, 30, 36, 54, 65, 70, 88, 94, 95, 102, 122, 156, 176. 9, 23, 35,

47, 53. 10, 6, 15, 28, 31, 32, 49, 54, 108, 142. 11, 41, 50, 68, 71, 99, 112, 146, 167, 173. 12, 6, 19, 62, 69, 72, 76, 96, 122, 132, 141, 154, 166, 172, 174. 13, 16, 42, 123, 188, 205. 14, 49. 15, 11, 12, ‹38›, 116, 178, 192, 198. 16, 49, 110, 129, 130, 193, 203, 222. 17, 16, 19, 23, 57, 83, 89, 96, 108, 118, 145, 155, 193, 219, 231, 236, 239, 259, 273. 18, 21, 23, 62, 66, 83, 87, 156, 160, 168, 175, 177. 19, 64, 76, 101, 113. 20, 6, 14, 15, 28, 29, 52, 152, 242, 255, 261. 21, 24, 135, 144, 170, 203, 238, 251. 22, 63, 82, 116, 116, 117, 157, 174, 210, 223, 250, 258. 23, 31. 24, 12, 31, 250, 258. 25, 118, 136, 234, 270. 26, 51, 79, 266. 27, 44. 28, 20, 58, 105, 166, 193, 230, 260. 29, 6, 71, 86, 87, 177, 182. 30, 20, 46, 63, 77, 86, 100, 118, 209. 31, 48, 77, 104, 114, 202, 205, 226. 32, 18, 86, 92, 144. 33, 134. 34, 36, ‹41›, 50, 59, 61, 121, 130, 131. 35, 29, 37, 37. 36, 28, 41, 43, 47, 52, 65, 69, 71, 93, 99, 107, 116, 131. 37, 181. 38, 52, 93, 108, 135, 157, 163, 163, 181, 237, 283. 39 (VIII 11, 18).

ὡτακουστέω 25, 169.

ὡφέλεια 1, 56, 61, 135. 4, 221. 5, 15. 6, 31, 70, 71. 7, 108, 134. 8, 4, 137. 11, 9. 12, 170. 13, 106, 184. 15, 10, 135, 159, 162, 195. 16, 57, 121, 172, 172. 17, 109, 223, 252. 18, 32, 53, 120, 167. 20, 52, 72, 85, 126, 150, 173, 202, 246. 21, 111, 165, 176, 191, 238. 22, 92, 301. 23, 65, 156. 24, 139, 157, 259. 25, 49, 63, 117, 151, 313, 315. 26, 7, 148. 27, 167. 28, 195, 224,

298, 298, 320, 323, 340, 340, 342, 343. 29, 3, 16, 78, 131, 141, 143, 144, 236, 240. 30, 103, 157, 185. 31, 2, 5, 11, 13, 67, 75, 206. 32, 37, 152, 218. 33, 97, 105, 114. 34, 86, 139. 36, 63. 38, 63, 68, 98, 109, 345. 39 (VIII 11, 4).

ὡφελέω 2, 34, 97. 3, 8. 4, 86. 5, 121. 6, 69, 92, 92. 7, 54, 55, 55, 55, 56, 61, 74, 109, 134, 142. 8, 67, 140, 143, 144, 151, 181. 9, 27, 43. 10, 61, 64, 87, 113. 12, 72, 101. 13, 18, 106, 160. 15, 48. 16, 42, 57, 88, 104, 219. 17, 178. 18, 5, 44, 66, 71, 88. 19, 201. 20, 14, 217. 21, 91, 162, 191. 22, 59, 198, 239, 240. 23, 102. 24, 85, 216. 25, 20, 22, 40. 26, 36, 128. 27, 114. 28, 214, 216, 252, 320, 336. 29, 74, 114, 137, 230, 260. 31, 65, 93, 186, 228. 32, 118, 210, 226. 34, 76. 35, 16. 38, 46, 60, 245, 245.

ὡφέλημα 20, 26.

ὡφελητικός 1, 64. 4, 170.

ὡφέλιμος 1, 9, 10, 78, 156. 2, 14. 4, 76, 99, 104, 122. 5, 93. 6, 78, 98, 109. 7, 55, 72, 104, 114. 8, 95, 142. 10, 64, 120. 11, 9, 11, 41, 121, 133, 142. 12, 29, 72, 100, 106, 161. 13, 26, 39, 187. 14, 2, 23, 28. 15, 13, 164, 182. 16, 31, 147, 164. 17, 18. 18, 5, 157, 157, 175. 19, 94. 20, 22, 193. 22, 22, 150, 264. 23, 24. 24, 116, 143. 25, 146, 222, 227. 27, 77. 28, 155, 173, 264, 303. 29, 18, 166, 171, 180, 189. 31, 43, 112, 181, 228. 32, 25, 154. 33, 8, 27. 35, 56. 38, 49, 81, 82, 287.

ὡχρός 2, 84. 4, 57. 7, 34. 13, 173. 20, 33. 38, 266.

BIBLISCHE NAMEN
UND IHRE TRANSKRIPTION

Greek	Hebrew	Greek	Hebrew	Greek	Hebrew
Ἀβιούδ	אֲבִיהוּא	Δαβίδ	דָּוִד	Χοδολλαγόμορ	־רָ-לָעֹמֶר
Ἀβιμέλεχ	אֲבִימֶלֶךְ	Δεβών	דִּיבוֹן	Χάλεβ	לֵב
Ἀβραάμ	אַבְרָהָם	Δεῖνα	דִּינָה	Χαμώς	מוֹשׁ
Ἀβράμ	אַבְרָם	Δάν	דָּן	Χαναάν	נַעַן
Ἐδώμ	אֱדוֹם	Δωθαείμ, Δωθαΐν	דֹּתָן	Χανάνης	נַעֲנִי
Ἀδάμ	אָדָם	Ἄβελ	הֶבֶל	Χερουβίμ	רוּבִים
Ἀαρών	אַהֲרֹן	Ἄγαρ	הָגָר	Λεία	אָה
Αὐνάν	אוֹנָן	Ὡσηέ	הוֹשֵׁעַ	Λάβαν	בָן
Ἀχειμάν	אֲחִימָן	Ὤρ	הֹר	Λώτ	וֹט
Ἰώβ	אִיּוֹב	Ζαβουλών	זְבוּלֻן	Λευί	וִי
Αἰλείμ, Αἰλίμ	אֵילִם	Ζέλφα	זִלְפָּה	Λάμεχ	מֶךְ
Ἰθάμαρ	אִיתָמָר	Χεβρών	חֶבְרוֹן	Μαδιάμ	יָן
Ἐλιέζερ	אֶלְיָעָזָר	Εὔα	חַוָּה	Μωάβ	אָב
Ἐλιφάς	אֱלִיפַז	Εὐιλάτ	חֲוִילָה	Μαιήλ	חֲיָאֵל
Ἐλισάβετ	אֱלִישֶׁבַע	Χάμ	חָם	Μισαδαί	ישָׁאֵל
Ἐλεάζαρ	אֶלְעָזָר	Ἐμώρ	חֲמוֹר	Μαχείρ	כִיר
Ὤν	אוֹן	Ἄννα	חַנָּה	Μελχά	כָּה
Ἐνώς	אֱנוֹשׁ	Ἐνώχ	חֲנוֹךְ	Μελχισεδέκ	כִּי-צֶדֶק
Ἀσένεθ	אָסְנַת	Χωρήβ	חֹרֵב	Μαμβρῆ	מְרֵא
Ἐφραΐμ	אֶפְרַיִם	Χαρράν	חָרָן	Μανασσῆς	נַשֶּׁה
Ἀρνών	אַרְנֹן	Ἐσεβών	חֶשְׁבּוֹן	Μέρρα	רָה
Ἀρφαξάτ	אַרְפַּכְשַׁד	Χέτ	חֵת	Μαριάμ	יָם
Ἐσχώλ	אֶשְׁכֹּל	Ἰωβήλ	יָבָל	Μωυσῆς	שֶׁה
Ἀσκάλων	אַשְׁקְלוֹן	Ἰούδας	יְהוּדָה	Μασέκ	שֶׁק
Ἀσήρ	אָשֵׁר	Ἰησοῦς	יְהוֹשֻׁעַ	Μαθουσάλα	תוּשָׁאֵל / מְתוּשֶׁלַח
Βαιθήλ	בֵּית-אֵל	Ἰουβάλ	יוּבָל	Ναδάβ	־ב
Βάλλα	בִּלְהָה	Ἰωσήφ	יוֹסֵף	Ναίδ	־ד
Βαλαάμ	בִּלְעָם	Ἰακώβ	יַעֲקֹב	Νῶε	ח
Βαλάκ, Βαλάκης	בָּלָק	Ἰάφεθ	יֶפֶת	Ναχώρ	וֹר
Βενιαμίν	בִּנְיָמִין	Ἰσαάκ	יִצְחָק	Ναασσών	שׁוֹן
Βεελφεγώρ	בַּעַל פְּעוֹר	Ἰορδάνης	יַרְדֵּן	Νεβρώδ	רֹד
Βεσελεήλ	בְּצַלְאֵל	Ἰερουσαλήμ, Ἱεροσόλυμα	יְרוּשָׁלַם	Νοεμάν	מָה
Βαράδ	בֶּרֶד			Νεφθαλείμ	תָּלִי
Βαθουήλ	בְּתוּאֵל	Ἱερεμίας	יִרְמְיָה	Σαβέκ	־ךְ
Γάδ	גָּד	Ἰσραήλ	יִשְׂרָאֵל	Σόδομα	ֹם
Γεδεών	גִּדְעוֹן	Ἰσσάχαρ	יִשָּׂשכָר	Σηών	יחֹן
Γηών	גִּיחוֹן	Ἰσμαήλ	יִשְׁמָעֵאל	Σινά	ינַי
Γαλαάδ	גִּלְעָד	Ἰοθόρ	יִתְרוֹ	Ἀδά	־ה